Die Herausgeber danken
ihren Mitautoren.
Die Zuordnung der Autoren
findet sich
im jeweiligen Kapitel
und im Autorenverzeichnis.

Lieber Herr [illegible],

vielen Dank für die
jahrelange ausgezeichnete
Zusammenarbeit.

Ihr
Wolfgang [illegible]

Berlin, den 22.9.2015

Handbuch des Fahreignungsrechts

Leitfaden für Gutachter, Juristen und andere Rechtsanwender

Herausgeber

Andreas Patermann
Wolfgang Schubert
Matthias Graw

KIRSCHBAUM VERLAG BONN

25 000
LEBEN RETTEN
Europäische Charta
für die Straßenverkehrssicherheit

ISBN 978-3-7812-1865-9

Siegfriedstraße 28, 53179 Bonn
Telefon 02 28/9 54 53-0 · Internet www.kirschbaum.de

Satz und Lithographie: www.mohrmediendesign.de
Druck: SDV Saarländische Druckerei & Verlag GmbH, Saarwellingen
September 2015 · Best.-Nr. 1865

Geleitwort

Sehr geehrte Leserinnen und Leser,

aus der Praxis – für die Praxis – so lässt sich gut umschreiben, mit welchem Ziel die Herausgeber das vorliegende Handbuch des Fahreignungsrechts verfasst haben. In zehn übersichtlichen Kapiteln werden von namhaften Autoren Fragen rund um die Fahreignungsbegutachtung systematisch beleuchtet. Mit dem Handbuch lässt sich die Fachmaterie umfassend erschließen, es dient gleichzeitig als Nachschlagewerk im konkreten Anwendungsfall. Diese breiten Nutzungsmöglichkeiten machen es für die mit dem Verwaltungsverfahren und der Begutachtung befassten Personen aller einschlägigen Fachrichtungen, also der erklärten Zielgruppe dieses Leitfadens, gleichermaßen wertvoll. Auch für Betroffene wird das Verwaltungsverfahren und in diesem Rahmen der Begutachtungsprozess transparenter und nachvollziehbarer.

Das Potenzial dieses Kompendiums sowohl für die Ausbildung als auch für die tägliche Arbeit in den Fahrerlaubnisbehörden ist meines Erachtens immens. Als Leiterin der größten Fahrerlaubnisbehörde Deutschlands bin ich sehr dankbar, nunmehr auf ein aktuelles Werk zurückgreifen zu können, welches zum einen großen theoretischen und praktischen Nutzen für meine Mitarbeiterinnen und Mitarbeiter entfaltet und zum anderen zu einem bundesweit einheitlichen Verständnis in der Ausführung der fahrerlaubnisrechtlichen Bestimmungen beiträgt. Eine einheitliche Rechtsanwendung ist für die allgemeine Verkehrssicherheit in einer immer mobiler werdenden Gesellschaft grundlegend wichtig.

Die korrekte Beurteilung der Fahreignung, das darauf bezogene Verwaltungshandeln und dessen gerichtliche Überprüfung sind elementare Bestandteile der Verkehrssicherheit, zu der dieses Handbuch einen wertvollen Beitrag leistet.

Ulrike Frey
Leiterin des Referates Fahrerlaubnisse,
Personen- und Güterbeförderung im Landesamt
für Bürger- und Ordnungsangelegenheiten, Berlin

Vorwort der Herausgeber

Das „Handbuch des Fahreignungsrechts" richtet sich an Personen, die eine Fahrerlaubnis beantragen, erteilen, im Verwaltungsverfahren entziehen oder die Fahreignung überprüfen, sowie Rechtsanwälte, die Betroffene dabei begleiten, um ihnen Antworten auf sich stellende Fragen zu geben und ihnen den Ablauf und Inhalt des Verfahrens aufzuzeigen. Das Handbuch richtet sich aber nicht nur an Fahrerlaubnisbehörden und Verkehrsjuristen, an in die in der Begutachtung tätigen Psychologen und Mediziner, sondern auch an Ärzte mit verkehrsmedizinischer Qualifikation, amtlich anerkannte Sachverständige für den Kraftfahrzeugverkehr/technische Gutachter, Polizei, Suchtberatungsstellen sowie Vorbereiter auf eine Fahreignungsbegutachtung und alle anderen juristisch Interessierten.

Der Aufbau des Buches folgt dem chronologischen Ablauf eines Verwaltungsverfahrens. Die einzelnen Beiträge entstanden unbeschadet der individuellen Autorenschaft nach fachübergreifenden Erörterungen. In dem Buch sind nicht unverbunden Beiträge verschiedener Professionen aneinandergereiht, sondern in einem Austausch der Verfasser und Herausgeber entstanden.

Das Handbuch berücksichtigt den aktuellen Stand der Rechtslage sowie der verkehrsmedizinischen und verkehrspsychologischen Erkenntnisse. Es komplettiert die Grundlagendokumente „Begutachtungsleitlinien zur Kraftfahreignung", „Urteilsbildung in der Fahreignungsbegutachtung – Beurteilungskriterien" sowie den „Kommentar zu den Begutachtungs-Leitlinien zur Kraftfahrereignung". Dieses Werk soll dazu beitragen, auf allen beteiligten Ebenen für mehr Transparenz, Rechtssicherheit sowie Einzelfallgerechtigkeit zu sorgen, nicht zuletzt auch im Umgang mit anwaltlichen Forderungen.

Den an der Erarbeitung dieses Werkes Beteiligten gilt unser ausdrücklicher Dank – auch für die Toleranz bei der interdisziplinären fachlichen Diskussion der Beiträge. Unser besonderer Dank geht an Herrn Thomas Mach (Ministerium für Infrastruktur und Landesplanung des Landes Brandenburg, Potsdam), der aus disziplinübergreifender Sicht die einzelnen Kapitel gegeneinander abgewogen und wertvolle Hinweise gegeben hat. Nicht zuletzt möchten wir uns bei Frau Dipl.-Psych. Caroline Reimann (Berlin) für ihre Umsicht und das Einbringen ihres interdisziplinären Fachwissens sowie ihre organisatorische Begleitung des Werkes bedanken.

Andreas Patermann
Vorsitzender Richter
am Verwaltungsgericht
Berlin

Prof. Dr. rer. nat.
Wolfgang Schubert
Präsident der Deutschen
Gesellschaft für Verkehrspsychologie

Prof. Dr. med.
Matthias Graw
Vorstand Institut für
Rechtsmedizin
LMU München
Mitglied des Vorstands
der Deutschen
Gesellschaft für
Verkehrsmedizin

Inhaltsübersicht

Kapitel 3 Begutachtungsanlässe

Kapitel 5
Methodik der Fahreignungsbegutachtung

Kapitel 6
Verwaltungsrechtliche Folgen der Begutachtung

Kapitel 7
Der Betroffene als privatrechtlicher Auftraggeber der Begutachtung – werkvertragliche Beziehungen und Pflichten

Frank Müller-Rath, Wolfgang Schubert

Kapitel 8
Rechtsfolgen werkvertraglicher Pflichtverletzungen – Haftung und Zivilprozess

Frank Müller-Rath

Kapitel 9
Das System der amtlichen Anerkennung von Trägern von Begutachtungsstellen für Fahreignung (§ 66 FeV) und von Trägern von Kursen zur Wiederherstellung der Kraftfahreignung

Kapitel 10
Spezielle Themenkomplexe

Abkürzungsverzeichnis

a. a. BfF	amtlich anerkannte Begutachtungsstelle für Fahreignung
a. A./a. M.	andere Ansicht/Meinung
a. a. O.	am angegebenen Ort
aaP	amtlich anerkannter Prüfer
aaPmT	amtlich anerkannter Prüfer mit Teilbefugnis
aaSoP	amtlich anerkannter Sachverständiger oder Prüfer
Abs.	Absatz
AG	Amtsgericht
Anm.	Anmerkung
Arge TP 21	TÜV/DEKRA Arbeitsgemeinschaft Technische Prüfstelle 21
Art.	Artikel
BAK	Blutalkoholkonzentration
BAnz	Bundesanzeiger
BASt	Bundesanstalt für Straßenwesen
BAuA	Bundesanstalt für Arbeitsschutz und Arbeitsmedizin
BGBl.	Bundesgesetzblatt
BGH	Bundesgerichtshof
BGL	Begutachtungs-Leitlinien/Begutachtungsleitlinien
BK	Beurteilungskriterien
BKatV	Bußgeldkatalog-Verordnung
BMVBS	Bundesministerium für Verkehr, Bau und Stadtentwicklung
BMVI	Bundesministerium für Verkehr und digitale Infrastruktur
BVerfG	Bundesverfassungsgericht
BVerfGE	Bundesverfassungsgericht – Entscheidungen
BVerwG	Bundesverwaltungsgericht
d. h.	das heißt
DAkkS	Deutsche Akkreditierungsstelle GmbH
DAR	Deutsches Autorecht
DEKRA	Deutscher Kraftfahrzeugüberwachungsverein
DGVM	Deutsche Gesellschaft für Verkehrsmedizin e. V.
DGVP	Deutsche Gesellschaft für Verkehrspsychologie e. V.
EuGH	Gerichtshof der Europäischen Union
f., ff.	folgende, fortfolgende
FAER	Fahreignungsregister

FE	Fahrerlaubnis
FE-Behörde	Fahrerlaubnisbehörde
FeV	Fahrerlaubnis-Verordnung
GebOSt	Gebührenordnung für Maßnahmen im Straßenverkehr
GG	Grundgesetz
ggf.	gegebenenfalls
h.A./h.M.	herrschende Ansicht/Meinung
i.d.F.	in der Fassung
i.d.R.	in der Regel
i.R.	im Rahmen
KBA	Kraftfahrt-Bundesamt
KfSachvG	Kraftfahrsachverständigengesetz
Kfz	Kraftfahrzeug
lfd.	laufend
MPU	Medizinisch-Psychologische Untersuchung
NJW	Neue Juristische Wochenschrift
OVG	Oberverwaltungsgericht
OWiG	Ordnungswidrigkeitengesetz
Rili/RL	Richtlinie
Rspr.	Rechtsprechung
s.	siehe
StAB	Ständige Arbeitsgruppe Beurteilungskriterien
StGB	Strafgesetzbuch
StPO	Strafprozessordnung
StVG	Straßenverkehrsgesetz
StVO	Straßenverkehrs-Ordnung
StVZO	Straßenverkehrs-Zulassungs-Ordnung
TP	Technische Prüfstelle für Kraftverkehr
TÜV	Technischer Überwachungsverein
u.a.	unter anderem/und andere
VdTÜV	Verband der TÜV
VG	Verwaltungsgericht
VGH	Verwaltungsgerichtshof
vgl.	vergleiche
VZR	Verkehrszentralregister
z.B.	zum Beispiel

Kapitel 1 Stand der Fahreignungsbegutachtung in Deutschland

Wolfgang Schubert[1], Rainer Mattern[2], Caroline Reimann[3]

1 Rechtshistorischer Abriss

Die Anfänge verkehrsmedizinischer und verkehrspsychologischer Untersuchungen finden sich schon zu Beginn des 20. Jahrhunderts in dem besonderen Interesse des Militärs sowie von Eisen- und Straßenbahngesellschaften, zuverlässige und geeignete Fahrer zu finden.

Das gesellschaftliche Interesse, Fragen der Verkehrssicherheit in besonderer Weise umzusetzen und gesetzlich zu regeln, spiegelt sich bereits im Jahr 1909 in einem Reichs-Gesetzblatt[4] wider, in dem der Staat die Verantwortung für die Verkehrssicherheit und den Schutz der Allgemeinheit vor ungeeigneten Kraftfahrern übernimmt.

Die in § 2 dieses Reichs-Gesetzblattes Nr. 26 enthaltenen Ausführungen haben sich inhaltlich – und soweit es die hiesige Thematik betrifft sogar wörtlich („... wenn nicht Tatsachen vorliegen, die die Annahme rechtfertigen, dass er zum Führen von Kraftfahrzeugen ungeeignet ist") – bis in unser heutiges Straßenverkehrsgesetz (StVG)[5] hinein erhalten.

Erste systematische Untersuchungen von Kraftfahrern aus dem militärischen Bereich wurden 1919 als psychologische Eignungsuntersuchungen veröffentlicht[6] und im Weiteren auch bei Lokomotivführern und Werksfahrern[7] angewendet. Auch über entsprechende Untersuchungen bei Straßenbahnfahrern wird schon früh berichtet.[8]

Die körperliche und geistige Eignung zum Führen von Kraftfahrzeugen bei entsprechenden behördlichen Bedenken überprüfen zu können, findet sich

1 Deutsche Gesellschaft für Verkehrspsychologie e. V. (DGVP).

2 Deutsche Gesellschaft für Verkehrsmedizin e. V. (DGVM).

3 DEKRA Automobil GmbH.

4 Reichs-Gesetzblatt Nr. 26 (1909). Gesetz über den Verkehr mit Kraftfahrzeugen.

5 Straßenverkehrsgesetz in der Fassung der Bekanntmachung vom 5.3.2003 (BGBl. I S. 310, 919), das zuletzt durch Artikel 1 des Gesetzes vom 28.7.2013 (BGBl. I S. 3313) geändert worden ist.

6 Moede, W. (1919). Die industrielle Psychotechnik im Dienst der Gütererzeugung. In: W. Moede (Hrsg.), *Die Experimentalpsychologie im Dienste des Wirtschaftslebens.* Berlin: Springer, S. 1–60.

7 Moede, W. (1930). *Lehrbuch der Psychotechnik.* Band 1. Berlin: Springer, S. 381 ff.

8 Münsterberg, H. (1913). *Psychologie und Wirtschaftsleben.* Leipzig: Barth (2. unveränderte Auflage der Ausgabe von 1912).

Bild 1.1
Auszug aus dem „Gesetz über den Verkehr mit Kraftfahrzeugen", Reichs-Gesetzblatt Nr. 26 vom 3.5.1909, S. 437

- 437 -

Reichs-Gesetzblatt.

№ 26.

Inhalt: Gesetz über den Verkehr mit Kraftfahrzeugen. S. 127.

(Nr. 3608.) Gesetz über den Verkehr mit Kraftfahrzeugen. Vom 3. Mai 1909.

Wir Wilhelm, von Gottes Gnaden Deutscher Kaiser, König von Preußen.

verordnen im Namen des Reichs, nach erfolgter Zustimmung des Bundesrats und des Reichstags, was folgt:

I. Verkehrsvorschriften.

§ 1.

Kraftfahrzeuge, die auf öffentlichen Wegen oder Plätzen in Betrieb gesetzt werden sollen, müssen von der zuständigen Behörde zum Verkehre zugelassen sein.

Als Kraftfahrzeuge im Sinne dieses Gesetzes gelten Wagen oder Fahrräder, welche durch Maschinenkraft bewegt werden, ohne an Bahngleise gebunden zu sein.

§ 2.

Wer auf öffentlichen Wegen oder Plätzen ein Kraftfahrzeug führen will, bedarf der Erlaubnis der zuständigen Behörde. Die Erlaubnis gilt für das ganze Reich; sie ist zu erteilen, wenn der Nachsuchende seine Befähigung durch eine Prüfung dargetan hat und nicht Tatsachen vorliegen, die die Annahme rechtfertigen, daß er zum Führen von Kraftfahrzeugen ungeeignet ist.

Den Nachweis der Erlaubnis hat der Führer durch eine Bescheinigung (Führerschein) zu erbringen.

Die Befugnis der Ortspolizeibehörde, auf Grund des § 37 der Reichsgewerbeordnung weitergehende Anordnungen zu treffen, bleibt unberührt.

§ 3.

Wer zum Zwecke der Ablegung der Prüfung (§ 2 Abs. 1 Satz 2) sich in der Führung von Kraftfahrzeugen übt, muß dabei auf öffentlichen Wegen oder Plätzen von einer mit dem Führerschein versehenen, durch die zuständige Behörde

Reichs-Gesetzbl. 1909. 71

Ausgegeben zu Berlin den 12. Mai 1909.

bereits im Jahr 1937 als § 9 Nr. 3 der Dienstanweisung zur Durchführung der Straßenverkehrs-Zulassungs-Ordnung.[9]

Nach dem 2. Weltkrieg lag die Herausforderung zunächst in der Begutachtung der Fahreignung von Kriegsverletzten. Sie beschränkte sich fast ausschließlich auf die Bewertung der Auswirkungen „körperlicher Mängel" auf die Erfüllbarkeit der Anforderungen des Straßenverkehrs durch einen versehrten Fahrzeugführer.

---

9 Dienstanweisung zur Durchführung der Straßenverkehrs-Zulassungs-Ordnung, Reichs-Verkehrs-Blatt, Ausgabe B: Kraftfahrwesen vom 17.12.1937.

Einige Jahre später führte dann die „Contergan-Problematik“ zu neuen Anforderungen an die medizinische Begutachtung von Körperbehinderten und zur spezifischen Erweiterung der Begutachtungsfelder auch auf psychologische Sachverhalte. Erstmals erfolgte nun auch eine Bewertung psychofunktionaler Leistungsvoraussetzungen der Betroffenen und ihrer verhaltensbezogenen, medizinischen oder technischen Kompensationsmöglichkeiten. Eine wichtige Rolle spielten dabei die gestiegenen technischen Möglichkeiten zur technischen Ausstattung behindertengerechter(er) Fahrzeuge.[10] Dadurch wurde eine Brücke auch zur technischen Einzelabnahme von speziellen umgebauten Fahrzeugen und zu technischen Sachverständigen geschlagen, die ihren Niederschlag im Kraftfahrsachverständigengesetz (KfSachvG) und in der Kraftfahrsachverständigenverordnung[11] fand.

Heute bestimmt das Straßenverkehrsgesetz in Absatz 8 des – immer noch – § 2:

Werden Tatsachen bekannt, die Bedenken gegen die Eignung oder Befähigung des Bewerbers begründen, so kann die Fahrerlaubnisbehörde anordnen, dass der Antragsteller ein Gutachten oder Zeugnis eines Facharztes oder Amtsarztes, ein Gutachten einer amtlich anerkannten Begutachtungsstelle für Fahreignung oder eines amtlich anerkannten Sachverständigen oder Prüfers für den Kraftfahrzeugverkehr innerhalb einer angemessenen Frist beibringt.

Die verfassungsrechtliche Entsprechung dieser Fahreignungsbegutachtung liegt in Artikel 2 Abs. 2 des Grundgesetzes für die Bundesrepublik Deutschland[12], nach dem jeder Bürger das Recht auf Leben und körperliche Unversehrtheit hat und eine entsprechende Schutzpflicht des Staates besteht. Der Schutzpflicht des Staates kommt im Bereich der Verkehrssicherheit eine besondere Rolle zu, wie Roman Herzog – der damalige Bundespräsident – anlässlich seines Plenarvortrages auf dem 30. Verkehrsgerichtstag 1992[13] über „Die Bedeutung des Verkehrsrechts in einer mobilen Gesellschaft“ darlegte, indem er den Schutz von Leben und Gesundheit der Allgemeinheit als „vornehmste Staatsaufgabe“ bezeichnete.

Auch in der europäischen Rechtsprechung wird diese Schutzpflicht des Staates betont. Im Hinblick auf die Anwendbarkeit von Artikel 2 der Europäischen Menschenrechtskonvention[14] weist der Europäische Gerichtshof für Menschenrechte darauf hin, dass Satz 1 dem Staat vorschreibt, angemessene

10 Niedhard, F. U., Marquard, E., Eltze, J. (1994). *Contergan – 30 Jahre danach.* Stuttgart: F. Enke Verlag zu Möglichkeiten der technischen Anpassung von Kfz im Zusammenhang mit Rehabilitation und Eingliederung.

11 Verordnung zur Durchführung des Kraftfahrsachverständigengesetzes (KfSachvG) (BGBl. III/FNA 9231-10-1) vom 24.5.1972.

12 Grundgesetz für die Bundesrepublik Deutschland in der im Bundesgesetzblatt Teil III, Gliederungsnummer 100-1.

13 Herzog, R. (1992). *Die Bedeutung des Verkehrsrechts in einer mobilen Gesellschaft,* Plenarvortrag auf dem 30. Deutschen Verkehrsgerichtstag Goslar 1992.

14 Europäische Menschenrechtskonvention (Konvention zum Schutze der Menschenrechte und Grundfreiheiten) vom 4.11.1950, zuletzt geändert durch Protokoll Nr. 14 vom 13.5.2004 m. W. v. 1.6.2010.

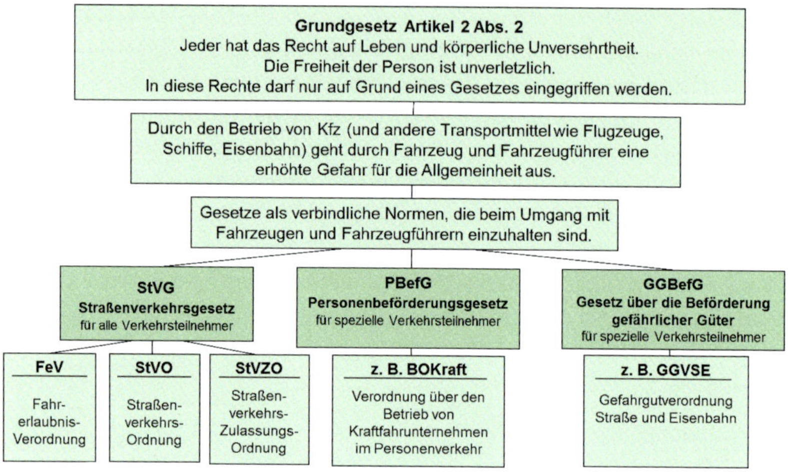

Bild 1.2 **Rechtliche Grundlagen und Prinzipien der Verkehrssicherheit – Verantwortung des Staates am Beispiel des Straßenverkehrsrechts in Deutschland**

Maßnahmen zu treffen, um das Leben derjenigen zu schützen, die sich in seinem Hoheitsbereich befinden.

Setzt man diesen Anspruch in den Kontext der Verkehrssicherheit, so ließe sich schlussfolgern, dass dem Schutz der Allgemeinheit vor ungeeigneten Kraftfahrern ein gesellschaftlich höherer Stellenwert zugemessen wird als dem Recht auf individuelle automotive Mobilität.

Das zeigt sich nicht zuletzt auch in der 3. EU-Führerschein-Richtlinie[15] und dem darin enthaltenen Anhang III, der die Mindestanforderungen an die körperliche und geistige Tauglichkeit zum Führen eines Kraftfahrzeuges beschreibt.

Während das deutsche Straßenverkehrsgesetz (StVG)[16], das Kraftfahrsachverständigengesetz (KfSachvG) und die Verordnung über die Zulassung von Personen zum Straßenverkehr (Fahrerlaubnis-Verordnung – FeV)[17] die zentralen Normen der Befähigung und Eignung für die Teilnahme am Straßenverkehr bilden, gelten ähnliche Gesetze und Verordnungen auch für andere Verkehrsträger (Wasser, Luft oder Schiene).

Ihnen gemeinsam ist der Ansatz, Fahreraufgaben als Bedien-, Steuer- und Überwachungstätigkeiten zu sehen, zu deren Ausübung es einer Berechtigung bedarf, der Fahrerlaubnis. So wurden z. B. im Jahre 2011 durch die Triebfahr-

---

15 Richtlinie 2006/126/EG des Europäischen Parlaments und des Rates vom 20.12.2006 über den Führerschein (Neufassung), Amtsblatt Nr. L 403 vom 30.12.2006 S. 18–60, http://eur-lex.europa.eu/LexUriServ/LexUriServ.do?uri=CELEX:32006L0126:DE:HTML.

16 Straßenverkehrsgesetz in der Fassung der Bekanntmachung vom 5.3.2003 (BGBl. I S. 310, 919), das durch Artikel 2 des Gesetzes vom 2.3.2015 (BGBl. I S. 986) geändert worden ist.

17 Fahrerlaubnis-Verordnung vom 13.12.2010 (BGBl. I S. 1980), die durch Artikel 1 der Verordnung vom 16.12.2014 (BGBl. I S. 2213) geändert worden ist.

zeugführerscheinverordnung (TfV)[18] ein behördlicher Führerschein für Lokomotivführer und eine eigene Triebfahrzeugführerscheinstelle eingeführt. Die Verordnung sieht weiter vor, dass Tauglichkeitsuntersuchungen für Bewerber um einen „Lok-Führerschein 97-2011 Mobilität 2" u. a. durch zugelassene Ärzte und Psychologen[19] von amtlich anerkannten Begutachtungsstellen für Fahreignung (a. a. BfF) durchgeführt werden können.

18 Verordnung über die Erteilung der Fahrberechtigung an Triebfahrzeugführer sowie die Anerkennung von Personen und Stellen für Ausbildung und Prüfung (Triebfahrzeugführerscheinverordnung – TfV). Triebfahrzeugführerscheinverordnung vom 29.4.2011 (BGBl. I S. 705, 1010), die durch Artikel 2 der Verordnung vom 22.11.2013 (BGBl. I S. 4008) geändert worden ist.

19 Der Antrag auf Anerkennung ist mit dem Vordruck „Antrag auf die Anerkennung von Ärzten, Psychologen oder Stellen nach § 16 Triebfahrzeugführerscheinverordnung (TfV)" (Anlage 8) beim Eisenbahn-Bundesamt, Referat Triebfahrzeugführerscheinstelle, zu stellen.

2 Wissenschaftliche Entwicklungsgeschichte der Medizinisch-Psychologischen Untersuchung

1951 wurden in Stuttgart und an der Universität Bonn erste Medizinisch-Psychologische Untersuchungsstellen (MPU) als Vorläufer der heutigen amtlich anerkannten Begutachtungsstellen für Fahreignung (a.a. BfF) gegründet, um die in § 9 StVZO geäußerten behördlichen „Bedenken an der Eignung ...“ zu begutachten und hinsichtlich des zukünftigen Verkehrsverhaltens zu bewerten.

In den 1950er-Jahren lagen die Schwerpunkte der Fahreignungsbegutachtung in der Beurteilung

- von körperlich-geistigen Mängeln (ca. 26 % der Anlässe),
- von Führerscheinbewerbern im Rahmen der Erteilung vor Erreichen des Mindestalters für den Erwerb der Fahrerlaubnis, der Erteilung bei über 60-Jährigen und von Prüfungsauffälligen (25 % der Anlässe),
- von Fahrern mit besonderer Verantwortung, wie Fahrlehrer oder Fahrgastbeförderer, und von Eignungsuntersuchungen für Betriebe (32 %).

Die Gruppe der Verkehrsauffälligen oder strafrechtlich auffällig gewordenen Kraftfahrer stellte ca. 17 % der Untersuchungen dar.

In diesen Anfangsjahren der Fahreignungsbegutachtung stimmten die rechtliche und die fachliche Auffassung darin überein, die Eignung zum Führen von Kraftfahrzeugen allgemein und umfassend zu untersuchen. Es wurde eine Persönlichkeitsdiagnostik betrieben, bei der psychisch-funktionale Aspekte einen hohen Stellenwert hatten. Sie führte zu gutachterlichen Aussagen, die sich wesentlich auf hypothetische Konstrukte (Fähigkeiten, Eigenschaften, Verhaltensdispositionen) bezogen.

Und auch wenn damals zwar schon bekannt war, dass die Ursachen für das Versagen von Kraftfahrern häufig auch in psychischen Sachverhalten liegen, beruhten die fachlichen Grundlagen der damaligen Begutachtung noch auf schlichtem Vertrauen in die Wissenschaft allgemein und die Wissenschaftlichkeit der Diagnostik im Speziellen.

Damit bestand die Notwendigkeit zur Entwicklung von „Beurteilungskriterien“ zur Fahreignungsüberprüfung, um die Beurteilung der Fahreignung auf die Basis einheitlicher Methoden und Maßstäbe zu stellen.

Die Technischen Überwachungsvereine als Träger von MPU erkannten dies frühzeitig und gründeten 1960 den Fachausschuss Medizinisch-Psychologische Arbeitsgebiete (FA-MPA), der sich zunächst um einen Überblick über die wissenschaftliche Literatur und eine einheitliche Untersuchungsmethodik bemühte.

1973 erschien die 1. Auflage des Gutachtens „Krankheit und Kraftverkehr“[20], die ausschließlich die Darlegung medizinischer Sachverhalte beinhaltete.

20 „Krankheit und Kraftverkehr“, Gutachten des Gemeinsamen Beirats für Verkehrsmedizin beim Bundesminister für Verkehr und beim Bundesminister für Gesundheit, Hrsg.: Bundesminister für Verkehr, Schriftenreihe Heft 45, 1973.

In diesem Werk werden zum ersten Mal die internationalen wissenschaftlichen Erkenntnisse über die Zusammenhänge von körperlicher Leistungsfähigkeit und Krankheit in der Art zusammengefasst, dass sie den sachverständigen Arzt in die Lage versetzen, der Behörde fachlich begründete Empfehlungen in Vorbereitung auf ihre Entscheidung hinsichtlich der Fahreignung geben zu können. Damit wurde ein wesentlicher Beitrag der Medizin für die Erhöhung der Verkehrssicherheit geleistet.

Mitte der 1970er-Jahre gab es eine deutliche Neuorientierung, indem Kunkel[21] [22] [23] empirische Untersuchungen zur Bedeutsamkeit biografischer Daten für die Rückfallprognose bei Trunkenheitstätern im Straßenverkehr sichtete und nach dem Prinzip kriminologischer Prognoseverfahren ein System von Leit- und Bestimmungssätzen entwickelte. Damit lagen bereits Kriterien vor, die allerdings – soweit sie sich aus der sogenannten Aktenanalyse ergaben – zumeist in der Vergangenheit lagen. Beispiel eines Bestimmungssatzes: „Je häufiger ein Kraftfahrer wegen Trunkenheit am Steuer vorbestraft ist, desto höher ist bei ihm die Rückfallwahrscheinlichkeit."[24]

Dieses an biografischen Daten orientierte Beurteilungssystem musste notwendigerweise durch Explorationsdaten ergänzt werden, welche die gegenwärtige Situation des Betroffenen kennzeichnen. Hierbei fanden die von Undeutsch[25] beschriebenen methodischen Prinzipien des explorativen Gesprächs auch in der Verkehrspsychologie ihre Anwendung. Außerdem galt es nun, die Kriterien systematisch zu gewichten und zueinander in Beziehung zu setzen, sodass sich letztlich ein Beurteilungsvorschlag ergab.

Die vielfältigen Informationen und Festlegungen wurden 1977 in einem umfassenden TÜV-Informationssystem (TÜVIS)[26] durch Hampel[27] zusammengefasst, den Gutachtern zur Verfügung gestellt und kontinuierlich weiterentwickelt. Sie sind praktisch der Ausgangspunkt für die Entwicklung der heutigen Beurteilungskriterien.

Auch die Einführung der Nachschulungskurse (Kurse mit Rechtsfolgen) in der zweiten Hälfte der 1970er-Jahre stellten neue Anforderungen an die

---

21 Kunkel, E. (1977). *Biografische Daten und Rückfallprognose bei Trunkenheitstätern im Straßenverkehr*, Köln: Verlag TÜV Rheinland.

22 Kunkel, E. (1975a). *Akten- und Explorationsanalyse – Theoretischer Teil*; Bericht zum Forschungsvorhaben Nr. 67 der VdTÜV: „Untersuchungen über die Brauchbarkeit biografischer Daten als Prädiktoren der Fahreignung". Köln: Verlag TÜV Rheinland.

23 Kunkel, E. (1975b). *Akten- und Explorationsanalyse – Praktischer Teil*; Bericht zum Forschungsvorhaben Nr. 67 der VdTÜV: „Untersuchungen über die Brauchbarkeit biografischer Daten als Prädiktoren der Fahreignung". Köln: Verlag TÜV Rheinland.

24 Vgl. Kunkel (1975b), S. 22.

25 Undeutsch, U. (1983). *Exploration*. In: Feger, H. & Bredenkamp, J. (Hrsg.): Enzyklopädie der Psychologie, Themenbereich B: Methodologie und Methoden, Serie I: Forschungsmethoden der Psychologie, Band 2: Datenerhebung, Verlag für Psychologie Hogrefe, Göttingen: S. 321–361.

26 TÜVIS-Prüfgrundlagen des FA-MPU des VdTÜV, Band 1, Fassung von 06.98 (unveröffentlicht), Verband der Technischen Überwachungsvereine e. V., VdTÜV, Essen.

27 Hampel, B. (1990). Dreißig Jahre Fachausschuss Medizinisch-Psychologische Arbeitsgebiete bei der Vereinigung der Technischen Überwachungsvereine (VdTÜV) – ein Beitrag zur Geschichte der angewandten Psychologie. In: Nickel, W.-R. (Hrsg.). *Fahrverhalten und Verkehrsumwelt*. Köln: Verlag TÜV Rheinland, Bonn: Deutscher Psychologen Verlag.

Fahreignungsdiagnostik und deren Weiterentwicklung. Nunmehr war eine differenziertere Diagnostik gefordert, die sich nicht nur an einer Schnittstelle (geeignet – nicht geeignet) zu orientieren hatte. Jetzt war zwischen positiver Verkehrsverhaltensprognose, der Möglichkeit zur Beseitigung der Mängel in Kursen und gänzlich negativer Prognose zu unterscheiden.

Ende der 1970er-Jahre gab es neue Impulse für die inhaltliche Ausrichtung der Medizinisch-Psychologischen Untersuchungsstellen. Grundlage dieser Überlegungen bildete u. a. eine neue Auffassung über die Rechtsbeziehungen zwischen der Verwaltungsbehörde, dem Betroffenen und dem Gutachter bei der medizinisch-psychologischen Fahreignungsbegutachtung, die Menken 1980 auch veröffentlichte.[28]

Dieser Ansatz fand 1982 Eingang in die vom Bundesministerium für Verkehr verabschiedete „Richtlinie für die Prüfung der körperlichen und geistigen Eignung von Fahrerlaubnisbewerbern und -inhabern" (Eignungsrichtlinie).[29] Darin wurde erstmals hervorgehoben, dass der Betroffene Auftraggeber des Gutachtens ist und sich Untersuchung und Gutachten auf die Frage(n) zu beschränken haben, die zur Aufklärung der behördlichen Eignungszweifel zu beantworten sind.

Ende der 1980er-Jahre waren deliktspezifische alkoholbezogene Fragestellungen mit ca. 77 % der Anlässe zum Schwerpunkt der Begutachtungstätigkeit geworden. Mit der Veränderung der Fragestellungen durch die Behörden rückten persönlichkeits- und verhaltensbezogene Aspekte gegenüber der rein körperlich-geistigen Eignung immer mehr in den Mittelpunkt des gutachterlichen Entscheidungsprozesses.

Um dieser steten Entwicklung in der Fahreignungsbegutachtung gerecht werden zu können, hatte der FA-MPA bereits 1980 den Arbeitskreis „Beurteilungskriterien" installiert, der zuerst die Indikation für die Kursteilnahme und ein System von Kursausschlusskriterien entwickelte.[30] Diese Kriterien folgten einer Entscheidungsstrategie, nach der die Gutachter zunächst beurteilten, ob Fahreignung gegeben war („positive Prognose") und andernfalls geprüft wurde, ob die festgestellte Problematik grundsätzlich in einem Nachschulungskurs oder durch andere rehabilitative Maßnahmen bewältigt werden konnte. In diesen Fällen waren dann individuelle Hinderungsgründe für eine Kursteilnahme auszuschließen, wie etwa fehlende Bereitschaft zur Selbstreflexion oder unzureichende Sprachkenntnisse.

Barthelmess und Ehret[31] legten 1984 die sich aus einem Systemwechsel von der klassischen hin zu einer verhaltensorientierten (und damit an die Frage-

---

28 Menken, E. (1980). *Die Rechtsbeziehungen zwischen Verwaltungsbehörde, Betroffenem und Gutachter bei der medizinisch-psychologischen Fahreignungsbegutachtung.* Köln: TÜV Rheinland.

29 Richtlinien für die Prüfung der körperlichen und geistigen Eignung von Fahrerlaubnisbewerbern und -inhabern (Eignungsrichtlinien) (VkBl. 1982 S. 496, berichtigt VkBl. 1983 S. 7, geändert VkBl. 1989 S. 786 und VkBl. 1992 S. 307).

30 Diesem Arbeitskreis gab Wolf-Rüdiger Nickel als Federführender bis 1993 wesentliche Impulse. Ihm folgte bis 1996 Gerd Kajan nach. Seitdem nimmt Jürgen Brenner-Hartmann diese Funktion wahr.

31 Barthelmess, W., Ehret, J. (1984). Fahreignungsbegutachtung in einer Konzeption der Problemlösung. *Blutalkohol*, 21, 71–85.

stellung der Behörde gebundenen) Diagnostik ergebenden Konsequenzen für die Untersuchungstätigkeit dar. Sie kommen – wie auch andere[32 33] – zu dem Ergebnis, dass unter diesen Voraussetzungen für den Gutachter bessere Möglichkeiten eines problembezogenen und -lösenden Arbeitens unter Ausnutzung einer größeren Eigenverantwortlichkeit des Begutachteten geschaffen worden waren.

Vor diesem Hintergrund entwickelte der Arbeitskreis „Beurteilungskriterien" für die wesentlichen Fragestellungen zur Zielgruppe der Alkohol- und Verkehrsauffälligen einen Katalog von Beurteilungskriterien, der von den Gutachtern als Entscheidungsgrundlage herangezogen werden sollte. Der FA-MPA hatte dazu als Leitsatz beschlossen: „Jeder Gutachter hat diese Beurteilungskriterien und Indikatoren zu berücksichtigen. Wenn davon im Einzelfall abgewichen wird, ist eine ausführliche Begründung erforderlich."[34]

Dies galt zunächst allgemeinverbindlich bei allen Begutachtungsstellen der TÜV, später auch bei DEKRA und weiteren Trägern. Die theoretischen Grundlagen der erarbeiteten Kriterien und ihrer Systematik wurden 1989 auf dem ersten bundesweiten Kolloquium der Verkehrspsychologen der amtlich anerkannten Medizinisch-Psychologischen Untersuchungsstellen vorgestellt und durch Nickel[35] sowie Kajan[36] einer interessierten Fachöffentlichkeit 1990 zugänglich gemacht.

1991 wurde die „Richtlinie für die amtliche Anerkennung von Medizinisch-Psychologischen Untersuchungsstellen (MPU)"[37] erlassen. Sie regelt, welche Institutionen mit welchen fachlichen Anforderungen und persönlichen Qualifikationen ihrer Gutachter sowie der erforderlichen materiell-technischen Ausstattung diese Untersuchungen durchführen dürfen.

Gleichzeitig nahmen Anfang der 1990er-Jahre drogenbezogene Fragestellungen als Untersuchungsanlass zu. Diese Fälle waren bisher vorrangig unter dem Suchtaspekt (Drogenabhängigkeit) von ärztlichen Gutachtern bearbeitet worden. Wegen der Bedeutung psychologischer Befunde für die Verhaltensprognose reichten die einschlägigen Diagnoseschemata z.B. nach ICD-10[38] und das rein medizinische Gutachten „Krankheit und Kraftverkehr" nun

32 Goldfried, M.R., Kent, R.N. (1976). Herkömmliche gegenüber verhaltenstheoretischer Persönlichkeitsdiagnostik: ein Vergleich methodischer und theoretischer Voraussetzungen; In: D. Schulte (Hrsg.). Diagnostik in der Verhaltenstherapie, München, Berlin, Wien: Urban und Schwarzenberg.

33 Müller, A. (1984). Verkehrspsychologie: Begutachtung der Fahrtauglichkeit; In: Hartmann und Haubl, R. „Psychologische Begutachtung"; München, Wien, Baltimore: Urban und Schwarzenberg.

34 S. Fn. 28.

35 Nickel, W.-R. (1990). Beurteilungskriterien – Wege zur Transparenz und Vereinheitlichung; In: Nickel, W.R., Utzelmann, H.D., Weigelt, K.G. (Hrsg.) *Bewährtes sichern – Neues entwickeln*, 1. Bundesweites Kolloquium der Verkehrspsychologen amtl. anerk. Med.-Psych. Untersuchungsstellen. Köln: Verlag der Techn. Überwachungs-Vereine.

36 Kajan, G. (1990). Systematik der Beurteilungskriterien; In: Nickel, W.R., Utzelmann, H.D., Weigelt, K.G. (Hrsg.) *Bewährtes sichern – Neues entwickeln*, 1. Bundesweites Kolloquium der Verkehrspsychologen amtl. anerk. Med.-Psych. Untersuchungsstellen. Köln: Verlag der Techn. Überwachungs-Vereine.

37 Richtlinie für die amtliche Anerkennung von Medizinisch-Psychologischen Untersuchungsstellen (MPU) (VkBl. 1991 S. 610).

38 Weltgesundheitsorganisation (Hrsg.). Internationale statistische Klassifikation der Krankheiten und verwandter Gesundheitsprobleme, 10. Revision, Version 2014.

jedoch als fachliche Beurteilungsgrundlage nicht mehr aus. Da die Abstinenzforderung – zumindest bei Cannabiskonsumenten – als zwingende Voraussetzung für die Annahmen der Fahreignung von Drogenkonsumenten von der Rechtsprechung zunehmend infrage gestellt wurde, waren die Kriterien entsprechend weiterzuentwickeln und es entstand eine Reihe von Drogenkriterien, ebenfalls mit differenzierten Indikatoren als Entscheidungshilfe.

Als 1992 bereits die 4. Auflage des Gutachtens „Krankheit und Kraftverkehr" veröffentlicht wurde, heißt es darin: „Die Formulierung von Kriterien für verhaltensbedingte – oder charakterliche – Mängel der Eignung bleibt einem besonderen Text vorbehalten."[39]

Dies war der Ausgangspunkt, die bestehenden TÜVIS-Prüfgrundlagen für den psychologischen Teil der Fahreignungsbegutachtung analog zu den medizinischen Kriterien fortzuentwickeln. Daraus entstand 1995 das „Psychologische Gutachten Kraftfahreignung"[40]. Auch an den medizinischen Beurteilungskriterien wurde parallel weitergearbeitet, sodass unmittelbar danach im Jahr 1996 die 5. Auflage des „Gutachtens Krankheit und Kraftverkehr"[41] erschien. Hier erfolgte im Wesentlichen die Anordnung der einzelnen Kapitel nach der 2. EU-Führerscheinrichtlinie[42].

---

39 Bundesminister für Verkehr (Hrsg., 1992). *Krankheit und Kraftverkehr*, Gutachten des Gemeinsamen Beirats für Verkehrsmedizin beim Bundesminister für Verkehr und beim Bundesminister für Gesundheit, Schriftenreihe Heft 71, S. 60.

40 Kroj, G. (Hrsg., 1995). *Psychologisches Gutachten Kraftfahrereignung*. Bonn: Deutscher Psychologen Verlag.

41 Bundesminister für Verkehr (Hrsg., 1996). *Krankheit und Kraftverkehr*, Gutachten des Gemeinsamen Beirats für Verkehrsmedizin beim Bundesminister für Verkehr und beim Bundesminister für Gesundheit, Schriftenreihe Heft 73.

42 Richtlinie 91/439/EWG des Rates vom 29.7.1991 über den Führerschein.

3 Zusammenführung der medizinischen und psychologischen Teile als gemeinsame fachliche Grundlagen der Fahreignungsbegutachtung

Nach der ersten gesetzlichen Einführung der MPU im § 15b StVZO[43] 1993 wurden mit der Verabschiedung des Straßenverkehrsgesetzes (StVG) im Jahr 1997 zum ersten Mal fachliche Regelungen sowohl für die medizinisch-psychologischen als auch für die ärztlichen Begutachtungen festgeschrieben, die mit der im Jahr 1998 in Kraft getretenen Fahrerlaubnis-Verordnung (FeV) untergesetzlich flankiert wurden.

Durch die FeV erlangte – auch unter dem Eindruck der zwischenzeitlich ergangenen Beschlüsse des Bundesverfassungsgerichts[44] [45] – der Grundsatz Verordnungsrang, dass gelegentlicher Cannabiskonsum in der Regel die Eignung zum Führen von Kraftfahrzeugen nicht aufhebt. Bei dieser Gruppe Betroffener war es demnach nur noch erforderlich, die Fähigkeit zur Trennung von Konsum und Fahren zu begutachten. Die Drogenkriterien mussten dementsprechend an die neue Rechtslage sowie auch neue empirische Erkenntnisse angepasst und völlig überarbeitet werden. Die theoretischen und praktischen Probleme für die spezifisch ableitbaren diagnostischen Kriterien zur Zuweisung in einen „Drogenkurs“ nach § 70 FeV wurden von Brenner-Hartmann 2003[46] dargelegt.

Die weiter steigende Bedeutung der psychologischen Verhaltensprognose aufgrund der Normentwicklung erforderte es nun, die fachlichen Begutachtungsgrundsätze der Fahreignungsbegutachtung aus der Sicht der Medizin und der Psychologie zusammenzuführen. Zu diesem Zweck wurde unter der Leitung des Bundesministeriums für Verkehr eine „Paritätische Kommission“ gebildet. In intensiver fachlicher – durchaus kritischer und nicht immer von Übereinstimmung geprägter – Diskussion gelang es durch die Kompromissbereitschaft sowohl auf medizinischer als auch auf psychologischer Seite im Jahr 2000, die ersten von Medizinern und Psychologen gemeinsam erarbeiteten „Begutachtungs-Leitlinien zur Kraftfahrereignung“ vorzulegen.[47] Mitglieder dieser Kommission waren: Franz-Joachim Jagow (Bonn, als Vorsitzender), Alfons Eggersmann (Stuttgart), Bernd Friedel (Bergisch Gladbach), Hans Joachim (Heidelberg †), Elfriede Reif (Bonn), Günther Reinhardt (Ulm), Wolfgang Schubert (Berlin), Egon Stephan (Köln), Rainer Tölle (Münster),

---

43 Straßenverkehrs-Zulassungs-Ordnung, 17. Ergänzungslieferung, Oktober 1993.

44 Vgl. BvR Beschl. v. 20.6.2002 –1 BvR 2062/96.

45 Vgl. BvR Beschl. v. 8.7.2002 –1 BvR 2428/95.

46 Brenner-Hartmann, J. (2003). Drogen und Fahreignung – wann ist ein Kurs zur Wiederherstellung der Fahreignung sinnvoll und was kann er leisten? In: ADAC-RechtsForum. *Drogen im Straßenverkehr*, München: ADAC.

47 Bundesanstalt für Straßenwesen (2000). *Begutachtungs-Leitlinien zur Kraftfahrereignung.* Berichte der Bundesanstalt für Straßenwesen. Mensch und Sicherheit. Heft M 115. Bergisch Gladbach: Wirtschaftsverlag NW.

Hans Dieter Utzelmann † (Köln), Horst Venhoff (Düsseldorf), Hans-Joachim Wagner (Homburg/Saar) und Werner Winkler (Hannover).

Für die Beantwortung der immer komplexer werdenden Fragestellungen an die Gutachter reichten die Begutachtungs-Leitlinien zur Kraftfahrereignung jedoch in ihren Aussagen und Hilfestellungen nicht aus.[48] Zudem hatten in der Kommission sowohl aus medizinischer als auch aus psychologischer Sicht einige spezifische Aspekte nicht im erwünschten Maß umgesetzt werden können.

Im Jahr 2004 wurde deshalb das mittlerweile durch den „Arbeitskreis Beurteilungskriterien" ausgearbeitete Hypothesen-Indikatoren-System an die Deutsche Gesellschaft für Verkehrsmedizin (DGVM) und die Deutsche Gesellschaft für Verkehrspsychologie (DGVP) übergeben. Der bisher von TÜV und DEKRA getragene „Arbeitskreis Beurteilungskriterien" ging damit in die „Ständige Arbeitsgruppe Beurteilungskriterien (StAB)" der beiden Fachgesellschaften über. Damit verbunden war und ist einerseits die Aufgabe der gemeinsamen wissenschaftlichen Weiterentwicklung des Systems durch Mediziner und Psychologen, andererseits die Veröffentlichung der Kriterien, um die Transparenz und Nachvollziehbarkeit der Begutachtung auch für den Betroffenen zu erhöhen.

Die 1. Auflage der „Beurteilungskriterien" als Fachbuch[49] erschien 2005. Sie sind seit dieser Zeit verbindliche fachliche Voraussetzungen für eine bundesweit einheitliche Fahreignungsbegutachtung.

Im Rahmen der Fortentwicklung wurde bereits eine einheitliche Formulierung der Hypothesen, Kriterien und Indikatoren in die gleiche Fragerichtung umgesetzt. Die bei den Drogenkriterien bewährte Unterteilung in „Kriterien zur Feststellung einer Problematik" und „Kriterien zur angemessenen Problembewältigung" wurde auch auf die Hypothesen der Alkoholkriterien übertragen; Rückmeldungen aus dem Kreis der Gutachter zur Aussagekraft bestimmter Indikatoren oder zur unklaren Zuordnung zu dem jeweiligen Kriterium werden berücksichtigt und die Indikatorenstruktur immer wieder verbessert.

Mit der Ausarbeitung der Beurteilungskriterien zur Urteilsbildung in der medizinisch-psychologischen Fahreignungsdiagnostik liegt nun erstmals eine umfassende und in der Anwendung zunehmend „benutzerfreundlicher" gestaltete Übersicht über alle Kriterien und Indikatoren in einem Band vor. Der Anwender wird nach einer Einführung in die Beurteilungskriterien und ihrer Anwendung für die praktische Arbeit überwiegend die Kapitel 5 (Indikatoren zu den Beurteilungskriterien Alkohol- und Verkehrsauffälligkeiten) und Kapitel 6 (Indikatoren für die Drogenkriterien) benötigen. Die Fülle der in der Untersuchung erhobenen klinischen Test-, Labor- oder Gesprächsbefunde kann damit zuverlässig einer übersichtlichen und stringenten Entscheidungsstruktur zugeordnet werden.

---

48 Brenner-Hartmann, J. (2000). Die Begutachtungs-Leitlinien zur Kraftfahrereignung aus (medizinisch-)psychologischer Sicht. In: Krüger, H.-P. (Hrsg.), *Drogen im Straßenverkehr – ein Problem unter europäischer Perspektive*. Freiburg: Lambertus-Verlag.

49 Schubert, W., Mattern, R. (2005). *Urteilsbildung in der medizinisch-psychologischen Fahreignungsdiagnostik – Beurteilungskriterien*. Bonn: Kirschbaum Verlag.

Dadurch wird auch abgesichert, dass medizinische, psychologische und toxikologische Befunde, die in verschiedenen Fachgebieten auf unterschiedlichen Skalenniveaus und verschiedenen Normwertbereichen erhoben werden, interdisziplinär und widerspruchsfrei interpretiert werden können.

Die 1. Auflage der „Beurteilungskriterien"[50] erschien 2005. Sie sind seit dieser Zeit als mitgeltende fachliche Voraussetzungen (als fachlich normatives Dokument) für die bundesweit einheitliche Fahreignungsbegutachtung gültig. Im Jahr 2009 erschien aufgrund der fortschreitenden Erkenntnisse in der Medizin, Toxikologie und Psychologie und deren erforderliche Umsetzung in die Praxis die erweiterte und überarbeitete 2. Auflage der „Beurteilungskriterien"[51]. Eine Zielstellung dabei war, den Betroffenen die bestmöglichen fachlichen und methodischen Voraussetzungen zur Verfügung zu stellen, um sich im Rahmen einer Fahreignungsbegutachtung von den anlassbezogenen Zweifeln der Führerscheinbehörden bezüglich deren Fahreignung entlasten zu können. Die erweiterte und überarbeitete 2. Auflage der „Beurteilungskriterien" wurde durch ein Schreiben des damaligen Bundesministeriums für Verkehr, Bau und Stadtentwicklung (BMVBS) an alle bundesweit tätigen Träger von Begutachtungsstellen für Fahreignung in Kraft gesetzt.

Die Weiterentwicklung der Begutachtungs-Leitlinien zur Kraftfahrereignung[52] (mit wissenschaftlichem Stand vom 2.11.2009) wurde durch eine amtliche Mitteilung im Verkehrsblatt des BMVBS[53] am 9.5.2011 in Kraft gesetzt. Zur Erleichterung des Verständnisses des theoretischen Hintergrundes der von den Gutachtern anzuwendenden „Beurteilungskriterien" wurde durch die ständige Arbeitsgruppe der beiden Fachgesellschaften DGVP und DGVM (StAB) der „Grundriss Fahreignungsbegutachtung – Einführung in die Beurteilungskriterien der medizinisch-psychologischen und ärztlichen Begutachtung"[54] erstellt. Die Zielgruppe hierfür besteht aus Führerscheinbehörden, Rechtsanwälten, Begutachtungsvorbereitern und natürlich auch den Betroffenen selbst etc.

Um wichtige Details der Kommissionsarbeit, welche unberücksichtigt geblieben sind, nicht „verloren gehen" zu lassen und sie den praktisch tätigen Kollegen wieder zugänglich zu machen, entstand der Gedanke eines „Kommentars zu den Begutachtungs-Leitlinien zur Kraftfahrereignung"[55], welcher im Jahr 2002 mit der ersten Auflage erschien. Mit der Herausgabe des „Kom-

---

50 Schubert, W., Mattern, R. (2005). *Urteilsbildung in der medizinisch-psychologischen Fahreignungsdiagnostik – Beurteilungskriterien.* Bonn: Kirschbaum Verlag.

51 Schubert, W., Mattern, R. (2009). *Urteilsbildung in der medizinisch-psychologischen Fahreignungsdiagnostik – Beurteilungskriterien.* Erweiterte und überarbeitete 2. Auflage. Bonn: Kirschbaum Verlag.

52 Bundesanstalt für Straßenwesen (2010). *Begutachtungs-Leitlinien zur Kraftfahrereignung*, Berichte der Bundesanstalt für Straßenwesen Mensch und Sicherheit, Heft M 115. Bergisch Gladbach: Wirtschaftsverlag NW.

53 VkBl. Heft 10-2011, Amtlicher Teil Nr. 113.

54 Brenner-Hartmann, J., Wagner, T., Mußhoff, F., Hoffmann-Born, H., Löhr-Schwaab, S., Müller, A. (2011). *Grundriss Fahreignungsbegutachtung – Einführung in die Beurteilungskriterien der medizinisch-psychologischen und ärztlichen Begutachtung*, Bonn: Kirschbaum Verlag.

55 Schubert, W., Schneider, W., Eisenmenger, W. Stephan, E. (Hrsg., 2002). *Begutachtungs-Leitlinien zur Kraftfahrereignung, Kommentar.* Bonn: Kirschbaum Verlag.

mentars“ durch Schubert, Schneider, Eisenmenger und Stephan wurde die in der „Paritätischen Kommission“ entwickelte erfolgreiche Zusammenarbeit zwischen Medizinern und Psychologen auch in der Fachwelt entsprechend wahrgenommen.[56] [57]

Die überarbeitete und erweiterte 2. Auflage des Kommentars zu den Begutachtungs-Leitlinien[58], die 2005 erschienen ist, beinhaltet weiterführende fachlich differenzierte Untersetzungen zu den einzelnen Kapiteln der Begutachtungs-Leitlinien.

Unter einem anderen Aspekt kann auch von der Entwicklung eines Begutachtungssystems, in dem Eignungsmängel und deren Bedeutung für Risiken im Straßenverkehr beschrieben werden, hin zu einer ressourcenorientierten Entlastungsdiagnostik ausgegangen werden, wobei auch Lösungsansätze (z.B. Auflagen und Beschränkungen) zur Behebung der Eignungsmängel aufzuzeigen sind.

Wenn sich die Medizinisch-Psychologische Untersuchung nicht mit allen Facetten der Persönlichkeit zu beschäftigen hat, sondern nur mit dem Verhaltensbereich, in dem aktenkundige Auffälligkeiten aufgetreten sind, auf die sich der Anlass der Begutachtung bezieht, müssen auch die der Beurteilung zugrunde liegenden Kriterien in dem fraglichen Verhaltensbereich liegen. Sie sollten sich ferner möglichst direkt auf das konkrete Verhalten und auf die das Verhalten aufrechterhaltenden Bedingungen beziehen. Weiterhin ist von den Kriterien zu fordern, dass sie sich auf die Gegenwart – auf den status quo – beziehen, während die Vergangenheit lediglich den Hintergrund oder den Ausgangspunkt für den heutigen Zustand und die Entwicklung bis hierhin bildet. Ein Beispiel: Nicht die Tatsache, dass ein Betroffener bisher dreimal alkoholisiert aufgefallen war, gilt als Kriterium für eine negative Beurteilung, sondern die Tatsache, dass dieser Betroffene eine erhebliche Alkoholgewöhnung entwickelt bzw. beibehalten hat oder dass er auch heute noch den gleichen deliktauslösenden Bedingungen ausgesetzt ist wie bei seinen früheren Auffälligkeiten. Die Deliktschwere und Häufigkeit hat sich damit vom ehemals diagnostischen Kriterium hin zum Kriterium für die Formulierung von Eignungsbedenken durch die Behörde gewandelt und dient dem Gutachter nunmehr nur noch als Basis für die Gewinnung von Hypothesen über die Ursachen früheren sowie die zu fordernden Determinanten zukünftigen Verhaltens. Diese kann er dann anhand diagnostischer Kriterien aktuell überprüfen und bestätigen oder verwerfen.

Dem wissenschaftlich-fachlichen Fortschritt und den Festlegungen der damaligen Anlage 15 der FeV Nr. 1c, die jetzt Anlage 4a ist, folgend, wurde

---

56 Gehrmann, L. (2002). Neue Erkenntnisse über die medizinische und psychologische Begutachtung von Kraftfahrern. Zur Kommentierung der Begutachtungs-Leitlinien, *Neue Zeitschrift für Verkehrsrecht*. 11, 488–499.

57 Bode, H.J. (2003): Literaturbericht. Begutachtungs-Leitlinien zur Kraftfahrereignung – Kommentar. Blutalkohol, 40, 220–222.

58 Schubert, W., Schneider, W., Eisenmenger, W., Stephan, E. (2005): Begutachtungs-Leitlinien zur Kraftfahrereignung – Kommentar, überarbeitete und erweiterte 2. Auflage, Bonn: Kirschbaum Verlag.

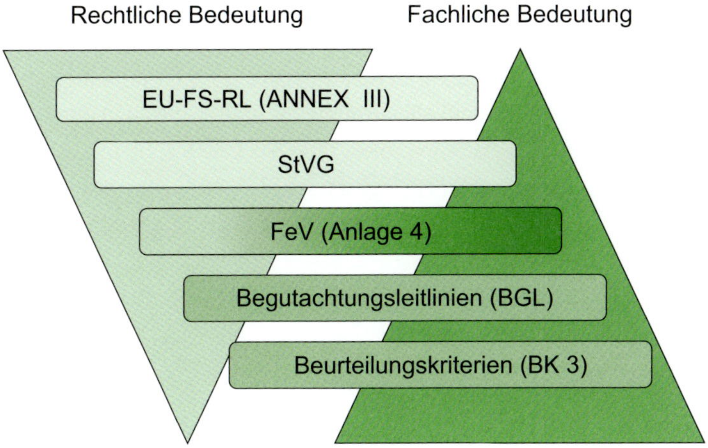

Bild 1.3 Rechtliche und fachliche Zusammenhänge von Gesetzen, Verordnungen und Richtlinien

im Jahr 2013 die 3. Auflage der „Beurteilungskriterien“[59] veröffentlicht. Neue wissenschaftliche Erkenntnisse machten insbesondere eine Anpassung der Abstinenzzeiträume und Kontrollprogramme im Alkohol- und Drogenbereich erforderlich. Bezüglich der Verkehrsdelikte und Straftaten wurde die alte Hypothesenstruktur aufgehoben. Die diagnostische Systematik erfolgt bei diesen Anlassgruppen nunmehr analog zu den Alkohol- und Drogenfragestellungen, um eine inhaltlich adäquate Behandlung der Untersuchungsanlässe zu gewähren.

Darüber hinaus wurde besonderer Wert darauf gelegt, auch die medizinische Fahreignungsuntersuchung dem aktuellen wissenschaftlichen Stand anzupassen. Hier wurde entsprechend den Untersuchungsanlässen ein neuer Mindestumfang der Untersuchung definiert. Ebenfalls neu aufgenommen wurden u. a. die Fahrverhaltensbeobachtung und das psychologische Untersuchungsgespräch.

Mit Inkrafttreten der 10. Änderungsverordnung der FeV 2014[60] wurden die ab 1. Mai 2014 gültigen Begutachtungsleitlinien zur Kraftfahreignung[61] eingeführt, die auch in der Anlage 4a der FeV verordnungsgeberisch verankert sind. In dieser Fassung der Begutachtungsleitlinien sind die Kapitel Hörvermögen, Diabetes mellitus, Störungen des Gleichgewichtssinns überarbeitet und das Kapitel Tagesschläfrigkeit neu erstellt worden.

Die wissenschaftlichen Grundlagen der Fahreignungsbegutachtung – unabhängig davon, ob Begutachtungsleitlinien, Kommentar zu den Begutach-

59 Schubert, W., Dittmann, V., Brenner-Hartmann, J. (Hrsg., 2013). *Urteilsbildung in der Fahreignungsbegutachtung – Beurteilungskriterien*. Bonn: Kirschbaum Verlag.

60 Zehnte Verordnung zur Änderung der Fahrerlaubnis-Verordnung und anderer straßenverkehrsrechtlicher Vorschriften, Bundesrat, Drucksache 78/14 vom 26.2.2014.

61 Bundesanstalt für Straßenwesen (2014). *Begutachtungsleitlinien zur Kraftfahreignung*, Berichte der Bundesanstalt für Straßenwesen Mensch und Sicherheit, Heft M 115. Bergisch Gladbach: Wirtschaftsverlag NW, gültig ab 1.5.2014.

tungs-Leitlinien, Beurteilungskriterien oder das Positionspapier der Deutschen Gesellschaft für Kardiologie, Herz- und Kreislaufforschung e.V. für die Begutachtung der Fahreignung bei kardiovaskulären Erkrankungen[62] – entfalten ihre eigenständige fachlich-normative Wirkung, die auch durch die Rechtsprechung umgesetzt wird.[63]

Das Zusammenspiel der verschiedenen gesetz- und verordnungsgeberischen Vorgaben sowie der fachlichen Richtlinien ist im Bild 1.3 grafisch veranschaulicht.

62 Klein, H.H., Krämer, A., Pieske, B.M., Trappe, H.-J., de Vries, H. (2010). Fahreignung bei kardiovaskulären Erkrankungen, *Kardiologe*. 4, 441–473.

63 BVerwG, Beschl. v. 14.11.2013 – 3 C 32/12.

4 Quantitative Einordnung der Fahreignungsbegutachtung

Im Jahr 2002 mussten sich lediglich 0,23 % der ca. 54 Millionen Fahrerlaubnisinhaber in Deutschland einer medizinisch-psychologischen Begutachtung überwiegend aufgrund entsprechender Gesetzes- und Normenverstöße unterziehen, im Jahr 2013 etwa 0,175 %. Es handelt sich hier im Vergleich zur Gesamtheit der Fahrerlaubnisinhaber in Deutschland um eine Hochrisikogruppe, die besonders schwerwiegend und offensichtlich permanent gegen die Regeln und Normen des gesellschaftlichen Zusammenlebens, wozu auch der Straßenverkehr zählt, verstoßen haben. Denn auch Straßenverkehrsverhalten ist soziales Verhalten.

Diese Reduzierung der Fallzahlen auf ca. 91.500 Begutachtungen im Jahr 2014 beruhte insbesondere auf einer veränderten Systematik der Zuweisungen zur Begutachtung sowie der Einführung von „rehabilitativen" Maßnahmen im Flensburger „Punktesystem". Von diesem Einfluss abgesehen zeigt die nur leichte Veränderung der Fallzahlen über die Jahre hinweg, dass es sich hier um eine gleichbleibende Größenordnung von Betroffenen handelt.

Im Umkehrschluss bedeutet dies aber auch, dass sich über 99 % aller Fahrerlaubnisinhaber in Deutschland – trotz entsprechender Eintragungen im Fahreignungsregister in Flensburg von bis zu 7 (früher 17) Punkten – insoweit „regelkonform" verhalten, dass sie nicht zu einer Fahreignungsbegutachtung aufgefordert werden müssen.

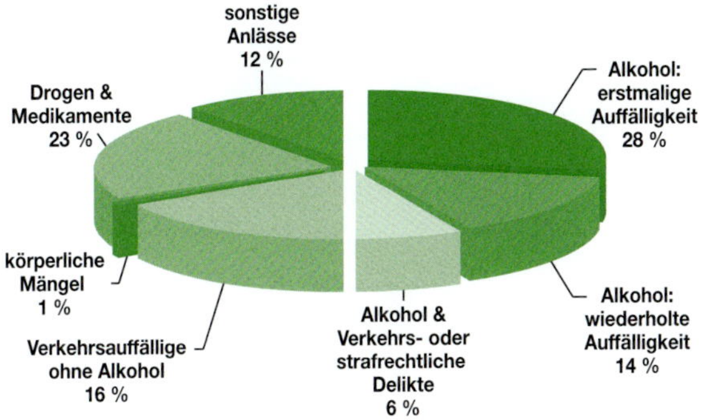

Bild 1.4 Gutachtenanlässe für Medizinisch-Psychologische Untersuchungen 2013[64]

Während im Jahr 1996 lediglich ca. 29 % aller medizinisch-psychologischen Gutachten mit Alkoholfragestellungen eine „positive" Prognose erhielten, stieg dieser Anteil bis 2014 auf über 58 %. Bei den Gutachten mit einer „negativen" Prognose ergibt sich das nachfolgende Bild: 1996 ca. 49 %, 2014 ca. 35 %. Es ergibt sich eine „Verschiebung" zu mehr „positiven" Gutachten „zulasten"

64 Bundesanstalt für Straßenwesen (2015), Begutachtung der Fahreignung 2014.

	Anlassgruppe	geeignet in %	nach-schulungs-fähig in %	ungeeignet in %	Gesamt-summe
1.1	körperliche und geistige Mängel	59,4		40,6	286
1.2	neurologisch-psychiatrische Mängel	46,0		54,0	137
1.3	Auffälligkeit bei der Fahrerlaubnis-prüfung	60,6		39,4	99
2.1	Verkehrsauffälligkeiten	62,6	0,4	37,1	13.050
2.2	Sonstige strafrechtliche Auffälligkeiten	62,0	0,4	37,6	3.259
3.1	Alkohol erstmalig	54,8	11,1	34,0	25.903
3.2	Alkohol wiederholt	47,4	8,4	44,2	13.149
4	Betäubungsmittel- und Medikamen-tenauffällige	63,8	7,0	29,2	16.751
5.1	Alkohol + allg. verkehrs- bzw. straf-rechtliche Auffälligkeiten	46,3	6,2	47,5	5.580
5.2	Alkohol + BtM/Medikamente	57,7	6,0	36,6	1.905
5.3	Allg. verkehrs- + sonst. strafrechtl. Auffälligkeiten	57,6	0,4	42,0	1.879
5.4	BtM/Medikamente + allg. Verkehrs-auffälligkeiten	57,3	3,0	39,7	2.101
5.5	Sonstige Mehrfachfragestellungen	51,3	3,2	45,5	2.039
6	FeV §§ 10 Abs. 2 u. 11 Abs. 3 Nr. 2	92,8		7,2	4.741
7	Bewerber um eine Fahrlehrererlaub-nis und Fahrlehrerüberwachung	80,6		19,4	129
8	Sonstige Anlässe	55,7	0,9	43,4	528
	%	58,3	6,4	35,3	
	Gesamtsumme	53.366	5.858	32.312	91.536

Bild 1.5 Gutachtenergebnisse der Medizinisch-Psychologischen Untersuchungen 2014[65]

der „Nachschulungsempfehlungen“ nach § 70 FeV (Kurse mit Rechtsfolgen). Dies ist hauptsächlich auf eine bessere Vorbereitung der Betroffenen vor einer Begutachtung zurückzuführen, vor allem durch die Inanspruchnahme psychologischer und medizinischer Maßnahmen bei professionellen Vorbereitungs-Anbietern. Dabei soll nicht unerwähnt bleiben, dass auch die Zuweisung in Punktetäterkurse nach § 70 der FeV nicht möglich ist.

Statistische Angaben über anlassbezogene ärztliche Begutachtungen nach § 11 FeV sind demgegenüber nicht verfügbar. Auch diese Gutachten unterliegen den Grundsätzen für die Durchführung der Untersuchungen und die Erstellung der Gutachten nach Anlage 4a FeV (zu § 11 Abs. 5), entziehen sich

65 Bundesanstalt für Straßenwesen (2015). Begutachtung der Fahreignung 2014.

aber aufgrund des Fehlens von Analysemöglichkeiten sowohl qualitativen als auch quantitativen Bewertungskriterien. Die ärztlichen Gutachten nach § 11 FeV unterliegen darüber hinaus keinem Qualitätsbewertungssystem, obwohl sie verwaltungsrechtlich unter Bezugnahme auf die Anlage 4a FeV die gleiche Wirkung entfalten wie medizinisch-psychologische Gutachten.

Aufgrund der fehlenden Statistik zu ärztlichen Begutachtungen gem. § 11 FeV sind fachliche Schlussfolgerungen zur Weiterentwicklung der Begutachtungsleitlinien zur Kraftfahreignung und zur Vorbereitung politischer und verwaltungsrechtlicher Entscheidungen derzeit nicht möglich. Im Arbeitskreis III „Verkehrsgefährdung durch krankheitsbedingte Mängel an Fahreignung und Fahrsicherheit" des 50. Verkehrsgerichtstages in Goslar[66] wurde diese Problematik ausführlich erörtert und es wurden Empfehlungen zur Verbesserung der Ausbildung, einer Weiterbildungspflicht, der Qualitätssicherung und zur statistischen Erfassung von Gutachten gegeben. Dieser Themenkomplex wurde im Jahr 2014 auf dem 52. Verkehrsgerichtstag in Goslar erneut aufgegriffen. Der Arbeitskreis V formulierte dazu folgende Forderung: „Die fachlichen Standards der MPU sind auf den Bereich der ärztlichen und fachärztlichen Begutachtungen zu übertragen. Zu fordern sind eine vertiefte verkehrsmedizinische Aus- und Fortbildung und die Sicherung der Gutachtenqualität. Die Fragestellungen und Ergebnisse sind statistisch zu erfassen."[67]

66 Empfehlungen des 50. Verkehrsgerichtstages 2012 in Goslar, Arbeitskreis 3, http://www.deutsche-verkehrsakademie.de/images/stories/pdf/empfehlungen_50_vgt.pdf.

67 Empfehlungen des 52. Verkehrsgerichtstages 2014, Arbeitskreis 5, http://www.deutscher-verkehrsgerichtstag.de/images/pdf/empfehlungen_52_vgt.pdf.

5 Fazit zum aktuellen Stand der Fahreignungsbegutachtung

Die Teilnahme am Straßenverkehr ist keine Eliteveranstaltung. Es müssen Mindestanforderungen erfüllt werden, wobei Grenzsetzungen, Normen etc. fachlich begründet werden müssen, um sie politisch festlegen zu können.

Die fachlichen Diskussionen um die Beurteilungskriterien haben einen bedeutenden Beitrag zum Wandel der Begutachtungsphilosophie von einer defizit- hin zur entlastungs- und ressourcenorientierten Diagnostik geleistet. Heutzutage wird dementsprechend die Methodologie des Nachweises noch vorhandener medizinischer und psychologischer Mindestvoraussetzungen zur Bewältigung der Fahranforderungen unter Berücksichtigung von technischen, medizinischen und/oder verhaltensbezogenen Kompensationsmöglichkeiten umgesetzt.

Mit der bundesweit einheitlichen Anwendung der Beurteilungskriterien, die zwischenzeitlich auch in einer Verkehrsblattverlautbarung[68] verwaltungsrechtlich eingeführt sind, wird ein Beitrag zur Erhöhung der Einzelfallgerechtigkeit, der Transparenz und Nachvollziehbarkeit sowie der Rechtsgleichheit geleistet. Unter Berücksichtigung einer entlastungs- und ressourcenorientierten Diagnostik wird auch der Verhältnismäßigkeitsgrundsatz, also das Übermaßverbot in der Anwendung von Methoden verschiedener Fachgebiete, berücksichtigt.

Die anlassbezogene Fahreignungsbegutachtung (Krankheiten, verhaltensbezogene Auffälligkeiten, Alkohol, Drogen, erhöhtes Aggressionspotenzial etc.) ist somit keine repressive Maßnahme oder Strafe, sondern eine Chance für die Betroffenen. Im Vordergrund steht die Vermeidung der Entziehung der Fahrerlaubnis bzw. das Wiederinverkehrbringen von Personen, denen die Fahrerlaubnis entzogen wurde.

Das Begutachtungssystem (ärztliche und medizinisch-psychologische Gutachten) hat sich als Instrument zur Steigerung der Verkehrssicherheit in Deutschland bewährt.[69] An seiner kontinuierlichen Verbesserung sowohl hinsichtlich der Methodik als auch der Aus- und Fortbildung der Gutachter wird ständig gearbeitet. Einen wichtigen Beitrag leisten dabei die Deutsche Gesellschaft für Verkehrspsychologie e. V. (DGVP) und die Deutsche Gesellschaft für Verkehrsmedizin e. V. (DGVM), indem sie es übernommen haben, unter Einbeziehung der Gesellschaft für Toxikologische und Forensische Chemie (GTFCh), die „Beurteilungskriterien“ als zentrales wissenschaftliches Werk der Fahreignungsbegutachtung zu pflegen und zu entwickeln. Zu diesem Zweck führen sie jährliche wissenschaftliche Symposien durch, in die Workshops und Plenumsdiskussionen zur Weiterentwicklung der Beurteilungskriterien integriert sind.

---

68 Verkehrsblatt, Heft 3, 2014, S. 132.

69 Empfehlungen des 48. Verkehrsgerichtstages in Goslar 2010, Arbeitskreis VI, http://www.deutsche-verkehrsakademie.de/images/stories/pdf/empfehlungen%2048.%20vgt.pdf.

Damit ist eine bundesweit einheitliche fachliche Verfahrensweise hinsichtlich der aus medizinischer, psychologischer und toxikologischer Sicht anzuwendenden Kriterien und Indikatoren bei der Fahreignungsbegutachtung erreicht. Der Geltungsbereich der fachlichen Kriterien erstreckt sich dabei nicht nur auf die begutachteten (früher: akkreditierten) Träger von Begutachtungsstellen für Fahreignung und deren Untersuchungsstellen. Neben dem Bezug zu §§ 10, 13 und 14 der FeV gelten sie genauso für die Erstellung von ärztlichen Gutachten nach §§ 11, 13 und 14 der Fahrerlaubnis-Verordnung unter Berücksichtigung der Anlage 4a (zu § 11 Abs. 5).

Die so zur Verfügung stehenden fachlich-diagnostischen Grundlagen sollten auch bei der Vorbereitung der 4. EU-Führerschein-Richtlinie Berücksichtigung finden, indem psychologische Begutachtungsmaßnahmen dort implementiert werden. Dadurch kann nicht nur der in Deutschland erreichte hohe fachliche Stand der interdisziplinär durchgeführten Fahreignungsbegutachtung und Rehabilitation erhalten, sondern auch im Sinne der Harmonisierung die Umsetzung entsprechender Maßnahmen in anderen Mitgliedsstaaten unterstützt werden. So haben eine Reihe von Mitgliedsstaaten der EU (Österreich[70 71 72], Polen[73 74], Tschechien[75], Slowakei[76 77], Italien[78 79 80 81], Deutschland[82 83],

70 Chaloupka-Risser, C., Risser, R., Zuzan, W.-D. (2011). *Verkehrspsychologie – Grundlagen und Anwendungen.* Wien: Facultas Verlags- und Buchhandels AG.

71 Kaltenegger, A., Koller, T. (2003). *Entziehung der Lenkberechtigung und Lenkverbot – Erwerb, Entziehung und Wiedererlangung – Verfahren, Rechtsschutz und Nebenfolgen – Nachschulung und verkehrspsychologische Untersuchung.* Wien: Manzsche Verlags- und Universitätsbuchhandlung.

72 Führerscheingesetz (FSG): Bundesgesetz über den Führerschein (BGBl. I 1997/120 i. d. F. BGBl. I 2009/93)
+ Führerscheingesetz-Durchführungsverordnung (FSG-DV): Verordnung des Bundesministers für Wissenschaft und Verkehr über die Durchführung des Führerscheingesetzes (BGBl. II 1997/320 i. d. F. BGBl. II 2009/26)
+ Führerscheingesetz-Nachschulungsverordnung (FSG-NV): Verordnung über verkehrspsychologische Nachschulungen (BGBl. II 2005/220).

73 Kodeks drogowy vom 20.6.1997 (Straßen-Verkehrs-Gesetz).

74 Verfügung des polnischen Gesundheitsministers vom 1.4.2005 betreffs psychologischer Untersuchungen von Kraftfahrern (Dz.U. 2005.69.622).

75 Traffic Psychological Assessment Laws:
- Act. No. 361/2000 Coll., on road traffic, as amended (101/2013 Coll.)
- Act No. 247/2000 Coll., on obtaining & improving professional competence for the driving of motor vehicles
- Decree No. 31/2001 Coll., as amended (27/2012 Coll.).

76 Gesetz Nr. 8/2009, zuletzt geändert im Januar 2014. Dekret Nr. 361/2011.

77 Regulation no. 9/2009 of the Laws, Ministry of Interior of the Slovak Republic for the implementation of the Law on Road Traffic and on amendments to certain laws.

78 Dorfer, M. (2004). Psicologia del traffico – Analisi e trattamento del comportamento alla guida, Milano: Verlag McGraw-Hill.

79 Nuovo codice della strada (decreto Legislativo N. 285 del 30/04/1992) unter: http://www.mit.gov.it/mit/site.php?p=normativa&o=vd&id=1 articolo 119: Requisiti fisici e psichici per il conseguimento della patente di guida.

80 Regolamento di esecuzione e di attuazione del nuovo codice della strada (D.P.R. 16 dicembre 1992, n. 495) Art. 324.: Valutazione psicodiagnostica e test psicoattitudinali.

81 Ministero delle Infrastrutture e dei Trasporti decreto 26 gennaio 2011, n. 17 Regolamento recante la disciplina dei corsi di formazione e procedure per l'abilitazione di insegnanti ed istruttori di autoscuola.

82 Straßenverkehrsgesetz in der Fassung der Bekanntmachung vom 5.3.2003 (BGBl. I S. 310, 919), das durch Artikel 2 des Gesetzes vom 2.3.2015 (BGBl. I S. 186) geändert worden ist.

Spanien[84], Ungarn[85 86 87 88], Belgien[89] sowie Estland[90] und Portugal[91]) und die Schweiz[92] die Überprüfung der Fahreignung und/oder die Verkehrsrehabilitation (Driver Improvement) mit unterschiedlicher Aufgabenverteilung zwischen Medizin und Psychologie im Rahmen von nationalen gesetzlichen Grundlagen bereits verankert.

In Anbetracht des demografischen Wandels und der damit im Zusammenhang stehenden Bewertung der körperlichen und geistigen Eignung zum Führen von Kraftfahrzeugen ist es geboten, Leitlinien für die Begutachtung älterer Kraftfahrzeugführer zu entwickeln, um den Wünschen auf automotive Mobilität (z. B. auch Elektrorollstühle, Nutzung von Auflagen und Beschränkungen, Assistenzsysteme) und den Möglichkeiten, diese auch zu erhalten, gerecht zu werden. Hierbei spielen insbesondere spezielle Erkrankungen, wie z. B. Demenz, und auch die Themen Multimorbidität, Medikamenteneinnahme, Persönlichkeitseigenschaften, technische Umbauten am Fahrzeug etc. eine zunehmende Rolle.

Zur Förderung, Erhaltung und Wiederherstellung der Mobilität ist es auch im Sinne des Verbraucherschutzes notwendig, Leitlinien für die Anwendung verkehrspsychologischer Interventionsmaßnahmen zu entwickeln. Die Vorbereitung auf eine Fahreignungsbegutachtung sollte staatlich geregelt werden, was auch einer Empfehlung des 52. Verkehrsgerichtstages in Goslar entspricht.

Zur Harmonisierung der Begutachtung der körperlichen und geistigen Eignung von Kraftfahrzeugführern im europäischen Raum wird in Vorbereitung auf die 4. EU-Führerschein-Richtlinie empfohlen, die Psychologie im Annex III der Richtlinie zu verankern. Zur Unterstützung dieser notwendigen Fachdiskussion werden die theoretischen Hintergründe und Zusammenhänge der Fahreignungsbegutachtung erörtert.[93]

---

83 Fahrerlaubnis-Verordnung vom 13.12.2010 (BGBl. I S. 1980), die durch Artikel 1 der Verordnung vom 16.12.2014 (BGBl. I S. 2213) geändert worden ist.

84 Königlicher Erlass 170/2010 vom 19.2.2010 zur Anerkennung medizinischer Zentren für die Untersuchung der Fahreignung.

85 Gesetz CXL/2004 über die allgemeinen Regeln behördlicher Verwaltungsverfahren und Dienstleistungen.

86 Regierungsverordnung Nr. 326/2011. (XII. 28.) über die Verwaltungsaufgaben im Straßenverkehr und die Ausgabe und Rücknahme von Dokumenten für den Straßenverkehr.

87 Verordnung 41/GKM des Ministers für Wirtschaft und Verkehr vom 7.4.2004 über Berufseignungsuntersuchungen für Kraftfahrer (Verordnung BEV).

88 Verordnung 13/NM des Ministers für Gesundheit vom 26.6.1992 über die Feststellung der gesundheitlichen Eignung von Kraftfahrern.

89 Royal Decree of October 6th 1996 on punishment and educative projects.

90 RT I, 17.3.2011, 21 unter https://www.riigiteataja.ee/akt/117032011021.

91 Decree-Law nº 138/2012 of July 5th.

92 Verordnung über die Zulassung von Personen und Fahrzeugen zum Straßenverkehr (Verkehrszulassungsverordnung, VZV) vom 27.10.1976 (Stand vom 1.1.2012).

93 Brenner-Hartmann, J., Wagner, T., Mußhoff, F., Hoffmann-Born, H., Löhr-Schwaab, S., Seidl, J. (2014). *Assessment of personal resources for safe driving – The principles of medical psychological assessment in Germany.* Bonn: Kirschbaum Verlag.

Kapitel 2
Grundlagen der Fahreignungsbegutachtung

1 Fahreignung – Überblick über die Regelungen

Andreas Patermann

Das Führen von Kraftfahrzeugen auf öffentlichen Straßen ist mit weitreichenden Gefahren verbunden. Im Jahr 2014 erfasste die Polizei nach Angaben des Statistischen Bundesamtes mehr als 2,4 Mio. Unfälle.[1] Täglich sterben im Straßenverkehr neun Menschen und über 800 werden verletzt. Nachdem Daimler 1887 mit dem ersten Kraftwagen die Strecke Stuttgart-Cannstatt mit einer Geschwindigkeit von 18 km/h befahren hatte, erließ Kaiser Wilhelm 1909[2] das Gesetz über den Verkehr mit Kraftfahrzeugen, das 1952 den aktuellen Titel Straßenverkehrsgesetz (StVG) erhielt. In dem hier interessierenden Kern änderte sich nichts. Der Gesetzgeber begegnet den vom Kraftverkehr ausgehenden Gefahren regelungstechnisch durch Verbote mit Erlaubnisvorbehalt und mit den detaillierten Verhaltensregelungen der Straßenverkehrs-Ordnung. Seit 1909 und nun nach § 2 Abs. 1 Satz 1 StVG bedürfen diejenigen, die auf öffentlichen Straßen ein Kraftfahrzeug führen wollen, einer Erlaubnis, der Fahrerlaubnis. Ohne nötige Fahrerlaubnis ist das Kraftfahren auf öffentlichen Straßen bei Strafe verboten. Nach heutigem Grundrechtsverständnis ist das Kraftfahren eine zumindest von Art. 2 Abs. 1 Grundgesetz (GG) geschützte Betätigungsform menschlichen Handelns, die nach Maßgabe des Verhältnismäßigkeitsgrundsatzes eingeschränkt werden darf.[3] § 2 Abs. 1 Satz 1 StVG genügt dem.[4] Damit nimmt es der Gesetzgeber in Abwägung von freier Entfaltung der Persönlichkeit und dem Schutz insbesondere von Leben und Leib zulässigerweise hin, dass eine gefährliche Tätigkeit unter Maßgaben ausgeübt wird, wohingegen er andere gefährliche Tätigkeiten verbietet, weil ihm das damit verbundene Risiko gegenüber dem Nutzen nicht tragbar erscheint (z. B. die Nutzung von Kernenergie oder das Rauchen in Gaststätten).[5] § 2 Abs. 2 Satz 1 StVG begründet einen Anspruch auf Erteilung der Fahrerlaubnis, wenn die Voraussetzungen erfüllt sind. Eine davon ist, dass der Bewerber zum Führen von Kraftfahrzeugen geeignet ist (Nr. 3). Nach § 3 Abs. 1 Satz 1 StVG ist die Fahrerlaubnis demjenigen zu

---

1 Statistisches Bundesamt (2015), Unfallbilanz 2014, Pressemitteilung Nr. 252 vom 9.7.2015.

2 Siehe Kapitel 1, Bild 1.1.

3 BVerfG, NJW 2002, 2378; BVerfGE 80, 137 [159]; etwa in den Fällen des § 48 FeV dürfte es um subjektive Berufszugangsregelungen i. S. d. Art. 12 Abs. 1 GG gehen.

4 BVerfGE 20, 365 [373].

5 Vgl. BVerfGE 49, 89 einerseits und nun § 1 Nr. 1 AtG anderseits zur Nutzung der Kernenergie; BVerfGE 121, 317 zum Rauchen in Gaststätten.

entziehen, der sich als ungeeignet zum Führen von Kraftfahrzeugen erweist. Den Rechtsbegriff der Eignung definiert zunächst § 2 Abs. 4 Satz 1 StVG dahin, dass geeignet ist, wer die notwendigen körperlichen und geistigen Anforderungen erfüllt und nicht erheblich oder nicht wiederholt gegen verkehrsrechtliche Vorschriften oder gegen Strafgesetze verstoßen hat. Bereits hier zeigt sich, dass der Eignungsbegriff positive („Anforderungen") und negative („nicht ... verstoßen hat") Elemente hat. Daran anknüpfend wird zuweilen statt der Eignung die Nichteignung definiert. Dann ist in Bezug auf den damit geregelten Umstand im Umkehrschluss geeignet, wer das Nichteignungsmerkmal nicht erfüllt. Satz 2 drückt die gesetzgeberische Wertung aus, dass trotz eingeschränkter Eignung und damit einhergehender abstrakter Gefahr für Rechtsgüter anderer Verkehrsteilnehmer diese hinnehmbar ist, wenn durch Beschränkungen oder Auflagen das sichere Führen von Kraftfahrzeugen gewährleistet ist. Im Kern geht es damit bei der Eignung um die Gewähr des sicheren Führens von Kraftfahrzeugen. Das kennzeichnet eine Eignungsaussage als eine Prognose.[6] Wer eine Aussage über die Eignung eines Fahrerlaubnisbewerbers oder -inhabers treffen muss, hat zu entscheiden, ob die über den Betroffenen bekannten Tatsachen erwarten lassen, dass dieser Kraftfahrzeuge sicher führen wird oder ob seine Teilnahme am Kraftverkehr Gefahren verursacht. Das unterscheidet den Begriff der Fahreignung von dem der Fahrunsicherheit/Fahruntauglichkeit/Fahruntüchtigkeit, die insbesondere im Rahmen der §§ 315c, 316 StGB verwendet werden. Fahrunsicherheit und ihre Synonyme bezeichnen einen gegenwärtigen Zustand, der dauerhafte oder vorübergehende Ursachen haben kann.[7] Die Fahreignung ist auf der Grundlage einer umfassenden Würdigung der Gesamtpersönlichkeit des Kraftfahrers zu beurteilen, und zwar nach dem Maßstab seiner Gefährlichkeit für den Straßenverkehr.[8] An verschiedenen Stellen nimmt der Gesetzgeber nähere Bestimmungen der Eignung selbst vor. So lässt sich aus § 2 Abs. 12 Satz 1 StVG rückschließen, dass vorübergehende Mängel wie etwa Übermüdung hinsichtlich der Eignung unschädlich sind, wenn der Betroffene in diesem Zustand kein Fahrzeug führt. Hingegen regelt er mit § 2a Abs. 2 Satz 1 Nr. 3 und Abs. 3 StVG und der Verpflichtung, die Fahrerlaubnis zu entziehen, dass der Inhaber einer Fahrerlaubnis auf Probe nach Durchlaufen einer Stufenfolge von Maßnahmen und einer weiteren Zuwiderhandlung ungeeignet ist.[9] Ein Fahrerlaubnisinhaber, der nach dem Punktsystem 18 oder mehr Punkte erreichte, galt nach § 4 Abs. 3 Satz 1 Nr. 3 StVG a. F. als ungeeignet. Das ab dem 1. Mai 2014 geltende Fahreignungs-Bewertungssystem, das durch das Fünfte Gesetz zur Änderung des

6 Vgl. BVerwGE 131, 163 = NJW 2008, 2601 [2602 bei Rn. 14].

7 Für den objektiven Straftatbestand des § 315c Abs. 1 Nr. 1 StGB ist nicht von Belang, ob Fahruntüchtigkeit als psychophysischer Zustand herabgesetzter Gesamtleistungsfähigkeit vorübergehend oder von Dauer ist, wenn der Betroffene in diesem Zustand ein Fahrzeug im Straßenverkehr führte, vgl. BGH, DAR 2008, 390 [391], wo im Falle eines blinden Kraftfahrers absolute Fahruntüchtigkeit erwogen wurde.

8 Vgl. BVerwG, NJW 1988, 1042 sowie Nr. 1 Buchstabe b) der Anlage 4a.

9 Vgl. BVerwG, BVerwGE 96, 59 = NJW 1995, 69 [70], wonach § 2a Abs. 3 StVG neben § 4 Abs. 1 StVG einen besonderen Fall gesetzlich definierter Nichteignung darstellt.

Straßenverkehrsgesetzes und anderer Gesetze vom 28. August 2013[10] das Punktsystem des § 4 StVG ersetzt, definiert in § 4 Abs. 5 Satz 1 Nr. 3 StVG n. F. als ungeeignet denjenigen, bei dem sich acht oder mehr Punkte ergeben haben. Mit § 69 Abs. 1 Satz 2 StGB beschreibt der Gesetzgeber Straftaten, die in der Regel die Ungeeignetheit des Kraftfahrers ergeben, wobei im Rahmen dieser Maßregel der Besserung und Sicherung der Begriff der Eignung bzw. spiegelbildlich der Ungeeignetheit inhaltlich mit dem im Fahrerlaubnisrecht verwandten Begriff übereinstimmt[11].

Für weitere nähere Regelungen von Anforderungen an die Eignung zum Führen von Kraftfahrzeugen ermächtigt der Gesetzgeber durch § 6 Abs. 1 Nr. 1 Buchstabe c) StVG zulässigerweise[12] den Verordnungsgeber, dem dabei ein Spielraum zusteht[13].

Er hat dabei zu berücksichtigen, dass nach § 2 Abs. 4 Satz 2 StVG ein Bewerber bedingt geeignet sein kann, weil bei ihm Mängel körperlicher oder geistiger Art vorliegen, denen aber ausreichend wirksam durch Beschränkungen der Fahrerlaubnis oder Auflagen dazu begegnet werden kann. Nur insoweit mag man den nicht gebräuchlichen Begriff der Teileignung verwenden und ihn der umfassenden, uneingeschränkten und unbedingten Eignung gegenüberstellen.

Gesetzes- und Verordnungsgeber unterliegen bei der Regelung der Eignung zum Führen von Kraftfahrzeugen unionsrechtlichen Bindungen. Art. 90 des Vertrages über die Arbeitsweise der Europäischen Union (AEUV) begründet eine Zuständigkeit der Europäischen Union auf dem Gebiet der Verkehrspolitik. Art. 91 Abs. 1 AEUV ermächtigt das Europäische Parlament und den Rat gemäß dem ordentlichen Gesetzgebungsverfahren und nach Anhörung des Wirtschafts- und Sozialausschusses sowie des Ausschusses der Regionen zum Erlass zweckdienlicher Vorschriften auf diesem Gebiet. Von dieser Kompetenz machten das Europäische Parlament und der Rat mit der Richtlinie 2006/126/EG vom 20. Dezember 2006 über den Führerschein (3. Führerschein-Richtlinie)[14] Gebrauch. Sie schreibt in Art. 7 Nr. 1 Buchstabe a) vor, dass ein Führerschein nur an Bewerber ausgestellt werden darf, die die gesundheitlichen Anforderungen nach Maßgabe der Anhänge II und III erfüllen. Nach Art. 7 Nr. 3 Satz 1 Buchstabe a) ist die Erneuerung eines Führerscheins bei Ablauf der Gültigkeitsdauer u. a. von der anhaltenden Erfüllung der Mindestanforderungen an die körperliche und geistige Tauglichkeit für das Führen der betreffenden Fahrzeuge gemäß Anhang III für Führerscheine der Klassen C, CE, C1, C1E, D, DE, D1 und D1E abhängig zu machen. Nach Art. 7 Nr. 3 Satz 2 können die Mitgliedsstaaten eine Erneuerung von Führerscheinen der Klassen AM, A, A1, A2, B, B1 oder BE von

10 BGBl. I S. 3313.

11 BGHSt 50, 93 = NJW 2005, 1957 [1958]; was aber nicht zu gleicher Handhabung führt, wie LG Dortmund, Blutalkohol 50 (2013), 305, zeigt.

12 Vgl. BVerwG, NJW 2005, 3440.

13 Vgl. BVerwGE 91, 117 = NJW 1993, 1540 [1542].

14 ABl. vom 30. Dezember 2006 L 403/18.

einer Prüfung der Mindestanforderungen an die körperliche und geistige Tauglichkeit für das Führen dieser Fahrzeuge gemäß Anhang III abhängig machen. Art. 7 bildet damit zwei Gruppen von Fahrerlaubnisklassen.[15] Für die erste Gruppe schreibt er bei der Verlängerung der Fahrerlaubnis Mindestanforderungen an die körperliche und geistige Tauglichkeit zum Führen eines Kraftfahrzeugs, was gleichbedeutend ist mit Eignung, vor. Für die zweite Gruppe begründet er die Befugnis zu einer solchen Regelung. Anhang III, der schon seinem Titel nach nur Mindestanforderungen definiert, die die Mitgliedsstaaten gemäß Anhang III Nr. 5[16] strenger fassen dürfen,[17] trifft nähere Regelungen für die beiden Gruppen zu ärztlichen Untersuchungen, zum Seh- und Hörvermögen, zu Bewegungsbehinderungen, zu Herz- und Gefäßkrankheiten, zur Zuckerkrankheit, zu Krankheiten des Nervensystems, zu geistigen Störungen, zum Alkohol, zu Drogen und Arzneimitteln, zu Nierenerkrankungen und zu Organtransplantationen. Art. 8 der 3. Führerschein-Richtlinie delegiert die Rechtsetzungsbefugnis gemäß Art. 290 AEUV für Änderungen, die erforderlich sind, um u. a. den Anhang III an den wissenschaftlichen und technischen Fortschritt anzupassen, auf die Kommission. Auf dieser Grundlage änderte die Kommission mit der Richtlinie 2014/25/EU vom 1. Juli 2014[18] den Anhang III in Bezug auf Krankheiten des Nervensystems und obstruktives Schlafapnoe-Syndrom.

Nähere nationale Regelungen zur Eignung mit Ausnahme des Sehvermögens trifft § 11 Abs. 1 FeV. In seinen Sätzen 1 und 3 wird man lediglich eine der Lesbarkeit der Norm geschuldete Wiederholung von § 2 Abs. 4 StVG ohne weiteren Regelungsgehalt sehen können. Eine nähere Regelung der Eignung enthält Satz 2, der die Eignung ähnlich wie der Gesetzgeber an anderen Stellen negativ definiert. Die notwendigen Anforderungen erfüllt danach nicht bzw. nicht geeignet ist danach, bei wem eine Erkrankung oder ein Mangel nach Anlage 4[19] oder 5[20] vorliegt, wodurch die Eignung oder die bedingte Eignung zum Führen von Kraftfahrzeugen ausgeschlossen wird.

Auf diese Eignungsdefinition nehmen die Regelungen über die Verlängerung (§ 24 Abs. 1 Satz 1 Nr. 1 FeV) und die Entziehung von Fahrerlaubnissen (§ 46 Abs. 1 Satz 2 FeV) Bezug. Die Anlage 4 folgt in ihrem Aufbau dem des Anhangs III der 3. Führerschein-Richtlinie. Ihre Bewertungen gelten nach ihrer Vorbemerkung Nr. 3 Satz 1 für den Regelfall.[21] Die Anforderungen an das Sehvermögen, seine Feststellung und der Nachweis

15 Zur Frage, ob darin ein Verstoß gegen den Gleichheitssatz des Art. 20 GR-Charta liegt, Schlussanträge des Generalanwalts Bot vom 18. Juli 2013 in dem Vorabentscheidungsverfahren C-356/12 (Glatzel).

16 Worauf der Erwägungsgrund 1 der Richtlinie 2009/113/EG der Kommission vom 25. August 2009 zur Änderung der 3. Führerschein-Richtlinie, ABl. vom 26. August 2009 L 223/31, ausdrücklich Bezug nimmt.

17 Was sich aber auf die gegenseitige Anerkennung nicht auswirkt, vgl. EuGH, NJW 2012, 1341 [1344 Rn. 56 f.] und NJW 2012, 1935 [1936 Rn. 43 f.].

18 ABl. vom 2. Juli 2014 L 194/10.

19 Siehe Appendix.

20 Siehe Appendix.

21 Beispiel für einen Ausnahmefall, OVG Berlin-Brandenburg, DAR 2009, 474 betreffend die Ausgleichbarkeit von Schwerhörigkeit durch eine bestimmte moderne Hörhilfe.

sind in § 12 FeV und der Anlage 6[22] geregelt. Für die Bewerber um die Erteilung oder Verlängerung einer Fahrerlaubnis der Klassen D, D1, DE, D1E sowie einer Fahrerlaubnis zur Fahrgastbeförderung erweitert Anlage 5 Nr. 2 Satz 1 die Anforderungen hinsichtlich Belastbarkeit, Orientierungs-, Konzentrations- und Aufmerksamkeitsleistung sowie Reaktionsfähigkeit. Für die Fahrerlaubnisklassen D und D1 sowie die Fahrerlaubnis zur Fahrgastbeförderung zählt § 11 Abs. 1 Satz 4 FeV zur Eignung noch, dass der Bewerber die Gewähr dafür bietet, dass er der besonderen Verantwortung bei der Beförderung von Fahrgästen gerecht wird. Über den Wandel von § 15e StVZO zu § 11 Abs. 1 Satz 4 FeV hinweg verlangt die Rechtsprechung dafür, die Gesamtpersönlichkeit des Betroffenen anhand aller bekannten verwertbaren Straftaten und Ordnungswidrigkeiten verkehrsrechtlicher und nichtverkehrsrechtlicher Art sowie sonstiger Vorkommnisse zu beurteilen. Bei Verfehlungen, die nicht in unmittelbarem Zusammenhang mit der Personenbeförderung stehen, kommt es nach dieser Rechtsprechung darauf an, ob sie Charaktereigenschaften offenbaren, die sich auch bei der gewerblichen Beförderung zum Schaden der Fahrgäste auswirken können.[23] Zu der besonderen Verantwortung bei der Beförderung von Fahrgästen wird überwiegend auch eine besondere Sorgfalt bei der Einhaltung von Verkehrsregeln gezählt, sodass demjenigen, der nach dem Maßstab der §§ 3 Abs. 1 Satz 1, 4 Abs. 3 Satz 1 StVG noch geeignet ist, die Fahrerlaubnis zur Fahrgastbeförderung nach § 48 Abs. 10 Satz 1 FeV zu entziehen ist.[24] Die Anfügung von § 11 Abs. 1 Satz 5 und die Neufassung bzw. Einfügung von § 48 Abs. 4 Nr. 2 und 2a FeV[25] soll daran nach der Rechtsprechung des Oberverwaltungsgerichts Nordrhein-Westfalen nichts geändert haben.[26] Wenngleich die Begründung dafür befremdet, weil eine Abkehr von einer einhelligen Rechtsprechung nicht ausdrücklich gekennzeichnet werden muss, sondern ein eindeutiger Normwortlaut dafür ausreicht, ist die Neuregelung in den §§ 11 Abs. 1 Satz 5 und 48 Abs. 4 Nr. 2a FeV misslungen[27] und nicht eindeutig. Die Normen verlangen vom Bewerber die Vorlage eines Führungszeugnisses nach § 30 Abs. 5 Satz 1 BZRG. Nach dieser Norm kann der Bewerber aber kein Führungszeugnis vorlegen, weil es der Behörde unmittelbar zu übersenden ist. Der Antragsteller kann nur nach § 30 Abs. 2 Satz 1 und 5 Satz 4 BZRG den Antrag bei der Meldebehörde stellen. Von dieser sprachlichen Ungenauigkeit abgesehen verfehlt die Norm aber auch

---

22 Siehe Appendix.

23 Vgl. OVG Berlin-Brandenburg, Beschl. v. 15.4.2009 – OVG 1 S 172.08 –, juris Rn. 6 mit Bezug auf BVerwG, NJW 1986, 2779 und das Gewährbieten im Falle eines wegen exhibitionistischer Handlungen und des Besitzes von kinderpornografischen Bildern Verurteilten verneinend.

24 Vgl. Hentschel, König, Dauer: StVR, 43. Aufl. 2015, § 48 FeV Rn. 26; nunmehr auch OVG Nordrhein-Westfalen, NJW 2013, 2217; zuvor schon VGH Baden-Württemberg, NJW 2013, 1896 [1897]; Sächs. OVG, Beschl. v. 15.5.2008 – 3 BS 411/07 –, juris Rn. 15; OVG Niedersachsen, VerkMitt 2006 Nr. 9, 69; a. A. Bayerischer Verwaltungsgerichtshof, Beschl. v. 2.4.2003 – 11 CS 02.2514 –, juris Rn. 13.

25 Durch die Siebte Verordnung zur Änderung der FeV und anderer straßenverkehrsrechtlicher Vorschriften vom 26. Juni 2012, BGBl. I S. 1394.

26 Vgl. OVG Nordrhein-Westfalen, NJW 2013, 2217 [2218].

27 VGH Baden-Württemberg, NJW 2013, 1896 hält die Neufassung für „etwas missverständlich“ und wendet sie dann ohne Weiteres im bisherigen Sinne an.

vom Wortlaut her den ihr von der Entwurfsbegründung[28] zugedachten, begrüßenswerten Zweck, den unbestimmten Rechtsbegriff „besondere Verantwortung bei der Beförderung von Fahrgästen gerecht wird“ zu konkretisieren. Denn inhaltliche Anforderungen an das Führungszeugnis, mit dem das Gewährbieten nachgewiesen wird, stellen diese Normen nicht. Weist das von einem Bewerber vorgelegte Führungszeugnis eine der in den §§ 4 bis 16 BZRG bezeichneten Eintragungen auf, muss es einen Maßstab zu deren Würdigung geben. Mangels eines neuen Maßstabs muss es der alte, konkretisierungsbedürftige sein, der einen Gutachter im Rahmen der weiterhin von § 11 Abs. 3 Satz 1 Nr. 8 FeV vorgesehenen Überprüfung leiten soll. Allenfalls in den Fällen, in denen das Führungszeugnis in Anwendung von § 32 Abs. 2 und 3 BZRG keine Eintragungen enthält, stellte sich die Frage, ob damit das Gewährbieten nachgewiesen ist und etwa Zuwiderhandlungen gegen verkehrsrechtliche Vorschriften, die nur im Verkehrszentralregister[29] gemäß § 28 Abs. 3 StVG gespeichert werden, unbeachtlich sind und nicht einmal im Sinne von § 48 Abs. 9 Satz 3 FeV Bedenken an der Gewähr für die besondere Verantwortung bei der Beförderung von Fahrgästen oder im Sinne von § 11 Abs. 3 Satz 1 Nr. 8 FeV Eignungszweifel begründen. Bejahte man die Frage, so wäre etwa die Verurteilung wegen einer Straftat gegen einen Fahrgast zu Geldstrafe von nicht mehr als neunzig Tagessätzen oder zu Freiheitsstrafe oder Strafarrest von nicht mehr als drei Monaten (§ 32 Abs. 2 Nr. 5 BZRG) für das Gewährbieten unerheblich, wohingegen etwa eine vorsätzliche Insolvenzverfahrensverschleppung und ein vorsätzlicher Bankrott, die mit höheren Strafen geahndet wurden, Eignungszweifel begründeten[30]. Das wirkt unstimmig.

Jenseits dieser näheren Bestimmungen behält der gesetzliche Eignungsbegriff den Charakter eines unbestimmten Rechtsbegriffs. Die Anwendung dieses Begriffs im Einzelfall, die voller gerichtlicher Überprüfung zugänglich ist, hat vom wissenschaftlichen Kenntnisstand[31] auszugehen. Der kann naturgemäß nicht normativ festgelegt werden.[32] In Bezug auf die Anlage 4 fanden die ärztlichen und verkehrspsychologischen Erkenntnisse und Erfahrungen seinerzeit Niederschlag in den Begutachtungsleitlinien zur Kraftfahreignung, die von der Bundesanstalt für Straßenwesen (BASt), einem technisch-wissenschaftlichen Institut des Bundesministeriums für Verkehr, Bau und Stadtentwick-

28 Bundesrats-Drucksache 245/12, S. 27, 30.

29 Gemäß Art. 9 Abs. 1 und Art. 1 des Fünften Gesetzes zur Änderung des Straßenverkehrsgesetzes und anderer Gesetze vom 28. August 2013 (BGBl. I S. 3313) ab 1. Mai 2014: Fahreignungsregister; dazu Albrecht, Kehr, DAR 2013, 437.

30 Vgl. Bay. VGH, Beschl. v. 6.5.2013 – 11 CE 13.765 –, juris Rn. 10.

31 Dieser Begriff ist absichtlich unscharf. Zweifelsohne umfasst er Lehrbuchwissen. Davon abweichende Fachveröffentlichungen werden Erläuterungsbedarf begründen und im Einzelfall Anlass bieten zu klären, worauf die Beurteilung zu stützen ist.

32 Siehe aber Dauer, DAR 2012, 181 [182], der klare und rechtsstaatlich einwandfreie Regeln zur Anwendung etwa der Begutachtungs-Leitlinien zur Kraftfahrereignung fordert, ohne aber aufzuzeigen, warum hier anders zu verfahren ist als etwa im Umgang mit DIN-Normen (dazu BGH, NJW 2013, 2271 [2272 ab Rn. 25] und Seibel, NJW 2013, 3000), auf die sich Schubert, W., Dittmann, W. & Brenner-Hartmann, J. (2013): Urteilsbildung in der Fahreignungsbegutachtung – Beurteilungskriterien, 3. Aufl. 2013, 8.1, S. 245, 258 und 270 beziehen.

lung, zusammengestellt wurden,[33] ohne dass ihnen rechtsnormative Qualität zukam,[34] und etwa einem darauf bezogenen Kommentar.[35] Insbesondere zu den Teilbereichen Alkohol, Drogen und Verkehrsauffälligkeiten präzisieren „Beurteilungskriterien" fachwissenschaftlicher Gesellschaften[36] den aktuellen Kenntnisstand.[37] Ihr Nutzen für den Anwender besteht darin, dass er nicht zu belegen und zu begründen hat, dass es sich um den aktuellen Kenntnisstand handelt,[38] sondern dass die Abweichung davon begründungsbedürftig ist. Je älter indes diese Texte sind, desto mehr wird es Aufgabe des Sachverständigen, der sich auf sie stützt, sein, darzulegen, dass sich der Kenntnisstand nicht verändert hat.[39] Mit der Einfügung der Anlage 4a zu § 11 Abs. 5 FeV (vormals Anlage 15) in die FeV haben die darin erwähnten Begutachtungsleitlinien für Kraftfahreignung vom 27. Januar 2014[40] Eingang in den Verordnungstext gefunden.[41] Nach den Einleitungsworten der Anlage 4a sind sie Grundlage für die Beurteilung der Eignung zum Führen von Kraftfahrzeugen. Aufgrund dieser Aufnahme in den Verordnungstext misst die Bundesanstalt für Straßenwesen den Begutachtungsleitlinien normativen Charakter zu,[42] was praktisch nicht zu einer Änderung des früheren Rechtszustands führt. Der Stand der Wissenschaft kann weiterhin nicht normativ festgesetzt werden, insbesondere nicht durch eine bewusst statische Verweisung. Jedoch definieren sie für Adressaten der Anlage 4a erkennbar einen Standard, von dem Gutachter nur mit einer Begründung abweichen dürfen, die erklärt, warum der von ihnen begutachtete Fall von den Begutachtungsleitlinien nicht angemessen erfasst ist oder inwiefern sich der sich in Fachveröffentlichungen niederschlagende Stand der Wissenschaft geändert hat.[43]

Eignungsausschließend sind zunächst Umstände in der Person des Kraftfahrers bzw. Fahrerlaubnisbewerbers, die nach einhelliger Auffassung in der einschlägigen Wissenschaft dafür gehalten werden.[44] Hingegen dürfen

33 Vormals und zuletzt Begutachtungs-Leitlinien zur Kraftfahrereignung des Gemeinsamen Beirats für Verkehrsmedizin beim Bundesministerium für Verkehr, Bau- und Wohnungswesen und beim Bundesministerium für Gesundheit, in Berichte der Bundesanstalt für Straßenwesen (BASt), Mensch und Sicherheit, Heft M 115, November 2009, seit dem 1. Mai 2014 Begutachtungsleitlinien zur Kraftfahreignung unter www.bast.de, zur Bedeutung der früheren Begutachtungs-Leitlinien BVerwGE 133, 186 = NJW 2009, 2151 [2152 Rn. 16].

34 Vgl. Bay. VGH, Beschl. v. 17.10.2013 – 11 CS 13.1469 –, juris Rn. 22.

35 Schubert, W., Schneider, W., Eisenmenger, W., Stephan, E. (2005): Begutachtungs-Leitlinien zur Kraftfahrereignung, Kommentar, Bonn: Kirschbaum Verlag.

36 Schubert, W., Dittmann, W. & Brenner-Hartmann, J. (2013): Urteilsbildung in der Fahreignungsbegutachtung – Beurteilungskriterien. Bonn: Kirschbaum Verlag; zur Entstehung Kapitel I.

37 Vgl. VkBl. 2014, 132.

38 So BVerwG, Blutalkohol 51 (2014), 30 [33] mit Bezug auf OVG Sachsen-Anhalt, NJW 2013, 3113 [3114].

39 Was etwa für die kardiovaskulären Erkrankungen in Anbetracht von Klein, H.H., Krämer, A., Pieske, B.M., Trappe, H.-J., de Vries, H. (2010): Fahreignung bei kardiovaskulären Erkrankungen, *Der Kardiologe, 1*, misslingen würde.

40 Zu deren Entstehung etwa Albrecht, Weiterentwicklung der Begutachtungs-Leitlinien zur Kraftfahrereignung, in: Tagungsband 9. Gemeinsames Symposium der DGVM und DGVP 2013, S. 17.

41 Dort ist allerdings „Begutachtungs-Leitlinien" geschrieben.

42 Http://www.bast.de/DE/FB-U/Fachthemen/BLL/BLL-Hintergrund.html (letzter Aufruf: 29. September 2014).

43 Ähnlich Begutachtungsleitlinien zur Kraftfahreignung, 2.4, S. 10.

44 Wie es etwa in dem in den Begutachtungsleitlinien zur Kraftfahreignung, Anhang B, 2.1.1, S. 90 angesprochenen Fall des vollständigen Ausfalls beider Arme und dem Führen von Krafträdern sein dürfte.

Umstände, die nach der einhelligen Auffassung in der einschlägigen Wissenschaft keine Gefährlichkeit für den Straßenverkehr begründen, nicht als eignungsausschließend angesehen werden. Die praktisch bedeutsamen Fälle liegen zwischen diesen beiden Polen. Für sie gilt der allgemeine Gedanke des Gefahrenabwehrrechts, dass je höherrangiger ein Rechtsgut und je größer der ihm drohende Schaden ist, umso geringere Anforderungen an die Wahrscheinlichkeit eines Schadenseintritts zu stellen sind.[45] Da es im Fahrerlaubnisrecht stets um die Abwehr erheblicher Schäden für Leib oder gar Leben geht, hängt die Eignungsaussage regelmäßig an der Einschätzung der Wahrscheinlichkeit, dass der fragliche Umstand im konkreten Fall zu einem Schaden führen kann. Damit ist die Anwendung dieses Eignungsbegriffs mit Unwägbarkeiten behaftet wie sie jeder Prognose, Vorhersage anhaften, die man weder mit Statistiken zur Häufigkeit etwa krankheitsbedingter Zwischenfälle noch mit Wahrscheinlichkeitsrechnungen oder auf andere Weise zweifelsfrei beheben wird. Dies führt dazu, dass die Wissenschaft und letztlich der Sachverständige Maßstäbe für einzelne Eignungsmerkmale ausbildet[46] und im Einzelfall anwendet. Der damit verbundenen Schwächen[47] sollten sich Gutachter und Entscheider bewusst sein und bemüht sein, sicherzustellen, dass gleiche Sachverhalte von unterschiedlichen Gutachtern gleich beurteilt werden. Dazu tragen die Empfehlungen von Mattern/Schubert[48] bei, als Gutachter nur Fragen zu beantworten, die man beantworten kann, Vertrauensbereiche der eigenen Aussagen anzugeben und sich vor Kompetenz-Illusionen zu hüten. Damit geht einher, dass der Sachverständige nicht entscheidbare Fälle auch ausdrücklich so einstuft.[49] Eine Gefahr, dass die fortentwickelten Maßstäbe dem Willen des Gesetz- und Verordnungsgebers nicht entsprechen, die Dauer anspricht[50], mag gegeben sein. Doch hat es insbesondere der Verordnungsgeber in der Hand, gegebenenfalls den sich in der Wissenschaft durchsetzenden Wertungen entgegenzutreten. Wohl nicht zu erwarten ist, dass dies nach einer breiten fachlichen Diskussion darüber geschieht, ab welcher Größenordnung das Risiko des Versagens im Straßenverkehr[51] beachtlich ist und die uneingeschränkte Eignung ausschließt[52].

45 Vgl. BVerwG, Blutalkohol 51 (2014), 30 [33].

46 Etwa Klein, et al. (2010), 1; Klein: Fahreignung bei Herz-Kreislauferkrankungen, in: Tagungsband 8. Gemeinsames Symposium der DGVM und DGVP 2012, S. 34.

47 Dazu Mattern: Welches Risiko akzeptiert die Rechtsordnung?, in: Deutscher Verkehrsgerichtstag 2012, Veröffentlichung der Vorträge und Empfehlungen, S. 101 [108 f., 116]; Mattern, Schubert: „Fehlerkultur" bei der Begutachtung der Kraftfahrer-Eignung, in: Tagungsband 8. Gemeinsames Symposium der DGVM und DGVP 2012, S. 13.

48 Mattern, Schubert: „Fehlerkultur" bei der Begutachtung der Kraftfahrer-Eignung, in: Tagungsband 8. Gemeinsames Symposium der DGVM und DGVP 2012, S. 20.

49 So die 5. Empfehlung des Arbeitskreises III, in: Deutscher Verkehrsgerichtstag, Deutsche Akademie für Verkehrswissenschaft e. V. (Hrsg.) 2012 – 50. Deutscher Verkehrsgerichtstag, S. XII.

50 In DAR 2012, 181 [182].

51 Vgl. BVerwG, Blutalkohol 51 (2014), 30 [33].

52 Anders wohl Dauer, DAR 2012, 181 [183].

2 Einzelne Eignungsmerkmale

Andreas Patermann

Die Anlage 4, ergänzt durch die in Anlage 4a angeführten Begutachtungsleitlinien, soweit sie Regelungen zur Eignung treffen, nimmt für häufiger vorkommende Erkrankungen und Mängel Bewertungen vor. In diesen Fällen bedarf es keiner weiteren Überlegungen des mit der Bearbeitung eines Fahrerlaubnisfalls Befassten dazu, ob der Betroffene geeignet[53] oder ungeeignet[54] ist. Durch sie sind Ermittlungen im Erteilungsverfahren, die § 2 Abs. 7 Satz 1 StVG verlangt, unnötig. Mit ihnen ist im Entziehungsverfahren gegebenenfalls die Nichteignung erwiesen (§ 3 Abs. 1 Satz 1 StVG), sie steht damit im Sinne des § 11 Abs. 7 FeV fest. Die Anlage 4 setzt aber ärztliche Feststellungen voraus. So wird ein Laie den Grad der Schwerhörigkeit (Nr. 2.1), den ständigen diastolischen Wert des Blutdrucks (Nr. 4.2.1), das Ausmaß der Parkinsonschen Krankheit und ihrer Therapie (Nr. 6.3) oder die Umstände der Niereninsuffizienz in Dialysebehandlung (Nr. 10.2) nicht einschätzen können. Sind aber nach den (überzeugenden) ärztlichen Feststellungen etwa in dem in Vorbemerkung 2 zur Anlage 4 angesprochenen ärztlichen Gutachten die Merkmale der Anlage 4, die Teil der FeV und damit normative Tatbestandsmerkmale sind, erfüllt, dann gilt die normative Bewertung. Nach Satz 1 der Vorbemerkung 3 zur Anlage 4 gelten diese Bewertungen aber nur für den Regelfall. Es erscheint missverständlich, deshalb von einer (Regel-) Vermutung zu sprechen.[55] Vielmehr definiert der Verordnungsgeber mit der Anlage 4 (Nicht-)Eignungsmerkmale. Liegen ihre tatbestandlichen Voraussetzungen nicht vor, dann ist weder die Vermutung widerlegt noch handelt es sich um einen Ausnahmefall, sondern die Norm ist nicht einschlägig. Ein Ausnahmefall kommt nur dann in Betracht, wenn ein Nichteignungsmerkmal der Anlage 4 gegeben ist, dessen Auswirkung aber durch besondere Umstände kompensiert wird. Vorbemerkung 3 Satz 2 der Anlage 4 nennt als derartige Umstände besondere menschliche Veranlagung, Gewöhnung, besondere Einstellung oder besondere Verhaltenssteuerungen und -umstellungen. Zu bedenken ist dabei, dass die Anlage 4 an mehreren Stellen ohnehin schon in die Regelfalldefinition Kompensationsmöglichkeiten einbezieht. Das ist etwa bei den Bewegungsbehinderungen (Nr. 3) oder bei der Zuckerkrankheit (Nr. 5.3) der Fall. Ergibt aber die Anwendung der Regelfalldefinitionen, dass der Betroffene nicht geeignet ist, dann besteht nur dann Anlass zur Prüfung eines Ausnahmefalles, wenn der Betroffene besonders eingehend, fachlich fundiert und nachprüfbar aufzeigt, dass und warum die vom Verordnungsgeber vorgenommene Wertung, die ihrerseits auf sachverständigen

53 Etwa Nr. 4.3.1 bei Hypotonie in der Regel kein Krankheitswert: Eignung.

54 Etwa Nr. 9.1 bei Einnahme von Betäubungsmitteln im Sinne des BtMG (ausgenommen Cannabis): keine Eignung.

55 Thür. OVG, Blutalkohol 49 (2012), 171 [172]; OVG Sachsen-Anhalt, Beschl. v. 14.6.2013 – 3 M 68/13 –, juris Rn. 10; Bay. VGH, Beschl. v. 27.5.2013 – 11 CS 13.718 –, juris Rn. 13.

Einschätzungen beruht, in seinem konkreten Fall nicht zutreffen soll.[56] Dazu wird er sich zweckmäßigerweise gutachterlich unterlegt an die Begutachtungsleitlinien und den einschlägigen Hypothesen der Beurteilungskriterien[57] orientieren.

2.1 Sehvermögen

Eingehender als in der Fassung des Jahres 2006 regelt die 3. Führerschein-Richtlinie in der Fassung vom 25. August 2009 die Anforderungen zum Sehvermögen. Die dort geforderte angemessene Untersuchung aller Bewerber um eine Fahrerlaubnis regeln § 12 Abs. 2 FeV (Sehtest) und § 12 Abs. 6 FeV (Untersuchung). Dabei nimmt § 12 Abs. 2 FeV für die Einhaltung des Sehtests auf eine inzwischen überholte Fassung der DIN 58 220 Bezug. Zu bedenken ist, dass die Ergebnisse der Sehschärfeprüfung ein und desselben Probanden abhängig von den verschiedenen Untersuchern erheblichen Schwankungen und Abweichungen unterworfen sind, die im Vergleich zum theoretisch exakten Ergebnis durchaus eine Größenordnung von +/– 0,2 bis 0,3 erreichen können.[58] Für Bewerber um eine Fahrerlaubnis der Klassen A, A1, B, BE, M, S, L und T kann davon das Bestehen des Sehtests abhängen. Im Falle des Nichtbestehens ist nach § 12 Abs. 5 FeV eine aufwendigere augenärztliche Untersuchung erforderlich. Bewerber um die Erteilung oder Verlängerung einer Fahrerlaubnis der Klassen C, C1, CE, C1E, D, D1, DE oder D1E haben sich nach § 12 Abs. 6 FeV nicht nur einem Sehtest, sondern einer ärztlichen Untersuchung zu unterziehen. Sie unterliegen höheren Anforderungen als die Bewerber um eine Fahrerlaubnis der anderen Klassen.[59] Anders als die Anlage 4, die Bewertungen für den Regelfall vornimmt und im Ausnahmefall Kompensationen für möglich hält und zum Sehvermögen nur auf die Anlage 6[60] verweist, regelt die Anlage 6 Mindestanforderungen. In deren Festlegung im Rahmen des wissenschaftlich Vertretbaren drückt sich aus, dass der Normgeber einschätzen darf, welche Risiken er hinnimmt.[61] Die Fehlsamkeit dieser Einschätzung wird mit dem Hinweis auf denkbare geringere Anforderungen oder im Einzelfall hinnehmbare Gegebenheiten nicht belegt werden können.[62]

Für die Inhaber einer bis zum 31. Dezember 1998 erteilten Fahrerlaubnis trifft Nr. 3 der Anlage 6 abweichende Regelungen.

---

56 Vgl. Bay. VGH, Beschl. v. 9.7.2012 – 11 ZB 12.1052 –, juris Rn. 33.

57 Schubert et al. (2013): Urteilsbildung in der Fahreignungsbegutachtung – Beurteilungskriterien, S. 90.

58 So Schubert, et al. (2005), Kommentar, zu Kapitel 3.1, S. 91.

59 Die Regelung, dass der Visus des schlechteren Auges einen Wert von 0,1 nicht unterschreiten darf, ist gültig, insbesondere mit der GR-Charta vereinbar, obgleich Untersuchungsdaten zur Festlegung der Mindestwerte der Sehschärfe fehlen, weil der Unionsgesetzgeber bei wissenschaftlichen Ungewissheiten Erwägungen zur Verbesserung der Verkehrssicherheit den Vorzug einräumen darf; so Urteil des EuGH vom 22.5.2014 – C-356/12 – [Glatzel].

60 Siehe Appendix.

61 Vgl. Hess. VGH, NJW 2012, 2294 [2296].

62 Vgl. OVG Niedersachsen, VerkMitt 2007 Nr. 76 zur Rotblindheit oder Rotschwäche in Nr. 2.2.2 der Anlage 6, die jetzt im Sinne des dortigen Klägers geändert ist; dazu mit strengeren Anforderungen Schubert, et al. (2005), Kommentar, zu Kapitel 3.1, S. 93 f.

63 Vgl. OVG Berlin-Brandenburg, DAR 2009, 474.

2.2 Schwerhörigkeit und Gehörlosigkeit

Die 3. Führerschein-Richtlinie sieht zum Hörvermögen vor, dass die Erteilung einer Fahrerlaubnis der Gruppe 2 vom Ergebnis einer ärztlichen Untersuchung, die insbesondere die Kompensationsmöglichkeiten zu berücksichtigen hat, abhängig gemacht werden kann. Nach Anlage 4 Nr. 2 schließen Schwerhörigkeit und Gehörlosigkeit für sich genommen die Eignung für die meisten Fahrerlaubnisklassen nicht aus. Darin mag der Grund liegen, dass diese Beeinträchtigungen in den veröffentlichten Gerichtsentscheidungen keine Rolle spielen. Der allgemeine Ausschluss einer Kompensation des Hörverlusts durch Hörgeräte, wie ihn die Begutachtungs-Leitlinien für Kraftfahrereignung in 3.2.1 vorsahen, war rechtswidrig.[63] Die Begutachtungsleitlinien haben das nun in 3.2 aufgegriffen.

2.3 Bewegungsbehinderungen

Die 3. Führerschein-Richtlinie verdeutlicht, dass diese Behinderungen dann eignungsausschließend sind, wenn sie das sichere Führen eines Kraftfahrzeugs beeinträchtigen. Lässt sich eine für das Kraftfahren erhebliche Behinderung nach gutachterlicher Feststellung durch besondere technische Vorrichtungen kompensieren,[64] dann steht sie auch nach Anlage 4 Nr. 3 der Erteilung einer Fahrerlaubnis nicht entgegen. Auch hier kann darin der Grund liegen, dass Bewegungsbehinderungen kaum zu Streitigkeiten um die Fahrerlaubnis führen.

2.4 Herz- und Gefäßkrankheiten

Detaillierter als die 3. Führerschein-Richtlinie regelt Nr. 4 der Anlage 4 die Auswirkungen von Herz- und Gefäßkrankheiten auf die Eignung. Dort, wo die Eignung gegeben sein kann,[65] sind zumeist regelmäßige Kontrollen oder Nachuntersuchungen als Auflage vorgeschrieben. Die Deutsche Gesellschaft für Kardiologie hat von den als veraltet erachteten Begutachtungsleitlinien zur Kraftfahreignung abweichende Empfehlungen zur Einschätzung von kardiovaskulären Erkrankungen veröffentlicht.[66]

2.5 Diabetes mellitus (Zuckerkrankheit)

In ihrer aktuellen Fassung schließt die 3. Führerschein-Richtlinie die Eignung bei Zuckerkrankheit nicht so weitgehend aus wie in ihrer ursprünglichen Fassung. Nach Nr. 5.1 der Anlage 4 ist die Eignung nur bei der Neigung zu

---

64 Näher dazu siehe Kapitel 5.2; bildliche Beispiele etwa in Schubert et al. (2005): Kommentar, 2.6.1, S. 76 ff. und Madea, Mußhoff, Berghaus (Hrsg.): Verkehrsmedizin, 2. Aufl. 2012, S. 272 ff.; im Übrigen Codezahlen 10 bis 51 zu den Fahrzeuganpassungen im Anhang I der 3. Führerschein-Richtlinie sowie Anlage 9 zur FeV und Anhang B zu den Begutachtungsleitlinien zur Kraftfahreignung.

65 Zu den Schwierigkeiten der Beurteilung mit Tabellen zu den von den unterschiedlichen ärztlichen Fachgesellschaften vertretenen Mehrheitsmeinungen Madea, B., Mußhoff, F., Berghaus, G. (2012): Verkehrsmedizin: Fahreignung, Fahrsicherheit, Unfallrekonstruktion. Köln: Deutscher Ärzteverlag, S. 335 ff.

66 Klein et al. (2010), 1; Klein (2012), 34.

schweren Stoffwechselentgleisungen ausgeschlossen. Das ist mit Blick auf die Vorgabe der 3. Führerschein-Richtlinie, dass Bewerbern oder Fahrzeugführern mit wiederholt schwerer Hypoglykämie und/oder Hypoglykämie-Wahrnehmungsstörung keine Fahrerlaubnis erteilt oder erneuert werden darf, sowie mit Blick auf Nr. 5.2 der Anlage 4 mindestens bei wiederholter Stoffwechselentgleisung ohne Einstellung anzunehmen.[67] Ein Zusammenhang der Entgleisung mit dem Straßenverkehr ist nicht erforderlich,[68] jedoch wird sie ohne einen solchen kaum zur Kenntnis der Fahrerlaubnisbehörde gelangen.[69] Bei anderen Erscheinungsformen kann die Eignung, insbesondere nach Einstellung, gegeben sein. Nach Nr. 5.5 der Anlage 4 ist zu bedenken, dass Komplikationen oder Folgeerkrankungen der Zuckerkrankheit die Eignung ausschließen können.[70]

2.6 Krankheiten des Nervensystems

Die 3. Führerschein-Richtlinie macht bei einer schweren Erkrankung des Nervensystems die Erteilung/Verlängerung einer Fahrerlaubnis von einem positiven ärztlichen Gutachten abhängig, definiert aber selbst den Begriff der schweren Erkrankung nicht. Für Störungen des Nervensystems, die auf Erkrankungen oder Operationen des zentralen oder peripheren Nervensystems zurückzuführen sind, sich in motorischen, sensiblen, sensorischen oder trophischen Symptomen äußern und das Gleichgewicht und die Koordinierung stören, schreibt sie vor, dass sie aufgrund der Funktions- und Entwicklungsmöglichkeiten zu beurteilen sind. Hingegen ist Nr. 6 der Anlage 4 nach Erkrankungen, Verletzungen oder Schäden gegliedert.

Epilepsie regelt die 3. Führerschein-Richtlinie in 14 Unterpunkten zur Nr. 12 der Anlage III vergleichsweise detailliert, wobei sie sie dahin definiert, dass sie bei zwei oder mehr epileptischen Anfällen innerhalb von weniger als fünf Jahren vorliegt. Unstimmig wirkt es, dass Personen, die einen erstmaligen Anfall erlitten haben, vom Führen eines Fahrzeugs abgeraten werden soll, sie aber erst nach sechs anfallsfreien Monaten als zum Führen von Fahrzeugen der Gruppe 1 geeignet erklärt werden dürfen. Nach dem zweiten epileptischen Anfall in fünf Jahren darf der Betroffene erst nach einem anfallsfreien Jahr als zum Führen von Fahrzeugen der Gruppe 1 geeignet erklärt werden. Für Bewerber um eine Fahrerlaubnis der Gruppe 2 regelt die 3. Führerschein-Richtlinie Anforderungen an die ärztliche Begutachtung, die üblicherweise nicht normativ vorgegeben werden. Nach einem ersten Anfall können diese Bewerber erst nach fünf anfallsfreien Jahren ohne Einnahme von Antiepileptika als zum Führen von Fahrzeugen geeignet erklärt werden. Im Falle von Epilepsie muss Anfallsfreiheit ohne die Einnahme von Antiepileptika während eines Zeitraums von zehn Jahren erreicht worden sein.

67 Vgl. VG Mainz, NZV 2010, 218.
68 Vgl. Bay. VGH, Beschl. v. 8.1.2007 – 11 CS 06.1910 –, juris.
69 Vgl. VG Ansbach, Beschl. v. 29.5.2012 – AN 10 S 12.00716 –, juris.
70 Vgl. Bay. VGH, Beschl. v. 11.2.2004 – 11 CS 03.3423 –, Klein et al. (2010), 1; Klein (2012), S. 34.

Die Neufassung der Nr. 6.6 der Anlage 4 erklärt einen an Epilepsie Erkrankten nur ausnahmsweise in der Gruppe 1 für geeignet, umschreibt einen derartigen Ausnahmefall nun mit einem auf ein Jahr verkürzten Zeitraum von Anfallsfreiheit. Hingegen eröffnet sie im Falle der Gruppe 2 den Ausnahmefall bereits nach fünf Jahren Anfallsfreiheit ohne Therapie.[71] Mit Blick auf Nr. 12.14 Satz 2 der Anlage III der 3. Führerschein-Richtlinie setzt das noch „anerkannt gute Prognoseindikatoren“ voraus.

2.7 Psychische Störungen

Die 3. Führerschein-Richtlinie knüpft die Erteilung/Verlängerung einer Fahrerlaubnis an ein positives ärztliches Gutachten, wenn der Bewerber an schweren geistigen Störungen, an erheblichem Schwachsinn oder an schwerwiegenden Persönlichkeitsänderungen leidet.

Nr. 7 der Anlage 4 regelt detaillierter untergliederte Erscheinungsformen psychischer Störungen. Bei akuten und/oder (sehr) schweren Störungen ist die Eignung ausgeschlossen. In anderen Fällen kann sie unter Bedingungen oder ausnahmsweise gegeben sein. Überwiegend sind dann aber Nachuntersuchungen oder regelmäßige Kontrollen aufzugeben.

2.8 Alkohol

Die 3. Führerschein-Richtlinie bezeichnet Alkoholgenuss zunächst nur als eine große Gefahr für die Sicherheit im Straßenverkehr und fordert auf medizinischer Ebene zu großer Wachsamkeit auf. Sie verbietet die Erteilung/Verlängerung einer Fahrerlaubnis an Alkoholabhängige und an solche, die das Führen eines Fahrzeugs und Alkoholgenuss nicht trennen können. Da sie nur die Erteilung/Verlängerung/Erneuerung der Fahrerlaubnis und die gegenseitige Anerkennung gültiger Fahrerlaubnisse/Führerscheine regelt, kann man darin nicht die unionsrechtliche Vorgabe sehen, eine Fahrerlaubnis zu entziehen, wenn der Kraftfahrer nicht völlig alkoholfrei fährt.

Nr. 8 der Anlage 4 schließt die Eignung dann aus, wenn der Betroffene das Führen von Fahrzeugen und einen die Fahrsicherheit beeinträchtigenden Alkoholkonsum nicht hinreichend sicher trennen kann, womit der Verordnungsgeber den Missbrauch von Alkohol im Bereich der Fahreignung definiert (Nr. 8.1) und dabei vom umgangssprachlichen Verständnis bzw. dem des ICD-10[72] des Begriffes Missbrauch abweicht.[73] Sie ist weiter bei Alkoholabhängigkeit ausgeschlossen (Nr. 8.3). Nach Beendigung des Missbrauchs und nach einer Entwöhnungsbehandlung im Falle der Abhängigkeit kann die Eignung wiedererlangt werden.

---

71 Vgl. VG Meiningen, Urt. v. 18.12.2012 – 2 K 179/11 Me –, juris.

72 WHO (2010): Internationale Klassifikation psychischer Störungen. ICD-10. Klinisch-diagnostische Leitlinien. 7. überarbeitete Auflage. Hrsg. H. Dilling, W. Mombour & M. H. Schmidt. Bern: Verlag Hans Huber.

73 Dies übersehend Tepe, DAR 2, 013, 372 [373].

Nr. 8.1 wird im Bereich der Entziehung einer Fahrerlaubnis wegen Ungeeignetheit praktisch von den §§ 69 Abs. 2 Nr. 1 und 2, 315c und 316 StGB überlagert. In deren Rahmen ist geklärt, dass man infolge Genusses alkoholischer Getränke dann nicht in der Lage ist, das Fahrzeug sicher zu führen, also der Alkoholkonsum die Fahrsicherheit in jedem Fall beeinträchtigt, wenn die Tatzeitblutalkoholkonzentration eines Kraftfahrers mindestens 1,1 ‰ beträgt (absolute Fahruntüchtigkeit).[74] Ein Radfahrer ist bei einem Blutalkoholgehalt von 1,7 ‰ absolut fahruntüchtig.[75] Wer in einem solchen Zustand im Verkehr ein Fahrzeug führt, macht sich nach § 316 StGB strafbar, womit er in der Regel als ungeeignet zum Führen von Kraftfahrzeugen anzusehen ist. Mit einer solchen Tat zeigt man, dass man einen die Fahrsicherheit beeinträchtigenden Alkoholgenuss und das Führen von Fahrzeugen nicht hinreichend sicher trennen kann. Unterhalb der Grenze zur absoluten Fahruntüchtigkeit belegt eine auffällige, regelwidrige und riskante Fahrweise in der Regel, dass der Betroffene alkoholbedingt nicht in der Lage ist, das Fahrzeug sicher zu führen.[76] Zu einer Strafbarkeit nach § 315c StGB und regelmäßig einer Entziehung der Fahrerlaubnis nach § 69 Abs. 2 Nr. 1 StGB führt dies jedoch nur unter weiteren Bedingungen.[77] Scheitert die Strafbarkeit etwa daran, dass der Betroffene nur fremde Sachen von geringem Wert gefährdete, bekommt die Wertung von Nr. 8.1 der Anlage 4 wieder eine Bedeutung. Eine Ordnungswidrigkeit nach § 24a Abs. 1 StVG belegt noch keinen Alkoholmissbrauch. Sie setzt zwar eine Alkoholmenge oberhalb von 0,25 mg/l in der Atemluft oder 0,5 ‰ im Blut und unterhalb der Grenze zur absoluten Fahruntüchtigkeit voraus, kommt aber nur in Betracht, wenn Fahruntüchtigkeit nicht nachgewiesen werden kann.[78] Ohne diesen Nachweis kann nicht von einem die Fahrsicherheit beeinträchtigenden Alkoholkonsum gesprochen werden. Missverständlich ist es, dass die Begutachtungsleitlinien zur Kraftfahreignung unter 3.13.1 von Missbrauch ausgehen, wenn es nur eine einmalige Fahrt unter hoher Alkoholkonzentration auch ohne weitere Anzeichen einer Alkoholwirkung gab. Das kann nur auf Werte oberhalb der 1,1-‰-Grenze zur absoluten Fahruntüchtigkeit zutreffen. Gleichwohl sind Zuwiderhandlungen nach § 24a Abs. 1 StVG nicht unbeachtlich, sondern geben im Wiederholungsfall einen Begutachtungsanlass nach § 13 Satz 1 Nr. 2 Buchstabe b) FeV.

Nr. 8.3 greift mit dem Begriff der Alkoholabhängigkeit auf die internationale Klassifikation psychischer Störungen zurück.[79] Sie schließt die Kraftfahreignung auch dann aus, wenn der Betroffene nicht im Straßenverkehr auffiel.

74 Vgl. BGHSt 37, 89 = NJW 1990, 2393, und DAR 2007, 272.

75 Vgl. BGHSt 34, 133 = NJW 1986, 2650.

76 Vgl. BGH, NStZ 1995, 88.

77 Vgl. BGH, NStZ 2013, 167.

78 Vgl. KG, Blutalkohol 49 (2012), 46 [47].

79 WHO (2010): Internationale Klassifikation psychischer Störungen. ICD-10. Klinisch-diagnostische Leitlinien. 7. überarbeitete Auflage. Hrsg. H. Dilling, W. Mombour & M. H. Schmidt. Bern: Verlag Hans Huber. Vgl. auch Begutachtungsleitlinien zur Kraftfahreignung unter 3.13.2 mit Darstellung der Kriterien, von denen irgendwann während des letzten Jahres drei oder mehr gleichzeitig vorhanden sein müssen, um die sichere Diagnose „Abhängigkeit" zu stellen.

Weder das noch die Gewöhnung des Alkoholabhängigen an Alkohol begründen einen Ausnahmefall im Sinne der Vorbemerkung 3 Satz 2.[80]

2.9 Betäubungsmittel, andere psychoaktiv wirkende Stoffe und Arzneimittel

Die 3. Führerschein-Richtlinie schließt es unter der Überschrift „Missbrauch" aus, Personen, die von psychotropen Stoffen abhängig sind oder, auch ohne abhängig zu sein, von solchen Stoffen regelmäßig übermäßig Gebrauch machen, eine Fahrerlaubnis zu erteilen oder zu verlängern. Unter der Überschrift „regelmäßige Einnahme" schließt sie das aus, wenn der Betroffene regelmäßig psychotrope Stoffe in irgendeiner Form einnimmt und die aufgenommene Menge so groß ist, dass die Fahrtüchtigkeit nachteilig beeinflusst wird.

Nr. 9 der Anlage 4 unterscheidet zwischen psychoaktiv (= psychotrop) wirkenden Stoffen, Betäubungsmitteln und Arzneimitteln. Betäubungsmittel sind die in den Anlagen I bis III zu § 1 Abs. 1 BtMG aufgeführten Stoffe und Zubereitungen. Dazu gehören in der Praxis häufig festgestellte Amphetamine[81] und Kokain. Für das ebenfalls dazugehörige Cannabis trifft Nr. 9.2 der Anlage 4 eine gesonderte Regelung. Arzneimittel sind in § 2 AMG definiert. Abhängigkeit von psychoaktiv wirkenden Stoffen schließt der unionsrechtlichen Vorgabe folgend die Eignung aus (Nr. 9.3). Gleiches gilt für die wie im Unionsrecht als regelmäßig übermäßiger Gebrauch definierte missbräuchliche Einnahme solcher Stoffe einschließlich der psychoaktiv wirkenden Arzneimittel (Nr. 9.4). „Andere psychoaktiv wirkende Stoffe" ist an dieser Stelle ein Auffangbegriff für psychoaktiv wirkende Stoffe, die weder Betäubungsmittel noch Arzneimittel sind, aber die für das sichere Führen eines Fahrzeugs nötigen psychischen Funktionen oder Fähigkeiten ihres Konsumenten entscheidend beeinträchtigen können. Diesem Begriff können etwa synthetische Cannabinoide unterfallen, von denen einige als „Spice", Duftmischungen, Räuchermischungen, Badesalze bezeichnet werden, die in einer unüberschaubaren Vielfalt an Produkten und Marken angeboten werden.[82] Es ist in Anbetracht der Ungewissheit in Bezug auf diese psychoaktiven Stoffe zu überdenken, ob man ihren Gebrauch erst bei regelmäßig übermäßigem Gebrauch als eignungsausschließend definiert. Es leuchtet nicht ein, dass unregelmäßig übermäßiger Gebrauch und regelmäßig mäßiger Gebrauch bei jedem Stoff für die Eignung unschädlich sein sollen. Abgesehen davon fehlt

---

80 Vgl. Bay. VGH, Beschl. v. 27.3.2012 – 11 CS 12.201 –, juris Rn. 26 f. in Abgrenzung zu einem als Ausnahmefall erwogenen Fall, in dem dem Betroffenen gutachterlich ein Trennungsvermögen attestiert worden war.

81 Dazu Skopp: Amphetamine – Nachweisbarkeitsdauer und Vorhersehbarkeit, in: Tagungsband 8. Gemeinsames Symposium der DGVM und DGVP 2012, S. 72.

82 Dazu Auwärter, Kneisel, Hutter, Thierauf: Rechtsmedizin 2012, 259; http://legal-high-inhaltsstoffe.de. Solche Stoffe, deren Wirkungen sich auf eine schlichte Beeinflussung der physiologischen Funktionen beschränken, ohne dass sie geeignet wären, der menschlichen Gesundheit unmittelbar oder mittelbar zuträglich zu sein, die nur konsumiert werden, um einen Rauschzustand hervorzurufen und die dabei gesundheitsschädlich sind, unterfallen nicht dem unionsrechtlichen Begriff des Arzneimittels, so EuGH, Urt. v. 10.7.2014 – C-358/13 und C-181/14 –.

soweit ersichtlich eine Festlegung, wann der Gebrauch welchen Stoffes mäßig ist und ab wann eine Gebrauchsregel eignungsausschließend ist. Anders liegt es allenfalls bei psychoaktiv wirkenden Stoffen, die in den gängigen Genussmitteln wie Kaffee oder Tee enthalten sein mögen, aber in einem weit gezogenen Rahmen üblichen Genusses die Eignung nicht beeinträchtigen und deshalb im Rahmen der Begutachtung regelmäßig außer Betracht bleiben. Dass sich diese Fragen bislang in der Praxis wohl nicht stellen, könnte damit zusammenhängen, dass es für die synthetischen Cannabinoide noch keine verlässlichen Schnelltests gibt und somit Drogenscreenings unterlaufen werden können.[83]

Die verschreibungsgemäße Einnahme von Arzneimitteln ist für sich genommen unerheblich für die Eignung, ohne dass das ausdrücklich durch ein „Ja" in der Nr. 9 geregelt wäre.[84] Es ergibt sich aber aus § 24a Abs. 2 Satz 3 StVG, wonach Satz 1 nicht gilt, wenn die Substanz aus der bestimmungsgemäßen Einnahme eines für einen konkreten Krankheitsfall verschriebenen Arzneimittels herrührt.[85] Diese Einnahme kann aber die Fahrtüchtigkeit beeinträchtigen, worauf der verordnende Arzt hinzuweisen hat. Im Rahmen des DRUID-Projekts der EU wurden die seinerzeit in der EU verfügbaren Medikamente vier Klassen (0–III) zugeordnet. Die Hälfte der Medikamente entfiel dabei auf die Gruppe 0, die die erfasst, die vermutlich keine Auswirkungen auf die Fahrtüchtigkeit haben. Etwa 6% der Medikamente zählten zu der Gruppe III, die wahrscheinlich die Fahrtüchtigkeit schwer beeinträchtigen.[86] Erst eine Dauerbehandlung mit Arzneimitteln schließt jeweils die Eignung aus (Nr. 9.6), wenn die Leistungsfähigkeit zum Führen von Kraftfahrzeugen unter das erforderliche Maß beeinträchtigt ist, was gegebenenfalls durch geeignete Testverfahren mit dem Betroffenen zu klären ist.

Anders als bei Alkohol und (unerlaubt erlangten) Betäubungsmitteln kann es bei (verschriebenen) Arzneimitteln durch Gewöhnung zu einem Ausnahmefall nach Vorbemerkung 3 Satz 2 kommen.[87]

In der gerichtlichen Praxis hat die Nr. 9 der Anlage 4 weit überwiegend in Bezug auf Betäubungsmittel Bedeutung. Wer bewusst Betäubungsmittel (mit Ausnahme von Cannabis) einnimmt, ist unabhängig von den festgestellten Wirkstoffmengen ungeeignet, auch wenn es nur einmalig war und er kein

---

83 Vgl. Auwärter, Kneisel, Hutter, Thierauf: Rechtsmedizin 2012, 259 [261]; Krämer, Rust, Wilske: „spice"-Konsum – Nachweis und Wirkung bei Fahrzeugführern, in: Tagungsband 35. Kongress der DGVM 2009, S. 65, die eine Serie von trotz der Beobachtung erheblicher Ausfallerscheinungen ursprünglich mittels IA und GC-MS negativ getesteten Blutproben mittels LC-MS/MS nachuntersuchten und JWH-018 nachwiesen; Hutter u. a.: Synthetische Cannabinoide in der Fahreignungsdiagnostik, Blutalkohol 50 (2013), Sup II – 26.

84 Vgl. VGH Baden-Württemberg, ZfSch 2013, 353 [354 f.].

85 AA OVG Niedersachsen, ZfSch 2013, 238 [239], das meint, aus einem Gegenschluss von Nr. 9.4 auf Nr. 9.2 sei davon auszugehen, dass eine tatsächliche Einnahme des Betäubungsmittels genüge, dagegen eine rechtsmissbräuchliche Einnahme nicht erforderlich sei.

86 Näher dazu die im Rahmen dieses Projekts entstandene Veröffentlichung „Establishment of framework for classification/categorisation and labelling of medicinal drugs and driving" unter http://www.druid-project.eu.

87 Vgl. Madea et al. (2012): Verkehrsmedizin, S. 580.

Fahrzeug führte.[88] Die Annahme eines Eignungsmangels beruht auf der Prognose, wonach schon der bewusste einmalige Konsum harter Drogen einen Eignungsmangel offenbart, weil er eine die Wiederholungsgefahr indizierende Anfälligkeit für Drogenkonsum erkennen lässt, und im Übrigen darauf, dass die Wirkung der eingenommenen Drogen, insbesondere wegen der von den Betroffenen in der Regel nicht sicher zu bestimmenden Wirkstoffgehalte, nicht näher eingrenzungsfähige Risiken sowohl für die aktuelle Teilnahme am Straßenverkehr als auch auf Dauer für die körperlich-geistigen Fähigkeiten zum Führen von Kraftfahrzeugen birgt und ein derart unberechenbares zusätzliches Gefahrenpotenzial im Straßenverkehr nicht hingenommen werden kann.[89] Da Arzneimittel auch Betäubungsmittel enthalten können,[90] ist Nr. 9.1 einschränkend dahin zu verstehen, dass die (einmalige) Einnahme eines Betäubungsmittels dann nicht die Eignung ausschließt, wenn sie im Rahmen einer ärztlich verordneten Behandlung etwa nach § 13 BtMG oder § 48 Abs. 1 Satz 1 AMG erfolgte.[91] Die unterschiedlichen Folgen der einmaligen Einnahme des gleichen Mittels werden durch die unterschiedlichen Umstände der Einnahme gerechtfertigt. Wer krankheitsbedingt zur Linderung oder Heilung von Beschwerden auf dem vom Gesetz vorgesehenen Weg unter ärztlicher Aufsicht ein abstrakt gefährliches Mittel zu sich nimmt, bietet eine günstigere Prognose als derjenige, der sich das Mittel unerlaubt verschafft und es nach eigenen Maßstäben konsumiert.

Dem Einwand Betroffener, sie hätten die Droge unbewusst aufgenommen, etwa weil ihnen ein Unbekannter sie ihnen in der Disko unbemerkt ins Getränk mischte oder weil Gläser verwechselt wurden, begegnet die Rechtsprechung mit größter Skepsis.[92]

Hinsichtlich Cannabis war bereits unter der Geltung des § 15b Abs. 2 StVZO aus tatsächlichen Gründen[93] zu unterscheiden. Der einmalige Cannabiskonsum begründete für sich genommen nicht einmal Eignungszweifel.[94] Daran hat sich nichts geändert. Eignungsausschließend auch ohne Teilnahme am Kraftverkehr ist nach Nr. 9.2.1 der Anlage 4 die regelmäßige Einnahme von Cannabis.[95] Was unter regelmäßigem Cannabiskonsum zu verstehen ist, ist weder durch die Anlage 4 noch sonst normativ in einer jedem Zweifel ent-

88 Vgl. Hess. VGH, NJW 2012, 2294; OVG Mecklenburg-Vorpommern, Blutalkohol 50 (2013), 141; OVG Nordrhein-Westfalen, Blutalkohol 49 (2012), 341; OVG Sachsen-Anhalt, Blutalkohol 49 (2012), 327.

89 OVG Berlin-Brandenburg, Beschl. v. 7.8.2013 – OVG 1 S 50.13 –.

90 Vgl. Gloeckner: Straßenverkehrsfähigkeit und Medikamente, speziell Schmerzmedikamente, in: Tagungsband 35. Kongress der DGVM 2009, S. 28.

91 Vgl. VGH Baden-Württemberg, NZV 2013, 261 [262].

92 Vgl. VGH Baden-Württemberg, Blutalkohol 44 (2007), 190; Bay. VGH, Beschl. v. 24.7.2012 – 11 ZB 12.1362 –, juris; OVG Berlin-Brandenburg, Beschl. v. 27.3.2012 OVG – 1 S 31.12 –; OVG Mecklenburg-Vorpommern, NJW 2012, 548; OVG Nordrhein-Westfalen, Beschl. v. 6.3.2013 – 16 B 1378/12 –, juris; OVG Rheinland-Pfalz, NJW 2011, 1985; Sächs. OVG, LKV 2013, 180.

93 Zum damaligen Stand der wissenschaftlichen Erkenntnis über die Auswirkungen des Cannabiskonsums BVerfGE 90, 145 = NJW 1994, 1577 [1580].

94 Vgl. BVerfGE 89, 69 = NJW 1993, 2365 [2366]; BVerwG, NJW 2002, 78 [80].

95 Vor Inkrafttreten der FeV 1998 liegende Entscheidungen, etwa BVerfG, ZfSch 1998, 447, verwenden den Begriff des regelmäßigen Konsums möglicherweise anders.

hobenen Weise geregelt. Auch das Bundesverwaltungsgericht[96] führte eine abschließende Klärung nicht herbei. Denn danach liegt eine regelmäßige Einnahme von Cannabis im hier maßgeblichen Sinn (nur) jedenfalls dann vor, wenn täglich oder nahezu täglich Cannabis konsumiert wird. Grundlage für diese Feststellung sind zumeist die Angaben des Betroffenen. Unterhalb dieses Konsummusters kommt es darauf an, ob nach wissenschaftlichem Erkenntnisstand ein Konsum als solcher und ohne das Hinzutreten weiterer Umstände im Regelfall die Fahreignung ausschließt. Das OVG Berlin-Brandenburg schließt auf eine regelmäßige Einnahme von Cannabis, wenn die im Blut nur langsam abgebaute Tetrahydrocannabinol-Carbonsäure – THC-COOH – in einer Konzentration im Blutserum von mindestens 75 ng/ml enthalten ist. Dies gilt jedoch nur, wenn sich der jeweilige Proband bei der Blutentnahme nicht im akuten Drogenrausch befand; anderenfalls ist der Grenzwert auf 150 ng/ml THC-COOH im Blutserum zu verdoppeln.[97] Obwohl sich Daldrup u. a.,[98] auf die sich das OVG Berlin-Brandenburg beruft, im Jahr 2000 auf ältere Studien beziehen mussten, wird ihre Schlussfolgerung, dass Konzentrationen von 150 ng/ml THC-COOH oberhalb der Werte liegen, die nach Rauchversuchen mit Gelegenheitskonsumenten in Serum-/Plasmaproben beobachtet wurden, auch von neueren Studien unterstützt.[99] Im Übrigen wird man Feststellungen in ärztlichen Erklärungen[100] oder strafgerichtlichen Entscheidungen,[101] der Betroffene habe regelmäßig Cannabis konsumiert, Entscheidungen im Fahrerlaubnisrecht nur zugrunde legen können, wenn klar ist, dass sie von dem auf diesem Gebiet obwaltenden Begriffsverständnis ausgingen. Außer den Angaben des Betroffenen und seinen Blutwerten werden andere Umstände wohl nur selten einen Rückschluss auf das Konsumverhalten ermöglichen.[102]

Die praktisch bedeutsamste Gruppe von Cannabiskonsumenten bewegt sich zwischen den beiden Polen einmalig und (nahezu) täglich. Nr. 9.2.2 der Anlage 4 bewertet die Folgen für die Eignung der gelegentlichen Einnahme von Cannabis. Gelegentlich ist jede mehr als einmalige Einnahme.[103] Nach der Rechtsprechung einiger Gerichte ist das wörtlich zu nehmen, weil der Verordnungsgeber mit dem tatbestandlichen Erfordernis einer gelegent-

96 Vgl. BVerwGE 133, 186 = NJW 2009, 2151.

97 Vgl. OVG Berlin-Brandenburg, Blutalkohol 47 (2010), 40 und Beschl. v. 8.8.2008 – OVG 1 S 142.09 – und v. 31.10.2012 – OVG 1 S 130.12 –; OVG Nordrhein-Westfalen, Beschl. v. 22.7.2011 – 16 B 99/11 –, juris.

98 Daldrup et al.: Entscheidung zwischen einmaligem/gelegentlichem und regelmäßigem Cannabiskonsum, Blutalkohol 37 (2000), 39.

99 So das im Verfahren des VG Berlin – VG 4 K 575.10 –, juris eingeholte Gutachten des Instituts für Rechtsmedizin der Ludwig-Maximilians-Universität; auch Toennes: Möglichkeiten und Grenzen der Interpretation von Cannabinoid-Blutkonzentrationen, in: Tagungsband 8. Gemeinsames Symposium der DGVM und DGVP 2012, S. 76 [77], womit man den Vorbehalt des OVG Niedersachsen, ZfSch 2009, 358 als überholt ansehen muss; DGVP/DGVM, Beurteilungskriterien, 3. Aufl. 2013, 8.1.1, S. 246, beziehen sich uneingeschränkt auf Daldrup et al.

100 Vgl. OVG Nordrhein-Westfalen, DAR 2011, 169.

101 Vgl. OVG Nordrhein-Westfalen, Beschl. v. 26.3.2012 –16 B 304/12 –, juris.

102 Ausnahmefall in Bay. VGH, Beschl. v. 22.9.2010 – 11 ZB 10.184 –, juris Rn. 11, wo aus den erworbenen Mengen auf die Möglichkeit täglichen Konsums geschlossen und eine Gutachtenanforderung damit gerechtfertigt wurde.

103 Vgl. OVG Niedersachsen, Beschl. v. 2.5.2013 – 12 LA 179/12 –, juris, und ZfSch 2009, 358; OVG Berlin-Brandenburg, Beschl. v. 3.2.2010 – OVG 1 S 234.09 –.

lichen Einnahme des Betäubungsmittels Cannabis ersichtlich den Zweck verfolge, Vorgänge auszuklammern, die sich als einmalige, experimentelle Einnahme dieses Betäubungsmittels darstellen.[104] Dieses Verständnis enthebt einen der anderenfalls mangels einleuchtenden Maßstabs nicht befriedigend zu beantwortenden Frage, welcher zeitliche Abstand zwischen zwei einzelnen Konsumakten eine derartige Unterbrechung bewirkt, dass der zweite Akt wieder als einmalig bzw. nicht gelegentlich/regelmäßig angesehen werden könnte.[105] Auch die Einnahme von Cannabis muss bewusst erfolgen. Wer sich auf eine unbewusste Einnahme beruft (z.B. Haschkuchen), steht wie bei den anderen Betäubungsmitteln unter hohem Erklärungsdruck. Ähnliches gilt für den einmaligen (Probier-)Konsum.[106] Nur vordergründig überzeugend erscheint es jedoch, aus der Angabe des Betroffenen, wann er das festgestellte Cannabis einnahm, und den festgestellten Werten auf verschwiegene weitere Konsumakte zu schließen.[107] Für einen überzeugenden Schluss hätte man auszuschließen, dass der Betroffene den letzten Konsumakt wahrheitswidrig in die Vergangenheit verschob, etwa weil er sich davon bei der Betrachtung durch die ihn kontrollierenden Polizeibeamten einen Vorteil im zu erwartenden Ordnungswidrigkeitenverfahren versprach.[108] Erst dann ist Raum für die zwingende Annahme, dass der Betroffene einen Konsumakt wahrheitsgemäß schildert und einen jüngeren wahrheitswidrig verschweigt.

Die bloße gelegentliche Einnahme von Cannabis ist unschädlich für die Eignung. Wer allerdings diesen Konsum nicht vom Kraftfahren trennt, erweist sich als ungeeignet. Im akuten Haschischrausch ist die Fahrtüchtigkeit eines Kraftfahrers aufgehoben.[109] Oft geht es indes nicht um auffällig berauschte Kraftfahrer, sondern um solche, die bei allgemeinen Verkehrskontrollen auf geschulte Polizeibeamte[110] treffen, die nach dem Bemerken äußerlicher Anzeichen für einen Drogenkonsum und einem positiv ausgefallenen Drogenschnelltest wegen des Verdachts eines Verstoßes gegen § 24a Abs. 2 StVG eine Blutprobe veranlassen. Ergibt diese einen THC-Wert von mindestens 1,0 ng/ml, ist die fehlende Trennung von Konsum und Fahren erwiesen.[111]

---

104 Vgl. Hess. VGH, DAR 2012, 656, und OVG Niedersachsen, Beschl. v. 2.5.2013 - 12 LA 179/12 -, juris.

105 Anschaulich zu den Mühen der Argumentation, OVG Niedersachsen, ZfSch 2012, 473; oder OVG Berlin-Brandenburg, Beschl. v. 28.11.2012 - OVG 1 S 138.12 -.

106 Etwa Bay. VGH, NJW 2014, 407 [409 Rn. 24]; VGH Baden-Württemberg, VRS 124 (2013), 168; OVG Rheinland-Pfalz, NJW 2011, 1985; OVG Berlin-Brandenburg, Beschl. v. 3.2.2010 - OVG 1 S 234.09 -, juris entspricht nicht mehr der aktuellen Rechtsprechung des Senats, vgl. Beschl. v. 28.11.2012 - OVG 1 S 138.12 -.

107 Vgl. Bay. VGH, NJW 2014, 407 [408 Rn. 21, 23]; VGH Baden-Württemberg, VRS 124 (2013), 168; OVG Nordrhein-Westfalen, Beschl. v. 2.9.2011 - 16 B 470/11 -, juris.

108 Wie vor dem Bay. VGH, Beschl. v. 28.5.2013 - 11 ZB 13.607 -, juris, mangels glaubhafter Darlegung einmaligen Konsums erfolglos geltend gemacht.

109 So mit Verweis auf den bis jetzt nicht überholten Wissensstand, BVerfG, NJW 2002, 2378 [2379] und NJW 2002, 2381.

110 Vgl. dazu BVerfG, NJW 2002, 2379 [2380].

111 Statt vieler OVG Nordrhein-Westfalen, Blutalkohol 50 (2013), 146 sowie NJW 2013, 2841 abweichend von der 2,0 ng/ml fordernden Rechtsprechung des Bay. VGH, von der das Thür. OVG in Verfahren des einstweiligen Rechtsschutzes abgerückt ist, NJW 2013, 712; VGH Baden-Württemberg, VRS 124 (2013), 168 je m.w.N. [derzeit BVerwG 3 C 3.13] und BVerfG, NJW 2005, 349 [351].

Ein Norm- oder Wertungswiderspruch zwischen den Vorschriften in §§ 24a Abs. 2, 25 Abs. 1 Satz 2 StVG betreffend die Anordnung eines Fahrverbots und den hier behandelten Vorschriften über die Entziehung der Fahrerlaubnis wegen mangelnder Eignung besteht nicht.[112] Im Verfahren nach § 25 StVG wird keine Entscheidung über die Eignung getroffen.[113]

Bei zusätzlichem Gebrauch von Alkohol oder anderen psychoaktiv wirkenden Stoffen, wozu auch Medikamente gehören können,[114] führt gelegentlicher Cannabiskonsum auch dann zur Ungeeignetheit, wenn dies nicht im Zusammenhang mit dem Fahren steht. Vom Wortlaut her und mit Blick auf die eignungserheblichen Wirkstoffe meint zusätzlicher Gebrauch nicht die gleichzeitige Einnahme, sondern erfasst auch den zeitlich versetzten Konsum der Stoffe, wenn sie nur zeitgleich auf den Konsumenten einwirken,[115] wobei gleichzeitig vorhandene Werte von 0,5 ‰ Blutalkoholgehalt und 1,0 ng/ml THC-Gehalt erreicht sein müssen.[116] Ein fahrerlaubnisrelevanter Mischkonsum von Cannabis und Alkohol setzt demnach in zeitlicher Hinsicht eine Einnahme von Substanzen voraus, die zu einer Wirkungskumulation führen kann.[117] Einem derartigen Konsumenten wurde kein Trennungsvermögen zugetraut.[118] Ob das nach dem derzeitigen Stand der Wissenschaft berechtigt ist, ist für die der Norm zugrunde liegende Gefahreneinschätzung unerheblich, weil der Mischkonsum bei einer gegenüber dem gelegentlichen Cannabiskonsum möglicherweise gleichbleibenden Wahrscheinlichkeit fehlender Trennung von Fahren und Konsum zu einer stärkeren Beeinträchtigung der Fahrtüchtigkeit und damit regelmäßig zu größeren Unfallrisiken führt.[119]

In zwei weiteren Varianten schließt Nr. 9.2.2 der Anlage 4 die Eignung aus, wenn die gelegentliche Einnahme von Cannabis zu einer Störung der Persönlichkeit oder zum Kontrollverlust führt.

2.10 Nierenerkrankungen

Die 3. Führerschein-Richtlinie schreibt für die Gruppe 1 vor, dass vorbehaltlich des Gutachtens einer zuständigen ärztlichen Stelle Bewerbern oder Fahrzeugführern, die unter einer schweren Niereninsuffizienz leiden, die Fahrerlaubnis erteilt oder erneuert werden kann, sofern sich der Betreffende regelmäßig einer ärztlichen Kontrolle unterzieht. Für die Gruppe 2 trifft sie eine Regelung für Fälle einer schweren irreversiblen Niereninsuffizienz. Die

---

112 Vgl. OVG Hamburg, NJW 2008, 1465.

113 Vgl. OVG Sachsen-Anhalt, SVR 2013, 76.

114 Vgl. OVG Berlin-Brandenburg, Blutalkohol 49 (2012), 277.

115 Vgl. VGH Baden-Württemberg, NJW 2014, 410 [411]; OVG Sachsen-Anhalt, Beschl. v. 13.12.2012 – 3 M 597/12 –, juris Rn. 5.

116 Vgl. OVG Saarland, ZfSch 2010, 172, wo bei dem Betroffenen nur 0,5 ng/ml THC bei 0,62 ‰ Blutalkohol gemessen worden waren.

117 So BVerwG, NJW 2014, 1318 [1321 Rn. 26].

118 Vgl. OVG Nordrhein-Westfalen, Beschl. v. 22.7.2011 – 16 B 99/11 –, juris.

119 So BVerwG, Urt. v. 14.11.2013 – 3 C 32.13 – Rn. 21.

Fahrerlaubnis darf hier nur in Ausnahmefällen erteilt werden, wenn ein entsprechendes Gutachten einer zuständigen ärztlichen Stelle vorliegt und regelmäßig eine ärztliche Kontrolle durchgeführt wird. Nr. 10 der Anlage 4 schließt die Eignung jeweils bei schwerer Niereninsuffizienz mit erheblicher Beeinträchtigung aus. Die Niereninsuffizienz in Dialysebehandlung kann unter Umständen die Eignung unter Auflagen belassen. Bei erfolgreicher Nierentransplantation mit normaler Nierenfunktion ist der Betroffene geeignet.

2.11 Verschiedenes

Im Falle von Organtransplantationen und künstlichen Implantaten, die fahreignungsrelevant sein können, schreibt die 3. Führerschein-Richtlinie vor, dass die Fahrerlaubnis nur vorbehaltlich eines ärztlichen Gutachtens erteilt oder verlängert werden darf. Für die Gruppe 2 sind von der ärztlichen Stelle die zusätzlichen Risiken und Gefahren gebührend zu berücksichtigen. Nr. 11.1 der Anlage 4 setzt das mit dem Verweis auf ihre Regelungen zu den betroffenen Organen um.

Die 3. Führerschein-Richtlinie enthält bis zum 31. Dezember 2011 umzusetzende Vorgaben für das obstruktive Schlafapnoe-Syndrom. Derzeit schließt Nr. 11.2 bei einer unbehandelten Schlafstörung mit Tagesschläfrigkeit die Eignung aus, wenn eine messbare auffällige Tagesschläfrigkeit vorliegt. Liegt eine solche nicht vor, dann steht eine behandelte[120] Schlafstörung mit Tagesschläfrigkeit der Eignung nicht entgegen.

Schließlich ist nach Nr. 11.3 die Eignung bei schweren Lungen- und Bronchialerkrankungen mit schweren Rückwirkungen auf die Herz-Kreislauf-Dynamik nicht gegeben.

Das Lebensalter ist zunächst als Mindestalter von Bedeutung (§ 2 Abs. 2 Satz 1 Nr. 2 StVG, §§ 10, 48 Abs. 4 Nr. 2, 48a Abs. 5 Satz 1 FeV), sodann als Befristungskriterium (§§ 23 Abs. 1 Satz 2 Nr. 1, 26 Abs. 2, 48 Abs. 7 Satz 2 FeV). Das hohe Alter eines Kraftfahrers rechtfertigt für sich genommen nicht die Annahme einer Ungeeignetheit zum Führen von Kraftfahrzeugen.[121]

2.12 Charakterliche Eignung

Das Definitionsmerkmal in § 2 Abs. 4 Satz 1 StVG und § 11 Abs. 1 Satz 3 FeV „nicht erheblich oder nicht wiederholt gegen verkehrsrechtliche Vorschriften oder gegen Strafgesetze verstoßen“ wird als charakterliche Eignung bezeichnet. Damit gehört zur Eignung die Bereitschaft, die in § 1 StVO festgelegten Grundregeln, insbesondere die, sich so zu verhalten, dass kein anderer geschädigt oder gefährdet wird, einzuhalten. Wann Zuwiderhandlungen zur Ungeeignetheit und beim Fahrerlaubnisinhaber zur Fahrerlaubnisentziehung führen, regeln zunächst die §§ 2a Abs. 2 Satz 1, 4 Abs. 5 Satz 1 Nr. 3 StVG,

120 Dazu Madea et al. (2012): Verkehrsmedizin, S. 377 ff.

121 Vgl. OVG Berlin-Brandenburg, ZfSch 2012, 657; Hentschel, König, Dauer: StVR, 43. Aufl. 2015, § 2 StVG Rn. 43 und unter Kapitel 2.4.4, S. 83.

§ 34 Abs. 1 FeV mit der Anlage 12 und § 69 Abs. 1 StGB[122]. Zuwiderhandlungen, die danach nicht zu einer Entziehung der Fahrerlaubnis führen, können aber unter den Maßgaben der §§ 2a Abs. 4 Satz 1, 3 Abs. 4 Satz 1 und 4 Abs. 1 Satz 2 StVG die Ungeeignetheit erweisen. Das gilt nach der Rechtsprechung des OVG Berlin-Brandenburg bei einer Häufung geringfügiger Verkehrsverstöße wie etwa Parkverstößen – im Sinne einer Faustformel –, wenn auf ein Jahr gesehen nahezu wöchentlich ein geringfügiger Verstoß zur Anzeige gelangt.[123] Zumindest aber können solche Zuwiderhandlungen Eignungszweifel und damit Anlass für weitere Ermittlungen begründen. Gleiches gilt für besonders schwerwiegende Verkehrsverstöße wie etwa die Überschreitung der zulässigen Höchstgeschwindigkeit um mehr als 60 km/h vor einer mit dem Zeichen 133 gesicherten Schule.

122 Dessen Merkmal „im Zusammenhang mit dem Führen eines Kraftfahrzeuges begangen", soweit ersichtlich eher kasuistisch denn begrifflich bestimmt wird, vgl. Schönke, Schröder: StGB, 29. Aufl. 2014, § 69 Rn. 13.

123 Beschl. v. 10.12.2007 – OVG 1 S 145.07 – und v. 16.10.2008 – OVG 1 M 10.08 –, jeweils juris, und v. 20.11.2012 – OVG 1 S 135.12 –.

3 Wiedererlangung der Eignung

Andreas Patermann

Für denjenigen, der sich als ungeeignet erwiesen hat, kann sich die Frage nach der Wiedererlangung der Eignung zweimal stellen. Maßgeblich für die Rechtmäßigkeit einer Fahrerlaubnisentziehung ist die Sach- und Rechtslage zum Zeitpunkt der letzten Behördenentscheidung.[124] Ist die Eignung bis zu diesem Zeitpunkt wiedererlangt, dann darf die Fahrerlaubnis nicht mehr entzogen werden.[125] Ein Widerspruch[126] gegen die Entziehung führt auch dann zu ihrer Aufhebung, wenn die Entziehung einst rechtmäßig war, bis zur Widerspruchsentscheidung die Eignung jedoch wiederhergestellt wurde. Nach der Entziehung kommt es in einem Neuerteilungsverfahren[127] darauf an, ob die Eignung schon wiedererlangt ist. Das ist dann der Fall, wenn die eignungsausschließenden Umstände dauerhaft behoben sind. Das kommt nur bei umkehrbaren, behebbaren Umständen in Betracht. Die Anlage 4 kennzeichnet solche reversiblen Umstände mit Worten wie „nach erfolgreicher Behandlung/Therapie“, „durch Behandlung stabilisiert“, „fünf Jahre anfallsfrei ohne Therapie oder erfolgreiche Nierentransplantation mit normaler Nierenfunktion“.

Entscheidend veränderbar können auch Einstellungen zu den verkehrsrechtlichen Vorschriften und den Strafgesetzen sein.[128] Ist also zu erwarten, dass der Betroffene künftig nicht mehr erheblich oder wiederholt gegen verkehrsrechtliche Vorschriften oder gegen Strafgesetze verstößt, dann ist er wieder geeignet, wenn die Eignung nicht aus anderen Gründen fehlt. Von den Voraussetzungen einer derartig positiven Prognose[129] sei hier nur die Einsicht in die Problematik des Fehlverhaltens erwähnt. Die wird etwa demjenigen fehlen, der sich durch Pech oder Zufall bei dem ein oder anderen Rotlicht- oder Geschwindigkeitsverstoß erwischt fühlt.[130]

In Bezug auf Alkohol regelt Nr. 8.2 der Anlage 4 die Wiedererlangung der Eignung, wenn sie durch einen Missbrauch verloren ging. Diesen definiert Nr. 8.1 der Anlage 4 dahin, dass das Führen von Fahrzeugen und ein die Fahrsicherheit beeinträchtigender Alkoholkonsum nicht hinreichend sicher getrennt werden können. Nr. 8.2 verlangt zum einen die Beendigung dieses

---

124 Vgl. BVerwG, NJW 2012, 3669.

125 Vgl. OVG Mecklenburg-Vorpommern, Blutalkohol 50 (2013), 141; VGH Baden-Württemberg, NJW 2011, 1303 [1305].

126 In den Bundesländern, in denen das Vorverfahren gegen die Entziehung einer Fahrerlaubnis nicht ausgeschlossen ist.

127 Das Gleiche gilt in Bezug auf EU-Fahrerlaubnisse in den Fällen des § 28 Abs. 5 Satz 2 FeV; vgl. BVerwG, Urt. v. 13.2.2014 – BVerwG 3 C 1.13 – Rn. 37.

128 Zumindest dann, wenn sie nicht auf einer Persönlichkeitsstörung beruhen, siehe Madea et al. (2012): Verkehrsmedizin, S. 429 f.

129 Zu weiteren siehe Begutachtungsleitlinien zur Kraftfahreignung unter 3.17, sowie Schubert et al. (2005): Kommentar, S. 216 ff. und Schubert et al. (2013): Beurteilungskriterien, S. 205 ff.

130 Vgl. Schubert et al. (2013): Urteilsbildung in der Fahreignungsbegutachtung – Beurteilungskriterien, 8.4, S. 335.

Missbrauchs, was eine Änderung des Trinkverhaltens hin zu einem kontrollierten Konsum oder gar gegebenenfalls Alkoholverzicht[131] bedingt.[132] Zum anderen muss diese Änderung gefestigt sein. Von den dazu erforderlichen Voraussetzungen[133] sei auch hier nur auf ein angemessenes Problembewusstsein hingewiesen. Die Höhe der festgestellten Blutalkoholkonzentration indiziert das Ausmaß des Problems, dessen sich der Betroffene bewusst sein und das er bearbeitet haben muss. Je weiter der festgestellte Wert die 1,3-Promille-Grenze überschreitet, desto näher liegt der begründete Verdacht, dass bei dem Betroffenen eine Alkoholproblematik (z.B. im Sinne eines schädlichen Alkoholkonsums, eines Alkoholmissbrauchs bzw. einer Alkoholabhängigkeit) vorliegt. Das Erreichen einer Blutalkoholkonzentration von 1,6 Promille ist Beleg für einen gesundheitsschädigenden bzw. missbräuchlichen Umgang mit Alkohol. Wer mit solchen Werten bei einer Trunkenheitsfahrt angetroffen wird, bei dem liegt der Verdacht auf längerfristigen missbräuchlichen Umgang mit Alkohol nahe.[134]

Für den Alkoholabhängigen fordert Nr. 8.4 der Anlage 4 zunächst eine Entwöhnungsbehandlung, die Beseitigung der Abhängigkeit und in der Regel den Nachweis einjähriger Abstinenz.[135] Im Falle einer ausreichend belegten sogar jahrelangen Alkoholabstinenz sind im Verfahren der (Wieder-)Erteilung der Fahrerlaubnis weitere („qualifizierte“) Abstinenz-Anforderungen („zufriedene“, „tragfähige“, „stabile“ Abstinenz) regelmäßig unangemessen.[136] Der Abstinenznachweis wird sich üblicherweise nur durch ärztliche Untersuchungen führen lassen. Dem Betroffenen nahestehende Personen sind zumeist ungeeignete Beweismittel, schon weil ihre Wahrnehmung auf Ausschnitte beschränkt ist. Die Untersuchungen müssen entweder auf Alkohol oder auf Stoffe bezogen sein, deren Existenz im Körper nur durch den Konsum von Alkohol erklärlich ist. Zu Letzteren zählt Ethylglucuronid (EtG),[137] das in Blut oder Urin dosisabhängig zwischen 24 und 72 Stunden nachgewiesen werden kann. Es wird aber auch in Haaren eingelagert und kann darin ermittelt werden. Durch durchweg negative Untersuchungsergebnisse kann Abstinenz aber nur dann nachgewiesen werden, wenn der Untersuchungszeitpunkt dem Betroffenen zuvor nicht in einer Weise bekannt war, die ihm die Möglichkeit der Einflussnahme eröffnete. So verlöre ein negatives Ergebnis einer Blutuntersuchung auf EtG seinen Aussagewert, wenn der Betroffene etwa mit einer Frist von einer Woche zur Untersuchung bestellt wurde. Atteste über Untersuchungen, deren Zeitpunkt der Betroffene selbst bestimmte,

---

131 Zur unterschiedlichen Bedeutung von Alkoholabstinenz und Alkoholverzicht vgl. Schubert et al. (2013): Beurteilungskriterien, Hypothesen A1 S. 119 und A2 S. 133.

132 Siehe auch Punkt 1f der Anlage 15.

133 Vgl. Begutachtungsleitlinien zur Kraftfahreignung unter 3.13.1, wann die vollzogene Änderung im Umgang mit Alkohol als stabil und motivational gefestigt angesehen werden kann; Schubert et al. (2013): Beurteilungskriterien, 5, S. 119 ff.

134 Zum Vorstehenden Schubert et al. (2005): Kommentar, 1.2.1, S. 132.

135 Diese allein führt aber nicht zur Wiedererlangung der Eignung, vgl. Kapitel 3.4.11.

136 Vgl. BVerwG, Beschl. v. 18.10.2001 – 3 B 90.01 –, juris.

137 Vgl. Seidl, Blutalkohol 41 (2004), 12 [15]; OVG Sachsen-Anhalt, NJW 2009, 1829 [1832] mit Bezug auf Bay. VGH, Beschl. v. 31.7.2008 – 11 CS 08.1103 –, juris Rn. 41; Schubert et al. (2013): Beurteilungskriterien, 8.1.3, S. 256.

taugen nicht zum Nachweis. Auch sonst muss das Untersuchungsverfahren Manipulationsmöglichkeiten des Betroffenen ausschließen, um beweiskräftige Ergebnisse zu erbringen.[138] Amtlich anerkannte Begutachtungsstellen für Fahreignung bieten geeignete Drogenkontrollprogramme[139] an. Andere Alkoholmarker wie Gamma-GT,[140] GOT,[141] GPT,[142] MCV[143] oder CDT[144] können bei Überschreiten der Norm- bzw. Referenzwerte den Verdacht eines erhöhten Alkoholkonsums begründen.[145] Normgerechte Werte dieser Marker sind aber kein Nachweis von Alkoholabstinenz.[146]

In Bezug auf Betäubungsmittel und andere psychoaktiv wirkende Stoffe setzt die Wiedererlangung der Eignung nach Nr. 9.5 der Anlage 4 Entgiftung und Entwöhnung sowie einjährige Abstinenz voraus. Die Reichweite dieser Norm ist noch nicht abschließend geklärt. Sie umfasst sicher[147] die Fälle der Nrn. 9.3 und 9.4 der Anlage 4, in denen es um die Abhängigkeit und den regelmäßig übermäßigen Gebrauch der Stoffe geht. Für das Verfahren zum Abstinenznachweis gelten die gleichen Überlegungen wie beim Alkohol. Die Begutachtungsleitlinien halten mindestens vier unvorhersehbar anberaumte Laboruntersuchungen in unregelmäßigen Abständen innerhalb eines Jahres für ausreichend.[148] Da die Eignung aber bereits durch die einmalige Einnahme harter Drogen bzw. die mehr als einmalige Einnahme von Cannabis und mangelnder Trennung dieses Konsums vom Kraftfahren ausgeschlossen wird, ist fraglich, ob auch hier Nr. 9.5 der Anlage 4 einschlägig ist. Mehrere Obergerichte fordern auch in diesen Fällen die Einhaltung einer (verfahrensrechtlichen) Einjahresfrist[149] oder sogar den Nachweis einjähriger Abstinenz.[150] Das hat zur Folge, dass die

---

138 Eingehend Schubert et al. (2013): Beurteilungskriterien, 8.1.5, S. 262 ff. zu den in Nr. 6 Buchstabe b) der Anlage 4a geforderten Rahmenbedingungen der Abstinenzkontrolle.

139 Vgl. zu den Anforderungen an solche Programme Madea et al. (2012): Verkehrsmedizin, S. 548.

140 Gamma-Glutamyl-Transferase.

141 Glutamat-Oxalacetat-Transaminase.

142 Glutamat-Pyruvat-Transaminase.

143 Mittleres Erythrozytenvolumen.

144 Carbohydrate Deficient Transferrin.

145 Vgl. Seidl, a. a. O.; Haffner, Dettling: Blutalkohol 45 (2008), 167.

146 Madea et al. (2012): Verkehrsmedizin, S. 477.

147 Enger, auf Nr. 9.3 beschränkend, Sächs. OVG, Blutalkohol 49 (2012), 182 [183].

148 A. a. O., 3.12.1, S. 42.

149 OVG Sachsen-Anhalt, NJW 2013, 3113 [3115]; Bay. VGH, Beschl. v. 27.5.2013 – 11 CS 13.718 –, juris Rn. 14; Sächs. OVG, Beschl. v. 7.5.2009 – 3 B 248/08 –, juris Rn. 7; OVG Rheinland-Pfalz, Beschl. v. 3.6.2008 – 10 B 10356/08 –, juris Rn. 7; unentschieden, im entschiedenen Fall eine Ausnahme davon annehmend OVG Mecklenburg-Vorpommern, Blutalkohol 50 (2013), 141; ebenfalls offen gelassen in Thür. OVG, Blutalkohol 49 (2012), 171, sowie OVG Bremen, Beschl. v. 26.8.2013 – 2 S 39/13 –, juris Rn. 12.

150 Vgl. OVG Nordrhein-Westfalen, Beschl. v. 2.4.2012 – 16 B 356/12 –, juris Rn. 8; VGH Baden-Württemberg, NJW 2011, 1303 [1305], 2014, 410 [412] sowie 2014, 2517 [2519] unter ausdrücklicher Ablehnung einer verfahrensrechtlichen Jahresfrist; OVG Berlin-Brandenburg, Urt. v. 13.6.2013 – OVG 1 B 2.13 –, im Beschl. v. 8.10.2013 – OVG 1 S 238.13 – vager, darauf hinweisend, dass der Abstinenzzeitraum von einem Jahr bei einer auf gelegentlichem Cannabiskonsum beruhenden Ungeeignetheit keine absolut verbindliche Grenze darstelle. Das von der Rechtsprechung des OVG Berlin-Brandenburg abweichende Urteil des VG Berlin, Blutalkohol 50 (2013), 259, wurde nach negativer Entscheidung des OVG über die Beschwerde im parallelen Eilverfahren – OVG 1 S 25.13 – durch Klagerücknahme wirkungslos. Das BVerwG ließ es offen, ob nach einer behaupteten Abstinenz von fünf Monaten die Wiedererlangung der Eignung möglich sein kann, Blutalkohol 51 (2014), 30 [35].

Fahrerlaubnis innerhalb dieser Jahresfrist ohne weitere Ermittlungen zu entziehen ist, weil die Nichteignung feststeht (§ 11 Abs. 7 FeV). Daran ändert auch ein ärztliches Gutachten mit dem Ergebnis, dass der Betroffene aktuell, aber weniger als ein Jahr lang keine Drogen einnimmt, nichts. Im Neuerteilungsverfahren wäre der Antrag vor Ablauf des Jahres oder ohne den nötigen Nachweis ohne Weiteres wegen weiter erwiesener Ungeeignetheit abzulehnen. Diese Auffassung findet aber in Wortlaut und systematischer Stellung der Nr. 9.5 der Anlage 4 keine Grundlage.[151] Sie läuft auf eine Beweisregel des Inhalts hinaus, dass vor Ablauf eines Jahres behaupteter oder gar nachgewiesener Abstinenz eine positive Eignungsaussage unter allen Umständen ausgeschlossen und die Ungeeignetheit ohne die Notwendigkeit weiterer Ermittlungen erwiesen ist. Die Fachwissenschaft trägt das nicht.[152] Wer ohne drogenabhängig zu sein oder eine fortgeschrittene Drogenproblematik zu haben häufiger oder gewohnheitsmäßig ausschließlich Cannabis und/oder nur gelegentlich eine Droge mit einer höheren Suchtpotenz und Gefährlichkeit als Cannabis oder Alkohol als Beikonsum zu Cannabis konsumiert, muss nach der Hypothese D3 der Beurteilungskriterien zum Begutachtungszeitpunkt mindestens sechs Monate drogenabstinent gelebt haben. Bei einem Drogenkonsum über einen langen Zeitraum, etwa einem regelmäßigen Cannabiskonsum über Jahre hinweg, ist der nötige Abstinenzzeitraum zu verlängern und dürfte wohl mit einem Jahr bemessen werden. Wer ausschließlich gelegentlicher Cannabiskonsument ist, insbesondere nicht wirkungszeitgleich Cannabis und Alkohol konsumiert, kann nach den Beurteilungskriterien zu Hypothese D4 möglicherweise auch ohne Abstinenznachweis eine positive Eignungsprognose begründen. Die hier vertretene Position führt nicht zu einer Zulassung Ungeeigneter zum Kraftverkehr, sondern eröffnet denjenigen, die sich durch ihren nach Dauer, Art und Häufigkeit begrenzten Drogenkonsum (und ggf. ihr Kraftfahren) als ungeeignet erwiesen haben, die Möglichkeit, ihren dauerhaften Einstellungswandel unabhängig von einer Jahresfrist zu belegen. Um von der Wiedererlangung der Eignung ausgehen zu können, bedarf es eines positiven medizinisch-psychologischen Gutachtens.[153] Das setzt in Bezug auf andere Drogen als Cannabis einen Abstinenznachweis gegenüber den Gutachtern voraus. Zudem ist der psychologische Gutachter von dem behaupteten Einstellungswandel zu überzeugen. Wer den Betroffenen verantwortlich berät, wird ihm vor Augen stellen, dass dazu weit mehr gehört, als zu den anberaumten Untersuchungsterminen abstinent zu sein.

Die Eignung von nicht-abhängigen alkohol- oder drogenauffälligen Kraftfahrern kann auch durch die in § 70 FeV bestimmten Kursprogramme von

151 Vgl. Hentschel, König, Dauer: StVR, 43. Aufl. 2015, § 2 StVG Rn. 63 m.w.N.

152 Vgl. Begutachtungsleitlinien zur Kraftfahreignung, 3.14.1, S. 41 f.; Schubert et al. (2005): Kommentar, 4.2.1, S. 190 f. und 4.2.4, S. 193 [zu gelegentlichem Cannabiskonsum]; Schubert et al. (2013): Beurteilungskriterien, S. 187 ff. zu Hypothesen D3 und D4.

153 Siehe Vorbemerkung Nr. 2 zur Anlage 4 und OVG Mecklenburg-Vorpommern, Beschl. v. 22.5.2013 – 1 M 123/12 –, juris Rn. 5 m.w.N.

dafür anerkannten Trägern wiederhergestellt werden.[154] Neben der Anerkennung des Kurses und der Zustimmung der Fahrerlaubnisbehörde zur Kursteilnahme setzt das aber nach § 11 Abs. 10 Satz 1 FeV voraus, dass aufgrund eines medizinisch-psychologischen Gutachtens einer Begutachtungsstelle für Fahreignung die Teilnahme des Betroffenen an dieser Art von Kursen als geeignete Maßnahme angesehen wird, seine Eignungsmängel zu beheben. Einem sich andeutenden Verlust der Eignung sollen die Aufbauseminare nach den §§ 2a Abs. 2 Satz 1 Nr. 1, 2b und 4 Abs. 3 Satz 1 Nr. 2 StVG sowie den §§ 35 f., 42 f. FeV vorbeugen. Ist die Fahrerlaubnis in den in § 2a Abs. 5 Sätze 1 und 2 StVG genannten Fällen entzogen worden, dann erfordert die erneute Erteilung der Fahrerlaubnis den Nachweis, dass der Antragsteller an einem Aufbauseminar teilgenommen hat. § 4 Abs. 11 StVG wiederholt diese Regelung. Ab dem 1. Mai 2014 änderte sich die Rechtslage dahin, dass es statt Aufbauseminaren Fahreignungsseminare nach § 4a StVG gibt, die auch freiwillig besucht werden können, was nach Maßgabe des § 4 Abs. 7 StVG n. F. zu einem Punkteabzug führt.

154 Dazu Kollbach, B. (2013): Evaluation in der verkehrspsychologischen Intervention. Bonn: Kirschbaum Verlag, betreffend den IFT-Kurs.

4 System der Fahreignungsbegutachtung

Doreen Glaser, Matthias Graw, Hannelore Hoffmann-Born, Caroline Reimann, Wolfgang Schubert

In diesem Abschnitt wird das System der Fahreignungsbegutachtung beschrieben. Hierbei wird u. a. auf die Beziehungen zwischen den Beteiligten, die Rechts- und Fachgrundlagen der Begutachtung sowie die Anforderungen an Gutachten und Gutachter fokussiert. Die Systembetrachtungen schließen sowohl medizinisch-psychologische Begutachtungen als auch ärztliche Fahreignungsbegutachtungen ein.

In dem System der Fahreignungsbegutachtungen sind verschiedene Arten von Begutachtungen sowie begutachtungsähnlichen Beurteilungen (z. B. Anlage 5 FeV (zu § 11 Abs. 9, § 48 Abs. 4 und 5) „Eignungsuntersuchungen für Bewerber und Inhaber der Klassen C, C1, D, D1 und der zugehörigen Anhängerklassen E sowie der Fahrerlaubnis zur Fahrgastbeförderung“) möglich, die sich voneinander unterscheiden. Diese Unterschiede betreffen die behördlich veranlassten Fragestellungen, die Anforderungen an Umfang und Qualität der Durchführung und der Darstellung des Untersuchungsergebnisses, die Qualifikation der Gutachter, Art und Umfang beigestellter Unterlagen und Untersuchungen, Fachgrundlagen, Leitlinien und Kriterien der Untersuchungen und schließlich auch die statistische Erfassung, Qualitätskontrolle und Validierung der Gutachten bzw. gutachtenähnlichen Beurteilungen. Das bleibt nicht ohne Einfluss auf die Nachvollziehbarkeit und Nachprüfbarkeit und damit auch auf die Qualität. Diese in unterschiedlicher Art und Weise erstellten Gutachten bzw. gutachtenähnlichen Beurteilungen (u. a. Bescheinigungen, Zeugnisse) entfalten aber fahrerlaubnisrechtlich die gleiche Wirkung, weshalb bei allen Arten von Beurteilungen die Inhalte der Anlage 4a FeV Anwendung finden sollten. Hier ist der Verordnungsgeber gefordert, einheitliche Maßstäbe zu schaffen, um Mindestanforderungen an die Qualität von Gutachten bzw. gutachtenähnlichen Beurteilungen sicherzustellen.

4.1 Zusammenspiel Betroffener/Behörde/Gutachter

Eine Fahreignungsbegutachtung erfolgt immer anlassbezogen, d. h. nachdem der Fahrerlaubnisbehörde Tatsachen bekannt wurden, die behördliche Zweifel an der Fahreignung auslösen. Diese Eignungszweifel können bspw. durch eine Fahrt unter Alkoholeinfluss, eine Fahrt unter dem Einfluss von Betäubungsmitteln, wiederholte verkehrs- und strafrechtliche Auffälligkeiten oder bei Bekanntwerden bestimmter Erkrankungen hervorgerufen werden.[155] Die Fahrerlaubnisbehörde veranlasst Begutachtungen der Fahreignung, wenn Bedenken an der körperlichen und/oder geistigen Eignung eines Fahrerlaubnisbewerbers oder -inhabers entstanden sind. Daraufhin

155 Siehe dazu im Detail Kapitel 3.4.

fordert die Fahrerlaubnisbehörde als Veranlasser den Betroffenen zu einer Fahreignungsbegutachtung (ärztliche wie auch medizinisch-psychologische Begutachtung) auf. Die Behörde hat gem. § 11 Abs. 2 Satz 4 FeV die Möglichkeit, mehrere Anordnungen zu Begutachtungen hinsichtlich der Aufklärung von Eignungszweifeln zu treffen. Der Betroffene hat dann – wenn es sich um eine medizinisch-psychologische Begutachtung handelt – die Möglichkeit, deutschlandweit eine amtlich anerkannte Begutachtungsstelle für Fahreignung (a.a.BfF) auszuwählen.[156] Ein Anspruch, sich von einem bestimmten Gutachter untersuchen zu lassen, besteht seitens des Betroffenen jedoch nicht.

Die Ergebnisse der Begutachtung werden in einem Gutachten verschriftlicht, welches dann in der Regel dem Betroffenen als Auftraggeber übersandt wird. Der Betroffene wird somit in die Lage versetzt, selbst zu entscheiden, ob er das Gutachten bei der Fahrerlaubnisbehörde einreichen möchte oder nicht. Liegt das Gutachten bei der Fahrerlaubnisbehörde vor, prüft diese die Verwertbarkeit des Gutachtens nach festgelegten Kriterien[157] und entscheidet

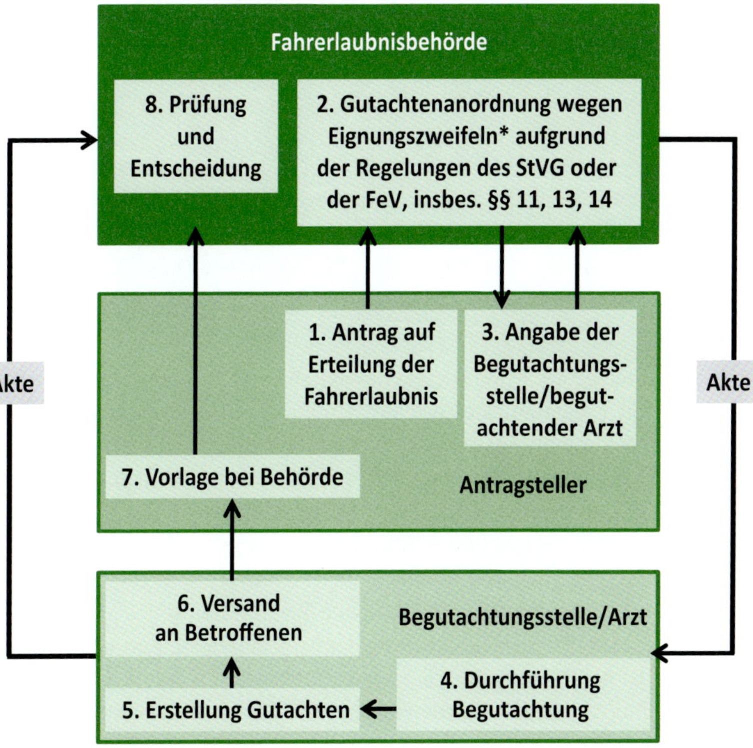

Bild 2.1 Fahreignungsbegutachtung im Kontext des Erteilungsverfahrens[158]
* Die Zweifel sind folgenlos, wenn es keine Anordnung gibt.

156 Siehe dazu im Detail Kapitel 7.1.
157 Siehe dazu im Detail Kapitel 6.1 und 7.4.3.
158 In Anlehnung an Schubert, W. et al. (2013): Beurteilungskriterien, S. 44.

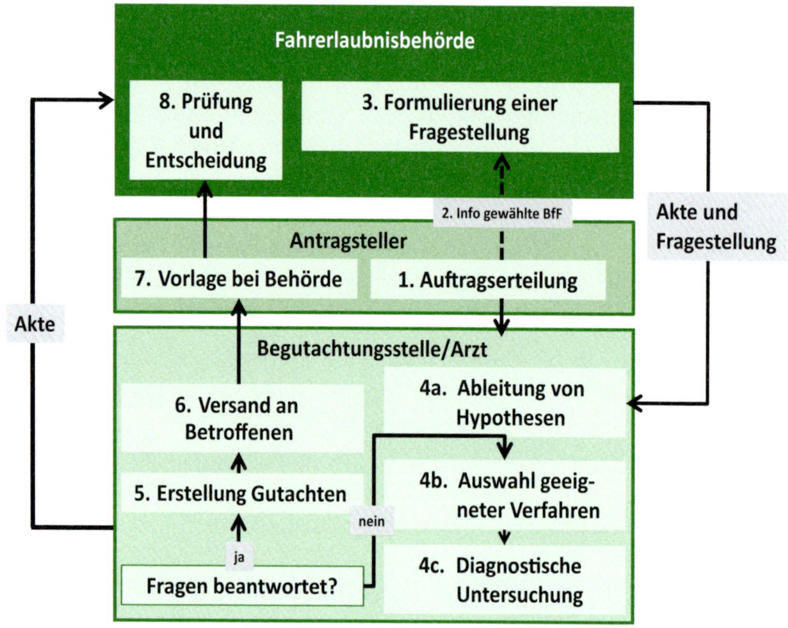

Bild 2.2 **Der diagnostische Prozess (4a bis 4c) in der Fahreignungsbegutachtung**[159]

über die Fahreignung des Betroffenen. In gleicher Weise gilt der vorgenannte Ablauf auch für ärztliche Begutachtungen, wobei die Behörde nach § 11 Abs. 2 Satz 3 FeV in der Gutachtenanordnung zu bestimmen hat, ob das Gutachten von einem Arzt mit der dort beschriebenen Qualifikation erstellt werden soll. Eine entsprechende Übersicht kann dem Bild 2.1 entnommen werden.

Auf der Grundlage der behördlich veranlassten – auf Tatsachen beruhenden – ärztlichen oder medizinisch-psychologischen Fahreignungsbegutachtung erfolgt der Begutachtungsprozess, der sich wie folgt darstellen lässt (vgl. Bild 2.2. Mit der Qualität der Fragestellung wird bereits die Grundlage für die Qualität des Gutachtens geschaffen. In Abhängigkeit von der Fragestellung sind durch die Gutachter die Methoden auszuwählen, die für die Beantwortung der behördlich veranlassten Fragestellungen geeignet sind. In der Regel ist auch im Rahmen einer ärztlichen Begutachtung das Vorliegen der Verwaltungsakte für die Beantwortung der behördlichen Fragestellung erforderlich. So ist die Übersendung der Verwaltungsakte an den begutachtenden Arzt unabdingbar, um bei Erkrankungen, bei denen in früheren Gutachten eine ständige ärztliche Betreuung und Kontrolle sowie Nachuntersuchung empfohlen wurde, den Krankheitsverlauf aufgrund früherer Begutachtungen, Atteste etc. (die Bestandteil der Verwaltungsakte sind) ausreichend beurteilen zu können.

159 In Anlehnung an Schubert, W. et al. (2013): Beurteilungskriterien, S. 45.; vgl. auch Schmidt-Atzert, L., Amelang, M. (2012): Psychologische Diagnostik. 5. Auflage. Berlin, Heidelberg: Springer, S. 387.

Die Aufgabe der Gutachter im Rahmen einer Medizinisch-Psychologischen Untersuchung besteht darin, die behördlichen Zweifel an der Fahreignung unter Mitwirkung des Betroffenen durch eine entlastungs- und ressourcenorientierte Diagnostik auszuräumen. Ein besonderes Kennzeichen der gutachterlichen Tätigkeit in der medizinisch-psychologischen Begutachtung ist die Interdisziplinarität der Befunderhebung, -integration und -interpretation. Unterschiedliche Fachdisziplinen aus Psychologie, Medizin, Toxikologie und Ingenieurwissenschaften arbeiten hier je nach Fragestellung zusammen. Der Vorteil dieses methodischen Vorgehens besteht darin, dass sich die Qualität der Prognose gegenüber der Aussagekraft einzelner Fachgebiete verbessert.

Das System der Fahreignungsbegutachtungen verfolgt in ihren Zielstellungen drei unterschiedliche Ansätze:

1. Nachweisdiagnostik

Im Rahmen der Nachweisdiagnostik kann das Erfüllen spezifischer Anforderungen dargelegt werden, z. B. in Bereichen, die u. a. mit einer besonderen Verantwortung im Straßenverkehr verbunden sind. Hierunter fallen bspw. die Untersuchungen im Rahmen der Fahrgastbeförderung (§ 48 FeV etc.) oder aber auch die Untersuchungen zur Befreiung vom Mindestalter (vgl. § 10 FeV).

2. Entlastungsdiagnostik

Hat bei einer Person zu einem bestimmten Zeitpunkt Nichteignung bestanden, so wird im Rahmen einer Begutachtung geprüft, ob zwischenzeitlich die Voraussetzungen zum sicheren Führen von Kraftfahrzeugen wieder bestehen. In diesen Fällen wird von Entlastungsdiagnostik gesprochen, d. h., der Betroffene kann im Rahmen der Begutachtung darlegen, dass seine Eignung wiederhergestellt ist. Bei der Begutachtung der Fahreignung gilt dabei der Grundsatz, dass lediglich Mindestanforderungen erfüllt sein müssen, denn die Teilnahme am Straßenverkehr ist keine Eliteveranstaltung. Dies gilt u. a. bei Trunkenheit im Verkehr (§§ 11 und 13 FeV), Konsum „harter“ Drogen (§§ 11 und 14 FeV), fehlendem Trennvermögen von Cannabiskonsum und Führen eines Fahrzeuges, Erreichen von 8 Punkten im Fahreignungsregister (FAER) sowie Entziehung der Fahrerlaubnis wegen Verkehrsstraftaten (§ 11 FeV).

3. Überprüfungsdiagnostik

Die Überprüfungsdiagnostik findet immer dann Anwendung, wenn die Behörde die Nichteignung einer Person allein aufgrund aktenkundiger Vorfälle nicht annehmen kann, jedoch Tatsachen Bedenken an der Eignung nahelegen (z. B. Drogenbesitz, z. T. Cannabiskonsum, Straftaten mit Aggressionspotenzial, Medikamentenkonsum, Vorhandensein einer Erkrankung). Das Ziel der Überprüfungsdiagnostik besteht in diesen Fällen nicht in einer Veränderungs- und Entlastungsdiagnostik, sondern in einer Feststellungsdiagnostik. Im Ergebnis wird festgestellt, ob ein relevantes Eignungsdefizit besteht. Ist dies der Fall, kann später – ggf. im Rahmen der Wiederherstellung der Eignung – die Entlastungsdiagnostik folgen.

Während bei einer ärztlichen Begutachtung im Rahmen der Überprüfungsdiagnostik eine Statusfeststellung z.B. hinsichtlich Ausprägung und potenziellem Verlauf gesundheitlicher Mängel und deren Relevanz für die Fahreignung erfolgt, ist bei einer medizinisch-psychologischen Begutachtung – über eine Statusaussage hinaus – eine Verkehrsverhaltensprognose zu stellen (Veränderungsdiagnostik).

Bei einem medizinisch-psychologischen Gutachten sind folgende Ergebnisausgänge möglich:

- eine günstige Verkehrsverhaltensprognose (positives Ergebnis),
- eine ungünstige Verkehrsverhaltensprognose (negatives Ergebnis) bzw.
- ein Gutachten mit Nachschulungsempfehlung mit entsprechenden Rechtsfolgen. Dies bedeutet, dass der Betroffene nach Absolvierung eines Nachschulungskurses (§ 70 FeV) bei einem hierfür speziell anerkannten, durch die BASt begutachteten Träger, in der Regel die Fahrerlaubnis durch die Fahrerlaubnisbehörde wiedererteilt und damit den Führerschein ausgehändigt bekommt, ohne noch einmal ein Gutachten beibringen zu müssen.[160]

Die Gutachter – ob medizinische oder psychologische Sachverständige – haben nicht zu erklären, ob sie den Betroffenen für geeignet halten. Ihre Aufgabe besteht vielmehr darin, Sachverhalte zu beschreiben, die der Behörde eine Eignungsaussage ermöglichen. Die Frage der Feststellung der Eignung ist eine Angelegenheit der Fahrerlaubnisbehörde, die die Würdigung der Gesamtpersönlichkeit unter Beachtung des Gutachtens und weiterer Gesichtspunkte vornimmt. Das Gutachten dient ausschließlich der Vorbereitung der Entscheidung der Behörde. Durch die Sachverständigen selbst sind die behördlich veranlassten Fragestellungen – jede für sich – zu beantworten.

4.2 Fachgrundlagen der Fahreignungsbegutachtungen

Nach Anlage 4a Nr. 1c FeV[161] dürfen Untersuchungen nur nach anerkannten wissenschaftlichen Grundsätzen vorgenommen werden. Die Fahreignungsbegutachtung – und das gilt sowohl für die ärztliche als auch für die medizinisch-psychologische Begutachtung – hat entsprechend des Standes von Wissenschaft und Technik zu erfolgen. Dieser ist im Bereich der Fahreignungsbegutachtung wie folgt definiert worden:[162]

„Anerkannte Regeln der Begutachtung zur Kraftfahrereignung sind verkehrsmedizinische, verkehrspsychologische und technische Grundsätze, die nach

160 Vgl. Kapitel 2.3, 6.2.8 und Kapitel 9.

161 Siehe Appendix.

162 Schubert, W., Mattern, R. (Hrsg.) (2006): Criteria for the evaluation of future assessment models of physical and mental fitness of drivers. In: W.-R. Nickel & P. Sardi (Eds.): Fit to Drive 1st International Traffic Expert Congress Berlin from May 3rd–5th 2006 – Tagungsband (p. 106–110). Bonn: Kirschbaum Verlag.

wissenschaftlichen Erkenntnissen als theoretisch richtig gelten, die sich in der Praxis über längere Zeit bewährt haben und von einschlägigen Fachkreisen allgemein anerkannt sind.“

Die wesentlichen zu berücksichtigenden Fachgrundlagen bei Fahreignungsbegutachtungen sind:

- Straßenverkehrsgesetz (StVG),
- Fahrerlaubnis-Verordnung (FeV),
- datenschutzrechliche Bestimmungen,
- Erlasse der zuständigen obersten Aufsichtsbehörden,
- Begutachtungsleitlinien zur Kraftfahreignung[163],
- Kommentar zu den Begutachtungs-Leitlinien zur Kraftfahrereignung[164],
- Urteilsbildung in der Fahreignungsbegutachtung (Beurteilungskriterien)[165].

Zu den vorgenannten Sachverhalten zählen auch Leitlinien wissenschaftlicher Fachgesellschaften, die den Stand der Wissenschaft im Sinne einer Konsensbildung unter Fachleuten wertend zusammenfassen und einheitliche und effiziente Empfehlungen aussprechen, wie z.B. das Positionspapier der Deutschen Gesellschaft für Kardiologie[166] zum Themenkomplex „Fahreignung bei kardiovaskulären Erkrankungen“. Weitere Erkenntnisquellen sind Fachliteratur z.B. aus den Wissenschaftsbereichen Medizin, Psychologie, Toxikologie, Statistik, Recht und Straßenverkehr sowie aktuelle Publikationen nationaler und internationaler wissenschaftlicher Fachzeitschriften.[167]

Die einheitliche Anwendung der Fachgrundlagen zielt darauf ab, dass gleiche Sachverhalte bei der Befunderhebung und der Befundwürdigung der gewonnenen Daten zu gleichen Begutachtungsergebnissen führen.

4.3 Qualifikation der Gutachter

Die Fahrerlaubnis-Verordnung regelt in § 11 FeV detailliert, unter welchen Umständen die Behörde ein Gutachten anordnet und wer – im Fall eines angeordneten ärztlichen Gutachtens – als Gutachter in Betracht kommt. Traf die Behörde eine Bestimmung nach § 11 Abs. 2 Satz 3 FeV, so ist die Auswahl des Betroffenen auf Ärzte der bezeichneten Gutachtergruppe beschränkt. Der Gutachter muss die Qualifikationsvoraussetzungen gem. § 11 Abs. 2 Satz 3 FeV sowie gegebenenfalls § 65 FeV erfüllen und darf selbst nicht der behandelnde Arzt sein:

„§ 11 Eignung

…

163 Bundesanstalt für Straßenwesen (2014): Begutachtungsleitlinien zur Kraftfahrereignung. Berichte der Bundesanstalt für Straßenwesen Heft M 115.

164 Schubert et al. (2005): Kommentar.

165 Schubert, W. et al. (2013): Beurteilungskriterien.

166 Klein et al. (2010).

167 Zur Vernetzung der rechtlichen und fachlichen Anforderungen an die Fahreignungsbegutachtung vgl. Kapitel 1 Bild 1.3.

(2) Werden Tatsachen bekannt, die Bedenken gegen die körperliche oder geistige Eignung des Fahrerlaubnisbewerbers begründen, kann die Fahrerlaubnisbehörde zur Vorbereitung von Entscheidungen über die Erteilung oder Verlängerung der Fahrerlaubnis oder über die Anordnung von Beschränkungen oder Auflagen die Beibringung eines ärztlichen Gutachtens durch den Bewerber anordnen. Bedenken gegen die körperliche oder geistige Eignung bestehen insbesondere, wenn Tatsachen bekannt werden, die auf eine Erkrankung oder einen Mangel nach Anlage 4 oder 5 hinweisen. Die Behörde bestimmt in der Anordnung auch, ob das Gutachten von einem

1. für die Fragestellung (Abs. 6 Satz 1) zuständigen Facharzt mit verkehrsmedizinischer Qualifikation,

2. Arzt des Gesundheitsamtes oder einem anderen Arzt der öffentlichen Verwaltung,

3. Arzt mit der Gebietsbezeichnung „Arbeitsmedizin" oder der Zusatzbezeichnung „Betriebsmedizin",

4. Arzt mit der Gebietsbezeichnung „Facharzt für Rechtsmedizin" oder

5. Arzt in einer Begutachtungsstelle für Fahreignung, der die Anforderungen nach Anlage 14 erfüllt, erstellt werden soll. Die Behörde kann auch mehrere solcher Anordnungen treffen. Der Facharzt nach Satz 3 Nummer 1 soll nicht zugleich der den Betroffenen behandelnde Arzt sein.

...

§ 65 Ärztliche Gutachter

Der Facharzt hat seine verkehrsmedizinische Qualifikation (§ 11 Abs. 2 Satz 3 Nummer 1), die sich aus den maßgeblichen landesrechtlichen Vorschriften ergibt, auf Verlangen der Fahrerlaubnisbehörde nachzuweisen. Der Nachweis erfolgt durch die Vorlage eines Zeugnisses der zuständigen Ärztekammer. Abweichend von Satz 1 und 2 reicht auch eine mindestens einjährige Zugehörigkeit zu einer Begutachtungsstelle für Fahreignung (Anlage 14) aus."

Unter Umständen kann die Behörde den Kreis der infrage kommenden Gutachtergruppen beschränken.[168] [169]

In der Regel verfügt die Behörde über Listen von namentlich aufgeführten (Fach-)Ärzten in ihrem Amtsbezirk, Regierungsbezirk oder Bundesland sowie über Listen von namentlich aufgeführten (Fach-)Ärzten in amtlich anerkannten Begutachtungsstellen für Fahreignung, die als ärztliche Gutachter in Betracht kommen. Sie gibt dem Betroffenen diese Liste zur Kenntnis, darf jedoch keine namentliche Empfehlung aussprechen. Welche Ärzte die Behörde auf eine solche Liste setzt, ist nicht näher geregelt: Grundsätzlich müssen diese Ärzte einer der Kategorien entsprechen, die in § 11 FeV genannt

168 Beschluss des Bay. VGH vom 10.6.2013 – 11 ZB 13.734.
169 Beschluss des Bay. VGH vom 7.12.2006 – 11 CS 06.1350.

sind. Alle Ärzte sind nach Regelung der „Kammergesetze“ Pflichtmitglieder der regional zuständigen Ärztekammern und dort mit ihren Qualifikationen gemeldet; Ärztekammern könnten daher alle in Betracht kommenden Ärzte der Behörde benennen, soweit diese der Listung zustimmen.

Tatsächlich ist das Informationsverhalten der Ärztekammern auf Anfragen nach Ärzten mit „verkehrsmedizinischer Qualifikation“ unterschiedlich. Die einen veröffentlichen die Liste solchermaßen qualifizierter Fachärzte auf ihrer Homepage, andere verweigern die Auskunft unter Berufung auf den Datenschutz. Die Ärztekammern sind zuständig für die Erteilung von Facharztanerkennungen und Zusatzbezeichnungen, deren Voraussetzungen in den Weiterbildungsordnungen der einzelnen Landesärztekammern rechtlich verbindlich geregelt sind. Dazu orientieren sie sich an der Muster-Weiterbildungsordnung der Bundesärztekammer[170]. „Verkehrsmedizin“ oder „Begutachtung der Fahreignung“ ist nach dieser Weiterbildungssystematik bislang jedoch weder eine Gebietsbezeichnung, eine Schwerpunktbezeichnung noch eine Zusatzbezeichnung. Auch der Begriff „Facharzt mit verkehrsmedizinischer Qualifikation“ der FeV kommt in der Weiterbildungsordnung zum regulären Facharzt nicht vor.

Seit Einführung der FeV bieten Ärztekammern Veranstaltungen zum Erwerb der „Qualifikation ‚Verkehrsmedizinische Begutachtung‘“ an. Es handelt sich dabei in der Regel um 16-stündige Seminare, deren Grundlage die von der Bundesärztekammer empfohlene Durchführung entsprechender Fortbildungsveranstaltungen „Verkehrsmedizinische Begutachtung“ mit Stand vom 30. Oktober 1998 ist. Eine Erfolgskontrolle der in der Fortbildungsveranstaltung erworbenen Kenntnisse, Fertigkeiten und Fähigkeiten für das Bestehen der Anerkennung – etwa durch schriftliche oder mündliche Prüfung – ist für die Qualifikation „Verkehrsmedizinische Begutachtung“ bislang nicht regelhaft eingeführt. Es werden auch keine „Leistungskataloge“ – etwa eine Mindestanzahl an Fahreignungsgutachten unter Supervision – als Voraussetzung für die Anerkennung oder Aufrechterhaltung der Qualifikation „Verkehrsmedizinische Begutachtung“ nach Aufnahme der Tätigkeit auf dem Gebiet der Fahreignungsbegutachtung oder Weiterbildungsnachweise gefordert. Eine Konkretisierung zur Qualifizierung der verkehrsmedizinischen Sachverständigentätigkeit befindet sich derzeit in der Diskussion.

Anders stellt sich der Sachverhalt der Qualifikation der ärztlichen und psychologischen Sachverständigen in einer a. a. BfF dar. Hier ist verordnungsgeberisch festgelegt, welche Anforderungen erfüllt sein müssen. So ist in der Anlage 14 der FeV[171] unter Punkt 2 Nummer 2 definiert:

„a) Anforderungen an den medizinischen Gutachter:

aa) Arzt mit mindestens zweijähriger klinischer Tätigkeit oder Facharzt (insbesondere innere Medizin, Psychiatrie, Neurologie),

170 Bundesärztekammer (Arbeitsgemeinschaft der deutschen Ärztekammern). Muster-Weiterbildungsordnung 2003 in der Fassung vom 25.6.2010.

171 Siehe Appendix.

bb) zusätzlich mindestens einjährige Praxis in der Begutachtung der Eignung von Kraftfahrern in einer Begutachtungsstelle für Fahreignung,

b) Anforderungen an den psychologischen Gutachter:

aa) Diplom oder ein gleichwertiger Master-Abschluss in der Psychologie und mindestens zweijährige praktische Berufstätigkeit (in der Regel in der klinischen Psychologie, Arbeitspsychologie),

bb) zusätzlich mindestens einjährige Praxis in der Begutachtung der Eignung von Kraftfahrern in einer Begutachtungsstelle für Fahreignung,

cc) Hospitation an einem vollständigen Kurs zur Wiederherstellung der Kraftfahreignung (§ 70) bei fehlenden Kenntnissen und Erfahrungen in der Durchführung dieser Kurse."

In II.2.7 der Richtlinie über die Anforderungen an Träger von Begutachtungsstellen für Fahreignung und deren Begutachtung durch die Bundesanstalt für Straßenwesen[172] ist darüber hinaus ausgeführt, dass die Einarbeitung von Gutachtern „ohne einschlägige Berufspraxis ... von einem qualifizierten Gutachter der entsprechenden Fachdisziplin mit mindestens dreijähriger Praxis in der Begutachtung der Fahreignung über ein Jahr hinweg durchzuführen ... und zu dokumentieren" ist. Dies schließt neben der theoretischen und praktischen Einarbeitung auch die Supervision von mindestens 100 Begutachtungen ein.

Des Weiteren müssen die Träger von Begutachtungsstellen für die ärztlichen und psychologischen Gutachter sicherstellen, dass jährliche Weiterbildungen erfolgen. Nach II.2.9 der zuvor genannten Richtlinie besteht für die medizinischen und die psychologischen Sachverständigen eine Pflicht zu mindestens 3 Weiterbildungstagen pro Jahr.

4.4 Gutachtenqualität und behördliche Fragestellung

Alle auf Veranlassung der Behörde im Auftrag des Betroffenen für die Entscheidungsvorbereitung der Fahrerlaubnisbehörde erstellten Fahreignungsgutachten müssen den Grundsätzen der Anlage 4a (zu §§ 11 Abs. 5) FeV entsprechen.

Diese sind für die **Durchführung** der Untersuchungen zusammengefasst u. a.

- Anlassbezogenheit,
- Berücksichtigung der Fahrerlaubnisakte,
- Einhalten der vorgegebenen Fragestellung,
- Zugrundelegung anerkannter wissenschaftlicher Grundsätze,
- Aufklärung der Betroffenen über Gegenstand und Zweck der Begutachtung,

172 Richtlinie über die Anforderungen an Träger von Begutachtungsstellen für Fahreignung (§ 66 FeV) und deren Begutachtung durch die Bundesanstalt für Straßenwesen, VkBl. 2014, S. 3, 110–120.

- Anfertigung von Aufzeichnungen über die in den Fachgebieten angewendeten Untersuchungsmethoden und deren Ergebnisse etc.

und für die **Erstellung** der Gutachten z. B.

- allgemein verständliche Sprache,
- Nachvollziehbarkeit und Nachprüfbarkeit,
- Vollständigkeit in allen wesentlichen Punkten im Hinblick auf die gestellten Fragen.

Sie sind die Kriterien und Qualitätsmerkmale sowie der Maßstab für die Einschätzung der Verwertbarkeit der Gutachten durch die Fahrerlaubnisbehörde.

Bei der Gutachtengestaltung sind nachfolgende Gliederungsgrundsätze für medizinisch-psychologische Gutachten zu berücksichtigen.[173] Neben dem **Anlass und der Fragestellung(en) der Untersuchungen** wird zunächst ein **Überblick über die Vorgeschichte** (u. a. Aktenübersicht, Darlegung der behördlichen Eignungszweifel, Voraussetzungen für eine günstige Prognose (Darlegung der zu prüfenden Hypothesen) gegeben. Anschließend werden die medizinischen und psychologischen **Untersuchungsbefunde** dargelegt.

Im medizinischen Teil des medizinisch-psychologischen Gutachtens werden die eingesetzten medizinischen Methoden, Befunde, die Anamnese, der körperliche Befund, die Laboranalytik sowie die Anwendung der fachlichen Grundlagen (z. B. akkreditiertes Labor nach DIN ISO EN 17025 ausgerichtet für forensische Zwecke (Hypothese CTU 3 der Beurteilungskriterien))[174] dargestellt. Des Weiteren erfolgt die Würdigung beigestellter medizinischer Befunde bzw. eine Begründung bezüglich nicht verwertbarer beigestellter medizinischer Befunde im Gutachten. Für beigestellte Befunde gilt, dass diese nachvollziehbar und nachprüfbar sein müssen. Dies betrifft u. a. die Vorlage von Bescheinigungen im Original mit Original-Unterschrift und Nennung des Titels des Unterzeichners, dessen Qualifikation und Stempel der Einrichtung. In diesem Zusammenhang sei erwähnt, dass bei der Darstellung von Messergebnissen der eingesetzten medizinischen Untersuchungsmethoden (z. B. Sehtest) neben dem Messergebnis die Vergleichsnormen angegeben werden müssen, aus der sich dann die Befundwürdigung ableitet.

Die psychologischen Untersuchungsbefunde betreffen die Darstellung der psychologischen Methoden, Befunde, das Explorationsgespräch, Leistungstests sowie ggf. durchgeführte psychologische Fahrverhaltensbeobachtungen, Fragebogenverfahren sowie die Anwendung der fachlichen Grundlagen (z. B. hypothesengesteuerte entlastungs- und ressourcenorientierte Begutachtung). Des Weiteren erfolgt – in Analogie zum medizinischen Teil – eine Würdigung von beigestellten Befunden sowie eine Begründung bezüglich nicht verwertbarer beigestellter psychologischer Befunde im Gutachten. In diesem Zusammenhang sei erwähnt, dass bei der Darstellung der Messergebnisse von

173 Richtlinie über die Anforderungen an Träger von Begutachtungsstellen für Fahreignung (§ 66 FeV) und deren Begutachtung durch die Bundesanstalt für Straßenwesen, VkBl. 2014, S. 3, 110–120.

174 Schubert, W. et al. (2013): Beurteilungskriterien.

eingesetzten psychologischen Testverfahren u. a. die Angabe der Norm- und Grenzwerte notwendig ist. Bei der Wiedergabe des Explorations-/Untersuchungsgespräches erhöhen wörtliche Zitate die Transparenz und Akzeptanz des Gutachtens.

Nach der Darlegung der anlassbezogenen Untersuchungsbefunde findet deren **Bewertung** statt. Im Rahmen von medizinisch-psychologischen Begutachtungen erfolgt eine interdisziplinäre Interpretation der Befunde und ihre Bedeutung für die Annahme oder Zurückweisung der unter dem Überblick der Vorgeschichte angeführten Hypothesen. Eine widerspruchsfreie Darstellung und Interpretation der in den verschiedenen Fachgebieten mit unterschiedlichen Skalen erhobenen Befunde ist hier Voraussetzung. Auch müssen Kompensationsmöglichkeiten, z. B. durch Einbindung einer psychologischen Fahrverhaltensbeobachtung, geprüft werden. Im Gutachten können dann auch Auflagen und Beschränkungen der Fahrerlaubnisbehörde empfohlen werden. Diese Auflagen und/oder Beschränkungen können medizinischer (z. B. Sehhilfe), technischer (z. B. Handgasbetrieb) oder verhaltenspsychologischer (z. B. Umkreisbeschränkung) Natur sein bzw. eine Kombination derselben darstellen.

In der **abschließenden Stellungnahme** erfolgt in jedem Fall die umfassende Beantwortung der behördlichen Fragestellung(en) und ggf. die Darlegung von Empfehlungen, wozu z. B. auch ärztliche Kontrollen und Nachuntersuchungen[175] gehören.

Aus fachlichen und Gründen der Rechtssicherheit sind sowohl bei ärztlichen als auch bei medizinisch-psychologischen Gutachten jeweils die Originalunterschriften der am Begutachtungsprozess beteiligten Gutachter vorzunehmen[176 177 178]. So ist es auch in II.5.8.8 der Richtlinie über die Anforderungen an Träger von Begutachtungsstellen von Fahreignung und deren Begutachtung durch die Bundesanstalt für Straßenwesen festgeschrieben: „Nach Niederschrift und der Endkorrektur des Gutachtens unterschreiben beide Gutachter eigenhändig das Gutachten, wobei Namen, Titel und Berufsbezeichnung der Unterzeichner anzuführen sind. Zur Erschwerung von Fälschungen erfolgt die Unterschrift mit einem blauen Schriftzug."

Die zuvor getätigten Ausführungen gelten gem. Anlage 4a (zu § 11 Abs. 5) „Grundsätze für die Durchführung der Untersuchungen und die Erstellung der Gutachten" sowohl für medizinisch-psychologische Gutachten als auch für ärztliche Gutachten.

Eine schriftliche Begutachtung setzt ein von den Sachverständigen unterschriebenes Gutachten voraus. Die eigenhändige Unterschrift des oder der verantwortlichen Sachverständigen ist hierbei erforderlich. Dies gilt auch

---

175 Klärung von Begrifflichkeiten bei Eignungsuntersuchungen nach Anlage 4 Fahrerlaubnis-Verordnung. VkBl. 2014 S. 578.

176 OVG Nordrhein-Westfalen, Beschl. v. 22.8.1994 – 19 B 1899/94.

177 OVG Rheinland-Pfalz, Beschl. v. 27.3.1992 – 7 B 1023/91.

178 VG Cottbus, Beschl. v. 22.9.2009 – 3 L 248/08.

für Gutachten, an denen mehrere Fachdisziplinen – z. B. Ärzte, Psychologen und Ingenieure – beteiligt sind. Es ist sonst nicht in der gebotenen Form dokumentiert, dass der die Begutachtung durchführende Sachverständige die persönliche fachliche Verantwortung für die Ausführungen im Gutachten, die oft mit nicht unerheblichen Konsequenzen für die Betroffenen verbunden sind, übernimmt. Unterschriftsleistungen, wie z. B. „Im Konzept bestätigt", weisen darauf hin, dass offensichtlich kein ärztliches bzw. medizinisch-psychologisches Gutachten erstellt worden ist, sondern dass es sich lediglich um die Bestätigung eines Konzeptes auf dem Weg zu einem Gutachten handelt, welches demnach nicht für den Rechtsverkehr freigegeben ist. Diese Gutachten sind durch die Fahrerlaubnisbehörden als nicht verwertbar zurückzuweisen. Bei ärztlichen Gutachten ist darüber hinaus im Gutachten zu bestätigen, dass der Arzt nicht zugleich der Behandelnde ist.

Durch die behördlich veranlasste Fragestellung muss die Würdigung des Einzelfalls widergespiegelt werden. Die Qualität eines Gutachtens beginnt mit der Qualität der Fragestellung. Gegebenenfalls muss nach Zustimmung des Betroffenen im Ergebnis einer Rücksprache zwischen Gutachter und Fahrerlaubnisbehörde eine Spezifizierung der Fragestellung durch die Behörde erfolgen. Die Fahrerlaubnisbehörde ist und bleibt „Herr des Verfahrens". Sofern eine Präzisierung der behördlich veranlassten Fragestellung erforderlich ist, hat die Behörde den Betroffenen darüber zu informieren und ihre Gutachtenanordnung förmlich zu ändern, sodass er sich auf die neue Situation entsprechend einstellen kann. Die Gutachter sind an die behördlich veranlasste Fragestellung gebunden. Mit der Fragestellung wird auch der entsprechende Methodeneinsatz festgelegt (Verhältnismäßigkeitsgrundsatz, Übermaßverbot etc.). Unter Umständen können die für die Fallkonstellation richtigen Methoden nicht zum Einsatz kommen, da diese durch eine eingeschränkte oder auch zu allgemein gefasste behördlich veranlasste Fragestellung verhindert werden. Die Aufgabe des Arztes und/oder Psychologen im Rahmen der Begutachtung besteht nicht darin, neue Eignungszweifel zu erzeugen, sondern soll helfen, die bestehenden Eignungsbedenken auszuräumen. Auch das Aussprechen von z. B. „Fahrverboten" durch einen Arzt oder Psychologen im Rahmen einer Begutachtung ist nicht möglich.

Im Weiteren werden exemplarisch behördlich veranlasste Fragestellungen für ärztliche sowie medizinisch-psychologische Begutachtungsfälle und die sich daraus ergebenden fachlichen Konsequenzen (u. a. Methodeneinsatz, Ableitung der zu verfolgenden Hypothesenstruktur, Bewertung der Befunde) für die Beantwortung der Fragestellung dargestellt.

Beispiel 1 für ein ärztliches Gutachten gem. § 11 FeV

In der Praxis kommen hier häufig nachfolgend genannte behördlich veranlasste Fragestellungen bei Erkrankungen gem. Anlage 4 FeV bzw. Auffälligkeiten im Straßenverkehr vor (z. B. Unfall, auffälliges Verhalten älterer Verkehrsteilnehmer bei einer Routinekontrolle), bei denen eine Erkrankung gem. Anlage 4 FeV zugrunde liegen könnte:

Liegt eine Gesundheitsstörung oder Krankheit vor, die nach Anlage 4 FeV für die Fahreignung erheblich ist?

Falls ja, kann der Untersuchte trotz der festgestellten Gesundheitsstörung oder Krankheit ein Kraftfahrzeug der Klasse(n) B, BE, M, S und L sicher führen?

Die Ableitung konkreter Fragestellungen im Zusammenhang mit der Fahreignung aus z.B. Pflichtmitteilungen der Polizei gem. § 2 Abs. 12 StVG[179] stellt sich für die Mitarbeiter der Behörden sehr häufig als ein äußerst schwieriger Prozess dar. Dies erlangt besonders im Kontext des demografischen Wandels bei älteren Verkehrsteilnehmern steigende Relevanz. Weder die Anlage 4 FeV noch die darin auch enthaltenen normierten Begutachtungsleitlinien zur Kraftfahreignung enthalten Hinweise, wie verwaltungsrechtlich mit entsprechenden Auffälligkeiten umgegangen werden muss.

Die o.g. beispielhafte Fragestellung beinhaltet somit einen Ausforschungsauftrag über alle in der Anlage 4 FeV enthaltenen Krankheiten. Ein Bezug zu den Anlass gebenden notwendigerweise darzulegenden Tatsachen (hier Erkrankungen) ist nicht erkennbar. Diese Fragestellung steht im Widerspruch zu den diesbezüglichen Ausführungen in § 11, Abs. 6 Satz 1 FeV. Unabhängig davon bleibt offen, was mit einer „Gesundheitsstörung" gemeint ist und welche Relevanz diese „Gesundheitsstörung" für die Fahreignung hätte. Sofern es sich um eine „Gesundheitsstörung" handelt, muss diese nicht unbedingt fahreignungsrelevant sein und kann unter Umständen ausschließlich die Fahrsicherheit betreffen.[180] In der FeV wird zudem ausschließlich von „Krankheiten" und „Mängeln" gesprochen. Die Begutachtung von „Gesundheitsstörungen", die evtl. krankheitswertig sein können, aber nicht müssen, ist hingegen nicht vorgesehen. Hierfür gibt es auch keine fachlichen Beurteilungsgrundsätze.

Solche Fragestellungen sollten zukünftig weniger an der Internationalen statistischen Klassifikation der Krankheiten und verwandter Gesundheitsprobleme (ICD-10-GM)[181], sondern mehr an der Internationalen Klassifikation der Funktionsfähigkeit, Behinderung und Gesundheit (ICF[182]) gemessen werden. Hier ist ein Paradigmenwechsel erforderlich vom Modell der „Defizittheorie" hin zum Modell des „lebenslangen Lernens". Der Mensch muss als bio-psycho-soziale Einheit verstanden werden. Dies wird insbesondere von steigender Bedeutung für die Begutachtung älterer Kraftfahrzeugführer.

Hierbei ist – unabhängig davon, ob es sich um ein ärztliches oder ein medizinisch-psychologisches Gutachten handelt – erforderlich, dass es konkrete

179 Vgl. Kapitel 3.5.

180 Vgl. Madea, B., Mußhoff, F., Berghaus, G. (Hrsg., 2007): Verkehrsmedizin. Fahreignung, Fahrsicherheit, Unfallrekonstruktion. Köln: Deutscher Ärzte-Verlag GmbH.

181 Internationale statistische Klassifikation der Krankheiten und verwandter Gesundheitsprobleme ICD-10, verfügbar unter: http://www.dimdi.de/static/de/klassi/icd-10-gm/kodesuche/onlinefassungen/htmlgm2014/index.htm (letzter Zugriff: 23.3.2015).

182 Internationale Klassifikation der Funktionsfähigkeit, Behinderung und Gesundheit ICF, verfügbar unter: http://www.dimdi.de/dynamic/de/klassi/icf/kodesuche/onlinefassungen/icfhtml2005/index.htm (letzter Zugriff: 23.3.2015).

tatsächliche Anhaltspunkte zum (hohen) Lebensalter dazu geben muss, die Bedenken an der Kraftfahreignung im Einzelfall begründen. Das Alter allein bietet keinen Grund, Betroffene hinsichtlich ihrer geistigen und/oder körperlichen Eignung zum Führen von Kraftfahrzeugen überprüfen zu lassen.[183] [184] Es ist nicht zulässig, eine Begutachtungsmaßnahme auf Vermutungen, Spekulationen oder auf einen bloßen Verdacht hin anzuordnen.

Die zweite Fragestellung des Beispiels 1 ist mehrdeutig und missverständlich. Bei der verwendeten Begrifflichkeit „ein Kraftfahrzeug sicher führen" wird in bestimmten Fällen durch ärztliche Gutachter die Thematik „psychofunktionale Leistungstestung" assoziiert mit der Folge der Veranlassung entsprechender psychologischer Untersuchungen. Im Rahmen von ärztlichen Gutachten stellt dieses Vorgehen eine unzulässige Erweiterung der Fragestellung um psychologische Sachverhalte dar, sodass sich in den Bereich eines medizinisch-psychologischen Gutachtens hineinbewegt wird. Welche Schwierigkeiten sich aus unbestimmten Begriffen, wie z.B. „ein Kraftfahrzeug sicher führen", ergeben, kann u.a. in Schubert, Mattern und Miltner (2008)[185] nachgelesen werden.

Beispiel 2 für ein ärztliches Gutachten gem. § 13 FeV

In der Praxis kommen hier u. a. nachfolgend genannte behördlich veranlasste Fragestellungen vor, bei denen der Verdacht einer Alkoholabhängigkeits- bzw. Alkoholmissbrauchsproblematik zugrunde liegen könnte:

Lässt sich die aus aktenkundigen Tatsachen begründete Annahme einer Alkoholabhängigkeit bei dem Betroffenen bestätigen? Finden sich, wenn keine Alkoholabhängigkeit vorliegt, Anzeichen für medizinischen Alkoholmissbrauch? Wurde ggf. die Alkoholabhängigkeit überwunden, liegt also eine stabile Abstinenz vor?

In dieser behördlich veranlassten Fragestellung wird besonders deutlich, wie die das System betreffenden Fragen mit den sich daraus ableitenden methodischen Konsequenzen verbunden sind. Die Abhängigkeitserkrankung basiert vorrangig auf einem Anamnesegespräch des Arztes, der gem. der ICD-10-GM, Kapitel V „Psychische und Verhaltensstörungen", die Kriterien für das Vorliegen einer Abhängigkeitserkrankung prüft.

Aus diesem Grund sind nachvollziehbare Aufzeichnungen zu den Fragen des Arztes wie auch den Antworten des Betroffenen zu den Kriterien der ICD-10-GM zu dokumentieren und im Gutachten zu verschriftlichen. Hinzu kommen körperliche Untersuchungsbefunde sowie die Erhebung von Laborparametern. Hilfreich bei der Diagnosestellung einer Alkoholabhängigkeit ist auch das Erfassen von eventuell vorhandenen alkoholassoziierten Erkran-

183 VG Saarland, Beschl. v. 16.11.2009 – 10 L 905/09.

184 OVG Berlin-Brandenburg, Beschl. v. 2.5.2012 – OVG 1 S 25.12.

185 Schubert, W., Mattern, R., Miltner, E. (Hrsg., 2008): Unbestimmte Begriffe in der Begutachtung von Fahrtüchtigkeit und Fahreignung: 4. Gemeinsames Symposium der DGVP und DGVM am 24. und 25. Oktober 2008 in Ulm (Tagungsband). Bonn: Kirschbaum Verlag.

kungen und Verletzungen.[186] Ist die Diagnose einer Abhängigkeitserkrankung – ohne ausreichende Darlegung der Kriterien der ICD-10-GM – nicht nachvollziehbar dargelegt, ist das Gutachten für die Entscheidungsfindung der Behörde nicht verwertbar und zurückzuweisen.[187] [188] Die hinzuziehende Durchführung von u. a. psychofunktionalen Leistungstests oder Intelligenz- sowie Persönlichkeitstests ist für die Stellung der Diagnose „Alkoholabhängigkeit" nicht indiziert.

Die in diesem Kontext behördlich veranlasste Fragestellung nach der „Überwindung" der Alkoholabhängigkeit sowie dem Vorliegen einer „stabilen Abstinenz" ist nicht Gegenstand eines ärztlichen Gutachtens. Zur Beantwortung dieser Fragestellung sind neben medizinischen, toxikologischen v. a. aber auch psychologische Methoden/Kriterien notwendig. Diese Art der Fragestellung – die ja am Ende auf eine Verhaltensprognose hinausläuft – ist einer Medizinisch-Psychologischen Untersuchung zuzuordnen.

Beispiel für eine medizinisch-psychologische Begutachtung gem. §§ 11 und 13 FeV:

Ist zu erwarten, dass der Untersuchte auch zukünftig ein Kraftfahrzeug unter Alkoholeinfluss führen wird und/oder liegen als Folge eines unkontrollierten Alkoholkonsums Beeinträchtigungen vor, die eine sichere Verkehrsteilnahme mit einem Kraftfahrzeug der Gruppe 1 und 2 (Klassen: BE/C1E) infrage stellen?

Der erste Teil der o. g. behördlich veranlassten Fragestellung ist mit dem zur Verfügung stehenden medizinischen und psychologischen Methodeninventar gut zu beantworten. Der zweite Teil der Fragestellung ist so formuliert, dass er mit dem an den Stand der Wissenschaft gestellten Anspruch nicht beantwortbar ist. Im Rahmen der Fahreignungsbegutachtung geht es nicht um die Ätiologie/Pathogenese von Erkrankungen oder Beeinträchtigungen. Ob eine Erkrankung oder Beeinträchtigung Folge eines unkontrollierten Alkoholkonsums oder Folge von Medikamentenbeeinflussung, Alterserscheinungen, anderen Erkrankungen usw. ist, ist keine Aufgabenstellung der Fahreignungsbegutachtung in diesem Kontext. Der Veranlassung der Begutachtung im Fahrerlaubnisrecht liegt weder eine objektive noch eine subjektive Therapieindikation (z. B. Leidensdruck oder festgestellte Therapiebedürftigkeit) zugrunde, sondern ein verwaltungsrechtlich über Tatsachen definierter Begutachtungsanlass. Unabhängig davon ist nicht auszuschließen, dass entsprechende Beeinträchtigungen auftreten können, wenn ein Betroffener über Jahre hinweg schweren Alkoholmissbrauch betrieben hat. Dies muss jedoch nicht der Fall sein. Die Feststellung eines Kausalzusammenhanges zwischen einer Beeinträchtigung „als Folge eines unkontrollierten Alkoholkonsums" ist wissenschaftlich seriös im Rahmen einer Fahreignungsbegutachtung unter Berücksichtigung des dort eingesetzten Methodenspektrums nicht zu

186 World Health Organization (2011): Global status report on alcohol and health.

187 VG München, Beschl. v. 15.1.2007 – M 6a S 06.4576.

188 VG München, Urt. v. 2.2.2010 – M 1 K 09.4533.

beantworten und auch nicht notwendig. In der Fahreignungsbegutachtung kommt es im Zusammenhang mit der o. g. behördlich veranlassten Fragestellung lediglich darauf an, ob die geforderten Mindestvoraussetzungen für eine sichere Verkehrsteilnahme mit einem Kraftfahrzeug der entsprechenden Gruppe erfüllt sind oder nicht.

Des Weiteren bleibt bei dem o. g. Beispiel offen, welche möglichen „alkoholbedingten" Beeinträchtigungen die Behörde untersucht haben möchte. Meint sie damit eventuell die in Anlage 5.2 FeV aufgeführten psychologischen Dimensionen der Reaktions-, Aufmerksamkeits-, Konzentrations-, Orientierungs- und Belastungsfähigkeit? Oder meint die Behörde die Feststellung und den Grad altersbedingter Leistungsabbauerscheinungen, medikamentös verursachter Beeinträchtigungen etc.? Sowohl in der Anlage 4 und Anlage 4a FeV, in der die Begutachtungsleitlinien zur Kraftfahreignung Bestandteil sind, wird – wie bereits ausgeführt – ausschließlich auf „körperliche und geistige Mängel bzw. Erkrankungen" Bezug genommen, nicht aber auf den Themenkomplex „Beeinträchtigungen", was immer damit gemeint sein mag. Die unbestimmte Formulierung „Beeinträchtigung" lässt zudem offen, ob bei einem Betroffenen eignungseinschränkende oder eignungsausschließende Befunde vorliegen, was in dem Gutachten nachvollziehbar ausgeführt werden muss.[189] Bei eignungseinschränkenden Sachverhalten besteht die Möglichkeit einer Abklärung von Kompensationsmöglichkeiten, die der Betroffene hat (z. B. verhaltenspsychologische, medizinische oder technische Kompensationen). Im Gutachten können dann auch Ausführungen zu Empfehlungen über – durch die Fahrerlaubnisbehörde zu entscheidende – Auflagen und Beschränkungen ausgesprochen werden.

Häufig wird aber in der Praxis die o. g. behördlich veranlasste Fragestellung unreflektiert und aus der Historie erwachsen übernommen und versucht zu beantworten, was sich bis in jüngste Veröffentlichungen hinein zeigt.[190] Gutachter müssen auch über die Fähigkeit einer offenen Fehlerkultur verfügen und gutachterliche Wissensgrenzen (Vermeidung von Kompetenzillusion) offen im Gutachten darlegen.[191] Diese Art behördlich veranlasster Fragestellungen kann unter Anlegung wissenschaftlicher Maßstäbe nicht beantwortet werden.

189 Vgl. bspw. Grenzwertunterschreitung bei psychologischen Testverfahren, Kapitel 5.1.

190 De Vol, D. (2015): 3. Teil: Medizinisch-Psychologische Aspekte der Eignung, in: H. Buschbell, H. D. Utzelmann, M. Quarch, G. Reisert, D. DeVol (Hrsg.). Die Fahrerlaubnis in der anwaltlichen Beratung: Verwaltungs-, Straf- und OWi-Recht sowie MPU. Bonn: Deutscher Anwaltverlag. S. 558.

191 Mattern, R., Schubert, W. (2013): „Fehlerkultur" bei der Begutachtung der Kraftfahrer-Eignung. In: K. Püschel, V. Dittmann, W. Schubert (Hrsg.). Fahrunsicherheit, Unfallvermeidung, Unfallrekonstruktion, Rehabilitation Fahreignung. Tagungsband zum 8. Gemeinsamen Symposium der DGVM und DGVP am 7. und 8. September 2012 in Hamburg der DGVM e. V. und DGVP e. V. Bonn: Kirschbaum Verlag.

5 Auswahl der Begutachtungsstelle bzw. des Gutachters – Rollenkonfusion, Befangenheit, Interessenkonflikt

Wolfgang Schubert

Die Bündelung beratender, rehabilitativer, therapeutischer bzw. gutachterlicher Tätigkeiten in einer Person bei einem Betroffenen stellt in der Regel neben dem möglichen Vorwurf der Befangenheit auch eine Verletzung des Prinzips der Unvoreingenommenheit dar. Die speziellen Pflichten eines Therapeuten und eines verkehrspsychologischen bzw. verkehrsmedizinischen Gutachters stehen sich im jeweiligen Tätigkeitsfeld diametral gegenüber.

Im Rahmen der Begutachtung der Fahreignung, der Rehabilitation bzw. Therapie im Sinne der Förderung, Erhaltung und Wiederherstellung der individuellen Mobilität sind gerade Mediziner und Psychologen in besonderer Weise gefährdet, sich ausschließlich und uneingeschränkt als Sachwalter der Interessen der Betroffenen zu betrachten. Hieraus können sich spezifische Interessenkollisionen und Problemkonstellationen, wie sie auch in anderen Bereichen vorhanden sind, ergeben.

So wird z.B. im Punkt (4) des § 275a der Strafprozessordnung (StPO)[192] zu diesem Themenkomplex ausgeführt: „Das Gericht holt vor der Entscheidung das Gutachten eines Sachverständigen ein. Ist über die nachträgliche Anordnung der Sicherungsverwahrung zu entscheiden, müssen die Gutachten von zwei Sachverständigen eingeholt werden. Die Gutachter dürfen im Rahmen des Strafvollzugs oder des Vollzugs der Unterbringung nicht mit der Behandlung des Verurteilten befasst gewesen sein."

Der Themenkomplex der Rollenkonfusion unterscheidet sich auf dem Gebiet der Begutachtung der Fahreignung in keiner Weise von den Regelungen in anderen Bereichen der Medizin und Psychologie, in denen es Schnittstellen zwischen einer Beratung, Behandlung, der Begutachtung und Rehabilitations- bzw. Therapiemaßnahmen gibt.

So wird in der Berufsordnung der Zahnärztekammer Berlin[193] in § 8 Nr. 4 ausgeführt: „Der Zahnarzt darf einen Patienten, der ihn zum Zweck einer Begutachtung aufsucht, vor Ablauf von 24 Monaten nach Abgabe der schriftlichen Stellungnahme über die Begutachtung nicht behandeln. Dies gilt nicht für Notfälle."

Der Medizinische Dienst der Krankenversicherung (MDK) führt im Kapitel „Begutachtung und Beratung" des 5. Sozialgesetzbuches (SGB V)[194] u.a. aus, dass abzusichern ist, dass der behandelnde Arzt nicht zugleich Gutachter im Zusammenhang mit der Feststellung z.B. der Pflegebedürftigkeit eines Patienten ist.

---

192 Strafprozessordnung, BGBl. I S. 89.

193 Berufsordnung der Zahnärztekammer Berlin, Verfügbar unter: http://www.zaek-berlin.de/fileadmin/dokumente/Zentraler_Hauptordner/Kammerhandbuch/5_Berufsordnung.pdf (Stand: 18.2.2013).

194 Fünftes Buch Sozialgesetzbuch – Gesetzliche Krankenversicherung, BGBl. I S. 2789.

Berufsethische Grundsätze der Psychologie zum Themenkomplex Rollenkonfusion finden sich z.B. bezogen auf die USA in den „Ethical Principles of Psychologists and Code of Conduct Including 2010 Amendments“[195] der American Psychological Associations (APA) im Punkt 3.06 „Conflict of Interest“: „Psychologists refrain from taking on a professional role when personal, scientific, professional, legal, financial or other interests or relationships could reasonably be expected to (1) impair their objectivity, competence or effectiveness in performing their functions as psychologists or (2) expose the person or organization with whom the professional relationship exists to harm or exploitation.“ (Psychologen unterlassen ihre Berufsausübung, wenn aufgrund persönlicher, wissenschaftlicher, beruflicher, rechtlicher, finanzieller oder anderer Interessen oder Beziehungen vernünftigerweise anzunehmen wäre, dass (1) ihre Objektivität, Kompetenz oder Wirksamkeit in der Ausübung als Psychologen beeinträchtigt wären oder (2) eine Person oder Organisation zu Schaden käme, mit der eine professionelle Beziehung besteht.)

In diesem Zusammenhang verweist Smith[196] in ihrem Aufsatz zur Vermeidung ethischer „Fallen“ darauf, dass der Psychologe zunächst im Patienten-Therapeuten-Verhältnis seine Rolle identifizieren muss. Wenn ein Psychologe mit Menschen oder Organisationen zusammenarbeitet, muss von Anfang an klar sein, von wem er als Hilfe „gemietet“ wurde und was von ihm erwartet wird. Als Beispiel wird angeführt, dass im Gericht deutlich sein muss, ob ein Psychologe als Expertenzeuge oder als Fürsprecher einer Seite auftritt. „Because they can‘t provide an objective evaluation, psychologists who are therapists for one of the parties shouldn‘t serve as expert witnesses.“ (Weil sie keine objektive Beurteilung leisten können, sollten Psychologen, die für eine Partei als Therapeuten tätig sind, nicht als Sachverständige dienen.) Dieses Beispiel ist uneingeschränkt übertragbar auf die jeweilige Rolle nicht nur der Psychologen, sondern auch der Ärzte im Rahmen eines Zivil-, Straf- und Verwaltungverfahren, wie es z.B. bei der (Wieder-)Erteilung bzw. Sicherung der Fahrerlaubnis der Fall ist.

In Ermangelung differenzierter Ausführungen in den Ethischen Richtlinien der DGPs und des BDP[197] sowie der Muster-Berufsordnung der Bundespsychotherapeutenkammer[198] zu dem Themenkomplex „Rollenkonfusion“ hat

195 American Psychological Association (APA): Ethical Principles of Psychologists and Code of Conduct Including 2010 Amendments. Verfügbar unter: http://www.apa.org/ethics/code/index.aspx?item=1 (Stand: 18.2.2013).

196 Smith, D. (2003): 10 ways practitioners can avoid frequent ethical pitfalls. Boost your ethical know-how with these practical tips on avoiding common ethical quandaries. *American Psychological Association, monitor on psychology, Volume 34, No. 1.* Verfügbar unter: http://www.apa.org/monitor/jan03/10ways.aspx (Stand: 18.2.2013).

197 Ethische Richtlinien der Deutschen Gesellschaft für Psychologie e.V. und des Berufsverbands Deutscher Psychologinnen und Psychologen e.V. (zugleich Berufsordnung des Berufsverbands Deutscher Psychologinnen und Psychologen e.V.). Verfügbar unter: http://www.bdp-verband.org/bdp/verband/ethik.shtml (Stand: 18.2.2013).

198 Muster-Berufsordnung für die Psychologischen Psychotherapeutinnen und Psychotherapeuten und Kinder- und Jugendlichenpsychotherapeutinnen und Kinder- und Jugendlichenpsychotherapeuten in der Fassung der Beschlüsse des 7. Deutschen Psychotherapeutentages in Dortmund am 13. Januar 2006, aktualisiert mit Beschluss des 11. DPT am 10. November 2007. Verfügbar unter: http://www.bptk.de/uploads/media/20060117_musterberufsordnung.pdf (Stand: 18.2.2013).

man sich in der Sektion Verkehrspsychologie des Berufsverbands Deutscher PsychologInnen e.V. (BDP) aufgrund der praktischen Problemlage und des inneren „Leidensdrucks" der in diesem Bereich tätigen Verkehrspsychologen 1998 auf eine Selbstverständnis-Erklärung über berufspolitische und berufsethische Grundsätze der klinischen Verkehrspsychologie[199] verständigt. Darin ist unter Punkt 8 enthalten: „Wir akzeptieren das Prinzip der Trennung von Therapie und Begutachtung in beiden Richtungen und werden über eine Therapiebescheinigung hinaus für die von uns therapierten Klienten im Regelfall keine Gutachten erstellen, die ihnen eine Eignung zum Führen von Kraftfahrzeugen bescheinigen." Auch der Bundesverband Niedergelassener Verkehrspsychologen e.V. (BNV) hat sich zu dieser Regelung im § 4 seiner Satzung[200] bekannt.

Auch in der Allgemeinen Waffengesetz-Verordnung (AWaffV)[201] wird im Abschnitt 2 „Nachweis der persönlichen Eignung" unter § 4 „Gutachten über die persönliche Eignung" zur Thematik Rollenkonfusion im Punkt (4) ausgeführt: „Zwischen dem Gutachter und dem Betroffenen darf in den letzten fünf Jahren kein Behandlungsverhältnis bestanden haben. Der Gutachter hat in dem Gutachten zu versichern, dass der Betroffene in dem vorgenannten Zeitraum nicht in einem derartigen Behandlungsverhältnis stand oder jetzt steht. Die Sätze 1 und 2 schließen eine Konsultation des in den genannten Zeiträumen behandelnden Haus- oder Facharztes durch den Gutachter nicht aus."

In der FeV wird dem Thema Rollenkonfusion dadurch Aufmerksamkeit geschenkt, dass für den zuständigen Facharzt mit verkehrsmedizinischer Qualifikation im § 11 (Eignung), Abs. 2 S. 5 FeV festgelegt ist: „Der Facharzt nach Satz 3 Nr. 1 soll nicht zugleich der den Betroffenen behandelnde Arzt sein." Diese Aussage ist in gleicher Weise für die im Rahmen der medizinisch-psychologischen Begutachtung (z.B. §§ 13 und 14 FeV) tätigen Ärzte und Psychologen gültig.

In der Anlage 4a (zu § 11 Abs. 5) Nr. 5 FeV wird diesbezüglich ausgeführt:

„Wer

a) mit Unternehmen oder sonstigen Institutionen vertraglich verbunden ist, die
  aa) Personen hinsichtlich der typischen Fragestellungen in der Begutachtung von Begutachtungsstellen für Fahreignung im Sinne des § 66 zur Klärung von Zweifeln an der Kraftfahreignung in Gruppen oder einzeln beraten, behandeln, betreuen oder auf die Begutachtung vorbereiten oder
  bb) Kurse zur Wiederherstellung der Kraftfahreignung anbieten, oder
b) solche Maßnahmen in eigener Person anbietet,

199 Selbstverständniserklärung Berufspolitische und berufsethische Grundsätze der klinischen Verkehrspsychologie. Verfügbar unter: http://www.bdp-verkehr.de/verband/ak/selbstverstaendnis.html (Stand: 18.2.2013).

200 Satzung des Bundesverbandes niedergelassener Verkehrspsychologen (BNV e.V.). Verfügbar unter: http://www.bnv.de/BasisInf/satzung.htm (Stand: 18.2.2013).

201 Allgemeine Waffengesetz-Verordnung (AWaffV).

darf keine Personen zur Klärung von Zweifeln an der Kraftfahreignung in Begutachtungsstellen für Fahreignung untersuchen oder begutachten.“

Als nicht vereinbar mit den Grundsätzen der Begutachtung sieht die Bundesanstalt für Straßenwesen (BASt) im Punkt 5.4 der „Richtlinie über die Anforderungen an Träger von Begutachtungsstellen für Fahreignung (§ 66 FeV) und deren Begutachtung durch die Bundesanstalt für Straßenwesen vom 27. Januar 2014“[202] an, „... wenn die Begutachtungsstelle für Fahreignung schon im Vorfeld potenzielle Kunden auf die Untersuchung insbesondere durch probeweise Durchführungen von Leistungstests oder Psychologischen Untersuchungsgesprächen vorbereitet oder Kunden vor der Untersuchung Fragebögen übersendet, sodass die Möglichkeit einer Beeinflussung des Begutachtungsergebnisses geschaffen wird“.

Die Ausführungen bezüglich der Rollenkonfusion gelten sowohl für die ärztlichen Gutachter entsprechend § 11 (2) FeV[203] mit verkehrsmedizinischer Qualifikation als auch für die ärztlichen und psychologischen Gutachter entsprechend den zu begutachtenden Fragestellungen z. B. nach den §§ 13 und 14 FeV.

Sämtliche Fahreignungsgutachtenarten sollten die jeweils geltenden aktuellen fachlichen Grundlagen („Begutachtungsleitlinien“ - BGL,[204] „Beurteilungskriterien“ - BK,[205] Positionspapier Fahreignung bei kardiovaskulären Erkrankungen der Deutschen Gesellschaft für Kardiologie - Herz- und Kreislaufforschung e. V.,[206] Leitlinien der Deutschen Ophthalmologischen Gesellschaft,[207] Empfehlung der Deutschen Ophthalmologischen Gesellschaft (DOG) und des Berufsverbandes der Augenärzte Deutschlands (BVA)[208]) berücksichtigen.

Im Falle einer Aufforderung zu einer ärztlichen bzw. medizinisch-psychologischen Begutachtung legt die Behörde unter Beachtung der individuellen Fallkonstellation die Fragestellung(en) fest. Der Betroffene kann dann eine amtlich anerkannte Begutachtungsstelle,[209] die zu einem von der BASt begutachteten und vom jeweiligen Bundesland anerkannten Träger[210] gehört, im

202 VkBl. Heft 3, 2014 S. 116.

203 Fahrerlaubnis-Verordnung (FeV).

204 Bundesanstalt für Straßenwesen (Hrsg.) (2014): Begutachtungsleitlinien zur Kraftfahrereignung.

205 Schubert, W. et al. (2013): Beurteilungskriterien.

206 Positionspapier Fahreignung bei kardiovaskulären Erkrankungen der Deutschen Gesellschaft für Kardiologie - Herz- und Kreislaufforschung e. V. Verfügbar unter: http://leitlinien.dgk.org/files/2010_Positionspapier_Fahreignung.pdf (Stand: 15.2.2013).

207 Leitlinien der Deutschen Ophthalmologischen Gesellschaft. Verfügbar unter: http://www.dog.org/?cat=32 (Stand: 14.2.2013).

208 Fahreignungsbegutachtung für den Straßenverkehr 2011, Empfehlungen der DOG und BVA. Verfügbar unter: http://www.dog.org/wp-content/uploads/2009/09/DOG_Fahreignungsbegutachtung_2011.pdf (Stand: 14.2.2013).

209 Liste der Begutachtungsstellen für Fahreignung geordnet nach Trägern. Verfügbar unter: http://www.bast.de/DE/FB-U/Qualitaetsbewertung/Begutachtung/pdf/liste-alphab-traeger.pdf?__blob=publicationFile&v=13 (Stand: 25.8.2014).

210 Liste der amtlich anerkannten Träger von Begutachtungsstellen für Fahreignung (§ 66 FeV). Verfügbar unter: http://www.bast.de/DE/FB-U/Qualitaetsbewertung/Begutachtung/pdf/begutachtung-fahreignung.pdf?__blob=publicationFile&v=6 (Stand: 25.8.2014).

gesamten Bundesgebiet auswählen. Die Auswahl eines konkreten Gutachters wird dem Betroffenen jedoch verwehrt.

Im Straf- bzw. Verwaltungsprozess hingegen entscheidet der Richter über die Auswahl eines geeigneten, speziell auf die Fragestellung des Gerichtes qualifizierten Gutachters.

Um den Vorwurf der Parteilichkeit eines Gutachters zu vermeiden, ist festzuhalten, dass es einem Sachverständigen möglich ist, die Erstellung eines Gutachtens zu verweigern, genauso wie aus denselben Gründen ein Zeuge berechtigt ist, ein Zeugnis zu verweigern (vgl. §§ 52 bis 53a StPO).[211] Für die ärztlichen und psychologischen Sachverständigen besteht demzufolge als Fahreignungsgutachter die Möglichkeit – bei entsprechend vorliegenden Gründen (z. B. vorliegendes Behandlungsverhältnis) – die Durchführung einer Begutachtung nach § 408 ZPO[212] zu verweigern. Bei entsprechenden Fallkonstellationen ist der Sachverständige gehalten, dies mit den Verfahrensbeteiligten zu besprechen und den Gutachtenauftrag ggf. abzulehnen. Auch die Betroffenen haben aus den gleichen Gründen das Recht zur Ablehnung des Gutachters.

Die BGL enthalten hierzu differenzierte Ausführungen. So wird im Abschnitt 2.2 c) „Auswahl des Gutachters“ u. a. ausgeführt, dass jeder Sachverständige vor Annahme eines Gutachtenauftrages prüfen solle, „ob Sachverhalte vorliegen, die Anlass zum Vorwurf der Besorgnis der Befangenheit eines Sachverständigen geben könnten, was zur Ablehnung führen kann“. Des Weiteren heißt es: „Angesichts der Vielzahl von Gründen, die es rechtfertigen, einen Gutachtenauftrag abzulehnen, sollte der Sachverständige jeden Anschein vermeiden, der für eine Befangenheit sprechen oder dahingehend ausgelegt werden könnte. Dazu gehört im weitesten Sinne auch der Verdacht, im Dienst des zu Begutachtenden zu stehen, falls zuvor der zum Sachverständigen Ernannte gegen Honorar beraten bzw. therapiert hat. Dies gilt gleichermaßen für den Arzt wie für den Psychologen (§ 11 Abs. 2 letzter Satz FeV). In begründeten Ausnahmefällen ist die Begutachtung durch den behandelnden Arzt nicht ausgeschlossen.“ Ein von einem behandelnden Arzt erstelltes Fahreignungsgutachten zu §§ 11, 13 und 14 FeV (unter Beachtung der Kriterien der Anlage 5 zu § 11 Abs. 9, § 48 Abs. 4 und 5 FeV) kann für die Entscheidungsfindung der zuständigen Fahrerlaubnisbehörde nicht zur Grundlage für eine positive Entscheidung hinsichtlich der Fahreignung gemacht werden. Jedoch kann eine Erklärung oder ein Attest eines behandelnden Arztes, wenn sich daraus z. B. Hinweise auf eine Zustandsbesserung bzw. -verschlechterung ergeben, Grund für eine behördliche Aufforderung zur Fahreignungsbegutachtung gemäß §§ 11, 13 und 14 FeV sein.

Nur in begründeten Ausnahmefällen ist eine Begutachtung durch den behandelnden Arzt – z. B. bei besonders seltenen Erkrankungen (wie etwa bestimmte

211 Strafprozessordnung.
212 Zivilprozessordnung.

Muskeldystrophien, genetische Defekte, Zwerchfelllähmung) – nicht ausgeschlossen. In diesem Zusammenhang wird im „Kommentar zu den Begutachtungs-Leitlinien“[213] im Kap. 3.11.2 ausgeführt: „Im psychiatrischen Bereich, in dem notwendigerweise behandelnder Arzt und Patient ein besonderes Vertrauensverhältnis verbindet, sind solche Ausnahmen jedoch konfliktfrei kaum denkbar.“ Solche Situationen müssen mit allen Verfahrensbeteiligten zuvor erörtert werden.

So ist es im Rahmen der gesundheitlichen Versorgung eine notwendige Bedingung für ein optimales Therapeuten-Patienten-Verhältnis, wenn der Hilfe suchende Patient davon ausgehen kann, dass sich der Therapeut auf ihn uneingeschränkt einlässt, womit ein von tief greifendem Verstehen für den Patienten und seiner Problematik gekennzeichnetes persönliches Vertrauens- und Helferverhältnis gemeint ist. Im Vordergrund der Tätigkeit steht in diesem Zusammenhang das persönliche Interesse des Patienten und nicht das Allgemeinwohl. Das heißt, in einem therapeutischen Verhältnis wird im Sinne von Rogers[214] volle Hinwendung und Bezogenheit des Therapeuten zum Klienten angestrebt, nach Stephan[215] sogar eine uneingeschränkte Identifikation des Therapeuten mit dem Klienten. Dies sind durchaus ethisch respektable Gründe, die im Rahmen eines Betreuungsverhältnisses nicht nur akzeptiert, sondern auch gewünscht und gefordert sind, da die Therapeut-Patient-Beziehung für den Erfolg einer Maßnahme von entscheidender Bedeutung ist.[216]

Da die Fahrerlaubnis prinzipiell für die Betroffenen von existentieller Bedeutung ist, nehmen die Therapeuten (sowohl Ärzte als auch Psychologen) oft auch die Stellung eines „vermeintlichen Helfers in der Not“ gegen subjektiv erlebte staatliche Willkür ein.

Die Beziehung des Gutachters zum Betroffenen darf weder einen intim-privaten Charakter, noch den Charakter eines Therapeut-Patient-Verhältnisses annehmen, noch aus Erfahrungen aus letzterem Einspeisungen erhalten können. Beides würde das Prinzip der Unvoreingenommenheit verletzen und unzulässige Vertraulichkeiten begünstigen. Verkehrspsychologische und verkehrsmedizinische Gutachter sollen in der Betroffenen-Gutachter-Beziehung völlig neutrale Experten darstellen, deren Urteile sich nicht aus früheren Erkenntnissen über den Untersuchten, sondern allein aus den Begutachtungsergebnissen in Bezug auf objektive Kriterien unter Berücksichtigung der behördlich veranlassten Fragestellung herleiten.

Das Tätigkeitsziel der Gutachter im Bereich der Fahreignungsbegutachtung dient nicht primär der Erhaltung und Wiederherstellung von Gesundheit. Im Begutachtungsprozess wird eine Verkehrsverhaltensprognose erstellt, inwiefern der Untersuchte zukünftige Fehlverhaltensweisen im Straßenverkehr

213 Schubert et al. (2005): Kommentar.

214 Rogers, C.R. (1994): Therapeut und Klient. Frankfurt: Fischer, Geist und Psyche.

215 Stephan, E. (1995): Schutzpflicht des Staates, Gehilfenfunktion und „gutachterliches Ermessen“, *Deutsche Richterzeitung*, 2, S. 45–54.

216 Grawe, K., Donati, R., Bernauer, F. (2001): Psychotherapie im Wandel – Von der Konfession zur Profession. 5. unveränderte Auflage. Hogrefe-Verlag.

vermeiden kann. Dies schließt die Bewertung des Behandlungserfolges im Einzelfall mit ein. Die Gutachten dienen der Vorbereitung der Entscheidung der Behörde. Über die Eignung eines Betroffenen entscheidet die zuständige Verwaltungsbehörde. Rechtsbegriffe wie „geeignet" oder „ungeeignet" haben weder der Gutachter noch der Therapeut zu verwenden.

Ferner ist hervorzuheben, dass aus fachwissenschaftlicher Sicht z. B. nach jeder verkehrspsychologischen Rehabilitations- bzw. Therapiemaßnahme – was auch die Kurse für alkohol- und drogenauffällige Kraftfahrer nach § 70 FeV mit Rechtsfolgen einschließt – eine Begutachtung erforderlich ist, um den Erfolg der Maßnahme im Einzelfall durch einen unabhängigen Gutachter überprüfen zu lassen.[217] Kurse nach § 70 FeV sind unter gruppenspezifischen Aspekten evaluiert. Sie können keine Aussage über die individuelle Rückfallprognose treffen. Die Fahrerlaubnisbehörde muss aber auf der Grundlage einer fachlich begründeten Aussage über den Einzelfall ihre Entscheidung bezüglich der Kraftfahreignung treffen. Die jetzige Formulierung im § 11 (10) FeV steht zu dieser fachlich begründeten Auffassung, dass jemand nach einem Gutachten mit Nachschulungsempfehlung noch einmal zu einer Fahreignungsbegutachtung muss, nicht im Widerspruch, auch wenn sie praktisch kaum umgesetzt wird. So wird ausgeführt: „Hat ein Betroffener an einem Kurs teilgenommen, um festgestellte Eignungsmängel zu beheben, genügt in der Regel zum Nachweis der Wiederherstellung der Eignung statt eines erneuten medizinisch-psychologischen Gutachtens eine Teilnahmebescheinigung ..."

Die gutachterlich tätigen Ärzte und Psychologen sind gehalten, im Rahmen ihrer Gutachtenerstellung explizit auszuführen, dass sie nicht der Beratende, Behandelnde bzw. Therapierende des Betroffenen gewesen sind.

---

217 Schubert, W., Reschke, K., Glaser, D., Kranich, U. (2007): Die Rollenkonfusion Therapeut vs. Gutachter – Ein Beitrag zur Ethik in der (Verkehrs-)psychologie und (Verkehrs-)medizin. *Zeitschrift für Verkehrssicherheit, 4*, 188–194.

Kapitel 3
Begutachtungsanlässe

1 Untersuchungsgrundsatz

Andreas Patermann

1.1 Allgemeines

Das Gutachten eines Sachverständigen holt ein,[1] wer einen Sachverhalt aufzuklären hat, ohne selbst über die dafür nötige Fachkunde zu verfügen. Bereits § 9 Satz 1 StVZO begründete 1937 für das Fahrerlaubnisrecht den Untersuchungsgrundsatz, indem er bestimmte, dass die Ortspolizeibehörde zu ermitteln hat, ob Bedenken gegen die Eignung des Antragstellers zum Führen von Kraftfahrzeugen vorliegen. Beispielhaft führte er Bedenken wegen schwerer oder wiederholter Vergehen gegen Strafgesetze, Neigung zum Trunke, zur Rauschgiftsucht oder zu Ausschreitungen, insbesondere Roheitsvergehen, ferner Bedenken gegen die körperliche oder geistige Eignung an. Die weitere Rechtsentwicklung über die Neubekanntmachung der StVZO im Jahr 1960, die Neufassung der §§ 15b und 15c StVZO im Jahr 1973 und deren Ersetzung durch §§ 11 ff. FeV 1998 hin zur aktuellen Rechtslage verfeinerte den Rechtsgedanken des § 9 Satz 1 StVZO von 1937. Nun bestimmt § 2 Abs. 7 Satz 1 StVG, der nach § 3 Abs. 1 Satz 3 StVG im Entziehungsverfahren entsprechend gilt, für das Erteilungsverfahren, dass die Fahrerlaubnisbehörde u. a. zu ermitteln hat, ob der Antragsteller zum Führen von Kraftfahrzeugen geeignet ist. Die §§ 2 Abs. 8, 3 Abs. 1 Satz 3 StVG sehen bei Bekanntwerden von Tatsachen, die Bedenken u. a. gegen die Eignung begründen, die Befugnis vor, anzuordnen, dass der Betroffene Gutachten oder Zeugnisse beizubringen hat. Näheres dazu regeln die §§ 11 bis 15, 46 Abs. 3 FeV. Nach § 2a Abs. 4 Satz 1 Halbsatz 2 StVG kommt die Anordnung, ein Gutachten beizubringen, in Betracht, wenn der Inhaber einer Fahrerlaubnis auf Probe innerhalb der Probezeit Zuwiderhandlungen begangen hat, die nach den Umständen des Einzelfalls bereits Anlass zu der Annahme geben, dass er zum Führen von Kraftfahrzeugen ungeeignet ist. Wird einem Fahranfänger auf Probe die Fahrerlaubnis nach Entzug neu erteilt, dann wird nach § 2a Abs. 5 Satz 5 StVG eine solche Anordnung regelmäßig getroffen, sobald der Inhaber einer Fahrerlaubnis innerhalb der Restprobezeit erneut eine schwerwiegende oder zwei weniger schwerwiegende Zuwiderhandlungen begangen hat. Nach § 4 Abs. 10 Satz 3 StVG und ab dem 1. Mai 2014 nach § 4 Abs. 10 Satz 4 StVG n. F. ist bei der Neuerteilung einer Fahrerlaubnis nach einer Entziehung im Rahmen des Punktsystems bzw. des Fahreignungs-Bewertungssystems die

---

1 Hier nicht zu erörtern ist, wer für welche Tatsache die Feststellungs- bzw. Beweislast trägt [dazu Kapitel 6.1] und wer den Gutachter beauftragt sowie die Kosten des Gutachtens trägt [dazu Kapitel 7.4.4].

Wiederherstellung der Eignung regelmäßig durch ein Gutachten nachzuweisen. Mit dieser Entwicklung reagierte das Recht einerseits auf das angewachsene Wissen um eignungsrelevante Umstände sowie die Möglichkeiten ihrer Feststellung. Anderseits konturierte es die Aufklärungsmöglichkeiten im Bewusstsein, dass derartige Aufklärung oft stark in das allgemeine Persönlichkeitsrecht der Betroffenen eingreift[2] und deshalb einer normativen Grundlage bedarf. Das führte zu einer wohl einzigartig detaillierten Regelung der Ermittlungsanlässe und Ermittlungsschritte in Gestalt der Anordnung, insbesondere Gutachten beizubringen. Auf die Einhaltung dieser den Untersuchungsgrundsatz ausgestaltenden Regeln kann es nach § 11 Abs. 8 Satz 1 FeV ankommen, wenn sich der Betroffene der dazu nötigen Untersuchung verweigert oder wenn er das geforderte Gutachten nicht beibringt.[3]

1.2 Bedenken/Zweifel an der Eignung

§ 15b Abs. 2 Satz 1 StVZO schrieb in der bis zu seiner Aufhebung im Jahr 1998 geltenden Fassung vor, dass die Verwaltungsbehörde je nach den Umständen die Beibringung von näher bezeichneten Gutachten anordnen kann, wenn Anlass zur Annahme besteht, dass der Inhaber einer Fahrerlaubnis zum Führen eines Kraftfahrzeugs ungeeignet oder nur noch bedingt geeignet ist. Dazu war anerkannt, dass das nur zulässig war, wenn aufgrund konkreter tatsächlicher Anhaltspunkte berechtigte Zweifel an der Eignung des Betroffenen bestanden.[4] Nun verlangt § 2 Abs. 8 StVG, der auf früher in der StVZO enthaltene Grundsätze zurückgeht,[5] Tatsachen, die Bedenken begründen. Für die körperliche oder geistige Eignung umschreibt § 11 Abs. 2 Satz 2 FeV die zur Begründung von Bedenken nötigen Tatsachen als solche, die auf eine Erkrankung oder einen Mangel nach Anlage 4 oder 5 hinweisen. Genauer lässt sich eine Definition von Eignungsbedenken begründenden Tatsachen wohl nicht fassen. Bei ihrer Anwendung wird man darauf zu achten haben, ob man über nachprüfbare beschreibende Angaben verfügt oder nur über wertende. Eine sei es auch dienstliche Meldung,[6] man (wer?) habe mehrfach (wann?) feststellen können, dass der Fahrzeugführer sich in der Leitung und Bedienung seines Fahrzeugs der jeweiligen Verkehrssituation (welcher?) nur schlecht anpassen könne (wie?) und dabei die erforderliche Sicherheit und Geistesgegenwart vermissen lasse, würde nach heutigen Maßstäben für eine Gutachtenanordnung keine ausreichende Tatsache sein. Man wird bei der Anwendung weiter bedenken müssen, dass die für das Gutachten notwendige Untersuchung anlassbezogen vorzunehmen ist.[7] Ein nur vager Anlass, von dem der Betroffene guten Gewissens sagen könnte, er wisse nicht, was

2 Vgl. BVerfG, VBlBW 1985, 212; BVerfGE 89, 69 = NJW 1993, 2365; NJW 2002, 2378 und 2381; Blutalkohol 41 (2004), 251 und 459.
3 Dazu Kapitel 4.1.6 und etwa BVerwG, NJW 2005, 3440 [3441] und 2012, 3115.
4 BVerwG, NJW 1997, 269 und NJW 2002, 78 [79].
5 Vgl. Bundesrat, Drucksache 821/96, S. 68.
6 Wie im Tatbestand von BVerwGE 11, 274 wiedergegeben.
7 Siehe Nr. 1 Buchstabe a) der Anlage 4a (vormals bis zum 1. Mai 2014 Anlage 15) zur FeV.

gemeint sei, dürfte dem Gutachter keinen geeigneten Anknüpfungspunkt für seine Untersuchung bieten.[8] Schließlich muss der Anlass für die Untersuchung in einem angemessenen Verhältnis zur Schwere des mit einer solchen Untersuchung verbundenen Eingriffs stehen. Das ist umso eher der Fall, umso stärker die Tatsachen auf einen bestimmten Eignungsmangel hinweisen. So deutet ein THC-Wert im Blut[9] des Betroffenen stark auf die Einnahme von Cannabis. Wer aber etwa ein Verkehrszeichen missachtet, begründet allein damit keine Bedenken an seinem Sehvermögen und keinen Anlass für die Anforderung eines augenärztlichen Gutachtens nach § 12 Abs. 8 FeV. Eine Besonderheit gilt bei der Erteilung oder Verlängerung einer Fahrerlaubnis der Klassen C, C1, CE, C1E, D, D1, DE oder D1E. Hier ist die Behörde nicht auf die eher zufällige Erlangung von Kenntnissen angewiesen. Nach Anlage 5 hat sich der Bewerber in der Regel nur einer orientierenden Untersuchung zu unterziehen, mit der gegebenenfalls ein Begutachtungsanlass ermittelt werden soll.[10]

8 Schubert, W., Dittmann, V., Brenner-Hartmann, J. (2013): Urteilsbildung in der Fahreignungsbegutachtung – Beurteilungskriterien. Herausgegeben von der Deutschen Gesellschaft für Psychologie (DGVP) und der Deutschen Gesellschaft für Verkehrsmedizin (DGVM). Bonn: Kirschbaum Verlag.

9 Der auch dann verwertet werden darf, wenn die Blutprobe unter Verstoß gegen § 81a StPO genommen wurde, vgl. OVG Berlin-Brandenburg, Beschl. v. 12.2.2010 – OVG 1 S 7.10 –.

10 Weil der Begutachtungsanlass die Eignung insgesamt infrage stellen und zu einer Entziehung der unbefristet innegehaltenen Fahrerlaubnis führen kann, sollte sich ein Bewerber fragen, ob er den Erteilungs-/Verlängerungsantrag stellt.

2 Begrenzungen des Untersuchungsgrundsatzes

Andreas Patermann

Die durch den Untersuchungsgrundsatz gebotenen Ermittlungen werden im Fahrerlaubnisrecht verschiedenermaßen begrenzt.

2.1 Mitwirkung des Betroffenen

Im Erteilungsverfahren obliegt es nach § 2 Abs. 6 Satz 1 Nr. 2 StVG dem Antragsteller, das Vorliegen der Eignung zum Führen von Kraftfahrzeugen nachzuweisen. Dem genügt er zunächst mit den nach § 21 Abs. 3 FeV seinem Antrag beizufügenden Unterlagen wie dem Sehtest nach § 12 Abs. 3 FeV oder dem Nachweis nach § 11 Abs. 9 FeV, der eine ärztliche Untersuchung nach Anlage 5 voraussetzt.

2.2 Überzeugung der Behörde

Aus der Natur der Sache, aus dem Zweck der Untersuchung ergibt sich die Regelung des § 11 Abs. 7 FeV, wonach die Anordnung zur Beibringung des Gutachtens unterbleibt, wenn die Nichteignung des Betroffenen zur Überzeugung der Fahrerlaubnisbehörde feststeht. Da die Eignungsaussage eine Prognose ist, setzt das zum einen feststehende Tatsachen voraus, an die die Prognose anknüpft, von denen aus sie abgeleitet wird. In Bezug auf die Tatsachengrundlage der Prognose gilt wie auch sonst der Überzeugungsgrundsatz. Zur persönlichen Gewissheit des Bearbeiters müssen Gegebenheiten treten, die diese Gewissheit intersubjektiv diskutierbar und nachvollziehbar machen.[11] Legt der Betroffene ein Attest oder Privatgutachten, worunter hier vom Betroffenen ohne Mitwirkung der Fahrerlaubnisbehörde bei einem Gutachter seiner Wahl in Auftrag gegebene Gutachten verstanden werden, vor, das ihm einen Mangel oder eine Erkrankung bescheinigt, ohne dem zu widersprechen, besteht für weitere Ermittlungen dazu in aller Regel kein Anlass, weil man annehmen darf, dass er Fehler des Attests oder Privatgutachten geltend gemacht hätte. Anders verhält es sich mit für den Betroffenen günstigen Attesten oder Privatgutachten, mit denen er einem zu erwartenden negativen Eindruck vorsorglich begegnen will. Hier wird man Attest oder Privatgutachten in Anbetracht der den Eindruck begründenden Umstände eingehend würdigen. Schließen hingegen Gutachten, die in anderen Verwaltungs- oder Gerichtsverfahren eingeholt wurden, einen körperlichen Mangel aus, wird kaum ein Begutachtungsanlass bestehen. Beschreiben sie aber einen Mangel, dann kann es auf dessen zusätzliche verkehrsmedizinische Würdigung ankommen.[12]

---

11 Dazu Bender, Nack, Treuer: Tatsachenfeststellung vor Gericht, 4. Aufl. 2014, Rn. 548 ff. und BGH, NJW 2013, 2612.

12 Unnötig, wenn im Rahmen eines Antrags auf Erteilung einer Fahrerlaubnis zur Fahrgastbeförderung ein negatives medizinisch-psychologisches Gutachten vorgelegt wurde, vgl. OVG Berlin-Brandenburg, Beschl. v. 9.3.2011 – OVG 1 S 29.11 –.

Stehen die Anknüpfungstatsachen fest, dann nehmen die Anlagen 4, 5 und 6 dem Bearbeiter die Eignungsaussage ab, sofern sie eine feste Relation zwischen Anknüpfungstatsache und Eignungsaussage treffen wie etwa beim Bluthochdruck und einem ständigen diastolischen Wert von über 130 mm Hg oder der Alkohol- oder Drogenabhängigkeit. Im Falle umkehrbarer, veränderbarer Tatsachen hat man sich zu fragen, ob die einst nachgewiesene, festgestellte Tatsache noch aktuell ist und ob keine Umstände vorliegen, die die Wiedererlangung der Eignung möglich erscheinen lassen.[13] Das gilt insbesondere dann, wenn sich der Betroffene auf eine Änderung beruft. Nur bejahendenfalls unterbleiben weitere Ermittlungen.[14] Auch für die Feststellung, dass keine Änderung eingetreten ist, wird man regelmäßig eine besondere Fachkunde benötigen.

2.3 Fristen und Beweisverwertungsverbote

Tatsachen dürfen nur zeitlich beschränkt verwertet und etwa zum Anlass für eine Gutachtenanordnung genommen werden.[15] Nach § 2 Abs. 7 Satz 2 StVG hat die Fahrerlaubnisbehörde zur Eignungsfeststellung Auskünfte aus dem Fahreignungsregister und dem Zentralen Fahrerlaubnisregister des Kraftfahrt-Bundesamtes (KBA) nach den Vorschriften dieses Gesetzes einzuholen. Die im Fahreignungsregister gespeicherten Daten beschreibt § 28 Abs. 3 StVG[16]. § 29 Abs. 1 Satz 2 StVG bestimmte bis zum 1.5.2014 für diese Daten Tilgungsfristen von zwei Jahren (bei Entscheidungen wegen einer Ordnungswidrigkeit), fünf Jahren (etwa bei Entscheidungen wegen bestimmter Straftaten) bzw. zehn Jahren (in den übrigen Fällen). Ab dem 1. Mai 2014 werden die Tilgungsfristen durch § 29 Abs. 3 Satz 2 StVG n. F.[17] neu bemessen[18]. Insbesondere für Ordnungswidrigkeiten, die mit einem Punkt bewertet werden, liegt die Tilgungsfrist bei zwei Jahren und sechs Monaten. Für bestimmte Straftaten, Ordnungswidrigkeiten, die mit zwei Punkten bewertet werden, Verbote oder Beschränkungen, ein fahrerlaubnisfreies Fahrzeug zu führen, sowie Mitteilungen über die Teilnahme an einem Fahreignungsseminar,[19] einem (besonderen) Aufbauseminar oder einer verkehrspsychologischen Beratung beträgt die Tilgungsfrist derzeit fünf Jahre. Die zehnjährige Tilgungsfrist betrifft Entscheidungen über eine Straftat, in denen

13 Vgl. BVerwG, Blutalkohol 51 (2014), 30 [35].

14 Siehe Kapitel 2.3.

15 Die im Falle der Weigerung, das Gutachten beizubringen, auch dann den Rückschluss aus § 11 Abs. 8 Satz 1 FeV rechtfertigen soll, wenn die Tilgungsfrist innerhalb der Beibringungsfrist endet, so OVG Berlin-Brandenburg, Blutalkohol 49 (2012), 177, oder im Falle der Neuerteilung vor der letzten mündlichen Verhandlung in der Tatsacheninstanz, OVG Berlin-Brandenburg, NJW 2013, 1548; anders läge es wohl, wenn sich der Betroffene nach Ablauf der Tilgungsfrist dem Gutachter stellte, aber keine Fragen zur zu tilgenden Eintragung beantwortete, denn die Verwertung tilgungsreifer Eintragungen führt zur Unverwertbarkeit des Gutachtens, vgl. OVG Berlin-Brandenburg, Beschl. v. 7.9.2010 – OVG 1 S 74.10 – und OVG Mecklenburg-Vorpommern, ZfSch 2013, 595 [598].

16 Ab 1. Mai 2014 in geänderter Fassung (BGBl. I 2013, S. 3313).

17 BGBl. I 2013, S. 3313.

18 Dazu Kappus, NJW 2014, 677; Fromm, SVR 2014, 46; Schäpe, DAR 2014, 61.

19 Siehe § 4 Abs. 5 Satz 2 und § 4a StVG n. F.

die Fahrerlaubnis entzogen oder eine isolierte Sperre angeordnet ist, sowie Entscheidungen über Maßnahmen oder Verzichte nach § 28 Abs. 3 Nr. 5 bis 8 StVG. Der Beginn der Tilgungsfrist ist für die einzelnen Daten in § 29 Abs. 4 und 5 StVG – auch seit dem 1. Mai 2014 – unterschiedlich geregelt. Sind mehrere Eintragungen vorhanden, sah § 29 Abs. 6 StVG a.F. bis zum 1. Mai 2014 noch eine Ablaufhemmung vor, sodass eine Eintragung, deren Tilgungsfrist abgelaufen ist, gleichwohl vorerst nicht zu tilgen ist. Seit dem 1. Mai 2014 werden nach § 29 Abs. 6 Satz 1 StVG n.F. Eintragungen grundsätzlich nach Eintritt der Tilgungsreife gelöscht. Für Eintragungen nach § 28 Abs. 3 Nr. 1 bis 3 StVG n.F. gibt es eine einjährige Überliegefrist, während derer die Eintragung nur zur Anordnung von Maßnahmen im Rahmen der Fahrerlaubnis auf Probe nach § 2a StVG, zur Ergreifung von Maßnahmen nach dem Fahreignungs-Bewertungssystem nach § 4 Abs. 5 StVG n.F. und zur Auskunftserteilung an den Betroffenen genutzt oder übermittelt werden darf. Eintragungen nach § 28 Abs. 3 Nr. 3 StVG n.F. werden nicht gelöscht, solange der Betroffene im Zentralen Fahrerlaubnisregister als Inhaber einer Fahrerlaubnis auf Probe gespeichert ist. Mit der (seit 1. Mai 2014 wieder überholten) Neufassung des § 29 Abs. 8 StVG[20] erweiterte der Gesetzgeber das Verwertungsverbot getilgter Eintragungen im Verkehrszentralregister über gerichtliche Entscheidungen hinaus. Nach dessen Satz 1 dürfen die Tat und die Entscheidung, die zu irgendeiner Art von Eintragung im Verkehrszentralregister führten, dem Betroffenen für die Beurteilung seiner Eignung nicht mehr vorgehalten und nicht mehr zu seinem Nachteil verwertet werden. Das umfasst auch die eignungsrelevanten Tatumstände wie etwa den Alkoholisierungsgrad des Täters.[21] Diese Tilgungsvorschriften gründen auf der Annahme, dass bei einwandfreiem Verhalten eines Kraftfahrers im Straßenverkehr während der Tilgungsfrist eine von ihm ausgehende Gefahr für die Verkehrssicherheit nicht mehr gegeben ist und die Tat für die verkehrsrechtlichen Zwecke des Registers bedeutungslos geworden ist.[22] Für den bis auf den Begriff „Fahreignungsregister" wortgleichen § 29 Abs. 7 Satz 1 StVG n.F. gilt seit dem 1. Mai 2014 nichts anderes.[23]

Für gerichtliche Eintragungen mit einer zehnjährigen Tilgungsfrist schließt § 29 Abs. 8 Satz 2 StVG a.F.[24] und jetzt § 29 Abs. 7 Satz 2 StVG n.F. die Übermittlung und Nutzung einer Eintragung nach Ablauf eines Zeitraums, der einer fünfjährigen Tilgungsfrist entspricht, aus. Davon nimmt er aber Verfahren auf Erteilung oder Entziehung einer Fahrerlaubnis und zum Ergreifen von Maßnahmen nach dem Punktsystem bzw. Fahreignungs-Bewertungssystem aus. Für diese Verfahren dürfen die Eintragungen über

20 Durch Art. 5 Nr. 1a des Gesetzes zur Änderung des Güterkraftverkehrsgesetzes und anderer Gesetze vom 17. Juni 2013, BGBl. I S. 1558.

21 Vgl. OVG Mecklenburg-Vorpommern, ZfSch 2013, 595 [599].

22 So VGH Baden-Württemberg, NJW 2013, 1754 [1755].

23 Vgl. Deutscher Bundestag, Drucksache 17/12636, S. 47.

24 Mit der der Gesetzgeber auf OVG Sachsen-Anhalt, NJW 2011, 3466 reagierte, vgl. Deutscher Bundestag, Drucksache 17/13496, S. 5, Drucksache 17/12636, S. 47 und OVG Niedersachsen, Beschl. v. 9.7.2013 – 12 LA 132/12 –, juris Rn. 6.

den fünfjährigen Zeitraum hinaus übermittelt und genutzt werden. Zu den Eintragungen mit einer zehnjährigen Tilgungsfrist gehören über den 1. Mai 2014 hinaus etwa die unanfechtbare Versagung einer Fahrerlaubnis (§ 28 Abs. 3 Nr. 5 StVG) und die unanfechtbare Entziehung einer Fahrerlaubnis (§ 28 Abs. 3 Nr. 6 StVG). In beiden Fällen beginnen die Tilgungsfrist und die Frist, nach der die in § 2 Abs. 9 Satz 1 StVG genannten Unterlagen spätestens zu vernichten sind, nicht gemäß § 29 Abs. 4 Nr. 3 StVG mit dem Eintritt der Bestandskraft bzw. Unanfechtbarkeit der Entscheidung, sondern wie bei isolierter Sperrfrist und Verzicht auf die Fahrerlaubnis gemäß § 29 Abs. 5 Satz 1 StVG erst mit der Erteilung oder Neuerteilung der Fahrerlaubnis, spätestens jedoch fünf Jahre nach der beschwerenden Entscheidung oder dem Tag des Zugangs der Verzichtserklärung bei der zuständigen Behörde. Obgleich sich die Vernichtungsanordnung des § 2 Abs. 9 Satz 2 StVG ausdrücklich nur auf Registerauskünfte, Führungszeugnisse, Gutachten und Gesundheitszeugnisse und durch die Verweisung in § 2 Abs. 9 Satz 5 StVG auf bestimmte vom Antragsteller beigebrachte Unterlagen bezieht, können auch die sonstigen auf die getilgten Eintragungen bezogenen und möglicherweise nicht vernichteten Unterlagen nicht mehr zur Begründung von Eignungszweifeln herangezogen werden. Wenn aber schon Eintragungen und auf sie bezogene Unterlagen nicht mehr verwertet werden dürfen, muss das erst recht für solche Unterlagen gelten, die zu keiner Eintragung führten. Das kann etwa polizeiliche Tätigkeitsberichte nach § 2 Abs. 12 Satz 1 StVG, Mitteilungen von Prüfern nach § 18 Abs. 3 FeV oder von Dritten betreffen, die zu keinem Bußgeldbescheid oder keiner Verurteilung führten. Nach der Übergangsvorschrift des § 65 Abs. 1 Satz 2 StVG müssen die Akten spätestens bis zum 1. Januar 2014 nach Maßgabe des § 2 Abs. 9 StVG überprüft sein. Im Übrigen soll hier nicht weiter auf diese Übergangsvorschrift eingegangen werden, die derzeit überwiegend Maßnahmen vor dem 1. Januar 1999 betrifft,[25] seit dem 1. Mai 2014 aber zudem die Regelungen über das Verkehrszentralregister und das Punktsystem in die Regelungen über Fahreignungsregister und das Fahreignungs-Bewertungssystem überführt.

Für die Eintragungen in das Bundeszentralregister, die etwa nach § 28 Abs. 3 Nr. 1 und 2 StVG auch für das Fahreignungsregister von Bedeutung sind, können nach § 46 Bundeszentralregistergesetz (BZRG) andere Tilgungsfristen gelten. § 51 Abs. 1 BZRG schreibt ein Verwertungsverbot für getilgte oder zu tilgende Eintragungen über eine Verurteilung im Register vor. Gleichwohl und davon abweichend darf eine frühere Tat nach § 52 Abs. 2 Satz 1 BZRG in einem Verfahren berücksichtigt werden, das die Erteilung oder Entziehung einer Fahrerlaubnis zum Gegenstand hat, solange die Verurteilung nach den Vorschriften der §§ 28 bis 30b StVG verwertet werden darf. Die längere Frist des Straßenverkehrsgesetzes überlagert die kürzere des Bundeszentralregistergesetzes. Hingegen setzt das Straßenverkehrsgesetz der Verwertung noch im Bundeszentralregis-

25 Dazu etwa BVerwG, NJW 2012, 3115; Bay. VGH, Beschl. v. 18.6.2012 – 11 ZB 11.2020 –, juris.

ter vorhandener Eintragungen im Entziehungs- oder Erteilungsverfahren Grenzen.

Ausgehend von einer Entscheidung des Bundesverfassungsgerichts zur Anordnung einer Blutentnahme durch die Staatsanwaltschaft nach § 81a Abs. 2 StPO[26] wurde die Frage aufgeworfen, ob ein Rechtsverstoß bei der strafprozessualen Beweisgewinnung zu einem Verwertungsverbot hinsichtlich der so erlangten Erkenntnisse, etwa des Alkohol- oder THC-Gehalts im Blut eines Kraftfahrers, führt.[27] Für das Verwaltungsverfahren verneinen Obergerichte in Bezug auf den Verstoß der fehlerhaften Anordnung einer Blutentnahme[28] ein Verwertungsverbot, auch wenn die fehlerhaft erlangte Erkenntnis im Strafprozess nicht verwertet werden dürfte.

2.4 Verhältnismäßigkeit

Von diesen jeweils äußerste Grenzen ziehenden Regelungen unabhängig ist die Antwort auf die Frage, ob eine ältere, aber noch verwertbare Eintragung trotz ihres Alters weiterhin Eignungszweifel zu begründen vermag. Eine Gutachtenanordnung, die eine solche ältere Eintragung zum Anlass nimmt, kann unverhältnismäßig sein.[29]

2.5 Strafverfahren und Entscheidungen

Eine Grenze der Berücksichtigung von Sachverhalten und damit eine Grenze für darauf bezogene Untersuchungen zieht § 3 Abs. 3 Satz 1 StVG. Solange gegen den Inhaber der Fahrerlaubnis ein Strafverfahren anhängig ist, in dem die Entziehung der Fahrerlaubnis nach § 69 StGB in Betracht kommt, darf die Fahrerlaubnisbehörde den Sachverhalt, der Gegenstand des Strafverfahrens ist, in einem Entziehungsverfahren und damit auch bei vorbereitenden Aufklärungsmaßnahmen[30] nicht berücksichtigen. Damit sind zunächst die Fälle der Gefährdung des Straßenverkehrs (§ 315c StGB), der Trunkenheit im Verkehr (§ 316 StGB), des unerlaubten Entfernens vom Unfallort (§ 142 StGB), obwohl der Täter weiß oder wissen kann, dass bei dem Unfall ein Mensch getötet oder nicht unerheblich verletzt worden oder an fremden Sachen bedeutender Schaden entstanden ist, und des Vollrausches (§ 323a StGB), der sich auf eine der zuvor benannten Taten nach den §§ 142, 315c und 316 StGB bezieht, angesprochen. Eine diesbezügliche Strafanzeige wird eine Fahrerlaubnisbehörde zweckmäßigerweise nicht zum Anlass für eigene Ermittlungen zur Eignung des Betroffenen nehmen,

26 NJW 2007, 1345.

27 Allgemein zum Umgang mit rechtswidrig erlangten Erkenntnissen, BGH, NJW 2013, 1827 [1830 Rn. 31].

28 Vgl. Bay. VGH, Blutalkohol 50 (2013), 205, mit Hinweis darauf, dass es „im präventiven Bereich der Fahrerlaubnisentziehung" ein den strafprozessualen Regelungen entsprechendes Beweisverwertungsverbot nicht gibt; OVG Sachsen-Anhalt, Blutalkohol 50 (2013), 41; VGH Baden-Württemberg, Blutalkohol 47 (2010), 364; OVG Berlin-Brandenburg, Blutalkohol 47 (2010), 40, mit Bedenken dagegen BVerfG NJW, 2015, 1009.

29 Vgl. BVerwG, NJW 2005, 3081 in Bezug auf Drogenkonsum.

30 Vgl. VGH Baden-Württemberg, NJW 2014, 484 [486].

weil diese Taten nach § 69 Abs. 2 StGB in der Regel dazu führen, dass der Betroffene als ungeeignet anzusehen ist, weshalb ihm das Strafgericht die Fahrerlaubnis nach § 69 Abs. 1 Satz 1 StGB entzieht. Die Behörde wird den Ausgang des Strafverfahrens abwarten. Das kann aus Sicht der Polizei mangels Erforderlichkeit für die sachgerechte Arbeit der Fahrerlaubnisbehörde Grund dafür sein, von der Übermittlung der Strafanzeige an sie nach § 2 Abs. 12 Satz 1 StVG abzusehen.[31] Indes ist § 69 Abs. 1 StGB nicht nur bei Verkehrsverstößen im engeren Sinne anwendbar, sondern auch bei sonstigen strafbaren Handlungen, sofern sie im Zusammenhang mit dem Führen eines Kraftfahrzeugs begangen werden und sich daraus die mangelnde Eignung zum Führen von Kraftfahrzeugen ergibt. Das kann etwa bei der unerlaubten Einfuhr von Betäubungsmitteln der Fall sein.[32] Ein Anhaltspunkt dafür, dass die Fahrerlaubnisentziehung in Betracht kommt, ist ein Beschluss nach § 111a StPO, über den die Fahrerlaubnisbehörde nach Nr. 45 Abs. 1 MiStra zu informieren ist. In Zweifelsfällen wird sich die Fahrerlaubnisbehörde zweckmäßigerweise bei der Strafverfolgungsbehörde erkundigen, ob nach deren Einschätzung die Fahrerlaubnisentziehung in dem jeweiligen Strafverfahren in Betracht kommt. Ordnungswidrigkeitenverfahren, insbesondere nach § 24a StVG, sperren den Zugriff der Fahrerlaubnisbehörde auf den Sachverhalt nicht. Eine analoge Anwendung des § 3 Abs. 3 Satz 1 StVG auf Ordnungswidrigkeitenverfahren kommt mangels planwidriger Regelungslücke nicht in Betracht.[33]

Für das Erteilungsverfahren gilt § 3 Abs. 3 Satz 1 StVG nicht, obgleich es vorstellbar ist, dass das Strafgericht etwa eine Fahrerlaubnis der Klasse B entzieht, während die Fahrerlaubnisbehörde eine Fahrerlaubnis der Klasse A erteilt. Jedoch wird eine Fahrerlaubnisbehörde im Erteilungsverfahren wegen des Strafverfahrens, das zu einer Sperrfrist führen kann, Zweifel an der Eignung des Bewerbers hegen und mindestens bis zu dessen Abschluss die Eignung nicht als nachgewiesen ansehen (§ 2 Abs. 6 Satz 1 StVG). Wartet die Behörde den Ausgang des Verfahrens ab, wird das keinen Verstoß gegen das Gebot des § 10 Satz 2 VwVfG darstellen, Verwaltungsverfahren zügig durchzuführen. Wollte man bei Ausbleiben einer Entscheidung über den Fahrerlaubnisantrag in dem offenen Strafverfahren keinen zureichenden Grund nach § 75 Satz 3 VwGO für das Aussetzen einer Untätigkeitsklage sehen, dann wird das Verwaltungsgericht das Verfahren aber wohl nach § 173 VwGO, § 149 Abs. 1 ZPO aussetzen.

§ 3 Abs. 3 Satz 1 StVG ist im Zusammenhang mit § 3 Abs. 4 StVG zu sehen. Beide dienen dazu, sich widersprechende Entscheidungen der Strafgerichte und der Fahrerlaubnisbehörden zu vermeiden. Sie unterscheiden sich in ihrer Reichweite. Während § 3 Abs. 3 Satz 1 StVG ein vorübergehendes,[34] aber umfassendes Berücksichtigungsverbot enthält, verbietet § 3 Abs. 4

31 Weitergehend Kapitel 3.5.
32 Vgl. BGH, Blutalkohol 42 (2005), 57.
33 OVG Sachsen-Anhalt, Beschl. v. 8.11.2012 – 3 M 599/12 –, juris Rn. 9 und Blutalkohol 49 (2012), 327.
34 Vgl. BVerwG, NJW 2012, 3669 [3672 Rn. 36 ff.].

StVG es nach Abschluss der in ihm genannten Verfahren, vom Inhalt der Entscheidung zum Nachteil des Fahrerlaubnisinhabers insoweit abzuweichen, als es sich auf die Feststellung des Sachverhalts oder die Beurteilung der Schuldfrage oder der Eignung zum Führen von Kraftfahrzeugen bezieht. Sollte die Fahrerlaubnisbehörde unter Verstoß gegen § 3 Abs. 3 Satz 1 StVG den Sachverhalt, der Gegenstand des anhängigen Strafverfahrens ist, berücksichtigt haben, wäre das folgenlos,[35] wenn das nach Abschluss des Strafverfahrens nicht im Widerspruch zu § 3 Abs. 4 StVG steht. Anders als § 3 Abs. 3 Satz 1 StVG bezieht sich § 3 Abs. 4 StVG durch die Regelung in § 3 Abs. 4 Satz 2 Halbsatz 2 StVG auch auf Bußgeldentscheidungen. Im Unterschied zu den §§ 2a Abs. 2 Satz 2, 4 Abs. 3 Satz 2 StVG bzw. seit 1. Mai 2014 § 4 Abs. 5 Satz 4 StVG n. F. verbietet § 3 Abs. 4 StVG nur ein Abweichen zum Nachteil des Betroffenen. Hinsichtlich der Feststellung des Sachverhalts oder der Beurteilung der Schuldfrage werden die Fahrerlaubnisbehörden wohl kaum Anlass für ein solches Abweichen sehen, zumal da die Schuldfrage in aller Regel für die Gefahrenabwehr ohne Belang ist. Die Eignung eines bis zur Schuldunfähigkeit betrunkenen Kraftfahrers ist nicht günstiger zu beurteilen als die eines noch schuldfähigen betrunkenen Kraftfahrers.[36] Allerdings kann die Eignung unterschiedlich in Abhängigkeit davon zu beurteilen sein, ob der Straßenverkehr vorsätzlich oder fahrlässig im Sinne von § 315c StGB gefährdet wurde. Anders verhält es sich zuweilen mit der Beurteilung der Eignung durch das Strafgericht einerseits und die Fahrerlaubnisbehörde andererseits. Insoweit kann ein unzulässiges Abweichen zum Nachteil des Betroffenen nur dann in Betracht kommen, wenn den schriftlichen Urteilsgründen sicher entnommen werden kann, dass überhaupt und – wenn ja – mit welchem Ergebnis das Strafgericht die Fahreignung beurteilt hat. Enthält das Strafurteil überhaupt keine Ausführungen zur Kraftfahreignung oder bleibt in den schriftlichen Urteilsgründen unklar, ob das Strafgericht die Fahreignung eigenständig beurteilt hat, entfällt die Bindungswirkung.[37] Darüber hinaus ist eine Bindung nur dann zu bejahen, wenn die Fahrerlaubnisbehörde von demselben Sachverhalt wie das Strafgericht und nicht von einem anderen, umfassenderen Sachverhalt auszugehen hat.[38] Das wäre etwa dann der Fall, wenn dem Strafgericht nicht bekannt war, dass der nur leicht alkoholisierte Täter vormals alkoholabhängig war und die Fahrerlaubnis nur nach einem wegen seiner glaubhaften Abstinenzbehauptung positiven Gutachten erlangte. Bedenkt man, dass der Begriff der Eignung bzw. der Ungeeignetheit in § 69 Abs. 1

35 Stützt die Behörde aber unter Verstoß gegen § 3 Abs. 3 Satz 1 StVG eine Gutachtenanordnung auf einen Sachverhalt, der Gegenstand des Strafverfahrens ist, und weigert sich der Betroffene nur wegen dieses Verstoßes, sich innerhalb der vor Beendigung des Strafverfahrens ablaufenden Frist untersuchen zu lassen, dann hindert dieser Verstoß den Rückschluss aus § 11 Abs. 8 Satz 1 FeV.

36 Vgl. VGH Baden-Württemberg, NJW 2009, 3257.

37 Vgl. OVG Nordrhein-Westfalen, Blutalkohol 50 (2013), 40.

38 So Sächs. OVG, Beschl. v. 10.4.2013 – 3 B 305/13 –, juris Rn. 5; OVG Nordrhein-Westfalen, Beschl. v. 13.9.2012 – 16 B 870/12 –, juris Rn. 3 f.; VGH Baden-Württemberg, Blutalkohol 47 (2010), 310; OVG Rheinland-Pfalz, Blutalkohol 46 (2009), 234.

Satz 2 StGB inhaltlich mit dem im Fahrerlaubnisrecht verwandten Begriff übereinstimmt[39] und dass nach den §§ 2 Abs. 8, 3 Abs. 1 Satz 3 StVG und den §§ 11 bis 14 FeV Eignungsaussagen im Verwaltungsverfahren häufig nur auf der Grundlage von Gutachten getroffen werden können, dann könnte sich bei positiven Eignungsaussagen allein durch Strafgerichte ohne gutachterliche Mitwirkung eine gewisse Zurückhaltung empfehlen.[40] Das gilt nicht für negative Eignungsbeurteilungen durch Strafgerichte, weil die Behörde davon zum Vorteil des Betroffenen abweichen und also etwa ein Gutachten anfordern darf, obgleich das Strafgericht die Ungeeignetheit als erwiesen erachtete.

Keiner Untersuchungen der Eignung des Bewerbers bedarf es im Falle einer nach § 69a Abs. 1 Satz 2 StGB für immer angeordneten Sperre. Dem Betroffenen darf dann ohnehin keine Fahrerlaubnis erteilt werden. Endet die befristete Sperre zu einer Zeit, bis zu der ein Neuerteilungsverfahren üblicherweise abgeschlossen werden kann, ist die noch laufende Sperre kein zureichender Grund, nötige Ermittlungen zur Eignung zu unterlassen und einen Neuerteilungsantrag nicht zu bearbeiten. Anders liegt es bei einer noch längere Zeit laufenden Sperre. Ergibt sich aber Grund zu der Annahme, dass der Täter zum Führen von Kraftfahrzeugen nicht mehr ungeeignet ist, so kann das Strafgericht die Sperre gemäß § 69a Abs. 7 Satz 1 StGB vorzeitig aufheben.[41] Irreführend erscheint es, diese vorzeitige Aufhebung oder Abkürzung der Sperrfrist nach einer erfolgreichen Teilnahme an einer geeigneten Nachschulung in Aussicht zu stellen, wenn – neben weiteren Voraussetzungen – die Fahrerlaubnisbehörde vor Kursbeginn eine Unbedenklichkeitsbescheinigung des Inhalts erteilte, dass nach Ablauf der verkürzten Sperrfrist keine Bedenken gegen die Erteilung einer neuen Fahrerlaubnis bestehen.[42] Die Teilnahme an einem besonderen Aufbauseminar nach bestimmten alkoholbedingten Verkehrsverstößen durch Fahranfänger auf Probe ist nach § 36 Abs. 2 FeV nur eine Voraussetzung für die Wiedererteilung der Fahrerlaubnis, die aber nur nach den übrigen Voraussetzungen, wozu insbesondere der Eignungsnachweis gehört, erteilt werden darf. Dieser Nachweis wird durch § 2 Abs. 8 StVG und § 13 FeV geprägt. Ohne ein von § 13 FeV vorgeschriebenes Gutachten wird eine Fahrerlaubnisbehörde nicht erklären können, gegen die Erteilung einer neuen Fahrerlaubnis keine Bedenken zu haben. Umgekehrt ist die Teilnahme an einem besonderen Aufbauseminar von einer derartigen Unbedenklichkeitsbescheinigung, die man als Zusicherung gemäß § 38 VwVfG verstehen könnte, unabhängig. Hingegen spricht nichts gegen die

39 Vgl. BGHSt 50, 93 = NJW 2005, 1957 [1958].

40 Demgegenüber LG Dortmund, Blutalkohol 50 (2013), 305; schlimmer noch LG Dortmund, Blutalkohol 50 (2013), 308.

41 Dazu etwa OLG Celle, Blutalkohol 46 (2009), 101 zur Verkürzung einer lebenslangen Sperre; OLG Hamm, Blutalkohol 44 (2007), 261; Thür. OLG, VRS 108 (2005), 361; LG Erfurt, Blutalkohol 48 (2011), 292 zur fragwürdigen Verkürzung einer sechsmonatigen Sperrfrist um einen Monat, weil der Täter einer Trunkenheitsfahrt mit 2,04 Promille an einer verkehrspsychologischen Intervention teilgenommen hatte; verständlicher hingegen LG Berlin, DAR 2010, 712 und LG Leipzig, NZV 2010, 105.

42 In diesem Sinn aber ein Informationsblatt des Justizministeriums Baden-Württemberg für erstmals alkoholauffällige Kraftfahrer aus dem Jahr 2014.

vorzeitige Aufhebung der Sperrfrist, wenn der Betroffene in einem Regelfall des § 11 Abs. 10 Satz 1 FeV den Nachweis der Wiederherstellung seiner Eignung geführt hat.[43] In diesen Fällen wird aber eine Sperrfristverkürzung praktisch nicht in Betracht kommen, weil der Nachweis allenfalls kurz vor deren Ablauf geführt werden kann. Die vormals diskutierte Bindungswirkung strafgerichtlicher Sperrfristverkürzungsbeschlüsse[44] erschöpft sich darin, dass die die Neuerteilung einer Fahrerlaubnis hindernde Sperre früher als zuvor festgesetzt aufgehoben ist; die Sperrfrist läuft nicht mehr so lange wie im Strafurteil bestimmt bzw. ist abgelaufen. Die Behörde darf die Erteilung einer Fahrerlaubnis nicht mehr unter Bezugnahme auf die mit dem Strafurteil bestimmte ursprüngliche Sperrfrist ablehnen. Gleiches gilt, wenn die Sperrfrist nicht erst im Verfahren nach § 69a Abs. 7 Satz 1 StGB verkürzt wird, sondern bereits im Berufungsverfahren. Dann ist die in der Berufungsentscheidung festgesetzte Sperrfrist verbindlich. Hebt allerdings das Berufungsgericht sogar die Fahrerlaubnisentziehung mit eigenen Erwägungen zur Eignung des Angeklagten auf, dann bindet nach § 3 Abs. 4 Satz 1 StVG nicht nur diese Entscheidung, sondern auch die strafgerichtliche Beurteilung der Eignung, wenn die Fahrerlaubnisbehörde nicht von einem anderen, umfassenderen Sachverhalt auszugehen hat.

2.6 Anerkennung von EU-Fahrerlaubnissen

Eine weitere Einschränkung der gebotenen Ermittlungen ergibt sich aus Art. 2 Abs. 1 in Verbindung mit Art. 11 der Richtlinie 2006/126/EG des Europäischen Parlaments und des Rates vom 20. Dezember 2006 über den Führerschein[45] und der diesbezüglichen Rechtsprechung des Europäischen Gerichtshofs,[46] die über die Änderung der früheren Richtlinie hinweg gilt.[47] Nach Art. 2 Abs. 1 3. Führerschein-Richtlinie werden die von den Mitgliedstaaten ausgestellten Führerscheine gegenseitig anerkannt. Ausnahmen bilden solche Führerscheine/Fahrerlaubnisse,[48] die während des Laufes einer Sperrfrist[49] oder unter Verstoß gegen das in Art. 7 Nr. 1 Buchstabe e) 3. Führerschein-Richtlinie geregelte Wohnsitzprinzip,[50] der anhand vom Ausstellerstaat herrührender unbestreitbarer[51]

43 Dazu Kapitel 2.3, anders 2.5.

44 Himmelreich, NZV 2005, 337 [340]; Scheufen, Müller-Rath, NZV 2006, 353 [355].

45 3. Führerschein-Richtlinie, ABl. vom 30. Dezember 2006 L 403/18.

46 NJW 2004, 1725 [Kapper], 2006, 2173 [Halbritter], 2007, 1863 [Kremer], 2008, 2403 [Wiedemann u.a.], 2009, 207 [Möginger]; 2008, 3767 [Weber]; Blutalkohol 46 (2009), 206 [Schwarz]; NJW 2010, 217 [Wierer]; 2011, 587 [Scheffler]; 2011, 3635 [Grasser]; 2012, 369 [Apelt]; 2012, 2018 [Köppl]; 2012, 1341 [Akyüz]; 2012, 1935 [Hofmann].

47 EuGH, NJW 2012, 1935 [1938 Rn. 65].

48 Vgl. Geiger, Anmerkung, DAR 2012, 198; BVerwGE 144, 220 = NJW 2013, 487 [488 Rn. 18 und 489 Rn. 24], NJW 2009, 1687 [1689] und BVerwGE 149, 74 = NJW 2014, 2214 [2218 Rn. 39].

49 EuGH, NJW 2008, 3767 [3768 Rn. 36], 2009, 207 [208 Rn. 40]; n. Urt. v. 21.5.2015 – C – 339/14; BVerwGE 140, 256 = NJW 2012, 96 und Blutalkohol 49 (2012), 53 und 58.

50 EuGH, NJW 2012, 369 [370 Rn. 34]; dessen genaue Voraussetzungen offenlassend, BVerwG, BVerwGE 146, 377; BVerwG, Beschl. v. 23.5.2013 – 3 B 60/12 –, juris Rn. 9 zur Notwendigkeit eines mit einem Studium oder einem Schulbesuch verbundenen Aufenthalts im Ausstellermitgliedstaat; BVerwGE 144, 220 = NJW 2013, 487.

51 Dazu BVerwG, BVerwGE 146, 377 und Blutalkohol 50 (2013), 106.

Informationen feststellbar ist,[52] erteilt wurden. Das hindert es, Umstände, die vor der Ausstellung vorhanden waren, zum Anlass für Eignungsuntersuchungen zu machen. Diese Befugnis kann nur aufgrund eines Verhaltens des Betroffenen nach Erwerb des von einem anderen Mitgliedstaat ausgestellten Führerscheins ausgeübt werden.[53] Liegen aber solche nach Erwerb der ausländischen Fahrerlaubnis eingetretenen Umstände vor, kann die Eignungsuntersuchung jedenfalls gleichartige früher eingetretene Umstände berücksichtigen. Führte etwa jemand nach Erwerb der ausländischen Fahrerlaubnis ein Kraftfahrzeug unter Alkoholeinfluss, so darf man in die Eignungsuntersuchung eine davor liegende Trunkenheitsfahrt einbeziehen.[54]

52 EuGH, NJW 2010, 217 [219 Rn. 53]; BVerwG, Beschl. v. 18.7.2013 – 3 B 20.13 –, juris Rn. 4 zu Informationen, die vom Gemeinsamen Zentrum der deutsch-tschechischen Polizei- und Zollzusammenarbeit weitergegeben wurden; BVerwGE 136, 149 = NJW 2010, 1828.

53 EuGH, NJW 2008, 2403 [2406 Rn. 59]; BVerwG, NJW 2012, 3669 [3671 Rn. 27 ff.]; BVerwGE 137, 10 = NJW 2010, 3318 [3319 Rn. 25], indes kann ein rechtswidrig angeordnetes, gleichwohl vorgelegtes Gutachten verwertet werden, a.a.O., S. 3321 Rn. 30 ff.; BVerwGE 132, 315 = NJW 2009, 1689 [1691 Rn. 30].

54 Vgl. OVG Berlin-Brandenburg, VerkMitt 2013 Nr. 25.

3 Überblick über die Normen zu den Begutachtungsanlässen

Andreas Patermann

An verschiedenen Stellen sieht das StVG die Anordnung vor, ein Gutachten beizubringen. In § 2 Abs. 8 StVG mag man die Grundnorm sehen, die die Befugnis zur Anordnung vom Bekanntwerden von Tatsachen abhängig macht, die Bedenken gegen die Eignung begründen. Auf sie verweist § 3 Abs. 1 Satz 3 StVG. § 2a Abs. 4 Satz 1 und Abs. 5 Satz 5 StVG variieren das für bestimmte Zuwiderhandlungen von Fahranfängern auf Probe. Regelmäßig ist nach § 4 Abs. 10 Satz 3 StVG bzw. § 4 Abs. 10 Satz 4 StVG n.F. die Beibringung eines Gutachtens anzuordnen, wenn jemand eine Fahrerlaubnis erlangen will, dem sie nach dem Punktsystem bzw. dem Fahreignungs-Bewertungssystem entzogen wurde.[55] Diese gesetzlichen Regelungen gestaltet die FeV auf der Grundlage von § 6 Abs. 1 Nr. 1 Buchstabe c) StVG aus. Grundnorm für die Regelung der Begutachtungsanlässe und der in Betracht kommenden Gutachtenart ist § 11 FeV mit seinen Absätzen 2 bis 4. Deren Regelungen überschneiden sich mit § 12 Abs. 8 FeV (Sehvermögen), § 13 FeV (Alkoholproblematik) und § 14 FeV (Betäubungsmittel, Arzneimittel). Das Verhältnis der §§ 12 Abs. 8, 13, 14 FeV zu § 11 FeV wird dahin beschrieben, dass letztere Spezialvorschriften sind,[56] die § 11 FeV verdrängen.[57] Damit ist nicht gesagt, ob bei den in den §§ 12 Abs. 8, 13 und 14 FeV angesprochenen Eignungszweifeln diese Normen abschließende Regelungen enthalten[58] oder ob daneben noch auf § 11 Abs. 2 bis 4 FeV zurückgegriffen werden darf. Darauf gibt auch § 11 Abs. 3 Satz 2 FeV mit seinem auf Begutachtungen, nicht auf Normen, bezogenen Wortlaut keine klare Antwort, wonach medizinisch-psychologische Begutachtungen nach darin bezeichneten Normen unberührt bleiben. Ausgehend von dem durch § 2 Abs. 8 StVG bestimmten Zweck der Normen findet sich kein genügender Anhalt für das Verständnis, dass etwa Eignungszweifel im Hinblick auf Arzneimittel ausschließlich nach Maßgabe des § 14 FeV geklärt werden dürften. So kann nicht erst die missbräuchliche Einnahme von psychoaktiv wirkenden Arzneimitteln, auf die § 14 Abs. 1 Satz 1 Nr. 3 FeV abstellt, Eignungszweifel begründen. Vielmehr kann auch die verschreibungsgemäße Einnahme dieser Arzneimittel solche Zweifel wecken, etwa wenn unklar ist, ob das dauerhaft eingenommene Medikament die Eignung im Sinne der Nr. 9.6.2 der Anlage 4 beeinträchtigt oder der Betroffene entsprechend der Vorbemerkung 3 zur Anlage 4 diese Wirkung durch Gewöhnung kompensiert.[59]

---

55 Zu den Voraussetzungen für ein positives Gutachten, 3.17 der Begutachtungsleitlinien zur Kraftfahreignung.

56 Vgl. Entwurfsbegründung in VkBl. 1998, 983 [1070] und Hentschel, König, Dauer: StVR 43. Aufl. 2015, 3 FeV § 13 Rn. 15 und § 14 FeV Rn. 10.

57 Vgl. Driehaus: DAR 2006, 7.

58 So Bay. VGH, SVR 2009, 113, ohne § 13 Satz 1 Nr. 2 Buchstabe d) FeV zu erörtern; Hentschel, König, Dauer: StVR, 43. Aufl. 2015, 3 FeV § 11 Rn. 37.

59 Vgl. VGH Baden-Württemberg, NZV 2013, 261, wo das Gericht zwar einen Begutachtungsanlass in der Medikamentenwirkung sah, aber die Norm für die Gutachtenanordnung nicht benannte.

Die Normen unterscheiden sich in Abhängigkeit von den Begutachtungsanlässen darin, dass sie einerseits der Behörde vorschreiben, die Beibringung eines Gutachtens anzuordnen,[60] anderseits nur regeln, dass die Behörde die Beibringung eines Gutachtens anordnen kann.[61] Den zur Anordnung verpflichtenden Regelungen liegt die normative Wertung zugrunde, dass sich die dort bezeichneten Eignungszweifel stets nur durch ein Gutachten klären lassen. Dagegen konkretisieren die zur Anordnung nur berechtigenden Regelungen lediglich die in § 2 Abs. 8 StVG allgemein angesprochenen Eignungszweifel und verlangen eine auf den einzelnen Fall bezogene Gewichtung. Missverständlich erscheint es, das „kann ... angeordnet werden" als Ermessen zu bezeichnen[62] statt als Befugnis.[63] Von Ermessen spricht § 40 VwVfG im Zusammenhang mit dem Zustandekommen eines Verwaltungsakts, worum es bei der Gutachtenanordnung nicht geht.[64] Dieses Ermessen ist nach § 114 Satz 1 VwGO gerichtlich nur beschränkt überprüfbar. Jedoch dürfen nach § 114 Satz 2 VwGO Ermessenserwägungen hinsichtlich des Verwaltungsaktes auch noch im verwaltungsgerichtlichen Verfahren ergänzt werden. Von der Rechtsprechung für ermessensfehlerhaft gehaltene Gutachtenanordnungen[65] wären auch nach der hier vertretenen Ansicht rechtswidrig, weil die tatbestandlichen Voraussetzungen für die Maßnahme nicht gegeben waren. Auch ohne Annahme einer Ermessensbestimmung muss die Gutachtenanordnung dem Betroffenen die Eignungszweifel gemäß § 11 Abs. 6 Satz 2 Halbsatz 1 FeV verständlich darlegen, soll sie gegebenenfalls Ausgangspunkt des Rückschlusses auf die Nichteignung nach § 11 Abs. 8 Satz 1 FeV sein.[66]

Von den Begutachtungsanlässen leiten sich die dem Gutachter nach § 11 Abs. 6 Satz 1 FeV zu stellenden Fragen[67] ab. Die Begutachtungsanlässe grenzen die zulässigen Fragestellungen ein.

Ein Begutachtungsanlass kann zu mehreren Gutachtenanordnungen führen. In erster Linie sieht die Verordnung in den §§ 11 Abs. 2 Satz 1 und 4, 13 Satz 1 Nr. 1 und 14 Sätze 1 und 2 ärztliche Gutachten vor. Sind dadurch noch nicht alle Zweifel geklärt, besteht nach den §§ 11 Abs. 3 Satz 1 Nr. 1, 13 Satz 1 Nr. 2 Buchstabe a) FeV die Befugnis, die Beibringung eines medizinisch-psychologischen Gutachtens anzuordnen. Zudem kann nach § 11 Abs. 4 Nr. 1 FeV noch die Beibringung eines amtlich anerkannten Sachverständigen oder Prüfers für Kraftfahrzeugverkehr angeordnet werden. Die in diesem Zusammenhang aufgeworfene Frage nach der Zulässigkeit von

60 Etwa § 2a Abs. 5 Satz 5 StVG; §§ 13 Satz 1, 14 Abs. 1 Satz 1 und Abs. 2 FeV.

61 Etwa §§ 11 Abs. 2 Satz 1, Abs. 3 Satz 1 und Abs. 4, 12 Abs. 8 Satz 1 und 14 Abs. 1 Sätze 2 und 3 FeV.

62 So VGH Baden-Württemberg, NJW 2013, 1896; 2011, 3257; Tepe, DAR 2013, 372 [374].

63 In diesem Sinne auch Hentschel, König, Dauer: StVR, 43. Aufl. 2015, 3 § 14 FeV Rn. 20 mit Bezug auf OVG Niedersachsen, DAR 2003, 45.

64 Siehe Kapitel 4.1.6.

65 Etwa VG Halle (Saale), Beschl. v. 16.5.2013 – 7 B 86/13 –, juris Rn. 14; VG Neustadt, DAR 2013, 343.

66 Vgl. BVerwG, NJW 2002, 78 [79] und NJW 2005, 3440 [3441], wonach die ältere Rechtsprechung weiter anwendbar ist; VGH Baden-Württemberg, NJW 2011, 3257; und Kapitel 4.1.2.

67 Dazu Kapitel 4.1.3.

Teilgutachten[68] dürfte kaum praktische Bedeutung haben.[69] Mag man den Ansatz teilen,[70] dass die Anordnung, ein medizinisch-psychologisches Gutachten beizubringen, im Einzelfall unverhältnismäßig sein kann, obgleich die normativen Voraussetzungen dafür erfüllt sind, so wird sich das praktisch mit der bei Behörden und Gerichten vorhandenen Sachkunde nicht feststellen lassen. Ungeeignet zur Aufklärung wäre die Anordnung auch einer medizinischen Untersuchung nur, wenn diese dazu nichts beitragen könnte. Das dürfte ausgeschlossen sein, da für ein psychologisches Gutachten aktuelle Befunde zu erheben sind.[71] Die Anordnung wäre nicht erforderlich, wenn die für die psychologische Untersuchung benötigten medizinischen Daten bereits bekannt sind. Das lässt sich aber nur für unveränderliche Daten sagen, die aber wohl nur eine untergeordnete Rolle in der medizinischen Begutachtung spielen.[72] Nur insoweit kann die bereits durchgeführte ärztliche Untersuchung die gesundheitlichen Gesichtspunkte abschließend geklärt haben.[73] Hinsichtlich veränderlicher Daten ergibt die ärztliche Untersuchung nur eine Momentaufnahme. Der Aussagegehalt einer Mehrzahl von derartigen Momentaufnahmen ist ein anderer als der einer einzelnen. So kann die von Geiger erörterte Frage, ob der Betreffende die zur Wiederherstellung der Eignung erforderliche medikamentöse Behandlung in Zukunft zuverlässig fortführen wird, mithilfe ärztlicher Untersuchungen des Blutes unterstützt werden. In diesem Zusammenhang ist zu erwähnen, dass die Behandlungs-Compliance auch im Rahmen der ärztlichen Anamnese und der psychologischen Exploration bewertet werden kann.

68 Dazu Geiger, DAR 2011, 244 und VGH Baden-Württemberg, NJW 2011, 3257 sowie VG Neustadt, Blutalkohol 50 (2013), 264 [265].

69 Wie Geiger, a.a.O., S. 246 einräumt, wenn er formuliert, dass nur ein einziges Beispiel [Drogenschmuggel in einem Kraftfahrzeug] dafür in Betracht kommt; siehe auch Mahlberg, DAR 2011, 669 [670].

70 AA Hentschel, König, Dauer, StVR, 43. Aufl. 2015, 3 FeV § 11 Rn. 29, der meint, dies ignoriere die Entscheidung des Normgebers.

71 Vgl. Schubert, W. et al. (2013): Beurteilungskriterien, 2.6.2, S. 81 und 8.3.1.2, S. 321.

72 Vgl. Schubert, W. et al. (2013): Beurteilungskriterien, 2.6.2, S. 81, die externe Befunde bei der Planung des Umfangs der Befunderhebung bei der Medizinisch-Psychologischen Untersuchung für berücksichtigungsfähig halten und bei 3.2, S. 90, bei der Kompensation gesundheitlicher Mängel beim Vorliegen eines ärztlichen Gutachtens eine umfangreichere medizinische Befunderhebung für entbehrlich halten.

73 Worauf Geiger, a.a.O., S. 245 l. Sp. abstellt.

4 Einzelne Begutachtungsanlässe

Andreas Patermann

4.1 Bedenken gegen die körperliche oder geistige Eignung

In § 11 Abs. 2 Satz 2 FeV stellt die Verordnung Bedenken gegen die körperliche oder geistige Eignung an die erste Stelle der Begutachtungsanlässe. Diese Bedenken konkretisiert § 11 Abs. 2 Satz 2 FeV dahin, dass Tatsachen auf eine Erkrankung oder einen Mangel nach Anlage 4 oder 5 hinweisen müssen. Damit sind die für Bewerber und Inhaber der Klassen C, C1, D, D1 und der zugehörigen Anhängerklassen E sowie der Fahrerlaubnis zur Fahrgastbeförderung zusätzlich zur Eignung nach Anlage 4 verlangten Kriterien der Belastbarkeit, Orientierungs-, Konzentrierungs- und Aufmerksamkeitsleistung sowie Reaktionsfähigkeit in Blick zu nehmen. Bei Fahranfängern dürften die dafür nötigen Tatsachen zumeist gelegentlich der Beantragung der Fahrerlaubnis bekannt werden. Insbesondere Bewegungsbehinderungen im Sinne der Nr. 3 der Anlage 4 werden regelmäßig augenfällig sein. Bei Inhabern einer Fahrerlaubnis bieten Mitteilungen über Eintragungen etwa nach § 30 Abs. 1 StVG und Informationen nach § 2 Abs. 12 StVG die Tatsachen, die darauf zu prüfen sind, ob sie Eignungszweifel begründen. Mitteilungen über Äußerungen des Betroffenen in einem Bußgeldverfahren zu seinen seltsamen politischen Auffassungen sind besonders vorsichtig zu prüfen.[74]

Begutachtungsanlass kann nach § 11 Abs. 3 Satz 1 Nr. 1 FeV sein, dass nach Würdigung des zuvor eingeholten ärztlichen Gutachtens oder des Gutachtens eines amtlich anerkannten Sachverständigen oder Prüfers für den Kraftfahrzeugverkehr ein medizinisch-psychologisches Gutachten zusätzlich erforderlich ist. Dazu muss zu erwarten sein, dass insbesondere durch den Psychologen weitergehende Erkenntnisse gewonnen werden können. Daran mag es etwa in Bezug auf Nierenerkrankungen fehlen. Kann ärztlicherseits keine eindeutige Aussage zur Eignungsfrage getroffen werden, dann bedarf es eines Anhaltspunktes etwa in Gestalt einer Anregung des Erstgutachters dafür, dass insbesondere eine psychologische Untersuchung Klarheit schaffen könnte.[75] Anderenfalls ist der Sachverhalt nicht weiter aufklärbar und nach Beweislast zu entscheiden.

4.2 Mindestalter

Ein weiterer Begutachtungsanlass ist nach § 11 Abs. 3 Satz 1 Nr. 2 FeV die Vorbereitung einer Entscheidung über die Befreiung von den Vorschriften

74 Vgl. OVG Berlin-Brandenburg, Beschl. v. 15.6.2012 – OVG 1 S 71.12 –, wo der Betroffene erklärt hatte, die Rechtsordnung der Bundesrepublik Deutschland nicht anzuerkennen und er die Legitimation der deutschen Parlamente, Gerichte und Behörden und die Gültigkeit ihres Handelns grundsätzlich infrage stellte; das OVG sah darin keinen Begutachtungsanlass, der auf eine psychische Störung deuten könnte.

75 Vgl. Schubert, W. et al. (2013): Beurteilungskriterien, 8.3.1.1, S. 320, wo von der Empfehlung der zusätzlichen konsiliarischen Durchführung psychofunktionaler Leistungstests in weiterführenden Untersuchungen durch einen Verkehrspsychologen die Rede ist.

über das Mindestalter. Die Norm ist im Zusammenhang mit § 10 Abs. 2 FeV zu sehen, der in bestimmten Fällen ein medizinisch-psychologisches Gutachten als Eignungsnachweis vorschreibt.[76] Andererseits gilt das nach den §§ 10 Abs. 2, 48a Abs. 1 Satz 1 FeV nicht für das begleitete Fahren ab 17 Jahren.

4.3 Erhebliche Auffälligkeiten bei der Fahrerlaubnisprüfung

§ 18 Abs. 3 FeV verpflichtet Sachverständige oder Prüfer, der Behörde Mitteilung zu machen, wenn er Tatsachen feststellt, die bei ihm Zweifel über die körperliche oder geistige Eignung des Bewerbers begründen. Da § 11 Abs. 4 FeV die Sachkunde eines Sachverständigen oder Prüfers zur Feststellung der Eignung voraussetzt, wirkt es unstimmig, dass § 11 Abs. 3 Satz 1 Nr. 3 FeV in dessen mit einer konkreten Schilderung der festgestellten Tatsachen unterlegter Wertung, dass Eignungszweifel bestehen, noch keinen Begutachtungsanlass sieht. Vielmehr müssen es erhebliche Auffälligkeiten sein. 3.16 der Begutachtungs-Leitlinien zur Kraftfahrereignung nennen beispielhaft falsche oder ausbleibende Reaktion im Gefahrenfalle, unzureichende optische Orientierung oder eine Beeinträchtigung der körperlichen Beweglichkeit, die das sichere Führen eines Fahrzeugs erheblich einschränkt.

4.4 Erhebliche oder wiederholte Verstöße

§ 11 Abs. 3 Satz 1 Nr. 4 bis 7 FeV nennt sich überschneidende, aber nicht völlig deckende Begutachtungsanlässe. Dabei geht es um erhebliche oder wiederholte Verstöße gegen verkehrsrechtliche Vorschriften oder im Zusammenhang mit dem Straßenverkehr oder der Eignung. Für bestimmte Straftaten und Ordnungswidrigkeiten trifft aber das Fahreignungs-Bewertungssystem nach § 4 StVG Regelungen, die eine Gutachtenanordnung regelmäßig hindern. Erst wenn sich die Notwendigkeit anderer Maßnahmen wie die Gutachtenanordnung ergibt, darf diese unter Berufung auf § 11 Abs. 3 Satz 1 Nr. 4 bis 7 FeV ausgesprochen werden. Damit sind ein erheblicher Verstoß oder wiederholte Verstöße gegen verkehrsrechtliche Vorschriften (Nr. 4) und eine erhebliche Straftat, die im Zusammenhang mit dem Straßenverkehr steht, oder (wiederholte) Straftaten, die im Zusammenhang mit dem Straßenverkehr stehen, erst in zweiter Linie Begutachtungsanlässe, da sie zu den nach den §§ 4 Abs. 2, 28 Abs. 3 Nr. 1 bis 3 StVG für die Anwendung des Fahreignungs-Bewertungssystems zu erfassenden Straftaten und Ordnungswidrigkeiten zählen. Erst wenn Umstände vorliegen, die den Schluss darauf zulassen, dass der Kraftfahrer auch dann nicht zu verkehrsordnungsmäßigem Verhalten zurückfindet, wenn er die präventiven Maßnahmen nach dem Fahreignungs-Bewertungssystem durchlaufen hat, wird der Vorrang des Punktesystems überspielt.[77] Das wird etwa bei demjenigen der Fall

76 Zu den Voraussetzungen eines positiven Gutachtens, 3.20 der Begutachtungsleitlinien zur Kraftfahreignung.

77 Vgl. Bay. VGH, Beschl. v. 7.2.2012 – 11 CS 11.2708 –, juris Rn. 14; OVG Nordrhein-Westfalen, NJW 2011, 1242 mit Anmerkung Dauer; OVG Rheinland-Pfalz, DAR 2009, 478 noch zum Punktsystem; für das Fahreignungs-Bewertungssystem wird nichts anderes gelten.

sein, der die Fahrerlaubnis wiedererlangte, nachdem sie ihm aufgrund des Fahreignungs-Bewertungssystems entzogen worden war, und der innerhalb kurzer Zeit mit gleichartigen Verstößen auffällt[78].

Über die vom Fahreignungs-Bewertungssystem erfassten Verstöße gehen die Begutachtungsanlässe nach § 11 Abs. 3 Satz 1 Nr. 6 und 7 FeV hinaus. Sie betreffen erhebliche oder wiederholte Straftaten,[79] die im Zusammenhang mit der Eignung stehen, was insbesondere dann der Fall ist, wenn Anhaltspunkte für ein hohes Aggressionspotential bestehen.[80] Das kann bei einer gefährlichen Körperverletzung der Fall sein.[81] Insbesondere die Fälle, in denen Täter auf Bahnhöfen aus nichtigem Anlass Opfer schwer verletzen, wird man dazu zählen müssen. Im Übrigen erscheint der Begriff „erhebliche Straftat“ schwer bestimmbar. In der Begründung zur Verordnung heißt es, „erheblich“ sei nicht ohne Weiteres mit „schwerwiegend“ gleichzusetzen, sondern beziehe sich auf die Kraftfahreignung.[82] Das passt nicht recht dazu, dass sowohl Nr. 6 als auch Nr. 7 eine Straftat verlangt, die im Zusammenhang mit der Kraftfahreignung steht, insbesondere wenn Anhaltspunkte für ein hohes Aggressionspotential bestehen, Nr. 6 aber nur eine erhebliche Straftat dieser Art verlangt, wohingegen Nr. 7 eine Mehrzahl davon erfordert. Die weitere Begründung lässt erkennen, dass der Verordnungsgeber die Begutachtungsanlässe in Abgrenzung zur strafgerichtlichen Rechtsprechung zu § 69 StGB weit ziehen und massive Straftaten und Täter mit „ersichtlich gestörtem Regelverständnis“ einbeziehen wollte. Für die Variante, dass die erhebliche Straftat unter Nutzung eines Fahrzeugs begangen wurde, ist der Bayerische Verwaltungsgerichtshof dem nicht gefolgt und sieht sie nur erfüllt, wenn die Anlasstat Rückschlüsse darauf zulässt, dass von dem Betroffenen zukünftig eine Gefährdung des Straßenverkehrs ausgehen kann.[83] Das leuchtet vom Ansatz her ein, erscheint aber, wie von der Begründung zur Verordnung verständlicherweise gerügt,[84] in der Praxis kaum erfüllbar, wenn man dafür mehr als affirmative Sätze verlangt. So mag man sich fragen, an welchem Maßstab man ein Mitglied einer Bande von Buntmetalldieben misst und ob es einen Unterschied macht, ob die Bande Kabel von Bahnunternehmen oder Kupferrohre von Wohngebäuden stiehlt oder ob sie ihre Beute trägt oder fährt.

---

78 Vgl. OVG Berlin-Brandenburg, Beschl. v. 5.10.2010 – OVG 1 S 127.10 – noch zum Punktsystem.

79 Die nicht notwendig rechtskräftig abgeurteilt sein müssen, vgl. Hess. VGH, NJW 2013, 3192.

80 Zu empirischen Zusammenhängen von Aggressivität, Straftaten und Fahreignung, Banse in Tagungsband 7. Gemeinsames Symposium DGVP und DGVM 2011, S. 23; zu den Voraussetzungen für ein positives Gutachten, 3.16 der Begutachtungsleitlinien zur Kraftfahreignung.

81 Vgl. Bay. VGH, Beschl. v. 7.1.2013 – 11 C 12.2212 –, juris Rn. 22.

82 VkBl. 2008, 527 [566 zur Änderung von § 11 FeV].

83 Vgl. Bay. VGH, SVR 2012, 474 bezüglich Rädelsführerschaft in einer terroristischen Vereinigung und unter Zuhilfenahme eines Kraftfahrzeugs (Waffentransport in Pkw); ähnlich Schubert, W. et al. (2013): Beurteilungskriterien, 1.3, S. 55, die Straftaten anführen, die eine besondere Missachtung der Rechtsordnung, eine besonders impulsive Verhaltenssteuerung oder ein rücksichtsloses Hinwegsetzen über Sicherheitsinteressen anderer zum Ausdruck bringen, die aber gleichwohl noch Anlass zur Besorgnis geben müssen, dass auch verkehrsrelevante Normen im Straßenverkehr nicht mit der gebotenen Sorgfalt eingehalten werden.

84 VkBl. 2008, 527 [567].

Begutachtungsanlass bei § 11 Abs. 3 Satz 1 Nr. 4 bis 7 FeV sind die festgestellten Verstöße/Straftaten, nicht ihre Ahndung durch Bußgeldbescheid oder Strafurteil.[85] Ohne diese Entscheidungen bedarf es aber gesonderter Feststellungen der Behörde, soweit nicht § 3 Abs. 3 Satz 1 und Abs. 4 StVG diese hindern.

4.5 Besondere Verantwortung bei der Beförderung von Fahrgästen

Nach § 11 Abs. 3 Satz 1 Nr. 8 FeV ist es ein Begutachtungsanlass, wenn die besondere Verantwortung bei der Beförderung von Fahrgästen nach Absatz 1 zu überprüfen ist. Das kann der Fall sein, wenn das Führungszeugnis, mit dem nach § 11 Abs. 1 Satz 5 FeV dieses Merkmal nachgewiesen wird,[86] Eintragungen enthält.[87]

4.6 Neuerteilungsverfahren

§ 11 Abs. 3 Satz 1 Nr. 9 FeV regelt Begutachtungsanlässe im Neuerteilungsverfahren, nachdem die Fahrerlaubnis entzogen worden war. Neuerteilung nach Verzicht auf die Fahrerlaubnis betreffen sie nicht. Das hindert Gutachtenanordnungen in Verzichtsfällen nicht, wenn im Neuerteilungsverfahren Eignungszweifel bestehen. Denen ist dann nach § 11 Abs. 2 Satz 1 FeV und gegebenenfalls nach § 11 Abs. 3 Satz 1 Nr. 1 FeV nachzugehen. Die Regelungen zum wiederholten Entzug der Fahrerlaubnis oder zum Entzug wegen (erheblicher) Verstöße/Straftaten im Sinne der Nr. 4 bis 7 überschneiden sich mit den gleichgerichteten Vorgaben der §§ 2a Abs. 5 Satz 5 und 4 Abs. 10 Satz 3 StVG bzw. § 4 Abs. 10 Satz 4 StVG n.F. Eine weitere Überschneidung gibt es zu den §§ 13 Satz 1 Nr. 2 Buchstabe d) in Verbindung mit Buchstabe b) FeV (Entzug der Fahrerlaubnis wegen wiederholter Zuwiderhandlungen im Straßenverkehr unter Alkoholeinfluss) und 14 Abs. 2 Nr. 1 (betäubungsmittel- bzw. arzneimittelbedingter Entzug der Fahrerlaubnis) und Nr. 3 FeV (wiederholte Zuwiderhandlungen im Straßenverkehr nach § 24a StVG). Insoweit schreiben die spezielleren Regelungen die Anordnung der Beibringung eines medizinisch-psychologischen Gutachtens vor.

4.7 Amtlich anerkannter Sachverständiger oder Prüfer

§ 11 Abs. 4 FeV regelt die Begutachtungsanlässe für die Anordnung, das Gutachten eines amtlich anerkannten Sachverständigen oder Prüfers für den Kraftfahrzeugverkehr beizubringen. Im ersten Fall kann es nach Würdigung

85 Vgl. Hess. VGH, ZfSch 2013, 478.

86 Dazu Kapitel 2.1.

87 Wie etwa im Fall von Bay. VGH, Beschl. v. 6.5.2013 – 11 CE 13.765 –, juris, vorsätzliche Insolvenzverfahrensverschleppung und Bankrott sowie Vorenthalten und Veruntreuen von Arbeitsentgelten; oder VGH Baden-Württemberg, NJW 2013, 1896, wo es neben Geschwindigkeitsverstößen insbesondere um Beleidigung auf sexueller Grundlage ging; oder OVG Berlin-Brandenburg, Beschl. v. 15.4.2009 – OVG 1 S 172.08 –, juris bezüglich exhibitionistischer Handlungen sowie Besitzes kinderpornografischer Schriften.

eines ärztlichen oder medizinisch-psychologischen Gutachtens, innerhalb dessen es eine verkehrspsychologische Fahrverhaltensbeobachtung[88] gegeben haben mag, erforderlich sein. Im zweiten Fall geht es bei Behinderungen des Bewegungsapparats darum, festzustellen, ob der Behinderte das Fahrzeug mit den erforderlichen besonderen technischen Hilfsmitteln sicher führen kann.

4.8 Sehvermögen

Anlass für die Anordnung, ein augenärztliches Gutachten beizubringen, können nach § 12 Abs. 8 FeV Tatsachen sein, die Bedenken begründen, dass der Fahrerlaubnisbewerber (bzw. -inhaber) die Anforderungen an das Sehvermögen nach Anlage 6 nicht erfüllt oder dass andere Beeinträchtigungen des Sehvermögens bestehen, die die Eignung zum Führen von Kraftfahrzeugen beeinträchtigen.

4.9 Alkohol

Zur Klärung von Eignungszweifeln bei einer Alkoholproblematik schreibt § 13 Satz 1 FeV verschiedene Anordnungen vor, eröffnet der Behörde nicht lediglich die Befugnis dazu.

4.9.1 Abhängigkeit

Nach Nr. 1 ist anzuordnen, dass der Betroffene ein ärztliches Gutachten beizubringen hat, wenn Tatsachen die Annahme von Alkoholabhängigkeit begründen. Die Begutachtungsleitlinien zur Kraftfahreignung nehmen dazu unter 3.13.2 auf die ICD-10[89] Bezug, wonach die sichere Diagnose „Abhängigkeit" nur dann gestellt werden sollte, wenn irgendwann während des letzten Jahres drei oder mehr von sechs Kriterien gleichzeitig vorhanden waren. Auf diese Norm wird zumeist nur dann abgestellt werden müssen, wenn der Betroffene im Straßenverkehr unauffällig war. Anderenfalls greifen Maßnahmen nach anderen Normen. Zu den sechs Kriterien zählt der Nachweis einer Toleranz. Der Bayerische Verwaltungsgerichtshof hält es bereits für eine ausreichende Tatsache, wenn der Betroffene eine Blutalkoholkonzentration von 3,0 Promille oder mehr erreichte, weil er die Fachliteratur dahin versteht, dass solche Werte mit einer großen Sicherheit für eine Alkoholabhängigkeit sprechen.[90] Abgesehen davon, dass der angesprochene Text[91] diesen Grenzwert nur als Anzeichen für Abhängigkeit unter Bezug auf eine amerikanische Stelle lediglich referiert,[92] kann man den übrigen Text auch dahin verstehen, dass der hohe BAK-Wert nur ein Anzeichen für die Toleranzbildung ist, die ihrerseits

88 Dazu Schubert, W. (2013): Beurteilungskriterien, 8.2.6, S. 303.

89 WHO (2010). Internationale Klassifikation psychischer Störungen. ICD-10. Klinisch-diagnostische Leitlinien. 7., überarbeitete Auflage. Hrsg. H. Dilling, W. Mombour & M. H. Schmidt. Bern: Verlag Hans Huber.

90 VRS 125 (2013), 184 [186].

91 Schubert, W., Schneider, W., Eisenmenger, W., Stephan, E. (2005): Begutachtungs-Leitlinien zur Kraftfahrereignung, Kommentar, 2. Aufl. S. 157 f.

92 A.a.O., 2.1.4, S. 160.

nur eins von sechs Kriterien für die Bestimmung von Alkoholabhängigkeit ist. Zu weit geht es, wenn man mit geringen Anforderungen an die nach § 13 Satz 1 Nr. 1 FeV nötige Tatsachengrundlage das Recht verbindet, im Rahmen der Gutachtenanordnung nach § 13 Satz 1 Nr. 1 FeV auch die Klärung der Frage anzustreben, ob Anzeichen für Alkoholmissbrauch vorliegen, weil dies auch ärztlich zu klären sei und letztlich der Vorbereitung einer etwaigen Anordnung nach § 13 Satz 1 Nr. 2 Buchst. a) Alt. 1 FeV diene,[93] und wenn man unergiebige Antworten auf die ärztlichen Fragen dazu als mangelnde Mitwirkung ansieht, die den Rückschluss auf die Nichteignung rechtfertigt.[94]

Die länger zurückliegende Diagnose Alkoholabhängigkeit ist auch dann kein Begutachtungsanlass nach § 13 Satz 1 Nr. 1 FeV, wenn sich der Betroffene darauf beruft, inzwischen nicht mehr alkoholabhängig zu sein. In diesem Fall ist kein ärztliches Gutachten, sondern nach § 13 Satz 1 Nr. 2 Buchstabe e) FeV ein medizinisch-psychologisches Gutachten beizubringen.

4.9.2 Alkoholmissbrauch

Die übrigen Begutachtungsanlässe des § 13 Satz 1 Nr. 2 FeV führen zur Anordnung, ein medizinisch-psychologisches Gutachten beizubringen.

Die erste Variante des Buchstabens a) knüpft an das nach § 13 Satz 1 Nr. 1 FeV eingeholte ärztliche Gutachten an, wenn dieses keine Alkoholabhängigkeit feststellte. Erbrachte aber die Untersuchung, zu deren Mindestumfang das Erheben der Alkoholanamnese mittels Befragung gehört,[95] Anzeichen für Alkoholmissbrauch, dann ist auch ein medizinisch-psychologisches Gutachten einzuholen. Dabei ist Alkoholmissbrauch im Sinne von Nr. 8.1 der Anlage 4 dahin zu verstehen, dass das Führen von Fahrzeugen und ein die Fahrsicherheit beeinträchtigender Alkoholkonsum nicht hinreichend sicher getrennt werden können.

Die zweite Variante ist erfüllt, wenn sonst, also unabhängig von einem vorherigen ärztlichen Gutachten,[96] Tatsachen die Annahme von Alkoholmissbrauch begründen. Alkoholmissbrauch im Sinne der Nr. 8.1 der Anlage 4 steht auch bei den Begutachtungsanlässen nach den Buchstaben c), d) und e) inmitten. Das mag es rechtfertigen, Nr. 2 Buchstabe a) zweite Variante als eine Auffangregelung anzusehen.[97] Bedeutung kommt dem praktisch nur zu, wenn man die Nennung der einschlägigen Norm als eine Rechtmäßigkeitsvoraussetzung für die Gutachtenanordnung ansieht, was bei einer zwingend vorgeschriebenen Anordnung aber nicht einleuchtet.[98] Als Anknüpfungstat-

93 So Bay. VGH, VRS 125 (2013), 184 [187].

94 Vgl. Bay. VGH, Beschl. v. 2.7.2013 – 11 CS 13.1064 –, juris Rn. 21.

95 Schubert, W. et al. (2013): Beurteilungskriterien, 8.3.4, Tabelle 7, S. 329, die aber anders als die Exploration in der psychologischen Untersuchung nur die Eigendarstellung des Betroffenen wiedergibt, sie aber nicht durch Nachfragen und Vorhalte überprüft und würdigt, dazu Schubert, W. et al. (2013): Beurteilungskriterien a. a. O., S. 113 (Hypothese 0).

96 Vgl. VGH Baden-Württemberg, Beschl. v. 19.8.2013 – 10 S 1266/13 –, juris Rn. 7.

97 Hentschel, König, Dauer: StVR, 43. Aufl. 2015, 3 FeV § 13 Rn. 20 m. w. N.

98 Vgl. OVG Mecklenburg-Vorpommern, ZfSch 2013, 595 [597]; aA Bay. VGH, Blutalkohol 49 (2012), 340.

sache kommt nur eine in Betracht, die zugleich eine Aussage zum Alkohol wie auch zum Führen von Fahrzeugen enthält. Das gilt nicht für erheblichen Alkoholkonsum oder massive Alkoholgewöhnung allein.[99] Ist aber der Betroffene täglich auf ein Kraftfahrzeug angewiesen, dann können allabendlich hohe BAK-Werte eine hinreichende Tatsache sein.[100] Nach Auffassung des Oberverwaltungsgerichts Berlin-Brandenburg[101] findet diese Variante Anwendung, wenn zu einer erstmaligen Trunkenheitsfahrt mit weniger als 1,6 Promille Alkohol im Blut Umstände hinzutreten, denen eine annähernd gleich starke Aussagekraft dafür zukommt, dass der Betroffene den Konsum von Alkohol und das Fahren nicht zu trennen vermag, wie das bei den in § 13 Satz 1 Nr. 2 Buchstabe b) und c) FeV behandelten Sachverhaltsgestaltungen der Fall ist. Nicht überzeugend ist es, einen Vorfall, bei dem der Betroffene, der die Fahrerlaubnis nach einer Trunkenheitsfahrt erst nach einem positiven medizinisch-psychologischen Gutachten, zu dem er eine alkoholabstinente Lebensweise angekündigt hatte, 2,22 Promille Alkohol in sich hatte, nicht als eine Anknüpfungstatsache anzusehen, weil der Vorfall keinen Bezug zum Straßenverkehr hatte.[102] Anders als der zuvor im Straßenverkehr noch nie aufgefallene Alkoholgewöhnte, bei dem man mit gutem Grund eine taugliche Strategie zum Trennen von Trinken und Fahren annehmen mag, stellt der wieder trinkende ehemals Auffällige die Grundlage der positiven Prognose infrage, die erst die Wiedererteilung der Fahrerlaubnis ermöglichte.

Wegen der Regelungen in den Buchstaben b) und c), die wiederholte Zuwiderhandlungen bzw. solche mit bestimmten Alkoholkonzentrationen fordern, kommt eine einzelne Trunkenheitsfahrt mit einer diesen Wert unterschreitenden Alkoholkonzentration für sich genommen nicht als Begutachtungsanlass infrage. In Zusammenschau mit anderen Tatsachen kann sie aber die Annahme von Alkoholmissbrauch begründen.[103]

4.9.3 Zuwiderhandlungen im Straßenverkehr unter Alkoholeinfluss

§ 13 Satz 1 Nr. 2 Buchstabe b) FeV sieht in wiederholten Zuwiderhandlungen im Straßenverkehr unter Alkoholeinfluss einen Begutachtungsanlass. Wiederholung setzt mehr als eine Zuwiderhandlung voraus, woran es fehlt, wenn der Betroffene während einer Trunkenheitsfahrt verschiedene Verstöße begeht.[104] Es kommen auch im Ausland begangene Zuwiderhandlungen

99 Hentschel, König, Dauer: StVR, 43. Aufl. 2015, 3 FeV § 13 Rn. 21; OVG Nordrhein-Westfalen, ZfSch 2014, 119; BVerwG, NJW 2013, 2696 [2697 bei Rn. 7] dürfte zu weit gefasst und nicht dahin zu verstehen sein, dass bereits eine festgestellte Blutalkoholkonzentration von 1,6 Promille oder mehr den Verdacht auf Alkoholmissbrauch begründet.

100 Dass nicht stets leicht zu bestimmen ist, ob für die Gutachtenanordnung ausreichende Tatsachen vorliegen, kann man anhand der von Tepe, DAR 2013, 372 [373 f.] erörterten Beispiele nachvollziehen, wobei anzumerken ist, dass er – abweichend von Nr. 8.4 der Anlage 4 – Alkoholmissbrauch wohl als übermäßigen Gebrauch versteht.

101 Beschl. v. 26.3.2013 – OVG 1 S 19.13 u.a. –.

102 OVG Sachsen-Anhalt, NJW 2009, 1829.

103 Vgl. OVG Nordrhein-Westfalen, DAR 2011, 602; Bay. VGH, Beschl. v. 25.10.2010 – 11 ZB 08.3166 –, juris Rn. 13.

104 Vgl. Bay. VGH, Urt. v. 6.8.2012 – 11 B 12.416 –, juris.

in Betracht. Es leuchtet aber nicht ein, dass diese erst verwertet werden dürfen, wenn Angaben über den Vorgang der Alkoholmessung, die Art des Messgeräts, die Einhaltung von Warte- und Kontrollzeiten und die an der Messung beteiligten Polizeibediensteten feststehen[105] oder ein Laborbericht mit Angaben über die Ermittlung des Wertes vorliegt.[106] Solche Angaben sind auch in Deutschland nur auf Nachfrage zu erhalten und regelmäßig nicht in den Fahrerlaubnisakten enthalten. Das schließt konkrete Angriffe des Betroffenen gegen die ausländischen Feststellungen oder eine zurückhaltende Betrachtung von Zuwiderhandlungen mit geringen Alkoholwerten vergleichbar mit § 24a Abs. 1 StVG nicht aus. Ist aber etwa in der ausländischen Entscheidung von einer deutlichen Beeinträchtigung des Betroffenen die Rede, die auch nach dessen Einlassung alkoholbedingt war, dann befremdete es, diese Entscheidung unberücksichtigt zu lassen, weil die Qualifikation des Labors, in dem die Blutalkoholkonzentration ermittelt wurde, nicht dokumentiert ist. Anders als bei § 13 Satz 1 Nr. 2 Buchstabe c) FeV kommt es hier nur dann auf eine bestimmte Alkoholkonzentration an, wenn die Zuwiderhandlung wie im Falle des § 24a Abs. 1 StVG davon[107] abhängt.

§ 13 Satz 2 FeV nimmt Zuwiderhandlungen, die ausschließlich gegen § 24c StVG (Alkoholverbot für Fahranfänger) begangen wurden, im Falle des Satzes 1 Nr. 2 Buchstabe c) aus. Damit sollte ausgeschlossen werden, dass ein derartiger Verstoß die Gutachtenanordnung rechtfertigt.[108] Ohne diese Regelung hätten zwei derartige Verstöße die Tatbestandsvoraussetzungen erfüllt und neben der Verwarnung nach § 2a Abs. 2 Satz 1 StVG eine weitere Maßnahme ermöglicht. Wer (während seiner Probezeit) drei Verstöße nach § 24c StVG beging, die nach § 34 Abs. 1 FeV mit A.2.3 der Anlage 12 jeweils schwerwiegend sind, dem wird nach Maßgabe des § 2a Abs. 1 Nr. 3 StVG die Fahrerlaubnis entzogen. Im Falle der Neuerteilung stellt sich die Frage, ob ein Begutachtungsanlass nach Buchstabe d) vorliegt, weil die Fahrerlaubnis aus einem unter Buchstabe b) genannten Grund entzogen war. Die Einschränkung des § 13 Satz 2 FeV lässt sich zwar so verstehen, dass Zuwiderhandlungen nach § 24c StVG keinen unter Buchstabe b) genannten Grund darstellen. Näherliegend erscheint es aber, die Einschränkung ausschließlich auf die Anwendung des Buchstabens b) zu beschränken, sodass eine nach Ablauf der Probezeit begangene Zuwiderhandlung im Straßenverkehr unter Alkoholeinfluss nicht als Wiederholungstat gilt, wenn die Ersttat eine nach § 24c StVG war. Das damit bevorzugte Stufensystem des § 2a Abs. 2 Satz 1 StVG mit Aufbauseminar und verkehrspsychologischer Beratung zielt auf eine Verhaltensänderung. Wer aber davon unbeeindruckt in der kurzen Probezeit drei alkoholbedingte Verstöße beging, weckt dadurch Eignungszweifel.

105 So aber OVG Mecklenburg-Vorpommern, NJW 2008, 3016 [3018].

106 So aber Bay. VGH, Blutalkohol 49 (2012), 340.

107 Nicht aber zusätzlich von Fahrfehlern, vgl. OVG Berlin-Brandenburg, Beschl. v. 9.9.2011 – OVG 1 N 61.11 –.

108 Vgl. VkBl. 2008, 254 [258 zu Art. 1 zu Nr. 1].

Wer ein Fahrzeug im Straßenverkehr bei einer Blutalkoholkonzentration von 1,6 Promille oder mehr oder einer Atemalkoholkonzentration von 0,8 mg/l oder mehr führte, schuf damit einen Begutachtungsanlass nach § 13 Satz 1 Nr. 2 Buchstabe c) FeV. Fahrzeuge sind auch Fahrräder,[109] die zu führen nach den §§ 3 Abs. 1 Satz 1, 75 Nr. 3 FeV bußgeldbewehrt untersagt werden kann. Für Auslandstaten gelten die Überlegungen zu Buchstabe b) mit der Maßgabe, dass es hier auf eine auf den Zeitpunkt des Führens des Fahrzeugs bezogene Wertbestimmung ankommt.

4.10 Entziehung der Fahrerlaubnis (etwa bei weniger als 1,6 Promille BAK)

Der Begutachtungsanlass des § 13 Satz 1 Nr. 2 Buchstabe d) FeV der Entziehung der Fahrerlaubnis wird auch durch die strafgerichtliche Entziehung nach § 69 StGB gesetzt,[110] nicht aber durch einen Verzicht auf die Fahrerlaubnis. Das Bundesverwaltungsgericht neigt möglicherweise dazu, von einer Entziehung aus einem der unter den Buchstaben a) bis c) genannten alkoholbezogenen Gründen auch dann auszugehen, wenn aus einem dieser Gründe eine Gutachtenanordnung erging, der Betroffene ihr nicht nachkam und die Behörde deshalb die Fahrerlaubnis unter Berufung auf § 11 Abs. 8 FeV entzog.[111] Die unter den Buchstaben a) bis c) genannten Gründe knüpfen an die ihnen zugrunde liegenden Sachgründe an und erfassen damit auch die Entziehung einer Fahrerlaubnis nach einer Trunkenheitsfahrt mit einer Blutalkoholkonzentration von weniger als 1,6 Promille, da der in Buchstabe a) geforderte Alkoholmissbrauch unabhängig von einer Blutalkoholkonzentration schon mit dem Führen von Fahrzeugen und einem die Fahrsicherheit beeinträchtigenden Alkoholkonsum gegeben ist.[112] Die daran geübte Kritik[113] ist weder juristisch überzeugend noch verträgt sie sich mit verkehrspsychologischen Erkenntnissen.[114] Die strafgerichtliche Entziehung der Fahrerlaubnis ist eine Maßregel der Besserung und Sicherung. Sie knüpft daran an, dass sich aus der Tat ergeben muss, dass der Täter zum Führen von Kraftfahrzeugen ungeeignet ist. Eine rechtswidrige Tat nach § 316 StGB führt nach § 69 StGB in der Regel dazu, dass der Täter als ungeeignet anzusehen ist. Damit begründet das Gesetz in der Tat einen Sanktionsmechanismus. Doch liegt dem keine von Nr. 8.1 der Anlage 4 abweichende Eignungsdefinition zugrunde, etwa derart, dass bloßer Alkoholgebrauch zur Ungeeignetheit führt, sondern die Wertung, dass derartige Täter sich wegen Alkoholmissbrauchs als ungeeignet erwiesen, weil sie die Fahrsicherheit beeinträchtigenden Alkoholkonsum und Kraftfahren nicht trennen konnten. Der von der Kritik angeführte Fall

109 Vgl. BVerwG, NJW 2013, 2696 [2697 bei Rn. 7].
110 BVerwG, NJW 2013, 3670.
111 BVerwG, NVwZ 2013, 1550 [1552 Rn. 22].
112 VGH Baden-Württemberg, NJW 2014, 1833 [1834].
113 Mahlberg, DAR 2014, 419; Haus, ZfSch 2014, 479.
114 Reimann, C., Schubert, W., Berg, M., van der Meer, E. (2014): Indication for the Assessment of Driver Fitness after Problematic Alcohol Consumption, *Sucht*, *60 (3)*, 139–147.

desjenigen, der erstmals und einmalig Alkohol trank und dann fuhr, könnte der Ausnahmefall sein, den zu berücksichtigen § 69 Abs. 2 StGB ermöglicht. Ließ sich das Strafgericht darauf nicht ein, dann entzog es die Fahrerlaubnis wegen (nach § 316 StGB strafbaren) Alkoholmissbrauchs. Die Frage, ob im Falle der Erteilung der Fahrerlaubnis wieder Trunkenheitsfahrten drohen, ist die Frage nach der Eignung, die mithilfe des Gutachtens zu klären ist. Die Annahme, nach § 316 StGB bestrafte und mit der Fahrerlaubnisentziehung belegte Täter können keine Wiederholungstäter sein, vertritt wohl niemand. Dann aber ist mittels Gutachtens zu klären, ob der jeweilige Antragsteller Wiederholungen erwarten lässt oder nicht. Die Berufung auf das Zusammenspiel der Regelungen des § 13 Satz 1 Nr. 2 FeV ist keine tragfähige Argumentation gegen die auch hier vertretene Auffassung. Die Regelungen des § 13 Satz 1 Nr. 2 FeV können sich überschneiden. Ein Sachverhalt kann mehrere Tatbestände dieser Norm erfüllen. Anerkannt ist, dass die Regelung in Buchstabe c) insoweit über sich hinaus weist, als allein das Führen eines Fahrzeugs im Straßenverkehr bei einer BAK unter 1,6 Promille nicht die Annahme von Alkoholmissbrauch im Sinne von Buchstabe a) begründet. Das liegt deshalb nahe, weil anderenfalls Buchstabe c) unnötig wäre, und weil man über die Auffassung streiten könnte, jede Fahrt unter Alkoholeinfluss (auch unterhalb der Werte von § 24a StVG) begründe die Annahme von Alkoholmissbrauch. Für ein weitergehendes Spezialitätsverhältnis von Buchstabe c) gegenüber Buchstabe d) gibt es hingegen keinen Anhalt. § 13 FeV will mittels der Überschneidungen seiner Fallgruppen eine umfassende Klärung von alkoholbedingten Eignungszweifeln ermöglichen. Weder Wortlaut noch Systematik deuten aber darauf, dass der Normgeber keine Eignungszweifel in den Fällen einer Fahrerlaubnisentziehung nach einer Straftat nach § 316 StGB mit weniger als 1,6 Promille sah.

In Verzichtsfällen ist gegebenenfalls nach § 11 Abs. 2 Satz 1 und Abs. 3 Satz 1 Nr. 1 FeV vorzugehen. Eine Entziehung der Fahrerlaubnis auf Probe nach § 2a Abs. 2 Satz 1 Nr. 3 StVG wegen dreier Verstöße gegen § 24c StVG wird man trotz § 13 Satz 2 FeV als eine Entziehung aus einem der unter Buchstabe b) genannten Gründe anzusehen haben.

4.11 Frühere Alkoholabhängigkeit

Nach § 13 Satz 1 Nr. 2 Buchstabe e) FeV ist es ein Begutachtungsanlass, wenn zu klären ist, ob Alkoholabhängigkeit nicht mehr besteht. Das setzt voraus, dass sie zuvor diagnostiziert war. War sie es aber, dann wird man der Frage erst nachgehen, wenn eine Entwöhnungsbehandlung und einjährige Abstinenz nachgewiesen sind,[115] weil erst das im Zusammenwirken mit dem Nichtbestehen der Alkoholabhängigkeit nach Nr. 8.4 der Anlage 4 zur Eignung führt. Hingegen wird man die Variante, ob Alkoholmissbrauch nicht mehr

115 Vgl. Schubert et al. (2013): Beurteilungskriterien, 3. Aufl. 2013, 5, S. 138, Zwischen Alkoholabhängigkeit und früherer Alkoholabhängigkeit wird fachlich-inhaltlich nicht unterschieden.

besteht, nur als eine Auffangregelung für außergewöhnliche Fallgestaltungen ansehen können. Denn Alkoholmissbrauch im Sinne der Nr. 8.1 der Anlage 4 (Konsum und Fahren können nicht hinreichend sicher getrennt werden) ist in besonderer Ausprägung Voraussetzung des § 13 Satz 1 Nr. 2 Buchstabe c) FeV (BAK von 1,6 Promille/AAK von 0,8 mg/l) und bildet eine Fallgruppe der Buchstaben b) und d). Dieser Regelungen hätte es nicht bedurft, wenn ohnehin jede Kraftfahrt unter zu hohem Alkoholeinfluss die Frage aufwirft, ob Alkoholmissbrauch nicht mehr besteht.

4.12 Betäubungsmittel

Die Anordnung zur Beibringung von Gutachten zur Klärung von Eignungszweifeln im Hinblick auf Betäubungsmittel und Arzneimittel regelt § 14 FeV. § 14 Abs. 1 Sätze 1 und 2 FeV zielen auf ärztliche Gutachten; § 14 Abs. 1 Satz 3 und Abs. 2 FeV zielt auf medizinisch-psychologische Gutachten.

§ 14 Abs. 1 Satz 1 Nr. 1 FeV korrespondiert mit Nr. 9.3 der Anlage 4. Indes wird die darin begründete Pflicht zur Gutachtenanordnung in Bezug auf Betäubungsmittel weitgehend durch § 11 Abs. 7 FeV überspielt. Steht nicht einmal fest, dass der Betroffene Betäubungsmittel einnimmt, wird man wohl keine Tatsachen sehen, die die Annahme einer Betäubungsmittelabhängigkeit begründen. Steht aber die Einnahme von Betäubungsmitteln mit Ausnahme von Cannabis fest, schließt bereits das nach Nr. 9.1 der Anlage 4 die Eignung aus, ohne dass es auf das Ausmaß der Einnahme oder gar eine Abhängigkeit ankäme. Die bloße Einnahme von Cannabis schließt die Eignung aus, wenn sie regelmäßig (= täglich oder nahezu täglich) stattfindet. Auf die Abhängigkeit von Cannabis käme es deshalb nur an, wenn sie schon bei einem häufigen Konsum einträte, der noch kein regelmäßiger ist. Ohne insbesondere körperliche und psychische Anzeichen wird man allein in einer hohen Konsumfrequenz noch keine auf Cannabisabhängigkeit weisende Tatsache sehen können. Ähnliche Überlegungen gelten in Bezug auf andere psychoaktiv wirkende Stoffe als Betäubungsmittel im Sinne des Betäubungsmittelgesetzes. Nr. 9.4 der Anlage 4 definiert als ungeeignet, wer missbräuchlich andere psychoaktiv wirkende Stoffe einnimmt. Auf die Ermittlung solcher Einnahme zielt § 14 Abs. 1 Satz 1 Nr. 3 FeV. Auf Abhängigkeit von diesen Stoffen käme es nur an, wenn sie unterhalb des regelmäßig übermäßigen Gebrauchs, als der die missbräuchliche Einnahme definiert wird, vorliegen könnte.

4.12.1 Einnahme

Den häufigsten Begutachtungsanlass des § 14 Abs. 1 Satz 1 FeV dürfte die Nr. 2 darstellen, wofür Tatsachen erforderlich sind, die die Annahme der Einnahme von Betäubungsmitteln im Sinne des Betäubungsmittelgesetzes (durch den Betroffenen) begründen. Die Norm ist im Zusammenhang mit § 14 Abs. 1 Satz 2 FeV zu sehen, der im Falle nur widerrechtlichen Besitzes dieser Stoffe nur die Befugnis, nicht die Pflicht zur Gutachtenanordnung begründet. Geht der Drogenbesitz mit eigenverbrauchstypischen Umständen einher, begründet dies die Annahme nach Nr. 2. Leistet aber jemand nur

Beihilfe zur Drogentat eines anderen, indem er dessen Betäubungsmittel einlagert, wird allein das keinen Begutachtungsanlass abgeben. Steht die Frage, ob der Betroffene den in ihm festgestellten Stoff bewusst einnahm, ernsthaft im Raum, ist eine Gutachtenanordnung gerechtfertigt. Gleiches gilt im Falle der festgestellten (bewussten) Einnahme von Cannabis, wenn mit Blick auf Nr. 9.2.2 der Anlage 4 nach einer Fahrt unter Cannabiseinfluss die damalige Konsumhäufigkeit zu klären ist. Ohne eine Teilnahme am Kraftverkehr müssen zu der nachgewiesenen Einnahme von Cannabis weitere Umstände treten, um eine Gutachtenanordnung zu rechtfertigen. Steht gelegentlicher Cannabiskonsum fest, dann wird man nur dann nach § 14 Abs. 1 Satz 1 Nr. 2 FeV vorgehen, wenn es Hinweise auf regelmäßigen Konsum gibt.[116] Dass man nicht ausschließen kann, dass der gelegentliche Cannabiskonsument sogar regelmäßig konsumiert, reicht dafür nicht.[117] Keinen Begutachtungsanlass stellt es dar, dass ein Jugendlicher zwischen dem vollendeten 14. und 18. Lebensjahr ohne Bezug zum Straßenverkehr gelegentlich Cannabis konsumierte.[118] Die Forderung, dass die Anknüpfungstatsache hinreichend aktuell sein müsse, ist jedenfalls in dem auch von Dauer zustimmend erörterten Fall[119] zweifelhaft. Wenn man den Besitz von 200 g Haschisch angeblich zum Eigenkonsum als Anzeichen für regelmäßigen Konsum wertet, dann wird sich die Aussagekraft dieses Anzeichens nicht durch den bloßen Ablauf von 2½ Jahren verlieren, weil Gewohnheiten definitionsgemäß zeitbeständig sind und sich zumeist nur durch die Änderung von Umständen oder eine neue Einstellung ändern. Gibt es aber Anhaltspunkte für eine solche Änderung, die der Betroffene im Rahmen der Anhörung zur Gutachtenanordnung geltend macht, wird man eher ein medizinisch-psychologisches Gutachten nach § 14 Abs. 2 Nr. 2 FeV erwägen als nur[120] ein ärztliches Gutachten nach § 14 Abs. 1 Satz 1 Nr. 2 FeV.

4.12.2 Missbräuchliche Einnahme

Der Begutachtungsanlass des § 14 Abs. 1 Satz 1 Nr. 3 FeV bezieht sich auf Nr. 9.4 der Anlage 4. Anders als beim Missbrauch von Alkohol ist die missbräuchliche Einnahme von psychoaktiv wirkenden Arzneimitteln und ande-

116 Vgl. OVG Niedersachsen, ZfSch 2014, 56 [57].

117 AA Bay. VGH, Beschl. v. 25.10.2012 – 11 ZB 12.1975 –, juris Rn. 9, in einem Fall, in dem sich ein Vorgehen nach § 14 Abs. 1 Satz 3 FeV/Nr. 9.2.2 der Anlage 4 (Mischkonsum) aufgedrängt hätte, nicht aber die Klärung, ob experimenteller Konsum vorliegt.

118 Vgl. OVG Niedersachsen, NJW 2014, 647 gegen einen Erlass des Niedersächsischen Ministeriums für Wirtschaft, Arbeit und Verkehr vom 4. August 2008.

119 So Hentschel, König, Dauer: StVR, 43. Aufl. 2015, 3 FeV § 14 Rn. 13 und Hess. VGH, NJW 2011, 1691 [1692].

120 Soweit der Bay. VGH, ZfSch 2010, 653 ausführt, um zu ermitteln, ob jemand Betäubungsmittel (einer bestimmten Art) eingenommen hat, bedürfe es der Feststellung von in der Vergangenheit oder Gegenwart liegenden Sachverhalten mit medizinischem Bezug; die Fahrerlaubnis-Verordnung gehe auch in anderem Zusammenhang davon aus, dass diese Aufgabe mit den Mitteln der ärztlichen Diagnostik zu bewältigen sei, ist daran zu erinnern, dass sich diese Mittel nicht nur auf Laboruntersuchungen beschränken, sondern zum Mindestuntersuchungsumfang anamnestischer Befragungen gehören, vgl. Schubert, W. et al. (2013): Beurteilungskriterien, 8.3.4, Tabelle 9, S. 331.

ren psychoaktiv wirkenden Stoffen[121] nicht auf die Trennung von Konsum und Fahren bezogen, sondern meint den regelmäßig übermäßigen Gebrauch. Während man dem Besitz gebräuchlicher Mengen etwa an Schmerz-, Husten-, Aufputsch- oder Beruhigungsmitteln sowie Mitteln gegen Durchfall jedenfalls bei ärztlicher Indikation[122] keinen Anzeichenwert zusprechen wird, dürfte der Besitz von synthetischen Cannabinoiden[123] unter eigenverbrauchstypischen Umständen einen Begutachtungsanlass abgeben, weil die Bestimmung der Übermäßigkeit des Gebrauchs vom jeweiligen Stoff abhängt. Die fehlenden Nachweismöglichkeiten in Schnelltests dürften dazu führen, dass andere Anzeichen, wie sie bei Alkohol und den gängigen Drogen anfallen, eher selten vorhanden sind.

4.12.3 Cannabis

§ 14 Abs. 1 Satz 3 FeV begründet die Befugnis zur Anordnung, ein medizinisch-psychologisches Gutachten beizubringen, nur im Falle vorliegender gelegentlicher Einnahme von Cannabis und weiterer eignungszweifelbegründender Tatsachen. Die Norm ist mit Blick auf Nr. 9.2.2 der Anlage 4 zu lesen.[124] Die weiteren Tatsachen müssen das Trennungsvermögen des Betroffenen in Zweifel ziehen oder auf eine Störung der Persönlichkeit, einen Kontrollverlust oder eine chronische Beeinträchtigung der Leistungsfähigkeit deuten.[125] Steht aber nur der begründete Verdacht im Raum, der Betroffene gebrauche zusätzlich zum Cannabis Alkohol oder andere psychoaktiv wirkende Stoffe, dann kommt zunächst nur ein ärztliches Gutachten nach den §§ 11 Abs. 2 Satz 2, 14 Abs. 1 Satz 1 Nr. 3 FeV in Betracht. Die auf ein medizinisch-psychologisches Gutachten zielende Anordnung wäre mangels Erforderlichkeit unverhältnismäßig.[126] Die Spezialität des § 14 FeV gegenüber § 11 FeV sperrt den Rückgriff auf letzteren nicht. Verkehrsauffälligkeiten des gelegentlichen Cannabiskonsumenten, die für sich genommen keinen Begutachtungsanlass abgeben wie etwa eine einzelne Geschwindigkeitsüberschreitung, erhalten den Anzeichenwert nicht über § 14 Abs. 1 Satz 3 FeV durch die Verbindung mit dem gelegentlichen Cannabiskonsum ohne Verkehrsbezug.

Anders als § 14 Abs. 1 Satz 3 FeV schreibt § 14 Abs. 2 FeV die Gutachtenanordnung vor.

4.13 Vorherige Fahrerlaubnisentziehung

Das betrifft zunächst die Fälle, in denen die Fahrerlaubnis aus einem der in § 14 Abs. 1 FeV genannten Gründe entzogen war. In Verzichtsfällen ist gegebenenfalls nach § 11 Abs. 2 Satz 1 und Abs. 3 Satz 1 Nr. 1 FeV vorzugehen.

---

121 Zum Begriff vgl. Kapitel 2.2.9.

122 Vgl. Bay. VGH, SVR 2011, 389.

123 Dazu Auwärter, Kneisel, Hutter, Thierauf: Rechtsmedizin 2012, 259.

124 Vgl. Bay. VGH, Beschl. v. 16.11.2010 – 11 CS 10.2031 –, juris Rn. 25.

125 Vgl. OVG Niedersachsen, NJW 2014, 647.

126 Vgl. Bay. VGH, ZfSch 2010, 653.

4.14 Vorherige Abhängigkeit

Stand die Abhängigkeit von einem der in § 14 Abs. 1 FeV genannten Mittel oder Stoffe fest, dann wird man nach § 14 Abs. 2 Nr. 2 1. Variante FeV nur dann eine Begutachtung anordnen, wenn Entgiftung und Entwöhnung sowie einjährige Abstinenz nachgewiesen sind,[127] weil das Voraussetzungen für die Eignung nach Nr. 9.5 der Anlage 4 sind.

4.15 Fortdauernde Einnahme

Die zweite Variante des § 14 Abs. 2 Nr. 2 FeV ist wohl die praktisch bedeutsamere. Sie betrifft die Fälle, in denen die bloße Einnahme der in § 14 Abs. 1 FeV genannten Mittel oder Stoffe feststand, ohne dass Abhängigkeit davon gegeben war. Abgesehen von Cannabis, für das § 14 Abs. 1 Satz 3 FeV eine besondere Regelung trifft, sind damit zwischen der einmaligen Einnahme von Betäubungsmitteln und der missbräuchlichen Einnahme von psychoaktiv wirkenden Arzneimitteln oder anderen psychoaktiv wirkenden Stoffen unterschiedliche Konsummuster erfasst. Wer in diesen Fällen auf Nr. 9.5 der Anlage 4 zurückgreift, eine verfahrensrechtliche Einjahresfrist ansetzt oder den Nachweis einjähriger Abstinenz fordert,[128] wird erst nach Erfüllung dieser Voraussetzung ein Gutachten anordnen. Anderenfalls wird die fortwährende Einnahme bei einer bloßen Drogengefährdung nur zu klären sein, wenn der Betroffene einen Einsichtsprozess und dauerhaften Drogenverzicht behauptet.[129] Das Bundesverwaltungsgericht meint,[130] dass nicht jeder beliebig weit in der Vergangenheit liegende Drogenkonsum als Grundlage für die Anforderung eines medizinisch-psychologischen Gutachtens herangezogen werden kann. Abgesehen von den äußersten zeitlichen Grenzen der Verwertbarkeit von Informationen/Eintragungen wandte sich das Gericht gegen eine generalisierende Betrachtungsweise, etwa eine Grenze von 15 Monaten, und wies es den Behörden und Tatsachengerichten zu, den jeweiligen Einzelfall unter Einbeziehung aller relevanten Umstände wie etwa Art und Umfang des früheren Drogenkonsums auf das Gewicht des Gefahrenverdachts hin zu prüfen. Eine praktisch handhabbare Leitlinie ist das nicht. In aller Regel ist der frühere Drogenkonsum des Betroffenen in der Fahrerlaubnisakte nicht vollständig dokumentiert. Nicht selten enthalten die Akten nur Unterlagen zu einem Vorfall mit Drogenbezug, aus denen sich das Konsummuster nur vage ergibt. Bedenkt man, dass die Eignungsbedenken, die ein Drogenkonsum auslöst, aus der gegebenen Unkontrollierbarkeit des Stoffes und seiner Wirkungen sowie dem Risiko der Entwicklung von unkontrollierten Konsummustern resultieren,[131] und es im Kern um eine stabile Einstellungs- und Verhaltensände-

127 Vgl. Schubert, W. et al. (2013): Beurteilungskriterien, 6, S. 173.
128 Dazu Kapitel 2.3.
129 Vgl. Schubert, W. et al. (2013): Beurteilungskriterien, 6, Hypothese D3, S. 187.
130 BVerwG, NJW 2005, 3081.
131 So Schubert et al. (2005): Kommentar, 3.1.2.1, S. 171.

rung geht,[132] auf die sich allein aus einem Zeitablauf nicht schließen lässt, wird man eher zurückhaltend mit der Möglichkeit umgehen, die Eignung trotz eines Drogenkonsums, der nach Aktenlage länger zurückliegt, ohne weitere Ermittlungen dazu anzunehmen. Umgekehrt sollte man die Nichteignung eines nur drogengefährdeten Betroffenen, bei dem keine Anzeichen für eine fortgeschrittene Drogenproblematik vorliegen, und der einen Einsichtsprozess und dauerhaften Drogenverzicht behauptet, nicht schon mangels genügenden Zeitablaufs als erwiesen ansehen und deshalb nach § 11 Abs. 7 FeV von einer Begutachtung absehen.

4.16 Zuwiderhandlungen nach § 24a StVG

Nach § 11 Abs. 2 Nr. 3 Satz 1 FeV ist die wiederholte Begehung von Zuwiderhandlungen im Straßenverkehr nach § 24a StVG ein Begutachtungsanlass. Die Norm erfasst in ihrem Absatz 1 das Führen eines Kraftfahrzeugs mit 0,25 mg/l oder mehr Alkohol in der Atemluft oder 0,5 Promille oder mehr Alkohol im Blut oder eine Alkoholmenge im Körper, die zu einer solchen Atem- oder Blutalkoholkonzentration führt. Nach § 24a Abs. 2 StVG handelt ordnungswidrig, wer unter der Wirkung eines in der Anlage näher bezeichneten berauschenden Mittels im Straßenverkehr ein Kraftfahrzeug führt, ohne dass die im Blut nachgewiesene Substanz aus der bestimmungsgemäßen Einnahme eines für einen konkreten Krankheitsfall verschriebenen Arzneimittels herrührt. Bei Verstößen nur gegen § 24a Abs. 1 StVG richtet sich die Gutachtenanordnung allein nach § 13 Satz 1 Nr. 2 Buchstabe b) FeV, wie § 14 Abs. 2 Satz 1 Nr. 3 Satz 2 FeV klarstellt. Mischkonsum bzw. Verstöße gegen § 24a Abs. 1 und 2 oder nur gegen Abs. 2 StVG sind ein Begutachtungsanlass nach § 14 Abs. 2 Satz 1 Nr. 3 Satz 1 FeV.[133]

132 Vgl. Schubert et al. (2005): Kommentar, 3.1.2.1, S. 189.

133 Vgl. Bay. VGH, Beschl. v. 16.11.2010 – 11 CS 10.2031 –, juris Rn. 22; OVG Nordrhein-Westfalen, DAR 2009, 598.

5 Kenntniserlangung nach § 2 Abs. 12 StVG durch Pflichtmitteilung der Polizei

Werner Bauer

5.1 Allgemeines

Die Fahrerlaubnisbehörde darf eine Fahrerlaubnis nur dann erteilen, wenn ein Fahrerlaubnisbewerber gem. § 2 Abs. 2 Nr. 3 und § 2 Abs. 4 StVG zum Führen von Kraftfahrzeugen geeignet ist. Die Eignung besitzt ein Fahrerlaubnisbewerber insbesondere dann, wenn er sowohl die notwendigen körperlichen und geistigen Anforderungen erfüllt als auch über die charakterliche Eignung verfügt. Werden Tatsachen bekannt, die Bedenken begründen, dass ein Fahrerlaubnisinhaber ungeeignet ist, so kann die Fahrerlaubnisbehörde gem. § 46 Abs. 1 und 3 FeV die Eignung überprüfen und erforderlichenfalls die Fahrerlaubnis entziehen.

Bedenken gegen die körperlichen und geistigen Anforderungen ergeben sich gem. § 11 Abs. 2 FeV weitgehend aus dem Vorliegen von Erkrankungen oder Mängeln nach Anlage 4 oder 5 zur FeV. Dabei handelt es sich um Defizite der körperlich-geistigen Leistungsfähigkeit oder Fehlfunktionen, die das Unvermögen zur Folge haben, ein Kraftfahrzeug sicher und verkehrsgerecht zu führen,[134] z. B. psychische Erkrankungen, aber auch Alkohol- oder Betäubungsmittelabhängigkeit. Zweifel an der charakterlichen Eignung kommen insbesondere dann in Betracht, wenn sich aufgrund von erheblichen oder wiederholten Verstößen gegen verkehrsrechtliche Vorschriften oder Strafgesetze charakterlich-sittliche Mängel offenbaren, die erhebliche Zweifel an der Geeignetheit zum Führen von Kraftfahrzeugen begründen (§ 11 Abs. 3 Nr. 4 bis 7 FeV). Zu genannten Eignungsmängeln kann die Polizei im Rahmen ihrer täglichen Arbeit Erkenntnisse erlangen, da sie regelmäßig mit Sachverhalten betraut ist, die Probleme der Fahreignung oder charakterliche Mängel offenbaren.

Voraussetzung für eine Überprüfung eines Fahrerlaubnisbewerbers oder -inhabers ist, dass auch die Fahrerlaubnisbehörde Kenntnis über die von der Polizei erlangten Feststellungen und Tatsachen hat. § 2 Abs. 12 StVG regelt daher die Verpflichtung für die Polizei (Schutz- und Kriminalpolizei), Informationen über Tatsachen, die auf nicht nur vorübergehende Mängel hinsichtlich der Eignung oder auf Mängel hinsichtlich der Befähigung einer Person zum Führen von Kraftfahrzeugen schließen lassen, den Fahrerlaubnisbehörden mitzuteilen. Die Datenübermittlung muss aus Sicht der Polizei erforderlich sein. Es handelt sich hier um eine Initiativübermittlung,[135] d. h., die Polizei hat die Daten ohne Anforderung weiterzugeben.

---

134 Siehe Kapitel 3.1.

135 Näheres zur Initiativübermittlung z. B. Berner, Köhler, Käß, Polizeiaufgabengesetz, Art. 40 Anm. 6.

Der Zeitpunkt der Informationsweitergabe an die Fahrerlaubnisbehörde ist nicht bestimmt. Die Mitteilung kann sofort nach Bekanntwerden der Tatsachen erfolgen, da der Vorrang des Strafverfahrens (§ 3 Abs. 3 und 4 StVG) für die polizeiliche Mitteilung unbeachtlich[136] ist. In der Praxis wird sie spätestens mit der Abgabe des Vorgangs an die Verfolgungsbehörde erfolgen.

Die weiteren Überprüfungen im Hinblick auf die Eignung und Befähigung hat sodann die Fahrerlaubnisbehörde als Sicherheitsbehörde vorzunehmen. Sinn und Zweck der Norm ist, dem gefahrenabwehrenden Charakter des Fahrerlaubnisrechts Rechnung zu tragen. Der Eintritt einer Störung oder eines schädigenden Ereignisses muss nicht abgewartet werden. Die Fahrerlaubnisbehörden sollen in die Lage versetzt werden, nach dem Fahrerlaubnisrecht mögliche Maßnahmen zur Unfallvermeidung und Gefahrenabwehr prüfen zu können. Dazu sind neben eigenen Erkenntnissen auch polizeiliche Tatsachenmitteilungen notwendig. Diese Information hat die Polizei eigeninitiativ der Fahrerlaubnisbehörde mitzuteilen, insbesondere unter Berücksichtigung des Umstands, dass eine Bewertung der Information nicht durch die Polizei, sondern ausschließlich durch die Fahrerlaubnisbehörde erfolgt. Die datenschutzrechtlichen Anforderungen an die Initiativübermittlung sind daher nicht zu hoch anzusetzen.

Die Verpflichtung erstreckt sich auf Tatsachen, auch außerhalb des Straßenverkehrs, die zur Überprüfung der Eignung oder Befähigung aus Sicht der übermittelnden Stelle – also hier der Polizei – erforderlich sind. Der Gesetzgeber hat hier keinen empfehlenden Deliktskatalog erstellt. Dies soll aber nicht in einer unüberschaubaren Datenflut für die Fahrerlaubnisbehörden münden. Die Erforderlichkeit der Datenübermittlung ist letztlich zu messen an der Möglichkeit der Verwendung der Daten zur Eignungsüberprüfung bei der Fahrerlaubnisbehörde. Für die Polizei steht die Ermittlung von Straftaten und Verkehrsordnungswidrigkeiten im Vordergrund. Demzufolge übermittelt sie regelmäßig relevante Tatsachen aufgrund solcher Sachverhalte.

Praktische Anwendung findet die genannte Regelung insbesondere bei Alkohol- und Drogenfahrten. Obwohl die meisten dieser Fälle über das Punktsystem nach Eintragung der rechtskräftigen Entscheidung in das Fahreignungsregister in den vom Gesetz geforderten Fällen gem. § 4 Abs. 6 StVG an die Fahrerlaubnisbehörde gemeldet werden, macht eine polizeiliche Mitteilung zu einem früheren Zeitpunkt dennoch Sinn. Aus den polizeilichen Informationen können die Fahrerlaubnisbehörde – und die Gutachter – oftmals zusätzliche beurteilungsrelevante Erkenntnisse, wie Angaben des Betroffenen zu seinem Konsumverhalten, Wirkstoffkonzentration, chemisches Analyseergebnis u. a. gewinnen, die sich aus der Punktmitteilung des Fahreignungsregisters nicht erschließen.

Da bereits die einmalige Einnahme von Betäubungsmitteln im Sinne des BtMG – ausgenommen Cannabis – automatisch die Fahreignung infrage

136 Zurückhaltender Kapitel 3.2.5.

stellt, unabhängig davon, ob diese Verstöße im Zusammenhang mit dem Straßenverkehr begangen wurden oder nicht, kommt es entscheidend darauf an, dass entsprechende Erkenntnisse an die Fahrerlaubnisbehörde übermittelt werden. Folglich sind mitteilungspflichtige Tatsachen im Sinne der Regelung des § 2 Abs. 12 StVG Anzeichen für die Einnahme oder den Besitz von Drogen.[137] Dies betrifft daher nicht nur die Schutzpolizei, sondern auch kriminalpolizeiliche Dienststellen, die (unabhängig vom Straßenverkehr) z. B. in Fällen des bloßen Besitzes von sog. harten Drogen ermitteln.

Informationen, die für die Beurteilung der Eignung oder Befähigung nicht erforderlich sind, hat die Fahrerlaubnisbehörde unverzüglich zu vernichten (§ 2 Abs. 12 Satz 2 StVG).[138]

Demzufolge ist es „einer Fahrerlaubnisbehörde in einem engen zeitlichen Rahmen[139] gestattet, Erkenntnisse über die fahreignungsrelevanten Eigenschaften eines Fahrerlaubnisinhabers zunächst zu sammeln, das weitere Verhalten des Betroffenen zu beobachten und schließlich nach einer Würdigung sämtlicher in diesem begrenzten Zeitraum gewonnenen Erkenntnisse über mögliche Beeinträchtigungen der Fahreignung des Betroffenen über eine Maßnahme nach § 11 Abs. 2 FeV zu entscheiden."[140]

5.1.1 Erkennen von Eignungsmängeln

Polizeibeamte gelten zwar nicht als sachverständige Zeugen im prozessualen Sinne, ihre Wahrnehmungen haben aber einen hohen Beweiswert, da sie aufgrund ihrer beruflichen Erfahrung in der Beobachtung besonders geschult und in ihrer dienstlichen Eigenschaft neutral tätig sind. Daher sind Erkenntnismitteilungen der Polizeibeamten gem. § 2 Abs. 12 StVG in einem Verfahren von hoher Aussagekraft, zumal auch die Polizeibeamten oftmals die einzigen Personen sind, die sich vor Ort in einer konkreten Situation ein neutrales Bild von einem Verkehrsteilnehmer machen können. Jedoch ist die Polizei nach dieser Vorschrift keine „medizinische Screening-Instanz", die in jedem Fall auch den Gesundheitszustand eines Fahrzeugführers in ihre Ermittlungen einbeziehen würde. Andererseits stellt sie bei schwerwiegenden und offenkundigen Eignungs- und Befähigungsmängeln eine wichtige Informationsquelle für die Fahrerlaubnisbehörden dar.[141]

Es sind lediglich Informationen über Tatsachen,[142] die auf nicht nur vorübergehende Mängel hinsichtlich der körperlichen, geistigen oder charakterlichen

137 Vgl. amtliche Begründung, VkBl. 1998, 772.

138 Siehe auch Kapitel 3.2.3.

139 Redaktionelle Anmerkung: § 2 Abs. 9 Satz 2 StVG lautet: „Sie sind nach spätestens zehn Jahren zu vernichten, es sei denn, mit ihnen im Zusammenhang stehende Eintragungen im Fahreignungsregister oder im Zentralen Fahrerlaubnisregister sind nach den Bestimmungen für diese Register zu einem späteren Zeitpunkt zu tilgen oder zu löschen."

140 VGH Baden-Württemberg vom 28.10.2004, zfs 2005, 316 = DAR 2005, 352.

141 Bouska, Laeverenz, § 2 Abs. 12 StVG Erl. 40.

142 Vgl. Tatsachenbegriff des StGB, Fischer, § 263 Anm. 6.

Eignung schließen lassen, mitzuteilen. Dies sind regelmäßig durch eigene sinnliche Wahrnehmung feststellbare Zustände (vgl. 5.1.2).

Im Bezug auf die körperliche Eignung geben der Polizei lediglich die §§ 13 und 14 FeV sowie die Anlage 4 zur FeV Anhaltspunkte, welche Erkenntnisse im Hinblick auf Alkohol und Drogen zu übermitteln sind. Dabei liegt es auf der Hand, dass Alkoholproblematik oder Alkoholmissbrauch bzw. Abhängigkeit von Betäubungs- oder Arzneimitteln die Fahreignung infrage stellen. Im Bezug auf Krankheiten - auch im Hinblick auf die geistige Eignung - wird im Einzelfall der Gesamteindruck der Situation entscheidend sein, ob ein Schluss auf eine Nichteignung vorliegt und damit eine Datenübermittlung erfolgen soll, z.B. Orientierungslosigkeit bei Nacht und dadurch erfolgte „Geisterfahrt" auf der Autobahn.

Für die Beurteilung der charakterlichen Eignung können aus polizeilicher Sicht vor allem Straftaten - mit und ohne Bezug zum Straßenverkehr, vgl. § 11 Abs. 3 Nr. 5, 6 und 7 FeV[143] - auch Ordnungswidrigkeiten - vgl. § 11 Abs. 3 Nr. 4 FeV - von Bedeutung sein,[144] aber auch krankhafte Wahnvorstellungen, die sich z. B. in einem massiven Stalking-Verhalten äußern.[145]

5.1.2 Polizeiliche Bewertung von Verkehrsauffälligkeiten

Die Tatsachen sollen sich nicht auf nur vorübergehende Mängel beziehen, sondern insbesondere gravierende Einschränkungen der körperlichen Leistungsfähigkeit, internistische Erkrankungen, Orientierungslosigkeit und Störungen von Sehfähigkeit, Hörvermögen oder Gleichgewicht aufzeigen. Nicht mitgeteilt werden demnach kurzfristige Auffälligkeiten (z.B. Nervosität bei einer Verkehrskontrolle, ein gebrochener Arm oder „schockbedingte" Auffälligkeiten nach einem Verkehrsunfall, wie emotionale Ausbrüche o.ä.). Eine Abgrenzung kann oftmals schwierig sein, da der Polizeibeamte kein Arzt oder Gutachter ist. Dies hat aber keine Auswirkungen auf die Rechtmäßigkeit der Datenübermittlung. Die Relevanz für die Fahreignung hat die Verkehrsbehörde zu beurteilen.

5.1.3 Polizeiliche Erkenntnisse aus Unfallaufnahmen

Erkenntnisse aus Verkehrsunfällen sind vor allem bei Straftaten mitzuteilen, vgl. §§ 315 b und c, § 142 und § 229 StGB, da hierdurch die Eignung kraft Gesetzes infrage gestellt ist (§ 69 Abs. 2 StGB). Erkenntnisse aus Verkehrsunfällen, denen lediglich eine Verkehrsordnungswidrigkeit zugrunde liegt, sind nur mitzuteilen, sofern sie o.g. Grundsätze erfüllen (z.B. signifikante und sicherheitsrelevante Unkenntnis wichtiger Verkehrsvorschriften oder gravierende Fehler oder Defizite bei der Handhabung des Fahrzeugs, die erkennbar nicht auf bloße Unaufmerksamkeit oder Ablenkung zurückzuführen sind).

---

143 Vgl. Amtliche Begründung, VkBl. 1998, 772.

144 Tepe, Aggressionspotential im Fahrerlaubnisrecht, NZV 2010, 64.

145 VG Münster vom 8.7.2013, Az. 10 K 3093/12.

5.1.4 Polizeiliche Erkenntnisse aus Verkehrskontrollen, sonstigen Straftaten und Ordnungswidrigkeitenanzeigen

Da die Kraftfahreignung auch ohne Bezug zum Straßenverkehr bei Drogenverstößen infrage gestellt sein kann, ist die Übermittlung aller erkannten BtMG-Straftaten – also auch derer im Rahmen der kriminalpolizeilichen Sachbearbeitung – erforderlich. Dies gilt für alle Drogenverstöße, da nur so die Fahrerlaubnisbehörde über eine gelegentliche oder regelmäßige Einnahme von Cannabis (i. S. v. § 14 Abs. 1 Satz 2 FeV) Kenntnis erlangen kann.

Auch bei Vorliegen nur einer, aber erheblichen Straftat, ist die Anordnung einer Medizinisch-Psychologischen Untersuchung möglich. Hierbei bezieht sich der Begriff erheblich auf die Begründung von Bedenken auf die Kraftfahreignung. Die Nutzung eines Kraftfahrzeugs bei einer erheblichen Straftat (z. B. Vergewaltigung im Pkw, Fluchtfahrzeug bei Banküberfall, Verwendung eines Kfz zum Aufbrechen vom Schaufenstern oder Geschäften bei Blitzeinbrüchen) ist ein zusätzlicher möglicher Grund für eine Medizinisch-Psychologische Untersuchung (§ 11 Abs. 3 Satz 1 Nr. 6 FeV).

Bei den zu übermittelnden Straftaten handelt es sich vor allen um Verkehrsstraftaten (vgl. Katalog in § 69 Abs. 2 StGB) sowie um die Straftaten Nötigung im Straßenverkehr (§ 240 StGB), fahrlässige Tötung oder Körperverletzung im Straßenverkehr (§§ 222, 229 StGB), aber auch um Körperverletzung im Zusammenhang mit dem Straßenverkehr (z. B. ein eskalierender Tankstellenstreit). Darüber hinaus sind dies vor allem auch Delikte – auch außerhalb des Straßenverkehrs – unter einer bei der Begehung zum Ausdruck kommenden besonderen Aggressivität oder Brutalität.[146] In der Rechtsprechung hat sich der Begriff des „hohen Aggressionspotentials" verfestigt.

Regelmäßig dürften daher auch sog. Rohheitsdelikte zu übermitteln sein, also vor allem Straftaten gegen höchstpersönliche Rechtsgüter und damit alle „erheblichen" Körperverletzungsdelikte „ab" gefährlicher Körperverletzung (§ 224 StGB), schwere Körperverletzung etc. Ferner dürften in der Praxis auch weitere Straftaten, die sich durch Aggression gegen Personen oder Sachen ausdrücken, relevant sein, wie vorsätzliche Tötung, Raub- und Sexualstraftaten, Nötigung, Bedrohung sowie Widerstand gegen Vollstreckungsbeamte.[147] Aber auch der Ehemann, der der Polizei immer wieder durch Gewalt in den eigenen vier Wänden auffällt, lässt auf charakterliche Ungeeignetheit schließen.

Die Straftaten, die Anlass zur Eignungsbegutachtung geben können, müssen nicht rechtskräftig abgeurteilt sein. Sie können vor einer rechtskräftigen Verurteilung eingestellt worden sein oder es wurde nach §§ 154, 154a StPO von der Erhebung einer öffentlichen Klage abgesehen bzw. die Strafverfolgung auf andere Gesetzesverletzungen beschränkt. Es genügt, dass sich die

146 Bouska, Laeverenz, § 2 Abs. 12 StVG Erl. 39.
147 VGH Kassel vom 13.2.2013, NZV 2013, 615.

Eignungszweifel aus Feststellungen der Polizei oder aus anderen Erkenntnissen in einem strafrechtlichen Ermittlungsverfahren hinreichend zuverlässig ergeben.[148]

Unstrittig ist die Pflichtmitteilung beim wiederholten Verstoß gegen § 24a StVG,[149] da gem. § 13 Satz 1 Buchstabe c) FeV in diesem Fall die Fahreignung infrage steht. Fraglich ist, ob bereits der erstmalige Verstoß gegen § 24a StVG mitzuteilen wäre. Hierfür spricht, dass es sich lediglich um eine Informationsübermittlung handelt und die Fahrerlaubnisbehörde über weitere relevante Informationen verfügen kann, die sich dann zu einem Gesamtbild beim Betroffenen fügen, das in seiner Gesamtheit bei der Polizei nicht vorliegt und damit eine Maßnahme möglich oder erforderlich macht.[150]

Bereits bei Begehung nur einer erheblichen Ordnungswidrigkeit kann eine Mitteilung an die Fahrerlaubnisbehörde erfolgen, da auch in diesen Fällen die Anordnung einer Medizinisch-Psychologischen Untersuchung möglich ist (§ 11 Abs. 3 Nr. 4 FeV). Insbesondere die Teilnahme an illegalen Straßenrennen begründet Zweifel an der charakterlichen Eignung.[151] Aber auch eine hohe Risikobereitschaft im Straßenverkehr (z.B. bei Polizeiflucht) oder ein erheblicher Geschwindigkeitsverstoß kann entsprechende Zweifel an der charakterlichen Eignung hervorrufen. Entscheidend ist die „Erheblichkeit“ des Verstoßes. Dies hängt von den Umständen des Einzelfalls ab.

Die polizeiliche Relevanz bei der Information der Fahrerlaubnisbehörde über die Begehung einer Vielzahl von Ordnungswidrigkeiten dürfte sich aber auf Fälle der beharrlichen Begehung geringfügiger Verstöße gegen Verkehrsvorschriften beschränken,[152] wenn aus dem Gesamtzusammenhang hervorgeht, dass der Fahrzeugführer nicht gewillt ist, die im Interesse der Verkehrssicherheit erlassenen Verkehrsvorschriften zu befolgen, einen Hang zur Nichtbeachtung solcher Regelungen erkennen lässt und zu erwarten ist, dass er sich auch zukünftig nicht rechtskonform im Straßenverkehr verhalten wird. Hier ist allerdings durch die Fahreignungsbegutachtung[153] eine Gefahrenprognose erforderlich.

5.1.5 Umfang der Übermittlung

Die Form der Mitteilung richtet sich nach dem Anlass, also ob der Erkenntnisgewinn im Rahmen einer Unfallaufnahme, einer Verkehrskontrolle oder der Verfolgung von Straftaten oder Ordnungswidrigkeiten erfolgt ist.

Die Mitteilung der Polizei muss so umfangreich sein, dass sie ihre Aufgabe, die Fahrerlaubnisbehörden mit eignungs- und befähigungsrelevanten Informationen zur Prüfung der Frage der Fahreignung des Betreffenden zu

148 OVG Koblenz, NJW 2000, 2442.
149 0,5-Promille-Grenze.
150 A. A. Bouska, Laeverenz, § 2 Abs. 12 StVG Erl. 39.
151 Vgl. amtliche Begründung in BR-Drs 305/04 (Beschluss).
152 Vgl. Kapitel 2.2.12.
153 Vgl. Kapitel 3.4.4.

versorgen, erfüllen kann. Dazu ist es erforderlich, dass alle festgestellten Tatsachen klar und nachvollziehbar wiedergegeben werden. Ist etwa ein Fahrerlaubnisinhaber im Verkehr durch unsichere Fahrweise auffällig geworden und ist eine Beeinflussung durch Alkohol oder Drogen ausgeschlossen, liegt der Verdacht auf eine krankheits- oder altersbedingte Beeinträchtigung vor. Hier ist präzise zu schildern, wie sich die Fahrunsicherheit dargestellt hat, wie die Verkehrssituation war, welche Fahrfehler aufgetreten sind und wie der Betreffende reagiert hat. Nicht ausreichend ist es zu notieren, dass der Betreffende „einen verwirrten Eindruck" gemacht habe. Zutreffend ist es, wenn geschildert wird, wie sich diese Verwirrtheit ausgewirkt hat, dass etwa auf eine bestimmte – klare und unmissverständliche und im Protokoll festgehaltene – Frage eine unangemessene, unverständliche Antwort gegeben wurde, die möglichst ebenfalls im Wortlaut aufzunehmen ist. Bei Feststellung einer Trunkenheitsfahrt sind die genauen Umstände zu schildern, etwaige Fahrauffälligkeiten darzustellen und die Ergebnisse einer Atemalkoholmessung anzugeben. Wurde eine Atemalkoholkontrolle durchgeführt, sind die Einzelheiten der Messung zu protokollieren. Bei Anordnung einer Blutentnahme sind die Ergebnisse mitzuteilen. Bei einer Drogenfahrt ist das Ergebnis des polytoxikologischen Tests anzugeben. Wurde eine Blutuntersuchung angeordnet, sind deren Ergebnisse zu übermitteln. Die Ergebnisse eines auf mehrere Substanzen positiven Drogenvortests sind auch dann zu melden, wenn das endgültige Untersuchungsergebnis nur auf einen Stoff beschränkt worden ist. Zwar können die Ergebnisse eines Vortests nicht den Nachweis einer Einnahme des Rauschmittels erbringen. Hierzu bedarf es einer nachfolgenden Bestätigungsanalyse durch ein rechtsmedizinisches Institut. Sie können aber Anknüpfungstatsachen für die Fahrerlaubnisbehörde sein, durch Anordnung eines ärztlichen Gutachtens feststellen zu lassen, welches Konsummuster vorliegt. Das ist z. B. dann erforderlich, um bei gelegentlichem Cannabiskonsum ermitteln zu können, ob ein Beigebrauch anderer psychoaktiv wirkender Stoffe stattgefunden hat.

Werden bei polizeilichen Vorermittlungen Aussagen eines an dem Geschehen Beteiligten protokolliert, ist auf eine möglichst wörtliche Wiedergabe zu achten. Wenn bei der Befragung andere Personen, etwa weitere Polizeibeamte, anwesend waren, sollte das in die Niederschrift aufgenommen werden. Das kann bei einem Streit darüber, was der Betreffende gesagt hat, hilfreich sein. Besonderes Augenmerk ist bei der Abfassung eines polizeilichen Berichts unter dem Aspekt der Information der Fahrerlaubnisbehörde bei Drogenauffälligkeit auf die Konsumfrequenz und den – angeblichen – Zeitpunkt der letzten Einnahme zu legen. Bei Alkoholauffälligkeit ist es vorteilhaft, wenn Aussagen zum Trinkende notiert werden, soweit hierzu Angaben gemacht wurden.

Sofern für die Aufnahme von Protokollen Formblätter und Checklisten existieren, sollten diese in Kopie der Meldung an die Fahrerlaubnisbehörde beigefügt werden. Solche Formulare gibt es meist für Kontrollen wegen Verdachts auf eine Drogen- oder Alkoholfahrt wie auch für ärztliche Untersuchungen bei einer Blutentnahme.

6 Kenntniserlangung durch Vertrauenspersonen (Ärzte, Psychologen)

Jürgen Peitz

Die Fahrerlaubnisbehörde ist bei ihrer Aufgabe, ungeeignete Fahrzeugführer von der Teilnahme am Straßenverkehr abzuhalten, auf Informationen aus Erkenntnisquellen angewiesen, aus denen sich zureichende Bedenken gegen die Eignung zum Führen von Kraftfahrzeugen herleiten lassen. Sie hat die Informationen pflichtgemäß im Rahmen der Verhältnismäßigkeit und auf den Einzelfall bezogen zu verwerten, die Sachlage zu klären und ihre Aufgabe wahrzunehmen. Ein Ermessensspielraum steht ihr nicht zu, sodass ein Sachbearbeiter der Fahrerlaubnisbehörde, der durch das Verschweigen ihm unmittelbar bekannt gewordener oder durch den Arzt[154] mitgeteilter Fahreignungsbedenken die Erteilung oder die Nichtentziehung der Fahrerlaubnis bewirkt, als fahrlässiger Mitverursacher eines Verkehrsunfalls in Betracht kommen kann.[155] Vor dem Hintergrund der berufsrechtlichen Schweigepflicht ergeben sich naheliegend Konflikte aus der Gemengelage zwischen der Pflicht des Behandelnden im Rahmen des Heilauftrags, aber auch als Geheimnisträger und der Privatsphäre des Betroffenen und in diesem Zusammenhang mit Blick auf die Pflicht der Fahrerlaubnisbehörde zur Gefahrenabwehr.

6.1 Schweigepflicht von Ärzten, Psychologen und Angehörigen anderer Heilberufe

Grundsätzlich hat der Behandelnde nach der in Deutschland geltenden Rechtslage auch gegenüber der Fahrerlaubnisbehörde das Gebot der Einhaltung der (berufsrechtlichen) Schweigepflicht zu beachten. Der Gesetzgeber hat insoweit keine hiervon abweichende Sonderregelung zur Gefahrenabwehr geschaffen.[156] Da die Verpflichtung zur Verschwiegenheit stets die Basis des Vertrauens zwischen Behandelndem und Patient bildet und auch der Aufrechterhaltung einer leistungsfähigen Gesundheitsfürsorge dient,[157] sind alle Erkenntnisse erfasst, die der Arzt im Rahmen seiner Tätigkeit[158] für den Patienten über dessen Gesundheitszustand gewinnt. Nur so kann zwischen dem Behandelnden und seinem Patienten jenes Vertrauen entstehen, das zu den Grundvoraussetzungen ärztlichen Wirkens zählt.[159] Ein funktioneller Zusammenhang mit der Tätigkeit des Behandelnden reicht stets aus, um die Pflicht zur Verschwiegenheit auszulösen.

154 Folgend stets „Behandelnder" genannt. Gemeint sind Ärzte, Psychologen und Angehörige anderer Heilberufe.

155 BayVGH DAR 1952, S. 170.

156 Zu differenzierenden Regelungen in anderen Ländern siehe Fn. 171.

157 BVerfGE 32, S. 373, 379, 390; BVerfG NJW 1999, S. 1777; BVerfG MedR 2006, S. 586.

158 Nicht nur vertraglich begründete Tätigkeit; die Ausübung der berufsspezifischen Tätigkeit reicht aus, sodass auch Notfälle umfasst sind.

159 BVerfGE 32 a.a.O.

Fußend auf dem Eid des Hippokrates[160] entwickelte sich die Pflicht zu schweigen aus einer bloßen Tugend und moralischen Verpflichtung[161] zu einem strafbewehrten Gebot[162] und wird heute auch verfassungsrechtlich im Allgemeinen Persönlichkeitsrecht verankert.

Eine Schweigepflicht entsteht stets ab dem Zeitpunkt, in dem eine berufsspezifische Konnexität zwischen Kenntniserlangung persönlicher Informationen (Daten) und beruflicher Tätigkeit des Arztes oder des Psychologen begründet wird.[163] Bereits die einmalige telefonische Konsultation kann die Pflicht begründen, wenn der Behandelnde dadurch erkennbar die Behandlung übernimmt und damit die Schutzfunktion für Leib und Leben des Patienten.[164] Sie besteht fortan – auch postmortal[165] – abgeleitet aus dem Recht auf freie Entfaltung der Persönlichkeit.[166] Die Befugnis, über die Schweigepflicht zu disponieren und ggf. auf ihre Einhaltung zu verzichten, ist als höchstpersönliches Recht des Patienten ausgestaltet und geht weder auf Erben noch auf nahe Angehörige über.[167] Sie besteht auch gegenüber Angehörigen des Patienten, soweit nicht ein besonderer Rechtfertigungsgrund vorliegt[168] und auch gegenüber anderen Ärzten, die der Patient nicht mindestens stillschweigend von der Schweigepflicht befreit hat.[169] Aus der so begründeten Verpflichtung wird der behandelnde Arzt oder Psychologe nur durch ausdrückliche Willenserklärung des Patienten entlassen. Liegt eine solche ausdrückliche Erklärung nicht vor, so obliegt nach dem Tod des Patienten die Entscheidung darüber, ob der Patient seinen Arzt mutmaßlich von der Schweigepflicht entbunden hätte, prinzipiell dem Arzt selbst.[170]

Von dieser grundsätzlichen Schutzfunktion der Schweigepflicht ausgehend besteht kein Anlass, hiervon bei Kenntnis von Erkrankungen, die nachteilig für die Verkehrssicherheit sein könnten, abzuweichen. Es gibt keinen aus der Sache heraus legitimierten Informationstransfer zugunsten der Verkehrssicherheit.[171] Es versteht sich deshalb, dass es nicht Aufgabe des Behandelnden ist, einen bloßen Verdacht „auszuermitteln" und anzuzeigen[172] oder

160 „Was immer ich sehe und höre bei der Behandlung oder außerhalb im Leben der Menschen, so werde ich von dem, was niemals nach außen ausgesprochen werden soll, schweigen, indem ich alles Derartige als solches betrachte, das nicht ausgesprochen werden darf", vgl. Laufs, Katzenmeier, Lipp, Arztrecht, 6. Aufl., 2009, Rdnr. 421.

161 „Heilige Pflicht", vgl. Deichgräber, Der Hippokratische Eid, 1972, S. 11, 28 f.

162 Vgl Corinth, Ärztliche Schweigepflicht und kollidierende Gesundheitsinteressen Dritter, 2008, S. 5.

163 Schlund in Laufs, Kern, Handbuch des Arztrechts, 4. Aufl. 2010, § 66 Rdnr. 5.

164 Lipp in Laufs, Katzenmeier, Lipp, Arztrecht a. a. O. Kap. IV Rdnr. 4.

165 BGHZ 91,392, 398; umfassend Spickhoff NJW 2005, S. 1982.

166 Art 2 Abs. 1 GG i. V. m. Art 1 Abs. 1 GG.

167 BGH NJW 2011, S. 3 149 Rdnr. 12.

168 BGH NJW 1983, S. 2 627; OLG Koblenz FamRZ 2014, S. 255.

169 BayObLG NJW 1995, S. 1623; konkludente Einwilligung bei Bestehen eines Behandlungszusammenhangs; so auch Spickhoff, Medizinrecht 2. Auflage 2014, § 203 StGB Rdnr. 34 m. w. N.

170 OLG München GesR 2011, S. 674; OLG Naumburg NJW 2005, S. 2 017; Spickhoff NJW 2005, S. 1982.

171 Anders z. B. in der Schweiz in Art 14 Ziff. 4 schweiz. Straßenverkehrsgesetz; Melderecht als Rechtfertigung für die Verletzung des Berufsgeheimnisses Art 321 schwStGB, ähnlich § 121 Österr. StGB; vgl. auch die weiteren Nachweise bei Krämer, Thorbecke, Porschen, Epilepsie und Führerschein 2011, S. 58 f.

172 KG NJW 2014, S. 640, 641.

auf Anfrage des Staates Informationen über seinen Patienten ohne dessen Einwilligung zu übermitteln.

Insbesondere besteht für den Arzt[173] gegenüber Polizei und Staatsanwaltschaft auch keine besondere Pflicht zur Zeugenaussage über Personalien bei ambulanter oder stationärer Behandlung oder über Daten der Patientenkartei,[174] unbeschadet einer mutmaßlichen Einwilligung des Patienten im Einzelfall.[175] Auch die Anordnung der Straßenverkehrsbehörde gegenüber dem Betroffenen, er solle seinen behandelnden Arzt oder Psychologen zum Zwecke der Aufklärung von Eignungszweifeln von der Schweigepflicht entbinden, ist unzulässig und daher unbeachtlich.[176] Für die Fahrerlaubnisbehörde kann es in solchen Fällen eher zielführend sein, gegenüber dem Fahrerlaubnisinhaber auf die freiwillige Erklärung zur Entbindung der Verschwiegenheit hinzuwirken. Denn dessen Weigerung, einer gegebenenfalls notwendigen Entbindung anderer ärztlicher wie auch psychologischer Fachkräfte von der gesetzlichen Schweigepflicht gegenüber dem Gutachter zuzustimmen, kann einer Weigerung, sich begutachten zu lassen, gleichstehen.[177] Einem dann mangels zumutbarer und erforderlicher Mitwirkung unvollständigen Gutachten kann ggf. die gleiche Aussagekraft zukommen, wie einem überhaupt nicht beigebrachten förmlichen Fahreignungsgutachten. Nach dem Rechtsgedanken des § 11 Abs. 8 FeV könnte hieraus dann im Einzelfall zutreffend auf die Nichteignung geschlossen werden.[178]

Die Pflicht zur Beachtung der Schweigepflicht besteht auch in den Fällen, in denen die Tätigkeit in der Eigenschaft als Gutachter im amtlichen Auftrag, z.B. des Gerichts oder der Staatsanwaltschaft, oder für den Betroffenen auf dessen Auftrag im Rahmen der Begutachtung durch eine Begutachtungsstelle für Fahreignung erfolgt.[179] Soweit der Gutachter auftragsgemäß das nur auf den konkreten Anlass bezogene Untersuchungsergebnis mitteilt,[180] kann dieser Umstand die Schweigepflicht nicht in strafbarer Weise verletzen.[181] Dies gilt jedenfalls im Regelfall, in dem der zu begutachtende Proband zur Duldung oder Mitwirkung verpflichtet ist und auf den Anlass bezogen zugestimmt hat. Dies ist im Rahmen der Fahreignungsbegutachtung, die auch im Interesse des Probanden vorgenommen wird, unzweifelhaft. Ohnehin kann der Proband seine Zustimmung zur Weitergabe des Gutachtens bis zu dessen

173 Der Kreis der in § 53 Abs. 1 Nr. 3 StPO genannten und zur Verweigerung des Zeugnisses berechtigten Berufsgeheimnisträger erfasst nicht Psychologen, Psychotherapeuten, psychologische Beratungsstellen und ähnliche Stellen, LG Freiburg, Beschl. v. 6.11.1998, – II Qs 129/98 – zit. nach juris.

174 OLG Bremen MedR 1984, S. 112.

175 Z.B. Nachfrage von Angehörigen bei bewusstlosen Patienten oder sonstigen Notfällen.

176 OVG Rheinland-Pfalz NJW 1986, S. 2390; Thüringer OVG DAR 1995, S. 80 (noch zu § 15b Abs. 2 StVZO a.F., nun § 46 Abs. 2 FeV).

177 VG Würzburg, Beschl. v. 26.3.2014 – W 6 S 14.189, zit. nach juris.

178 VG Würzburg a.a.O.

179 Oder auch in den Fällen nach §§ 13, 14 FeV.

180 Siehe aber die genannten Problemfälle unter Ziff. 4.4.2.

181 Die Schweigepflicht besteht selbstverständlich auch in diesen Fällen. Siehe dazu u.a. Laufs, Kern-Ulsenheimer a.a.O. § 66 Rdnr. 6: keine Strafbarkeit mangels Erfüllung des objektiven Tatbestands des § 203 StGB während die wohl zutreffende h.M. mangels unbefugter Weitergabe die Rechtswidrigkeit verneint, so Fischer, Kommentar zum Strafgesetzbuch, 62. Auflage 2015, § 203 StGB Rdnr. 31, 40 m.w.N.

Erstattung widerrufen,[182] denn er ist „Herr des Verfahrens" und kann die von ihm beauftragte[183] Begutachtungsstelle für Fahreignung zur Übersendung an die Führerscheinstelle anweisen oder die Übersendung unterbinden.

6.1.1 Gesetzliche und standesrechtliche Verankerung der Schweigepflicht

Die Verschwiegenheitspflicht von Ärzten und Psychologen ist in den Berufs- und Standesvorschriften normiert.[184] Diesen kommt allerdings keine eigenständige materiell-rechtliche Wirkung gegenüber Dritten, wie etwa Behörden, zu. Die Beachtung dieser persönlichen (beruflichen) Schweigepflicht gewinnt vielmehr Bedeutung aus ihrer standes- und berufsrechtlichen Verankerung und damit aus dem Berufsethos. In das Patientenrechtegesetz[185] (§§ 630a bis 630h BGB) wurde sie nicht aufgenommen, was verwundert,[186] zumal der Bruch der Schweigepflicht wegen der Verletzung des allgemeinen Persön-

§ 203 Verletzung von Privatgeheimnissen

(1) Wer unbefugt ein fremdes Geheimnis, namentlich ein zum persönlichen Lebensbereich gehörendes Geheimnis oder ein Betriebs- oder Geschäftsgeheimnis, offenbart, das ihm als

1. Arzt, Zahnarzt, Tierarzt, Apotheker oder Angehörigem eines anderen Heilberufs, der für die Berufsausübung oder die Führung der Berufsbezeichnung eine staatlich geregelte Ausbildung erfordert,

2. Berufspsychologen mit staatlich anerkannter wissenschaftlicher Abschlussprüfung,

3. Rechtsanwalt, Patentanwalt, Notar, Verteidiger in einem gesetzlich geordneten Verfahren, Wirtschaftsprüfer, vereidigtem Buchprüfer, Steuerberater, Steuerbevollmächtigten oder Organ oder Mitglied eines Organs einer Rechtsanwalts-, Patentanwalts-, Wirtschaftsprüfungs-, Buchprüfungs- oder Steuerberatungsgesellschaft,

4. Ehe-, Familien-, Erziehungs- oder Jugendberater sowie Berater für Suchtfragen in einer Beratungsstelle, die von einer Behörde oder Körperschaft, Anstalt oder Stiftung des öffentlichen Rechts anerkannt ist,

5. öffentlich bestelltem Sachverständigen, der auf die gewissenhafte Erfüllung seiner Obliegenheiten aufgrund eines Gesetzes förmlich verpflichtet worden ist, oder

6. Person, die auf die gewissenhafte Erfüllung ihrer Geheimhaltungspflicht bei der Durchführung wissenschaftlicher Forschungsvorhaben aufgrund eines Gesetzes förmlich verpflichtet worden ist,

anvertraut worden oder sonst bekannt geworden ist, wird mit Freiheitsstrafe bis zu einem Jahr oder mit Geldstrafe bestraft. Einem Geheimnis im Sinne des Satzes 1 stehen Einzelangaben über persönliche oder sachliche Verhältnisse eines anderen gleich, die für Aufgaben der öffentlichen Verwaltung erfasst worden sind; Satz 1 ist jedoch nicht anzuwenden, soweit solche Einzelangaben anderen Behörden oder sonstigen Stellen für Aufgaben der öffentlichen Verwaltung bekannt gegeben werden und das Gesetz dies nicht untersagt.

Bild 3.1 § 203 StGB

lichkeitsrechts Schadensersatzansprüche auslösen kann.[187] Die Strafbarkeit der vorsätzlichen[188] Verletzung von Privatgeheimnissen ergibt sich aus § 203 StGB.[189] Der Bruch der hierunter fallenden Schweigepflicht wird mit Freiheitsstrafe bis zu einem Jahr oder mit Geldstrafe bestraft. Unter Strafe gestellt ist jede unbefugte Offenbarung eines fremden, namentlich eines zum persönlichen Lebensbereich gehörenden Geheimnisses, das einem Angehörigen der in der Norm erwähnten Berufsgruppen aus Anlass ihrer Berufsausübung anvertraut worden ist.[190]

6.1.2 Normadressat

Ausdrücklich genannt sind der Arzt[191] sowie Angehörige eines anderen Heilberufs[192]. Auch der Berufspsychologe mit staatlich anerkannter wissenschaftlicher Abschlussprüfung[193] ist ausdrücklich erfasst. Dabei handelt es sich begrifflich um solche Psychologen, die auf einem Hauptanwendungsgebiet der Psychologie beruflich tätig sind, eine staatlich anerkannte wissenschaftliche Abschlussprüfung auf einer Universität oder gleichrangigen Hochschule mit der Graduierung als Diplom-Psychologe bzw. Doktor im Hauptfach Psychologie abgelegt haben und, soweit sie therapeutisch tätig sind, die Approbationsvoraussetzungen der §§ 5, 6 PsychThG erfüllen.[194] Es versteht sich, dass auch das Personal der jeweiligen Normadressaten der Schweigepflicht unterliegt, sofern dieses weisungsgebunden in den geschützten Bereich einbezogen ist.[195] Die Frage, ob auch Bachelor-Abschlüsse umfasst sind, wird

---

182 In der Praxis bietet sich die Klärung an, ob der Proband einer Übersendung des Gutachtens an die Fahrerlaubnisbehörde vor der Untersuchung vorbehaltslos zustimmen sollte; als Alternative dazu kann bestimmt werden, dass der Proband die Übersendung übernimmt, sodass er die Inhalte des Gutachtens vor Kenntniserlangung der Fahrerlaubnisbehörde überprüfen und entscheiden kann, ob auf dieser Grundlage das Verfahren Fortgang nehmen soll.

183 Die Führerscheinstelle kann nur die Vorlage des Gutachtens anordnen. Gelegentlich enthält das von dieser verwendete Anschreiben eine vorformulierte Erklärung, dass die Führerscheinstelle den Auftrag zur Begutachtung erteilt, zugleich mit der Maßgabe, dass das Gutachten direkt an die Führerscheinstelle geschickt wird.

184 Vgl. Abschnitt B III 1 der Ethischen Richtlinien der Deutschen Gesellschaft für Psychologie e.V. und des Berufsverbandes Deutscher Psychologinnen und Psychologen e.V. (zugleich Berufsordnung des Berufsverbandes Deutscher Psychologinnen und Psychologen e.V., siehe www.bdp-verband.org/bdp/verband/ethik.shtml.

185 Gesetz zur Verbesserung der Rechte von Patientinnen und Patienten vom 26.2.2013, BGBl. I, S. 277.

186 Kritisch dazu Katzenmeier NJW Editorial 6/2012.

187 Vgl. OLG Koblenz VersR 2012, S. 861.

188 Die fahrlässige Begehungsweise reicht nicht aus, nicht einmal die leichtfertige. Die irrige Annahme einer Befugnis schließt die Bestrafung aus. Ein Verbotsirrtum liegt vor, wenn aus der richtigen Kenntnis der Umstände der falsche Schluss gezogen wird, nämlich dass eine Befugnis zur Offenbarung bestehe. Vgl. dazu Fischer Strafgesetzbuch und Nebengesetze, 62. Auflage 2015, § 203 StGB Rdnr. 48 m.w.N.

189 Strafgesetzbuch in der Fassung der Bekanntmachung vom 13.11.1998 (BGBl. I S. 3322), zuletzt geändert durch Art. 1 des Gesetzes vom 6.12.2011 (BGBl. I S. 2557).

190 Schönke, Schröder – Lenckner-Eisele, 29. Aufl. 2014, § 203 Rdnr. 13.

191 Auch Truppenärzte, Anstaltsärzte, Amtsärzte, Betriebsärzte; vgl. dazu Knauer, Brose, in Spickhoff, Medizinrecht, 1. Aufl. 2011, StGB §§ 203–205 Rdnr. 11.

192 § 203 Abs. 1 Ziff. 1 StGB.

193 § 203 Abs. 1 Ziff. 2 StGB.

194 Fischer § 203 StGB Rdnr. 13.

195 Fischer a.a.O. Rdnr. 21.

tendenziell zu bejahen sein.[196] Einbezogen ist auch der Ehe-, Familien- oder Erziehungsberater sowie der Berater für Suchtfragen in einer Beratungsstelle, die von einer Behörde oder Körperschaft, Anstalt oder Stiftung des öffentlichen Rechts anerkannt ist,[197] nicht aber der selbstständig tätige Berater, der im Dienste des Betroffenen als sogenannter „Vorbereiter“ für die Fahreignungsbegutachtung tätig wird.

6.1.3 Schutzbereich der Norm

Unter den Geheimnisbegriff fallen dabei alle Kenntnisse aus Anamnese, Diagnosen, Therapiemaßnahmen, alle apparativ erhobenen Befunde, Anästhesie- und Operationsprotokolle, Laborbefunde und auch Gewebeproben,[198] die persönlichen Daten des Patienten,[199] ärztliche Atteste,[200] sonstige Begleitumstände ambulanter oder stationärer Behandlung sowie Informationen, die auf einen Rauschdrogenkonsum oder auf sonstige – nicht nur pathologisch bedeutsame – Lebensumstände hindeuten und von denen auszugehen ist, dass mindestens ein mutmaßlicher und schützenswerter Geheimhaltungswille der betroffenen Person besteht.[201] Jedwedes Öffnen des sonst nur für den Patienten überschaubaren Bereichs, das ist in aller Regel allein die Praxis des behandelnden Arztes und der stationäre und ambulante Klinik- und Rehabilitationsbereich einschließlich des nichtärztlichen Personals, stellt ein (unzulässiges) Offenbaren des dem Arzt anvertrauten Patientengeheimnisses dar. Ohne Bedeutung ist es, ob der Mitteilungsempfänger seinerseits etwa als Arzt der Schweigepflicht unterliegt.[202] Telefonate, die im Empfangsbereich geführt werden, oder offen herumliegende Akten beinhalten die Gefahr eines latenten Verstoßes gegen die Schweigepflicht. Postöffnung und Postversand sind so zu organisieren, dass der Kreis der Informationsträger auf das Notwendige begrenzt ist.[203] Dies gilt jedoch nur, solange jene Tatsachen höchstens einem beschränkten Personenkreis bekannt sind,[204] nicht aber mehr dann, wenn sie bereits Gegenstand einer öffentlichen Gerichtsverhandlung oder eines polizeilichen Ermittlungsverfahrens gewesen sind, wenn beliebige Dritte davon wissen können oder sie sonst bereits offenkundig sind.[205]

---

196 Bachelor-Abschlüsse dürften allerdings derzeitig im Bereich der Fahreignungsbegutachtung nicht zulässig tätig sein.

197 § 203 Abs. 1 Ziff. 4 StGB.

198 Vgl. Schlund, Grundsätze ärztlicher Verschwiegenheit im Rahmen der Verkehrssicherheit, DAR 1995, S. 50.

199 OLG Bremen MedR 1984, S. 112.

200 BGHZ 24, S. 72, 81.

201 Der Geheimnisbegriff ist weit zu fassen; wie hier auch Schlund a.a.O., wohl auch Fischer a.a.O. Rdnr. 4.

202 Grundlegend BGHZ 115, S. 123 zur Nichtigkeit einer Forderungsabtretung an eine privatärztliche Verrechnungsstelle ohne Zustimmung des Patienten; AG Mannheim Urt. v. 21.9.2011 – 10 C 102/11, ZD 2012, 42–44; AG Viersen Urt. v. 6.2.2007 – 32 C 102/04 – zit. nach juris; OLG Karlsruhe 1999, S. 85–86; MDR 1993, S. 1057.

203 Rieger, Postöffnung und Postversand in medizinischen Einrichtungen DMW 1991, S. 1569; Langkeit, Umfang und Grenzen der ärztlichen Schweigepflicht gemäß § 203 Abs. 1 Nr. 1 StGB, NStZ 1994, S. 6, 8.

204 Fischer a.a.O. Rdnr. 5.

205 Fischer a.a.O. m.w.N.

6.2 Entbindung von der Schweigepflicht

Die Weitergabe von Patientendaten, die der Behandler aus Anlass der Behandlung, Konsultation oder Begutachtung gewinnt, an die Fahrerlaubnisbehörde oder andere Dritte bedarf nach alledem grundsätzlich der wirksamen Einwilligung des Betroffenen. Die einwilligende Erklärung zur Entbindung von der Schweigepflicht ist jederzeit widerruflich.[206]

6.2.1 Form und Inhalt

Eine schriftliche Erklärung ist nicht erforderlich, aber aus Gründen der Absicherung und Beweiskraft der Inhalte dringend anzuraten, ohne dass allerdings die Schriftlichkeit Wirksamkeitserfordernis ist.[207] Beauftragt ein Patient einen Rechtsanwalt, sein Recht auf Einsicht in die Behandlungsunterlagen gegenüber dem Behandelnden zu verfolgen, ist damit im Regelfall eine konkludente Erklärung über die Entbindung von der Schweigepflicht verbunden.[208] Gleiches gilt bei Vorlage eines Attestes zur Überprüfung der Grundlagen für dessen Ausstellung.[209]

Nicht ausreichend ist hingegen ein schriftlicher Hinweis des zur Verschwiegenheit Verpflichteten an den Patienten, er werde dessen Einwilligung zur Offenbarung unterstellen. Die Auffassung, wonach von der Einwilligung solange ausgegangen wird, bis der Betroffene widerspricht, ist unzutreffend. Es ist grundsätzlich nicht Sache des Betroffenen, den Eindruck des stillschweigenden Einverständnisses vermeiden oder widersprechen zu müssen.[210] Es obliegt stets dem Behandelnden,[211] die Zustimmung des Patienten zur Datenweitergabe in eindeutiger und unmissverständlicher Weise einzuholen.

Sofern amtlich anerkannte Begutachtungsstellen für Fahreignung, Behörden oder andere an einem Fahreignungsgutachten Beteiligte die Behandlungsunterlagen des Hausarztes oder sonstiger Behandelnder einholen wollen, muss auch eine konkret hierauf bezogene ausdrückliche Einwilligungserklärung abgegeben werden, da die Tätigkeit der Begutachtungsstelle mit der Behandlung in keinem sich wechselseitig bedingenden Zusammenhang steht. Aufgrund der weitreichenden Konsequenzen, die ein negatives Fahreignungsgutachten oder auch nur dessen Anordnung sowie Beschränkungen und Auflagen für den Betroffenen mit sich bringen, wird regelmäßig nicht von einem konkludent erteilten Verzicht auf die Einhaltung der Pflicht zur Verschwiegenheit oder von einer konklu-

206 BGH NJW 1996, S. 2435.

207 Ausnahmen etwa bei Einwilligung in Datenübermittlung nach § 73 Abs. 1 b SGB V.

208 OLG München, Urt. v. 18.12.2008 – 1 U 4438/08 Rdnr. 20 – zit. nach juris.

209 OLG München, Beschl. v. 17.1.2014 – 4 OLG 13 Ss 11/14 –, zit. nach juris, Rdnr. 11 m.w.N.

210 BGHZ 115, S. 123 unter II 2 b dd; BGH NJW 1992, S. 2348 f.; vgl. auch Narr, Ärztliches Berufsrecht, 2. Aufl. 2013, Rdnr. 771; Bongen, Kremer NJW 1990, S. 2911, 2912; Taupitz VersR 1991, S. 1213, 1216 f.

211 Zur Begrifflichkeit siehe Fn. 154.

dent erteilten oder mutmaßlichen Einwilligung zur Offenbarung ausgegangen werden können.[212]

Dies gilt insbesondere in jenen Fällen, in denen eine durch die Fahrerlaubnisbehörde oder durch den Gutachter vorformulierte schriftliche Entbindungserklärung des Betroffenen die zusätzliche, aber nicht auf konkrete Begutachtungsergebnisse bezogene Erklärung enthält, die begutachtende Stelle werde auch im Falle behördlicher Nachfragen von der Schweigepflicht entbunden.

Solche Nachfragen entstehen in der Regel, wenn das Gutachten unklar oder sonst ergänzungsbedürftig erscheint oder Tatsachen enthält, die über den konkreten Begutachtungsanlass hinausgehen. Berichtet der Gutachter hierüber, ist diese Offenbarung unbefugt. Sie ist von der Erklärung über die Entbindung von der ärztlichen Schweigepflicht in der Regel selbst dann nicht gedeckt, wenn der Betroffene allgemein in Rückfragen und Ergänzungen eingewilligt hat.

Im Zweifelsfall ist deshalb vor einer Offenbarung stets die Rückfrage bei dem Betroffenen anzuraten und von der Verwendung solcher allgemein gehaltener Formulare zur Entbindung von der Schweigepflicht abzuraten.

Die Einwilligung ist folgerichtig nur wirksam, wenn sie auf der freien Entscheidung des Betroffenen beruht.[213] Der vollen Geschäftsfähigkeit bedarf es nicht; es kommt stets auf das Vorliegen der individuellen Einsichts- und Urteilsfähigkeit an.[214]

Demgemäß ist es ausreichend, aber auch erforderlich, dass der Einwilligende eine im Wesentlichen zutreffende Vorstellung davon hat, worin er einwilligt und er zudem die Bedeutung und Tragweite seiner Entscheidung zu überblicken vermag.[215] Er muss wissen, aus welchem Anlass und mit welcher Zielsetzung er welche Personen von ihrer Schweigepflicht entbindet. Da sehr häufig – etwa in Berichten von Suchtkliniken über Entwöhnungsbehandlungen – persönliche und schambesetzte Details relevant sind, die der Betroffene nicht kennt oder nicht mehr erinnert, bedarf es seiner ausdrücklichen Unterrichtung über Art und Umfang der Weiterleitung an Dritte.[216]

---

212 Konkludente Erteilung nur bei Bericht des Behandelnden an den einweisenden Hausarzt, so OLG München VersR 1993, S. 1357; ähnlich OLG Karlsruhe MedR 1994, S. 155 für Nachfrage des Gerichts bei einem auf Arbeitsunfähigkeitsbescheinigung gestützten Befreiungsantrag von der Anordnung zum persönlichen Erscheinen.

213 Vgl. dazu nur § 4a Abs. 1 BDSG: „Die Einwilligung ist nur wirksam, wenn sie auf der freien Entscheidung des Betroffenen beruht. Er ist auf den vorgesehenen Zweck der Erhebung, Verarbeitung oder Nutzung sowie, soweit nach den Umständen des Einzelfalles erforderlich oder auf Verlangen, auf die Folgen der Verweigerung der Einwilligung hinzuweisen. Die Einwilligung bedarf der Schriftform, soweit nicht wegen besonderer Umstände eine andere Form angemessen ist. Soll die Einwilligung zusammen mit anderen Erklärungen schriftlich erteilt werden, ist sie besonders hervorzuheben."

214 BayObLG FamRZ 1985, S. 836; Kamps, Datenschutz und ärztliche Schweigepflicht in Psychiatrischen Landeskrankenhäusern, MedR 1985, S. 200.

215 BGH NJW 1992, S. 2348.

216 OLG Frankfurt NJW 1988, S. 2488.

6.3 Offenbarung von Geheimnissen durch die Vertrauensperson trotz Schweigepflicht

Eine ausdrücklich zugunsten des Behandelnden gesetzlich geregelte Offenbarungsbefugnis, eine Offenbarungspflicht oder auch nur ein Strafausschließungstatbestand bei Vorliegen eines öffentlichen Interesses zur Offenbarung[217] besteht bis heute weder in der Fahrerlaubnis-Verordnung (FeV), noch im Strafgesetzbuch[218].

In den Berufsordnungen wird die Befugnis zur Offenbarung auf standesrechtlicher Ebene allerdings insoweit legitimiert, als sie zum Schutze eines höherwertigen Rechtsguts erforderlich ist.[219] Richtig ist, dass die Verschwiegenheitsverpflichtung trotz ihrer Schutzfunktion für die Grundrechte des Patienten nicht uneingeschränkt gilt, sondern bei Vorliegen eines überwiegenden allgemeinen Interesses - insbesondere zur Gefahrenabwehr - auch beschränkt werden kann.[220]

Es liegt also nahe, dass der Behandelnde zu einer Güterabwägung befugt und sich der Hilfe Dritter und insbesondere der Hilfe von Behörden und Polizeidiensten gewiss sein muss, sofern dem Patienten oder Dritten aufgrund krankheitsbedingter Einschränkungen konkrete Gefahren drohen, die der Patient selbst nicht mehr zureichend beeinflussen oder abwenden kann. Denn der ärztliche Heilauftrag umfasst nicht nur das Erkennen und die Behandlung von Erkrankungen, sondern auch die Vermeidung von künftigen Gesundheitsgefährdungen.[221] Das Persönlichkeitsrecht des Patienten, frei bestimmt und selbst entscheiden zu können, steht dann der Offenbarung von Geheimnissen nicht strikt entgegen.

Die Reichweite des Persönlichkeitsrechts kann sinnvoll nur anhand der Umstände des Einzelfalls und unter Abwägung der schutzwürdigen Interessen in diesen Fällen der Güterabwägung jeweils neu bestimmt werden.[222]

6.3.1 Güterabwägung zur Offenbarung von Geheimnissen aus rechtfertigendem Notstand

6.3.1.1 Grundsatz

An der Pflicht zur Einhaltung der Schweigepflicht ist auch dann festzuhalten, wenn der Arzt gesundheitliche Beeinträchtigungen feststellt, die sich negativ auf die Sicherheit zur Teilnahme am Straßenverkehr auswirken. Es gilt, eine Aufweichung der Schweigepflicht und damit einen Dammbruch zu vermeiden.

217 So Art 14 schwSVG: Melderecht als Rechtfertigung für die Verletzung des Berufsgeheimnisses Art 321 schwStGB, ähnlich § 121 Österr. StGB.

218 Anders nur bei besonderen gesetzlichen Offenbarungsbefugnissen und dort teilweise als Pflicht geregelt, z.B. in §§ 10 Abs. 2, 32 Abs. 1 BSeuchG, § 3 Bundeskrebsregister, § 12 GeldwäscheG, § 65 Abs. 3 SGB I, § 67 SGB X; § 46 Abs. 5 GWB; § 55 Abs. 1 Nr. 2 Satz 3 GüKG; § 44 AWG; § 46 Abs. 1 WaffG.

219 § 9 Abs. 2 Satz 1 MBO-Ä; siehe auch unter Ziffer 6.1.1.

220 BVerfGE 65, S. 1, 44; NJW 1991, S. 2411, 2412; DVBl 2001, S. 454, 455.

221 KG NJW 2014, S. 640, 641.

222 BGH VersR 2004, S. 522; VersR 2006, S. 1219.

Insbesondere ist stets vorrangig zu beachten, dass die Pflicht zur Vorsorge bei körperlichen oder geistigen sowie sonstigen Beeinträchtigungen, namentlich auch durch das Anbringen geeigneter Einrichtungen an Fahrzeugen, durch den Ersatz fehlender Gliedmaßen mittels künstlicher Glieder, durch Begleitung oder durch das Tragen von Abzeichen oder Kennzeichen, dem Verkehrsteilnehmer selbst oder einem für ihn Verantwortlichen obliegt.[223]

Deshalb kann sich ausschließlich aus dem rechtlichen Gesichtspunkt des rechtfertigenden Notstandes (§ 34 StGB)[224] und der sonst strafbaren unterlassenen Hilfeleistung (§ 323c StGB)[225] im Einzelfall eine Befugnis zur Offenbarung und ein Rechtfertigungsgrund ergeben. Diese Befugnis besteht in Abhängigkeit zur Größe der Gefahr, die von einer Teilnahme des Betroffenen am Straßenverkehr ausgeht, sowie von der Möglichkeit des Betroffenen, selbstverantwortet Gefahren abzuwenden. Vor einem Eingriff, selbst wenn dieser Schutz des Patienten erfolgt, hat der Behandelnde sorgfältig abzuwägen.

Nur in begründeten Einzelfällen kann der Behandelnde deshalb auch ohne Entbindung von der ärztlichen Schweigepflicht und gegen den Willen des Betroffenen berechtigt[226] sein, die zur Abwehr von Gefahren für die öffentliche Sicherheit zuständigen Stellen des Staates von den einschlägigen Tatsachen in Kenntnis zu setzen.[227] Dieses in das Persönlichkeitsrecht des Betroffenen eingreifende Recht steht nicht nur dem Behandelnden zu; vielmehr ist hierzu „Jedermann“ berechtigt.

Die Legitimität eines die Freiheit Dritter beschränkenden Eingriffs zeigt auch das von „Jedermann“ zu beanspruchende allgemeine Festnahmerecht (§ 127 StPO)[228]. Wenn bei Vorliegen einer frischen (Straf-)Tat die vorläufige Festnahme statthaft ist, dann wird eine die Verkehrssicherheit schützende Offenbarung jedenfalls dann als gerechtfertigter Bruch der Schweigepflicht ange-

223 § 2 Abs. 1 Fahrerlaubnis-Verordnung (FeV) lautet: „Wer sich infolge körperlicher oder geistiger Beeinträchtigungen nicht sicher im Verkehr bewegen kann, darf am Verkehr nur teilnehmen, wenn Vorsorge getroffen ist, dass er andere nicht gefährdet. Die Pflicht zur Vorsorge, namentlich durch das Anbringen geeigneter Einrichtungen an Fahrzeugen, durch den Ersatz fehlender Gliedmaßen mittels künstlicher Glieder, durch Begleitung oder durch das Tragen von Abzeichen oder Kennzeichen, obliegt dem Verkehrsteilnehmer selbst oder einem für ihn Verantwortlichen.“

224 § 34 StGB lautet: „Wer in einer gegenwärtigen, nicht anders abwendbaren Gefahr für Leben, Leib, Freiheit, Ehre, Eigentum oder ein anderes Rechtsgut eine Tat begeht, um die Gefahr von sich oder einem anderen abzuwenden, handelt nicht rechtswidrig, wenn bei Abwägung der widerstreitenden Interessen, namentlich der betroffenen Rechtsgüter und des Grades der ihnen drohenden Gefahren, das geschützte Interesse das beeinträchtigte wesentlich überwiegt. Dies gilt jedoch nur, soweit die Tat ein angemessenes Mittel ist, die Gefahr abzuwenden.“

225 § 323c StGB lautet: „Wer bei Unglücksfällen oder gemeiner Gefahr oder Not nicht Hilfe leistet, obwohl dies erforderlich und ihm den Umständen nach zuzumuten, insbesondere ohne erhebliche eigene Gefahr und ohne Verletzung anderer wichtiger Pflichten möglich ist, wird mit Freiheitsstrafe bis zu einem Jahr oder mit Geldstrafe bestraft.“

226 Bei Vorliegen besonderer Gefahrenlagen, etwa bei einer unmittelbar bevorstehenden Gefahr für Leib und Leben, kann sogar eine Pflicht zur aktiven Gefahrenabwehr bestehen.

227 BayVGH Beschl. v. 24.8.2010 – 11 Cs 10.1139 SVR 2011, S. 275–280.

228 § 127 Abs. 1 Satz 1 StPO: „Wird jemand auf frischer Tat betroffen oder verfolgt, so ist, wenn er der Flucht verdächtig ist oder seine Identität nicht sofort festgestellt werden kann, jedermann befugt, ihn auch ohne richterliche Anordnung vorläufig festzunehmen.“

sehen werden müssen, wenn der Patient aufgrund einer Erkrankung nicht mehr fähig ist, ein Kraftfahrzeug zu führen, aber dennoch am Straßenverkehr teilnimmt oder die Teilnahme erkennbar konkret droht und sonst nicht mehr beeinflussbar erscheint.[229] Der Bayerische VGH hat ein Offenbarungsrecht des Arztes[230] bei einem Berufskraftfahrer angenommen, weil von diesem beim Führen von Lastkraftwagen eine Gefahr für Leib und die Gesundheit einer Vielzahl unbeteiligter Personen ausgehen könne.[231]

6.3.2 Güterabwägung in Ausnahmesituationen einer besonderen Gefahr

Die Vornahme einer solchen Güterabwägung durch den Behandelnden und damit die Grenzziehung zwischen Selbstverantwortung seines Patienten und eigenen Schutzrechten und Schutzpflichten des Behandelnden sind ersichtlich stets schwierig.

Denn mangels Vorliegen einer gesetzlichen Regelung und damit mangels Handlungsanweisung trägt der Behandelnde de lege lata das Risiko einer Fehleinschätzung und läuft Gefahr, ggf. auch einer strafrechtlichen Verfolgung wegen des Bruchs der Schweigepflicht und Schadensersatzansprüchen ausgesetzt zu sein. Konkrete Handlungsbefugnisse in solchen Gefahrenlagen sind aufgrund der kasuistischen Lebenswirklichkeit auch durch die Rechtsprechung nicht abschließend geklärt und wohl allenfalls generalisierend festzulegen. Zur Festlegung eines wünschenswerten Regelwerks bedarf es jedenfalls einer interessengerechten Bestimmung und Eingrenzung der jeweiligen Rechte- und Pflichtenkreise von Behandelndem und Betroffenem.

6.3.2.1 Rechte und Pflichtenkreise

Ausgangspunkt der Bewertung der wechselseitigen Rechte und Pflichten ist danach der Rechtsgedanke aus § 630c Abs. 1 BGB, wonach der Behandelnde und der Patient zur Durchführung der besprochenen Behandlung zusammenwirken sollen. Unabhängig von der als Selbstverständlichkeit anmutenden gesetzlichen Regelung ergibt sich hieraus die Pflicht des Behandelnden zur therapeutischen Aufklärung[232] (§ 630c Abs. 2 S. 1 BGB). Damit hat er die zur Sicherstellung des Behandlungserfolges notwendigen Schutz- und Warnhinweise zu erteilen.

Geht es um Gefahren für die sichere Teilnahme am Straßenverkehr, so hängen Art und Umfang dahingehender Schutzrechte und -pflichten von der

229 BGH NJW 1968, S. 2288; OLG München MDR 1956, S. 565; Lilie, Medizinische Datenverarbeitung 1980, S. 108; Leipziger Kommentar zum StGB, Band 5, § 203 Rdnr. 139 f.; Fischer a. a. O. § 203 Rdnr. 47; BVerwG DÖV 1972, S. 59; BayVGH BayVBl 1987, S. 119; VG Braunschweig, Urt. v. 16.10.2000 – 6 A 222/00; sehr früh schon Bockelmann, Ärztliche Schweigepflicht und Verkehrssicherheit, in: kraftfahrt + verkehrsrecht 1966, S. 234 ff. und Wilts, Anzeigepflicht des Arztes aus vorangegangenem Tun? NJW 1966, S. 1837 ff; Peitz, Schutzpflichten behandelnder Ärzte und Psychologen, BA 2015, 61.

230 Abgeleitet aus § 34 StGB und aus § 9 Abs. 2 Satz 1 der Berufsordnung für die Ärzte Bayerns vom 6.8.2007.

231 BayVGH Beschl. v. 24.8.2010 – 11 Cs 10.1139 SVR 2011, S. 275–280; vgl. auch VG Düsseldorf v. 16.11.2010 – 14 K 3188/10 –, zit. nach juris.

232 Auch „Sicherungsaufklärung" genannt.

Bewertung der für beide Parteien erkennbaren und beeinflussbaren Risikogeneigtheit sowohl der Tätigkeit des Behandelnden[233] als auch der Einschränkungen/Erkrankungen für die Fahreignung ab. In der Regel erkennt auch der Patient die sich aus der Behandlung und Therapie ergebenden Gefahren; der Behandelnde hat ihn aus dem Gesichtspunkt des überlegenen Wissens zu informieren. Hiermit einher geht die Mitwirkungspflicht des Patienten. Diese wiederum folgt der Logik, die ärztlichen Ratschläge zu befolgen (Compliance), damit der Heilungsprozess erfolgen kann.

Es kommt also einerseits darauf an, ob und in welchem Maß der Behandelnde Gefahrenquellen schafft oder verstärkt. Andererseits kommt es auf die individuellen Möglichkeiten des Patienten an, selbstverantwortet zu entscheiden und zu handeln. In Abhängigkeit hiervon hat der Behandelnde nur notwendige Vorkehrungen zum Schutz des Patienten und nötigenfalls zum Schutz der von der Gefahrenlage erkennbar betroffener Dritter zu treffen.[234] Je schwerer das drohende Übel wiegt, desto strenger muss das Ansinnen an die Anspannung dessen sein, der die Ursache für den Eintritt gesetzt hat.[235]

Der Behandelnde darf allerdings bei der Güterabwägung und in Abgrenzung zur Selbstverantwortung des Patienten nicht überfordert und zum ständigen Sachwalter des Patienten für Fragen dessen persönlicher Sicherheit werden,[236] zumal sich der Patient zu Recht und in Ausprägung seines allgemeinen Persönlichkeitsrechts auch Einschränkungen und Bevormundungen verbitten darf.

Überwiegende Pflichten des Behandelnden sind vor dem Hintergrund der Schutz- und Warnhinweise nur dann zu berücksichtigen, wenn sich ein allgemeines Behandlungsrisiko verwirklicht hat, das für den Behandelnden voll beherrschbar war und das zur Verletzung des Lebens, des Körpers oder der Gesundheit des Patienten geführt hat (§ 630h Abs. 1 BGB). Ein Verstoß gegen die Pflicht zur Sicherungsaufklärung begründet einen Behandlungsfehler (§ 280 BGB), und in Fällen der Verletzung dieser Pflicht spricht eine Vermutung für ein aufklärungsrichtiges Verhalten des Patienten, wenn es um einen auf eine bestimmte Verhaltensweise ausgerichteten Rat oder Hinweis geht.[237] Bei Unterbleiben der Sicherungsaufklärung wird also vermutet, dass sich der Patient beratungsgemäß verhalten hätte.[238]

6.3.2.2 Risikobewertung

Die Überforderung des Behandelnden beginnt schon bei dessen Bestreben, möglichst zuverlässig einschätzen zu können, ob überhaupt solche Beein-

---

233 Schutzpflicht des Behandelnden aus sog. Ingerenz; vorangegangenes gefährdendes Tun der Behandlung.

234 BGH NJW 2000, S. 3425; NJW 2003, S. 2309, 2310.

235 BGHSt 4, S. 20, 23.

236 Anderenfalls auch die gesetzgeberische Entscheidung in § 2 FeV, nämlich die Selbstverantwortung des Teilnehmers am Straßenverkehr, infrage gestellt würde.

237 BGH VersR 1989, S. 700 f.; Steffen, Pauge, Arzthaftungsrecht 13. Aufl. 2015, 707 f.; OLG Köln, Urt. v. 6.6.2012 – I-5 U 28/10, 5 U 28/10 – zit. nach juris.

238 OLG Koblenz VersR 2010, S. 480.

trächtigungen vorliegen, die als negativ für die Fahrsicherheit angesehen werden müssen. Zudem soll der Behandelnde bewerten, ob von den Beeinträchtigungen eine solche konkrete Gefahr ausgeht, die ihn rechtlich zu einem Eingriff berechtigen oder gar verpflichten.[239]

Zur Feststellung einer solchen Risikogeneigtheit der Beeinträchtigung des Patienten durch den Behandelnden liegt der Rückgriff auf die aus dem Fahrerlaubnisrecht bekannte Unterscheidung in Fahreignung, Fahrtüchtigkeit und Fahrfertigkeit nahe.[240] Dies gilt jedenfalls in Anbetracht der Beschreibung der jeweiligen Einschränkung nach Art, Umfang und Dauer.

Nach der Begrifflichkeit des Fahrerlaubnisrechts bedeutet Fahreignung die allgemeine zeitlich unbegrenzte Eignung, jedenfalls weitgehend stabile und von aktuellen Situationen und Befindlichkeitsparametern unabhängige Fähigkeit zum sicheren Führen von Kraftfahrzeugen. Sie ist auf Dauer angelegt und beinhaltet die Gewähr für den Erhalt stabiler Leistungsanforderungen in geistiger, körperlicher und ggf. auch charakterlicher Hinsicht.[241] Demgegenüber beschreibt Fahrtüchtigkeit die akute physische und psychische Situation und die hierauf bezogene zeitlich begrenzte Fähigkeit, ein Fahrzeug sicher zu führen, zielt also auf die Frage der Fahrtüchtigkeit im Sinne von §§ 315c, 316 StGB ab. Schließlich wird Fahrfertigkeit verstanden als technische Befähigung, ein Fahrzeug zu führen. Sie ist geprägt von durch Training, Übung und Erfahrung geprägten Fähigkeiten im Sinne von Geschicklichkeit (auch Fahrfähigkeit oder Fahrkompetenz).[242]

Allerdings geht die Forderung, der Behandelnde müsse das Vorliegen der Fahreignung in dem vorgenannten Sinn feststellen, erkennbar zu weit, selbst wenn dies im Einzelfall möglich erscheint.[243] Eine hierauf ausgerichtete Fürsorge des Behandelnden auf der Grundlage jener spezifisch verkehrsmedizinischen Konstrukte[244] verlangte zu Unrecht, dass der Behandelnde spezifische verkehrsmedizinische Kenntnisse vorweisen müsste, obwohl die Verkehrsmedizin ein allenfalls unwesentlicher Bestandteil der medizinischen Ausbildung ist.[245] Solche Kenntnisse auf dem Gebiet der Verkehrsmedizin werden gelegentlich in Fortbildungsmaßnahmen erworben und bestehen vertieft in der Regel nur bei gutachterlicher Tätigkeit zur Erstellung von Fahreignungsgutachten auf der Grundlage der „Begutachtungsleitlinien zur

239 Allgemein hierzu Riemenschneider, Verkehrsrechtliche Aspekte der Medikamentenbehandlung, MedR 1998, S. 17, 21, wonach „der Arzt allein darüber entscheiden darf und muss, ob er seinen Patienten für ungeeignet zum Fahrzeugführen hält und ob der Sicherheit des Straßenverkehrs der Vorrang vor der Schweigepflicht einzuräumen ist."

240 Vgl. zur Begrifflichkeit ausführlich Berghaus, Brenner-Hartmann in Madea, Mußhoff, Berghaus (Hrsg.), Verkehrsmedizin, 2. Auf. 2012, S. 131 ff.

241 Berghaus, Brenner-Hartmann a.a.O., S. 133.

242 Berghaus, Brenner-Hartmann a.a.O., S. 134.

243 Z. B. bei der Diagnose einer mittelschweren oder schweren Demenz.

244 So Berghaus, Brenner-Hartmann ausdrücklich a.a.O., S. 134.

245 Es besteht lediglich die Möglichkeit des Erwerbs einer sog. „Verkehrsmedizinischen Zusatzqualifikation" bei den jeweiligen Landesärztekammern.

Kraftfahreignung“[246]. Vergleichbare Kenntnisse auch für den Behandelnden zu fordern ist zwar wünschenswert,[247] aber realitätsfern. Der Behandelnde ist folgerichtig Berater[248] und stets nicht Gutachter.

Geht es um die Festlegung von Schutzrechten und -pflichten des Behandelnden nach Art und Umfang und in dieser Konsequenz um die Klärung der Frage, ob der Bruch der Schweigepflicht gerechtfertigt ist, kommt es vielmehr ausschließlich darauf an, ob

- der Behandelnde auf Dauer die Leistungsanforderungen zum sicheren Führen von Kraftfahrzeugen beeinflusst oder zu beeinflussen in der Lage ist,
- die sich hieraus ergebenden Einflüsse auf die körperliche oder geistige Gesundheit, das Leistungsvermögen oder die Einstellungen und Verhaltensgewohnheiten in eine erhöhte Wahrscheinlichkeit des fahrunsicheren Verhaltens münden,
- der Patient hierauf selbst nicht mehr adäquat reagieren kann oder erkennbar ist, dass er nicht compliant ist und
- sich hieraus eine für den Behandelnden erkennbare naheliegende Gefahr für Leib oder Leben des Patienten oder Dritter ergeben kann, die sich jederzeit schadensträchtig realisieren kann.

6.3.3 Kasuistiken

Im Praxis- und Klinikalltag ergeben sich eine Fülle unterschiedlicher Sachverhalte und damit Kasuistiken des „Zusammenwirkens“, die der Behandelnde nach Maßgabe dieser Kriterien eigenständig zu bewerten und hiernach zu entscheiden hat, ob er in Abhängigkeit hiervon auch zu solchen Maßnahmen greifen kann oder muss, die einen Bruch der Schweigepflicht erfordern.

6.3.3.1 Ingerenz und Hilflosigkeit

Sachverhalte, in denen der Behandelnde selbst Ursachen setzt, die unmittelbar gefährdend wirken, in denen er also den Zustand der dauerhaften oder auch nur zeitweilig eingeschränkten und gar ausgeschlossenen Fahreignung qua Behandlung herbeigeführt hat oder hieran zeitweilig mitwirkt, bedingen in der Regel eine besondere Fürsorge für das Wohl des Patienten.

Ein Einschreiten auch als Pflicht kann gefordert werden, wenn der Arzt durch eine ärztliche Maßnahme den Zustand einer vorübergehenden oder dauernden Verkehrsuntauglichkeit des Patienten selbst herbeigeführt hat oder der Patient offensichtlich zurechnungsunfähig ist.[249]

---

246 Neu bearbeitet mit Gültigkeit ab Stand 1.5.2014 „Begutachtungsleitlinien zur Kraftfahrereignung“, Berichte der Bundesanstalt für Straßenwesen, Mensch und Sicherheit Heft M 115, siehe www.bast.de.

247 Kritisch dies fordernd und zur hohen Qualitätsvarianz bei ärztlichen Fahreignungsbegutachtungen Hoffmann-Born, Blutalkohol 2014, S. 196.

248 Krämer, Thorbecke, Porschen, Epilepsie und Führerschein 2011 S. 55, 57; Netz in Dettmers, Weiler (Hrsg.), Fahreignung bei neurologischen Erkrankungen S. 16.

249 Ulsenheimer in Madea, Mußhoff, Berghaus (Hrsg.), Verkehrsmedizin, 2. Aufl. 2012, S. 113.

Man denke nur an die Fälle der Sedierung bei ambulanter Behandlung, z.B. aus Anlass einer Magenspiegelung. Der Behandelnde hat hier neben einer dezidierten Sicherungsaufklärung zusätzlich sicherzustellen, dass der Patient „street ready“ die Behandlungsräume verlässt. Er hat ihn nach höchstrichterlicher Rechtsprechung nötigenfalls solange zu überwachen, bis eine Selbstschädigung ausgeschlossen ist.[250] In diesen Fällen werden dem Behandelnden über die originäre Pflicht zur gesundheitlichen Sorge hinaus auch weitergehende Fürsorgepflichten aufzuerlegen sein. Auf Zumutbarkeitserwägungen für den Behandelnden und sein Personal kann es dabei nicht ankommen. Das Maß der Fürsorge steigt vielmehr in den Fällen, in denen der Behandelnde auf Bestand oder Entwicklung der Einschränkungen Einfluss nimmt oder sich aus der ggf. negativen Compliance des Patienten Anhaltspunkte für eine Erhöhung des Gefährdungspotenzials ergeben. Die hohe Relevanz der ambulanten Versorgung[251] macht deutlich, dass jede Nachlässigkeit nach dieser Rechtsprechung haftungsträchtig sein kann.

Weitere Reaktionen des Behandelnden, die als Pflicht ausgestaltet sind, liegen in Fällen der erkennbaren Hilflosigkeit des Patienten auf der Hand und bedürfen keiner weiteren Vertiefung. Die Pflicht zur Hilfeleistung[252] verlangt lediglich das Bewusstsein, dass es zu einem „Unglücksfall“ gekommen ist. Ein Unglücksfall liegt vor bei Annahme eines mit einer gewissen Plötzlichkeit eintretenden Ereignisses, das eine erhebliche Gefahr birgt oder zu bergen droht.[253] Dieses Erfordernis gilt auch im Behandlungsvertrag[254] und löst auch hier eine Rechtspflicht zum Handeln aus.

6.3.3.2 Ambulante Tageskliniken, Notaufnahme

Im Gegensatz dazu können dem Behandelnden dann, wenn der Patient mit Einschränkungen der Fahreignung vorstellig wird, deren Ursache außerhalb seiner Tätigkeit gesetzt wurden und der Patient selbstverantwortet entscheiden kann, ob er in der Lage ist, sicher am Straßenverkehr teilzunehmen, regelmäßig keine über die Aufklärung hinaus reichenden weiteren Fürsorgepflichten auferlegt werden.

Dies sind z.B. jene Fälle, die den ambulanten Tageskliniken (z.B. auch Suchtkliniken) in der Regel besondere Fürsorge abverlangen. Der Patient erscheint dort bereits mit einer Disposition, die möglicherweise seine Fahrsicherheit negativ beeinflusst, an deren Ursache der Behandelnde durch eigenes vorangehendes Mitwirken aber nicht beteiligt war, er hierfür regelmäßig auch keine eigene Gewähr übernommen hat,[255] oder die für ihn nicht erkennbar ist.

---

250 BGH NJW 2003, S. 2309.

251 Der ambulanten Versorgung gebührt der Vorzug vor der stationären Versorgung, siehe § 39 Abs. 1 SGB V.

252 Bei deren Verletzung kann auch eine Strafbarkeit der unterlassenen Hilfeleistung gem. § 323c StGB in Betracht kommen.

253 BGH MedR 1985, S. 229.

254 Palandt-Sprau, BGB, 74. Auflage 2015, § 823 Rdnr. 60; OLG Koblenz Beschl. v. 14.3.2014 – Az. 5 U 9/14 –, zit. nach juris.

255 Fall der sog. Ingerenz.

Differenziert werden die Fälle zu beurteilen sein, in denen lege artis die therapeutische Aufklärung (Sicherungsaufklärung) erfolgt, aber für den Behandelnden erkennbar ist, dass der Patient nicht compliant ist und sich einer Gefahr aussetzt. Der Behandelnde in der Ambulanz, dem eine „Alkoholfahne" auffällt, muss jedenfalls aufklären und dem Patienten die Fahrt mit dem Pkw entschieden ausreden. Weitergehende Pflichten sind dem Behandelnden kaum abzuverlangen, denn er dürfte in praxi nicht in der Lage sein, etwaig fehlende Ausfallerscheinungen einer eventuellen Alkoholtoleranz zuverlässig zuzuordnen oder gar eine Überprüfung der Blutalkoholkonzentration[256] durchzuführen. Demgemäß wird in einem solchen Fall der Bruch der Schweigepflicht regelmäßig nicht als rechtmäßig angesehen werden können. Nimmt der Behandelnde allerdings Ausfallerscheinungen wahr, darf er den Patienten, der sich in sein Auto setzen will, vor sich selbst schützen und ggf. auch die Polizeidienststelle in Kenntnis setzen.[257]

Davon wiederum abzugrenzen sind z.B. Fälle der Notaufnahme, in denen der Patient durch die Behandlung zwar stabilisiert wird und wieder entlassen wird, sich aber z.B. durch die Verordnung einer (sedierenden) Medikation eine Gefährdung ergeben kann. Hier kann es geboten sein, sicherzustellen, dass der Patient „street ready" ist.[258]

Bei der Erteilung von Schutz- oder Warnhinweisen ist darauf zu achten, dass diese hinreichend konkret sind. Sie sind kein Selbstzweck und sollen eine potenzielle Gefährdung des Patienten vermeiden. Nur unter Berücksichtigung adäquater Informationen zu seiner Fahrsicherheit kann sich der Patient hierauf einstellen und so seiner Selbstverantwortung gerecht werden. Der Patient kann nur so die Anforderungen erfüllen, die die Therapie an ihn stellt, um so den Behandlungserfolg sicherzustellen.[259] Die Fortdauer einer Gefahr ist dem Patienten zuzuschreiben, sofern diese auf fehlender Compliance beruht,[260] denn es handelt sich hierbei um eine Pflicht des Patienten gegenüber sich selbst.[261]

6.3.3.3 Sonstige allgemeine Kasuistiken

In den nachstehenden Fällen kann es als ausreichend angesehen werden, den Patienten zu informieren und warnend aufzuklären:

- nur latente Gefahr eines Schadenseintritts bei Einschränkungen der körperlichen Funktionalität, der geistigen Eignung, der charakterlichen Eignung, der Belastbarkeit, der Orientierungsleistung, der Konzentrationsleistung, der Aufmerksamkeitsleistung, der Reaktionsfähigkeit,

256 Diese bedarf ohnehin mangels Freiwilligkeit einer richterlichen Anordnung, § 81a Abs. 2 StPO.

257 Sog. Festnahmerecht für „Jedermann", siehe § 127 Abs. 1 Satz 1 StPO (s. Fn. 228).

258 BGH NJW 2003, S. 2309.

259 Wellner in Spickhoff (Hrsg.), Medizinrecht 2011, § 823 BGB Rdnr. 201; Uphoff-Hindemith in Ratzel, Lissel, Handbuch des Medizinschadensrechts 2013 § 4 Rdnr. 5.

260 AG Mühlhausen Urt. v. 23.6.2010 – 3 C 162/08 –, zit. nach juris.

261 Uphoff-Hindemith a.a.O. Rdnr. 126.

- Möglichkeit spontan eintretender Bewusstseinsstörungen muss den Arzt zu Warnhinweisen veranlassen,[262] ebenso eine latente Gefahr der eingeschränkten Fahreignung bei Unvereinbarkeit der Einnahme von Medikamenten mit dem sicheren Führen von Kraftfahrzeugen,
- fehlende Abschätzbarkeit der gesundheitlichen Entwicklung und Bestehen der Möglichkeit, dass es erneut zu erheblichen Störungen mit Konsequenzen bis hin zum Tode kommen kann, oder dass die Wirkweise neu verordneter Medikation ungewiss ist; bei einem Patienten, der einen Entlassungswunsch äußert: Aufklärung erforderlich, aber ausreichend,[263]
- nicht nur entfernt liegende Gefahren, die sich aus einem Therapieabbruch ergeben können[264].

Die Pflichten des Behandelnden sind nach dem Willen des Gesetzgebers eingrenzend so zu verstehen, dass diesem zwar die Pflicht zur gesundheitlichen Sorge für den Patienten obliegt, nicht aber (in den vorgenannten Fällen) eine umfassende Fürsorgepflicht verlangt werden kann.[265] Denn auch den Patienten trifft z.B. die Sorgfaltspflicht, sich im Beipackzettel zu vergewissern, wie die Auswirkungen der Einnahme des Medikaments auf die Fahrtüchtigkeit sind.[266] Es geht darum, dem Patienten Informationen über Risiken zu verschaffen, deren Kenntnis bei einem Laien nicht vorausgesetzt werden können.[267]

Über die Aufklärung hinaus sind weitere Vorkehrungen veranlasst in Fällen einer besonderen Gefahr:

- bei einem Patienten, dem Midazolam oder eine andere sedierende Medikation verabreicht wird, nicht ausschließbar das Bewusstsein noch getrübt und die Einsichtsfähigkeit noch eingeschränkt ist und er deshalb keine eigenverantwortliche Entscheidung treffen kann. Der Behandelnde muss den Patienten bis zur Herstellung eines Zustandes „street ready" überwachen.[268]

In besonders gelagerten Fällen kann unter Hintanstellung der ärztlichen Schweigepflicht bei drohender Realisierung eines Schadens die Offenbarung zu befürworten sein, sofern der Patient

- zuvor von dem Arzt eingehend informiert und aufgeklärt worden ist über die mit der Erkrankung verbundenen Gefahren und er gleichwohl erkennbar in besonderem Maße uneinsichtig ist,[269]
- Warnungen und Hinweisen gegenüber nicht mehr zugänglich ist,

---

262 LG Konstanz NJW 1972, S. 22, 23 im Fall der Gabe von Penicillin.

263 OLG Köln VersR 2013, S. 237.

264 BGH Urt. v. 25.4.1989 – VI ZR 175/88; BGHZ 107, S. 222; NJW 1989, S. 2318; NJW 1986, S. 2367.

265 BT-Drs. 17/10488, S. 21.

266 LG Köln, Urt. v. 17.11.2004 – 20 O 331/04 –, zit. nach juris.

267 OLG Düsseldorf Urt. v. 22.11.2001 – I-8 U 192/00 –, zit. nach juris.

268 BGH, NJW 2003, S. 2309 für den Fall vorangegangener Sedierung; kritisch dazu Parzeller, Zedler, Arztrecht und Verkehr – Ausgewählte medizin-rechtliche Aspekte, in Golka, Hengstler, Leitzel, Nowak, a.a.O. S. 291, 292 m.w.N.; dem BGH folgend OLG Oldenburg MDR 2011, S. 294; AG Kirchhain Urt. v. 5.10.2010 – 7 C 43/08.

269 Laufs, Kern Handbuch des Arztrechts, 4. Aufl. 2010 § 58 Rdnr. 15; oder bei Wiederholungsgefahr vgl. KG NJW 2014, S. 640, 641.

- gegen ärztlichen Rat handelnd[270] erkennbar am Straßenverkehr teilnimmt, obwohl er sich oder andere wegen einer bestehenden Erkrankung oder infolge der Einnahme von Medikamenten gefährdet,[271] oder
- aus in der spezifischen Erkrankung liegenden Gründen nicht in der Lage ist, sachgerechte Entscheidungen zu treffen,

und unter der weiteren Maßgabe, dass

- zuvor mildere Mittel, wie z. B. die Einbeziehung des persönlichen, insbesondere des familiären Umfeldes (insbesondere relevant bei dementiellen Erkrankungen) ohne Ergebnis geblieben sind einschließlich
- Konsultation vor- oder mitbehandelnder Ärzte oder Psychologen, oder
- das Zureden wegen Uneinsichtigkeit von vornherein zwecklos ist oder krankheitsbedingt aussichtslos bleibt[272].

Der Eigenverantwortlichkeit ist in diesen Fällen also nur dann der Vorzug zu geben, wenn der Arzt oder Psychologe auf verantwortungsvolles Handeln des Betroffenen vertrauen darf, ohne ernstliche Zweifel zu haben.[273] Fehlende Compliance kann krankheitsbedingt sein und sich in fehlender Krankheitseinsicht zeigen, einhergehend mit Risikoverhalten, fehlender Kompensationsbereitschaft, fehlenden Vermeidungsstrategien, Defiziten im Bereich der Emotionalität (geringe Frustrationstoleranz, Konkurrenzgefühle, Ängstlichkeit, Selbstsicherheit).

Immer dann, wenn keine Einsichtsfähigkeit vorliegt, besteht ein hieraus ableitbares erhöhtes Risiko der Gefährdung. Fehlende Compliance kann mithin das „Zünglein an der Waage“ bei der Entscheidung pro oder contra Eingriff in das allgemeine Persönlichkeitsrecht sein und damit Kriterium für den Behandelnden, Gefahren abzuwenden. Vorstellbar sind insbesondere auch Fälle aus dem Formenkreis psychiatrischer Erkrankungen, etwa eines Manikers im Akutstadium.

6.4 Leitfaden Reaktionsgefälle

Im Rahmen eines abgestuften Reaktionsgefälles ist die Meldung an die Straßenverkehrsbehörde als Ultima Ratio[274] anzusehen (Bild 3.2); ebenso die Information anderer Entscheidungsträger wie Polizei oder Amtsgericht zwecks Einweisung in eine psychiatrische Klinik nach Maßgabe der Unterbringungs- und Freiheitsentziehungsgesetze.[275]

---

270 VG des Saarlandes, Urt. v. 28.10.2010 – 10 K 791/10 (Uneinsichtigkeit bei Epilepsie sowie psychische Auffälligkeiten mit Verhaltensstörungen und kognitiven Defiziten).

271 BGH NJW 1968, S. 2288 mit Anm. Händel NJW 1969, S. 555; Laufs NJW 1987, S. 1455; Riemenschneider, Verkehrsrechtliche Aspekte der Medikamentenbehandlung – insbesondere medikamentöse Schmerztherapie, MedR 1998, S. 17 ff; Peitz, Juristische Aspekte zur Fahrtüchtigkeit von Patienten, in Herbert/Meißner (Hrsg.), Aktuelle Schmerzmedizin, 2015, Kap. 2.1.8.1., S. 10 f.

272 Born in Madea, Mußhoff, Berghaus (Hrsg.), Verkehrsmedizin, 2. Aufl. 2012, S. 104 f.

273 Gehrmann NZV 2005, S. 1, 9.

274 So schon Händel DAR 1977, S. 36; 1985, S. 213.

275 Vgl. Deinert, Betreuertätigkeit und Freiheitsentziehungen nach den Psychisch-Kranken-Gesetzen; BtPrax 2000, S. 191.

Stufe 1: Selbstverantwortung (§ 2 FeV)

Information – Aufklärung – Beratung – Entschiedenes Ausreden – Einbeziehung naher Angehöriger

Stufe 2: Eingriff

Überwachung – Am Wegfahren hindern – Benachrichtigung Polizei – Benachrichtigung der FE-Behörde – Maßnahmen nach PsychKG[276]

Bild 3.2 Stufenmodell zum Gefahrenmanagement

Diese Maßnahmen kommen stets in Betracht bei Gefahr im Verzug, namentlich akuter Fremd- oder Selbstgefährdung und bei fehlender Einwilligungsfähigkeit[277]. Eine solche „Gefahr" liegt nach allgemeiner Ansicht vor, wenn eine Sachlage oder ein Verhalten bei ungehindertem Ablauf des objektiv zu erwartenden Geschehens mit Wahrscheinlichkeit ein polizeilich geschütztes Rechtsgut schädigen wird.[278] Ohne Vorliegen einer solchen Gefahrenlage gebührt – abgeleitet aus einem so verstandenen Persönlichkeitsrecht – der in § 2 FeV normierten Selbstverantwortung des Kraftfahrers stets der Vorrang.

Erst dann, wenn dieser erkennbar seiner Verantwortung nicht Rechnung trägt oder nicht Rechnung tragen kann und dadurch eine konkrete und gegenwärtige Gefahr oder eine latent bestehende Dauergefahr der Rechtsverletzung Dritter besteht, darf eingeschritten werden. Denn die Gesellschaft toleriert gewisse Gefahren als unausweichliches Produkt der Freiheit, und der Eintritt in die „Risikogemeinschaft Straßenverkehr" bedeutet zugleich auch die Beteiligung an der „Verantwortungsgemeinschaft Straßenverkehr".[279]

Das allgemeine Risiko des plötzlichen Eintritts einer bei Fahrtbeginn noch nicht vorhandenen und auch noch nicht – aufgrund bestimmter Umstände – vorhersehbaren Beeinträchtigung der Fahrtauglichkeit und die nicht wägbare Steigerung dieses Risikos aufgrund einer allgemeinen Schwächung des Gesundheitszustandes sind von den anderen Verkehrsteilnehmern – anders als etwa eine rausch- oder krankheitsbedingte aktuelle Beeinträchtigung der Fahrtauglichkeit – grundsätzlich als sozialadäquat hinzunehmen.[280]

Die Zulässigkeit einer Durchbrechung der Schweigepflicht ist somit unter Beachtung der Grundsätze der Verhältnismäßigkeit und der Anwendung des jeweils mildesten Mittels sowie der widerstreitenden Interessen aller Beteiligten – Arzt/Psychologe, Patient, Drittinteressen im Rahmen der Verkehrs-

276 Z. B. Zwangseinweisung gem. Gesetze der einzelnen Bundesländer über „Schutz" und „Hilfen" für psychisch kranke Menschen.

277 Fehlende Geschäftsfähigkeit ist nicht ausreichend.

278 BGH NJW 2003, S. 3693 Rdnr. 37 m. w. N.; BVerwGE 45, S. 51, 57.

279 Nehm, Die Strafbarkeit fahrlässiger Körperverletzungen und Tötung im Straßenverkehr auf dem Prüfstand, ZRP 2012, S. 70.

280 Erstmaliger epileptischer Anfall am Steuer BGH NJW 1995, S. 795.

sicherheit – abgestuft zu prüfen.[281] Zu fordern ist, dass sich – aus der Sicht ex ante – für den Arzt ein ernst zu nehmender konkreter Verdacht einer Gefahr ergibt, die sich jederzeit realisieren kann,[282] wenn also der ungewöhnliche Zustand nach menschlicher Erfahrung und natürlicher Weiterentwicklung der gegebenen Sachlage jederzeit in einen Schaden umschlagen kann,[283] oder wenn der Schaden nur durch sofortiges Handeln abgewendet werden kann.[284]

Das Risiko der zutreffenden Einschätzung einer Gefahrenlage trägt zwar der Arzt, allerdings wird in der Regel ein Recht auf Irrtum zuzubilligen sein, sofern der Behandelnde die Gesamtsituation zureichend geklärt[285] und Alternativen geprüft hat und die Annahme einer Notstandslage nicht völlig fernliegt. Da die objektive Bewertung einer gebotenen Gefahrenabwehr schwierig ist, weil sich in der Regel nicht sicher klären lässt, ob sich die abgewehrte Gefahr tatsächlich realisiert hätte oder nur überschätzt wurde, wird für die Frage der Vertretbarkeit und damit der Rechtmäßigkeit des abwehrenden Handelns zudem ausschließlich auf die Sicht ex ante abgestellt,[286] also darauf, wie sich der Sachverhalt dem Behandelnden bei pflichtgemäßer und sorgfältiger Abwägung unter Berücksichtigung aller Kenntnisse[287] im Vorhinein darstellen musste. Behandelnde, die auf die Gefährdung von Gesundheit oder gar Leben hinweisen, machen sich daher in der Regel nicht haftbar, weil sie sich rechtmäßig verhalten.[288]

Da der behandelnde Arzt im Rahmen der (therapeutischen) Sicherungsaufklärung zur Erteilung von Schutz- und Warnhinweisen verpflichtet ist,[289] um eine potentielle Gefährdung des Patienten zu vermeiden, sollte er sowohl den Umstand der Aufklärung des Patienten als auch die Inhalte der Abwägung der Gefahrenlage und damit die Entscheidung „pro oder contra Schweigepflicht" in der Patientenakte dokumentieren.[290]

---

281 Peitz, Hoffmann-Born, Arzthaftung bei problematischer Fahreignung, 2. Aufl. 2008, S. 76 ff.; zu weit gehend OLG Frankfurt a.M. VersR 2000, S. 320 eine vermeintliche Pflicht des Arztes bejahend, den Lebenspartner seines Patienten, der ebenfalls bei ihm Patient ist, über die Erkrankung zu unterrichten; OLG Frankfurt NJW 200, S. 875 in diesen Fällen wohl eine vertragliche Pflicht annehmend; Vogels MDR 1999, S. 1445; a.A. Bender VersR 2000, S. 322, 323.

282 Vgl. KG NJW 2014, S. 640, 641 zur Berechtigung der Einschaltung von Polizei und Jugendamt bei Verdacht der Kindesmisshandlung und Wiederholungsgefahr.

283 Fischer a.a.O. § 34 StGB Rdnr. 4 m.w.N.

284 Fischer a.a.O.

285 Bei unklarer Rechtslage kann ein unvermeidbarer Verbotsirrtum vorliegen, der zu fehlender Strafbarkeit führt, OLG Koblenz FamRZ 2014, S. 255.

286 OVG des Landes Sachsen-Anhalt GesR 2011, S. 560; OLG Naumburg VersR 2010, S. 1041.

287 Das Bestehen verkehrsmedizinischer Kenntnisse ist sicherlich vorteilhaft, insbesondere mit Blick auf § 630h Abs. 4 BGB. War danach ein Behandelnder für die von ihm vorgenommene Behandlung nicht befähigt, so wird vermutet, dass die mangelnde Befähigung für den Eintritt der Verletzung des Lebens, des Körpers oder der Gesundheit ursächlich war.

288 BVerfG NJW 1987, S. 1929; BGH VersR 1979, S. 544; NJW 1985, S. 1965; VersR 1992, S. 1006; VersR 2009, S. 1378; OLG München VersR 2003, S. 120; OLG Dresden Urt. v. 3.8.2006 – 4 U 536/06 –, zit. nach juris (im Fall der Gefährdung des Kindeswohls gem. § 1666 BGB).

289 § 630c Abs. 2 BGB; vgl. Katzenmeier, Der Behandlungsvertrag, NJW 2013, S. 817, 818; Jaeger, Patientenrechtegesetz, Kommentar zu §§ 630a–630h BGB, 2013, Rdnr. 70.

290 § 630f BGB.

7 Kenntniserlangung durch Familienangehörige und Dritte

Jürgen Peitz

Häufig vermitteln auch besorgte Familienangehörige und sonstige Dritte Erkenntnisse, die Zweifel an der Fahreignung eines Betroffenen begründen können. Vor diesem Hintergrund ist es selbstverständlich, dass die Fahrerlaubnisbehörde auch diese Möglichkeit wahrnimmt, solchen Anhaltspunkten nachzugehen. Denn die Fahrerlaubnisbehörde kann ihrer Pflicht zur Gefahrenabwehr nur nachkommen, wenn sie sich Klarheit über eine etwaige Gefahrenlage verschafft hat. Der § 3 Abs. 2 FeV räumt ihr ein Entschließungsermessen nicht ein.[291]

Die Beantwortung der Frage nach dem „wie" des Bekanntwerdens und jene nach Art und Umfang zulässiger Informationsbeschaffung und schließlich der Verwertbarkeit erlangter Informationen ergeben sich aus dem Wortlaut des Gesetzes nicht.

In der Regel handelt es sich um Kontaktaufnahmen von Personen aus dem um die persönliche Sicherheit besorgten familiären Umfeld des Betroffenen. Hieraus ergibt sich naturgemäß ein Spannungsverhältnis zwischen dem Interesse an der Sicherheit des Straßenverkehrs einerseits und dem Interesse des Fahrerlaubnisinhabers andererseits, wenn ausgerechnet aus seinem familiären Umfeld heraus oder gar anonym eine Überprüfung zur Gefahrenerforschung initiiert wird, die mit erheblichen Belastungen für ihn verbunden sein wird.

Berührt sind zwangsläufig auch Fragen nach einem Auskunfts- und Zeugnisverweigerungsrecht, und auch die Frage nach einer Verwertbarkeit solcher Informationen, die ggf. unter Verstoß gegen strafprozessuale Vorschriften zustande gekommen sind und im Strafprozess einem Verwertungsverbot unterliegen, ist zu diskutieren.

7.1 Entschließung der Fahrerlaubnisbehörde zur Gefahrenabwehr

Die Fahrerlaubnisbehörde hat Informationen, die durch sonstige Dritte und insbesondere auch Familienangehörige an sie herangetragen werden, jedenfalls dann nachzugehen, wenn es sich nicht nur um anonyme[292] oder nicht überprüfbare Hinweise einer Privatperson handelt. Denn allgemeine anonyme Hinweise rechtfertigen nicht stets das Einleiten von Ermittlungsmaßnahmen. Ihnen kommt in der Regel noch kein eigener Erkenntniswert

291 Hentschel, König, Dauer, Straßenverkehrsrecht, 43. Aufl. 2015, § 3 FeV Rdnr. 8, wohl aber ein Auswahlermessen bezüglich Art und Umfang der zu treffenden Maßnahmen; OVG Niedersachsen, Beschl. v. 2.12.2012 – 12 ME 274/11 –, zit. nach juris; VG des Saarlandes zfs 2001, S. 95 f.

292 Anonymen Aussagen kommt ohne Weiteres kein eigener Erkenntniswert zu, vgl. VG des Saarlandes zfs 2001, S. 95 f.

zu. Denn aus dem sie kennzeichnenden Charakter der Unverbindlichkeit für den Anzeigenden – die Behauptungen können auf bloßer Böswilligkeit beruhen und für den Anzeigenden folgenlos aufgestellt werden – erwächst bereits kein genügender Anfangsverdacht.[293] Die der Fahrerlaubnisbehörde zugetragenen Informationen müssen vielmehr im Mindestmaß einen hinreichend konkreten Tatsachenkern aufweisen und es muss die Annahme einer bewussten Denunziation verneint werden können, damit ein unzulässiges willkürliches Handeln der Fahrerlaubnisbehörde ausscheidet.

Ausreichend, aber auch erforderlich ist, dass aufgrund konkreter tatsächlicher Anhaltspunkte berechtigte Zweifel an der Kraftfahreignung des Betroffenen bestehen.[294] Die tatsächlichen Feststellungen müssen den Eignungsmangel als nahe liegend erscheinen lassen. „Bedenken" in diesem Sinne verlangen tatsächliche Hinweise auf Umstände, die – auch wenn sich eine Versagung der Fahrerlaubnis oder eine Fahrerlaubnisentziehung noch nicht konkret abzeichnet – für die Verkehrssicherheit in so hohem Maße bedeutsam sind, dass die bisher für die Eignungsbeurteilung zugrunde liegenden Tatsachen fachlich überprüft werden müssen.[295]

Eine Untersuchungsmaßnahme „ins Blaue hinein" ist nicht statthaft.[296] Die Fahrerlaubnisbehörde muss der Versuchung widerstehen, gewissermaßen auf der Grundlage eines bloßen „Verdachts-Verdachts" dem Betroffenen einen im Gesetz nicht vorgesehenen Eignungsbeweis aufzuerlegen. Ein gänzlicher Verzicht auf hinreichende Verdachtsindikatoren ist in einem Rechtsstaat jedenfalls bei einem für die persönliche Lebensführung gewichtigen Eingriff ausgeschlossen.[297]

Bei hinreichend konkreten Informationen ist allerdings im Interesse der Verkehrssicherheit die Berücksichtigung einer Anzeige auch nicht straßenverkehrsbezogener Alkohol- oder Drogenauffälligkeit[298] gestattet.

Die Befugnis, die Beibringung eines Gutachtens anzuordnen, ist dann eröffnet, wenn die nicht fern liegende Möglichkeit besteht, dass ein Fahreignungsmangel gegeben ist. Zwar reicht einerseits ein bloß entfernter Verdacht eines körperlichen oder geistigen Mangels nicht aus. Andererseits müssen nicht schon Tatsachen vorliegen, aus denen sich „massive Anhaltspunkte" für eine Fahrungeeignetheit ergeben oder die gar den vollen Beweis der Fahrungeeignetheit erbringen.[299] Es reicht aus, wenn die Tatsachen hinreichend konkret sind.

---

293 OVG des Saarlandes, Beschl. v. 18.9.2000 – 9 W 5/00 –, zit. nach juris.

294 BayVGH Beschl. v. 20.1.2012 – 11 CS 11.3011 –, zit. nach juris.

295 VG München, Urt. v. 7.11.2007, M 6b K 06.3292, – zit. nach juris.

296 BVerwG v. 5.7.2001, NJW 2002, S. 78, 79 f.; BayVGH Beschl. v. 24.10.2013 – 11 CS 13.1810 – zit. nach juris; OVG Rheinland-Pfalz NJW 2002, S. 2581; Geiger, DAR 2003, S. 97, 98.

297 BVerfG NJW 2002, S. 2378–2380.

298 OVG Niedersachsen, Beschl. v. 22.11.2002 – 12 ME 770/02 –, Beschl. v. 24.11.2004 – 12 ME 418/04 – Beschl. v. 21.9.2005 – 12 LA 9/05 –; ebenso: VGH Baden-Württemberg, Beschl. v. 22.1.2001 – 10 S 2032/00 –, DAR 2001, S. 233 und Beschl. v. 24.6.2002 – 10 S 985/02 –, zfs 2002, S. 504, 506 f.; wohl auch: Hentschel, König, Dauer, Straßenverkehrsrecht, 43. Auflage 2015, § 13 FeV, Rdnr. 4; a. A. OVG des Saarlandes, Beschl. v. 18.9.2000, 9 W 5/00, zfs 2001, S. 92; Hess. VGH, Beschl. v. 9.11.2000 – 2 TG 3571/00 –, zit. nach juris, einen Zusammenhang mit der Teilnahme am Straßenverkehr fordernd.

299 VG Meiningen, Urt. v. 8.11.2011 – 2 K 297/11 Me –, zit. nach juris.

So handelt es sich bei Feststellungen eines Amtsrichters über mündliche und schriftliche Äußerungen des Betroffenen in einem Termin zur Hauptverhandlung, die Zweifel des Amtsrichters an der Zurechnungsfähigkeit des Betroffenen wecken, um Tatsachen, die Zweifel an der Fahrungeeignetheit begründen können, und rechtfertigen die Anordnung der Fahrerlaubnisbehörde, ein Fahreignungsgutachten beizubringen.[300]

Vor diesem Hintergrund und der Aufgabe, im Interesse der Verkehrssicherheit tätig zu werden, kann es ein „Angehörigenprivileg" zugunsten des Betroffenen auch dann nicht geben, wenn Hinweise – etwa jene der Ehefrau auf regelmäßigen Alkoholkonsum – mit der Bitte versehen werden, die Fahrerlaubnis nicht zu entziehen. In solchen Fällen besteht Anlass zur Anordnung eines ärztlichen Gutachtens,[301] denn bereits die einmalige Feststellung einer schweren Alkoholisierung eines Fahrerlaubnisinhabers gibt in der Regel Anlass zu der Annahme, dass bei ihm eine weit überdurchschnittliche Alkoholgewöhnung gegeben ist. Diese Feststellung wiederum in einem ärztlichen Gutachten nach § 13 FeV kann die Annahme von Alkoholmissbrauch begründen und Anlass zur Anordnung der Beibringung eines medizinisch-psychologischen Gutachtens über die Fahreignung geben, wenn weitere tatsächliche Umstände[302] vorliegen, die geeignet sind, den Verdacht zu erhärten, dass der Betroffene den Konsum von Alkohol und die Teilnahme am Straßenverkehr nicht zuverlässig zu trennen vermag.[303]

Dies schließt möglicherweise aber nicht aus, dass die Fahrerlaubnisbehörde in besonders gelagerten Fällen etwa aus Gründen der Verhältnismäßigkeit[304] oder bereits bei der Prüfung des Verdachtstatbestandes zu dem Ergebnis kommen kann, dass zwar die Tatbestandsvoraussetzungen zum Eingreifen weiterer Ermittlungsmaßnahmen vordergründig erfüllt sind, aufgrund besonderer Umstände des Einzelfalls aber dennoch keine stichhaltigen Zweifel an der Fahreignung bestehen.[305]

Bei einem insoweit verantwortlichen Umgang mit den Rechten der Betroffenen und deren nachhaltigem Interesse am Erhalt der Fahrerlaubnis wird es der Fahrerlaubnisbehörde möglich sein, zu erkennen, ob insoweit bloßes Denunziantentum vorliegt oder ein begründeter Anlass zur Bejahung eines Gefährdungstatbestandes besteht.

---

300 VG Meiningen a.a.O.

301 Nach § 13 FeV.

302 Z.B. in Fällen einer früheren Trunkenheitsfahrt, Drogen- oder Medikamentenabusus, Tätigkeit als Berufskraftfahrer oder Anwendung häuslicher Gewalt unter Alkoholeinfluss.

303 VGH Baden-Württemberg, Beschl. v. 24.6.2002, zfs 2002, S. 504.

304 Da das Grundrecht auf allgemeine Handlungsfreiheit Art 2 Abs. 1 GG auch das Führen von Kraftfahrzeugen im öffentlichen Straßenverkehr erfasst, ist ein Eingriff in den Schutzbereich von Art 2 Abs. 1 GG verfassungswidrig, wenn er in keinem angemessenen Verhältnis zu der Intensität der Rechtsgutgefährdung steht, BVerfG NJW 2002, S. 2378 ff.; DAR 2002, S. 410 ff.

305 Vgl. Thüringer OVG DAR 2012, S. 721; BayVGH, Beschl. v. 28.12.2010 – 11 Cs 10.2095 – zit. nach juris.

8 Informationstransfer über die Strafverfolgungsorgane

Jürgen Peitz

Von hoher Relevanz in der Praxis ist der rege Informationstransfer über die Strafverfolgungsorgane. Nach Maßgabe der sogenannten MiStra[306] erfolgt in Strafsachen durch Gerichte und Staatsanwaltschaften eine Mitteilung personenbezogener Daten von Amts wegen an öffentliche Stellen für andere Zwecke als die des Strafverfahrens, für die die Daten erhoben worden sind.[307] Die jeweils nach § 73 Abs. 1 bis 3 FeV zuständigen Fahrerlaubnisbehörden der Länder profitieren hiervon nach Anlage 18 zu Nummer 45 MiStra. Verpflichtet sind die Strafverfolgungsorgane zu Mitteilungen allerdings nur, wenn dies angeordnet oder in besonderen Vorschriften bestimmt ist. Dies ist gemäß Nr. 45 MiStra der Fall in Strafsachen, in denen die Entziehung der Fahrerlaubnis[308] oder nur eine Sperre[309] in Betracht kommt.

Sonstige Tatsachen, die in einem Strafverfahren – gleichgültig, gegen wen es sich richtet – bekannt werden, sind mitzuteilen, wenn ihre Kenntnis für die Beurteilung erforderlich ist, ob die Inhaberin oder der Inhaber einer Fahrerlaubnis zum Führen von Fahrzeugen ungeeignet ist. Dabei ist zu berücksichtigen, wie gesichert die zu übermittelnden Erkenntnisse sind, denn eine Übermittlung personenbezogener Daten ist stets nur zulässig zur Abwehr erheblicher Nachteile für das Gemeinwohl oder einer Gefahr für die öffentliche Sicherheit,[310] wenn eine besondere Rechtsvorschrift dies vorsieht oder zwingend voraussetzt oder der Betroffene eingewilligt hat.[311] Die Mitteilung ordnen Richterinnen oder Richter, Staatsanwältinnen oder Staatsanwälte an.

306 Anordnung über Mitteilungen in Strafsachen (MiStra) in der Fassung der Bekanntmachung vom 19.5.2008 (BAnz. Nr. 126a vom 21.8.2008).
307 Im Übrigen vgl. Kapitel 3.5.
308 §§ 69, 69a Abs. 1 Satz 1 und Satz 2 StGB.
309 § 69a Abs. 1 Satz 3 StGB.
310 § 17 Ziff. 3 EGGVG (Einführungsgesetz zum Gerichtsverfassungsgesetz).
311 § 13 Abs. 1 Ziff. 1 und 2 EGGVG.

Kapitel 4
Die Rolle der Fahrerlaubnisbehörde im Begutachtungsverfahren

Thomas Hofstätter

1 Praxis der behördlichen Sachverhaltsermittlung

1.1 Notwendiger Umfang vs. sinnvolle Eingrenzung der Begutachtung

Das Straßenverkehrsgesetz und die Fahrerlaubnis-Verordnung sehen an vielen Stellen Rechtsgrundlagen für die Anordnung von Gutachten vor. Dabei ist zwischen medizinisch-psychologischen Gutachten und ärztlichen Gutachten zu unterscheiden. Im Einzelfall kommen auch Gutachten anderer Stellen in Betracht.

Jede Anordnung zu einer ärztlichen oder Medizinisch-Psychologischen Untersuchung stellt einen Eingriff in das Persönlichkeitsrecht des Betroffenen (Art. 2 Abs. 1 GG) dar; bei Abnahme von Blut ist darüber hinaus ein Eingriff in die körperliche Unversehrtheit (Art. 2 Abs. 2 GG) anzunehmen. Das bedeutet, dass hierfür jeweils eine gesetzliche Grundlage vorhanden sein muss. Es bedeutet weiterhin, dass die Behörde keine Wahl hat, welche Art von Gutachten sie anfordert. § 2 Abs. 8 StVG stellt keine Generalklausel dar, aufgrund derer die Behörde nach Ermessen über die Verpflichtung zur Vorlage eines entsprechenden Gutachtens entscheiden könnte. Die Vorschrift dient vielmehr zusammen mit § 6 Abs. 1 Nr. 1 lit. q) StVG als Ermächtigungsnorm (im Sinne des Art. 80 Abs. 1 GG) für den Erlass der jeweiligen Bestimmungen der Fahrerlaubnis-Verordnung, die eine Begutachtung vorsehen.[1]

Berücksichtigen darf die Fahrerlaubnisbehörde alles, wovon sie zulässigerweise Kenntnis erlangt (Registerauskünfte, Führungszeugnisse, polizeiliche Mitteilungen, Anzeigen, Gutachten ...) – allerdings nur zur Feststellung oder Überprüfung der Eignung oder Befähigung im fahrerlaubnisrechtlichen Verfahren. Ein Verwertungsverbot (§ 29 Abs. 8 StVG) besteht für die im Verkehrszentralregister getilgten gerichtlichen Entscheidungen, und zwar insbesondere für die Beurteilung der Eignung zum Führen von Kraftfahrzeugen, selbst wenn diese noch im Bundeszentralregister eingetragen sind (Grundsatz der Bewährung). Ein Verwertungsverbot für im Bundeszentral-

---

1 Vgl. Geiger: Die Bedeutung der Medizinisch-Psychologischen Untersuchung im Fahrerlaubnisrecht, NZV 2007, 489.

register getilgte Eintragungen ergibt sich aus § 51 Abs. 1 BZRG; abweichend hiervon ist deren Verwertbarkeit für Verfahren zur Erteilung oder Entziehung einer Fahrerlaubnis an die Verwertbarkeit der entsprechenden Eintragung im Verkehrszentralregister gekoppelt (§ 52 Abs. 2 BZRG).

Des Weiteren zu beachten ist der Vorrang des Strafverfahrens, § 3 Abs. 3 StVG: Solange ein Strafverfahren anhängig ist, in dem die Entziehung der Fahrerlaubnis nach § 69 StGB in Betracht kommt, darf die Fahrerlaubnisbehörde den Sachverhalt, der Gegenstand des Strafverfahrens ist, in einem Entziehungsverfahren nicht berücksichtigen.[2] Hintergrund ist, dass sich widersprechende Entscheidungen vermieden werden sollen, ebenso ein doppelter Prüfaufwand.[3]

Schließlich ist auch noch die Bindungswirkung einer strafgerichtlichen Entscheidung (Strafbefehl, Urteil) zu beachten, vgl. § 3 Abs. 4 StVG: Die Bindungswirkung bezieht sich auf die Feststellung des Sachverhalts, die Beurteilung der Schuldfrage und die Fahreignung. Allein die Tatsache, dass im Strafverfahren von einem Entzug der Fahrerlaubnis abgesehen wird, bedeutet nicht, dass der Richter die Fahreignung positiv beurteilt hat. Hierfür bedarf es einer ausdrücklichen Aussage zur Fahreignung. Von einem Bußgeldverfahren geht in dieser Hinsicht regelmäßig keine Bindungswirkung aus, da ein solches nicht die Frage der Kraftfahreignung zum Gegenstand hat.

In den Bereichen Alkohol und Betäubungsmittel ist durch gesetzliche Regelungen (vgl. §§ 11, 13, 14 FeV) bzw. durch die obergerichtliche Rechtsprechung weitestgehend geregelt, wann und in welchem Umfang eine entsprechende Fahreignungsüberprüfung angezeigt bzw. gerechtfertigt ist. Hierbei ist stets zu beachten, ob der Fahrerlaubnisbehörde ein Ermessen zur Anordnung der Fahreignungsüberprüfung eingeräumt wird (vgl. § 11 Abs. 2 und 3 FeV, § 14 Abs. 1 Satz 2 und 3 FeV) oder sie in ihrer Entscheidung gebunden ist (vgl. § 13 FeV, § 14 Abs. 1 Satz 1 FeV, § 14 Abs. 2 FeV).

Dem vorgenannten, unbedingt zu beachtenden Grundsatz stehen in anderen Bereichen der Beurteilung der Fahreignung aber häufig auch ungenügende Mitteilungen Dritter, Grundanzeigen, Urteile und Gerichtsprotokolle bzgl. etwaiger Fahrauffälligkeiten oder Eignungsmängel gegenüber, die eine klare Einordnung und damit eine unmittelbare Entscheidung darüber, welche Begutachtung zielführend ist, erheblich erschweren. Im Zweifel muss die Fahrerlaubnisbehörde im Rahmen ihrer gesetzlichen Amtsermittlungspflicht den maßgeblichen Sachverhalt selbst aufklären. Vorsicht ist bei anonymen Mitteilungen geboten; oft empfiehlt es sich hierzu, den Betroffenen zu einem Gespräch zu bitten.[4]

Des Weiteren sind beobachtete (vermeintliche) Eignungsmängel oft nicht einem konkreten Begutachtungsanlass auf Anhieb zuzuordnen. Als Bei-

---

2 Vgl. VG Osnabrück vom 27.11.2006, 2 B 82/06, Blutalkohol, 44, S. 400 402, zit. auch bei juris.
3 Vgl. Kapitel 3.2.5.
4 Vgl. Kapitel 3.6.

spiel sei hier nach einem Unfall eines betagten Autofahrers die Feststellung „zittrig und 86 Jahre alt" genannt. Diese Feststellungen werden regelmäßig nicht ausreichen, um eine Fahreignungsüberprüfung einzuleiten: aufgrund des gerade zuvor verursachten Unfalls wird wohl jeder Kraftfahrzeugführer zunächst „zittrig" und aufgeregt sein. Die bloße Altersangabe besitzt wenig Aussagekraft bzgl. des Allgemeinzustands des Betroffenen und dessen Fahrgeeignetheit. So gibt es eine Reihe von Senioren, die bis ins hohe Alter sehr gut ein Kraftfahrzeug führen, während andere Verkehrsteilnehmer bereits sehr früh mit „altersbedingten Erscheinungen" im Straßenverkehr auffallen. Der Bogen spannt sich hier über einen Zeitraum vom etwa 50. bis zum knapp 100. Lebensjahr.

Besser ist dann schon eine Mitteilung wie z. B. „Schwindel mit Orientierungslosigkeit", allerdings ist auch hier noch eine Menge Aufklärungsarbeit zu leisten. Allein das Schwindelgefühl kann aus medizinischer Sicht über 300 Ursachen haben. Zur Eingrenzung werden regelmäßig die häufigsten Ursachen herangezogen werden müssen: Bluthochdruck, Unterzucker bei Diabetes, Kreislaufschwäche. Die Orientierungslosigkeit kann von der momentanen Aufgeregtheit herrühren, sie kann aber auch auf den Schwindel oder aber ein demenzielles Syndrom zurückzuführen sein.

Um derart ungenaue Angaben konkretisieren zu können, ist es unbedingt notwendig, zunächst einmal die Qualität der Mitteilungen zu verbessern. So gibt es z. B. in Teilen der Bundesrepublik bereits ausgearbeitete Formblätter – z. T. getrennt nach Alkohol/Betäubungsmittel/Altersauffälligkeiten – bei den Polizeibehörden, die eine detailliertere Mitteilung ohne viel Aufwand ermöglichen. Die Mitteilungen beschränken sich dabei nicht nur auf die Person des Betroffenen selbst, sondern auch auf die Begleitumstände der Auffälligkeit (Unfallgeschehen, Beobachtungsfahrt, Kontrolle im fließenden Verkehr, Witterungsbedingungen, Angaben des Betroffenen auf Befragung zum Unfallgeschehen/zum Alkohol- oder Drogenkonsum/zur festgestellten Fahrauffälligkeit). Auf diese Weise wird der Fahrerlaubnisbehörde die Trennung von typischem und atypischem Verkehrsverhalten – welches im Regelfall ein Hinweis auf einen Eignungs- oder Befähigungsmangel ist – deutlich erleichtert.

Auch wenn die Qualität der Mitteilungen ein hohes Niveau erreicht hat, können den vermeintlich beobachteten und von Dritten mitgeteilten Auffälligkeiten, die auf den ersten Blick im Regelfall eine unmittelbare Fahreignungsüberprüfung rechtfertigen würden, dennoch – wenn auch zu einem deutlich kleineren Teil – durchaus nachvollziehbare Ursachen zugrunde liegen, die eine Eignungsüberprüfung eher überflüssig erscheinen lassen. So kann eine beobachtete massive Einschränkung des Bewegungsapparates, die nach einer ersten Bewertung durch den mitteilenden Polizisten wohl ein kraftfahrtechnisches Gutachten erforderlich machen würde, durchaus auf aktuelle postoperative Nachwirkungen (z. B. nach Hüftoperation) zurückzuführen sein, die wenige Wochen später bereits vollständig abgeklungen ist. Deshalb ist einer ordentlichen Prüfung des Sachverhalts immanent, dass sich die Fahrerlaubnisbehörde nochmals selbst davon überzeugt, ob die beobachteten und mitgeteilten Auffälligkeiten auch tatsächlich in einem Umfang bestehen, der eine Eignungsüberprüfung rechtfertigt. Hierzu wird es gerade im Bereich der krankheitsbedingten Auffälligkeiten regelmäßig notwendig sein, die Betroffenen zu einem Gespräch mit dem zuständigen Sachbearbeiter der Fahrerlaubnisbehörde einzuladen. Erfahrungsgemäß werden derartige Einladungen (nicht: Vorladungen – denn das ließe den Eindruck entstehen, dass eine Festlegung durch die Fahrerlaubnisbehörde bereits stattgefunden hat) sehr gut von den Betroffenen angenommen. Mit der Einladung können die Betroffenen auch aufgefordert werden, entlastende Belege vorzulegen (z.B. ordnungsgemäße Medikation festgestellter Grunderkrankungen). Der Mitarbeiter der Fahrerlaubnisbehörde wird dann durch entsprechende Befragung und ggf. auch „optisch" entweder die mitgeteilten Auffälligkeiten bestätigt oder widerlegt sehen.

Einen weiteren Schwerpunkt zur Eingrenzung der Begutachtung bildet die Bewertung/Gewichtung einzelner die Fahreignung ausschließender Mängel oder Erkrankungen bei Vorliegen mehrerer wahrscheinlicher Ursachen für die Fahrauffälligkeit. Dies setzt allerdings voraus, dass dem zuständigen Mitarbeiter der Fahrerlaubnisbehörde die konkreten Erscheinungsformen, Ursachen und Wirkungen der wichtigsten die Fahreignung ausschließenden Grunderkrankungen auch geläufig sind. So wird z.B. häufig Parkinson wegen der stakkatoartigen Bewegungsabläufe oder der Benutzung eines Rollstuhls mit Lähmungen in Verbindung gebracht; tatsächlich handelt es sich aber um eine entzündliche Erkrankung des Nervensystems. Ziel des Gespräches mit dem Betroffenen ist, zu prüfen, ob eine Begutachtung erforderlich ist und bejahendenfalls die Fragestellung(en) zu konkretisieren. Die Behörde wird dabei nicht selbst gutachterlich tätig.

Liegen nun bei einem Betroffenen mehrere die Fahreignung möglicherweise ausschließende Mängel oder Erkrankungen vor, ist bzgl. des Begutachtungsanlasses zum einen darauf abzustellen, welche Erkrankung bzw. welcher Mangel der vermeintlich schwerwiegendste ist. Zum anderen ist aber gleichzeitig auch zu beurteilen, welche Erkrankung bzw. welcher Mangel mit der Verkehrsauffälligkeit am ehesten in Verbindung zu bringen ist bzw. dafür ursächlich sein könnte oder aber die größte Auswirkung auf die Verkehrssicherheit haben könnte.

Im Ergebnis ist die grundlegende Aufgabe der Fahrerlaubnisbehörde hier also darin zu sehen, zwischen dem Interesse des betroffenen Fahrerlaubnisinhabers und dem von ihm so empfundenen individuellen Recht einer möglichst uneingeschränkten Verkehrsteilnahme auf der einen Seite sowie dem Interesse der übrigen Verkehrsteilnehmer an einer ungefährdeten Verkehrsteilnahme auf der anderen Seite abzuwägen. Dabei können Ermittlungen zur Fahreignung auch Eingriffe insbesondere in das Persönlichkeitsrecht des Betroffenen sein; sie sind daher stets anlassbezogen und verhältnismäßig zu gestalten. Für die Fahrerlaubnisbehörde bedeutet dies, vermeintlich fahreignungsausschließende Erkrankungen oder Mängel zu erkennen, einzugrenzen, sowie

– zur Vermeidung von Mehrfachbegutachtungen – vor dem Hintergrund der festgestellten Auffälligkeit und des sich jeweils ergebenden Verkehrsgefährdungspotenzials zu gewichten und abzugleichen. Dennoch wird sich auch unter Beachtung der oben skizzierten Vorgehensweise im einen oder anderen Fall einer deutlichen Fahrauffälligkeit mit unklarer Genese eine Mehrfachbegutachtung zur Ausräumung der berechtigten Fahreignungszweifel nicht immer vermeiden lassen. Umgekehrt hat die Fahrerlaubnisbehörde auch das Übermaßverbot zu beachten, d.h., lassen sich die Zweifel an der Fahreignung des Betroffenen bei objektiver Betrachtung nicht verdichten, endet an dieser Stelle deren Überprüfungstätigkeit. In diesem Zusammenhang hat die Fahrerlaubnisbehörde auch den Anlass ihres Tätigwerdens (z.B. die konkrete Verkehrsauffälligkeit des Betroffenen) stets im Auge zu behalten, d.h., eine immer wieder zu beobachtende „Verselbstständigung" der Ermittlungstätigkeit der Behörde, die die komplette Ausforschung der Person beinhaltet (Fragestellung an den Gutachter: „Liegt eine Erkrankung oder ein Mangel gemäß Anlage 4 zur Fahrerlaubnis-Verordnung vor?"), ist nicht zulässig.

1.2 Anordnung zur Beibringung eines Gutachtens

Grundlage der im Rahmen der §§ 11, 13 oder 14 vorzunehmenden Beurteilung, ob im Einzelfall Eignung oder bedingte Eignung vorliegt, ist in der Regel ein ärztliches Gutachten (vgl. § 11 Abs. 2 FeV, § 13 Satz 1 Nr. 1 FeV, § 14 Abs. 1 FeV), in besonderen Fällen ein Medizinisch-Psychologisches Gutachten (vgl. § 11 Abs. 3 FeV, § 13 Satz 1 Nr. 2 FeV, § 14 Abs. 2 FeV) oder ein Gutachten eines amtlich anerkannten Sachverständigen oder Prüfers für den Kraftfahrzeugverkehr (vgl. § 11 Abs. 4 FeV).

Zwar ist die Anordnung zur Beibringung eines Fahreignungsgutachtens nach herrschender Meinung kein Verwaltungsakt, der mit Rechtsmitteln anfechtbar ist, sondern dient als Mittel der Sachverhaltsaufklärung rein der Vorbereitung einer behördlichen Entscheidung. Aufgrund der weitreichenden Folgen, die sich aus der Nichtbeibringung eines Gutachtens für den Betroffenen ergeben können, kann nur eine rechtmäßige Anordnung im Vorfeld die Rechtsfolge des § 11 Abs. 8 FeV (Entziehung der Fahrerlaubnis bei Nichtvorlage des angeforderten Gutachtens) begründen. Die nachfolgend genannten Grundsätze sind daher unbedingt einzuhalten:

Die Anordnung zur Beibringung eines Gutachtens sollte insbesondere für den Empfänger derselben erkennen lassen, dass es sich um eine auf seinen Einzelfall bezogene Entscheidung handelt; in ihr ist daher zunächst der Sachverhalt, der die Fahrerlaubnisbehörde zur Anordnung veranlasst hat, kurz zusammenzufassen und dabei unter Nennung der einschlägigen Rechtsgrundlage darzustellen, woraus sich konkret die Zweifel der Fahrerlaubnisbehörde an der Eignung des Anordnungsempfängers ergeben. Eine qualitativ gute Anordnung ist daher stets im Briefstil mit Fließtext verfasst; „schematische Anordnungsformulare im Ankreuz-Verfahren" sollten somit der Vergangenheit angehören.

Die „Eignungs“-§§ 11 bis 14 FeV gelten beim Fahrerlaubnisbewerber unmittelbar. Für den Fahrerlaubnisinhaber führt § 46 Abs. 3 FeV aus: „Werden Tatsachen bekannt, die Bedenken begründen, dass der Inhaber einer Fahrerlaubnis zum Führen von Kraftfahrzeugen ungeeignet oder bedingt geeignet ist, finden die §§ 11 bis 14 entsprechend Anwendung.“ Mit Tatsachen sind nicht bereits Vermutungen gemeint, sondern konkrete und verwertbare Anhaltspunkte, die ggf. auch gerichtlich überprüfbar sein müssen, z. B. aktenkundige strafgerichtliche Verurteilungen, polizeiliche Mitteilungen im Rahmen des § 2 Abs. 12 StVG, KBA-Auskünfte etc. Vorsicht ist bei anonymen Mitteilungen geboten; hier wird empfohlen, den Betroffenen zum – möglicherweise entlastenden – Gespräch einzuladen und den Sachverhalt nochmals eigenständig durch entsprechendes Hinterfragen zu prüfen. In jedem Fall müssen die Tatsachen Bedenken begründen, nicht jedoch Eignungsmängel bereits beweisen. Die Grundsätze der Verhältnismäßigkeit und Anlassbezogenheit verbieten es, auf einen bloßen Verdacht hin eine Untersuchungsmaßnahme anzuordnen.

Häufig handelt es sich in der Praxis bzgl. der Frage, ob eine Begutachtung anzuordnen ist, um eine gebundene Entscheidung ohne Auswahlermessen der Fahrerlaubnisbehörde; vgl. z. B. § 13 Satz 1 Nr. 2 FeV.

Mitunter, vor allem im Bereich des § 11 Abs. 3 FeV, wird der Fahrerlaubnisbehörde durchaus ein Entschließungsermessen eingeräumt, d. h., sie kann selbst entscheiden, ob sie – bei Vorliegen der tatbestandlichen Voraussetzungen – überhaupt handelt. Der Ermessensgebrauch ist in der Anordnung für den Empfänger nachvollziehbar darzustellen und zu begründen, indem gegenläufige Argumente abgewogen und – soweit vorhanden – auch Alternativen geprüft werden („einzelfallbezogene Gesamtschau aller Umstände“). Nur so kann der Betroffene nämlich erkennen, von welchen Beweggründen sich die Fahrerlaubnisbehörde leiten lässt, ob sie ihr eingeräumtes Ermessen auch nach seinem Verständnis richtig gebraucht hat und ob er nach alledem der Anordnung Folge leisten will oder nicht. Der allgemeine Grundsatz für die Ermessensausübung kann wie folgt definiert werden: Im Rahmen der Gefahrenabwehr für die Allgemeinheit muss ein Fahrerlaubnisinhaber den Entzug der Fahrerlaubnis, ein Bewerber um eine Fahrerlaubnis deren Verweigerung, aber erst recht deren vorausgehende Überprüfungsmaßnahme einer MPU-Anordnung hinnehmen, wenn hinreichender Anlass zu der Annahme besteht, dass aus seiner aktiven Teilnahme am Straßenverkehr eine Gefahr für deren Sicherheit besteht. Dieses Risiko für das Allgemeininteresse muss deutlich über demjenigen liegen, das allgemein mit der Zulassung von Personen zum Führen von Kraftfahrzeugen im öffentlichen Straßenverkehr verbunden ist.[5]

Die Fahrerlaubnisbehörde teilt gemäß den Festlegungen in § 11 Abs. 6 FeV neben den erforderlichen Fragestellungen (vgl. Ausführungen unter 4.1.4.)

5 Wendlinger (2006): Die MPU-Anordnung zur Überprüfung der charakterlichen Eignung als Ermessensentscheidung (ohne Alkohol und Drogen), DAR, 505–506.

außerdem dem Betroffenen unter Darlegung der Gründe für die Zweifel an der Eignung und unter Angabe der für die Untersuchung in Betracht kommenden Stellen mit, dass er sich innerhalb einer von ihr festgelegten Frist auf seine Kosten der Untersuchung zu unterziehen und das Gutachten beizubringen hat; sie teilt ihm darüber hinaus mit, dass er die zu übersendenden Unterlagen einsehen kann.

Während ein medizinisch-psychologisches Gutachten stets nur von einer gemäß § 66 FeV amtlich anerkannten Begutachtungsstelle zu erstellen ist (vgl. z. B. den Wortlaut in § 11 Abs. 3 Satz 1 FeV), bestimmt für die Fälle der ärztlichen Gutachten die Fahrerlaubnisbehörde in der Anordnung auch, von welcher Art der in § 11 Abs. 2 Satz 3 Nrn. 1 bis 5 FeV genannten Stelle(n) das Gutachten zu erstellen ist. Bei der Wahl der jeweiligen Begutachtungsstelle ist der Anordnungsempfänger jedoch völlig frei.

1.3 Behördliche Festlegung der Fragestellung

Grundsätzlich gilt, dass für den Fahrerlaubnisinhaber/-bewerber eindeutig erkennbar sein muss, der Klärung welcher Problematik das verlangte Gutachten zu dienen bestimmt ist; andernfalls zöge bereits der Umstand, dass dies nicht erkennbar ist, die Rechtswidrigkeit eines Fahrerlaubnisentzuges oder einer Fahrerlaubnisversagung nach sich. Denn nur eine rechtmäßige Aufforderung kann die in § 11 Abs. 8 FeV bezeichnete Konsequenz nach sich ziehen.[6] Eine Gutachtensanforderung, die für den Betroffenen nicht mit zweifelsfreier Deutlichkeit erkennen lässt, welche genaue Problematik geklärt werden soll, kann – gerade vor dem Hintergrund der exakten inhaltlichen Vorgaben, denen eine solche Anordnung gemäß § 11 Abs. 6 Satz 1 und 2 FeV genügen muss – nicht als rechtens anerkannt werden.

Inhalt und Umfang der Begutachtung richten sich immer nach Anlass und Fragestellung. Anlässe sind z. B.:

- Alkoholauffälligkeit im Straßenverkehr,
- Drogen- oder Medikamentenmissbrauch,
- Neuerwerb der Fahrerlaubnis nach deren Entziehung wegen Erreichens von 8 Punkten im Fahreignungsbewertungssystem,
- Vorzeitige Erteilung der Fahrerlaubnis,
- Aggressionsdelikte inner- und außerhalb des Straßenverkehrs,
- Beeinträchtigung des Seh- und Hörvermögens, Behinderungen,
- Geistige und seelische Störungen.

Davon hängt letztendlich auch ab, wie hoch die Kosten der Begutachtung sind; während das Entgelt für ärztliche Gutachten nicht festgelegt ist, sind die Kosten für eine Medizinisch-Psychologische Untersuchung in der Gebührenordnung für Maßnahmen im Straßenwesen (GebOSt) amtlich festgelegt.

6 Siehe hierzu: BVerwGE 137, 10 = NJW 2010, 3318 (3319).

Die Fahrerlaubnisbehörde legt stets unter Berücksichtigung der Besonderheiten des Einzelfalls und unter Beachtung der Anlagen 4 und 5 zur FeV in der Anordnung zur Beibringung des Gutachtens fest, welche Fragen im Hinblick auf die Eignung des Betroffenen zum Führen von Kraftfahrzeugen zu klären sind (§ 11 Abs. 6 Satz 1 FeV). Aus dem Wortlaut und dem Sinn und Zweck der Regelung folgt, dass schon in der Gutachtensanordnung die Konkretisierung des Untersuchungsanlasses zu erfolgen hat. Denn die Fragestellung ist nach dem Willen des Verordnungsgebers „in der Anordnung" festzulegen und hat zudem die Besonderheiten des Einzelfalles zu berücksichtigen. Damit wird der zuständigen Behörde die Pflicht auferlegt, bereits in der Anordnung der Gutachtensbeibringung festzulegen, welche konkreten Fragen im Hinblick auf die Eignung des Betroffenen zu untersuchen sind. Wird hingegen in der Gutachtensanforderung lediglich das Ziel genannt, die Fahreignung des Betroffenen zu klären, erschöpft sie sich in der Wiederholung des Gesetzestextes und lässt nicht erkennen, dass die Besonderheiten des Einzelfalles berücksichtigt worden sind. Hat die Entscheidung, was Gegenstand der Begutachtung sein soll, aber bereits im Rahmen der an den Betroffenen gerichteten Anordnung zu fallen, folgt hieraus auch, dass die zuständige Behörde dem Betroffenen die jeweilige Fragestellung des § 11 Abs. 6 Satz 1 FeV in der Anordnung mitzuteilen hat. Dies ergibt sich zwar nicht aus dem Wortlaut des § 11 Abs. 6 FeV, der eine Mitteilungspflicht erst gegenüber der untersuchenden Stelle in § 11 Abs. 6 Satz 4 FeV erwähnt, wohl aber aus Sinn und Zweck der Regelung. Erst die Offenlegung gegenüber dem Betroffenen führt zu einer verbindlichen Fragestellung, an die sich der Gutachter zu halten hat (vgl. Nr. 1.a der Anlage 4a zur Fahrerlaubnis-Verordnung). Vor allem ist die Mitteilung der Fragestellung aber im Hinblick auf die gravierenden Rechtsfolgen des § 11 Abs. 8 Satz 1 FeV bei einer Verweigerung der Begutachtung geboten, zumal die Anordnung nicht selbstständig anfechtbar ist. Denn nur die Mitteilung der konkreten Fragestellung versetzt den Betroffenen in die Lage, sich innerhalb der nach § 11 Abs. 6 Satz 2 FeV gesetzten Frist ein Urteil darüber zu bilden, ob die Aufforderung rechtmäßig, insbesondere anlassbezogen und verhältnismäßig ist, oder ob er sich ihr verweigern darf, ohne befürchten zu müssen, dass ihm die Fahrerlaubnisbehörde die Fahrerlaubnis unter Berufung auf § 11 Abs. 8 Satz 1 FeV wegen Nichteignung entzieht. Nur bei genauer Kenntnis der Fragestellung kann sich der Betroffene auch darüber schlüssig werden, ob er sich – unbeschadet der Rechtmäßigkeit der Anordnung – der Untersuchung seiner Persönlichkeit und ggf. den körperlichen Eingriffen aussetzen will, die mit der Eignungsbegutachtung einhergehen können. Schließlich ist die Mitteilung der Fragestellung an den Betroffenen geboten, um diesem die Prüfung zu ermöglichen, ob sich die Begutachtungsstelle an die Fragestellung der Behörde hält und ob die ihm und dem Gutachter mitgeteilten Fragen identisch sind.[7]

---

7 Vgl. BayVGH, Beschl. v. 28.9.2006 – 11 CS 06.732; BayVGH, Beschl. v. 17.8.2007 – 11 CS 07.25; VGH Baden-Württemberg, Beschl. v. 20.4.2010 – 10 S 319/10 <alle juris>.

Bei der Anforderung eines Gutachtens bei Drogenauffälligkeit stellt sich die Frage, inwieweit die Behörde auf eine etwaige Rauschmittelverlagerung abstellen darf. Hier entscheiden die Besonderheiten des Einzelfalls. Ist eine Person ausschließlich wegen des Konsums eines bestimmten Rauschmittels auffällig geworden, darf bei der Fragestellung im Rahmen der Aufforderung, ein Gutachten beizubringen, auch nur auf die einschlägige Stoffgruppe abgestellt werden. Gibt es dagegen Hinweise auf eine Polytoxikomanie, etwa bei einem auf verschiedene Stoffgruppen positiv verlaufenen Drogenvortest, ist es gerechtfertigt, die Fragestellung auf die Einnahme verschiedener Rauschmittel auszudehnen.

Davon unberührt bleiben grundsätzlich polytoxikologische Screenings, welche im Rahmen der Begutachtung oder eines Drogenkontrollprogramms durchzuführen sind. Deren Erstellung erfolgt nach anerkannt wissenschaftlichem Standard.[8]

Qualität und Nachvollziehbarkeit sowohl der ärztlichen Gutachten als auch der MPU-Gutachten hängen wesentlich von der Fragestellung der Fahrerlaubnisbehörde ab, denn mit der Fragestellung teilt die Fahrerlaubnisbehörde dem Gutachter mit, was sie im jeweiligen Einzelfall überhaupt wissen möchte; nur so wird der Gutachter in die Lage versetzt, seine Untersuchung zielgenau durchzuführen. Der behördlichen Fragestellung ist somit eine erhebliche Bedeutung im fahrerlaubnisrechtlichen Verfahren zur Eignungsüberprüfung beizumessen; darüber verwundert es nicht, dass an die behördliche Fragestellung erhebliche Anforderungen zu stellen sind:

Die behördliche Fragestellung hat stets anlassbezogen zu erfolgen, d. h., Grundlage ist im Regelfall das aktenkundige Verkehrsdelikt, die Verkehrsauffälligkeit des Betroffenen oder belastbare anderweitige Erkenntnisse, die konkrete Zweifel an der Fahreignung begründen. Häufig bedarf es in den einzelnen zu beurteilenden Fällen mehrerer Fragestellungen an den Gutachter, um eine belastbare Basis für die Beurteilung der Fahreignung zu schaffen. Die Verwendung einer allgemeinen Fragestellung, die pauschal gehalten möglichst alles erfassen soll, z. B. „Liegt eine Erkrankung nach Anlage 4 zur FeV vor?“, ist nicht statthaft. In zunächst unklaren Fällen oder solchen, die keine eindeutige Zuordnung zu den Hauptnummern der Anlage 4 zur FeV erlauben, wären ggf. vor Anordnung der Begutachtung weitere Abklärungen zu treffen (Gespräch mit dem Betroffenen, Beiziehung von Befunden zur Eingrenzung des Krankheitsbildes, genaue Analyse der Verkehrsauffälligkeit hinsichtlich möglicher Ursachen).[9] Denn zum einen stünden einer solchen pauschalen Fragestellung das Übermaßverbot sowie der Grundsatz der Verhältnismäßigkeit entgegen, zum anderen wäre der Untersuchungsumfang nicht mehr eingrenzbar. Vor diesem Hintergrund ist die behördliche Fragestellung in den letzten Jahren auch stark beeinflusst von der verwal-

8 Vgl. Schubert, W., Dittmann, V., Brenner-Hartmann, J. (2013): Beurteilungskriterien, Kap. 8.1.5, Kriterium CTU 3.

9 Vgl. Kapitel 2.4 und Appendix.

tungsgerichtlichen Rechtsprechung des jeweiligen Bundeslandes, welche sich insbesondere im Bereich der Betäubungsmittel stark unterscheidet.

So orientiert sich beispielsweise der in Bayern verwendete Fragenkatalog stark an der dortigen Rechtsprechung.[10] Die Erstellung eines bundesweit gültigen Fragenkataloges durch die ministeriell besetzte Arbeitsgruppe „MPU-Reform" gestaltet sich daher schwierig und wird noch einige Zeit in Anspruch nehmen.

1.4 Gutachterauswahl

Die Nichtbeachtung der in Anlage 4a zur FeV dargelegten Begutachtungsgrundsätze (vgl. § 11 Abs. 5 FeV) führt zwangsläufig dazu, dass ein Gutachten im Verwaltungsverfahren nicht als „wertig, schlüssig und/oder nachvollziehbar" Verwendung finden kann.

Erfahrungsgemäß sind bei der Begutachtung durch Ärzte mit verkehrsmedizinischer Qualifikation i. S. v. § 11 Abs. 2 Satz 3 Nr. 1 FeV häufiger als in sonstigen Fällen Mängel bei der Begutachtung(serstellung) festzustellen.[11] Die Fahrerlaubnisbehörde kann deshalb – ständiger obergerichtlicher Spruchpraxis folgend – den Kreis der Ärzte, die ein Verfahrensbeteiligter mit der verkehrsmedizinischen Begutachtung betrauen darf, auf Ärzte des öffentlichen Gesundheitsdienstes (§ 11 Abs. 2 Satz 3 Nr. 2 FeV) oder auf Ärzte mit der Gebietsbezeichnung „Facharzt für Rechtsmedizin" (§ 11 Abs. 2 Satz 3 Nr. 4 FeV) oder auf Ärzte in Begutachtungsstellen für Fahreignung, die die Anforderungen der Anlage 14 zur Fahrerlaubnis-Verordnung erfüllen (§ 11 Abs. 2 Satz 3 Nr. 5 FeV), beschränken. Eine Ausnahme gilt dann, wenn es um eine spezielle Fragestellung geht, deren Beantwortung nur von einem bestimmten Facharzt mit entsprechender verkehrsmedizinischer Zusatzqualifikation erwartet werden kann. § 11 Abs. 2 Satz 3 FeV gibt also den Fahrerlaubnisbehörden die Befugnis, dem Pflichtigen verbindlich vorzugeben, von welcher der in dieser Bestimmung aufgeführten „Gattung" von Ärzten ein beizubringendes Gutachten erstellt werden muss. Da es sich um ein Auswahlermessen handelt, hat die Fahrerlaubnisbehörde ihre die grundsätzliche Wahlfreiheit des Betroffenen einschränkende Entscheidung im Anforderungsschreiben zu begründen. Kein Auswahlrecht hat der Betroffene hinsichtlich des Arztes oder des Psychologen in der Begutachtungsstelle für Fahreignung; hier kann er nur zwischen den verschiedenen Trägern wählen.

Dem betroffenen Fahrerlaubnisinhaber oder -bewerber steht es selbstverständlich frei, innerhalb der vorgegebenen „Gattung" die Untersuchungsstelle frei zu wählen.[12]

---

10 AG Fragestellungen, 2007–2014, Regierung von Oberbayern – München.

11 Vgl. BayVGH vom 13.12.2005 – 11 CS 05.1350; BayVGH vom 25.1.2006 – 11 CS 05.1453; BayVGH vom 7.12.2006 – 11 CS 06.1350; BayVGH vom 7.3.2008 – 11 CS 08.346.

12 Vgl. BayVGH vom 7.3.2008 – 11 CS 08.346 <juris>.

1.5 Fristsetzung zur Beibringung des Gutachtens und Problematik der Fristverlängerung

Zu jeder Anordnung gehört als wesentlicher Bestandteil auch die Setzung einer Frist, innerhalb derer das Gutachten vorzulegen ist (vgl. § 11 Abs. 6 Satz 2, Abs. 8 FeV). Diese Frist muss grundsätzlich angemessen sein, um weitere Rechtsfolgen, z.B. bei nicht fristgerechter Vorlage des Gutachtens oder der Weigerung, überhaupt ein Gutachten vorzulegen, auch tatsächlich auszulösen (§ 11 Abs. 8 Satz 1 FeV). Die gesetzte Frist wird immer dann „angemessen" sein, wenn es nach verständiger Abwägung dem Betroffenen grundsätzlich möglich ist, einen (zeitnahen) Begutachtungstermin mit der Begutachtungsstelle zu vereinbaren und unter Beachtung der durchschnittlichen Bearbeitungszeit das geforderte Gutachten dort auch erstellen zu lassen.[13] Im Regelfall wird eine Fristsetzung von 2 Monaten beim Fahrerlaubnisinhaber hierzu ausreichen. Aber auch der Betroffene wird eine verständige Abwägung bzgl. etwaiger tatsächlicher oder vorgeschobener Verhinderungsgründe dahingehend für sich selbst treffen müssen, welche Bedeutung er seinem Besitz einer Fahrerlaubnis beimisst und ob er alles daran setzen will, die gesetzte Frist zur Vorlage des Gutachtens bei der Fahrerlaubnisbehörde einzuhalten.

1.5.1 Spannungsfeld zwischen aktuellem Besitz einer Fahrerlaubnis und belastbaren Zweifeln an der Fahreignung (sog. Inhaberproblematik)

Wird z.B. auf der Grundlage des § 13 Satz 1 Nr. 2b FeV die Beibringung eines medizinisch-psychologischen Gutachtens zur Fahreignung verlangt, so dient dieses der Hilfestellung bei der Beurteilung der Frage, ob der Betroffene gegenwärtig zum Führen von Kraftfahrzeugen geeignet ist. Hierbei geht es explizit um die Klärung der Frage, ob aufgrund der Tatsache, dass der betreffende Fahrerlaubnisinhaber in der Vergangenheit schon mindestens zweimal Zuwiderhandlungen im Straßenverkehr unter Alkoholeinfluss begangen hat, davon auszugehen ist, dass er aktuell das Führen von Kraftfahrzeugen und einen die Fahrsicherheit beeinträchtigenden Alkoholkonsum nicht hinreichend sicher trennen kann.

Im Mittelpunkt steht hier hauptsächlich die Abwendung möglicher erheblicher Gefahren für andere Verkehrsteilnehmer, sodass den Eignungszweifeln unter dem Gesichtspunkt des Alkoholmissbrauchs so zeitnah wie möglich durch die gesetzlich vorgegebenen Aufklärungsmaßnahmen nachzugehen ist. Die für die Beibringung des in den Fällen des § 13 Satz 1 Nr. 2b FeV zwingend vorgeschriebenen medizinisch-psychologischen Gutachtens zu bestimmende Frist ist damit ausschließlich nach der Zeitspanne zu bemessen, die eine amtlich anerkannte Begutachtungsstelle für Fahreignung zur Erstattung des Gutachtens voraussichtlich

13 OVG Rheinland-Pfalz, Blutalkohol 46 (2009), S. 436.

brauchen wird. Keinesfalls hat sich die Dauer der Frist danach zu richten, wie lange der Betroffene zur Sicherstellung einer positiven Begutachtung benötigt.[14]

1.5.2 Einwand verlängerten Zeitaufwands wegen Abstinenzbehauptung

Nach der Anordnung einer MPU ist es möglich, dass der Betroffene im Zuge seiner Vorbereitung feststellt, dass er abstinenzpflichtig ist. Für ihn besteht dann zum einen die Möglichkeit, eine Fristverlängerung bei der Fahrerlaubnisbehörde zu beantragen. Der Fahrerlaubnisbehörde ist es bei Vorliegen einer ausreichenden Begründung möglich, die Frist zur Beibringung des medizinisch-psychologischen Gutachtens entsprechend zu verlängern, wenn Gründe der Verkehrssicherheit (z.B. beim Fahrerlaubnisinhaber) nicht entgegenstehen.

Eine zweite Vorgehensweise erklärt sich aus folgendem Zusammenhang: Hat der Betäubungsmittelkonsument seine Fahreignung verloren, kann er sie erst nach einjähriger Abstinenz[15] wiedergewinnen (vgl. 9.5 der Anlage 4 zur FeV). Bis zum Ablauf dieser Jahresfrist darf die Behörde im Regelfall auch bei behaupteter Verhaltensänderung des Betroffenen die Fahrerlaubnis nach § 11 Abs. 7 FeV entziehen und ein auf Wiedergewinnung der Fahreignung abzielendes Vorbringen zum Gegenstand eines gesonderten Wiedererteilungsverfahrens machen.[16]

Der Ablauf der zur Beibringung des Gutachtens gesetzten Frist allein reicht nicht mehr dazu aus, die Fahrerlaubnis zu entziehen, wenn die vormalige Fahrungeeignetheit mit Rücksicht darauf, dass sich der Betroffene im Entziehungsverfahren auf eine spätere Verhaltensänderung beruft und zugleich die in Textziffer 9.5 der Anlage 4 genannte Jahresfrist nach der behaupteten Einstellung des Konsums verstrichen ist.[17] Hier handelt es sich um die sogenannte „materiell-rechtliche Einjahresfrist“: Ist seit dem letzten Drogenkonsum mehr als 1 Jahr vergangen und behauptet der Betroffene belegbar, seither abstinent zu sein, kann die Fahrerlaubnisbehörde die Fahrerlaubnis nicht mehr entziehen. Den Belangen der Verkehrssicherheit kann dann entweder dadurch Rechnung getragen werden, dass zunächst ein von der Behörde überwachtes Drogenscreening – bei gleichzeitiger Wahrung der fachlichen Anforderungen an Drogenkontrollprogramme[18] – angeordnet wird und anschließend noch die erforderliche psychologische Begutachtung oder die Behörde die medizinisch-psychologische Begutachtung mit längerer Fristsetzung anordnet und Vorlagefristen für die medizinischen Nachweise – ggf. nach Absprache mit der Untersuchungsstelle – vorsieht.[19]

14 Vgl. hierzu auch OVG Koblenz vom 21.7.2009 – 10 B 10508 / 09 <juris>.

15 In einigen Bundesländern wird unabhängig von der Definition Abhängigkeit und Missbrauch eine einjährige Abstinenz gefordert; vgl. hierzu auch Kapitel 2.3.

16 Vgl. hierzu auch BayVGH vom 9.5.2005, BayVBl 2006, S. 18 ff.

17 Vgl. hierzu auch BayVGH vom 27.2.2007 – 11 CS 06.3132 <juris>.

18 Schubert et al. (2013): Beurteilungskriterien, CTU-Kriterien.

19 Vgl. BayVGH vom 9.5.2005 – 11 CS 04.2526.

Welches Verfahren im jeweiligen Bundesland angewandt wird, ist von der jeweiligen Rechtsprechung abhängig.

1.5.3 Einwand verlängerten Zeitbedarfs zur Gutachtenerstellung durch die Begutachtungsstelle

Der Gutachter ist an seinen Auftrag und, was die inhaltliche Ausgestaltung des Gutachtens anbelangt, an die von der Behörde festgelegte Fragestellung gebunden. Bei der Forderung nach Abstinenz ist regelmäßig der Nachweis zu führen, dass über einen entsprechenden Zeitraum auf den Konsum des Suchtmittels verzichtet wurde. Kann dieser Nachweis noch nicht vollständig geführt werden, darf es nicht passieren, dass die Untersuchungsstelle das Verfahren aussetzt, um dem Betroffenen die Möglichkeit zu geben, die Abstinenzbelege beizubringen. Es ist dann Sache des Betroffenen, bei der Behörde auf eine Fristverlängerung unter Angabe von triftigen Gründen hinzuwirken. Die Gutachtensanforderung muss mit ihrer Fristsetzung grundsätzlich dem erforderlichen Abstinenznachweis Rechnung tragen. Wird die Zeitspanne, innerhalb derer ein Gutachten vorzulegen ist, das dem Nachweis der Wiedererlangung der Fahreignung nach vorangegangenem Betäubungsmittelkonsum dienen soll, so knapp bemessen, dass sich bis zu ihrem Ablauf der von Rechts wegen erforderliche Abstinenznachweis nicht führen lässt, so zieht das die Rechtswidrigkeit der Gutachtensanforderung nach sich.[20] Das gilt – jedenfalls im Entziehungsverfahren – allerdings nur, wenn die Frist zum Abstinenznachweis in absehbarer Zeit abläuft. Im Neuerteilungsverfahren, in dem keine Gefahr besteht, dass ein fahrungeeigneter Kraftfahrer am Straßenverkehr teilnimmt, kann die Frist großzügig bemessen werden. Die Frage, ob die gesetzte Frist ausreichend ist, hat aber nicht der Gutachter zu prüfen. Er kann das Untersuchungsverfahren nur innerhalb des behördlich festgesetzten Zeitraums aussetzen.

1.5.4 Einwand finanziellen Unvermögens zur Gutachtensbeauftragung

Grundsätzlich hat der Betroffene, der geltend macht, den finanziellen Aufwand zur Begutachtung (ggf. inklusive Abstinenznachweisen etc.) nicht leisten zu können, diesen Umstand auch lückenlos zu belegen. Denn gerade bei der Einrede des finanziellen Unvermögens handelt es sich verständlicherweise um eine häufig gebrauchte, sehen die Betroffenen doch meist „keinen Sinn“ in einer Begutachtung und würden die anfallenden Kosten hierfür gerne anderweitig ausgeben.

Die Fahrerlaubnisbehörde ist im Fahrerlaubnisentziehungsverfahren[21] dagegen nicht gehindert, aus der Nichtbeibringung eines zu Recht angeforderten Eignungsgutachtens negative Schlüsse zu ziehen, wenn die Gutachterstelle

---

20 Vgl. BayVGH vom 13.12.2005 – 11 CS 05.1350; BayVGH vom 27.2.2007 – 11 CS 06.3132; <juris> [beide soweit ersichtlich sonst nicht veröffentlicht]; zweifelnd Berr, Krause, Sachs, Drogen im Straßenverkehrsrecht, 1. Aufl. 2007 Rn. 1152.

21 Für das Neuerteilungsverfahren vgl. Kapitel 6.2.1.1.

den Antrag des Betroffenen, die Kosten des Gutachtens aus finanziellen Gründen in Raten zu zahlen, abgelehnt hat, ohne dass der Betroffene gegen die Ablehnung vorstellig geworden ist oder sonst etwas veranlasst hat.[22] Auch deshalb wird hier vom Betroffenen eine verständige Abwägung zu fordern sein, welcher Stellenwert dem Fortbestehen bzw. der Neuerteilung der Fahrerlaubnis zugemessen wird.

Jedoch: Weist der Adressat einer rechtmäßigen Aufforderung nach § 11 Abs. 2 bis 6 FeV nach, dass er die Forderung der Behörde aus finanziellen Gründen nicht erfüllen kann, so darf die Behörde aus der nicht fristgemäßen Beibringung des Gutachtens nicht nach § 11 Abs. 8 FeV ohne Weiteres auf seine mangelnde Fahreignung schließen. Die Behörde ist deswegen zwar nicht gezwungen, eine Person, an deren Fahreignung Zweifel bestehen, weiterhin im Besitz der Fahrerlaubnis zu belassen. Jedoch hat sie nach pflichtgemäßem Ermessen darüber zu befinden, in welcher Weise sie diesem Hinderungsgrund Rechnung trägt[23] und den Betroffenen entsprechend berät.

Es sind somit sicher jene Fälle zu trennen, bei denen der Besitz einer Fahrerlaubnis nachweislich existenziell, d.h. für den Erhalt oder Erwerb des Arbeitsplatzes unabdingbar ist. Ein möglicher, rechtskonformer Lösungsweg kann mitunter durchaus aus dem Vorbringen des Betroffenen selbst aufgezeigt werden. Da die Bemessung der Frist, die dem Betroffenen nach § 11 Abs. 6 Satz 2 FeV bei einer Gutachtensanforderung zu setzen ist, im Ermessen der Behörde steht, besteht von Rechts wegen kein Hinderungsgrund, diesem Verlangen zu entsprechen. Anlass, in eine dahingehende Prüfung einzutreten, kann z.B. sein, dass der Antragsteller belegbar angibt, kurzfristig eine Beschäftigung aufnehmen zu können; bei einer Verwirklichung dieser Absicht würden ihm u.U. Mittel zufließen, aus denen er die Entgeltforderung der Gutachtensstelle bestreiten könnte.

Eine weitere Möglichkeit, derartigen Fallgestaltungen Rechnung zu tragen, bietet u.U. § 73 SGB XII:[24] Trägt ein Antragsteller vor, er benötige die Fahrerlaubnis im Hinblick auf die beabsichtigte Gründung einer „Ich-AG", bestünde bei pflichtgemäßer Verfahrensgestaltung Anlass zu prüfen, ob die Kosten der geforderten Begutachtung, gestützt auf diese Vorschrift, ganz oder zum Teil aus öffentlichen Mitteln übernommen werden können. Dies gilt umso mehr, als § 73 SGB XII ggf. sogar die Beschaffung eines Fahrzeugs rechtfertigt, um dem Betroffenen das Erreichen einer Arbeitsstelle zu ermöglichen; die (anteilige) Übernahme der – zumeist weitaus niedrigeren – Kosten einer Medizinisch-Psychologischen Untersuchung wäre deshalb durch diese Bestimmung mithin erst recht gedeckt gewesen.[25] Selbst des Nachweises, dass bei fortdauernder Arbeitslosigkeit des Antragstellers mit seinem Abgleiten in die Sozialhilfebedürftigkeit zu rechnen ist (§ 30 Abs. 2 BSHG), bedarf es

22 BVerwG vom 12.3.1985, NJW 1985, 2490.
23 Vgl. hierzu BayVGH vom 9.2.2005 – 11 CS 04.2438 <juris>.
24 12. Sozialgesetzbuch.
25 Vgl. hierzu Schellhorn, Jirasek, Seipp, BSHG, 15. Aufl. 1997, Rn. 7 zu § 30.

nicht zwingend; nach pflichtgemäßem Ermessen könnte ein Sozialhilfeträger auch in anderen Fällen Leistungen nach dieser Vorschrift gewähren.[26] In allen anderen Fällen kann eben keine Fahrerlaubnis (neu) erworben werden bzw. ist ob der fahreignungsbegründenden Zweifel dem allgemeinen Interesse der Verkehrssicherheit der Vorrang vor dem Individualinteresse am Behalt oder Erwerb einer Fahrerlaubnis einzuräumen.

Über all den vorgenannten Erwägungen gilt es jedoch zu berücksichtigen, dass im Rahmen des pflichtgemäßen Ermessens der Behörde auszuschließen ist, dass eine Vergesellschaftung der mit der Begutachtung entstehenden Kosten ermöglicht wird. Es entspricht der gefestigten ober- und höchstrichterlichen Rechtsprechung,[27] dass, wer ein Fahrzeug im öffentlichen Verkehr führt oder führen will, für die erforderlichen Kosten aufkommen muss, wozu auch Gutachtenkosten gehören, wenn die Notwendigkeit zur Beibringung derselben entsteht.

1.5.5 Fristverlängerung wegen Einwands der zivilrechtlichen Mängelklageerhebung

Zwischen dem Fahrerlaubnisinhaber oder -bewerber und der Untersuchungsstelle besteht ein zivilrechtliches Vertragsverhältnis, nämlich ein Werkvertrag. Ist das Gutachten mangelhaft, kann der Untersuchte das vor den ordentlichen Gerichten klären lassen. Das Zivilgericht hat dabei auch inzident zu prüfen, ob die Voraussetzungen, die das öffentliche Recht aufstellt, erfüllt sind. Bejaht das Zivilgericht einen derartigen Mangel, stellt sich die Frage, ob die Fahrerlaubnisbehörde hieran gebunden ist. Die Frage ist zu verneinen. Die Behörde ist an dem Zivilrechtsstreit nicht beteiligt, sodass ein dort ergangenes Urteil ihr gegenüber gemäß § 325 Abs. 1 ZPO nicht in Rechtskraft erwächst. Auch das Verwaltungsgericht, das in einem Rechtsstreit zu befinden hat, in dem das Gutachten Bedeutung hat, ist an die zivilgerichtliche Entscheidung nicht gebunden, weil sie nicht zwischen den gleichen Beteiligten wie im Verwaltungsprozess ergangen ist.[28] Regelmäßig wird das Verwaltungsgericht aber von einer erneuten Prüfung absehen, wenn sich diese nicht aufdrängt.

Die Rechtshängigkeit eines zivilgerichtlichen Mängelprozesses führt nicht dazu, dass die Behörde eine dem Betroffenen gemäß § 11 Abs. 6 Satz 2 FeV gesetzte Frist zur Vorlage eines Fahreignungsgutachtens bis zum Abschluss des Rechtsstreits verlängern muss. Leidet hingegen ein fristgerecht beigebrachtes Gutachten an deutlichen Mängeln, aufgrund derer es als nicht verwertbar im fahrerlaubnisrechtlichen Verfahren eingestuft werden muss, und wird ersichtlich, dass sich der Gutachter grundlos weigert, das Gutachten nachzubessern und deshalb verklagt werden muss, kann es im Einzelfall

26 Vgl. hierzu Schellhorn, Jirasek, Seipp, BSHG, 15. Aufl. 1997, Rn. 9 zu § 30.

27 Vgl. hierzu BVerwG vom 13.11.1997 – 3 C 1/97, NZV, 1998, S. 300–301; VGH Baden-Württemberg vom 29.12.1998, VBlBW 1999, S. 182–183.

28 Vgl. hierzu Eyermann, Geiger, VwGo, 13. Aufl., 2010, § 86 Rn. 15.

ermessensfehlerhaft sein, an der ursprünglich gesetzten Frist festzuhalten. In diesem Fall hat sie dem Betroffenen die Möglichkeit zu geben, zeitnah ein ordnungsgemäßes Gutachten einer anderen Untersuchungsstelle vorzulegen. Sie muss sich aber nicht darauf verweisen lassen, den Abschluss des Rechtsstreits abzuwarten, in dem der Gutachter zur Erstellung eines mängelfreien Gutachtens verurteilt werden soll.

1.5.6 Konsequenz

Die Weigerung des Betroffenen, sich begutachten zu lassen, führt ebenso wie eine nicht (fristgerechte) Vorlage des angeforderten Gutachtens gemäß § 11 Abs. 8 FeV dazu, dass die Fahrerlaubnisbehörde bei ihrer Entscheidung über den Entzug oder die Versagung einer Fahrerlaubnis auf dessen Nichteignung schließen darf. Da in einem eventuell nachfolgenden verwaltungsgerichtlichen Verfahren die Rechtmäßigkeit der Anordnung der Vorlage eines Gutachtens Gegenstand sein wird, ist die Einhaltung der in Kapitel 4.1 („Praxis der behördlichen Sachverhaltsermittlung") genannten Grundsätze durch die Fahrerlaubnisbehörde unverzichtbar.

1.6 Rechtsmittel gegen die Anforderung der Gutachtenbeibringung und Anfechtbarkeit der Anforderung

Die Anordnung der Fahrerlaubnisbehörde, ein Gutachten innerhalb einer bestimmten Frist beizubringen, stellt keinen selbstständigen Verwaltungsakt im rechtlichen Sinn dar, da es sich lediglich um eine behördliche Verfahrenshandlung handelt.

Die Rechtsnatur einer Gutachtensanforderung ist rechtlich umstritten; ein Teil des Schrifttums und die ältere Rechtsprechung einiger Oberverwaltungsgerichte sehen sie als anfechtbaren Verwaltungsakt im Sinne von § 35 Satz 1 Verwaltungsverfahrensgesetz (VwVfG)[29] an.[30] Zutreffenderweise wird man diese Frage verneinen müssen.[31] Denn es fehlt an einer Regelung; der Betreffende wird lediglich aufgefordert, eine notwendige Mitwirkungshandlung vorzunehmen. Verwaltungsprozessual ist die Frage eher akademischer Natur. Denn unabhängig davon, ob es sich um einen Verwaltungsakt handelt, ist eine isolierte verwaltungsgerichtliche Überprüfung durch § 44a Satz 1 Verwaltungsgerichtsordnung (VwGO) ausgeschlossen. Diese Bestimmung sieht vor, dass behördliche Verfahrenshandlungen nur gemeinsam mit den

29 Bzw. der entsprechenden landesrechtlichen Vorschriften.

30 Vgl. z. B. Schreiber: Die Medizinisch-Psychologische Untersuchung nach der neuen FeV, ZRP 1999, 519/523; Henn: Zur aktuellen Problematik von Eignungsüberprüfung, Entziehung der Fahrerlaubnis und vorläufigem Rechtsschutz, NJW 1993, 3169/3170; Grünning, Ludowisy: Die Rechtsnatur der MPU-Anordnung, DAR 1993, 53; OVG Lüneburg vom 8.2.1968, NJW 1968, 2310; OVG Münster vom 8.6.1967, NJW 1968, 267; VGH Kassel vom 25.1.1967, NJW 1967, 1527; BayVGH vom 24.11.1965, NJW 1966, 2030.

31 BVerwG vom 17.5.1994, BayVBl 1995, 59; vom 19.12.1961, BVerwGE 34, 248/249; ständige Rechtsprechung; vgl. auch BayVGH vom 16.12.1967, NJW 1968, 469 sowie Kopp, Ramsauer, VwVfG, 7. Aufl. 2000, § 35 Rn. 65; Weber, NZV 2006, 399; Weber, SVR 2013, 242; 52. Verkehrsgerichtstag Goslar (2014): Empfehlungen des Arbeitskreises V; Geiger, DAR 2014, S. 121/128.

gegen die Sachentscheidung zulässigen Rechtsbehelfen angefochten werden können. Hierunter fallen alle Anordnungen, die im Vorfeld einer Verwaltungsentscheidung erlassen werden, die abschließende Entscheidung also nur vorbereiten.[32] Die isolierte Anfechtbarkeit einer Anordnung zur Gutachtensbeibringung ergibt sich auch nicht aus § 44a Satz 2 1. Alt. VwGO. Denn die Anordnung kann nicht mit Mitteln des Verwaltungszwangs vollstreckt werden. Welche Rechtsfolgen die Nichtbeibringung hat, ist abschließend in § 11 Abs. 8 Satz 1 FeV geregelt. Der Ausschluss der isolierten verwaltungsgerichtlichen Kontrolle stellt keine Erschwernis dar, die zu einem Verstoß gegen die durch Art. 19 Abs. 4 GG normierte Gewährleistung effektiven Rechtsschutzes führen würde. Ob die Anordnung zur Gutachtensvorlage zulässig war, ist inzident im Streitverfahren über die Versagung oder Entziehung der Fahrerlaubnis zu überprüfen. § 11 Abs. 8 Satz 1 FeV regelt ausdrücklich, dass die Nichtvorlage eines von der Behörde geforderten Gutachtens nur dann den Schluss auf die Nichteignung zulässt, wenn die Anordnung rechtmäßig war. Stellt sich heraus, dass die Anforderung des Gutachtens nicht von den Rechtsgrundlagen gedeckt ist oder die Anordnung an einem sonstigen gravierenden Mangel leidet (z. B. Verhältnismäßigkeitsgrundsatz, Übermaßverbot), behält der Betroffene seine Fahrerlaubnis; der Fahrerlaubnisbehörde bleibt jedoch vorbehalten, die Sach- und Rechtslage erneut zu prüfen und ggf. eine korrigierte Fassung der ursprünglich fehlerhaften Anordnung zuzustellen.

Nur die Ablehnung der Erteilung der Fahrerlaubnis bzw. die Entziehung der Fahrerlaubnis sind durch gerichtliche Maßnahmen angreifbar, da diese Verwaltungsakte darstellen, gegen die der Betroffene durch eine Anfechtungs- bzw. Verpflichtungsklage gerichtlich vorgehen kann. Gemäß § 44a VwGO können Rechtsbehelfe gegen behördliche Verfahrenshandlungen nur gleichzeitig mit den gegen die Sachentscheidung zulässigen Rechtsbehelfen geltend gemacht werden. Die Frage, ob die Fahrerlaubnisbehörde z. B. einen Antrag auf Wiedererteilung der Fahrerlaubnis tatsächlich von einem MPU-Gutachten abhängig machen durfte, wird dann im Rahmen dieser Gerichtsverfahren mit geprüft werden. Deshalb besteht auch keine Pflicht zur Anhörung vor Erlass der Gutachtensanforderung nach § 28 VwVfG[33]. Mangels einer entsprechenden gesetzlich geregelten Pflicht ist die Fahrerlaubnisbehörde zwar rechtlich auch nicht gehalten, im Vorfeld des Erlasses der Gutachtensanforderung durch eine förmliche Beweisaufnahme (z. B. durch Vernehmung von Zeugen unter Beteiligung des Betroffenen) zu klären, ob die tatsächlichen Angaben, die ihr durch Dritte – insbesondere von der Polizei nach § 2 Abs. 12 Satz 1 StVG – übermittelt worden sind und die sie der Anforderung zugrunde legt, zutreffen. Allerdings muss es sich um belastbare Tatsachen handeln, die die Zweifel der Fahrerlaubnisbehörde an einer ausreichenden Eignung des betroffenen Fahrerlaubnisinhabers oder -bewerbers an der Teilnahme am Straßenverkehr begründen. Nicht die lediglich vorbereitende

32 Vgl. Eyermann, Geiger, VwGO, 13. Aufl. 2010, § 44a Rn. 4.
33 BVerwG, v. 15.12.1989, VBlBW 1990, 333 = DAR 1990, 153.

Anordnung zur Beibringung eines Gutachtens, sondern die das Verfahren abschließende Entziehung der Fahrerlaubnis ist die Entscheidung, die die Rechtsstellung des Betroffenen unmittelbar beeinträchtigt. Der Rechtsschutz des Betroffenen wird dadurch gewährleistet, dass dieser gegenüber der auf die unterbliebene Beibringung des Gutachtens gestützten Entziehungsverfügung geltend machen kann, die Gutachtensanforderung sei rechtswidrig, weil ihre Grundlage in tatsächlicher Hinsicht nicht der Wahrheit entspreche und der tatsächliche Sachverhalt mangels Anhaltspunkten für das Vorliegen einer die Fahreignung regelmäßig ausschließenden Erkrankung im Sinne der Anlage 4 zur FeV die Anordnung nicht rechtfertigen.

Um die Rechtsnatur der Anordnung zur Vermeidung nicht statthafter Rechtsbehelfe deutlich hervorzuheben, empfiehlt es sich, zusätzlich zur richtigen Rechtsbehelfsbelehrung (Rechtsbehelf nur gegen die Kostenentscheidung statthaft) einen deutlichen informatorischen Hinweis bzgl. der Rechtsnatur der Anordnung anzubringen.

2 Zeitpunkt der Fahreignungsbegutachtung

2.1 Im Entzugsverfahren/im Rahmen der Fahreignungsüberprüfung beim Fahrerlaubnisinhaber

Der zeitliche Rahmen der Begutachtung im Entzugsverfahren wird wesentlich durch die Fristsetzung der Fahrerlaubnisbehörde zur Vorlage des Gutachtens begrenzt. Die Fristsetzung erfolgt unter verständiger Abwägung der Belange des Fahrerlaubnisinhabers am Gebrauch seiner Fahrerlaubnis sowie dem übergeordneten Interesse der Allgemeinheit an einer ungefährdeten Verkehrsteilnahme durch unmittelbare Abklärung der Fahreignungszweifel, die bzgl. des Betroffenen bestehen. Die Frist zur Vorlage des Gutachtens beträgt daher üblicherweise zwei Monate.[34]

Wenn nach objektiven Maßstäben (Gefahr im Verzug) zur Überzeugung der Behörde die Nichteignung feststeht, ist die Fahrerlaubnis zu entziehen.

2.2 Im Antragsverfahren

Der richtige Zeitpunkt der Begutachtung im Antragsverfahren wird regelmäßig der Zeitpunkt sein, zu dem der Betroffene sämtliche Voraussetzungen für eine positive Begutachtung geschaffen hat. Dazu gehört schwerpunktmäßig die Arbeit an der eigenen Persönlichkeit mit Ursachenerkennung bzgl. des früheren Fehlverhaltens, eine nachvollziehbare Verhaltensänderung und belastbare Vermeidungsstrategien.

Zusätzlich wird im Verwaltungsverfahren dieser Zeitpunkt im Wesentlichen von zwei Faktoren bestimmt: vom Vorhandensein einer Sperrfrist und – wo notwendig – vom Vorliegen eines ausreichenden Abstinenznachweises.

Die Sperrfrist (§ 69a StGB) ist bindend für die Fahrerlaubnisbehörde; sie wird für mindestens 6 und höchstens 60 Monate angeordnet (§ 69a Abs. 1 Satz 1 StGB), kann aber im Einzelfall auch für immer angeordnet werden (§ 69a Abs. 1 Satz 2 StGB). Entzieht ein Strafgericht die Fahrerlaubnis, so muss es zugleich bestimmen, dass für eine bestimmte Dauer keine neue Fahrerlaubnis erteilt werden darf. Begründete Ausnahmen von der Sperrfrist sind jedoch möglich. Die Sperrfrist gibt Auskunft, ab wann die Fahrerlaubnisbehörde bei Vorliegen aller übrigen Voraussetzungen (insbesondere bzgl. Eignung und Befähigung) dem Betroffenen frühestens wieder eine Fahrerlaubnis erteilen darf; sie wird vom Richter festgelegt und lässt sich dem Urteil/Strafbefehl entnehmen. Entgegen der Meinung vieler Antragsteller bedeutet das Ende der Sperrfrist nicht automatisch die „Wiederaushändigung des vom Gericht eingezogenen Führerscheins".

---

34 Redaktionelle Anmerkung: Die Frist zur Vorlage des Gutachtens variiert in der Praxis zwischen einem und drei Monaten.

Im „Idealfall“ fällt der Abschluss des zu belegenden Abstinenzzeitraumes daher mit dem Ende der Sperrfrist zusammen, weshalb sich Betroffene bereits sehr frühzeitig (ggf. unmittelbar ab Entzug der Fahrerlaubnis) fachkundig beraten lassen und ggf. um einen fahrerlaubnisrechtlich verwertbaren Abstinenzbeleg bemühen sollten. Eine Antragstellung zur Neuerteilung der Fahrerlaubnis sollte etwa drei Monate vor dem o.g. Zeitpunkt erfolgen, an dem alle Voraussetzungen für eine positive Begutachtung vorliegen, da die Fahrerlaubnisbehörden im Antragsverfahren üblicherweise eine 3-monatige Frist zur Beibringung des angeordneten Gutachtens setzen. Diese Frist ist vor dem Hintergrund angemessen, dass der Betroffene möglichst früh von Seiten der Behörde über die Voraussetzungen zur Schaffung einer günstigen Verkehrsverhaltensprognose informiert wurde und diese zwischenzeitlich – z.B. während der Sperrfrist – schaffen konnte.

3 Mitteilungs- und Übermittlungspflichten im Verwaltungsverfahren

3.1 Mitteilungspflichten der Fahrerlaubnisbehörde an den Betroffenen

Die Behörde teilt dem Betroffenen mit der Aufforderung zur Beibringung des Gutachtens unter Darlegung der Gründe für die Zweifel an seiner Eignung und unter Angabe der für die Untersuchung in Betracht kommenden Stelle oder Stellen mit, dass er sich innerhalb einer von ihr festgelegten Frist auf seine Kosten der Untersuchung zu unterziehen und das Gutachten beizubringen hat (§ 11 Abs. 6 Satz 2 FeV).[35] Die Fahrerlaubnisbehörde teilt mit der Aufforderung zur Beibringung des Gutachtens außerdem mit, welche Fragen im Hinblick auf die Eignung des Betroffenen zum Führen von Kraftfahrzeugen unter Berücksichtigung der Besonderheiten des Einzelfalls und unter Beachtung der Anlagen 4 und 5 zu klären sind (§ 11 Abs. 6 Satz 1 FeV). Sie teilt dem Betroffenen mit der Aufforderung zur Beibringung des Gutachtens zudem mit, dass er die an die Begutachtungsstelle zu übersendenden Unterlagen einsehen kann (§ 11 Abs. 6 Satz 2 FeV).

Weigert sich der Betroffene, sich untersuchen zu lassen, oder bringt er der Fahrerlaubnisbehörde das von ihr geforderte Gutachten nicht fristgerecht bei, darf sie bei ihrer Entscheidung auf die Nichteignung des Betroffenen schließen. Der Betroffene ist hierauf bei der Anordnung der Begutachtung hinzuweisen (§ 11 Abs. 8 Satz 2 FeV).

3.2 Rückmeldungen des Betroffenen im Verwaltungsverfahren

Der Betroffene hat nach Erhalt der Aufforderung zur Beibringung eines Gutachtens die Fahrerlaubnisbehörde darüber zu unterrichten, welche Stelle er mit der Untersuchung beauftragt hat (§ 11 Abs. 6 Satz 3 FeV). Dabei sollte es im Eigeninteresse des Betroffenen liegen, aufgrund der dann bereits laufenden Frist zur Beibringung des Gutachtens die von ihm beauftragte Begutachtungsstelle unmittelbar nach Erhalt der Aufforderung zur Beibringung eines Gutachtens der Fahrerlaubnisbehörde mitzuteilen, um nicht unnötig Zeit bzgl. des Versandes der erforderlichen Unterlagen von der Fahrerlaubnisbehörde an die Begutachtungsstelle zu verlieren.

Weigert sich der Betroffene, sich untersuchen zu lassen, darf die Fahrerlaubnisbehörde bei ihrer Entscheidung wegen nicht fristgerechter Vorlage des Gutachtens auf die Nichteignung des Betroffenen schließen (§ 11 Abs. 8 FeV). Sofern sich der Betroffene dazu entschlossen hat, der Aufforderung zur Beibringung eines Gutachtens nicht nachzukommen, ist die Übersendung einer diesbezüglichen schriftlichen Erklärung anstelle der vorgenannten Mitteilung

35 Vgl. Kapitel 4.1.3 und 4.1.5.

der beauftragten Begutachtungsstelle an die Fahrerlaubnisbehörde sinnvoll, um das Verwaltungsverfahren zeitlich zu straffen.

Bringt der Betroffene der Fahrerlaubnisbehörde das von ihr geforderte Gutachten aus anderem Grunde nicht fristgerecht bei, darf sie bei ihrer Entscheidung auf die Nichteignung des Betroffenen schließen (§ 11 Abs. 8 FeV). Es liegt daher im Interesse des Betroffenen, eigenverantwortlich für eine rechtzeitige Vorlage des angeforderten Gutachtens zu sorgen und etwaige Hinderungsgründe der Fahrerlaubnisbehörde unmittelbar und nicht erst bei oder gar nach Fristablauf mitzuteilen.

3.3 Mitteilungs- und Übermittlungspflichten an die a. a. BfF

Die Fahrerlaubnisbehörde teilt der untersuchenden Stelle mit, welche Fragen im Hinblick auf die Eignung des Betroffenen zum Führen von Kraftfahrzeugen zu klären sind und übersendet ihr die vollständigen Unterlagen, soweit sie unter Beachtung der gesetzlichen Verwertungsverbote verwendet werden dürfen (§ 11 Abs. 6 Satz 4 FeV). Dies erfolgt zweckmäßigerweise mit gesondertem Schreiben unter Verweis auf die ursprünglich an den Betroffenen gesandte Aufforderung zur Beibringung des Gutachtens; so wird vermieden, dass etwaige Divergenzen in Bezug auf Inhalt oder Fragestellung(en) zwischen der Aufforderung zur Beibringung des Gutachtens an den Betroffenen und dem Mitteilungsschreiben an die Begutachtungsstelle entstehen.

4 Begutachtung bei Gefängnisinsassen und Freigängern

Unter bestimmten Voraussetzungen ist theoretisch auch die Begutachtung von Gefängnisinsassen denkbar; in der Praxis scheitert dies jedoch meist an der Umsetzbarkeit. Da es meist mit hohem Aufwand (Untersuchungsgerätschaften) und Kosten verbunden wäre, wenn die Begutachtungsstelle in die Haftanstalt verlegt werden müsste, ist wohl nur der umgekehrte Weg denkbar. Sehr vereinzelt gab es schon Fälle „bewachter Gefangenentransporte" zum Zwecke der Begutachtung in einer BfF; diese werden jedoch wegen des ebenfalls hohen Aufwandes und auch des Gefährdungspotenzials – abhängig vom Delikt, das zur Inhaftierung geführt hat – die absolute Ausnahme bleiben. Zudem verlaufen derartige Begutachtungen im Ergebnis meist negativ, weil die für eine positive gutachterliche Prognose wichtige sog. „Legalbewährung in freier sozialer Gemeinschaft" nicht gegeben ist (eine Haftanstalt gilt vor diesem Hintergrund als geschützter Raum, der nicht die Verlockungen eines frei bestimmten Umfeldes bietet).

Anders stellt sich die Situation bei sog. Freigängern dar. Hier ließe sich sicher ein Begutachtungstermin vereinbaren. Häufig nicht geklärt ist allerdings die Finanzierung der Begutachtung, da inhaftierte Personen meist nur über geringe finanzielle Mittel verfügen; ggf. müsste hier mit Bewährungshelfern oder Sozialdiensten eine Lösung gesucht werden.

Ein weiteres Problem stellt auch hier die im Rahmen einer positiven Begutachtung zu fordernde sog. „Legalbewährung in freier sozialer Gemeinschaft" dar. Auch Freigänger werden in Ermangelung uneingeschränkter Selbstbestimmung hinsichtlich Aufenthaltsort, Sozialkontakten usw. häufig nicht im geforderten Umfang die Stabilität ihrer Verhaltensänderung sowie die Validität ihrer Abstinenzbelege ausreichend nachweisen können.

Bezüglich der Abstinenzbelege ist zusätzlich zu beachten, dass diese für die Fahreignungsbeurteilung wertig sein müssen.[36] Der im Strafvollzug oder im Rahmen von Bewährungsauflagen häufig verwendete „Ruma-Marker-Test" ist regelmäßig nicht zur Verwendung als belastbarer Abstinenznachweis im Verfahren zur Fahreignungsbegutachtung geeignet.

Im Ergebnis ist daher festzuhalten, dass – auch wenn der betroffene Fahrerlaubnisinhaber objektiv als Insasse einer Haftanstalt gehindert ist, das zu fordernde Gutachten erstellen und vorlegen zu lassen, – er sich die Umstände der Nichtvorlage zurechnen lassen muss,[37] d. h. der Schluss auf dessen Nichteignung nach § 11 Abs. 8 FeV mit der Rechtsfolge der Entziehung der Fahrerlaubnis als zulässig anzusehen ist. Soweit eine inhaftierte Person aus der Haftanstalt heraus den Erwerb einer Fahrerlaubnis betreibt, gilt es, die vorgenannten Hürden auszuräumen, was insbesondere wegen der fehlenden Legalbewährung bei objektiver Bewertung sehr selten von Erfolg gekrönt ist.

36 Vgl. hierzu Schubert et al. (2013): Beurteilungskriterien, CTU-Kriterien.

37 Dazu auch OVG Berlin-Brandenburg – OVG 1 B 3.13 – Abdruck Seite 9.

Kapitel 5
Methodik der Fahreignungsbegutachtung

1 Standard der Befunderhebung

Caroline Reimann, Hannelore Hoffmann-Born, Matthias Graw, Frank Mußhoff, Wolfgang Schubert

Bei der Beantwortung der behördlich veranlassten Fragestellung kommt es darauf an, dass auf einem dem wissenschaftlichen Standard entsprechenden Niveau die interdisziplinär im Rahmen des Begutachtungsprozesses erhobenen Daten integrativ verarbeitet werden. Innerhalb der jeweiligen beteiligten Fachdisziplinen werden diese Daten z.T. mit verschiedenen Standards und Skalenniveaus sowie in unterschiedlicher Qualität erhoben. Darüber weisen sie möglicherweise unterschiedliche inhaltliche und zeitliche Aussagehorizonte auf. Ferner ist die höchstmögliche Validität des Datensatzes sicherzustellen. Die fachliche Bewertung der beigestellten Therapie- und Befundberichte bzw. die interdisziplinäre Interpretation der in der Fahreignungsbegutachtung selbst erhobenen Befunde (Datensätze) ermöglicht eine gesichertere Aussage zur Verkehrsverhaltensprognose, als sie bei isolierter Betrachtung von Einzelbefunden der jeweiligen Fachgebiete überhaupt möglich wäre.

1.1 Verkehrsmedizinische Untersuchung

Mit der dritten Auflage der Beurteilungskriterien[1] wurde erstmals verbindlich der Mindestuntersuchungsumfang für Fragestellungen im Zusammenhang mit Alkoholmissbrauch oder -abhängigkeit, für Verkehrsfragestellungen (inkl. Straftaten) und für Drogenfragestellungen definiert, der sowohl für ärztliche als auch für medizinisch-psychologische Gutachten gilt. Eine Erweiterung oder Reduzierung des an die behördliche Fragestellung gebundenen Untersuchungsumfangs ist in Abhängigkeit von der individuellen Vorgeschichte und Befundlage nur dann möglich, wenn sie dem Grundsatz der Verhältnismäßigkeit entspricht und die Behörde zustimmt.

Die verkehrsmedizinische Untersuchung ist immer anlassbezogen, sie muss sich ebenso wie die übrigen Bestandteile der Fahreignungsbegutachtung an die behördliche Fragestellung halten. Anhand der behördlich veranlassten Fragestellung werden die eingesetzten Methoden, die dem wissenschaftlichen Standard genügen müssen, festgelegt. Somit werden nur solche medizinischen Faktoren aufgenommen, die für die Beantwortung der behördlichen Fragestellung auch relevant sind.

---

1 Schubert, W. et al. (2013): Beurteilungskriterien, Kapitel 8.3, S. 317 ff.

Vor der medizinischen Untersuchung wird vom Arzt eine Aktenanalyse durchgeführt, mit dem Ziel der Hypothesengewinnung mit Blick auf medizinisch relevante Sachverhalte, Vorbefunde oder Diagnosen.

Jede verkehrsmedizinische Untersuchung umfasst bei allen Anlässen immer ein ärztliches Gespräch zur Erhebung anamnestischer Daten im Hinblick auf den Gesundheitszustand, ggf. unterstützt durch Fragebögen zur Selbstauskunft. Bei alkohol- bzw. betäubungsmittelbezogener behördlicher Fragestellung erfolgt zusätzlich die Erhebung der Alkohol- bzw. Drogenanamnese. Darüber hinaus werden die allgemeinmedizinischen Parameter (Alter, Größe, Gewicht) sowie Fragen zur aktuellen Medikation mit eingeschlossen.

Blutdruckmessung und Messung der Pulsfrequenz gehören bei allen behördlichen Anlässen zur medizinischen Untersuchung.

Bei alkoholbezogenen Fragestellungen wird die Haut hinsichtlich alkoholinduzierter Schäden (Spider naevi, Teleangiektasien etc.) inspiziert und ein Tastbefund der Leber erhoben zur Bestimmung von Größe und Konsistenz, um auf mögliche alkoholbedingte Veränderungen schließen zu können. Allerdings wird im Bereich der Fahreignungsuntersuchung auf invasive Methoden verzichtet und z. B. keine Leberbiopsie durchgeführt. Die Pupillenreaktion wird mit einer Lichtquelle untersucht. Durch eine Inspektion werden vegetative Ausfälle (z. B. Tremor, Schwitzen), die auch auf eine akute Entzugssymptomatik hinweisen könnten, ausgeschlossen. Das Koordinationsvermögen wird mithilfe von Einbeinstand, Nase-Finger-Versuch, Finger-Finger-Versuch und Seiltänzergang geprüft.

Im medizinischen Teil der MPU erfolgt auch häufig eine Aussage zur Sehleistung, wenn die behördliche Fragestellung dies erfordert. Hierbei werden – soweit aktuelle Werte vorhanden sind – die Sehtestwerte (zentrale Tagessehschärfe) aus der Akte der Fahrerlaubnisbehörde übernommen, wenn sie nicht älter als zwei Jahre sind.[2] Andernfalls kann die zentrale Tagessehschärfe auch während der ärztlichen Untersuchung mit einem geeigneten Messgerät bestimmt werden. Bei entsprechenden Hinweisen aus der Vorgeschichte der Untersuchten, z. B. Rotlichtverstöße, kann auch die Prüfung des Farbsinnes mit den Pseudoisochromatischen Farbentafeln von ISHIHARA oder VELGHAGEN[3] erfolgen.

In der „Richtlinie über die Anforderungen an Träger von Begutachtungsstellen für Fahreignung (§ 66 FeV) und deren Begutachtung durch die Bundesanstalt für Straßenwesen“[4] ist unter II. Punkt 5.7.5 Folgendes zum Untersuchungsumfang der medizinischen Untersuchung im Rahmen einer MPU festgehalten:

---

2 § 12 FeV.
3 Z. B. Velhagen, K., Broschmann, D. (2003): Tafeln zur Prüfung des Farbsinns. Thieme: Stuttgart.
4 VkBl. 2014, S. 110–111.

„Die medizinische Untersuchung umfasst

- Aktenanalyse,
- Erhebung der Krankenvorgeschichte,
- anlassbezogene Anamnese,
- körperliche Befunderhebung,
- ggf. Erhebung von Laborparametern.

Ablauf und Umfang der medizinischen Untersuchung orientieren sich an der individuellen Sachlage und am Untersuchungsanlass.

Anfangs- und Endzeit der medizinischen Untersuchung sind vom Arzt aufzuzeichnen.

Wenn für die Beantwortung der durch die Fahrerlaubnisbehörde vorgegebenen Fragestellung erforderlich, können Zusatzuntersuchungen (z. B. Urinuntersuchung, Haaranalyse) durchgeführt bzw. zusätzliche medizinische Befunde angefordert werden.“[5]

Diese Vorgaben sind auch in ärztlichen Gutachten nach § 11 FeV anzuwenden. Eine weitere Anforderung an die ärztlichen Gutachter besteht z. B. bei der behördlichen Frage, ob Alkoholabhängigkeit vorliegt, darin, im Gutachten darzulegen, dass diagnostische Kriterien aus dem ICD-10[6] im Rahmen der ärztlichen Fahreignungsbegutachtung geprüft und dokumentiert wurden.[7]

1.1.1 Toxikologische Aspekte im Rahmen der Fahreignungsbegutachtung

Grundsätzlich eignet sich zu einer toxikologischen Untersuchung verschiedenes Probenmaterial, wie z. B. Haare, Urin oder Blut,[8] das jeweils unterschiedliche Nachweisbarkeitsdauern und somit unterschiedliche Indikationen für die Drogenanalytik haben kann.

Bei der Veranlassung einer behördlichen Betäubungsmittelfragestellung an die Gutachter wird im Rahmen einer Medizinisch-Psychologischen Untersuchung oder eines ärztlichen Gutachtens i. d. R. eine Urinprobe zum Nachweis einer aktuellen Drogenfreiheit am Untersuchungstag nach den Vorgaben der CTU-Kriterien der Beurteilungskriterien gewonnen und toxikologisch untersucht.

Die Gewinnung des Materials für die Analytik hat nach forensischen Kriterien[9] (u. a. Prüfung der Identität, dokumentierter Abgleich der Probenkennzeichnung, Urinabgabe unter Sichtkontrolle, Ausschluss einer (nachträglichen)

5 Hierbei ist der Beschl. des BVerwG 3 B 16.1 v. 5.2.2015 zu beachten: Die Untersuchungsanordnung muss auch erkennen lassen, was auf den Betroffenen zukommt.

6 WHO (2010): Internationale Klassifikation psychischer Störungen. ICD-10, Kapitel V (F). Klinisch-diagnostische Leitlinien. 7., überarbeitete Auflage. Hrsg. H. Dilling, W. Mombour, M. H. Schmidt. Bern: Verlag Hans Huber.

7 Vgl. VG München, Beschl. v. 2.2.2010 – M 1 K 09.4533; vgl. VG München, Beschl. v. 15.1.2007 – M 6a S 06.4576.

8 Zu den Möglichkeiten und Grenzen der Probenmaterialien finden sich detaillierte Ausführungen in Schubert et al. (2013): Beurteilungskriterien, Kapitel 8.1.

9 Schubert et al. (2013): Beurteilungskriterien, Kap. 8.1 „Chemisch-Toxikologische Untersuchung“.

Verfälschung, Versand in einem Schutzbehältnis, polytoxikologische Untersuchung, sensitive Bestimmungsgrenzen) zu erfolgen. Das beauftragte Labor muss nach DIN ISO EN 17025[10] für forensische Zwecke nach den Standards[11] der Gesellschaft für Toxikologische und Forensische Chemie (GTFCh) akkreditiert sein. Die Liste der so akkreditierten Labore ist im Internet[12] abrufbar.

Die Urinprobe kann zunächst mit einem hinweisgebenden Verfahren (Immunoassay oder einfache chromatographische Verfahren) polytoxikologisch untersucht werden, wobei regelhaft die unten aufgeführten Stoffe bzw. Stoffgruppen getestet werden. Dabei müssen die lediglich hinweisgebenden Verfahren so empfindlich eingestellt sein (Wahl des Cut-off-Wertes für die Differenzierung „positiv" versus „negativ"), dass bei Anwesenheit einer in den Beurteilungskriterien gelisteten Substanz in einer Konzentration ab der geforderten Mindestanforderung an die Bestimmungsgrenze des identifizierenden chromatographischen Verfahrens ein positives Ergebnis angezeigt wird. Die folgenden aufgelisteten Mindestanforderungen an die Bestimmungsgrenzen für chromatographische Verfahren sind nicht als Cut-off-Werte zu verstehen. Auch eindeutige positive Nachweise in geringerer Konzentration sind anzugeben und als positiver Befund, d.h. eben nicht als Abstinenznachweis, zu werten.

Cannabinoide	THC-COOH	(10 ng/ml)
Opiate	Morphin, Codein, Dihydrocodein	(25 ng/ml)
Kokain	Benzoylecgonin	(30 ng/ml)
Amphetamine	Amphetamin, Methamphetamin, MDMA, MDEA, MDA	(50 ng/ml)
Methadon	EDDP, (Methadon)	(50 ng/ml)
Benzodiazepine	(Diazepam), Nordiazepam, Oxazepam, Hydroxy-Alprazolam, (Bromazepam), Hydroxy-Bromazepam, 7-Aminoflunitrazepam, Lorazepam	(50 ng/ml)
Ethylglucuronid	Ethylglucuronid	(100 ng/ml)

Bei positivem Drogennachweis in einem hinweisgebenden Verfahren muss grundsätzlich eine Bestätigung mit einem beweisenden Verfahren (wie Gaschromatographie mit Massenspektrometrie-Kopplung – GC/MS – oder Flüssigchromatographie mit Massenspektrometrie-Kopplung – LC/MS) durchgeführt werden. Selbstverständlich kann dies auch direkt erfolgen, d.h. bei Verzicht auf einen immunchemischen Vortest.

Bei Hinweisen auf Opiat- oder Opioidkonsum in der Vorgeschichte erfolgt eine Erweiterung des Nachweisprogramms mit der Untersuchung auf diverse Opioide.

---

10 DIN EN ISO/IEC 17025:2005.

11 Gesellschaft für Toxikologische und Forensische Chemie (2009): Richtlinie der GTFCh zur Qualitätssicherung bei forensisch-toxikologischen Untersuchungen, Toxichem Krimtech, 76 (3), S. 142–176.

12 Http://www.dakks.de/content/akkreditierte-stellen-dakks.

Neben den fahreignungsrelevanten Stoffen wird in der Untersuchungsprobe auch Kreatinin erhoben, um eine Verwertbarkeit der Probe sicherzustellen.

Kreatinin ist ein harnpflichtiges Stoffwechselprodukt des Muskelkreatins mit einer relativ konstanten Ausscheidungsrate innerhalb von 24 Stunden. Erniedrigte Kreatininwerte im Urin können deshalb auf manipulative Verdünnungen des Urins hinweisen – etwa durch Aufnahme großer Flüssigkeitsmengen vor der Urinabgabe. Es bestehen allerdings große interindividuelle Unterschiede in der Kreatininausscheidung bei Spontanurinproben. Niedrige Kreatininwerte können auch ohne Täuschungsversuch insbesondere bei schlanken Personen mit geringer Muskelmasse auftreten, die evtl. noch besondere Ernährungsgewohnheiten aufweisen; deshalb bedarf es bei niedrigen Kreatininwerten immer einer genauen Prüfung der Umstände und entsprechender Begründungen, wenn die Probe als unverwertbar angesehen werden soll.

Über das Analyseergebnis ist in dem Gutachten eine zusammengefasste Aussage zu treffen, wie z.B. „Die Befunde waren durchgehend unauffällig." Die Laborbefunde selbst sind im Gutachten wiederzugeben. Dadurch wird sichergestellt, dass die fachliche Bewertung nachvollziehbar und nachprüfbar ist.

Zur Aussage über die Verwertbarkeit der Urinprobe ist im Gutachten der gemessene Kreatininwert anzugeben, mit der Aussage, ob dieser über- oder unterhalb des Referenzbereichs liegt.

Kreatinin	mg/dl	(Referenzbereich ≥ 20 mg/dl)

Erfolgt im Rahmen einer medizinisch-psychologischen oder ärztlichen Begutachtung eine Blutentnahme, z.B. bei einer alkoholbezogenen behördlichen Fragestellung, so wird diese an ein akkreditiertes Labor gesandt. Bei einer Alkoholfragestellung werden hier üblicherweise die Leberenzyme GGT, GOT und GPT, in Einzelfällen auch CDT – als Labormarker für Alkoholkonsum –, erhoben. Bei der Darstellung der Laborergebnisse im Gutachten ist wiederum darauf zu achten, dass der Messwert sowie der Normwert angegeben werden und eine Befundwürdigung der erhobenen Messwerte erfolgt.

1.1.2 Toxikologische Aspekte bei Abstinenzkontrollprogrammen

Sollte im Rahmen einer Fahreignungsbegutachtung ein Betroffener angeben, auf Alkohol bzw. Betäubungsmittel zu verzichten, so ist dieser Verzicht auch nachzuweisen. Dazu eignen sich Abstinenzkontrollprogramme. Über Inhalt, Dauer und Umfang dieser Programme kann der Betroffene nach entsprechender fachlicher Aufklärung über die Aussagefähigkeit selbst entscheiden. Es bietet sich hier allerdings eine qualifizierte vorbereitende Beratung an, da das individuelle Konsummuster bzw. die dahinter stehende Suchtstoffproblematik einen Einfluss auf die notwendige Dauer des Abstinenzkontrollprogramms hat. So ist z.B. bei Abhängigkeit von Alkohol oder Betäubungsmitteln der Nachweis einer mindestens einjährigen Abstinenz erforderlich.

Bei der Durchführung der Abstinenzkontrollprogramme ist grundsätzlich die Einhaltung der CTU-Kriterien[13] notwendig.

Die Programme zum Nachweis eines Verzichts auf Alkohol bzw. Betäubungsmittel müssen demnach unter anderem folgende Kriterien erfüllen:

1. In einer schriftlichen Vereinbarung werden folgende Punkte festgehalten: Beginn und Dauer, Anzahl und Umfang der Untersuchungen, Abbruchbedingungen (z. B. bei Manipulationsversuch, erkennbare Intoxikation), Verpflichtung zur Verfügbarkeit (Einbestellung zur Urinabgabe innerhalb von 24 Stunden), Vorgehen bei Abwesenheit (z. B. Urlaub), Kenntnis und Einverständnis des Betroffenen zu allen Konditionen (z. B. über Merkblatt)[14], Kontaktdaten und Verpflichtung zur täglichen Kontrolle des Nachrichteneingangs.
2. In einem Zeitraum von 6 Monaten erfolgen in der Regel 4 Urinproben, in 12 Monaten 6 Urinproben. Alternativ können drogenfreie Zeiträume durch toxikologische Haaranalysen belegt werden.
3. Die Terminvergabe ist unvorhersehbar, d. h. unter anderem nicht in regelmäßigen Abständen (immer am selben Tag, alle 2 Monate etc.), innerhalb von 24 Stunden, keine Terminabsprache bzw. Terminwünsche des Betroffenen.
4. Die Durchführung des Programms bzw. der Probennahmen darf nur von einem Arzt mit entsprechender Qualifikation erfolgen (z. B. Gebietsbezeichnung „Rechtsmedizin“, Arzt einer Begutachtungsstelle für Fahreignung, Arzt/Toxikologe eines für forensische Zwecke akkreditierten Labors; ansonsten ist die Qualifikation durch geeignete Weiterbildung zu erlangen, z. B. durch Teilnahme an einem entsprechenden Curriculum der Deutschen Gesellschaft für Verkehrsmedizin (DGVM)).
5. Bei der probennehmenden Stelle darf bei Nachweis eines Alkohol- oder Betäubungsmittelkonsums kein Interessenkonflikt entstehen.
6. Die Identität des Betroffenen wird bei Probennahme kontrolliert.
7. Die Urinabgabe erfolgt unter Sichtkontrolle (in Ausnahmen unter der Aufsicht von entsprechend eingewiesenem Personal mit geeigneter Fachausbildung).
8. Bei Verdacht auf fehlende Verwertbarkeit der Urinprobe erfolgt außer einer Temperaturmessung zusätzlich eine Kontrolle des pH-Wertes oder der Dichte des Urins.
9. Das Probenmaterial befindet sich nach der Probennahme stets unter Aufsicht.
10. Der Versand an ein geeignetes Labor wird eindeutig dokumentiert und erfolgt zeitnah.

---

13 Schubert, W. et al. (2013): Beurteilungskriterien, Kap. 8.1 „Chemisch-Toxikologische Untersuchung“.
14 Siehe Appendix.

Der Einsatz von nicht-invasiven Methoden bei der Analyse von Körperflüssigkeiten ist nach dem gegenwärtigen Stand der wissenschaftlichen Erkenntnisse für den Einsatz in der Fahreignungsbegutachtung kritisch und als nicht geeignet anzusehen. Der RUMA-Marker-Test, bei dem der Probengeber eine Markersubstanz, die später laborchemisch identifiziert wird, kurz vor der Urinabgabe zu sich nimmt, ermöglicht eine toxikologische Urinuntersuchung ohne Sichtkontrolle bei der Probenabgabe.

Zwei Faktoren machen jedoch aktuell den Einsatz des RUMA-Verfahrens ungeeignet für die Anwendung in der Abstinenzkontrolle im Rahmen der Fahreignungsdiagnostik.

Die fehlende Aufsicht bei der Urinabgabe erlaubt keine Kontrolle bzgl. Manipulationen wie beispielsweise der Zugabe von Störsubstanzen. Zwar argumentiert der Hersteller damit, dass Manipulationen durch Zugabe von Störsubstanzen bemerkt und detektiert werden können und dann die Probe als unbrauchbar gekennzeichnet und nicht gewertet wird.

Da jedoch bisher keine weiteren veröffentlichten wissenschaftlichen Erfahrungswerte vorliegen, kann man nicht davon ausgehen, dass alle Manipulationsmöglichkeiten (Auswirkung von Störsubstanzen) als ausgetestet gelten.

Des Weiteren kann die Deklarierung der Probe als „unbrauchbar" schwerlich als Abbruchkriterium eines Abstinenzkontrollprogramms dienen, da in solchen Fällen das untersuchende Labor den Beweis einer Manipulation bzw. den Nachweis eines Artefakts bringen müsste. Das eröffnet Personen, die mit einer auffälligen (positiven) Urinprobe rechnen müssen, ein Ausweichen auf einen anderen Termin durch Probenwiederholung, was dem Gedanken einer Abstinenzüberprüfung widerspricht.

Alternativ zur Durchführung eines Abstinenzkontrollprogramms mittels Urinproben kann der Verzicht auf Suchtstoffe auch mit Haaranalysen – die eine retrospektive Prüfung auf Substanzmittelmissbrauch erlauben – kontrolliert werden. Unter Einhaltung standardisierter Regeln ist diese Methodik als Abstinenzbeleg geeignet und kann ergänzend oder alternativ zur Analyse von Urinproben angewandt werden. Auch für die Gewinnung einer Haarprobe, deren toxikologische Untersuchung und ihre Interpretation gelten die CTU-Kriterien der Beurteilungskriterien. Wegen der komplexen Zusammenhänge erfordert die Abnahme der Haarprobe ausreichende Fachkunde; bei den Durchführungsbestimmungen gemäß CTU-Kriterien sind die Anforderungen zu erfüllen, um als forensisch verwertbar zu gelten. Bei dauerhafter Einlagerung von Suchtstoffen in die Haare und einem durchschnittlichen Haarwachstum von 1 cm/Monat ist ein hinreichend sicheres Analyseergebnis für den Nachweis von Alkoholverzicht durch Haaranalytik nur für einen maximalen Bereich von 3 cm des kopfhautnahen Bereichs der Haare zu erwarten wegen der hydrophilen Eigenschaften des Alkohols. Zum Nachweis des Verzichts auf weitere psychotrope Substanzen ist eine Länge von maximal 6 cm heranzuziehen. In Analogie zum Urin sind folgende Mindestanforderungen an die Bestimmungsgrenzen für chromatographische Verfahren gestellt worden:

Cannabinoide	THC	(0,02 ng/mg)
Opiate	Morphin, 6-Monoacetylmorphin, Codein, Dihydrocodein	(0,1 ng/mg)
Kokain	Kokain	(0,1 ng/mg)
Amphetamine	Amphetamin, Methamphetamin, MDMA, MDEA, MDA	(0,1 ng/mg)
Methadon	Methadon	(0,1 ng/mg)
Benzodiazepine	Diazepam, Nordiazepam, Oxazepam, Alprazolam, Bromazepam, Flunitrazepam, Lorazepam	(0,05 ng/mg)
Ethylglucuronid	Ethylglucuronid	(0,007 ng/mg)

Bei am Begutachtungstag beigestellten Befunden eines abgeschlossenen Kontrollprogramms auf Betäubungsmittel sollte die Bescheinigung zur Betäubungsmittelabstinenz folgende Angaben enthalten:

- Datum der Erstellung der Bescheinigung
- Adresse der das Screening durchführenden Stelle
- Zeitraum, in dem das Screening durchgeführt wurde
- Anzahl der durchgeführten Urinproben (4 oder 6), Ort und Datum der Probennahme
- Beschreibung des Untersuchungsmaterials (v. a. bei Haaren)
- Untersuchungsumfang (Methodik, Entscheidungs- und Bestimmungsgrenzen)
- Kreatininwert bei Urinkontrollen
- Art der analysierten Betäubungsmittel, Betäubungsmittelabbauprodukte und gängige Ersatzstoffe
- Name des die Analyse durchführenden Labors
- Eindeutige Ergebnismitteilung, ggf. mit Interpretation
- Bei Haaranalysen: Angabe des Zeitintervalls durch einen forensisch-toxikologischen Experten (Abstinenzzeitraum ca. 1 Monat pro cm Haarlänge)
- Angabe zur Akkreditierung
- Unterschrift des verantwortlichen Laborleiters mit Angaben zur Qualifikation.

1.2 Psychologische Untersuchung

1.2.1 Exploration

Die psychologische Untersuchung umfasst die Akten- und Vorgeschichtsanalyse. Dazu gehört auch die Anwendung der Methode des Untersuchungsgespräches (Explorationsgespräch)[15 16].

15 Wagner, T., Kranich, U. (2011): Die verkehrspsychologische Exploration als diagnostische Methode in der Fahreignungsbegutachtung. *Blutalkohol 48/2011*, 1–15.

16 Schubert, W. et al. (2013): Beurteilungskriterien, Kapitel 8.4, S. 334 ff.

Das Explorationsgespräch dient der allgemeinen Erfassung der Lebensentwicklung, der Deliktgeschichte und ihrer Verarbeitung sowie den vorhandenen individuellen Ansätzen, Bestrebungen und Möglichkeiten zur Vermeidung künftiger Verkehrs- bzw. Strafauffälligkeiten, was Alkohol- und Drogendelikte einschließt.

Die einzelnen Träger von Begutachtungsstellen verfügen in ihrem Qualitätsmanagement-Handbuch (QMH) jeweils über ein Explorationshandbuch. Dieses dient dem Gutachter als Leitfaden für die Durchführung des Gespräches auf wissenschaftlicher Grundlage. Sowohl über das Explorationsgespräch als auch über alle anderen in der konkreten Fahreignungsbegutachtung durchgeführten Untersuchungen sind gem. Anlage 4 a der FeV Aufzeichnungen anzufertigen.[17]

Zur Vorbereitung des Untersuchungsgespräches erfolgt eine Aktenanalyse, die bei aktenkundigen Verkehrsauffälligkeiten Hinweise auf den Ausprägungsgrad der zu untersuchenden Problematik liefert. Dabei erfolgt auch die Erstellung erster Arbeitshypothesen. Das Ziel der Exploration ist, die individuellen Ursachen für die Auffälligkeiten in der Vergangenheit herauszuarbeiten, um dann die sich daraus ableitenden Verhaltensstrategien für die Zukunft hinsichtlich ihrer Wirksamkeit zu analysieren. Bei der Exploration gehen die psychologischen Sachverständigen stets hypothesengeleitet vor. Die Arbeitshypothese aus der Aktenanalyse wird geprüft, ggf. verworfen und eine angepasste Hypothese wird geprüft. An einem Beispiel erläutert heißt dies: Aus der Aktenanalyse, in der vier Trunkenheitsfahrten zu verzeichnen waren, ergibt sich die Hypothese, dass der Betroffene höchstwahrscheinlich nicht in der Lage ist, seinen Alkoholkonsum zu kontrollieren (entspricht z.B. der Hypothese A2 der Beurteilungskriterien)[18]. Im Explorationsgespräch selbst gibt der Betroffene dann an, alkoholabhängig zu sein. Dies würde den Gutachter veranlassen, seine Ursprungshypothese zu revidieren und nun im Explorationsgespräch die Kriterien zur Hypothese der Alkoholabhängigkeit zu prüfen.

In der Darstellung im Fahreignungsgutachten kommt es bei der Umsetzung der Ergebnisse des Explorationsgespräches insbesondere darauf an, dass die wesentlichen Inhalte, die die Schlussfolgerungen des Gutachtens tragenden Befunde und die Dauer der Gesprächsführung enthalten sind.

Des Weiteren werden Fragebogenverfahren zur Erfassung problemspezifischer (Verkehrs- bzw. Straftaten, Alkohol- oder Drogendelikte etc.) verkehrsrelevanter Kenntnisse, Einstellungen und Haltungen verwendet.

1.2.2 Psychologische Leistungstests

Bei entsprechender Indikation oder gegebener behördlicher Fragestellung werden auch fahreignungsrelevante psychologische Leistungstests,[19] [20] z.B.

---

17 Ausführlich dazu Kapitel 10.

18 Schubert, W. et al. (2013): Beurteilungskriterien, S. 98 ff.

19 Bundesanstalt für Straßenwesen (Hrsg., 2010): Begutachtungs-Leitlinien zur Kraftfahrereignung (Stand: 2.11.2009), Kapitel 2.5 „Anforderungen an die psychische Leistungsfähigkeit", Berichte der Bundesanstalt für Straßenwesen „Mensch und Sicherheit", Heft M 115, Verlag NW, Bremerhaven.

zur Untersuchung der Konzentrationsleistung, der Reaktionsfähigkeit und der Aufmerksamkeit, durchgeführt.[21]

Die Bewertung erfolgt unter Verwendung entsprechender Normen – wobei es um die Frage geht, ob die zu begutachtende Person von ihrer psychofunktionalen Leistungsausstattung her die Mindestvoraussetzungen für die Verkehrsteilnahme erfüllt. Die dabei eingesetzten Testverfahren müssen wissenschaftlich fundiert und validiert sein sowie sich in der Praxis der Fahreignungsbegutachtung bewährt haben. Es ist sicherzustellen, dass einzelne Teilgruppen von Begutachteten (z. B. Analphabeten, Personen mit Lese- und Rechtschreibschwäche, Hörgeschädigte) nicht benachteiligt werden.

Für die Durchführung von psychologischen Leistungstests werden verschiedene, vorwiegend computergestützte Testsysteme mit den darin enthaltenen einzelnen Testverfahren verwendet, wie z. B. das Wiener Testsystem VERKEHR[22] oder Corporal Plus.[23] [24]

So sind bei einer testpsychologischen Untersuchung – wozu ggf. auch der Einsatz von Persönlichkeitstestverfahren bei erhöhtem Aggressionspotenzial z. B. mit den Testverfahren des Test-Sets PERSROAD[25] und die Überprüfung der Intelligenz[26] z. B. mit dem I-S-T 2000 R[27] oder dem AMT[28] erforderlich ist – die konkret erreichten Rohwerte und die Übertragung auf die entsprechenden Normwerte erforderlich, um eine Befundwürdigung bezogen auf die behördliche Fragestellung vornehmen zu können.

Bei Verwendung von Testverfahren soll im Gutachten eine Beschreibung und Erläuterung der konkret eingesetzten Methode (Ziele, Aufgabenstellung für den Betroffenen, Bewertungsmaßstäbe) erfolgen. Dies soll exemplarisch am Beispiel zweier psychofunktionaler Testsysteme demonstriert werden:

Wiener Testsystem VERKEHR

Das Wiener Testsystem VERKEHR bietet mit den Test-Sets FeV, DRIVESTA und DRIVEPLS sowie PERSROAD ein umfassendes Paket zur Beurteilung der kraftfahrspezifischen Leistungsfähigkeit und der Bereitschaft zur Verkehrsanpassung. Bei den drei genannten Test-Sets handelt es sich im Wesentlichen um

---

20 Schubert, W., Schneider, W., Eisenmenger, W., Stephan, E. (Hrsg., 2005). Kommentar – Begutachtungs-Leitlinien zur Kraftfahrereignung. Erweiterte und überarbeitete 2. Auflage. Kapitel 2.5 „Anforderungen an die psychische Leistungsfähigkeit“, Bonn: Kirschbaum Verlag.

21 Vgl. auch Anlage 5.2 FeV.

22 Schuhfried, G. (2012): Wiener Testsystem Verkehr [Computer software]. Mödling: Schuhfried.

23 Berg, M., Nädtke, J. (2015): Psychometrisches Testsystem Corporal Plus. Testsystem zur Erfassung kognitiver Funktionen im bild-räumlichen Bereich: Manual. Olching: Vistec AG.

24 Eine Übersicht über die einzelnen Testverfahren wird im Kap. 2.5.1 des „Kommentars zu den Begutachtungs-Leitlinien“ gegeben.

25 Schuhfried, G. (2012): Manual Test-Set Verkehrsrelevante Persönlichkeitsfaktoren Straße (PERSROAD). Mödling: Schuhfried.

26 Bundesanstalt für Straßenwesen (Hrsg., 2014): Begutachtungsleitlinien zur Kraftfahrereignung, Kapitel 3.15 „Intellektuelle Leistungseinschränkungen“, Berichte der Bundesanstalt für Straßenwesen „Mensch und Sicherheit“, Heft M 115, Bremerhaven: Verlag NW.

27 Liepmann, D., Beauducel, A., Brocke, B., Amthauser, R. (2007): I-S-T 2000 R Intelligenz-Struktur-Test 2000. Göttingen: R. Hogrefe.

28 Hornke, L. F., Etzel, S., Rettig, K. (2011): Adaptiver Matrizentest (AMT). Mödling: Schuhfried.

standardisierte Testbatterien, die ausgehend von aktuellen Modellen sicheren Fahrverhaltens[29] [30] und den Empfehlungen der Begutachtungs-Leitlinien zur Kraftfahrereignung konstruiert und evaluiert wurden. Die einzelnen Testverfahren sind nach dem aktuellen Stand der Wissenschaft konstruiert und unter Aspekten der Verkehrssicherheit validiert.[31] Die Untersuchung erfolgt am Computer mithilfe des zuvor ausgewählten Test-Sets. Eine standardisierte Instruktions- und Übungsphase, die nach dem Prinzip des programmierten Unterrichts entwickelt wurde, stellt sicher, dass die Untersuchten über ein ausreichendes Verständnis der Aufgabenstellung verfügen, bevor mit der eigentlichen Testdurchführung begonnen wird. Die Testergebnisse können wahlweise in Form von T-Werten und Prozenträngen angezeigt werden. Zudem besteht auch die Möglichkeit, die Konfidenzintervalle, die standardmäßig ausgegeben werden, in die Urteilsbildung einzubeziehen. Bei Anwendung von T-Werten ist unter Berücksichtigung naturwissenschaftlicher Maßstäbe zu erläutern, warum von den Vorgaben der Begutachtungs-Leitlinien abgewichen wurde. Prozentränge (PR) können generell einen Wertebereich von 0–100 annehmen. Ein Prozentrang von 45 bedeutet z. B., dass 55 % der Bezugsgruppe „Kraftfahrerpopulation" Testergebnisse erzielt, die über der erreichten Leistung liegen. Ein Prozentrang von 100 steht also für die bestmögliche, ein Prozentrang von 0 für die geringste Leistung.

Die wissenschaftliche Begründung des angewandten Test-Sets – was im Gutachten im Einzelnen nicht erläutert werden muss[32] – erfolgt hierbei über den Weg der diagnostischen Fragestellung unter Berücksichtigung aktueller theoretischer Modelle und empirischer Befunde zu Leistungs- und Persönlichkeitsdeterminanten sicheren Fahrverhaltens. Bei der Beschreibung und Begründung der Test-Set-Auswahl kann der Anwender somit direkt an die im Test-Set Manual ausgearbeiteten wissenschaftlichen Erläuterungen anknüpfen.

Im Manual des Test-Sets finden sich explizite Interpretationshinweise für die Untertests sowie für die integrative Würdigung der erhobenen testdiagnostischen Informationen.

Testsystem Corporal Plus

Das Testsystem Corporal Plus wird am Computer als Testbatterie durchgeführt. Zur Ergebnisdarstellung ist anzumerken: In Abweichung von den „Begutachtungsleitlinien zur Kraftfahreignung" werden hier die normierten Messwerte als T-Werte angegeben. Im Unterschied zum dort bevorzugten Prozentrangwert ist die T-Skala eine metrische Skala der Messwerte und bietet

29 Groeger (2000): Understanding driving. Applying cognitive psychology to a complex everyday task. East Sussex: Psychology Press.

30 Michon, J. A. (1985): A critical review of driver behaviour models. What do we know, what should we do? In L. Evans, R. Schwing (Eds.), Human behaviour and traffic safety (pp. 485–520). New York: Plenum Press.

31 Sommer, M., Häusler, J., Herle, M., Arendasy, M. (2009): Zur Notwendigkeit multipler Validitätsnachweise in der verkehrspsychologischen Diagnostik. *Zeitschrift für Verkehrssicherheit, 55 (1)*, 25–31.

32 FeV Anlage 4a (zu § 11 Abs. 5 Nr. 2 a).

den Vorteil, dass die bei jedem Testverfahren stets vorhandenen Messwertschwankungen berechenbar sind. Diese sollten nicht fälschlich der Testperson angelastet werden. Ein T-Wert von T = 20 steht für die geringste, T = 80 für die bestmögliche Leistung. Der sogenannte „Normalbereich" ist als Mittelwert plus/minus Standardabweichung (T = 50 ± 10) definiert. T-Werte zwischen 40 und 60 stehen somit für eine durchschnittliche Leistung. Ferner wird zum T-Wert der Standardmessfehler CL(T) angegeben. Dieser zeigt an, in welcher Bandbreite der erreichte Testwert einer Mess-Ungenauigkeit unterliegen kann (Konfidenzintervall).

Die wissenschaftliche Begründung, warum von den Begutachtungsleitlinien in diesem konkreten Fall abgewichen wird, ist hier beispielhaft demonstriert. Wenn ein Gutachten von den Begutachtungsleitlinien abweicht – was unabhängig vom Fachbereich (Medizin, Psychologie oder Toxikologie) immer möglich ist –, muss die Stringenz wissenschaftlicher Begründung grundsätzlich Maßstab für Nachvollziehbarkeit und Nachprüfbarkeit sein.

Die Beschreibung des verwendeten Testmaterials und der Aufgabe, die der Betroffene zu absolvieren hat, ist im nachfolgenden Text abgebildet.

Das Testmaterial besteht allgemein aus einem „Corporalswinkel" (einer Figur aus drei ineinandergesetzten Winkeln) und einem Kreuz aus ineinandergesetzten Winkeln. Das Kreuz kann am Bildschirm oben, links, rechts oder unten erscheinen. Der Winkel kann ebenfalls am Bildschirm oben, links, rechts oder unten erscheinen und außerdem nach oben, links, rechts oder unten zeigen. Zu reagieren ist immer auf die Lokation (Lage der Figur) oder/und die Orientierung (Richtung, in die der Winkel zeigt). Auf einem Antwortgerät mit 4 Tasten ist die jeweils richtige Taste für oben, links, rechts oder unten zu drücken.

Als Leistungsmaß („Rohwert") wird eine Kombination aus Sorgfalts- und Schnelligkeitswert, der Leistungskennwert (L), verwendet. Dieser errechnet sich aus der Anzahl richtiger Reaktionen pro Sekunde, multipliziert mit dem Anteil richtiger Reaktionen. Damit wird die Kombination beider Variablen durch die Sinnhaftigkeit der Reaktionen gewichtet.

Für Fahrerlaubnisklassen der Gruppe 1 gilt die erreichte Testleistung als hinreichend, wenn beim Leistungskennwert T + Cl(T) = 40 erreicht bzw. überschritten wird, für Fahrerlaubnisse der Gruppe 2, wenn T + Cl(T) = 45 erreicht bzw. überschritten wird.

Bei zu hoher Fehlerzahl (T(pR) ≤ 35 + Cl(T), siehe Normierung) wird L nicht berechnet, und der jeweilige Test gilt dann als nicht bestanden.

Für die Gruppe 1 muss bezogen auf eine altersunabhängige Norm zur Erfüllung der Mindestanforderungen (Entlastungsdiagnostik) in den angewendeten psychofunktionalen Leistungstests mindestens der Prozentrang 16 bzw. der T-Wert 40 erreicht werden.

Für die Gruppe 2 gilt aufgrund der erhöhten Anforderungen (Nachweisdiagnostik) und gleichfalls bezogen auf eine altersunabhängige Norm, dass in der Mehrzahl der eingesetzten psychofunktionalen Testverfahren der Prozentrang 33 (T = 45) erreicht oder überschritten wird sowie der Prozentrang 16 (T = 40) ausnahmslos erreicht wird.

Die Überprüfungsdiagnostik betrifft Inhaber einer Fahrerlaubnis, bei denen behördliche Zweifel (z.B. Krankheiten, Verhaltensauffälligkeiten) an ihrer Eignung bestehen.[33]

Bei Erreichen eines Intelligenzquotienten (IQ) ab 70 – gemessen mittels eines entsprechenden Intelligenztests (z.B. durch den IST 200 R)[34] – liegen bezogen auf die Gruppe 1 keine eignungsausschließenden intellektuellen Leistungseinschränkungen vor. Bei der Gruppe 2 (Taxi- und Busfahrer etc.) sollten die Fahrzeugführer über einen IQ von mindestens 85 verfügen.

Im Zweifelsfall empfiehlt sich – wie auch bei den psychologischen Leistungstestverfahren – die Beobachtung des Fahrverhaltens.

1.3 Psychologische Fahrverhaltensbeobachtung

Bei unzureichenden Testergebnissen ist die Durchführung einer psychologischen Fahrverhaltensbeobachtung indiziert.[35] [36] [37] [38]

Die psychologische Fahrverhaltensbeobachtung dient z.B. der Klärung der Frage nach dem Vorhandensein von Kompensationsmöglichkeiten bei psychofunktionalen Leistungsminderungen. Sie wird einzelfallbezogen in einem Fahrschulwagen mit Doppelbedienung im Beisein eines Fahrlehrers und des psychologischen Gutachters durchgeführt. Die Fahrstrecke sollte standardisiert sein, was auch auf das Verhalten des Gutachters und des Fahrlehrers sowie die Auswertung der Ergebnisse zutrifft.

Während der Fahrt werden dem Betroffenen bestimmte Leistungen bzw. Aufgaben abverlangt. Diese Fahraufgaben lassen sich in die vier Beschreibungsdimensionen (Orientierung, Konzentration/Aufmerksamkeit, risikobezogene Selbstkontrolle, Handlungszuverlässigkeit) einordnen. Diese Dimensionen wurden auf dem zugrunde liegenden Konzept der psychischen Leistungsfähigkeit definiert und orientieren sich somit sowohl an den einzelnen Komponenten der Fahraufgabe als auch an verkehrsrelevanten Persönlichkeitsfaktoren und Einstellungen (siehe Tabelle 5.1).[39]

---

33 Dazu genauer Kapitel 2.4.1.

34 Liepmann, D., Beauducel, A., Brocke, B., Amthauser, R. (2007): I-S-T 2000 R Intelligenz-Struktur-Test 2000. Göttingen: R. Hogrefe.

35 Schubert, W., Wagner, T. (2003): Die psychologische Fahrverhaltensbeobachtung – Grundlagen, Methoden und Anwendungsmöglichkeiten. *Zeitschrift für Verkehrssicherheit 49 (3)*, 119–127.

36 Geiger, H. (2011): Psychologische Fahrverhaltensbeobachtung. DAR 11/2011, S. 623–625.

37 Schubert et al. (2005): Kommentar – Kapitel 2.5.2 „Psychologische Fahrverhaltensbeobachtung".

38 Schubert, W. et al. (2013): Beurteilungskriterien, Kap. 8.2 „Der Einsatz von psychologischen Testverfahren in der Begutachtung der Fahreignung".

39 Schubert, W., Wagner, T. (2003): Die psychologische Fahrverhaltensbeobachtung – Grundlagen, Methoden und Anwendungsmöglichkeiten. *Zeitschrift für Verkehrssicherheit 49 (3)*, 19–127.

Tabelle 5.1 Beschreibungsdimensionen der psychologischen Fahrverhaltensbeobachtung[40]

Beschreibungsdimension	Definition/Erläuterung	Aufgabenbeispiele
Orientierungsleistung	Fähigkeit, den Bedeutungsgehalt einer Verkehrssituation oder von Verkehrszeichen zu erkennen; Erkennen von räumlichen und zeitlichen Beziehungen und deren Fortsetzung (Antizipation)	– Folgt der Vorfahrtsstraße – Wählt richtigen Fahrstreifen – Fährt nicht auf die Sperrfläche – Platziert sich am Mittelstreifen zum Abbiegen – Beachtet Verkehrsführung – Erkennt rechtzeitig die Abbiegenotwendigkeit
Konzentrationsleistung/ Aufmerksamkeitsleistung	Fähigkeit zu zielgerichtetem Beachten von relevanten Informationen sowie das gleichzeitige Beachten mehrerer Objekte und das Abschirmen von Störeinflüssen	– Beachtet Wartepflicht bei Gegenverkehr – Beachtet Tempo-30-Schild/Setzt Geschwindigkeitsbegrenzung um – Beachtet rechts vor links – Beachtet Gegenverkehr – Beobachtet vorfahrtsberechtigte Straße – Beachtet Grünen Pfeil, fährt bei grün an – Erkennt Gefahrenstelle, reduziert Geschwindigkeit
Risikobezogene Selbstkontrolle	Fähigkeit zu diszipliniertem, normbewusstem und sicherheitsbezogenem Fahrverhalten	– Zeigt Fahrspurwechsel (Fahrtrichtungswechsel) rechtzeitig an – Hält Sicherheitsabstand – Zeigt Absicht, abzufahren, rechtzeitig an – Beachtet entgegenkommende Fahrzeuge bei Verengungen – Überschreitet Höchstgeschwindigkeit um max. 10 km/h – Beachtet den Vorrang von Fußgängern (Radfahrer, Seitenstraße)
Handlungszuverlässigkeit	Fähigkeit zum kompetenten Umgang mit dem Fahrzeug (Fahrzeugbedienung) und situationsbezogenes Auslösen von gelernten Reiz-Reaktions-Verbindungen	– Fährt nicht unangemessen langsam – Hält die Fahrspur ohne Seitenbewegungen – Findet Bedienelemente sicher auf – Bedient Fahrzeug bei (dem benannten) Fahrmanöver sicher – Handhabt das Rangieren sicher – Hält die Fahrbahn auf kurvenreicher Strecke ein – Betätigt Blinker

Die Beobachtungsstrecke ist in ihrem Verlauf zu protokollieren. In diesem Protokoll sind die laufenden Kilometer der Fahrstrecke und die notwendigen Anweisungen an den zu beobachtenden Betroffenen einzutragen.

In dem festgelegten Streckenverlauf sind einzelne Beobachtungspunkte zu benennen, die den einzelnen Verhaltensdimensionen zugeordnet werden.

Zur Durchführung der Fahrverhaltensbeobachtung ist die Beobachtungsstrecke der betreffenden Begutachtungsstelle für Fahreignung verbindlich

40 Nach Schubert & Wagner (2003).

einzuhalten, wobei sich das konkrete Verhalten der Beteiligten und die Ergebnisauswertung nach den Vorgaben richten. Die Beobachtungen sind dabei zu protokollieren.

Die Instruktionen an den Betroffenen sollen nach Fahrtantritt exakt so erfolgen, wie sie im Protokoll zur Fahrverhaltensbeobachtung niedergelegt sind.

Letztendlich wird das Protokoll der Fahrverhaltensbeobachtung dahingehend ausgewertet, ob der Betroffene die notwendigen Leistungen gezeigt hat. Unter bestimmten Umständen kann die Fahrverhaltensbeobachtung auch abgebrochen werden, wenn z. B. der Fahrlehrer aktiv eingreifen muss, um einen Unfall zu verhindern.

Im Gutachten ist der Name des Fahrlehrers, seiner Fahrschule und der benutzte Fahrzeugtyp anzugeben. Das Ergebnis der psychologischen Fahrverhaltensbeobachtung wird in das medizinisch-psychologische Gutachten integriert.

Eine psychologische Fahrverhaltensbeobachtung kann aber auch von einer Behörde als gesonderte Begutachtung veranlasst werden. Eine psychologische Fahrverhaltensbeobachtung stellt keine Befähigungsprüfung dar.

2 Gutachten von Ingenieuren

Arndt Birkigt, Roland Krause, Wilhelm Petzholtz

Nach § 11 Abs. 4 der Fahrerlaubnis-Verordnung (FeV) ist das Beibringen von Gutachten auch eines amtlich anerkannten Sachverständigen oder Prüfers für den Kraftfahrzeugverkehr (aaSoP)[41] einer Technischen Prüfstelle eine geeignete Entscheidungshilfe für die Fahrerlaubnisbehörde, wenn die Fragestellung eher technischer Natur ist. Dies gilt insbesondere bei der Umrüstung von Fahrzeugen für Kraftfahrer mit körperlichen Einschränkungen. Der in der Anlage 14 Abs. 2 Nr. 4 zu § 66 Abs. 2 FeV im Zusammenhang mit der a.a.BfF genannte Diplom-Ingenieur kann dort nur eine beratende Funktion wahrnehmen.

Im Rahmen der Begutachtung nach § 11 Abs. 4 FeV durch den aaSoP wird in den meisten Fällen eine Fahrprobe Bestandteil der Begutachtung sein. Der Status dieser Fahrprobe ist jedoch anders gelagert als der Status einer Prüfungsfahrt, bei der eindeutig der Fahrlehrer gemäß § 2 Abs. 15 StVG[42] als Führer des Kraftfahrzeuges gilt. Die ggf. im Rahmen der Begutachtung nach § 11 Abs. 4 FeV erforderliche Fahrprobe in einer Technischen Prüfstelle für den Kraftfahrzeugverkehr (TP) ist nicht mit der gemäß § 38 FeV genannten Fahrprobe im Rahmen einer verkehrspsychologischen Beratung bzw. mit der verkehrspsychologischen Fahrverhaltensbeobachtung im Zusammenhang mit einer Fahreignungsbegutachtung in einer amtlich anerkannten Begutachtungsstelle für Fahreignung (a.a. BfF) zu vergleichen.

Bei der Begutachtung nach § 11 Abs. 4 FeV muss der aaSoP bei erforderlicher Fahrprobe im Rahmen seiner Tätigkeit festlegen, ob gegebenenfalls die Begleitung durch einen Fahrlehrer, eventuell mit möglichem Eingriff bzw. in bestimmten Fällen sogar das Vorhandensein einer Doppelbedieneinrichtung, erforderlich ist.

2.1 Körperbehinderung und Mobilität

Körperbehinderungen, und damit verbundene körperliche Einschränkungen, können von Geburt an, infolge eines Unfalls oder einer Krankheit auftreten. In Sonderfällen ist der aaSoP auch mit Behinderten konfrontiert, die neben einer körperlichen Fehlfunktion zusätzlich eine Störung der Wahrnehmungsleistung (z.B. bei Cerebralparese) oder eine psychologische Störung aufweisen.

Wenn es um eine Priorität von Personengruppen für die Nutzung des Kfz geht, stehen die Körperbehinderten an erster Stelle. Sie haben gegenüber den körperlich Unversehrten weniger Alternativen bei der Wahl eines Verkehrs-

41 Dem aaSoP nach § 2 Abs. 2 Nr. 1 Kraftfahrsachverständigengesetz (KfSachvG) ist im Hinblick auf die Begutachtung nach § 11 Abs. 4 der amtlich anerkannte Sachverständige mit Teilbefugnis nach § 2 Abs. 2 Nr. 2 KfSachvG gleichgestellt.

42 Straßenverkehrsgesetz.

mittels. Die Mobilität Behinderter mithilfe ihres eigenen Kraftfahrzeugs zu erhalten, ist aus Sicht der Betroffenen deshalb eine wichtige Grundlage ihrer Lebensqualität. Da die Nutzung öffentlicher Verkehrsmittel für sie oft sehr mühevoll ist, ermöglicht ihnen erst die individuelle Mobilität mit entsprechend angepasstem Fahrzeug, trotz ihrer Beeinträchtigungen am Leben im sozialen Umfeld teilzunehmen, einem Beruf nachzugehen oder ihre Freizeit zu gestalten.

Im Leitfaden „Mobilitätsbehinderte und Kfz“[43] wird von geschätzten 6 Millionen Mobilitätsbehinderten in Deutschland ausgegangen. Das Unfallrisiko in Verkehr, Beruf, Sport und anderer Freizeit ist nach wie vor hoch, sodass jährlich weitere Körperbehinderte – in Zahlen vergleichbar mit den Einwohnern einer Kleinstadt – als Betroffene hinzukommen. Körperbehinderte können außerdem auch ohne behördlichen Auftrag im Rahmen ihrer Pflicht zur Vorsorge nach § 2 Abs. 1 FeV eine Technische Prüfstelle mit der Begutachtung beauftragen, ob und wie sie weiterhin sicher ein Kraftfahrzeug führen können.

Aus Sicht der Betroffenen ist der Weg vom Mobilitätswunsch bis zur (neu) erworbenen Fahrerlaubnis mit Auflagen nicht nur lang, sondern auch unübersichtlich. Folgende Akteure können im Gesamtprozess tätig werden:

- Die Fahrerlaubnisbehörde,
- Psychologische und medizinische Gutachter einer Begutachtungsstelle für Fahreignung (a. a. BfF),
- Für besondere Gutachten in einem medizinischen Teilgebiet zuständige Fachärzte mit verkehrsmedizinischer Qualifikation,
- Spezialwerkstätten für Kfz-Zusatzausrüstungen oder Umrüstungen,
- Eine Fahrschule mit Spezialisierung für Körperbehinderte,
- Amtlich anerkannter Sachverständiger oder Prüfer (aaSoP) als Gutachter zu technischen Fragestellungen und/oder als Fahrerlaubnisprüfer für die neu zu erteilende Fahrerlaubnis,
- Umrüstwerkstatt,
- Leistungsträger für eventuelle Kostenübernahme.

2.2 Rechtliche Grundlagen zur Begutachtung durch aaSoP

Das Kraftfahrsachverständigengesetz (KfSachvG)[44] geht unter dem Sammelbegriff *amtlich anerkannter Sachverständiger oder Prüfer (aaSoP)* von vier verschiedenen Qualifikationsstufen mit jeweils zugeordneten Befugnissen aus. Da die Befugnis des amtlich anerkannten Prüfers mit Teilbefugnis (aaPmT) auf die Überwachung von Kraftfahrzeugen und deren Anhänger beschränkt ist (§ 1 Abs. 2 KfSachvG) und der amtlich anerkannte Prüfer (aaP)

43 Deutsche Fahrlehrer-Akademie e. V. Stuttgart (Hrsg.) (1997): Mobilitätsbehinderte und Kraftfahrzeug. Münchingen: Korntal.

44 Kraftfahrsachverständigengesetz (KfSachvG) vom 22. Dezember 1971 i. d. F. vom 19. März 2001 (BGBl. I S. 386).

gemäß § 32 Abs. 1 KfSachvG dem amtlich anerkannten Sachverständigen mit Teilbefugnis (aaSmT) gleichgestellt ist, kommen für die Begutachtung nach § 11 Abs. 4 FeV nur der amtlich anerkannte Sachverständige gemäß § 2 Abs. 2 Nr. 1 KfSachvG (aaS) und der amtlich anerkannte Sachverständige mit Teilbefugnis gemäß § 2 Abs. 2 Nr. 2 KfSachvG (aaSmT) infrage. Sie sind Angehörige einer TP.

Zu beachten ist, dass in den Rechtsvorschriften des Straßenverkehrsrechts der Begriff „amtlich anerkannter Sachverständiger für den Kraftfahrzeugverkehr" die beiden Kategorien aaS und aaSmT subsumiert. Bezüglich der Befugnis für die Begutachtung nach § 11 Abs. 4 FeV sind sie gleichgestellt.

Im Falle bedingter Eignung stützt die Fahrerlaubnisbehörde die Entscheidungen nach §§ 3 Abs. 1, 23 Abs. 2 FeV über Beschränkungen der Fahrerlaubnis oder über Auflagen abseits von Gutachten nach § 11 Abs. 2 und 3 FeV häufig auch auf das Gutachten eines aaSoP.

Für die Klärung von Eignungszweifeln durch Gutachten eines aaSoP kann es daher zwei Gründe geben. Entweder ist ein solches auch nach Vorliegen eines ärztlichen und/oder medizinisch-psychologischen Gutachtens einer amtlich anerkannten Begutachtungsstelle für Fahreignung noch zusätzlich erforderlich oder um festzustellen, ob bei einer Behinderung des Bewegungsapparates der Behinderte das Fahrzeug mit den erforderlichen Zusatzausrüstungen sicher führen kann.

Der aaSoP begutachtet den Körperbehinderten auf seine verbliebenen Fähigkeiten und empfiehlt Maßnahmen für die sichere Führung des Kraftfahrzeugs. Diese haben meist technische Änderungen durch Bedienhilfen und weitere technische Hilfsmittel am Fahrzeug zur Folge. Die Maßnahmen werden im Gutachten aufgezeigt und der Behörde als Beschränkungen der Fahrerlaubnis vorgeschlagen. Gegebenenfalls werden auch Auflagen an den Fahrzeugführer im Gutachten empfohlen. Anlage 4a FeV gilt nach § 11 Abs. 5 FeV für diese Gutachten nicht.

Die Fahrprobe nach § 2 Abs. 15 StVG ist dabei ein wichtiges Mittel des aaSoP zur Überprüfung seiner Festlegungen in der Praxis.[45] Eine Fahrlehrerbegleitung im Lehrfahrzeug mit Doppelbedienungseinrichtung ist dazu auch bei einer Begutachtung Betroffener mit Fahrerlaubnisbesitz dringend geboten.

Immerhin bestehen Eignungszweifel, die Gefahren während der Fahrprobe im öffentlichen Verkehr verursachen können. Diese Unklarheit könnte durch Klarstellung des Gesetzgebers bereinigt werden.

Die Beschränkungen der Fahrerlaubnis können sich auf einzelne Fahrzeugarten bestimmter Klassen nach § 6 Abs. 1 Satz 2 FeV oder auf speziell angepasste Fahrzeuge nach § 23 Abs. 2 Satz 2 FeV beziehen. Führt der Betroffene dann ein anderes Fahrzeug, fährt er ohne die erforderliche Fahrerlaubnis und verwirklicht eine Straftat nach § 21 StVG.

---

45 VGH Bayern vom 12.7.1982 – 11 B 81 A.2204 – in: DAR 1982 S. 339.

Die Auflagen an den Fahrerlaubnisinhaber nach § 23 Abs. 2 Satz 1 FeV können z.B. das Tragen einer Prothese, gebietsmäßige Begrenzungen oder ärztliche Kontrolluntersuchungen sein. Verstöße gegen eine Auflage stellen jedoch nach § 75 Nr. 9 FeV lediglich eine Ordnungswidrigkeit dar.

Beschränkungen und Auflagen werden durch 2- bzw. 4-stellige Schlüsselzahlen gemäß Anlage 9 FeV im Feld 12 des Führerscheins vermerkt, beispielsweise beim Führen eines Kraftrades: 44.01 „Bremsbetätigung beider Bremsen mit nur einem Hebel".

2.3 Die Fahrerlaubnis für Körperbehinderte

Zu unterscheiden ist zwischen der Ersterteilung einer Fahrerlaubnis für einen körperbehinderten Betroffenen und den Auswirkungen einer bei einem Fahrerlaubnisinhaber neu eintretenden Behinderung.

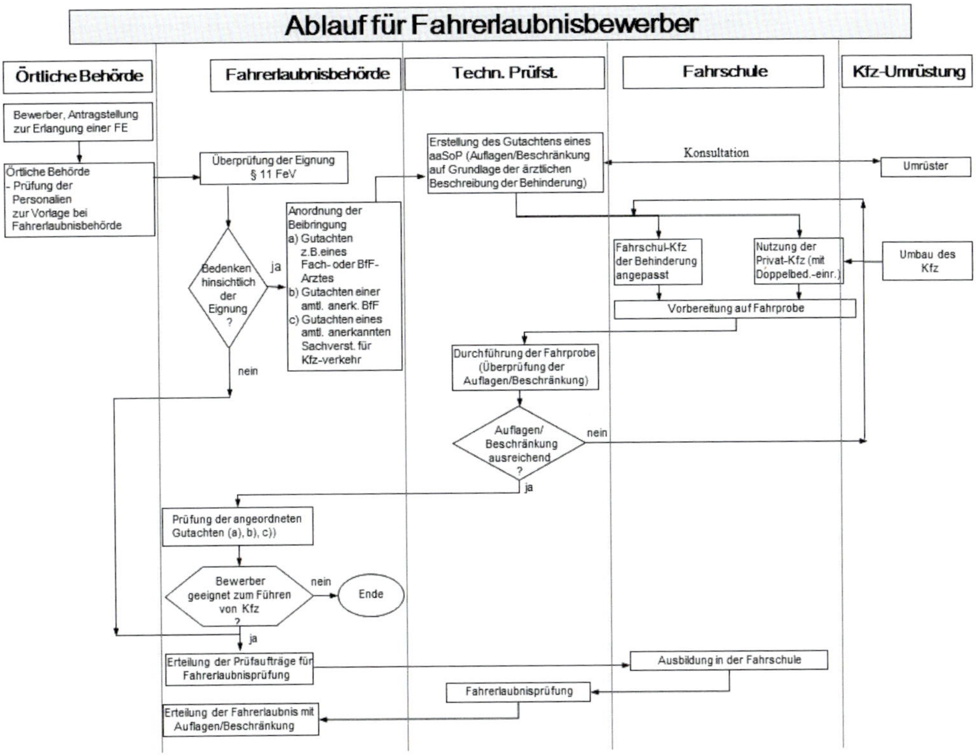

Bild 5.1 Ablauf für Fahrerlaubnisbewerber

Zunächst wählt der behinderte Fahrerlaubnisbewerber die Fahrschule seines Vertrauens und legt bei seiner örtlich zuständigen Fahrerlaubnisbehörde den Antrag auf eine Fahrerlaubnis vor. Bestehen in sehr einfach gelagerten Fällen aus Sicht der Fahrerlaubnisbehörde keine Bedenken gegen die Fahreignung, d.h. es sind keine Beschränkungen und Auflagen erforderlich, erteilt sie umgehend den Prüfauftrag an die Technische Prüfstelle. Damit kann ggf. die theoretische Ausbildung in der gewählten Fahrschule abgeschlossen werden und bereits die theoretische Prüfung durch einen aaSoP erfolgen.

Ist hingegen ein Gutachten zur Fahreignung erforderlich, muss dieses zunächst vorliegen. Ein Fahrschul- oder Privat-Kfz wird dem Gutachten entsprechend umgerüstet.

Erst dann kann die Fahrschule mit der Ausbildung des Betroffenen beginnen und ihn auf die Fahrprobe vorbereiten. Das ist nötig, weil der Gutachter dessen Fähigkeit, das Fahrzeug mithilfe seiner Steuerungseinrichtungen sicher zu handhaben, beurteilen muss. Der richtige Zeitpunkt der Fahrprobe hängt davon ab, wie lange der Betroffene mit dem Fahrlehrer diese Fertigkeiten trainieren muss. Da dies überwiegend im öffentlichen Verkehr erfolgt, ist auch eine gewisse Sicherheit bei der Bewältigung von Verkehrssituationen hilfreich.

Ist die Vorbereitung beendet, überprüft der aaSoP mittels Fahrprobe die Wirksamkeit seiner gutachterlichen Festlegungen zu Beschränkungen und Auflagen.

Dauer, Fahrstrecke und Anforderungsprofil passt der Sachverständige dem konkreten Fall an. Die Fahrprobe sollte nicht mit der praktischen Fahrerlaubnisprüfung kombiniert werden. Die unterschiedlichen Ziele beider Maßnahmen führen zu einer unnötigen Mehrbelastung des Bewerbers.

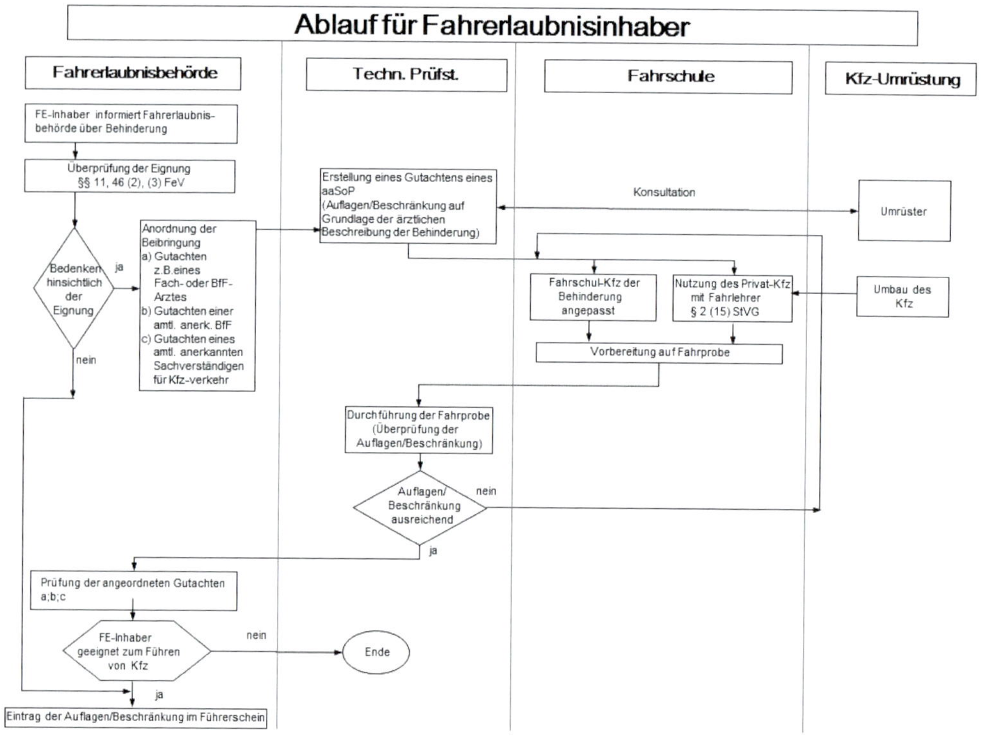

Bild 5.2 Ablauf für Fahrerlaubnisinhaber

Sind die Beschränkungen nicht ausreichend oder unangemessen hoch, wird das Gutachten durch den aaSoP überarbeitet. Bei Einverständnis des Betroffenen wird es der Fahrerlaubnisbehörde zugeleitet. Bei erfolglosem Verlauf der Fahrprobe mit Risiken für eine sichere Fahrzeugführung wird das Gutachten ein negatives Ergebnis aufweisen. Im Gegensatz zur Prüfungsfahrt gibt es bei der Fahrprobe üblicherweise keine Wiederholungsmöglichkeit.

Die Behörde entscheidet nun über die Eignung und schließt das Verfahren im negativen Fall mit der Versagung der Fahrerlaubnis ab. Im positiven Fall kann die Ausbildung in der Fahrschule fortgesetzt werden. Bei Prüfungsreife meldet die Fahrschule den Betroffenen zur Fahrprüfung an. Prüft der vorherige Gutachter selbst in der praktischen Prüfung, kontrolliert ein weiterer, am vorherigen Verfahren unbeteiligter Sachverständiger den Umgang mit den Hilfseinrichtungen. Nach bestandener Fahrprüfung wird die Fahrerlaubnis mit Beschränkungen und Auflagen erteilt.

Wird der Behörde die Körperbehinderung eines Fahrerlaubnisinhabers bekannt und ordnet sie die Beibringung eines Gutachtens eines aaSoP an, ist auch hier eine Vorbereitung auf die Fahrprobe durch eine Fahrschule erforderlich.

Wegen der ggf. völlig neuartigen Bedieneinrichtungen sind Übungsstunden mit einem Fahrlehrer hier von großer Bedeutung. Eine Umstellung von jahrelang gewohnten Automatismen auf beispielsweise „Fuß- “ oder „Joystick-Lenkung“, „Gaspedal für linken Fuß“ sowie auf „Bremsen mit der linken Hand“ muss für eine sichere Teilnahme am Straßenverkehr unter fachlicher Anleitung auch in Stresssituationen trainiert werden. Bei umgerüstetem Privat-Kfz ist deshalb die Fahrlehrerbegleitung nach § 2 Abs. 15 StVG zu ermöglichen.

Fällt das Gutachten dann positiv aus und die Behörde sieht die Fahreignung als gegeben an, veranlasst sie die Eintragung der codierten Beschränkungen und Auflagen in den Kartenführerschein Feld 12. Bei fehlender Eignung wird die Fahrerlaubnis hingegen entzogen.

2.4 Grundsätze der Begutachtung Körperbehinderter

Nachfolgende Grundsätze bei der Begutachtung sollte der aaSoP beachten:

1. Im Regelfall ist vor der Begutachtung des Körperbehinderten das Vorlegen eines fachärztlich-orthopädischen oder chirurgischen Gutachtens notwendig, in dem Aussagen über Prothesenverträglichkeit, Stumpfverhältnisse, Belastbarkeit der betroffenen Gliedmaßen bzw. der Prothesen, eventuelle Auswirkungen bei Langzeitbelastung, Restfunktionen bei Teillähmung und dergleichen getroffen werden.[46]

46 Schubert et al. (2005): Kommentar, Kapitel 3.3.

2. Medizinisch-psychologische Gutachten sollten empfohlen werden, wenn aus dem ärztlichen Gutachten oder aus der Fahrprobe z. B. eine Hirn- oder Nervenschädigung bzw. Hinweise auf Leistungseinbußen hervorgehen.
3. Auch technische Gutachten sind so zu formulieren, dass sie allgemein verständlich, nachvollziehbar und nachprüfbar sind und keine medizinischen, psychologischen oder technischen Vorkenntnisse erfordern.
4. Für den aaSoP nicht nachvollziehbare ärztliche Gutachten ohne klare Aussagen zu Restfunktionen hinsichtlich einer bedingten Eignung sollten zurückgewiesen oder im Einvernehmen mit dem Betroffenen im direkten Kontakt mit dem Arzt geklärt werden.
5. Die Begutachtung des/der Betroffenen durch den aaSoP sollte ohne die Anwesenheit weiterer, fremder Teilnehmer erfolgen.
6. Ziel des Gutachtens ist es, sich an verbliebenen Ressourcen oder Kompensationsmöglichkeiten des Betroffenen zu orientieren und nur das notwendige Minimum an Beschränkungen und Auflagen vorzuschlagen, mit dem eine sichere Fahrzeugführung im Verkehr erwartet werden kann. Der Betroffene sollte dabei auf möglicherweise unterschiedliche Auflagen für unterschiedliche Fahrzeugtypen (auch Leihwagen) hingewiesen werden. Seine Wünsche sollten beachtet werden und können ggf. als Empfehlung in das Gutachten aufgenommen werden.
7. Hat die Behörde die Begutachtung für mehrere innegehabte Fahrerlaubnisklassen angeordnet, ist für jede Fahrzeugart eine Fahrprobe durchzuführen. Bei Nutzfahrzeugen oder bei gewerblichem Fahrzeugeinsatz mit Zwang zu Einsatzzeitpunkt und -dauer wird die Fahrprobe ggf. mit beladenem Fahrzeug durchgeführt.

2.5 Durchführung der Begutachtung

Der Ablaufplan für Eignungsgutachten eines aaSoP findet sich im VdTÜV-Merkblatt Nr. 745, Anhang B „Kommentar – Begutachtungs-Leitlinien zur Kraftfahrereignung"[47]. Das Merkblatt ist im Sinne einer Richtlinie anzuwenden.

Erster Schritt der Begutachtung ist ein **Gespräch** in geeigneter Umgebung

- auf Grundlage der bereits vorliegenden medizinischen oder medizinisch-psychologischen Gutachten einschließlich der Vorgeschichte und eventuellen Erfahrungen des Betroffenen,
- zur Beurteilung der
  - Restfunktionen der Kopfbeweglichkeit und der Gliedmaßen,
  - Einsatzmöglichkeit von Armen, Händen, Beinen und Füßen ggf. mit Prothese,
  - vorhandenen körperlichen Kräfte,
  - Feinkoordination, Greifraum, Tiefensensibilität,
  - Sitzfähigkeit,

47 Schubert et al. (2005): Kommentar.

- Länge des Oberkörpers und der Beine,
- muskulären Körperkontrolle,
- Beweglichkeit von Wirbelsäule und Rumpf.

In einem zweiten Schritt erfolgt im Rahmen der **Sitzprobe** mit dem Kraftfahrzeug das Messen von Bedienkräften mittels Pedal- und Hebelkraftmessungen oder Drehmomentermittlungen mittels Messlenkrad. Entsprechend dieser Messungen legt der aaSoP im ersten Teil seines Gutachtens die notwendigen Umrüstungen des Fahrzeugs fest.

Im Kommentar zu den Begutachtungs-Leitlinien[48] sind vielfältige technische Fahrzeuganpassungen zur Realisierung von Beschränkungen beschrieben, z.B. eine Anpassung des Schalthebels, Pedalverlängerung, handbetätigte Kupplung, Handgas, elektrische Bremse, Beschleunigung mit dem Knie, waagerechtes Lenkrad oder Fußlenkung.

Sind die Umrüstungen in der Werkstatt vorgenommen, folgt in den meisten Fällen eine **Fahrprobe**, bei der sich u.U. weiterer Änderungs- oder Ergänzungsbedarf am Fahrzeug zeigt. Lediglich wenn dem aaSoP das Ausmaß der Behinderung eindeutig klar ist, kann die Fahrprobe auch außerhalb des öffentlichen Verkehrs bei niedriger Geschwindigkeit erfolgen oder sogar ganz entfallen.

Der Status dieser Fahrprobe ist anders gelagert als der Status einer Prüfungsfahrt, bei der eindeutig der Fahrlehrer gemäß § 2 Abs. 15 StVG[49] als Führer des Kraftfahrzeuges gilt (aber mit Doppelbedienungseinrichtung nach § 5 Abs. 2 DV-FahrlG). Ebenso ist sie nicht mit einer psychologischen Fahrverhaltensbeobachtung im Rahmen einer Verkehrspsychologischen Beratung oder einer Fahreignungsbegutachtung einer a.a. BfF zu vergleichen. Vielmehr muss der aaSoP bei der Begutachtung nach § 11 Abs. 4 FeV zunächst festlegen, ob die Begleitung eines Fahrlehrers, ggf. sogar mit Eingriffsmöglichkeit durch Doppelbedieneinrichtung, erforderlich ist.

Den Umfang der Fahrprobe bestimmt der aaSoP entsprechend der Fragestellung und den Festlegungen der Fahrerlaubnisbehörde sowie offener Fragen oder Hinweise weiterer Gutachten. Im Regelfall sind die Anforderungen (Ort und Dauer) analog der Prüfungsrichtlinie[50] geboten. Im Mittelpunkt stehen die sichere Fahrzeugbedienung, die ausreichende Verkehrsbeobachtung mit richtigem Verhalten auch in komplexen Verkehrssituationen und das ausreichende Reaktionsvermögen bei Dauerbelastung.

2.6 Erstellung des Gutachtens durch den aaSoP

Die Berücksichtigung aller Informationen und das Ergebnis der Fahrprobe ermöglicht dem aaSoP einen Vorschlag hinsichtlich der gebotenen Beschrän-

48 Schubert et al. (2005): Kommentar, Kapitel 2.6.1, S. 76–82.

49 Straßenverkehrsgesetz.

50 Richtlinie für die Prüfung der Bewerber um eine Erlaubnis zum Führen von Kraftfahrzeugen (Prüfungsrichtlinie), VkBl. 2004 S. 130 ff., 613 ff.

kungen und Auflagen der Fahrerlaubnis für den Betroffenen an die Fahrerlaubnisbehörde.

Dabei muss der aaSoP klare Vorstellungen über die Zweckmäßigkeit und Durchführbarkeit der empfohlenen Maßnahmen haben, da diese von erheblicher Wirkung auf den Betroffenen sein können. Adressat des Gutachtens ist hier nicht die Behörde, sondern der Körperbehinderte selbst als Auftraggeber. Erst mit seiner Zustimmung ist der Versand an die Behörde zulässig.

Die Umrüstvariante des Fahrschul-Pkw darf nicht zu Einengungen bei der Gutachtenerstellung führen. Die Anzahl der Beschränkungen muss so gering wie möglich, aber so hoch wie nötig sein. Eine Typbindung dieser Maßnahmen sollte möglichst nicht bestehen, damit auch Ersatz- oder Leihwagen genutzt werden können.

Normative Vorschriften für die Form des Gutachtens gibt es nicht. Empfohlen wird jedoch das Formblatt der Technischen Prüfstellen „Gutachterliche Stellungnahme (Teil 1 der Begutachtung)“ und „Durchführung einer Fahrprobe (Teil 2 der Begutachtung)“,[51] um das Übersehen von Fakten zu vermeiden.

Rechtsbegriffe mit Entscheidungscharakter, etwa „geeignet“ oder „ungeeignet“, sind der Fahrerlaubnisbehörde vorbehalten und gehören nicht in das Gutachten. Gleiches gilt für Vorschläge zu Auflagen wie „gewerbliche Tätigkeit“, „eingeschränkter Aktionsradius“ oder „Höchstgeschwindigkeit“. Hinweise in diesem Sinne können jedoch der Behörde gegeben werden. Im Übrigen ist die Terminologie der Schlüsselzahlen der Anlage 9 FeV und des Merkblatts Nr. 745 zu nutzen.

Die Gebühren nach Zeitaufwand für die Gutachtenerstellung durch aaSoP sind der Anlage zu § 1 Ziff. 499 GebOSt[52] zu entnehmen.

2.7 Fahrerlaubnisprüfung Körperbehinderter

Die theoretische und praktische Befähigungsprüfung nach §§ 15 ff. FeV bei Ersterwerb der Fahrerlaubnis für Körperbehinderte erfolgt ohne Abstriche gegenüber übrigen Bewerbern entsprechend der Prüfungsrichtlinie. Erleichterungen in der Theorie sowie in der praktischen Prüfung hinsichtlich Prüfungsstrecke und -dauer sind unzulässig.

Das für die Beschränkungen des Körperbehinderten umgerüstete Prüfungsfahrzeug wurde im Allgemeinen bereits für die Fahrprobe verwendet. Insbesondere bei einer Nutzung des Fahrzeugs vom Bewerber mit erheblichen Umbauten kann es von den Festlegungen der Anlage 7 FeV oder von den Richtlinien zur Begutachtung von Prüfungs-Pkw abweichen. Verkehrssicherheit ist dabei oberstes Gebot. Muss im Sonderfall ein bewerbereigenes zweisitziges Kraftfahrzeug der Klasse B eingesetzt werden, ist eine Analogie zur

51 S. Appendix.

52 Gebührenordnung für Maßnahmen im Straßenverkehr (GebOSt) i. d. F. vom 16.4.2014 (BGBl. I S. 348).

Prüfung der Klasse T mit Begleitfahrzeug für Fahrlehrer und Prüfer sowie Funkverbindung denkbar.

Auch bei Prüfungen von Bewerbern um ein Kraftrad mit Beiwagen sind die Besonderheiten der Grundfahraufgaben zu beachten, z. B. „Entfall des Slaloms mit Schrittgeschwindigkeit“ oder des „Ausweichens ohne Abbremsen“. Diese Besonderheiten oder andere Ausnahmen sind im Einzelfall mit der Fahrerlaubnisbehörde abzustimmen, soweit es keine Landeserlasse hierzu gibt.

2.8 Aus- und Weiterbildung der Gutachter

Die Begutachtung Körperbehinderter nach § 11 FeV darf nur von solchen aaSoP eigenverantwortlich durchgeführt werden, die entsprechend dem KfSachvG ausgebildet wurden und zusätzlich eine entsprechende Ausbildung in der Technischen Prüfstelle absolviert haben. Außerdem müssen diese an 2 Fortbildungstagen in 2 Jahren teilnehmen.

Weiterhin sollte eine interdisziplinäre Fortbildung als Erfahrungsaustausch mit den am Prozess beteiligten FE-Behörden, ärztlichen sowie psychologischen Gutachtern, spezialisierten Fahrlehrern, Umrüstbetrieben und aaSoP verschiedener TP durchgeführt werden.

3 Therapiebescheinigungen bzw. Befundberichte

Caroline Reimann, Hannelore Hoffmann-Born,
Matthias Graw, Frank Mußhoff, Wolfgang Schubert

Befundberichte und Therapiebescheinigungen sollten bestimmten Standards entsprechen, die es den medizinischen und psychologischen Gutachtern ggf. unter Einbeziehung eines Diplom-Ingenieurs ermöglichen, die beigestellten Unterlagen im Rahmen der Begutachtung entsprechend würdigen und verwerten zu können.

An die Therapie- und Befundberichte müssen daher besondere Anforderungen gestellt werden. Das heißt im Einzelnen, dass die für die Befunderhebung verwendeten Methoden (z.B. das Beck-Depressions-Inventar bei der Therapie von Depressionen)[53] – egal, in welchem Fachbereich – konkret zu benennen sind. Die Methoden müssen neben der Beschreibung dessen, was sie eigentlich messen, u.a. auch Angaben über die Messergebnisse selbst, die verwendeten Normwerte, an denen dann der Vergleich zum Einzelfall erfolgt, und, soweit möglich, den Vertrauensbereich (Konfidenzintervall) beinhalten.

Bei Therapiebescheinigungen sollte nicht nur ersichtlich werden, von wem die Therapie durchgeführt wurde, auch die therapeutischen Inhalte und die Häufigkeit und Länge der Sitzung sollten wiedergegeben werden. So ist für den Gutachter das Verhalten und die Motivation des Betroffenen im Verlauf der Therapie interessant und sollte daher in der Bescheinigung deutlich werden. Ferner muss die Form der Beendigung der therapeutischen Maßnahme beschrieben sein.

Alle beigebrachten Befunde müssen zur Fahreignungsbegutachtung im Original vorliegen und von der ausstellenden Person unter Angabe der genauen Berufsbezeichnung unterschrieben sein.

Sobald beigestellte Befunde für die Begutachtung nicht verwertbar sind, ist dies im Fahreignungsgutachten zu benennen sowie fachlich zu begründen.

53 Beck, A.T., Brown, G.K., Steer, R.A. (2013): Beck-Depressions-Inventar-FS (BDI-FS). Manual. Deutsche Bearbeitung von Sören Kliem & Elmar Brähler. Pearson Assessment. Frankfurt am Main: Pearson Assessment.

4 Offenheit und Information der Begutachtungsstelle für Fahreignung gegenüber dem Betroffenen

Caroline Reimann, Hannelore Hoffmann-Born,
Matthias Graw, Frank Mußhoff, Wolfgang Schubert

4.1 Prospekte/Informationsmaterialien

Der Begutachtungsstelle für Fahreignung ist es verboten, einen Betroffenen individuell zu beraten.[54] Im Rahmen allgemeiner Informationen kann dem Ratsuchenden geholfen werden. Hierzu eignen sich Flyer, die allgemeine Informationen z.B. zum Ablauf einer MPU oder zu Abstinenzkontrollprogrammen[55] enthalten (vgl. Bild 5.3). Da in der Begutachtungsstelle selbst ein Beratungsverbot besteht, wird z.B. auch auf das Internetportal der BASt[56] hingewiesen.

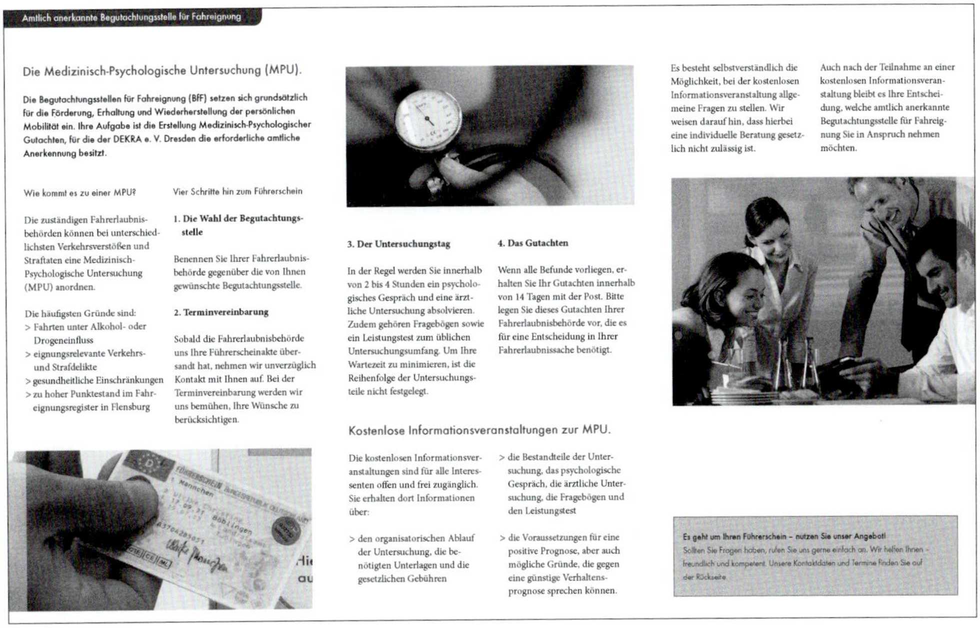

Amtlich anerkannte Begutachtungsstelle für Fahreignung

Die Medizinisch-Psychologische Untersuchung (MPU).

Die Begutachtungsstellen für Fahreignung (BfF) setzen sich grundsätzlich für die Förderung, Erhaltung und Wiederherstellung der persönlichen Mobilität ein. Ihre Aufgabe ist die Erstellung Medizinisch-Psychologischer Gutachten, für die der DEKRA e. V. Dresden die erforderliche amtliche Anerkennung besitzt.

Wie kommt es zu einer MPU?

Die zuständigen Fahrerlaubnisbehörden können bei unterschiedlichsten Verkehrsverstößen und Straftaten eine Medizinisch-Psychologische Untersuchung (MPU) anordnen.

Die häufigsten Gründe sind:
> Fahrten unter Alkohol- oder Drogeneinfluss
> eignungsrelevante Verkehrs- und Strafdelikte
> gesundheitliche Einschränkungen
> zu hoher Punktestand im Fahreignungsregister in Flensburg

Vier Schritte hin zum Führerschein

1. Die Wahl der Begutachtungsstelle

Benennen Sie Ihrer Fahrerlaubnisbehörde gegenüber die von Ihnen gewünschte Begutachtungsstelle.

2. Terminvereinbarung

Sobald die Fahrerlaubnisbehörde uns Ihre Führerscheinakte übersandt hat, nehmen wir unverzüglich Kontakt mit Ihnen auf. Bei der Terminvereinbarung werden wir uns bemühen, Ihre Wünsche zu berücksichtigen.

3. Der Untersuchungstag

In der Regel werden Sie innerhalb von 2 bis 4 Stunden ein psychologisches Gespräch und eine ärztliche Untersuchung absolvieren. Zudem gehören Fragebögen sowie ein Leistungstest zum üblichen Untersuchungsumfang. Um Ihre Wartezeit zu minimieren, ist die Reihenfolge der Untersuchungsteile nicht festgelegt.

4. Das Gutachten

Wenn alle Befunde vorliegen, erhalten Sie Ihr Gutachten innerhalb von 14 Tagen mit der Post. Bitte legen Sie dieses Gutachten Ihrer Fahrerlaubnisbehörde vor, die es für eine Entscheidung in Ihrer Fahrerlaubnissache benötigt.

Kostenlose Informationsveranstaltungen zur MPU.

Die kostenlosen Informationsveranstaltungen sind für alle Interessenten offen und frei zugänglich. Sie erhalten dort Informationen über:

> den organisatorischen Ablauf der Untersuchung, die benötigten Unterlagen und die gesetzlichen Gebühren
> die Bestandteile der Untersuchung, das psychologische Gespräch, die ärztliche Untersuchung, die Fragebögen und den Leistungstest
> die Voraussetzungen für eine positive Prognose, aber auch mögliche Gründe, die gegen eine günstige Verhaltensprognose sprechen können.

Es besteht selbstverständlich die Möglichkeit, bei der kostenlosen Informationsveranstaltung allgemeine Fragen zu stellen. Wir weisen darauf hin, dass hierbei eine individuelle Beratung gesetzlich nicht zulässig ist.

Auch nach der Teilnahme an einer kostenlosen Informationsveranstaltung bleibt es Ihre Entscheidung, welche amtlich anerkannte Begutachtungsstelle für Fahreignung Sie in Anspruch nehmen möchten.

Es geht um Ihren Führerschein – nutzen Sie unser Angebot!
Sollten Sie Fragen haben, rufen Sie uns gerne einfach an. Wir helfen Ihnen – freundlich und kompetent. Unsere Kontaktdaten und Termine finden Sie auf der Rückseite.

Bild 5.3 Beispiel für Flyer mit allgemeinen Informationen zur MPU

Auch im Rahmen von Informationsveranstaltungen können sich Betroffene solch allgemeine Informationen einholen. Bei dieser Gelegenheit können auch entsprechende Informationsblätter[57] verteilt werden.

54 Anlage 4a Nr. 5 FeV.
55 Vgl. Kapitel 5.1.1.
56 www.bast.de/DE/FB-U/Fachthemen/MPU/MPU-hidden_node.html.
57 Siehe Appendix.

4.2 Aufklärung zu Beginn der Begutachtung

Noch vor Beginn der Untersuchungen sollte der Betroffene am Untersuchungstag über die wesentlichen Sachverhalte der Fahreignungsbegutachtung aufgeklärt werden. So muss dem Betroffenen klar sein, dass die Fahreignungsbegutachtung behördlich veranlasst wurde. Auch die zu klärenden Fragestellungen sollten dem Betroffenen bekannt sein. Der Ablauf am Untersuchungstag kann ebenso kurz erläutert werden, wie die Gutachtenerstellung und der -versand. Der Betroffene kann dann auch mitteilen, ob er das Gutachten nach Hause oder direkt zur Behörde geschickt haben möchte. Letzteres geht dann mit einer Schweigepflichtentbindung[58] einher. Die Aufklärung schließt auch mit ein, dass der Betroffene schriftlich bestätigt, dass er sich am Untersuchungstag leistungsfähig und gesund fühlt.

4.3 Ergebnismitteilung

Am Ende des Untersuchungstages fragen viele Betroffene nach dem Ergebnis der Begutachtung. Dies kann von den Gutachtern in aller Kürze auch mitgeteilt werden, wenn sich das Ergebnis zu diesem Zeitpunkt schon herauskristallisiert hat. Sollte dem Betroffenen schon eine Ergebnistendenz mitgeteilt werden, ist es wichtig, darauf hinzuweisen, dass bei Bekanntwerden noch offener Befunde, z.B. aus der Laboranalytik, eine Änderung des Ergebnisses möglich ist.

Es besteht aber am Ende des Untersuchungstages auch die Möglichkeit, dass seitens der medizinischen und psychologischen Sachverständigen noch keine eindeutige Ergebnistendenz feststeht. In diesen Fällen wird der Betroffene bei entsprechenden Nachfragen noch keine eindeutige Ergebnismitteilung erhalten können, um zu vermeiden, dass sich bei der Erstellung des Gutachtens ein anderes Ergebnis ergibt als bei der mündlichen Mitteilung des Betroffenen am Untersuchungstag.

58 Vgl. Kapitel 6.3.4.1.

Kapitel 6 Verwaltungsrechtliche Folgen der Begutachtung

1 Handlungsmöglichkeiten der Behörde

Andreas Patermann

Das weitere Vorgehen der Behörde nach Ablauf der in der Gutachtenanordnung gesetzten Frist hängt davon ab, was ihr in welchem Verfahren vorgelegt wurde. Der Betroffene kann innerhalb der Frist nicht ein negatives oder ein (eingeschränkt) positives Gutachten vorlegen. Dabei ist mit einem negativen Gutachten ein Gutachten gemeint, dass das Vorliegen eines eignungsausschließenden Mangels bestätigt. Als positives Gutachten wird hier ein Gutachten bezeichnet, das einen solchen Mangel ausschließt. Eingeschränkt positiv ist hiernach ein Gutachten, wonach der Betroffene als gemäß § 2 Abs. 4 Satz 2 StVG bedingt geeignet anzusehen ist oder er seine Eignung durch Teilnahme an einem Kurs gemäß den §§ 11 Abs. 10, 70 FeV wiederherstellen kann. Das Gutachten kann in einem Entziehungs- oder in einem Erteilungsverfahren angeordnet worden sein. Das Entziehungsverfahren kann sich auch auf eine ausländische Fahrerlaubnis beziehen. Die Entziehung einer ausländischen Fahrerlaubnis hat nach § 3 Abs. 1 Satz 2 StVG die Wirkung einer Aberkennung des Rechts, von der Fahrerlaubnis im Inland Gebrauch zu machen.

Bringt der Betroffene das zu Recht[1] von ihm geforderte Gutachten in einem Entziehungsverfahren nicht fristgerecht bei, dann darf die Behörde nach den §§ 46 Abs. 3, 11 Abs. 8 Satz 1 FeV bei ihrer Entscheidung auf seine Nichteignung schließen und hat dann die Fahrerlaubnis nach § 3 Abs. 1 Satz 1 StVG zu entziehen.

Im Erteilungsverfahren führt die Nichtvorlage zur Ablehnung des Antrags auf Erteilung (also zur Versagung) der Fahrerlaubnis. Anders als im Entziehungsverfahren bedarf es der im Erteilungsverfahren allerdings unmittelbar anwendbaren Regelung des § 11 Abs. 8 Satz 1 FeV nicht, weil § 2 Abs. 6 Satz 1 Nr. 2 StVG es demjenigen, der eine Fahrerlaubnis beantragt, auferlegt, der Behörde u. a. seine in § 2 Abs. 2 Satz 1 Nr. 3 StVG geforderte Eignung nachzuweisen. In den Fällen, in denen zu Recht ein Gutachten gefordert wird, kann die Eignung nur durch ein positives Gutachten nachgewiesen werden. Ohne diesen Nachweis ist die Fahrerlaubnis unabhängig davon zu versagen, ob der Betroffene ungeeignet ist; die Fahrerlaubnis ist nicht nur zu versagen, wenn die Nichteignung feststeht, sondern bereits dann, wenn die Eignung

---

1 Dazu Kapitel 4.1.

nicht nachgewiesen ist[2]. Den Betroffenen trifft hier die Feststellungs- bzw. Beweislast; die Unerweislichkeit von Tatsachen zur Begründung eines von ihm geltend gemachten Rechts geht zu seinen Lasten.

Legt der Betroffene im Entziehungsverfahren ein negatives Gutachten vor, dann hat es die Behörde zu würdigen, ohne dass es dabei darauf ankäme, ob das Gutachten zu Recht angefordert wurde.[3] Hält sie das Gutachten für überzeugend,[4] dann ist für sie die Nichteignung dadurch im Sinne von § 3 Abs. 1 Satz 1 StVG erwiesen; die Fahrerlaubnis ist zu entziehen, soweit der Eignungsmangel reicht. In aller Regel betrifft der Eignungsmangel alle Fahrerlaubnisklassen. Doch kann es etwa bei Krankheiten des Nervensystems (Nr. 6.1 bis 6.4 der Anlage 4) zu einer auf einzelne Klassen beschränkten Entziehung kommen. Gleiches gilt im Falle des Fehlens der nach § 11 Abs. 1 Satz 1 FeV für die Klasse D und D1 sowie für die Fahrerlaubnis zur Fahrgastbeförderung nötigen Gewähr, dass die Fahrerlaubnisinhaber der besonderen Verantwortung bei der Beförderung von Fahrgästen gerecht werden, und beim Fehlen der in Nr. 2 der Anlage 5 für diese Klassen bestimmten besonderen Anforderungen.

Hält die Behörde das Gutachten etwa unter Berücksichtigung von Einwendungen des Betroffenen dagegen für entscheidend fehlerhaft, dann ist für sie die Nichteignung noch nicht – wie für die Entziehung erforderlich[5] – positiv festgestellt. Die Behörde hat dann weiterhin Eignungsbedenken, die gemäß den §§ 3 Abs. 1 Satz 3, 2 Abs. 8 StVG eine Anordnung rechtfertigen. In Abhängigkeit von der Art des Fehlers ist zu erwägen, ob er durch Nachfragen zu beheben ist oder ob ein neues Gutachten durch einen anderen Sachverständigen zu erstellen ist. Ein Rückgriff auf § 11 Abs. 8 Satz 1 FeV und eine damit begründete Entziehung der Fahrerlaubnis ist im Fall der Beibringung eines fehlerhaften Gutachtens ausgeschlossen. Stehen eignungsausschließende Umstände nach Abschluss der in Betracht kommenden Ermittlungen nicht fest, hat die Entziehung zu unterbleiben. Im Entziehungsverfahren trägt die Behörde die Festellungs- bzw. Beweislast für die die Entziehung begründenden Tatsachen.

Entsprechendes gilt, wenn der Betroffene im Erteilungsverfahren ein negatives Gutachten vorlegt. Kaum vorstellbar ist, dass man ein fehlerhaft negatives Gutachten zur Grundlage der Erteilung einer Fahrerlaubnis macht.

Ist das vom Betroffenen im Entziehungsverfahren vorgelegte Gutachten überzeugend positiv, wird die Behörde das Entziehungsverfahren einstellen. Sie sollte dem Betroffenen, dem sie die Beibringung des Gutachtens unter Fristsetzung und mit dem Hinweis auf eine sonst mögliche Entziehung auf-

2 Vgl. OVG Nordrhein-Westfalen, NJW 2007, 2938 allerdings ohne Rückgriff auf § 2 Abs. 6 StVG; OVG Mecklenburg-Vorpommern, ZfSch 2013, S. 595 [596]; vgl. Kapitel 3.2.1.

3 Vgl. BVerwG, BVerwGE 137, 10 = NJW 2010, S. 3318 [3319 bei Rn. 19]; davon zu unterscheiden ist, ob das Gutachten fehlerhaft Daten verwendet, die bereits im Register getilgt sind, dazu OVG Mecklenburg-Vorpommern, ZfSch 2013, S. 595 [598].

4 Dazu Kapitel 6.1.

5 Vgl. BVerwG, NJW 2005, S. 3081.

trug, die Einstellung mitteilen wie auch sonst die Einstellung eines auf eine Entziehung gerichteten Verfahrens dem Betroffenen nach dessen Anhörung dazu mitgeteilt werden sollte.[6] Will sie das Entziehungsverfahren fortsetzen, weil sie das Gutachten anders als der Betroffene für fehlerhaft hält, dann hängt die Rechtmäßigkeit der gleichwohl verfügten Entziehung davon ab, ob die Eignungsbedenken trotz des Gutachtens fortbestehen und vom Betroffenen zu Recht weitere gutachterliche Äußerungen verlangt werden durften. Die Folgen der Weigerung des Betroffenen, diese beizubringen, beurteilen sich dann ebenfalls nach den §§ 46 Abs. 3, 11 Abs. 8 FeV.

Ergibt das überzeugende Gutachten, dass der Betroffene nur bedingt geeignet ist, dann wird die Behörde im Entziehungsverfahren gemäß § 46 Abs. 2 FeV die Fahrerlaubnis partiell (für bestimmte Fahrerlaubnisklassen, für die die Nichteignung feststeht unter Aufrechterhaltung der Klassen, für die die Eignung noch gegeben ist) entziehen, einschränken oder mit Auflagen versehen. Im Erteilungsverfahren wird sie die Fahrerlaubnis gemäß § 23 Abs. 2 FeV beschränken oder unter den erforderlichen Auflagen erteilen.

Empfiehlt das überzeugende Gutachten gemäß Anlage 4a (vormals bis zum 1. Mai 2014 Anlage 15) Nr. 1 Buchstabe f) letzter Satz einen geeigneten Kurs zur Wiederherstellung der Eignung, dann hat die Behörde zu klären, ob sie der Kursteilnahme gemäß § 11 Abs. 10 Satz 1 Nr. 3 FeV zustimmt.[7] Da nach dieser Norm die Teilnahmebescheinigung in der Regel zum Nachweis der Wiederherstellung der Eignung genügt (aber eben auch erforderlich ist), ist der Betroffene bis dahin ungeeignet. Im Erteilungsverfahren wird die Behörde, wenn sie der Teilnahme zustimmt, die Entscheidung über den Fahrerlaubnisantrag zurückstellen, bis der Betroffene die Teilnahmebescheinigung vorlegt. Im Entziehungsverfahren ist es nicht zu beanstanden, dass die Behörde auch bei erteilter Zustimmung zur Teilnahme zunächst die Fahrerlaubnis entzieht, obgleich die Kurse nur über 26 Zeitstunden in einem Zeitraum von drei bis vier Wochen abgehalten werden[8] und es deshalb möglich ist, dass die Entziehung im Widerspruchsverfahren keinen Bestand behält. Denn ohne die Kursteilnahme ist der Betroffene ungeeignet.[9] Überdies kann die Behörde die Teilnahme nicht anordnen. Davon zu unterscheiden ist, ob die Entziehung in jedem Fall zweckmäßig im Sinne des § 68 Abs. 1 Satz 1 VwGO ist oder ob sogleich ihre sofortige Vollziehung nach § 80 Abs. 2 Satz 1 Nr. 4 VwGO angeordnet werden sollte.

---

6 Vgl. Schmitz in Stelkens, Bonk, Sachs, VwVfG, 8. Aufl. 2014, § 9 Rn. 200.

7 Dazu Kapitel 6.2.8.

8 Vgl. Kollbach, B. (2013): Evaluation in der verkehrspsychologischen Intervention. Bonn: Kirschbaum Verlag, S. 115, 3.2.

9 Vgl. OVG Niedersachsen, DAR 2013, S. 720.

2 Rechtsschutz

Andreas Patermann

Das in den vorangegangenen Ausführungen dargestellte Verhalten der Behörde kann von dem Betroffenen zur verwaltungsgerichtlichen Überprüfung gestellt werden. Belastet die Behörde ihn mit einem Verwaltungsakt, beispielsweise indem sie ihm die Fahrerlaubnis entzieht, kann er dagegen mit der Anfechtungsklage gemäß § 42 Abs. 1 VwGO[10] vorgehen. Entfällt die durch § 80 Abs. 1 Satz 1 VwGO geregelte aufschiebende Wirkung der Anfechtungsklage wie etwa nach § 2a Abs. 6 StVG bei der Entziehung der Fahrerlaubnis auf Probe, dann kann diese im Verfahren des vorläufigen Rechtsschutzes nach § 80 Abs. 5 Satz 1 VwGO erstrebt werden. Versagt die Behörde dem Betroffenen einen begünstigenden Verwaltungsakt, insbesondere die Erteilung einer Fahrerlaubnis, dann kann er darum mit einer Verpflichtungsklage nach § 42 Abs. 1 VwGO streiten. Vorläufiger Rechtsschutz wird in diesen Fällen nach Maßgabe der Regelungen des § 123 Abs. 1 VwGO über den Erlass einstweiliger Anordnungen gewährt. Nach § 68 VwGO hat sowohl der Anfechtungsklage als auch der Verpflichtungsklage regelmäßig ein Vorverfahren voranzugehen. Es beginnt nach § 69 VwGO mit der Erhebung des Widerspruchs. Wird darüber ohne zureichenden Grund[11] in angemessener Frist sachlich nicht entschieden, dann ist die Klage gemäß § 75 VwGO auch ohne die (abgeschlossene) Nachprüfung zulässig. Die Klage[12] kann regelmäßig nicht vor Ablauf von drei Monaten seit der Einlegung des Widerspruchs oder seit dem Antrag auf Vornahme des Verwaltungsakts[13] erhoben werden. Nach § 68 Abs. 1 Satz 2 VwGO bedarf es der Nachprüfung des Ausgangsbescheids im Widerspruchsverfahren nicht, wenn ein Gesetz dies bestimmt. Von der damit eröffneten Möglichkeit haben einige Bundesländer unterschiedlichen Gebrauch gemacht.[14] Widerspruch, Anfechtungs- und Verpflichtungsklage sind fristgebundene Rechtsbehelfe. Ein verspäteter Rechtsbehelf ist unzulässig, wenn nicht nach § 60 VwGO Wiedereinsetzung in den vorigen Stand zu gewähren ist. Die Rechtsbehelfsfrist beträgt jeweils einen Monat. Im Falle des Widerspruchs kommt es nach § 70 Abs. 1 Satz 1 VwGO auf den Zeitpunkt der Bekanntgabe des Verwaltungsakts an. Bei den Klagen nach Erlass eines Widerspruchsbescheids ist gemäß § 74 VwGO auf die Zustellung des Widerspruchsbescheids abzustellen. Der Betroffene ist nicht darauf angewiesen, sich mit diesen Normen, insbesondere den landesrechtlichen zum Vorverfahren, vertraut zu machen, weil er über die wesentlichen Anforderungen des Rechtsbehelfs zu belehren ist. Wer gegen einen Verwaltungsakt vorgehen will, erfährt aus der Rechtsbehelfsbelehrung,

10 Verwaltungsgerichtsordnung.

11 Der etwa durch notwendige Ermittlungen oder eine für die Beibringung eines Gutachtens laufende Frist gegeben sein kann.

12 Dann als Untätigkeitsklage bezeichnete Anfechtungs- oder Verpflichtungsklage.

13 Etwa Antrag auf Erteilung der Fahrerlaubnis.

14 In den hier interessierenden Fällen ist das Vorverfahren etwa durch Art. 15 Abs. 2 BayAGVwGO, Art. 8 Abs. 1 Nr. 8 BreAGVwGO, § 16a Abs. 1 HessAGVwGO mit Anlage Nr. 11.1 sowie durch § 8a Abs. 1 NdsAGVwGO ausgeschlossen.

welcher Rechtsbehelf (Widerspruch oder Klage), an welcher Stelle (Behörde oder Gericht), wo (Adresse) innerhalb welcher Frist auf welche Weise (schriftlich oder elektronisch) anzubringen ist. Ohne die Rechtsbehelfsbelehrung, die gemeinhin den Bescheid abschließt, beginnt die Rechtsbehelfsfrist gemäß § 58 Abs. 1 Satz 1 VwGO nicht zu laufen. Ist die Belehrung unterblieben oder unrichtig erteilt, so ist die Einlegung des Rechtsbehelfs nach § 58 Abs. 2 Satz 1 VwGO regelmäßig innerhalb eines Jahres seit Zustellung, Eröffnung oder Verkündung des Bescheids zulässig. Für die Fristwahrung genügt es, dass innerhalb der Frist der unterschriebene oder gegebenenfalls qualifiziert elektronisch signierte Rechtsbehelf bei der zuständigen Stelle eingeht. Die Übersendung einer bloßen E-Post/E-Mail genügt dafür nicht.[15] Eine Begründung des Rechtsbehelfs ist auch für die Fristwahrung nicht erforderlich; sie kann nachgereicht werden. Widerspruch und Klage kann der Betroffene selbst erheben und die Verfahren selbst führen. Er kann sich aber auch gemäß § 67 Abs. 2 VwGO durch bestimmte Personen, insbesondere einen Rechtsanwalt, vertreten lassen. Lediglich in den Rechtsmittelverfahren vor dem Bundesverwaltungsgericht und dem Oberverwaltungsgericht bzw. Verwaltungsgerichtshof muss er sich nach § 67 Abs. 4 VwGO außer im Prozesskostenhilfeverfahren durch eine Person mit Befähigung zum Richteramt, insbesondere einen Rechtsanwalt, vertreten lassen.

Im Folgenden werden über diese allgemeinen Sätze hinausgehende Besonderheiten zu den einzelnen Maßnahmen dargestellt.

2.1 Erteilung einer Fahrerlaubnis

2.1.1 Klageverfahren

Die erstmalige Erteilung einer Fahrerlaubnis setzt Verschiedenes voraus. Neben der in diesen Ausführungen im Mittelpunkt stehenden Eignung gehört dazu nach § 2 Abs. 2 Satz 1 Nr. 5 StVG, dass der Bewerber die Befähigung zum Führen von Kraftfahrzeugen in einer theoretischen und praktischen Prüfung nachgewiesen hat. Zu dieser gelangt der Bewerber nach § 22 Abs. 4 Satz 1 FeV nur über einen entsprechenden Auftrag der Behörde. Diesen wird sie nicht erteilen, wenn sie den Betroffenen bereits für ungeeignet hält oder auch nur seine Eignung als nicht nachgewiesen ansieht.[16] Sie wird dann den Fahrerlaubnisantrag mit dieser Begründung ablehnen. Der Betroffene könnte im Klageverfahren beantragen,

> den Ausgangsbescheid (gegebenenfalls) in der Gestalt des Widerspruchsbescheids aufzuheben und den Beklagten[17] zu verpflichten, ihm die beantragte Fahrerlaubnis zu erteilen.

---

15 Vgl. VG Berlin, NJW 2008, S. 1335.

16 Auf den Fall, dass die Eignungsbedenken erst in der Prüfung entstehen (§ 19 Abs. 3 FeV), ist hier nicht einzugehen.

17 Je nach landesrechtlicher Regelung gemäß § 78 Abs. 1 VwGO ist das entweder die Körperschaft, zu der die Fahrerlaubnisbehörde gehört, oder diese Behörde selbst.

Ohne das Bestehen der beiden Prüfungen könnte diese Klage aber keinen Erfolg haben. Denkbar wäre es, dass das Gericht, wenn es die Eignung des Klägers als erwiesen ansieht, in Befolgung seiner Pflicht nach § 86 Abs. 1 Satz 1 VwGO den Sachverhalt durch eine Beweisaufnahme gemäß § 96 Abs. 2 VwGO weiter aufklärt und die Sache dadurch spruchreif macht, dass es den Sachverständigen mit der theoretischen und gegebenenfalls praktischen Prüfung des Klägers beauftragt. Sachgerecht und dem eigentlichen Streitstand angemessen ist es jedoch, in einem solchen Fall den sonst nur bei einem Beurteilungs- oder Ermessensspielraum gemäß § 113 Abs. 5 Satz 2 VwGO vorgesehenen Bescheidungsantrag zuzulassen.[18] So wird dem Begehren des Klägers der Antrag gerecht,

> den Ausgangsbescheid[19] (gegebenenfalls) in der Gestalt des Widerspruchsbescheids aufzuheben und den Beklagten zu verpflichten, ihn auf seinen Antrag auf Erteilung einer Fahrerlaubnis der Klasse(n) ... unter Beachtung der Rechtsauffassung des Gerichts zu seiner Eignung zu bescheiden.

Die Behörde wird dann selbst den Prüfungsauftrag nach § 22 Abs. 4 Satz 1 FeV erteilen. Für den Fall des Bestehens der theoretischen und praktischen Prüfung wird die begehrte Fahrerlaubnis gemäß § 22 Abs. 4 Satz 7 FeV durch die Aushändigung des Führerscheins oder eine befristete Prüfungsbescheinigung erteilt. Nichts anderes meint wohl die vom VG München erwogene Verpflichtung, zur Fahrerlaubnisprüfung zugelassen zu werden.[20] Da der damit gemeinte Prüfungsauftrag nach § 22 Abs. 4 Satz 1 FeV kein Verwaltungsakt, jedenfalls aber eine Verfahrenshandlung im Sinne des § 44a VwGO ist, sollte man von einer solchen Antragsfassung absehen.

Nach § 113 Abs. 5 Satz 1 VwGO spricht das Gericht die Verpflichtung der Verwaltungsbehörde aus, die beantragte Amtshandlung (hier: Erteilung der Fahrerlaubnis) vorzunehmen, soweit die Ablehnung oder Unterlassung des Verwaltungsakts rechtswidrig und der Kläger dadurch in seinen Rechten verletzt ist. Das wirft die Frage auf, welcher Zeitpunkt für diese Beurteilung maßgeblich ist, ob auf die Sach- und Rechtslage im Zeitpunkt der (letzten) Verwaltungsentscheidung oder auf die im Zeitpunkt der (letzten) mündlichen Verhandlung des Gerichts abzustellen ist. Einigkeit besteht darüber, dass es auf den Zeitpunkt der mündlichen Verhandlung und das materielle Recht ankommt, das im Zeitpunkt der gerichtlichen Entscheidung für diesen Anspruch gilt.[21] Lehnte die Behörde die Erteilung einer Fahrerlaubnis etwa ab, weil der Betroffene seinen ordentlichen Wohnsitz nicht im Inland hat (§ 2 Abs. 2 Satz 1 Nr. 1 StVG) oder weil er das nach § 2 Abs. 2 Satz 1 Nr. 2 erforderliche Mindestalter nicht erreicht hat oder weil ihm nach § 69a Abs. 1 StGB keine Fahrerlaubnis erteilt werden darf, dann hat die Klage mangels

18 Vgl. Kopp, Schenke, VwGO, 21. Aufl. 2015, § 42 Rn. 8 und § 113 Rn. 194.

19 Der – wie auch der Widerspruchsbescheid – durch Angabe der Behörde und seines Datums genau bezeichnet werden sollte.

20 VG München, Urt. v. 8.3.2006 – M 6b K 05.3017 –, juris Rn. 17.

21 Vgl. BVerwG, NJW 2002, S. 78 [79] mit Verweis auf Buchholz 442.16 Nr. 2 zu § 15 StVZO.

anderer Versagungsgründe Erfolg, wenn der Kläger am Verhandlungstag in Deutschland wohnt, alt genug ist oder die Sperrfrist abgelaufen ist.[22] Bayerische Verwaltungsgerichte[23] weichen davon ab und sehen den Zeitpunkt der letzten Behördenentscheidung als maßgeblich an, wenn die Behörde den Antrag unter Berufung auf § 11 Abs. 8 FeV ablehnte. Diese Gerichte messen § 11 Abs. 8 FeV einen Sanktionscharakter bei, der verlange, dass der Bewerber an der im Verwaltungsverfahren begangenen Verletzung seiner Mitwirkungspflicht auch im gerichtlichen Verfahren festgehalten werde.[24] Das überzeugt nicht. § 11 Abs. 8 FeV regelt eine Folge aus einer Beweisvereitelungssituation.[25] Ob jemand einen Beweis zu führen oder zu ermöglichen hat, ist aber verfahrensabhängig; nur in einem bestimmten Verfahren besteht diese Obliegenheit. Ein Verstoß dagegen führt zu einem Nachteil nur in diesem Verfahren. Eine über das jeweilige Verfahren hinausgehende Sanktion lässt sich damit nicht begründen. Führt oder ermöglicht der Betroffene in einem späteren Verfahren den geforderten Beweis, kann er an seiner früheren Weigerung nicht mehr festgehalten werden.[26] Das ist zunächst in zwei Fallgruppen bedeutsam.

Wer das geforderte Gutachten nicht beibrachte, weil er es sich wirtschaftlich nicht leisten konnte, kann mit überzeugend erklärter Bereitschaft, sich untersuchen zu lassen, Grund für gerichtliche Ermittlung gemäß § 86 Abs. 1 VwGO bieten oder das Gericht mit einer konkreten Beweisbehauptung[27] durch einen Beweisantrag dazu zwingen. Dieser Beweisantrag könnte nicht mit der Begründung abgelehnt werden, wegen § 11 Abs. 8 Satz 1 FeV gelte das Gegenteil der Beweisbehauptung bereits als bewiesen. Ein Prozesskostenhilfeantrag des weiterhin bedürftigen Klägers wäre jedenfalls dann begründet, wenn die in eng begrenztem Rahmen zulässige vorweggenommene Beweiswürdigung[28] nicht ergäbe, dass sich die Beweisbehauptung nicht beweisen lassen wird. Erhebt beispielsweise jemand für den Urkundsbeamten der Geschäftsstelle des Gerichts, der die Klage aufnehmen soll, erkennbar alko-

---

22 Allerdings wird die verständige Behörde in diesen Fällen ihren Versagungsbescheid aufheben und den Antrag neu prüfen. Erteilt sie die beantragte Fahrerlaubnis und erklären die Beteiligten deshalb sinnvollerweise das Verfahren für in der Hauptsache erledigt, wird die etwa nötige Kostenentscheidung nach § 161 Abs. 2 VwGO berücksichtigen, dass die Behörde mit der einst streitigen Erteilung auf eine geänderte Sachlage reagiert, sich aber nicht in die Rolle des Unterlegenen begeben hat. Mit Blick auf Nr. 5111 der Anlage 1 zum GKG ist dem Kläger Klagerücknahme oder Kostenübernahmeerklärung anzuraten.

23 Erstmals wohl VG München, Urt. v. 11.5.2005 – M 6a K 03.2149 –, zuletzt wohl VG Augsburg, Urt. v. 30.8.2010 – Au 7 K 09.1703 –, jeweils juris.

24 So VG München, a. a. O., Rn. 42.

25 Die aber tatsächlich nur im Entziehungsverfahren auftritt, da nur dort der Gegner/die Behörde den Nachweis der Ungeeignetheit zu führen hat, was die Weigerung des Betroffenen vereitelt, wohingegen im Erteilungsverfahren der Bewerber nach den §§ 2 Abs. 6 Satz 1 Nr. 2 und Abs. 2 Satz 1 Nr. 3 StVG seine Eignung nachzuweisen hat, sodass er im Weigerungsfall nachweisfällig ist; siehe auch Kapitel 7.1.

26 Was nicht bedeutet, dass er im Erledigungsfall auch von den Kosten des Klageverfahrens befreit wird.

27 Etwa der, dass infolge seiner dauerhaften, verlässlichen Alkoholabstinenz nicht mehr zu erwarten ist, dass er künftig ein Kraftfahrzeug unter Alkoholeinfluss führen wird.

28 Vgl. BVerfG, NJW 1997, S. 2745 [2746] und stattgebender Kammerbeschluss vom 3.9.2013 – 1 BvR 1419/13 –, juris.

holisiert Klage, wird sein Prozesskostenhilfeantrag abgelehnt werden, wenn sein Klageerfolg von der Verlässlichkeit seiner Alkoholabstinenz abhängt. Behauptet der Kläger aber konkrete Umstände, wonach der zu untersuchende Mangel nicht (mehr) besteht, kann er diese gar noch belegen, dann ist ihm Prozesskostenhilfe zu bewilligen, die dann auch die Gutachtenkosten deckt.[29]

In der zweiten Fallgruppe legt der Kläger das von ihm geforderte, aber nicht fristgerecht beigebrachte (positive) Gutachten nun doch noch vor. In diesem Fall wird der Betroffene aber überlegen, ob es nicht kostengünstiger ist, einen neuen, gebührenpflichtigen[30] Antrag bei der Behörde zu stellen, statt zu den höheren Gerichtsgebühren[31] Klage zu führen.

In einer weiteren Fallgruppe stellt sich die Frage nach dem maßgeblichen Zeitpunkt. Beantragt der Betroffene zu einer Zeit, zu der im Fahreignungsregister noch eine Eintragung existiert, ihm die Fahrerlaubnis zu erteilen, und ordnet die Behörde wegen dieser Eintragung die Beibringung eines Gutachtens an, dann fragt sich, ob die Sachlage durch die Tilgung der Eintragung im Laufe des Klageverfahrens erheblich verändert wird. Wegen § 29 Abs. 8 Satz 1 StVG könnte das Gericht wegen der getilgten Eintragung kein Gutachten einholen; für das Gericht gäbe es keine Eintragung, die aufklärungsbedürftige Eignungszweifel begründete. Nur wenn die Gutachtenanordnung der Behörde weiter Bestand hätte, bliebe es bei der Notwendigkeit, das Gutachten beizubringen und im anhaltenden Weigerungsfall bei der Erfolglosigkeit des Betroffenen. Grund für eine andere Antwort auf die Frage nach dem maßgeblichen Zeitpunkt gibt es hier nicht. Die §§ 2 Abs. 9, 29 Abs. 8 StVG begrenzen die durch die §§ 11 bis 14 FeV vorgeschriebene Aufklärung. Die Frage ist allerdings nicht abschließend entschieden.[32] Wer nicht an der Klärung offener Rechtsfragen, sondern der Erteilung einer Fahrerlaubnis interessiert ist, wird zunächst nach § 29 Abs. 8 Satz 1 StVG eine Registerauskunft einholen, wenn einst Eintragungen existierten. Sind diese getilgt, wird er klären, ob diesbezügliche Unterlagen nach § 2 Abs. 9 Satz 2 StVG vernichtet sind, falls die Behörde sie überhaupt je aufbewahrt hat. Erst bejahendenfalls wird er den Antrag auf Erteilung der Fahrerlaubnis stellen.

Die denkbare Möglichkeit, in entsprechender Anwendung des § 113 Abs. 1 Satz 4 VwGO im Wege der Fortsetzungsfeststellungsklage feststellen zu las-

29 Jedenfalls im Ansatz stellt ihn das nur vorübergehend auch von diesen Kosten frei. Unterliegt er, weil das Gutachten negativ ist, trägt er nach § 154 Abs. 1 VwGO die Kosten des Verfahrens, die auch die Gutachtenkosten umfassen. Ist das Gutachten positiv, wird die Behörde der geänderten Sachlage entsprechen und die Fahrerlaubnis erteilen, was dann über § 161 Abs. 2 VwGO zur Kostenbelastung des Klägers führen wird.

30 Nach Nr. 202.1 GebOSt 33,20 € zzgl. 10,20 bis 35,80 € bei anlassbezogener Eignungsbegutachtung.

31 Bei einem Streitwert von 5.000 € für eine Fahrerlaubnis der Klasse B beträgt eine Gerichtsgebühr 146 €.

32 Der in einem Berufungsverfahren ergangene Beschluss des OVG Berlin-Brandenburg, NJW 2013, S. 1548, betraf zwar ein Neuerteilungsverfahren. Jedoch legte der letztlich unterlegene Kläger dort ein negatives Gutachten vor. Die Entscheidung lässt nicht erkennen, warum die Verwertbarkeit des Gutachtens von der Rechtmäßigkeit der Gutachtenanordnung abhängen soll. Das BVerwG, NJW 2012, S. 3 115 [3 116], stellte bei der auf § 11 Abs. 8 Satz 1 FeV gestützten Versagung einer Fahrerlaubnis auf den Zeitpunkt der Anforderung des Gutachtens ab. Doch stand dort nicht die zwischenzeitlich vollständige Tilgung aller Eintragungen im Streit.

sen, dass die beantragte Fahrerlaubnis ohne die vorherige Anforderung eines Gutachtens zu erteilen gewesen wäre, wenn die Behörde den Antrag zunächst mangels Beibringung des geforderten Gutachtens unter Berufung auf § 11 Abs. 8 FeV ablehnte, die Fahrerlaubnis aber im Laufe des Klageverfahrens erteilte, nachdem der Kläger das Gutachten beibrachte, wird kaum zum Erfolg führen. Denn häufig wird es an dem dafür nötigen Feststellungsinteresse fehlen. Jedenfalls ergibt sich die für ein Rehabilitierungsinteresse nötige diskriminierende Wirkung der Versagung regelmäßig nicht allein aus dem Umstand, dass der Antrag auf der Grundlage von § 11 Abs. 8 FeV abgelehnt wurde.[33]

2.1.2 Eilverfahren

Theoretisch vorstellbar ist es, dass der Betroffene sein Bescheidungsbegehren auch in einem Eilverfahren verfolgt und dazu beantragt,

> den Antragsgegner im Wege der einstweiligen Anordnung zu verpflichten, ihn auf seinen Antrag auf Erteilung einer Fahrerlaubnis der Klasse(n) ... unter Beachtung der Rechtsauffassung des Gerichts zu seiner Eignung zu bescheiden.

Erfolg wird einem solchen Antrag wohl nur selten beschieden sein, selbst wenn er auf eine nur befristete Prüfungsbescheinigung beschränkt sein sollte und man das von der herrschenden Meinung vertretene prinzipielle Verbot der Vorwegnahme der Hauptsache für ein nicht begründbares Dogma hält.[34] Denn einerseits muss der Betroffene nach § 123 Abs. 1 und Abs. 3 VwGO, § 920 Abs. 2 ZPO einen Anordnungsanspruch glaubhaft machen. Gemeinhin verlangt man zur Glaubhaftmachung ein geringeres Beweismaß als beim Vollbeweis, auf den es nach § 108 Abs. 1 Satz 1 VwGO im Urteilsverfahren nach einer mündlichen Verhandlung ankommt[35]. Will der Betroffene aber bereits im Eilverfahren von der Behörde den Prüfungsauftrag erlangen, wird man sich nicht damit zufriedengeben, dass es möglich erscheint, dass er geeignet ist. Schon nach dem entsprechend anwendbaren § 294 Abs. 2 ZPO wäre es unstatthaft, beriefe sich der Betroffene in seinem Eilantrag zur Glaubhaftmachung nur auf ein erst einzuholendes Sachverständigengutachten. Auch gut begründet wirkende Angriffe gegen ein negatives Gutachten machen nicht ohne Weiteres die gegenteilige positive Wertung/Feststellung auch nur in dem Sinne glaubhaft, dass man diese mit überwiegender Wahrscheinlichkeit für die zutreffende hielte.[36] Praktisch dürfte die Glaubhaftmachung eines Anordnungsanspruchs in diesen Fällen wohl nur

33 Vgl. BVerwG, NVwZ 2013, S. 1550 [1551 Rn. 16].

34 So Schoch, Schneider, Bier, VwGO, § 123 Rn. 146 ff.

35 Vgl. Scherer, I. (1996). Das Beweismaß bei der Glaubhaftmachung. Köln: Heymann, S. 95.

36 Vgl. OVG Mecklenburg-Vorpommern, ZfSch 2013, S. 595 [598], wonach die Glaubhaftmachung eines Anordnungsanspruchs eine positive gutachterliche Feststellung der Wiedererlangung der Eignung voraussetzt; das Gericht sah in diesem Fall aber einen Anordnungsanspruch des Antragstellers, ihn so zu stellen, als wenn bislang auf die Gutachtenanordnung noch keine Begutachtung erfolgt wäre [a.a.O. S. 599].

dann gelingen, wenn eine Verwechselung oder eine Unachtsamkeit glaubhaft gemacht werden: Die Eignungsbedenken oder das negative Gutachten betreffen nicht den Eilantragsteller, sondern einen anderen mit ähnlichen Daten; das geforderte positive Gutachten ist (rechtzeitig) beigebracht und nur fehlerhaft einem anderen zugeordnet worden. In solchen Fällen sollte es aber keines Eilantrags bedürfen. Ein deutlicher außergerichtlicher Hinweis an die Behörde müsste genügen.

Wo der unterblieb oder der Behörde keine Zeit zur Reaktion darauf gelassen wurde, bevor der Eilantrag bei Gericht gestellt wurde, misslingt die ebenfalls nötige Glaubhaftmachung eines Anordnungsgrunds. Die begehrte einstweilige Anordnung ist nämlich nur zulässig, um wesentliche Nachteile abzuwenden oder drohende Gewalt zu verhindern oder wenn sie aus anderen Gründen nötig erscheint. Es erfüllt die damit gesteckten Anforderungen nicht, dass der Betroffene für die Dauer des Hauptsacheverfahrens nicht in den Genuss des Innehabens einer Fahrerlaubnis (Bequemlichkeit, höhere Mobilität) kommt.[37] Denn das Ausbleiben des zu Erstreitenden für die Dauer eines Hauptsacheverfahrens mutet die Rechtsordnung dem Kläger regelmäßig zu. Denkbar ist es, den drohenden Verlust einer an die Fahrerlaubnis gebundenen beruflichen Perspektive[38] als wesentlichen Nachteil anzusehen. Kommt dies mit der zum Anordnungsanspruch geschilderten Verwechselung oder Unachtsamkeit zusammen, wird man bei verständigen Behörden auch ohne gerichtliche Entscheidung, wenngleich erforderlichenfalls mit gerichtlicher Vermittlung, zum Ziel kommen. Ohne den Anordnungsanspruch aber ist nur mit einem wesentlichen Nachteil nichts zu gewinnen, weil der Erlass der einstweiligen Anordnung sowohl einen Anordnungsanspruch als auch einen Anordnungsgrund voraussetzt.

2.2 Beschränkung der Fahrerlaubnis

2.2.1 Klageverfahren

§ 2 Abs. 4 Satz 2 StVG sieht vor, dass demjenigen, der aufgrund körperlicher oder geistiger Mängel nur bedingt zum Führen von Kraftfahrzeugen geeignet ist, die Fahrerlaubnis mit Beschränkungen erteilt wird. Die ist nach Anlage 9 zu § 25 Abs. 3 FeV im Führerschein im Feld 12 einzutragen. Sie kann etwa regeln, dass der Betroffene nur in einem bestimmten Umkreis um seinen Wohnort ein Kraftfahrzeug führen darf[39] oder – wie § 23 Abs. 2 Satz 2 FeV beispielsweise anführt – nur ein durch Fahrzeugidentifizierungsnummer oder amtliches Kennzeichen bestimmtes Fahrzeug[40] führen darf. § 46 Abs. 2 Satz 1 FeV, der insoweit auf § 6 Abs. 1 Nr. 1 Buchstabe q) StVG gründet, sieht die

37 Vgl. etwa VG Saarland, Beschl. v. 25.1.2012 – 10 L 1/12 –, juris Rn. 8.

38 Vgl. Bay. VGH, Beschl. v. 9.2.2009 – 11 CE 08.3028 –, juris Rn. 5 und 10 (Übernahme eines Reinigungsunternehmens mit Mitarbeitern); oder das befristete Stellenangebot an einen Langzeitarbeitslosen.

39 Vgl. VG Ansbach, Gerichtsbescheid vom 17.11.2011 – AN 10 K 11.01178 –, juris.

40 Vgl. Schlüsselnummern 50 und 51 der Anlage 9 FeV (siehe Appendix).

Beschränkung vor, wenn sich der Inhaber einer Fahrerlaubnis (nur) noch als bedingt geeignet erweist. Wer ein Kraftfahrzeug unter Missachtung der Beschränkung führt, fährt ohne die erforderliche Fahrerlaubnis und macht sich nach § 21 Abs. 1 Nr. 1 StVG strafbar.

Die antragswidrig beschränkte Erteilung einer Fahrerlaubnis ist eine teilweise Versagung. Dagegen kann der Betroffene mit der Verpflichtungsklage vorgehen. Der etwa notwendige Widerspruch und die Klage beziehen sich dann nur auf die Eintragung im Feld 12 des Führerscheins bzw. den die Beschränkung gesondert regelnden Bescheid. Der Klageantrag könnte lauten,

> die in Feld 12 des Führerscheins/mit Bescheid vom ... verfügte Beschränkung in Gestalt des Widerspruchsbescheids vom ... aufzuheben und den Beklagten zu verpflichten, dem Kläger eine Fahrerlaubnis der Klasse ... zu erteilen.

Für die Dauer des Verfahrens hat der Kläger (nur) die Fahrerlaubnis mit der Beschränkung.

Die nachträgliche Beschränkung ist eine teilweise Entziehung der Fahrerlaubnis, gegen die der Betroffene nach gegebenenfalls notwendigem Vorverfahren mit einer Anfechtungsklage vorgehen kann. Dieser kommt nach § 80 Abs. 1 Satz 1 VwGO grundsätzlich aufschiebende Wirkung zu, sodass der Betroffene die ihm erteilte Erlaubnis für die Dauer des Verfahrens weiter unbeschränkt nutzen dürfte. Indes dürfte auch hier zumeist die sofortige Vollziehung gemäß § 80 Abs. 2 Satz 1 Nr. 4 VwGO angeordnet werden.

2.2.2 Eilverfahren

Im Erlaubnisverfahren könnte der Antrag des Betroffenen lauten,

> den Antragsgegner im Wege der einstweiligen Anordnung zu verpflichten, ihm die Fahrerlaubnis ohne die in Feld 12 des Führerscheins verfügte Beschränkung zu erteilen.

Derartige Verfahren sind bestenfalls selten, was darauf beruhen könnte, dass sie eine Begutachtung voraussetzen, die etwa im Falle einer Körperbehinderung einen unzweifelhaften Anlass hat.[41] Von Ausführungen zu den inhaltlichen Voraussetzungen an einen Antrag wird daher abgesehen.

Das Eilverfahren im Falle der nachträglichen Beschränkung entspricht dem im Falle der Entziehung der Fahrerlaubnis. Auf die zu 6.2.5 nachstehenden Ausführungen dazu wird verwiesen.

2.3 Auflage zur Fahrerlaubnis

2.3.1 Klageverfahren

§ 2 Abs. 4 Satz 2 StVG und die §§ 23 Abs. 2, 46 Abs. 2 FeV sehen als eine gegenüber der Beschränkung mindere Belastung die anfänglich oder nach-

41 Vgl. Kapitel 5.2.

träglich erteilte Auflage vor. Auflagen sind gemäß § 36 Abs. 2 Nr. 4 VwVfG Nebenbestimmungen zur Fahrerlaubnis, die ihrem Inhaber ein Tun, Dulden oder Unterlassen vorschreiben. Beispielhaft sei die in Schlüsselzahl 01 der Anlage 9 genannte, durch ärztliches Gutachten ausdrücklich geforderte Sehhilfe angeführt. Ein Verstoß gegen die Auflage ist gemäß § 75 Nr. 9 FeV eine Ordnungswidrigkeit. Gegen die Auflage kann der Betroffene sowohl im Falle, dass sie der Fahrerlaubnis bereits anfänglich beigegeben wurde, als auch dass sie nachträglich verfügt wurde, mit der Anfechtungsklage (gegebenenfalls nach einem Vorverfahren) vorgehen. Die Wirksamkeit der Fahrerlaubnis wird dadurch nicht berührt. Der Antrag könnte jeweils lauten,

> die im Feld 12 des Führerscheins eingetragene/mit Bescheid vom ... verfügte Auflage in Gestalt des Widerspruchsbescheids aufzuheben.

2.3.2 Eilverfahren

Ein Eilverfahren kommt nur in Betracht, wenn die Behörde gemäß § 80 Abs. 2 Satz 1 Nr. 4 VwGO die sofortige Vollziehung der Auflage angeordnet hat. Da auch derartige Verfahren allenfalls selten sind, wird von weiteren Ausführungen dazu abgesehen.

2.4 Gutachtenanordnung

Die Gutachtenanordnung ist kein Verwaltungsakt und als nicht vollstreckbare Verfahrenshandlung im Rahmen eines Entziehungs- und Erteilungsverfahrens gemäß § 44a VwGO nicht selbstständig, sondern nur im Rahmen des Streits um die Fahrerlaubnis[42] angreifbar. Dazu wird auf die Ausführungen im Kapitel 4.1.6 verwiesen.[43]

2.5 Entziehung der Fahrerlaubnis

2.5.1 Klageverfahren

Die hier behandelte Entziehung der Fahrerlaubnis durch die Behörde ist von der Entziehung der Fahrerlaubnis durch das Strafgericht als Maßregel der Besserung und Sicherung gemäß § 69a Abs. 1 StGB zu unterscheiden. Gegen Letztere kann der Betroffene nur mit den Rechtsbehelfen, die die Strafprozessordnung für die jeweilige Entscheidung vorsieht, vorgehen, nicht aber vor den Verwaltungsgerichten. Gegen die Entziehung der Fahrerlaubnis durch die Behörde ist die Anfechtungsklage statthaft. Der entsprechende Bescheid der Behörde kann mehrere Regelungen enthalten. Neben der Entziehung wird er die Pflicht regeln, den Führerschein abzuliefern (§ 3 Abs. 2 Satz 3 StVG). Zumeist wird er eine diesbezügliche Zwangsgeldandrohung (§§ 13, 11 VwVG) enthalten und die Kosten (§ 6a Abs. 1 Nr. 1 Buchstabe a) StVG und Nr. 206 der GebOSt) festsetzen. Ablieferungspflicht, Zwangsgeldandrohung und Kostenfestsetzung sind Regelungen, die von der Entziehung abhängen und deshalb

---

42 Oder die Kostenfestsetzung nach Nr. 202.1 oder 208 GebOSt.

43 Eingehend zur Anfechtbarkeit auch Weber, SVR 2013, S. 242 [246].

nicht gesondert angegriffen werden müssen. Wird die Entziehung aufgehoben, dann erledigen sich Ablieferungspflicht und Zwangsgeldandrohung. Hebt dann die Behörde die Kostenfestsetzung nicht von sich aus auf, besteht ein Anspruch auf Wiederaufgreifen des Verfahrens nach § 51 Abs. 1 Nr. 1 VwVfG und im Weiteren auf Aufhebung der dann rechtswidrigen Kostenfestsetzung. Gleichwohl können alle Regelungen zugleich angegriffen werden. Der Angriff auch gegen die Zwangsgeldandrohung erhöht den Streitwert nicht.[44] Wird die Kostenfestsetzung nur mit der Begründung angefochten, dass die Entziehung rechtswidrig ist, dann soll das nach der Rechtsprechung des OVG Berlin-Brandenburg den Streitwert nicht erhöhen.[45] Anders wird es liegen, wenn der Betroffene unabhängig davon auch anführt, die festgesetzte Gebühr liege fehlerhafterweise am oberen Rand der von 33,20 € bis 256 € reichenden Rahmengebühr, obgleich es sich um einen einfach gelagerten Fall einer Entziehung bei Nichtbeibringung des Gutachtens handelte.[46] Die Streitwerterhöhung führt dann jeweils auch zu einem Gebührensprung. Wer den Klageantrag stellt,

> den Bescheid[47] (gegebenenfalls) in der Gestalt des Widerspruchsbescheids aufzuheben,

ohne sich in der Begründung mit den Folgeregelungen zur Entziehung zu befassen, sollte klarstellen, ob er nur die Entziehung angreift oder mit ihr auch die anderen Regelungen des Bescheids.

Die Anfechtungsklage gegen die Entziehung ist nach § 113 Abs. 1 Satz 1 VwGO begründet, soweit die Entziehung rechtswidrig ist und der Kläger dadurch in seinen Rechten verletzt ist. Letzteres ist bei rechtswidriger Entziehung stets der Fall, weil mit dieser Maßnahme in das durch die Fahrerlaubnis begründete Recht eingegriffen wird. Ob die Entziehung rechtswidrig ist, beurteilt sich nach der Sach- und Rechtslage im maßgeblichen Zeitpunkt. Für die Entziehung der Fahrerlaubnis wie auch für die Aberkennung des Rechts, von einer ausländischen Fahrerlaubnis im Inland Gebrauch zu machen, ist der Zeitpunkt der letzten Behördenentscheidung maßgeblich.[48] Das Oberverwaltungsgericht Berlin-Brandenburg hält eine Abweichung von diesem Grundsatz für geboten, wenn es für die Anwendung von § 11 Abs. 8 FeV auf die Rechtmäßigkeit der Gutachtenanordnung ankommt.[49] Diese soll sich nach den Gegebenheiten bei ihrem Erlass richten. Insbesondere nach ihrem Erlass eintretende Verwertungsverbote für Verkehrsverstöße sollen unerheblich sein.

---

44 Vgl. Streitwertkatalog für die Verwaltungsgerichtsbarkeit 2013, 1.7.2, NVwZ-Beilage2/2013; der dort behandelte Ausnahmefall, dass das angedrohte Zwangsgeld höher ist als der für die Grundverfügung anzusetzende Streitwert, dürfte bei der Entziehung der Fahrerlaubnis kaum eintreten, da nach 46.1 bis 46.10 der Streitwert mindestens 2.500 € beträgt. Nicht anders liegt es bei der durch VG Aachen, Beschl. v. 5.1.2012 – 3 L 509/11 –, juris Rn. 26 mitgeteilten Rechtsprechung des OVG Nordrhein-Westfalen, wonach zwischen den Fahrerlaubnisklassen nicht unterschieden wird.

45 Streitwertbeschluss vom 13.6.2013 – OVG 1 B 2.13 –.

46 Dazu das trotz Abweichung vom Urteil des OVG Berlin-Brandenburg v. 16.5.2012 – OVG 1 B 65.11 – rechtskräftige Urteil des VG Berlin v. 30.7.2013 – VG 4 K 65.13 – nebst Streitwertbeschluss.

47 Nach Behörde und Datum genau bestimmt.

48 Vgl. BVerwG, NJW 2012, S. 3669 bei Rn. 11.

49 Beschl. v. 21.3.2012 – OVG 1 S 18.12 –.

Ändert sich die Sachlage nachträglich im Laufe des Klageverfahrens, etwa indem der Betroffene die Eignung wiedererlangt, ist das für die Beurteilung der Entziehung unerheblich. Die Klage gegen die Entziehung wird abgewiesen, auch wenn der Kläger inzwischen wieder geeignet ist. Er ist auf einen Antrag auf Erteilung der Fahrerlaubnis verwiesen. Umgekehrt wird die rechtswidrig verfügte Entziehung auch dann aufgehoben, wenn sich der Kläger im Laufe des Klageverfahrens als ungeeignet erwiesen hat. Jedoch kann die Anfechtungsklage ausnahmsweise mangels eines Rechtsschutzinteresses unzulässig sein, weil der Kläger mit der Klage seine Rechtsposition nicht verbessern kann, wenn ihm zwischenzeitlich die Fahrerlaubnis durch ein Strafgericht nach § 69a Abs. 1 StGB entzogen wurde.[50]

Die Entziehung der ursprünglich auf Probe erteilten Fahrerlaubnis nach § 2a Abs. 2 Satz 1 Nr. 3 und Abs. 3 StVG ist anhand ähnlicher Überlegungen zu überprüfen. Allerdings regelt § 2a Abs. 2 Satz 1 StVG, dass insbesondere die Entziehung als Maßnahme dritter Stufe auch dann noch zu verfügen ist, wenn die Probezeit abgelaufen ist. Entscheidend ist, dass die die Entziehung rechtfertigenden Verstöße innerhalb der Probezeit begangen wurden. Die Verstöße müssen bei Erlass der letzten Verwaltungsentscheidung noch verwertbar gewesen sein, insbesondere darf die Eintragung im Verkehrszentralregister/Fahreignungsregister noch nicht nach § 29 Abs. 8 StVG a.F./§ 29 Abs. 7 StVG n.F. getilgt sein.[51] In Bezug auf § 2a Abs. 3 StVG wird die Auffassung vertreten, dass mit Ablauf der Frist zur Teilnahme an einem Aufbauseminar die Verpflichtung der Verkehrsbehörde zur Entziehung der Fahrerlaubnis begründet wird, wobei die spätere Teilnahme an dem Aufbauseminar diese Pflicht nicht nachträglich entfallen lässt.[52] Diese Reaktion erscheint jedenfalls dann gemessen an dem vorrangigen Zweck der Fahrerlaubnis auf Probe[53] unverhältnismäßig, wenn der Betroffene die Teilnahmebescheinigung noch vor Erlass des Ausgangsbescheids einreicht.

Für eine Entziehung nach dem Punktsystem und § 4 Abs. 3 Satz 1 Nr. 3 StVG a.F. kommt es auf den Tattag an. Hat der Inhaber einer Fahrerlaubnis einen Punktestand erreicht, der nach § 4 Abs. 3 Satz 1 Nr. 3 StVG a.F. die mangelnde Eignung zum Führen von Kraftfahrzeugen zur Folge hat, ist eine danach eintretende Tilgung von Punkten im (damaligen) Verkehrszentralregister für die Rechtmäßigkeit der Fahrerlaubnisentziehung ohne Bedeutung[54]. Nach dem Fahreignungs-Bewertungssystem und § 4 Abs. 5 Satz 5 StVG n.F. ist u.a. für die Entziehung auf den Punktestand abzustellen, der sich zum Zeitpunkt der Begehung der letzten zur Ergreifung der Maßnahme führenden Straftat oder Ordnungswidrigkeit ergeben hat.

50 Anders mag es dann liegen, wenn sich der Kläger gegen den Vorwurf eines Fahrens ohne Fahrerlaubnis in der Zeit zwischen behördlicher und strafgerichtlicher Entziehung wehren will.

51 Vgl. VGH Baden-Württemberg, NJW 2013, S. 1754 [1755].

52 Vgl. OVG Berlin-Brandenburg, Beschl. v. 25.4.2012 – OVG 1 S 53.12 –, juris Rn. 6; Hentschel, König, Dauer, StVR, 43. Aufl. 2015, § 2a StVG Rn. 42.

53 Dazu Deutscher Bundestag, Drucksache 10/4490, S. 14 f.

54 Vgl. BVerwG, BVerwGE 132, 57 = NJW 2009, S. 610, und darauf verweisend Beschl. v. 6.11.2012 – BVerwG 3 B 5.12 –, juris Rn. 4.

Von der Entziehung der Fahrerlaubnis sind die durch die §§ 28 Abs. 4 Satz 2 und 29 Abs. 3 Satz 2 FeV vorgesehenen feststellenden Verwaltungsakte über die fehlende Berechtigung zu unterscheiden, als Inhaber einer EU- oder EWR-Fahrerlaubnis bzw. einer sonstigen ausländischen Fahrerlaubnis im Umfang ihrer dadurch begründeten Berechtigung Kraftfahrzeuge, im Inland zu führen. Diese Verwaltungsakte knüpfen nicht unmittelbar daran an, dass sich der Inhaber der ausländischen Fahrerlaubnis als ungeeignet erwiesen hat, sondern daran, dass er zum Zeitpunkt der Erteilung der ausländischen Fahrerlaubnis seinen ordentlichen Wohnsitz im Inland hatte bzw. an die Entziehung seiner Fahrerlaubnis im Inland. Auch diese feststellenden Verwaltungsakte sind mit der Anfechtungsklage angreifbar.

2.5.2 Eilverfahren

Widerspruch und Anfechtungsklage gegen die Entziehung der Fahrerlaubnis auf Probe haben gemäß § 2a Abs. 6 StVG keine aufschiebende Wirkung. Gleiches gilt im Falle der Entziehung der Fahrerlaubnis nach dem Punktsystem bzw. nach dem Fahreignungs-Bewertungssystem (§ 4 Abs. 7 Satz 2 StVG a.F. bzw. § 4 Abs. 9 StVG n.F.). Der vorläufige Rechtsschutz richtet sich in diesen Fällen nach § 80 Abs. 5 Satz 1 Halbsatz 1 VwGO. Ein Antrag in diesem Verfahren könnte etwa lauten,

> die aufschiebende Wirkung des Widerspruchs gegen die Entziehung der Fahrerlaubnis[55] im Bescheid ... anzuordnen.

Da die Behörde bei diesen Entziehungen nach § 2a Abs. 2 Satz 2 StVG und § 4 Abs. 3 Satz 2 StVG a.F.[56] bzw. § 4 Abs. 5 Satz 4 StVG n.F. an die rechtskräftige Entscheidung über die Straftat oder die Ordnungswidrigkeit gebunden ist, sind Angriffe gegen diese Entscheidung kein taugliches Argument gegen die Entziehung. Wird aber die Entscheidung über die Straftat oder die Ordnungswidrigkeit durch die dafür zuständigen Stellen aufgehoben oder die Rechtskraft dieser Entscheidung etwa durch die Wiedereinsetzung in den vorigen Stand einer Rechtsmittelfrist durchbrochen, kann das für die Entscheidung über den Eilantrag von Bedeutung sein.

Nach dem Maßstab des § 80 Abs. 5 Satz 1 Halbsatz 1 VwGO hat das Gericht eine Abwägung zwischen dem öffentlichen Interesse an der sofortigen Vollziehung der Verfügung und dem Interesse des Betroffenen, bis zum Abschluss des Hauptsacheverfahrens von Vollzugsmaßnahmen verschont zu bleiben, vorzunehmen, bei der aber die gesetzgeberische Entscheidung für den grundsätzlichen Vorrang des Vollzugsinteresses zu beachten ist.[57] Diese Abwägung wird wesentlich durch eine summarische Einschätzung der Erfolgsaussich-

55 Wer seinen Antrag darauf nicht beschränken und auch die Kostenfestsetzung angreifen will, muss § 80 Abs. 6 VwGO beachten.

56 Vgl. VGH Baden-Württemberg, NJW 2014, S. 487, wonach rechtskräftige Bußgeldbescheide Bindungswirkung selbst dann entfalten, wenn sie selbst keiner gerichtlichen Überprüfung unterzogen wurden.

57 Vgl. VGH Baden-Württemberg, Beschl. v. 4.11.2013 – 10 S 1933/13 –, juris Rn. 3.

ten des Rechtsbehelfs bzw. eine summarische Prüfung der Rechtmäßigkeit der Entziehung bestimmt. Wer voraussichtlich im Rechtsbehelfsverfahren (Widerspruch, Anfechtungsklage) unterliegen wird, der unterliegt auch im Eilverfahren. Bei einer offensichtlich rechtswidrigen Entziehung wird der Eilantrag Erfolg haben, bei einer offensichtlich rechtmäßigen nicht. In dem Fall, dass sich der Ausgang des Rechtsbehelfsverfahrens nicht mit einiger Sicherheit vorhersagen lässt, die Rechtslage mithin offen ist, sind weitere Umstände in die Abwägung einzustellen. Ob der Gesetzgeber mit dem Ausschluss der aufschiebenden Wirkung hier einen grundsätzlichen Vorrang des Vollziehungsinteresses anordnete[58] und es deshalb besonderer Umstände bedarf, eine hiervon abweichende Entscheidung über den Eilantrag zu rechtfertigen,[59] ist wohl für die Entziehung der Fahrerlaubnis auf Probe und nach dem Punktsystem deshalb nicht allgemein geklärt,[60] weil die tatbestandlichen Voraussetzungen der Entziehung und insbesondere die Bindung der Behörde an rechtskräftige Entscheidungen in aller Regel eindeutige Aussagen über die Erfolgsaussichten des Rechtsbehelfs ermöglichen. Der Einwand Betroffener, eine der Entziehung vorzuschaltende Maßnahme nach § 2a Abs. 2 Satz 1 StVG oder § 4 Abs. 3 Satz 1 StVG a. F. sei ihnen nicht zugegangen, etwa weil sie im Zustellungszeitpunkt nicht mehr unter der Zustellanschrift wohnten, kann zumeist schon nach summarischer Prüfung als erheblich oder – vor allem bei Zustellung gegen Postzustellungsurkunde (§ 3 VwZG, §§ 182 Abs. 1 Satz 2, 418 ZPO) – als unerheblich bewertet werden und führt in diesen Fällen nicht zu einer offenen Rechtslage.

Bei einer auf § 3 Abs. 1 Satz 1 StVG gestützten Entziehung der Fahrerlaubnis haben der dagegen gerichtete Widerspruch und die Anfechtungsklage grundsätzlich die durch § 80 Abs. 1 Satz 1 VwGO begründete aufschiebende Wirkung. Jedoch ordnen die Behörden zumeist die sofortige Vollziehung besonders an, wie es § 80 Abs. 2 Satz 1 Nr. 4 VwGO unter den formellen Voraussetzungen des § 80 Abs. 3 VwGO ermöglicht. Der Antrag im Eilverfahren nach § 80 Abs. 5 Satz 1 Halbsatz 2 VwGO könnte dann lauten,

> die aufschiebende Wirkung des Widerspruchs gegen die Entziehung der Fahrerlaubnis im Bescheid ... wiederherzustellen.

Zuweilen rügen Betroffene zur Begründung eines solchen Antrags, die von § 80 Abs. 3 Satz 1 VwGO geforderte schriftliche Begründung des besonderen Interesses an der sofortigen Vollziehung sei nicht auf den konkreten Einzelfall abgestellt,[61] sondern nur formelhaft etwa mit der Notwendigkeit der Abwehr der von der Teilnahme ungeeigneter Kraftfahrer am Straßenverkehr ausgehenden erheblichen Gefahr für andere Verkehrsteilnehmer begründet.

---

58 So VGH Baden-Württemberg, ZfSch 2005, S. 418.

59 Vgl. BVerfG, NVwZ 2004, S. 93 [94]; einschränkend BVerwG, BVerwGE 123, 241 = NVwZ 2005, S. 689 [690].

60 Vgl. OVG Berlin-Brandenburg, Beschl. v. 14.6.2013 – OVG 1 S 29.13 –, Abdruck S. 4 für eine Entziehung nach dem Punktsystem mit Verweis auf seine sonstige Rechtsprechung zur Interessenabwägung der Entziehung einer Fahrerlaubnis.

61 Vgl. Kopp, Schenke, VwGO, 21. Aufl. 2015, § 80 Rn. 85.

Das führt nicht zum Erfolg, auch weil die Vielzahl von Einzelfällen im entscheidungserheblichen Kern Gemeinsamkeiten haben, die sich in der formelhaft wirkenden Begründung niederschlagen.[62]

Der Erfolg dieses Eilantrags hängt vom Ausgang der vorstehend dargestellten Interessenabwägung durch das Gericht ab. Die Rechtmäßigkeit der Entziehung indiziert das Überwiegen des Vollzugsinteresses.[63] Ihre Rechtswidrigkeit, die insbesondere bei fehlerhaften Gutachtenanordnungen aus dem dann unzulässigen Rückschluss gemäß § 11 Abs. 8 Satz 1 FeV gegeben sein kann,[64] lässt das Aussetzungsinteresse überwiegen.[65] Wegen der Unwägbarkeiten des Eignungsbegriffs kann es bei den Entziehungen nach § 3 Abs. 1 Satz 1 StVG öfter als bei den nach § 2a Abs. 3 und § 4 StVG dazu kommen, dass nach summarischer Prüfung der Ausgang des Hauptsacheverfahrens für offen zu halten ist. Das Oberverwaltungsgericht Berlin-Brandenburg[66] räumt in diesen Fällen dem öffentlichen Vollzugsinteresse regelmäßig[67] Vorrang vor dem privaten Aussetzungsinteresse ein.[68] Das Vollzugsinteresse wird insbesondere dann als vorrangig angesehen, wenn sich der Betroffene durch eine Fahrt unter Rauschmitteleinfluss als ungeeignet erwiesen hat, nun aber die Wiedererlangung der Eignung geltend macht.[69] Auch wenn der Nachweis der Ungeeignetheit noch nicht geführt ist, fällt die Abwägung gegen den Betroffenen aus, wenn konkrete Anhaltspunkte vorliegen, dass die Eignung nicht besteht.[70] Naturgemäß ist die Dauer unbeanstandeter Teilnahme am Kraftverkehr vor Eintritt der die Ungeeignetheit erweisenden Tatsachen für die Abwägung irrelevant. Wegen der gerichtsbekannten geringen Kontrolldichte im dichten Straßenverkehr soll das auch für die Dauer einer nach dem

62 Vgl. OVG Nordrhein-Westfalen, Beschl. v. 11.9.2012 – 16 B 944/12 –, juris Rn. 4; OVG Sachsen-Anhalt, Blutalkohol 49 (2012), S. 327; Bay. VGH, Beschl. v. 5.9.2008 – 11 CS 08.1890 –, juris Rn. 18; OVG Saarland, Beschl. v. 12.12.2005 – 1 W 16/05 –, juris Rn. 16; OVG Berlin-Brandenburg, Beschl. v. 7.1.2013 – OVG 1 S 153.12 –, Abdruck S. 2; a. A. etwa VG Neustadt, Blutalkohol 50 (2013), S. 264.

63 Vgl. OVG Nordrhein-Westfalen, Beschl. v. 16.12. 2013 – 16 B 1333/13 –, juris Rn. 10, das überdies jeden Zeitablauf seit dem Anlass für die Entziehung für unerheblich hält; OVG Bremen, NJW 2012, S. 3526 [3528]; BVerfG, Nichtannahmebeschluss v. 19.7.2007 – 1 BvR 305/07 –, juris.

64 Vgl. OVG Berlin-Brandenburg, Beschl. v. 15.6.2012 – OVG 1 S 71.12 – und Beschl. v. 22.2.2010 – OVG 1 S 11.10 –.

65 Vgl. OVG Nordrhein-Westfalen, Blutalkohol 50 (2013), S. 40.

66 So Beschl. v. 4.7.2013 – OVG 1 S 26.13 –, wobei anzumerken ist, dass sich in etwa 240 Entscheidungen des OVG zum Fahrerlaubnisrecht in der Zeit von Januar 2010 bis Dezember 2013 nur vier finden, in denen der Betroffene Erfolg hatte, weil der Senat die Entziehung für rechtswidrig hielt; eine bei offenem Ausgang zugunsten des Betroffenen ausgehende Interessenabwägung ist nicht darunter.

67 Thür. OVG, NJW 2013, S. 712 [714]: „in aller Regel".

68 Das OVG Schleswig-Holstein, Beschl. v. 9.12.2009 – 4 MB 121/09 –, juris Rn. 4, formuliert, das Aussetzungsinteresse habe grundsätzlich zurückzustehen.

69 Vgl. OVG Berlin-Brandenburg, Beschl. v. 8.10.2013 – OVG 1 S 238.13 –, Abdruck S. 5 und Beschl. v. 10.7.2013 – OVG 1 S 48.13 –; demgegenüber nahm das OVG Sachsen-Anhalt, NJW 2013, S. 3 113 [3 115] unter Berufung auf seine Rechtsprechung zur „verfahrensrechtlichen Einjahresfrist" ein überwiegendes Aussetzungsinteresse an, weil der Betroffene mehrjährige Abstinenz behauptet hatte und unbeanstandet am Straßenverkehr teilgenommen habe.

70 Vgl. VGH Baden-Württemberg, NJW 2014, S. 410 [412] bei erheblichen, derzeit nicht ausgeräumten Eignungszweifeln; OVG Niedersachsen, Beschl. v. 29.11.2013 – 12 ME 187/13 –, juris Rn. 9 betreffend einen mit 2,33 Promille Alkohol angetroffenen Fahrer; demgegenüber Bay. VGH, Beschl. v. 17.10.2013 – 11 CS 13.1469 –, juris, wo nach einem fachärztlichen Gutachten aktenkundige Tatsachen die begründete Annahme einer Alkoholabhängigkeit beim Antragsteller unterstützten, aber nur ein Kriterium nach ICD-10 (Nr. 6) als erfüllt angesehen werden konnte.

Vorfall liegenden Unauffälligkeit eines Abstinenz behauptenden Kraftfahrers gelten, wobei seine berufliche Angewiesenheit auf die Fahrerlaubnis sogar noch gegen ihn sprechen soll.[71]

2.6 Neuerteilung der Fahrerlaubnis

Für die Neuerteilung gelten keine anderen Überlegungen als zur (Erst-)Erteilung.

Denkbar ist, dass die Behörde während eines Rechtsbehelfsverfahrens gegen eine sofort vollziehbare Entziehung den Neuerteilungsantrag nicht bearbeitet. In diesem Fall kommt eine Untätigkeitsklage nach § 75 VwGO in Betracht. Der Eilantrag oder die Anfechtungsklage gegen die Entziehung sind keine sachlichen Gründe, über den Antrag nicht zu entscheiden. Die Vorgabe aus Art. 7 Abs. 5 Buchstabe a) der Richtlinie 2007/126 (3. Führerschein-Richtlinie), wonach jede Person nur Inhaber eines einzigen Führerscheins sein kann, ist kein Entscheidungshindernis. Regelmäßig haben die Betroffenen auf die sofort vollziehbare Entziehung hin ihren Führerschein bereits abgegeben. Im Übrigen sieht § 25 Abs. 5 Satz 1 FeV vor, dass bei der Aushändigung eines neuen Führerscheins der bisherige einzuziehen oder ungültig zu machen ist.

Die Neuerteilung einer Fahrerlaubnis führt nicht zur Erledigung der Hauptsache einer Anfechtungsklage gegen die vorangegangene Entziehung. Zumindest die Eintragung nach § 28 Abs. 3 Nr. 6 StVG, die im Falle der Aufhebung der Entscheidung nach § 29 Abs. 3 Nr. 3 StVG getilgt wird, begründet über die Neuerteilung hinaus eine Fortwirkung der Entziehung.

2.7 Löschung/Vernichtung von Eintragungen und Unterlagen

§ 2 Abs. 9 Satz 2 StVG regelt, dass Registerauskünfte, Führungszeugnisse, Gutachten und Gesundheitszeugnisse nach spätestens zehn Jahren zu vernichten sind, es sei denn, mit ihnen im Zusammenhang stehende Eintragungen im Fahreignungsregister oder im Zentralen Fahrerlaubnisregister sind nach den Bestimmungen für diese Register zu einem späteren Zeitpunkt zu tilgen oder zu löschen. Das gilt nach § 2 Abs. 9 Satz 5 StVG auch für weitere Unterlagen, die der Fahrerlaubnisbewerber im Erteilungsverfahren beibrachte. Die Normen sind im Zusammenhang mit § 29 Abs. 8 Satz 1 StVG zu sehen, wonach eine Tat und die Entscheidung darüber dem Betroffenen für die Erteilung einer Fahrerlaubnis nicht mehr vorgehalten und nicht mehr zu seinem Nachteil verwertet werden dürfen, wenn eine Eintragung im Fahreignungsregister getilgt ist. Ein Fahrerlaubnisbewerber, der nach Ablauf der Tilgungsfrist einen Neuerteilungsantrag stellen will, sollte erwägen, zuvor Einsicht in seine Fahrerlaubnisakte zu nehmen.[72] Enthält die Akte zu vernichtende Unterlagen, sollte er nötigenfalls auf die Vernichtung, auf die er

---

71 Etwa OVG Berlin-Brandenburg, Beschl. v. 29.4.2013 – OVG 1 S 34.13 –, Abdruck S. 7; demgegenüber OVG Sachsen-Anhalt, NJW 2013, S. 3113 [3115].

72 Hier soll nicht erörtert werden, ob jemand, der noch keinen Fahrerlaubnisantrag gestellt hat, nach § 29 Abs. 1 Satz 1 VwVfG einen Anspruch auf Akteneinsicht hat. Ihm dürfte zumindest ein Anspruch auf ermessensfehlerfreie Entscheidung über den Akteneinsichtsantrag zustehen.

nach § 2 Abs. 9 Satz 2 StVG einen Anspruch hat, hinwirken. Anderenfalls ist nicht ausgeschlossen, dass der darin dokumentierte Umstand zum Anlass für eine Gutachtenanordnung genommen wird oder im Falle einer aus anderem Anlass angeordneten Begutachtung verwertet wird. Die rechtzeitige Vernichtung der Unterlagen vermeidet sonst mögliche Streitigkeiten etwa über die Versagung der Fahrerlaubnis infolge Nichtbeibringung des Gutachtens oder negativen Gutachtens, für das die zu vernichtende Unterlage verwertet wurde.[73] Über eine unanfechtbare Versagung einer Fahrerlaubnis sind nach § 28 Abs. 3 Nr. 5 StVG ebenfalls Daten im Fahreignungsregister zu speichern.

2.7.1 Klageverfahren

Obgleich darüber Einigkeit besteht, dass das Vernichten von Unterlagen ein Realakt und kein Verwaltungsakt ist, kann man nicht als entschieden betrachten, mit welcher Klageart der Anspruch aus § 2 Abs. 9 Satz 2 StVG zu verfolgen ist.[74] In jedem Fall sollte der Betroffene bei der Behörde einen Antrag auf Vernichtung genau, etwa mit Blattzahl, bezeichneter Unterlagen stellen. Lehnt die Behörde den Antrag in Bescheidform (Regelungssatz, Begründung, Rechtsbehelfsbelehrung) ab, dann sollte der Betroffene bei rechtswidriger Regelung dagegen entsprechend der Rechtsbehelfsbelehrung mit Widerspruch und Klage vorgehen. Lehnt die Behörde den Antrag nur mit einem einfachen Schreiben ab, sollte er in Bundesländern, die ein Vorverfahren kennen, vorsorglich Widerspruch erheben. Ohne eine Entscheidung über den Antrag oder den Widerspruch kann er jedenfalls nach Maßgabe des § 75 VwGO Klage erheben. Im Falle einer durch die Handlungsform der Behörde nahegelegten Verpflichtungsklage könnte der Antrag lauten,

> den Bescheid ... in der Gestalt des Widerspruchsbescheids ... aufzuheben und den Beklagten zu verpflichten, aus der den Kläger betreffenden Fahrerlaubnisakte die Blätter ... zu vernichten.

Ohne die förmlichen Vorgaben durch die Behörde genügt es, wenn der Kläger sein Begehren, dass bestimmte Unterlagen aus seiner Fahrerlaubnisakte vernichtet werden, klar ausdrückt. Das durch § 88 VwGO nur an das Begehren, nicht aber an die Fassung der Anträge gebundene Gericht hat nach § 86 Abs. 3 VwGO erforderlichenfalls darauf hinzuwirken, dass sachdienliche Anträge gestellt werden.

2.7.2 Eilverfahren

Unabhängig davon, ob das Vernichtungsbegehren durch eine allgemeine Leistungsklage oder durch eine Verpflichtungsklage zu verfolgen ist, richtet

---

73 Wie im Fall OVG Mecklenburg-Vorpommern, ZfSch 2013, S. 595 [598].

74 Vgl. Kopp, Schenke, VwGO, 21. Aufl. 2015, Anh. § 42 Rn. 40 ff.; Posser, Wolff, VwGO, 2. Aufl. 2014, § 42 Rn. 55; Eyermann, VwGO, 14. Aufl. 2014, § 42 Rn. 27 je für allgemeine Leistungsklage; Sodan, Ziekow, VwGO, § 42 Rn. 45 bei Fn. 74 und Rn. 176, 185 für Verpflichtungsklage; offengelassen für Ansprüche auf Datenlöschung in BVerwG, NJW 1997, S. 2534 [2535]; ohne Ausführungen dazu von einer Verpflichtungsklage bei einem Anspruch auf Datenlöschung nach dem Datenschutzgesetz ausgehend VG Karlsruhe, NVwZ-RR 2013, S. 797 [798].

sich der Eilrechtsschutz nach § 123 Abs. 1 Satz 2 VwGO. Die Vernichtung der Unterlagen nimmt die Hauptsache vorweg; mehr lässt sich auch mit der Klage nicht erreichen. Allein damit wird man den Eilantrag nicht zurückweisen können, wenn es nur um die allerdings nicht ganz einfache Anwendung des § 29 StVG geht. Ergibt sich danach der Vernichtungsanspruch, dann sollte sich der Streit durch einen gerichtlichen Hinweis beenden lassen. Gelingt das nicht, dann setzt ein stattgebender Beschluss neben dem Anordnungsanspruch einen Anordnungsgrund, etwa einen wesentlichen Nachteil, voraus. Die bloße Verzögerung des Erteilungsverfahrens wird dafür wohl nicht reichen, wenn nicht auch für die baldige Erteilung dringende Gründe sprechen. Die Aussicht, bei Berücksichtigung der streitigen Unterlagen kein positives Gutachten erlangen zu können, wäre kein wesentlicher Nachteil. Wäre aber ohne die streitigen Unterlagen kein Gutachten einzuholen, dann könnten die dafür aufzuwendenden Kosten sowie die dann unnötige Preisgabe höchstpersönlicher Daten ein wesentlicher Nachteil sein.

Kommt es beim Anordnungsgrund auch darauf an, welche in § 2 Abs. 9 StVG nicht ausdrücklich genannten Unterlagen zu vernichten sind, wird der Antrag wegen nicht genügend sicherer Erfolgsaussicht sein Ziel wohl nicht erreichen. Strebt man im Eilverfahren nur an, die streitigen Unterlagen aus der Akte zu nehmen und ihren Inhalt im weiteren Verfahren nicht zu berücksichtigen, dann mag damit die Vorwegnahme der Hauptsache vermieden sein. Doch verschiebt sich der Streit dann zur Erteilung der Fahrerlaubnis. Solange nicht feststeht, welche Unterlagen/Tatsachen für die Entscheidung über den Fahrerlaubnisantrag verwendet werden dürfen, wird die Behörde nicht verpflichtet sein, die Fahrerlaubnis zu erteilen. Dann aber wird es für den Entfernungsantrag keinen Anordnungsgrund geben.

2.8 Zustimmung zur Kursteilnahme nach § 11 Abs. 10 FeV

Nach § 11 Abs. 10 Satz 1 FeV kann unter näher geregelten Voraussetzungen die Wiederherstellung der Eignung durch eine Teilnahmebescheinigung an einem Kurs nach § 70 FeV nachgewiesen werden, ohne dass es nach der Teilnahme eines erneuten medizinisch-psychologischen Gutachtens bedarf. Das setzt aber einerseits voraus, dass ein solches Gutachten die Teilnahme an dem Kurs als geeignete Maßnahme ansah, die Eignungsmängel zu beheben (§ 11 Abs. 10 Satz 1 Nr. 2 FeV). Es setzt weiter voraus, dass die Behörde der Kursteilnahme zugestimmt hat (§ 11 Abs. 10 Satz 1 Nr. 3 FeV). Die Voraussetzungen dafür sind nicht geregelt. Erfahrungsgemäß erteilt die Behörde auf die Empfehlung in einem korrekt erstellten Gutachten ihre Zustimmung. Die normative Grundentscheidung für die Kurse zur Wiederherstellung der Eignung und für den erleichterten Nachweis der Wiederherstellung der Eignung sowie die fachkundig unterlegte Kursempfehlung im Einzelfall[75] lassen für eine sachlich begründbare Verweigerung der Zustimmung kaum Raum. Es

75 Womit mangelhafte Gutachten, seien sie auch nur in Bezug auf die Empfehlung mangelhaft, ausgeschlossen sind.

kommen wohl nur Umstände in Betracht, die ausschließen, dass der Betroffene allein durch die Kursteilnahme seine Eignung wiederherstellen kann.[76] Ein denkbarer Versagungsgrund liegt etwa vor, wenn der Betroffene gegenüber dem Gutachter die Frage wahrheitswidrig verneinte, ob Straf- oder Ordnungswidrigkeitenverfahren offen sind, die noch nicht fahrerlaubnisaktenkundig sind, und diese Verfahren nach Erstattung des Gutachtens mit einer rechtskräftigen, für die Fahrerlaubnis erheblichen Entscheidung gegen den Betroffenen enden. Auch ein nach Erstattung des Gutachtens begangener einschlägiger Verstoß kann einen Versagungsgrund abgeben.

Wohl mangels praktischer Relevanz ist die Frage, wie ein Betroffener sich gegen die Verweigerung der Zustimmung wehren bzw. wie er seinen Anspruch auf Erteilung der Zustimmung oder auch nur ermessensfehlerfreie Entscheidung darüber verfolgen kann, nicht geklärt. Den geringsten Bedenken begegnet es, die allgemeine Leistungsklage auf Erteilung der Zustimmung als statthafte Klageart anzusehen. Der Antrag könnte dann etwa lauten,

> den Beklagten zu verurteilen, der Kursteilnahme des Klägers gemäß dem Gutachten der Begutachtungsstelle für Fahreignung vom ... zuzustimmen.

Der Einwand Geigers,[77] ein derartiges Vorgehen sei durch § 44a Satz 1 VwGO ausgeschlossen, überzeugt nicht. Im Entziehungsverfahren mag man erwägen, die Zustimmung, die mangels Regelung kein Verwaltungsakt ist, für eine behördliche Verfahrenshandlung in diesem Verfahren zu halten. Indes müsste sich dann ihre Fehlerhaftigkeit im Rahmen der Anfechtung der Entziehung geltend machen lassen. Das nimmt Geiger zwar an, wenn er meint, bei fehlerhafter Zustimmungsverweigerung sei die Entziehung aufzuheben. Doch setzt das eine verfahrensrechtliche Pflicht der Behörde voraus, dem Betroffenen im Entziehungsverfahren die Kursteilnahme zu ermöglichen.[78] Da der Betroffene bis nach der Teilnahme an dem Kurs ungeeignet ist, lässt sich die Aufhebung der Entziehung auch nicht damit begründen, die Ungeeignetheit sei nicht erwiesen. Nach Abschluss des Entziehungsverfahrens trifft § 44a Satz 1 VwGO tatbestandsmäßig nicht mehr zu.[79] Will der Betroffene zunächst seine Eignung wiederherstellen, bevor er einen neuen Fahrerlaubnisantrag stellt, muss er dazu die Zustimmung erstreiten, wofür nur die allgemeine Leistungsklage in Betracht kommt. Hat er aber den Fahrerlaubnisantrag schon gestellt oder wurde das Gutachten im Erteilungsverfahren eingeholt, dann mag man die Zustimmung wieder als Verfahrenshandlung nach § 44a Satz 1 VwGO ansehen. Von einer auf Erteilung der Fahrerlaubnis gerichteten

76 Anders VG Neustadt a. d. W, NJW 2005, S. 2471 [2473], wonach ein Anspruch auf Zustimmung besteht, wenn die Behörde keine Gründe aufzeigt, die Bedenken gegen die Empfehlung begründen können. Das Aufzeigen von Gründen für Bedenken könnte allenfalls den in jenem Eilverfahren zu prüfenden Anordnungsanspruch ausschließen. In einem etwaigen Hauptsacheverfahren wäre diesen Bedenken am Maßstab, ob zu erwarten ist, dass der Betroffene seine Eignung durch die Kursteilnahme wiederherstellen kann, nachzugehen. Nach Geiger, SVR 2012, S. 168 [169] steht die Zustimmung im pflichtgemäßen Ermessen.

77 SVR 2012, S. 168 [169]; zustimmend Hentschel, König, Dauer, StVR, 43. Aufl. 2015, § 11 FeV Rn. 60.

78 Für Niedersachsen eine solche Pflicht verneinend, OVG Niedersachsen, DAR 2013, S. 720.

79 Vgl. Schoch, Schneider, Bier, VwGO, Band I, § 44a Rn. 18.

Verpflichtungsklage ist dann aber abzuraten, weil der Betroffene erst mit der Teilnahmebescheinigung seine dafür nötige Eignung nachweist. Näher läge es, wenn man die Verpflichtungsklage für geboten hält, den Antrag zu stellen,

> den (versagenden) Ausgangsbescheid (gegebenenfalls) in der Gestalt des Widerspruchsbescheids aufzuheben und den Beklagten zu verpflichten, den Kläger auf seinen Antrag auf Erteilung einer Fahrerlaubnis der Klasse(n) ... unter Beachtung der Rechtsauffassung des Gerichts zur Zustimmung nach § 11 Abs. 10 Satz 1 Nr. 3 FeV zu bescheiden.

3 Schweigepflicht der Fahreignungsbegutachter

Frank Müller-Rath, Wolfgang Schubert

Im Rahmen der Fahreignungsbegutachtung werden bei dem Betroffenen höchstpersönliche Befunde erhoben, die jedenfalls mit Blick auf den psychologischen Teil der Untersuchung sogar dem grundrechtlich unantastbaren Kernbereich privater Lebensgestaltung nahekommen.[80] Für den Betroffenen ist daher die Wahrung der Schweigepflicht im Verantwortungsbereich der mit seiner Fahreignungsbeurteilung befassten Personen und Institutionen von zentraler Bedeutung. Nicht nur die verfassungsrechtlich verbürgten schutzwürdigen Belange des Betroffenen gebieten die strikte Einhaltung der Erlaubnisgrenzen in dem Umgang mit den ihn betreffenden höchstpersönlichen Daten – hierin spiegelt sich zugleich auch die allein dem Betroffenen eröffnete Dispositionsbefugnis über die Verwendung der ihn betreffenden Gutachtenergebnisse wider, die zivilrechtlich im Rahmen der werkvertraglichen Rechtsbeziehungen zwischen Betroffenem und Träger der Begutachtungsstelle als Vertragspartner verortet ist.[81]

Für den Betroffenen ist die Perspektive eine gänzlich andere, als diejenige gelegentlich des Kontaktes zu schweigepflichtigen Personen außerhalb des Fahreignungsbegutachtungsverfahrens:[82] Jetzt ist der Betroffene Beteiligter eines verwaltungsbehördlichen Verfahrens, in dem er sich nicht als Patient oder als Kunde, sondern als in einem Über-Unterordnungsverhältnis stehend erlebt. Dies bezieht regelmäßig die Begutachtungsstelle bzw. die Gutachter ein: Aus Sicht des Betroffenen sind sie verlängerter Arm der Fahrerlaubnisbehörde. Die Regeln, nach denen sie vorgehen, sind einer autonomen Gestaltung unter Mitwirkung des Betroffenen unbeschadet des Umstandes, dass ihn mit dem Begutachtungsträger Werkvertragszivilrecht verbindet, entzogen. Auch für den Gutachter erwächst eine besondere Situation. Er erlangt „Befundwissen", welches dem Fahreignungsverfahren „dient", er darf damit aber nicht nach Belieben und auch nicht im unterstellten Sinn der Fahrerlaubnisbehörde verfahren, ohne dass der Betroffene mitwirkt. Besonderes Gewicht erhalten damit die Fragen zur Schweigepflicht hier: Was kann und darf der Begutachtungsstellenträger, was kann und darf der Gutachter im Verhältnis zum Betroffenen bzw. Dritten, welche Konsequenzen haben Rechtsverletzungen?

3.1 Rechtsgrundlage

Die Schweigepflicht findet ihre Rechtsgrundlage nicht etwa in § 203 StGB, diese Norm regelt lediglich die strafrechtliche Sanktion bei der Verletzung von Privatgeheimnissen.[83] Vielmehr ist die Schweigepflicht das Korrelat zu

80 Vgl. BVerfGE, Beschl. v. 24.6.1993 – 1 BvR 689/92 – BVerfGE 89, S. 69–91.

81 Siehe Kapitel 7.4

82 Siehe Kapitel 3.6.

83 Ratzel, Lippert: Kommentar zur Musterberufsordnung der deutschen Ärzte (MBO), 6. Aufl. 2014, § 9 Rdnr. 3.

dem im verfassungsrechtlich geschützten Persönlichkeitsrecht wurzelnden Anspruch des Einzelnen auf Schutz seines Privatlebens und insbesondere Erhaltung eines Geheimbereichs.[84] Verletzungen der Schweigepflicht verletzen daher den Betroffenen in seinem allgemeinen Persönlichkeitsrecht.[85]

Das von der Rechtsprechung aus den Verfassungsnormen der Art. 1 Abs. 1 und 2 Abs. 1 GG entwickelte allgemeine Persönlichkeitsrecht gewährleistet die Achtung der Würde des Menschen, seine Autonomie, sein Ansehen, seine Identität und Individualität und ist ein absolutes Recht im Sinne des § 823 Abs. 1 BGB. Das Persönlichkeitsrecht schützt die Autonomie der Person und so auch das Recht eines jeden auf Bestimmung darüber, welche Informationen über persönliche Lebenssachverhalte Dritten offenbart werden dürfen. Angaben eines Arztes über Anamnese, Diagnose und therapeutische Maßnahmen betreffen zwar nicht die unantastbare Intimsphäre, aber immerhin den privaten Bereich des Patienten und sind daher durch das allgemeine Persönlichkeitsrecht geschützt. Dabei kommt es nicht darauf an, ob die Feststellungen für den Betroffenen belastend oder seiner sozialen Geltung abträglich sind. Vielmehr verdient ganz allgemein der Wille des Einzelnen Achtung, so höchstpersönliche Dinge wie die Beurteilung seines Gesundheitszustandes durch einen Arzt vor fremdem Einblick zu bewahren.[86]

3.2 Schweigepflichtige in der Fahreignungsbegutachtung

3.2.1 Schweigepflichtige Personen

Für den Arzt ist die Schweigepflicht konkret normativ als Berufspflicht begründet in § 9 MBO in der Fassung der jeweiligen Normen der Landesärztekammern.[87] Allerdings betrifft dies, wie sich aus der Überschrift des II. Abschnitts der MBO ergibt, das Arzt-Patienten-Verhältnis. Indes besteht Einigkeit dahingehend, dass die ärztliche Schweigepflicht keinen Behandlungsvertrag oder ein sonstiges Arzt-Patienten-Verhältnis voraussetzt: Auch wenn ein Arzt im Auftrag Dritter aufgrund von eigenen Beobachtungen und Informationen Dritter eine Diagnose erstellt, unterfällt diese der ärztlichen Schweigepflicht, da es auch außerhalb eines Behandlungsverhältnisses dem Selbstbestimmungsrecht des Betroffenen unterliegt, zu entscheiden, wer über seinen Gesundheitszustand in Kenntnis gesetzt werden darf.[88] Der Arzt ist also grundsätzlich schweigepflichtig, hierfür ist das besondere im Behandlungsverhältnis geltende Vertrauensverhältnis nicht (vorrangig) konstitutiv.[89] Damit steht fest, dass die Schweigepflicht auch für Ärzte gilt, die im Rahmen

84 OLG München, Urt. v. 4.2.2010 – 1 U 4650/08, MedR 2010, S. 645–649.

85 OLG Düsseldorf, Urt. v. 11.12.2008 – 15 U 170/07, GesR 2008, S. 587–591.

86 Zum Vorstehenden insgesamt vgl. OLG München a.a.O. (Fn. 84) und OLG Düsseldorf a.a.O. (Fn. 85); aus der Rspr. des BVerfG vgl. Beschl. v. 6.6.2006 – 2 BvR 1349/05, MedR 2006, S. 586–588.

87 Ratzel, Lippert a.a.O. (Fn. 83).

88 Vgl. OLG München a.a.O. (Fn. 84).

89 Deshalb unterliegen der Schweigepflicht auch Truppenärzte, Anstaltsärzte, Amtsärzte, Betriebsärzte: Knauer, Brose, in: Spickhoff, Medizinrecht, 2. Aufl. 2014, StGB §§ 203–205 Rdnr. 11.

der Fahreignungsbegutachtung untersuchend tätig werden, insbesondere bei Erstellung von Gutachten gem. § 11 Abs. 2 FeV oder bei der medizinischen Anamnese im Rahmen Medizinisch-Psychologischer Untersuchungen.

Nichts anderes kann nach hiesiger Auffassung für den Verkehrspsychologen bei einer Begutachtungsstelle für Fahreignung (BfF) gelten: Konstitutiv für die Schweigepflicht ist nicht die Arzteigenschaft des Pflichtigen, sondern die schutzwürdige Rechtsposition des Betroffenen, nur selbst kraft autonomer Entscheidung auf dem Boden seines allgemeinen Persönlichkeitsrechts über die Preisgabe seiner gesundheitsbezogenen und sonstigen persönlichkeitsbezogenen Umstände aus dem Privatbereich entscheiden zu dürfen. Nicht umsonst sanktioniert § 203 Abs. 1 Nr. 2 StGB dementsprechend die Verletzung von Privatgeheimnissen durch Berufspsychologen.[90] Flankierend sind für Psychologen Schweigeverpflichtungen in verbandsinternen Richtlinien als die jeweiligen Verbandsmitglieder bindende Berufspflicht festgeschrieben.[91]

Schweigepflichtig ist nicht nur der Arzt bzw. der ärztliche oder verkehrspsychologische Gutachter, schweigepflichtig ist auch das gesamte interne Personal insoweit, als es unmittelbar mit der originär die Schweigepflicht begründenden beruflichen Tätigkeit, ihrer Vorbereitung, Durchführung, Auswertung und Verwaltung befasst ist und nach Art dieser Tätigkeit in den Vertrauensbereich einbezogen ist (Sekretärinnen, sonstige Sachbearbeiter in der BfF, interne EDV-Betreuer etc.).[92] Die Bezeichnung als berufsmäßig tätige Gehilfen in § 203 Abs. 3 S. 2 StGB darf den Blick dafür nicht verstellen, dass es nicht etwa auf ein Über-Unterordnungsverhältnis ankommt – welches innerhalb einer BfF, in welcher z. B. der verkehrspsychologische Gutachter selbst nur Angestellter ist oder die sich eines ärztlichen Gutachters qua Einbindung durch einen Freien-Mitarbeiter-Vertrag bedient, zum weiteren internen Personal regelmäßig nicht gegeben sein wird –, sondern auf die organisatorische weisungsgebundene Einbeziehung in den geschützten Bereich.[93] Außenstehende (z. B. externe Reinigungskräfte, EDV-Betreuer) unterliegen der Schweigepflicht nicht[94] – umso wichtiger ist es allerdings, dass trägerseits organisatorische Vorkehrungen getroffen werden, Schweigepflichtverletzungen durch Externe zu verhindern oder diese z. B. durch entsprechende Obliegenheitsverpflichtungen in den jeweiligen Dienstleistungsverträgen auf Verschwiegenheit zu verpflichten.

---

90 Zuzustimmen ist daher Knauer, Brose a. a. O. (Fn. 89), §§ 203–205 Rdnr. 14, die auch Betriebspsychologen und i. S. v. § 36 Abs. 6 FeV anerkannte Verkehrspsychologen als schweigepflichtig ansehen.

91 Abschnitt B. III 1. ‚Schweigepflicht' der Ethischen Richtlinien der Deutschen Gesellschaft für Psychologie e. V. und des Berufsverbandes Deutscher Psychologinnen und Psychologen e. V. (zugleich Berufsordnung des Berufsverbands Deutscher Psychologinnen und Psychologen e. V.) in der von der Mitgliederversammlung der DGP am 29.9.1998 und von der Delegiertenkonferenz des BDP am 25.4.1999 beschlossenen Fassung, zuletzt geändert durch die Beschlüsse der Mitgliederversammlung der DGP vom 28.9.2004 und der Delegiertenkonferenz des BDP vom 16.4.2005, www.bdp-verband.org/bdp/verband/ethik.shtml, Stand: 24.6.2015.

92 Fischer, StGB, 61. Aufl. 2014, § 203 Rdnr. 21.

93 Fischer a. a. O. (Fn. 92).

94 Knauer, Brose a. a. O. (Fn. 89), §§ 203–205 Rdnr 22.

3.2.2 Schweigepflichtige Institutionen

Institutionen können nicht Täter i. S. d. § 203 StGB sein, die dort genannten Täter sind ausschließlich Personen. Daraus kann jedoch nicht abgeleitet werden, dass juristische Personen als solche nicht der Schweigepflicht unterliegen. Als Nebenpflicht wird die Schweigepflicht nämlich zivilrechtlich auch im Rahmen des Vertragsverhältnisses zwischen dem Betroffenen und dem Träger der Begutachtungsstelle vermittelt;[95] dieser Träger – wie beispielsweise auch im Bereich der ärztlichen Schweigepflicht ein Klinikträger[96] – kann dementsprechend auch unmittelbar zivilrechtlicher Gegner von entsprechenden aus Schweigepflichtverletzung resultierenden Ansprüchen sein.[97]

Nur dieses Verständnis wird auch den organisatorischen Gegebenheiten in der Fahreignungsbegutachtung gerecht: Der Begutachtungsvertrag kommt unmittelbar mit dem Träger zustande, er stellt die Räumlichkeiten und das Personal, bei dem Träger werden die – im Zweifel in seinem Eigentum stehenden – Probandenakten verwaltet und archiviert, der Träger unterliegt zugleich der Kontrolle durch Begutachtung (§ 72 Abs. 1 Nr. 1 FeV) und Qualitätsmanagement. Hiermit wäre es unvereinbar anzunehmen, der Schweigepflicht unterläge nur der konkret in einer Begutachtungsstelle für Fahreignung an einem Begutachtungsvorgang mitwirkende Arzt oder Verkehrspsychologe, nicht aber die Begutachtungsstelle als solche oder ihr Träger, in deren Organisation der Gutachter arbeitsteilig eingebunden ist.

Bei einem auf die Ärzte/Gutachter verengten Verständnis der Schweigepflicht ergäben sich zugleich nur schwer lösbare Probleme: Dürfte der Leiter einer BfF – bei dem es sich der Sache nach nicht um nachgeordnetes Hilfspersonal des Schweigepflichtigen handelt, welches selbst originär oder abgeleitet schweigepflichtig wäre – sich auf Beschwerde eines Betroffenen über behauptete Fehler im Gutachten oder bei dem Begutachtungsvorgang inhaltlich mit der Sache nur befassen und sich ihn nur vorlegen lassen, wenn eine ausdrückliche Entbindung der befassten Gutachter von der Schweigepflicht ihm gegenüber vorläge bzw. muss in das Verlangen eines Betroffenen, sich mit dem Vorgang zu befassen, stets eine konkludente Schweigepflichtentbindungserklärung zugunsten der BfF- oder trägerintern für die weitere Sachbearbeitung Berufenen hineingelesen werden? Wäre einem behördlichen Zugriffsverlangen auf die Akte eines Betroffenen z. B. im Rahmen eines gegen den Betroffenen gerichteten anderweitigen staatsanwaltlichen Ermittlungsverfahrens stattzugeben, wenn die Akte nach Abschluss des Begutachtungsvorgangs aus der persönlichen Handhabung durch den – zweifelsohne schweigepflichtigen – Gutachter heraus in die allgemeine Aktenverwaltung des Trägers gelangt ist? Dürfte eine außerhalb des Trägers stehende Institution des Qualitätsmanagements dem

95 Für den ärztlichen Behandlungsvertrag Ratzel, Lippert a. a. O. (Fn. 83), § 9 Rdnr. 76.

96 Vgl. den Sachverhalt zu LG München, Urt. v. 20.3.2008 – 7 O 12954/05, erhältlich in juris, dort gesamtschuldnerische Schmerzensgeldhaftung des psychiatrischen Krankenhausträgers.

97 Hierzu siehe Kapitel 6.3.5.2.

Träger aufgeben, ihr Betroffenenakten nicht-anonymisiert zur Auswertung zu überlassen?

Diese Fragen sind zu verneinen, wenn und weil auch die organisatorischen Einheiten BfF und Träger als solche der Schweigepflicht unterliegen. Dies bedingt zugleich, dass im internen Bereich dieser Einrichtungen Schweigepflicht einzelner Personen gegenüber anderen bzw. gegenüber der Organisationseinheit als solcher, soweit deren Befassung durch die erforderlichen und auch vom Betroffenen zu erwartenden organisatorischen Belange im Rahmen eines Begutachtungsvorganges veranlasst ist,[98] grundsätzlich nicht besteht.[99]

3.3 Umfang der Schweigepflicht in der Fahreignungsbegutachtung

Zur Frage, was inhaltlich der Schweigepflicht unterfällt, kann zunächst auf die diesbezüglichen Ausführungen in Kapitel 3[100] verwiesen werden. Mit Blick auf den Bereich der Fahreignungsbegutachtung zu ergänzen sind folgende Gesichtspunkte:

- Wie im Bereich ärztlicher Behandlung gilt auch hier, dass Schweigepflicht nicht nur über den Inhalt einer Befundung/Begutachtung besteht, sondern bereits über den Umstand an sich, dass ein Begutachtungsvorgang eingeleitet wurde.[101] Für den Betroffenen soll sein Recht, sich die eigene Entscheidung über die Einreichung eines Fahreignungsgutachtens bei der Fahrerlaubnisbehörde vorzubehalten, nicht dadurch konterkariert werden, dass der Fahrerlaubnisbehörde eine Konsultation des Trägers zur Begutachtung als solche sanktionslos zur Kenntnis gebracht werden dürfte, sodass die Fahrerlaubnisbehörde bei Nichtvorlage eines solchen Gutachtens u. U. annehmen könnte, es sei für den Betroffenen negativ ausgefallen.
- Gegenstand des § 203 StGB unterfallenden Geheimnisbegriffs müssen Tatsachen (genauer: personenbezogene Informationen) sein, Werturteile sind nicht erfasst.[102] Der BGH geht in ständiger Rechtsprechung davon aus, dass ärztliche Diagnosen, die auf Untersuchung und Befragung von Patienten beruhen, Werturteile darstellen.[103] Nichts anderes gilt dementsprechend für das Ergebnis einer Fahreignungsuntersuchung, insbesondere einer Medizinisch-Psychologischen Untersuchung. Mitnichten kann indes geschlussfolgert werden, dass dieses Gutachtenergebnis deshalb nicht der Schweigepflicht unterläge: § 203 StGB schützt auch die durch

98 Nach hiesiger Auffassung nicht mehr gedeckt wäre deshalb z. B. die Weitergabe von Begutachtungsbefunden bzw. -Ergebnissen nach abgeschlossenem Begutachtungsvorgang von einer BfF an eine andere BfF desselben Trägers.

99 Vergleichbar mit der Organisationseinheit „Krankenhaus“: Ausdrücklich entschieden wurde beispielsweise das Nichtvorliegen einer Schweigepflichtverletzung, wenn der liquidationsberechtigte Chefarzt dem Krankenhausträger die Einziehung von Honoraren überlässt, LG Itzehoe, Urt. v. 6.10.1992 – 1 S 81/92, NJW 1993, S. 794.

100 Siehe Kapitel 3.6.1.3.

101 Knauer, Brose a. a. O. (Fn. 89), §§ 203–205 Rdnr. 2.

102 Fischer a. a. O. (Fn. 92).

103 Deshalb sind ärztliche Diagnosen grundsätzlich Widerrufs- und Unterlassungsansprüchen entzogen; BGH, Urt. v. 3.5.1988 – VI ZR 276/87, NJW 1989, S. 774–775; Urt. v. 11.4.1989 – VI ZR 293/88, NJW 1989, S. 2941–2943.

Verknüpfung von Tatsachen mit Erfahrungssätzen erlangte Schlussfolgerung auf eine Diagnose, zumal die Diagnose ihrerseits Bestandteil der insgesamt dem Schutz von § 203 StGB unterfallenden Patientendaten ist.[104] Zu welchem Ergebnis eine Fahreignungsbegutachtung führt, ist daher (vorbehaltlich Schweigepflichtentbindung) schlechterdings nicht seitens des Trägers nach außen kommunizierbar.

- Die Schweigepflicht wird nicht dadurch suspendiert, dass der Schweigepflichtige in Kontakt mit einer anderen ebenfalls schweigepflichtigen Person oder Institution tritt. Liegt eine ausdrückliche, konkludente oder mutmaßliche Schweigepflichtentbindung[105] nicht vor, darf der begutachtende Verkehrspsychologe nicht die Tatsache, dass er zur Begutachtung konsultiert wurde – geschweige denn, deren Inhalt – an andere Verkehrspsychologen, Ärzte, Rechtsanwälte usw. kommunizieren. Die für den ärztlichen Bereich unter dem Gesichtspunkt der konkludenten oder mutmaßlichen Schweigepflichtentbindung bzw. gegebenen Ausnahmen etwa im Verhältnis zwischen niedergelassenem Behandler und dem Krankenhaus, in welches der Patient eingewiesen wird, zwischen Notfallbehandler und sonstigen Behandlern, zwischen Vor- und Nachbehandler und umgekehrt,[106] finden im Fahreignungsbegutachtungsbereich regelmäßig keine Entsprechung. Legte etwa der Betroffene zum Abstinenznachweis Befunde betreffend Alkohol- oder Drogenmarker oder Bescheinigungen über die Teilnahme an therapeutischen psychologischen Maßnahmen vor und ergäbe sich hier für den Gutachter weiterer Klärungsbedarf, dann dürfte dieser keineswegs unmittelbar mit Ärzten oder therapeutischen Einrichtungen in Korrespondenz treten, sondern hätte diesen Klärungsbedarf ausschließlich an den Betroffenen zu kommunizieren.
- Die Schweigepflicht besteht auch post mortem des Geheimnisträgers fort.[107] Erst recht gilt daher, dass zu Lebzeiten des Betroffenen nicht etwa durch Zeitablauf die Schweigepflicht „erlischt". Mögen Fahreignungsbegutachtungsakten auch seit Jahren oder Jahrzehnten archiviert sein – ihre Inhalte dürfen unter keinen anderen Voraussetzungen offenbart werden als etwa bei laufenden Vorgängen.

3.4 Befugte Offenbarung der Schweigepflicht unterfallender Tatsachen

Die Offenbarung der Schweigepflicht unterfallender Tatsachen kann „befugt" erfolgen, wenn sie gerechtfertigt ist.

---

104 LG Flensburg, Urt. v. 5.7.2013 – 4 O 54/11, ZMGR 2014, S. 434–438.

105 Siehe Kapitel 6.3.4.1.

106 Hierzu eingehend Ratzel, Lippert a. a. O. (Fn. 83), § 9 Rdnrn. 22–29.

107 Knauer, Brose a. a. O. (Fn. 89), §§ 203–205 Rdnr. 36: Als höchstpersönliches Recht geht das Recht auf Wahrung der Schweigepflicht – i. e. eigentlich das Persönlichkeitsrecht des Verstorbenen – nicht auf dessen Erben über, die dementsprechend auch nicht wirksam von der Schweigepflicht entbinden können – hier kommt es auf die mutmaßliche Einwilligung des Erblassers an.

3.4.1 Entbindung von der Schweigepflicht

In der Fahreignungsbegutachtung spielt die Entbindung des Schweigepflichtigen von der Schweigepflicht durch den Betroffenen eine vorrangige praktische Rolle. Sie liegt insbesondere in der dem Begutachtungsstellenträger gegenüber erteilten Gestattung vor, das Fahreignungsgutachten nach Fertigstellung unmittelbar der Fahrerlaubnisbehörde zur Verfügung zu stellen. Regelmäßig wird diese Gestattung – oder ihre Verneinung – im Rahmen entsprechender Formulare bei Anbahnung bzw. Abschluss des Gutachtenvertrages vor der Begutachtung erfragt. Die Schweigepflichtentbindung ist allerdings weder formgebunden noch handelt es sich um eine rechtsgeschäftliche Willenserklärung: Erforderlich, aber auch ausreichend ist es, dass der Betroffene die natürliche Einsichts- und Urteilsfähigkeit besitzt; er muss verstehen, worin er einwilligt. Dem Begutachtungsstellenträger ist zu empfehlen, dies zu verifizieren und nicht auf die Wirksamkeit einer formularmäßig erteilten Schweigepflichtentbindung zu vertrauen, wenn sich – etwa bei mangelnder Verständigungsfähigkeit – im Verlauf der Begutachtung eindeutige Anhaltspunkte dafür ergeben, dass der Betroffene Bedeutung und Tragweite der Schweigepflichtentbindung nicht verstanden hat.

Dabei ist – wie grundsätzlich – angesichts der zentralen Bedeutung und verfassungsrechtlichen Verbürgung der durch die Schweigepflicht geschützten Rechtspositionen des Betroffenen aber zu beachten: Der Betroffene darf nicht mit dem Ansinnen einer Schweigepflichtentbindung „überfallen" werden. Hier gilt nach hiesiger Auffassung im Grundsatz kein niedrigerer Maßstab als bei der rechtfertigenden Einwilligung in ärztliche Eingriffe: Dem Betroffenen muss ausreichend Zeit verbleiben, das Für und Wider seiner Entscheidung zu durchdenken, ihm muss Überlegungsfreiheit ohne vermeidbaren Zeit- und Entscheidungsdruck verbleiben, um sein Selbstbestimmungsrecht zu gewährleisten. Ähnlich wie die sprichwörtliche ärztliche Aufklärung „auf der Bahre im OP-Vorraum" regelmäßig nicht statthaft ist, dürfte dies im Fahreignungsbereich z. B. für die den Betroffenen unvorbereitet treffende Anfrage der Gestattung der Anwesenheit Dritter – z. B. Begutachtern der BASt im Zuge von Qualitätssicherungsmaßnahmen gegenüber dem Begutachtungsstellenträger – bei der Begutachtung zu werten sein.[108]

Treten Bevollmächtigte des Betroffenen in der Korrespondenz zu einem bestimmten Begutachtungsvorgang an den Begutachtungsstellenträger heran, ist zu differenzieren. Die anwaltliche Bevollmächtigung umfasst in der Regel die konkludente Schweigepflichtentbindung.[109] Legt deshalb der Anwalt eine vom Betroffenen unterzeichnete Originalvollmacht vor, ist es nicht statthaft, Auskünfte unter Monierung des Fehlens einer zusätzlichen schriftlichen Schweigepflichtentbindung zu verweigern. Eine bloße Voll-

108 Zu dieser Problematik Scheufen u. a., Kontrollteilnahme von Begutachtern der BASt an Explorationsgesprächen im Rahmen der MPU, in: NZV 2008, S. 332–335.

109 OLG München, Urt. v. 18.12.2008 – 1 U 4438/08, erhältlich in juris.

machtskopie oder die schlichte „anwaltliche Zusicherung ordnungsgemäßer Bevollmächtigung“ im Anschreiben muss allerdings der Schweigepflichtige nicht gegen sich gelten lassen – § 174 Abs. 1 BGB eröffnet dann die Möglichkeit der unverzüglichen Zurückweisung, die über den Wortlaut hinaus (Rechtsgeschäfte) auch auf geschäftsähnliche Handlungen wie z. B. Mahnungen, Fristsetzungen, Anspruchsanmeldungen usw. anzuwenden ist.[110]

Bei sonstigen nichtanwaltlichen Bevollmächtigungen ist der Begutachtungsstellenträger zur Meidung jeden Strafbarkeitsrisikos aber in jedem Fall gut beraten, ausdrückliche Schweigepflichtentbindung abzufordern, wenn sie fehlt. In der Praxis kann und sollte die Schweigepflichtentbindung in Zweifelsfällen einfach und schnell durch direkte Anfrage[111] bei dem Betroffenen verifiziert werden, damit nicht Streit um diese Vorfrage eine vorprozessuale inhaltliche Konfliktlösung untunlich verzögert und belastet.

3.4.2 Offenbarungspflichten und Offenbarungsrechte

3.4.2.1 Gesetzliche Offenbarungspflichten

Bestimmte Offenbarungspflichten, denen der Schweigepflichtige unterliegt, eröffnen grundsätzlich die Befugnis zur Offenbarung. Für den Bereich der Fahreignungsbegutachtung sind allerdings entsprechende gesetzliche Offenbarungspflichten von praktischer Relevanz nicht ersichtlich.[112]

3.4.2.2 Offenbarungspflicht bei Behördenanfragen

Offenbarungspflichten werden nicht dadurch begründet, dass die Offenbarung etwa von Behörden angefragt wird. Denkbar sind in diesem Zusammenhang insbesondere Anfragen der Fahrerlaubnisbehörde zum aktuellen oder zu früheren Begutachtungsvorgängen (oder von Strafverfolgungsbehörden bei Ermittlungen gegen den Betroffenen). Der private und von dem Betroffenen privatrechtlich beauftragte Begutachtungsstellenträger unterliegt hier keinen die Schweigepflicht suspendierenden Amtspflichten zur Zusammenarbeit. Ein etwaiges ergänzendes Sachaufklärungsinteresse der präventiv-rechtlich im Bereich der Gefahrenabwehr tätigen Fahrerlaubnisbehörde befugt den Gutachter oder die BfF ebenso wenig ohne vorherige Zustimmung des Betroffenen zu (zusätzlichen) Mitteilungen dorthin wie ein repressiv-rechtlich begründetes Strafverfolgungsinteresse etwa auf polizeilicher oder staatsanwaltlicher Seite.

Die am Fahreignungsbegutachtungsvorgang trägerseits beteiligten Personen und Institutionen sind nicht verlängerter Arm der Verwaltungsbehörden. Das Ergebnis des Begutachtungsvorgangs hat eine bestimmte Funktion als

110 Palandt, Ellenberger, BGB, 73. Aufl. 2014, § 174 Rdnr. 2.

111 Z. B. telefonisch oder per E-Mail, zur Absicherung ggf. noch schriftlicher Aktenvermerk über Telefonat.

112 S. aber infektionsschutzrechtliche Meldepflicht gem. IfSG hinsichtlich der in § 6 benannten Krankheiten durch den feststellenden Arzt und zusätzlich hinsichtlich der in § 7 IfSG benannten Krankheitserreger, wenn die BfF als private Untersuchungsstelle i. S. d. § 8 Abs. 1 Nr. 1 IfSG zu qualifizieren ist.

Hilfsmittel im Verwaltungsvorgang zu erfüllen (und muss hierzu den entsprechenden öffentlich-rechtlich normierten Anforderungen genügen) – den privatrechtlich beauftragten, begutachtenden Personen und Stellen in privatrechtlicher Trägerschaft als solchen kommt aber eine verwaltungsverfahrensrechtliche Beteiligtenfunktion nicht zu. Begutachtung ist die Aufgabe der BfF – nicht Gefahrenabwehr. Es ist strikt darauf zu achten, dass die durch Auftrag und Schweigepflicht gezogene Grenze insbesondere gegenüber der Fahrerlaubnisbehörde nicht im Sinne „vorauseilenden Gehorsams" durchbrochen wird.

Offenbarungspflichten, welche die Schweigepflicht durchbrechen sollen, müssen nach dem Grundsatz vom Vorbehalt des Gesetzes gem. Art. 20 Abs. 3 GG auf einer (parlaments-)gesetzlichen Ermächtigungsgrundlage beruhen. Untergesetzliche Rechtsnormen oder gar Regularien zwischen privaten Rechtssubjekten ohne Normcharakter genügen diesen Anforderungen nicht.[113] Begründen – wie gezeigt – schon Anfragen von Bundes- oder Landesbehörden ohne eine solche gesetzliche Grundlage Offenbarungspflichten gegenüber Stellen bzw. Personen der Fahreignungsbegutachtung nicht, dann gilt dies erst recht im Bereich bloßer Akkreditierungs- oder Qualitätssicherungsprozeduren: Der BASt gegenüber, die entsprechende Funktionen im Verhältnis zu den Fahreignungsbegutachtungsträgern wahrnimmt, ist deshalb eine Schweigepflichtdurchbrechung unter keinem rechtlichen Gesichtspunkt gerechtfertigt. Werden im Zuge der Qualitätssicherung Begutachtungsvorgänge (stichprobenartig) angefragt, so ist strikt auf Anonymisierung und Verschlüsselung zu achten, sodass die übermittelten Daten einem konkret Betroffenen weder direkt noch durch Verknüpfung mit anderen Datensätzen zugeordnet werden können.

3.4.2.3 Offenbarungsrecht gegenüber Behörden im Notstand

Damit stellt sich dann aus Sicht der an der Fahreignungsbegutachtung Beteiligten die Frage, ob Sachverhalte verbleiben, in denen sie gleichwohl berechtigt sind, Schweigepflichtiges zu offenbaren, um die drohende Verletzung wesentlich höherrangiger Rechtsgüter zu verhindern.

Dies erscheint zweifelhaft. In der Rechtsprechung wurde allerdings im Einzelfall Ärzten zugebilligt, der Polizei oder der Fahrerlaubnisbehörde Mitteilung machen zu dürfen, wenn die Gefahr drohte, dass Patienten mit fahreignungsausschließenden Erkrankungen am Straßenverkehr teilnehmen würden.[114]

Man wird jedoch berücksichtigen müssen: Ist die mögliche Wiedererlangung einer Fahrerlaubnis und damit die rechtliche Eröffnung der Möglichkeit,

113 Ratzel, Lippert a. a. O. (Fn. 83), § 9 Rdnr. 47.

114 BGH, Urt. v. 8.10.1968 – VI ZR 168/67, NJW 1968, S. 2288 – der BGH hat einschränkend die zusätzliche Erfordernis aufgestellt, der Arzt müsse zuvor den Patienten auf seinen Gesundheitszustand und auf die Gefahren aufmerksam gemacht haben, die sich beim Steuern eines Kraftfahrzeugs ergeben, falls dies nicht wegen der Art der Erkrankung oder der Uneinsichtigkeit des Patienten von vorneherein sinnlos ist; BayVGH, Beschl. v. 24.8.2010 – 11 Cs 10.1139, erhältlich in juris, dort Rz. 72.

dass der Betroffene wieder am Straßenverkehr teilnehmen wird, erst das mögliche Ergebnis eines mehrstufigen Verwaltungsverfahrensvorgangs, der über die Gutachtenbeibringungsanordnung zu einer voll justiziablen Entscheidung in Gestalt eines Verwaltungsakts führt, dann fehlt es aus Sicht der diesem Verwaltungsverfahren lediglich zuarbeitenden BfF bzw. Fahreignungsgutachter im Kontext ihrer der Verwaltungsentscheidung vorgelagerten Tätigkeit in aller Regel an einer Gefahrenlage, die ausnahmsweise die Schweigepflichtdurchbrechung rechtfertigte. Dies gilt erst recht, wenn der Betroffene während eines gegen ihn gerichteten Entziehungsverfahrens noch Führerscheininhaber ist; eine Schweigepflichtdurchbrechung darf hier nicht auf Begutachtungsebene mit dem Ziel erfolgen, das spätere Ergebnis der fahrerlaubnisbehördlichen Entscheidung gewissermaßen vorwegzunehmen.

In diesem Zusammenhang ist noch einmal auf den rechtlichen Ausgangspunkt zu rekurrieren: Jenseits einer Einwilligung des Betroffenen und nicht suspendierbaren normativen Offenbarungspflichten ist die Schweigepflichtverletzung grundsätzlich nur befugt, wenn sie gerechtfertigt erfolgt, weil eine gegenwärtige, nicht anders abwendbare Gefahr für ein Rechtsgut vorliegt, dessen Schutzbedürftigkeit in Abwägung der widerstreitenden Interessen diejenige des beeinträchtigten Rechtsguts wesentlich überwiegt, vgl. § 34 S. 1 StGB.[115] Schon an der Gegenwärtigkeit einer Gefahr fehlt es dann in den hier zu beurteilenden Sachverhalten. Diese setzt eine Sachlage voraus, bei der die Einwirkung des schädigenden Ereignisses bereits begonnen hat oder bei der diese Einwirkung unmittelbar oder in allernächster Zeit mit einer an Sicherheit grenzenden Wahrscheinlichkeit bevorsteht[116] oder bei der mit dieser Einwirkung nach Lage der Dinge jederzeit gerechnet werden muss (sog. Dauergefahr).[117] Davon kann in der Fahreignungsbegutachtung nicht die Rede sein; es sei denn, man hätte zu gewärtigen, dass der Betroffene fahrungeeignet jederzeit und damit auch alsbald wieder am Straßenverkehr teilnimmt – also gewissermaßen die BfF nach der Begutachtung mit dem Kfz verlässt. Einer solchen Gefahr hätte man aber ohnehin nicht durch Unterrichtung der Fahrerlaubnisbehörde im Verwaltungsverfahren zu begegnen, sondern durch Verständigung der Polizei (wie in den judizierten Fällen).[118]

Eine informatorische Einflussnahme auf den Verwaltungsverfahrensgang bei der Fahrerlaubnisbehörde hat damit jedoch nichts zu tun. Eine unbefugte Schweigepflichtverletzung stellt es daher dar, wenn beispielsweise der Fahreignungsgutachter von sich aus bei der Fahrerlaubnisbehörde anfragt, ob ein die Fahreignung verneinendes Gutachten dort vorgelegt wurde und verneinendenfalls Hinweise auf seine gutachterlichen Feststellungen zum Fahreignungsmangel gibt, um die Fahrerlaubnisbehörde unterrichtet zu halten. Ebenso wenig darf der Gutachter die Fahrerlaubnisbehörde über Befunde

115 Ausführlich zum rechtfertigenden Notstand vs. Schweigepflicht siehe Kapitel 3.6.3 und 6.3.4.2.3.

116 Vgl. BGH, Urt. v. 23.10.2003 – III ZR 9/03, NJW 2003, S. 3693–3696 zum inhaltlich identischen Begriff der ‚unmittelbar bevorstehenden Gefahr'.

117 Vgl. BGH, Urt. v. 15.5.1979 – 1 StR 74/79, NJW 1979, S. 2053–2054.

118 BGH und BayVGH a.a.O. (Fn. 114).

in Kenntnis setzen, die nicht mit der behördlichen Fragestellung in Zusammenhang stehen – und zwar auch dann nicht, wenn sie Zweifel an der Fahreignung begründen mögen.[119]

3.4.3 Zeugniszwang

Aus einer materiellen Verschwiegenheitspflicht – mag sie auch gem. § 203 Abs. 1 StGB grundsätzlich strafbewehrt sein – folgt keineswegs eo ipso ein strafprozessuales Zeugnisverweigerungsrecht gem. § 53 StPO (bzw. korrespondierend Beschlagnahmefreiheit gem. § 97 Abs. 1 StPO): Vielmehr gilt, dass trotz einer Verschwiegenheitspflicht nach sachlichem Strafrecht ausgesagt werden muss, wenn ein prozessuales Zeugnisverweigerungsrecht nicht gegeben ist – die Aussage erfolgt in diesem Fall dann i. S. d. § 203 StGB nicht „unbefugt".[120]

Zur Zeugnisverweigerung berechtigt ist gem. § 53 Abs. 1 Nr. 3 StPO u. a. der Arzt. Für dessen Privilegierung kommt es auch nicht darauf an, ob seine Wahrnehmungsmöglichkeit bezüglich der Schweigepflicht unterliegenden Tatsachen auf einem besonderen Vertrauensakt beruht: Auch ohne Bestehen eines Arzt-Patienten-Verhältnisses kann sich der Amtsarzt, welchen der Betroffene freiwillig zur Begutachtung aufsucht, daher auf § 53 Abs. 1 Nr. 3 StPO berufen.[121] Auch in diesem Zusammenhang stellt der BGH klar, dass es nicht auf den Grad des „Anvertrauens" ankommt, sondern auf die gerechtfertigte Erwartung des Betroffenen, der Gutachter werde gewonnene Erkenntnisse nur im Rahmen seines Auftrags mitteilen, nicht aber darüber hinaus anderweitig offenbaren.[122]

Es mag überraschend erscheinen: Der Arzt in der Fahreignungsbegutachtung ist zur Verweigerung des Zeugnisses berechtigt – nicht dagegen der psychologische Gutachter! Der Kreis der in § 53 StPO benannten Geheimnisträger ist abschließend und einer Analogie nicht zugänglich, weil es an einer Gesetzeslücke fehlt.[123] Dem Gesetzgeber war die Problematik bekannt; Beratungen zu einem Gesetzesentwurf, nach dem der zur Zeugnisverweigerung berechtigte Personenkreis des § 53 Abs. 1 Nr. 3 StPO u. a. auf Psychologen mit staatlich anerkannter Ausbildung ausgedehnt werden sollte, waren seinerzeit im Rechtsausschuss zurückgestellt worden.[124]

Psychologen, psychologische Beratungsstellen und ähnliche Stellen fallen daher nicht in den Kreis der zeugnisverweigerungsberechtigten Berufsgeheimnisträger.[125] Ausnahmen hat die Rechtsprechung mit Blick auf den Vorbehalt der Verhältnismäßigkeit im Einzelfall für in einer Anlaufstelle mit therapeutischem Ansatz für sexuell missbrauchte Frauen tätige Psychologen

119 Siehe Kapitel 6.3.4.2.2.
120 LG Köln, Beschl. v. 9.11.2001 – 102-57/01, NJW 2002, S. 909–911.
121 BGH, Urt. v. 28.10.1992 – 3 StR 367/92, NJW 1993, S. 803–805.
122 BGH a. a. O. (Fn. 121).
123 LG Dortmund, Beschl. v. 24.11.1982 – 14 (II) Qs 22/82, erhältlich in juris, dort Rdnr. 24 ff.
124 LG Dortmund a. a. O. (Fn. 123).
125 LG Freiburg (Breisgau), Beschl. v. 6.11.1998 – II Qs 129/98, erhältlich in juris.

gesehen.[126] Dort lag jedoch die Erwägung zugrunde, dass die Vertraulichkeit in jenem Bereich nicht allein im Interesse des Schutzes der Intimsphäre der Klienten liegt, sondern auch ein Belang der im Gemeinwohlinteresse erforderlichen und am Sozialstaatsprinzip anknüpfenden Gesundheitsfürsorge ist, weil die funktionsgerechte Tätigkeit solcher Beratungsstellen regelmäßig die Absicherung des für die therapeutische Arbeit unabdingbaren Vertrauensverhältnisses durch die ausdrückliche Zusicherung der Vertraulichkeit und Verschwiegenheit voraussetzt.[127] Diese Überlegungen lassen sich auf die Tätigkeit psychologischer Gutachter bzw. des sonstigen internen mit einem Begutachtungsvorgang befassten nichtärztlichen Personals in einer BfF nicht übertragen, da schon ein therapeutischer Ansatz im Verhältnis Betroffener – psychologischer Gutachter fehlt (und fehlen muss).[128]

Sieht man vom (gutachtenden) Arzt ab, steht daher allen übrigen Beteiligten an der Fahreignungsbegutachtung in einer BfF kein strafprozessuales Zeugnisverweigerungsrecht zu (auch können sie nicht der Beschlagnahme von Probandenakten entgegentreten). Wird das Zeugnis gleichwohl grundlos verweigert, besteht die Möglichkeit, mit Ordnungsgeld (ersatzweise Ordnungshaft) belegt zu werden, § 70 Abs. 1 S. 2 StPO.

3.4.4 Wahrnehmung berechtigter Eigeninteressen

Unter dem Gesichtspunkt des rechtfertigenden Notstands gem. § 34 StGB wird auch die Berechtigung des Schweigepflichtigen subsumiert, zur Wahrnehmung berechtigter (Eigen-)Interessen Geheimnisse i. S. d. § 203 StGB zu offenbaren,[129] so im Rahmen eines eigenen Haftpflichtprozesses oder bei der Durchsetzung von Honoraransprüchen.[130] Hiervon streng zu unterscheiden ist allerdings die Abtretung von Honoraransprüchen durch Schweigepflichtige an Dritte zum Zweck des Forderungseinzugs: Willigt der Betroffene hierin nicht ein, dann liegt hierin eine unbefugte Schweigepflichtverletzung, die zugleich eine Forderungsabtretung wegen Nichtigkeit gem. § 134 BGB unwirksam macht.[131] Der Begutachtungsstellenträger darf nicht ohne Wei-

126 LG Freiburg (Breisgau), Beschl. v. 7.11.1996, NJW 1997, S. 813–814 unter Rekurs auf die Leitentscheidung des BVerfG mit Beschl. v. 24.5.1977 – 2 BvR 988/75, BVerfGE 44, S. 353–384.

127 LG Freiburg (Breisgau) a. a. O. (Fn. 126).

128 Zum Erfordernis der strikten Meidung einer Rollenkonfusion zwischen Behandler und Gutachter siehe Kapitel 2.5.

129 Ein eigenständiger Rechtfertigungsgrund „Wahrnehmung berechtigter Interessen“ besteht im Rahmen des § 203 StGB nicht, eine analoge Anwendung des § 193 StGB scheidet aus, weil mit § 34 StGB eine Rechtfertigungsnorm zur Verfügung steht, die nicht durch geringere Anforderungen unterlaufen werden darf, Schleswig-Holsteinisches OLG, Urt. v. 18.1.2007 – 5 U 19/07, WM 2007, S. 2103–2108.

130 Knauer, Brose a. a. O. (Fn. 89), § 203 Rdnr. 43 a. E.; Ratzel, Lippert a. a. O. (Fn. 83), § 9 Rdnr. 55; entsprechend zur anwaltlichen Verschwiegenheitspflicht Dahns, Durchbrechung der anwaltlichen Verschwiegenheitspflicht, in: NJW-Spezial 2008, S. 158 ebd.

131 BGH, Urt. v. 5.12.1995 – X ZR 121/93, NJW 1996, S. 775–776; erforderlich – aber auch ausreichend – ist in solchen Fällen eine formularmäßig vorformulierte Einverständniserklärung, aus welcher sich für einen durchschnittlichen Betroffenen klar und eindeutig ergibt, dass er sich für die bevorstehende Begutachtung mit der Weitergabe der Daten und der Abtretung der Honorarforderungen an eine Verrechnungsstelle oder sonstige mit dem Forderungseinzug betraute Institution einverstanden erklärt, vgl. OLG Köln, Urt. v. 19.12.2011 – 5 U 2/11, GesR 2012, S. 434–437.

teres etwa im Konzern eine andere Gesellschaft mit dem Forderungseinzug betrauen und zu diesem Zweck dorthin Daten übermitteln, wenn dem der Auftraggeber und Betroffene nicht zugestimmt hat.

Berechtigte Interessen nimmt der Schweigepflichtige sehr wohl aber auch bei der zivilprozessualen Abwehr von Mängelansprüchen betreffend Fahreignungsgutachten wahr. Schon tatbestandsmäßig stellt dann die Begutachtung und deren Ergebnis regelmäßig kein Geheimnis mehr dar, weil der Betroffene selbst das Gutachten zur schlüssigen Anspruchsbegründung im Rahmen der Klageschrift als Anlage beifügen oder zumindest schriftsätzlich hinsichtlich der beanstandeten Passagen in Bezug nehmen wird. Angesichts der Öffentlichkeit eines zivilgerichtlichen Verfahrens sind die dort eingeführten Tatsachen nicht (mehr) geheim.[132]

Im Übrigen gilt: Vermag der Geheimnisträger seine Rechte nur durch Offenlegung wahrzunehmen, dann tritt die Schweigepflicht zurück.[133] In der Auseinandersetzung mit dem Betroffenen selbst, der sich mutmaßlich vertragspflichtwidrig verhalten hat (z. B. Vergütungsnichtzahlung) oder der dem Schweigepflichtigen vertragspflichtwidriges Verhalten vorwirft, liegt dies auf der Hand. Sucht der Betroffene die rechtliche Auseinandersetzung mit dem Schweigepflichtigen, dann darf die Schweigepflicht dem Betroffenen nicht gleichsam als Schirm dienen, der den Schweigepflichtigen seiner Rechtsverteidigung beraubt.

Denkbar sind auch Konstellationen, in denen Schweigepflichtige im Bereich der Fahreignungsbegutachtung Beschuldigte im Rahmen strafprozessualer Ermittlungsverfahren sind, mit deren Einleitung der Begutachtete nichts zu tun hat. Ein Unterschied besteht nicht, auch in diesem Kontext darf der Schweigepflichtige grundsätzlich zur Wahrung seiner berechtigten Eigeninteressen die Schweigepflicht hintanstellen. Allerdings ist – wie grundsätzlich im Rahmen des § 34 StGB – abzuwägen: Einerseits muss es kein Schweigepflichtiger hinnehmen, eine strafrechtliche Sanktion gewärtigen zu müssen, weil ihm in der Verteidigung der Rückgriff auf der Schweigepflicht unterliegende Vorgänge versagt bleibt – andererseits muss aber sehr wohl geprüft werden, ob nicht zum Beispiel für interessengerechte Strafverteidigung auch die Einführung anonymisierter Gutachten genügt, wenn und weil gerade eine Namhaftmachung des Betroffenen unter Berücksichtigung des Strafbarkeitsvorwurfs nicht erforderlich ist.

3.5 Konsequenzen der Schweigepflichtverletzung

Rechtswidrige Schweigepflichtverletzungen sind kein Kavaliersdelikt. Die Feststellung betreffend den ärztlichen Bereich, dass die ärztliche Schweigepflicht von jeher Kernbestandteil des ärztlichen Berufsethos und der ärztlichen Berufspflichten ist,[134] kann und sollte in der Fahreignungsbegut-

132 Vgl. Schleswig-Holsteinisches OLG, Urt. v. 24.9.1984 – 2 Ws 708/84, NJW 1985, S. 1090–1092.
133 Deutsch, Spickhoff, Medizinrecht, 7. Aufl. 2014, Rdnr. 645.
134 Knauer, Brose a. a. O. (Fn. 89), §§ 203–205 Rdnr. 1.

achtung grundsätzlich Erweiterung auch auf die nichtärztlichen Geheimnisträger, namentlich den verkehrspsychologischen Gutachter, erfahren. Die bereits eingangs[135] benannte Nähe insbesondere der verkehrspsychologischen Begutachtung zum Eingreifen in den grundrechtlich unantastbaren Kernbereich privater Lebensgestaltung unterstreicht die Bedeutung und Sensibilität der Problematik. Wer unbefugt die Schweigepflicht verletzt, hat daher u.U. sogar parallele Sanktionen zu gewärtigen, wobei insbesondere auch die Möglichkeit der Auslösung zivilrechtlicher Ansprüche des Betroffenen zu berücksichtigen ist.

3.5.1 Straf- und berufsrechtliche Sanktionen

Die unbefugte Verletzung von Privatgeheimnissen ist ein strafbares Vergehen, das im Grundtatbestand gem. § 203 Abs. 1 StGB mit Freiheitsstrafe bis zu einem Jahr oder Geldstrafe bestraft wird. Materiell-rechtlich ist anzumerken, dass die Strafbarkeit der normverletzenden Handlung bei unbefugtem Bruch der Verschwiegenheit in aller Regel auch nicht ohne Weiteres durch einen Verbotsirrtum infrage gestellt wird, wenn sich der Schweigepflichtige hierauf beruft; ausdrücklich wurde judiziert, dass es etwa dem Psychologen einer trägergestützten Einrichtung zuzumuten ist, zur Frage der Befugnis einer Offenbarung schweigepflichtiger Tatsachen verlässlichen Rechtsrat einzuholen.[136]

Strafverfolgung tritt allerdings nur auf Strafantrag des Betroffenen ein, § 205 Abs. 1 StGB.[137]

Handelt es sich bei dem Schweigepflichtigen um einen Arzt, können zu strafrechtlichen zusätzlich berufsrechtliche Sanktionen durch die Berufsgerichtsbarkeit der Landesärztekammern hinzutreten (Warnung, Verweis, Geldbuße, Entzug des aktiven und passiven Berufswahlrechts).[138]

3.5.2 Zivilrechtliche Ansprüche des Betroffenen

Weniger bekannt als das Verdikt der Strafbarkeit ist der Umstand, dass die in der Schweigepflichtverletzung liegende Verletzung des allgemeinen Persönlichkeitsrechts als sonstigem Recht des Betroffenen i.S.d. § 823 Abs. 1 BGB[139] diesem auch ohne Eintritt eines materiellen Schadens (der gem. § 823 Abs. 1 BGB bei Nichtvermögensschäden bzw. gem. § 823 Abs. 2 BGB i.V.m. § 203 Abs. 1 StGB bei Vermögensschäden zu kompensieren wäre) auch ein Anspruch auf Ersatz immaterieller Schäden – sprich: Schmerzensgeld – gem. §§ 823 Abs. 1, 253 Abs. 2 BGB erwachsen kann.

---

135 Siehe Fn. 84.

136 BayObLG, Urt. v. 8.11.1994 – 2 St RR 157/94, NJW 1995, S. 1623–1624.

137 Gleiches gilt für datenschutzrechtliches Nebenstrafrecht, vgl. § 44 BDSG sowie die entsprechenden Regelungen in den jeweiligen Datenschutzgesetzen der Länder.

138 Ratzel, Lippert a.a.O. (Fn. 83), § 9 Rdnr. 79; vgl. auch für verbandsmitgliedschaftlich organisierte Psychologen die Berufsordnung gem. Ethischen Richtlinien der DGP und der BDP a.a.O. (Fn. 91), die in Abschn. E.I. bei Verstößen ehrengerichtliche Ahndung vorsieht.

139 Palandt, Sprau a.a.O. (Fn. 110), § 823 Rdnr. 19.

Auf die Frage, ob und in welcher Höhe Schmerzensgeld zuerkannt wird, haben Gesichtspunkte wie Irrtümer des Schweigepflichtigen bzw. der Umstand, dass das Geheimnis unbefugt einem selbst Schweigepflichtigen eröffnet wurde, Einfluss.[140] Unterhalb einer Bagatellgrenze entfällt die Zuerkennung von Schmerzensgeld in der Regel, da ein Anspruch auf Geldentschädigung wegen einer Verletzung des allgemeinen Persönlichkeitsrechts nur besteht, wenn es sich um eine schwerwiegende Verletzung handelt und für die Zubilligung einer Geldentschädigung ein unabwendbares Bedürfnis besteht; es muss danach eine objektiv erheblich ins Gewicht fallende Beeinträchtigung vorliegen, was anhand der Umstände des Einzelfalls unter Berücksichtigung der Beurteilungskriterien ‚Art und Intensität des Eingriffs', ‚Nachhaltigkeit der Schädigung des Betroffenen', ‚Bereich des Eingriffs', ‚Anlass bzw. Beweggrund' und ‚Verschulden des Verletzers' festzustellen ist.[141] Andererseits kann im Ausnahmefall bei grob schuldhaften, sehr schwerwiegenden Persönlichkeitsrechtsverletzungen auch unter dem Gesichtspunkt generalpräventiver Erwägungen durchaus ein vergleichsweise hohes Schmerzensgeld zugesprochen werden.[142]

140 Vgl. LG München, Urt. v. 1.10.1993 – 23 O 2157/91, dort zugesprochen ein Schmerzensgeld i. H. v. 1.000,– DM bei unbefugter Mitteilung eines psychologischen Befundes an einen Hausarzt; OLG Düsseldorf a. a. O. (Fn. 85) versagt bei Übersendung eines Entlassungsberichts an den selbst schweigepflichtigen, einweisenden Betriebsarzt ein Schmerzensgeld vollständig.

141 OLG Düsseldorf a. a. O. (Fn. 85).

142 LG München a. a. O. (Fn. 96), dort zugesprochen ein Schmerzensgeld i. H. v. 30.000,– € bei bundesweit im Privatfernsehen ausgestrahlten Filmaufnahmen eines wegen akuten und schwerwiegenden Ausbruchs einer Psychose in der geschlossenen Abteilung eines psychiatrischen Krankenhauses untergebrachten Erkrankten.

Kapitel 7
Der Betroffene als privatrechtlicher Auftraggeber der Begutachtung – werkvertragliche Beziehungen und Pflichten

Frank Müller-Rath, Wolfgang Schubert

Die „Akteure“ bei der Fahreignungsbegutachtung stehen sich gewissermaßen in einem Dreieck unterschiedlicher Rechtsbeziehungen gegenüber.

Öffentliche Rechtssätze des Straßenverkehrs- bzw. des Fahrerlaubnisrechts bestimmen das Rechtsverhältnis zwischen der Fahrerlaubnisbehörde und dem Betroffenen, in deren Rahmen die Fahrerlaubnisbehörde diesen unter Fristsetzung zur Beibringung eines Gutachtens auffordert.

Öffentliche Rechtssätze des Verwaltungsverfahrensrechts bestimmen auch das Rechtsverhältnis zwischen der Fahrerlaubnisbehörde und dem Träger der mit der Begutachtung betrauten Begutachtungsstelle.[1] Dies gilt sowohl mit Blick auf die für die Begutachtungsstelle bindende Definition des Begutachtungsanlasses (fahrerlaubnisbehördliche Fragestellung) als auch den Informationsaustausch zur Ermöglichung der Begutachtung (Übermittlung der Akte der Fahrerlaubnisbehörde) und letztlich die Funktion des Gutachtens als sachverständige Entscheidungshilfe für die Fahrerlaubnisbehörde im straßenverkehrsrechtlichen Verwaltungsverfahren.[2]

Das Rechtsverhältnis zwischen dem zu begutachtenden Betroffenen und dem Träger der mit der Begutachtung betrauten Begutachtungsstelle beurteilt sich demgegenüber originär nach Zivilrecht, denn hier treten private Rechtssubjekte aufgrund autonomer Entscheidung zueinander in vertragliche Rechtsbeziehungen. Der Betroffene handelt als Auftraggeber, § 11 Abs. 6 S. 5 FeV. Es steht ihm frei, ob er einen Begutachtungsauftrag erteilt, und er allein entscheidet, welcher Träger für die Begutachtungsdurchführung verantwortlich zeichnen soll.

---

1 Der Schwerpunkt der Darstellung in den Kapiteln 7 und 8 befasst sich mit der Begutachtung durch die amtlich anerkannten Begutachtungsstellen für Fahreignung i. S. d. § 11 Abs. 3 FeV.

2 Vgl. AG Köln, Urt. v. 15.10.2008 – 143 C 512/07, DAR 2010, S. 102 ebd.

1 Vertragsschluss

Der Betroffene teilt der Fahrerlaubnisbehörde mit, welchen Träger er mit der Begutachtung betrauen möchte und gibt ihr entweder die Übersendung der ihn betreffenden Akte an die jeweilige Begutachtungsstelle auf, ohne mit der Begutachtungsstelle zuvor in Kontakt getreten zu sein, oder er fragt direkt bei einem Träger bzw. einer Begutachtungsstelle die Begutachtung an.

Für den Träger lädt die Begutachtungsstelle den Betroffenen schriftlich zur Medizinisch-Psychologischen Untersuchung zu einem bestimmten Termin, teilt dem Betroffenen die Kosten mit, gibt ihm ihre Vorab-Überweisung oder Entrichtung in bar am Untersuchungstag auf und verweist auf Allgemeine Geschäftsbedingungen, die bei Wahrnehmung der Begutachtung Vertragsinhalt werden.

Verfährt der Träger so, dann liegt hierin das Angebot i. S. d. § 145 BGB zum Abschluss eines Sachverständigen- bzw. eines Werkvertrags, denn nicht etwa schon die Kontaktaufnahme durch den Betroffenen, sondern erst die Reaktion durch den Träger umreißt den Vertragsinhalt mit einer Bestimmtheit, die die bloße Zustimmung des anderen Teils für das Zustandekommen des Vertrags genügen lässt.[3] Dieses Angebot nimmt der Besteller – wenn ihm nicht zuvor eine ausdrückliche schriftliche Bestätigung aufgegeben wird – konkludent durch sein Erscheinen am Untersuchungstag an.[4] Dies bedeutet auch: Nimmt der Betroffene den Termin nicht wahr und ergibt sich auch aus anderen Umständen keine konkludente Annahme, dann kommt ein Vertrag nicht zustande. Ansprüche des Trägers sind dann im Vorfeld des Vertragsschlusses einzuordnen, insbesondere ist ein Vergütungsanspruch noch nicht entstanden, vielmehr ist der Träger z. B. im Hinblick auf eine Ausfallentschädigung auf Ansprüche aus culpa in contrahendo verwiesen.[5]

Regelmäßig gehen daher Träger alternativ so vor, dass die Ladung des Betroffenen von der Unterzeichnung und Rücksendung eines schriftlichen Gutachtervertrages abhängig gemacht wird. Nicht nur das Angebot zum Vertragsschluss, sondern auch seine Annahme ist damit dem eigentlichen Begutachtungsvorgang vorgelagert. Dieses Vorgehen ist vorzugswürdig, da keine Zweifelsfragen hinsichtlich der konkludenten Bewirkung einer Annahme verbleiben und die Rechtsposition des Trägers bei Mitwirkungspflichtverletzungen des Betroffenen vor dem Hintergrund des bereits erfolgten Vertragsschlusses und der aus ihm resultierenden Bindung gestärkt ist.

---

3 Die Annahme muss durch ein einfaches „Ja“ erfolgen können, Palandt, Ellenberger, BGB, 73. Aufl. 2014, § 145 Rdnr. 1 m. w. N.

4 Vgl. Palandt, Ellenberger, a. a. O. (Fn. 3), § 147 Rdnr. 2.

5 Nach Vertragsschluss gilt das allgemeine Leistungsstörungsrecht, vgl. Kapitel 7.4.6.

2 Grenzen der Vertragsfreiheit

Aus dem Vertragsschluss folgt nicht unbeschränkte Vertragsfreiheit. Ihre Grenzen werden zunächst durch Zivilrecht umrissen. Besonders zu beachten sind hierbei die Bestimmungen des BGB über die Einbeziehung von Allgemeinen Geschäftsbedingungen, §§ 305 ff. BGB, da der Betroffene dem Träger regelmäßig im Verhältnis Verbraucher i. S. d. § 13 BGB zu Unternehmer i. S. d. § 14 BGB gegenübersteht. Es unterliegt keinem Zweifel, dass die einzelnen trägerseits gestellten Klauseln auch dann Allgemeine Geschäftsbedingungen i. S. d. § 305 Abs. 1 BGB sind, wenn es bei Aufnahme in das vertragliche Formular oder das Ladungsschreiben zur Begutachtung an einer diesbezüglichen ausdrücklichen Bezeichnung fehlt, § 305 Abs. 1 S. 2 BGB. Der Schutz, den die Klauselverbote der §§ 309 (ohne Wertungsmöglichkeit) und 308 BGB sowie die Gebote von Treu und Glauben im Rahmen der Inhaltskontrolle gem. § 307 BGB vermitteln, ist nicht abdingbar. Dementsprechend findet die Vertragsfreiheit ihre Grenzen beispielhaft in Klauseln, welche dem Träger pauschalierten Schadensersatz zusprechen (z. B. pauschalierte Mahnkosten; § 309 Nr. 5 BGB), werkvertragliche Gewährleistungsrechte des Betroffenen untunlich beschränken (§ 309 Nrn. 7 und 8 lit. b BGB) oder Verjährungserleichterungen zugunsten des Trägers hinsichtlich der gegen ihn gerichteten Ansprüche vorsehen (§ 309 Nr. 8 lit. b ff. BGB). Gleiches gilt für Klauseln, die dem Betroffenen für die prozessuale Anspruchsdurchsetzung einen Gerichtsstand in Abweichung von den allgemeinen zivilprozessualen Bestimmungen aufgeben. So begründet die Vereinbarung eines Erfüllungsortes die gerichtliche Zuständigkeit nur im kaufmännischen Verkehr und damit nicht im Verhältnis zum Betroffenen als Nichtkaufmann, § 29 Abs. 2 ZPO.

Grenzen der Vertragsfreiheit werden indes beim Gutachtervertrag auch durch öffentliche Rechtssätze umrissen, worauf im Weiteren gesondert einzugehen sein wird. So bestimmen sich beispielsweise die inhaltlichen Standards der Gutachtenerstellung nach Fahrerlaubnisrecht,[6] die Vergütung grundsätzlich nach öffentlich-rechtlicher Gebührenordnung.[7]

6 Vgl. Kapitel 7.4.3.
7 Vgl. Kapitel 7.4.4.

3 Die rechtliche Stellung des Gutachters

Der bei der Begutachtungsstelle angestellte Gutachter ist nicht Vertragspartei des Gutachtenvertrages. Gleichwohl steht er letztlich im Zentrum des Verantwortungs- und Pflichtengefüges, welches die Rechtsbeziehungen zwischen den Akteuren bestimmt. Seine Stellung bedarf daher der näheren Betrachtung.

3.1 Erfüllungsgehilfen- bzw. Amtsträgereigenschaft

Die Begutachtungsstellen selbst besitzen in der Regel keine eigene Rechtspersönlichkeit; Auftragnehmer und Vertragspartner des Betroffenen ist der Träger der jeweiligen Begutachtungsstelle. In zivilrechtlicher Hinsicht ist deshalb der Gutachter Erfüllungsgehilfe des Trägers i. S. d. § 278 BGB, denn er kontrahiert nicht selbstständig mit dem Betroffenen, sondern wird mit dem Wissen des Trägers bei der Erfüllung einer diesem obliegenden Verbindlichkeit als seine Hilfsperson tätig.[8]

Übrigens kommt dem Gutachter auch in strafrechtlicher Hinsicht keine herausgehobene Funktion zu, insbesondere ist er nicht Amtsträger bzw. für den öffentlichen Dienst besonders Verpflichteter i. S. d. § 11 Abs. 1 StGB. Die Grundsätze, die für von privatrechtlichen Trägern im Auftrag des Landes eingerichtete Technische Prüfstellen für den Kraftfahrzeugverkehr[9] bzw. dort beschäftigte Fahrprüfer[10] entwickelt wurden, sind auf Begutachtungsstellen bzw. bei ihnen beschäftigte Gutachter nicht übertragbar. Begutachtungsstellen wirken nicht „als verlängerter Arm des Staates"[11] bei der Ausführung von Gesetzen mit. Begutachtungsstellen bzw. ihre Träger stehen weder im Eigentum der öffentlichen Hand, noch werden sie aus öffentlichen Mitteln finanziert; sie unterliegen auch nicht direkt oder mittelbar staatlicher Steuerung oder Einflussnahme, sondern sind gewerblich im Wettbewerb mit anderen Trägern tätig.[12]

3.2 Eigenhaftung des Gutachters

Da der Gutachter nicht Vertragspartei ist, kann er nicht selbst vertraglichen Haftungsansprüchen des Betroffenen ausgesetzt sein. Eine Haftung kommt daher allenfalls aus unerlaubter Handlung in Betracht. Dabei ist allerdings zu berücksichtigen, dass das Vermögen als solches kein geschütztes Rechtsgut i. S. d. § 823 Abs. 1 BGB ist.[13] Dementsprechend kann ein Betroffener Vermögensschäden, um deren Geltendmachung es regelmäßig im Zusammenhang

8 Vgl. zum Begriff des Erfüllungsgehilfen BGH, Urt. v. 3.5.2011 – XI ZR 373/08, NJW-RR 2011, S. 1350.
9 BGH, Urt. v. 21.8.1996 – 2 StR 234/96, BGHSt 42, S. 230–234.
10 BGH, Urt. v. 23.1.2002 – 5 StR 130/01, BGHSt 47, S. 220–224.
11 BGH, Beschl. v. 9.12.2010 – 3 StR 312/10, NJW 2011, S. 1374–1377.
12 Zu diesen Kriterien vgl. BGH a. a. O. (Fn. 11).
13 BGH, Urt. v. 4.2.1964 – VI ZR 25/63, BGHZ 41, S. 123–128; Palandt, Sprau a. a. O. (Fn. 3), § 823 Rdnr. 11.

mit der Erhebung von Mängelrügen geht, gegenüber dem Gutachter selbst nur unter den Voraussetzungen der §§ 823 Abs. 2 BGB, 826 BGB geltend machen (§§ 824 und 839 BGB werden grundsätzlich nicht in Betracht kommen). Zu denken sein mag hier etwa an eine Fallkonstellation, in welcher der Gutachter vorsätzlich falsche Gutachten erstellt, der Betroffene aufgrund dessen – im Ergebnis nur vorübergehend – die Fahrerlaubnis zurückerhält und Vermögensdispositionen trifft, die sich im Nachhinein bei Widerruf der fahrerlaubnisbehördlichen Entscheidung als vergeblich erweisen.

Im Übrigen aber wird der Gutachter selbst in aller Regel nicht haften.

§ 839a BGB als Anspruchsgrundlage scheidet schon deshalb aus, weil er dem Wortlaut nach nur auf gerichtliche Sachverständige anwendbar ist; eine analoge Anwendung auf durch Behörden im Verwaltungsverfahren beauftragte Sachverständige erscheint bereits zweifelhaft.[14] Vorliegend steht aber – wie gezeigt – ohnehin nicht die Behördenbeauftragung, sondern die werkvertragliche Kontrahierung zwischen dem Träger der Begutachtungsstelle und dem Betroffenen in Rede.

14 Ablehnend Palandt, Sprau a. a. O. (Fn. 3), § 839a Rdnr. 2.

4 Gutachtenvertrag als Werkvertrag

Unabhängig von der Frage, ob man als Rechtsgrundlage der Begutachtung durch die Begutachtungsstelle einen Sachverständigenvertrag als Vertrag sui generis annimmt,[15] besteht Einigkeit dahingehend, dass die Rechtsbeziehungen zwischen Betroffenem und Begutachtungsträger im zivilrechtlichen Bereich in erster Linie im Werkvertragsrecht begründet sind. Grundsätzlich wird daher der Gutachtervertrag als Werkvertrag eingeordnet; genauer gesagt wird Werkvertragsrecht durchgängig auf die Herstellung von Gutachten und die Beurteilung ihrer Mängelfreiheit angewendet.[16]

4.1 Abgrenzung zum Dienstvertrag

Die Einordnung des Gutachtenvertrages als Werkvertrag bei der Fahreignungsbegutachtung versteht sich nicht von selbst. Das Fahreignungsgutachten umfasst grundsätzlich medizinische Leistungen, nämlich die verkehrsmedizinische ebenso wie die verkehrspsychologische Evaluierung, welche wiederum die Erhebung medizinischer wie auch psychologischer Befunde voraussetzt und einschließt. Für den medizinischen Behandlungsvertrag als solchen ist anerkannt, dass er grundsätzlich dem Dienstvertragsrecht unterfällt.[17]

Das entscheidende Abgrenzungskriterium liegt darin, dass beim Dienstvertrag das bloße Wirken, die Dienstleistung als solche, beim Werkvertrag dagegen die Herbeiführung eines vereinbarten, gegenständlich fassbaren Arbeitsergebnisses (Erfolges) geschuldet wird.[18] Auch beim Arztvertrag gilt deshalb Werkvertrags-, nicht Dienstvertragsrecht, wenn nur eine erfolgsbezogene Einzelfallleistung zu erbringen ist, z.B. die Durchführung eines Labortests.[19] Beauftragt ein Betroffener z.B. einen Träger außerhalb einer Fahreignungsbegutachtung mit der Veranlassung eines Urinscreenings oder einer Haarprobe zum Abstinenznachweis, dann gilt demgemäß auch für diesen Einzelauftrag Werkvertragsrecht; Gleiches gilt für ärztliche Gutachten i.S.d. § 11 Abs. 2 FeV. In der Konsequenz liegt der wesentliche Unterschied aus Sicht der Vertragsparteien in der Schnittstelle zwischen Gewährleistungs- und Vergütungsrecht, wie an dieser Stelle vorweggenommen werden kann: Im Dienstvertragsrecht ist der Einwand der Schlechterfüllung grundsätzlich unbeachtlich, der Vergütungsanspruch entfällt dort nur bei Nichterfüllung

---

15 Bayerlein, Roeßner, Praxishandbuch Sachverständigenrecht, 4. Aufl. 2008, § 9 Rdnr. 5–7, S. 156 ff.

16 BGH, Urt. v. 4.4.2006 – X ZR 122/05, BGHZ 167, S. 139–150 (zum Kfz-Sachverständigengutachten); Palandt, Sprau a.a.O. (Fn. 3), Einführung vor § 631 Rdnr. 24 zum Stichwort „Gutachten"; für die Fahreignungsbegutachtung ausdrücklich VG Neustadt, Beschl. v. 27.7.2005 – 3 L 1181/05.NW, erhältlich in juris und LG Hamburg, Urt. v. 20.9.1996, NJW-RR 1997, S. 409 ff.

17 Statt vieler BGH, Urt. v. 29.3.2011 – VI ZR 133/10, NJW 2011, S. 1674 ebd. (Rz. 7 d. Urteilsgründe) für den zahnärztlichen Behandlungsvertrag.

18 Palandt, Sprau a.a.O. (Fn. 3), Einführung vor § 631 Rdnr. 8; vgl. auch BGH a.a.O. (Fn. 17).

19 Vgl. OLG Stuttgart, Urt. v. 19.4.2005 – 1 U 74/03, NVwZ-RR 2006, S. 6 ff.; LG Dortmund, Urt. v. 19.10.2006 – 4 S 62/06, NJW-RR 2007, S. 269 f.

oder dann, wenn der Dienstberechtigte einen Schadensersatzanspruch zur Aufrechnung stellen kann.[20]

4.2 Hauptpflichten – Überblick

In werkvertragsrechtlicher Diktion stehen sich bei dem Gutachtenvertrag Besteller und Unternehmer gegenüber. Die wechselseitigen Vertragspflichten ergeben sich somit in erster Linie aus den §§ 631 ff. BGB, im Regelfall flankiert und modifiziert durch trägerseits gestellte Allgemeine Geschäftsbedingungen i. S. d. §§ 305 ff. BGB.

Das bedeutet werkvertragsrechtlich zunächst einmal: Der Unternehmer wird durch den Vertrag zur rechtzeitigen, mangelfreien Herstellung des versprochenen Werks, der Besteller zur Entrichtung der vereinbarten Vergütung verpflichtet, § 631 Abs. 1 BGB. Es handelt sich um Hauptpflichten der Vertragsparteien.

Weitere Hauptpflicht des Bestellers ist die Abnahme des vertragsmäßig hergestellten Werks, § 640 Abs. 1 BGB.[21] Nach ihr wiederum richtet sich gem. § 641 BGB die Fälligkeit der Vergütung.

Abnahme ist grundsätzlich die körperliche Hinnahme des Werks verbunden mit der Anerkennung des Werks als in der Hauptsache vertragsgemäße Leistung.[22] Eine ausdrückliche Abnahme erfolgt bei der Fahreignungsbegutachtung regelmäßig nicht. Der Betroffene nimmt das Fahreignungsgutachten in der Regel postalisch entgegen, dies bewirkt für sich noch keine Abnahme, da bei nichtkörperlichen Werken eine angemessene Prüfungszeit erforderlich ist.[23]

Leitet dann der Betroffene das Gutachten unbeanstandet an die Fahrerlaubnisbehörde weiter, macht er also vom Gutachten im weiteren fahrerlaubnisrechtlichen Verfahren „Gebrauch“, dann kann dies – soweit die Leistung vollständig erbracht ist – konkludente Abnahme sein, wenn das Verhalten des Betroffenen nach den Umständen des Einzelfalls den Schluss rechtfertigt, er billige das Werk als im Wesentlichen vertragsgemäß.[24] Insbesondere aber bei der Erhebung von Mängelrügen kommt die Annahme einer Abnahme bzw. deren Fiktion regelmäßig nicht in Betracht; die Abnahmepflicht des Bestellers setzt Abnahmereife, d. h. ein vollständiges und mangelfreies Werk im Zeitpunkt des Abnahmetermins, voraus.[25]

Dieser Umstand wird bei der Geltendmachung zivilrechtlicher Gewährleistungsansprüche mit Bezug auf Fahreignungsgutachten regelmäßig

---

20 Vgl. OLG München, Beschl. v. 18.3.2011 – 1 U 4984/10, erhältlich in juris, zum Vergütungsanspruch im ärztlichen Behandlungsvertrag.

21 Palandt, Sprau a. a. O. (Fn.3), § 640 Rdnr. 8.

22 Palandt, Sprau a. a. O. (Fn. 3), § 640 Rdnr. 3; BGH, Urt. v. 25.3.1993 – X ZR 17/92, NJW 1993, S. 1972–1974.

23 BGH, Urt. v. 25.2.2010 – VII ZR 64/09, NJW-RR 2010, S. 748–750.

24 Vgl. BGH, Urt. v. 20.10.2005 – VII ZR 155/04, NJW-RR 2006, S. 303 f.

25 Palandt, Sprau a. a. O. (Fn. 22).

nicht problematisiert, obwohl die Abnahme für die werkvertragsrechtliche Sachverhaltsbeurteilung mitentscheidendes Differenzierungskriterium ist. Bis zur Abnahme ist der Besteller nicht auf die Geltendmachung der Mängelrechte des § 634 BGB verwiesen, vielmehr gilt sein Erfüllungsanspruch fort und bestimmen sich seine Rechte – auch im Hinblick auf Leistungsstörungen – unmittelbar nach den allgemeinen schuldrechtlichen Vorschriften.[26] Regelmäßig sind daher Anspruchsgrundlage für Schadensersatz die §§ 280 ff., 311a BGB, für Aufwendungsersatz § 284 BGB und bestimmt sich der Rücktritt mit seinen Rechtsfolgen nach §§ 323 ff. BGB. Dem Betroffenen, der ein Gutachten entgegennimmt und meint, es sei mängelbehaftet, ist daher dringend anzuraten, alsbald Mängelrüge zu erheben und Abnahme ausdrücklich zu verweigern, um nicht das Risiko des Rechtsverlusts bei ausdrücklicher oder konkludenter Abnahme ohne Mängelvorbehalt einzugehen.[27]

4.3 Mängelfreiheit des Gutachtens als Hauptpflicht des Begutachtungsträgers

Die Begutachtungsstelle respektive der hinter ihr stehende Träger schulden als Hauptpflicht eine von Sach- und Rechtsmängeln freie Medizinisch-Psychologische bzw. ärztliche Untersuchung und ein auf dieser beruhendes Gutachten, vgl. § 633 Abs. 1 BGB. Sachmangel ist jede Abweichung der Istbeschaffenheit des Werks von seiner – gem. § 633 Abs. 2 S. 1 BGB zunächst einmal aus der Parteivereinbarung abzuleitenden – Sollbeschaffenheit.[28] Hierzu gehören alle Eigenschaften des Werkes, die nach der Vereinbarung der Parteien den vertraglich geschuldeten Erfolg herbeiführen sollen. Der BGH hat in Fortführung des zu § 633 BGB a. F. entwickelten funktionalen Mangelbegriffs eine Abweichung von der vereinbarten Beschaffenheit angenommen, wenn der mit dem Vertrag verfolgte Zweck der Herstellung eines Werkes nicht erreicht wird und das Werk seine vereinbarte oder nach dem Vertrag vorausgesetzte Funktion nicht erfüllt.[29]

Hier zeigt sich erneut und zentral die dem Fahreignungsgutachten-Werkvertragsrecht eigene Besonderheit der Ausfüllung zivilrechtlicher Verpflichtungen durch öffentlich-rechtliche Rechtssätze. Die werkvertragsrechtlichen Standards, zu deren Beachtung sich der Unternehmer im Rahmen der Beschaffenheitsvereinbarung i. S. d. § 633 Abs. 2 S. 1 BGB entweder stillschweigend oder durch Verweis in Allgemeinen Geschäftsbedingungen verpflichtet, definieren sich nach Fahrerlaubnisrecht und damit nach Bundesrecht gem. Anlage 4a zu § 11 Abs. 5 FeV, dort insbes. Ziff. 1 Buchst. a–e und Ziff. 2 (siehe Bild 7.1)

---

26 Palandt, Sprau a. a. O. (Fn. 3), Vorb. V. § 633 Rdnr. 7.
27 Vgl. BGH a. a. O. (Fn. 24).
28 Palandt, Sprau a. a. O. (Fn. 3), § 633 Rdnr. 5.
29 BGH, Urt. v. 29.9.2011 – VII ZR 87/11, NJW 2011, S. 3780–3782.

Grundsätze für die Durchführung der Untersuchungen und die Erstellung der Gutachten[30]

1. Die Untersuchung ist unter Beachtung folgender Grundsätze durchzuführen:

a) Die Untersuchung ist anlassbezogen und unter Verwendung der von der Fahrerlaubnisbehörde zugesandten Unterlagen über den Betroffenen vorzunehmen. Der Gutachter hat sich an die durch die Fahrerlaubnisbehörde vorgegebene Fragestellung zu halten.
b) Gegenstand der Untersuchung sind nicht die gesamte Persönlichkeit des Betroffenen, sondern nur solche Eigenschaften, Fähigkeiten und Verhaltensweisen, die für die Kraftfahreignung von Bedeutung sind (Relevanz zur Kraftfahreignung).
c) Die Untersuchung darf nur nach anerkannten wissenschaftlichen Grundsätzen vorgenommen werden.
d) Vor der Untersuchung hat der Gutachter den Betroffenen über Gegenstand und Zweck der Untersuchung aufzuklären.
e) Über die Untersuchung sind Aufzeichnungen anzufertigen.

2. Das Gutachten ist unter Beachtung folgender Grundsätze zu erstellen:

a) Das Gutachten muss in allgemeinverständlicher Sprache abgefasst sowie nachvollziehbar und nachprüfbar sein. Die Nachvollziehbarkeit betrifft die logische Ordnung (Schlüssigkeit) des Gutachtens. Sie erfordert die Wiedergabe aller wesentlichen Befunde und die Darstellung der zur Beurteilung führenden Schlussfolgerungen. Die Nachprüfbarkeit betrifft die Wissenschaftlichkeit der Begutachtung. Sie erfordert, dass die Untersuchungsverfahren, die zu den Befunden geführt haben, angegeben und, soweit die Schlussfolgerungen auf Forschungsergebnisse gestützt sind, die Quellen genannt werden. Das Gutachten braucht aber nicht im Einzelnen die wissenschaftlichen Grundlagen für die Erhebung und Interpretation der Befunde wiederzugeben.
b) Das Gutachten muss in allen wesentlichen Punkten insbesondere im Hinblick auf die gestellten Fragen (§ 11 Absatz 6) vollständig sein. Der Umfang eines Gutachtens richtet sich nach der Befundlage. Bei eindeutiger Befundlage wird das Gutachten knapper, bei komplizierter Befundlage ausführlicher erstattet.
c) Im Gutachten muss dargestellt und unterschieden werden zwischen der Vorgeschichte und dem gegenwärtigen Befund.

Bild 7.1 Auszug aus Anlage 4a zu § 11 Abs. 5 FeV

Verkürzt ausgedrückt erfordert die Mängelfreiheit des Gutachtens somit dessen anlassbezogene Erstellung, die in der Ausführung den Anforderungen der Verständlichkeit, Vollständigkeit, Nachvollziehbarkeit und Nachprüfbarkeit genügen muss, um eine geeignete Entscheidungsgrundlage für die Fahrerlaubnisbehörde zu sein.

Bewegt sich das zu erstellende Werk innerhalb dieser Richtlinien, dann ist den Anforderungen an ein mängelfreies Gutachten genügt; einen darüber hinausgehenden Anspruch auf Vollständigkeit und Richtigkeit hat der Betroffene nicht, denn das Gutachten unterliegt einer Beurteilung auf seine Mangelfreiheit stets nur in den Grenzen des erteilten Auftrags und seiner Funktion.[31]

30 BGBl. I 2014, 357–358, hier Auszug.
31 LG Bautzen, Urt. v. 3.3.1999 – 4 O 864/98, NZV 1999, S. 474–476; LG Hamburg a. a. O. (Fn. 16).

Mängelfreiheit ist geschuldet, nicht Richtigkeit: Die Begutachtung ist eine geistige Leistung im Bereich der Prognose, die besonders dort, wo sie Aussagen etwa zur Rückfallgefahr eines Betroffenen trifft, eine bloße Wahrscheinlichkeitsaussage macht, die niemals absolut „wahr“ oder „falsch“ sein kann.[32]

4.3.1 Formale Mängelfreiheit

Das Gutachten muss sprachlich verständlich und in allen wesentlichen Punkten vollständig sein. Diesen Voraussetzungen ist auch dann genügt, wenn die Äußerungen des Betroffenen in zusammengefasster Form in indirekter Rede wiedergegeben werden: Eine Verpflichtung, Äußerungen in wörtlicher Rede wiederzugeben, besteht nicht.[33]

Die Verwendung von Textbausteinen als solche ist nicht zu beanstanden.[34] Besteht allerdings ein Gutachten – insbesondere bei der abschließenden Interpretation der gewonnenen Daten – so gut wie ausschließlich aus Textbausteinen, die sich ohne Einzelfallbezug im Wesentlichen mit gruppenbezogenen Erfahrungssätzen befassen, also mit der Statistik und der statistischen Rückfallwahrscheinlichkeit und auch mit den Gefahren, die sich ganz allgemein für den Straßenverkehr aus den gruppenbezogenen Erfahrungen herleiten lassen, dann ist es mängelbehaftet.[35]

Im Übrigen bestimmt sich die Verständlichkeit primär nach der Eignung als Entscheidungsgrundlage für die Fahrerlaubnisbehörde: Nicht das wissenschaftliche Verständnis des Gutachters als Ersteller ist ausschlaggebend, sondern die sprachliche „Gebrauchsfähigkeit“ auf seiten der Fahrerlaubnisbehörde.[36] Mit dem Postulat der Allgemeinverständlichkeit berücksichtigt der Normgeber freilich zugleich auch den Umstand, dass sich das Gutachten sprachlich auch dem Auftraggeber erschließen muss; dieser darf nicht von einem Kommunikationsprozess zwischen Fahreignungsbegutachtungsstelle und Fahrerlaubnisbehörde gewissermaßen ausgeschlossen sein, der sich alleine in verkehrsmedizinischer, verkehrspsychologischer bzw. fahrerlaubnisbehördlicher Fachdiktion erschöpft. Sprachlich nachvollziehbar muss der Betroffene erfahren und verstehen können, mit welchem Ergebnis der Betroffene den in der Begutachtung liegenden tiefen Eingriff in sein allgemeines Persönlichkeitsrecht[37] gestattet, ja sogar in Auftrag gibt.

Mängelfreie Begutachtung setzt selbstverständlich Schriftlichkeit voraus. Diese erfordert aber auch die eigenhändige Unterschrift des Sachverständigen: Daran fehlt es, wenn das Gutachten einem Sachverständigen zugeschrie-

---

32 LG Bautzen a.a.O. (Fn. 31); s. allerdings AG Köln a.a.O. (Fn. 1) unter Hinweis darauf, dass das Gutachtenergebnis (die Prognose) dann falsch ist, wenn es wissenschaftlich nicht mehr vertretbar ist.

33 BVerwG, Beschl. v. 16.8.1994 – 11 B 26/94, DAR 1995, S. 36; OLG Celle, Urt. v. 25.3.1992 – 8 U 22/91, NZV 1993, S. 398 f.; LG Hannover, Urt. v. 23.10.1990 – 14 O 277/90, DAR 1991, S. 457 f.

34 AG Freiburg, Urt. v. 5.5.1994 – 5 C 3844/93, NZV 1994, S. 402 f.

35 VG Freiburg, Beschl. v. 28.4.1994 – 4 K 1237/93, NZV 1995, S. 48.

36 Vgl. AG Freiburg a.a.O. (Fn. 34).

37 Vgl. BVerfG, Beschl. v. 24.6.1993 – 1 BvR 689/92 – BVerfGE 89, S.69–91.

ben wird, als Unterschrift jedoch unter einem Vermerk „für die Richtigkeit der Übertragung“ lediglich die Unterschrift einer anderen Person enthält; es ist dann nicht in der gebotenen Form dokumentiert, dass der Sachverständige die Verantwortung für seine Ausführungen übernimmt.[38] Dies entspricht der zur prozessualen Verwertbarkeit von Gutachten ergangenen Rechtsprechung, die es dem Sachverständigen untersagt, den ihm erteilten Auftrag auf einen anderen zu übertragen oder sich auch nur der Mitarbeit eines anderen zu bedienen, ohne diesen namhaft zu machen.[39]

Unter formale Mängelfreiheit wird auch die Nachvollziehbarkeit und Nachprüfbarkeit des Gutachtens subsumiert,[40] für welche Anlage 4a Ziff. 2 zu § 11 Abs. 5 FeV Legaldefinitionen enthält.[41]

4.3.2 Inhaltliche Mängelfreiheit

Die Nachvollziehbarkeit stellt zugleich die Schnittstelle zur inhaltlichen Mängelfreiheit dar. Logische Schlüssigkeit des Gutachtens verlangt, dass Anknüpfungstatsachen fehlerfrei erhoben und aus ihnen wissenschaftlich vertretbare Schlüsse gezogen werden.[42]

4.3.2.1 Erhebung der Anknüpfungstatsachen

Kündigt der Gutachtentext in einzelnen Abschnitten Angaben zur Vorgeschichte des Untersuchten an, ohne solche dann im Einzelnen aufzuführen, um dann wiederum in einem weiteren Abschnitt mehr oder weniger übergangslos festzustellen, dass bei dem Betroffenen keines der Kriterien, die eine positive Beurteilung zuließen, vorliege, ist ein solches Gutachten inhaltlich mängelbehaftet.[43] Gleiches gilt, wenn es der Gutachter mit der Begründung, der Betroffene sei angesichts der Vorgeschichte nicht verpflichtet, seine Abstinenz nachzuweisen, unterlässt, zur Überprüfung der behaupteten Änderung des Trinkverhaltens Befunde oder Unterlagen von dritter Seite anzufordern und sich mit der ungeprüften Abstinenzbehauptung des Betroffenen begnügt, obwohl aufgrund der weiteren Angaben des Betroffenen hieran durchschlagende Zweifel bestehen müssen.[44]

---

38 OVG Rheinland-Pfalz, Beschl. v. 27.3.1992 – 7 B 10321/92, ZfSch 1993, S. 143 f.

39 OLG Zweibrücken, Urt. v. 27.10.1998 – 5 U 5/98, NJW-RR 1999, S. 1368 f.; vgl. auch BVerwG, Urt. v. 9.3.1984 – 8 C 97/83, NJW 1984, S. 2645 ff., zur prozessualen Unverwertbarkeit eines Sachverständigengutachtens, welches von einem Mitarbeiter des Sachverständigen erstellt und vom Sachverständigen lediglich mit dem Vermerk einverstanden unterzeichnet wurde.

40 LG Bautzen a.a.O. (Fn. 31).

41 Vgl. Kapitel 7.4.3 und Bild 7.1.

42 LG Bautzen a.a.O. (Fn. 31).

43 AG Hagen, Urt. v. 16.1.1995 – 13 C 431/93, DAR 1995, S. 164 f.

44 VG Saarlouis, Urt. v. 26.11.2010 – 10 K 886/10, erhältlich in juris: Dort kam die Fahrerlaubnisbehörde dem Antrag auf Neuerteilung der Fahrerlaubnis nicht nach, weil sie das eingeholte Gutachten (mit positivem Ergebnis) als nicht den Begutachtungsleitlinien entsprechend und weder schlüssig noch nachvollziehbar bewertete und auch einer weiteren eingeholten Stellungnahme des Begutachtungsträgers, der das Gutachten verteidigte, nicht beitrat. Die von dem Betroffenen erhobene Untätigkeitsklage wies das VG ab und bestätigte die Rechtsauffassung der Fahrerlaubnisbehörde hinsichtlich der Mangelhaftigkeit des Gutachtens.

Umgekehrt genügt ein einzelner textlicher Fehler bei der Wiedergabe der Anknüpfungstatsachen für sich genommen nicht, um das Gutachten als insgesamt mängelbehaftet „zu infizieren", wenn im Übrigen das Gutachtenergebnis gleichwohl schlüssig und nachvollziehbar hergeleitet ist und deshalb auch bei Fehlerkorrektur nicht anders hätte ausfallen können.[45]

Die Pflicht des Gutachters zur ordnungsgemäßen Tatsachenermittlung wird durch den Zweck sowie die Erkenntnismöglichkeiten des Gutachters beschränkt: Den von der Fahrerlaubnisbehörde übermittelten Akteninhalt kann und muss der Gutachter zugrunde legen, wenn sich nicht objektive ernsthafte Zweifel an dessen Richtigkeit aufdrängen.[46] Wenn der Betroffene die Tat, welche den Anlass der Begutachtung bildete, im psychologischen Untersuchungsgespräch bestreitet, liegt es außerhalb der Möglichkeiten und ist auch nicht Sache des Gutachters, einen Vorgang, der mit den Mitteln des Strafprozesses aufgeklärt und rechtskräftig entschieden wurde, nachträglich nochmals einer umfassenden Aufklärung zu unterziehen.[47] Das bedeutet in der Konsequenz auch, dass sich der Gutachter im Rahmen seines Beurteilungsspielraums bewegt und sich (bzw. das Gutachten) keinem Mängelvorwurf aussetzt, wenn er solche Äußerungen des Betroffenen zu dessen Ungunsten kritisch z. B. als bagatellisierend bewertet.[48]

4.3.2.2 Individueller Bezug zum Betroffenen

Es ist wiederholt als Mangel angesehen worden, dass Gutachten die erforderliche Individualisierung fehlte.

Dies gilt sowohl im Zusammenhang mit der Erhebung der Befundlage, wenn entgegen textlicher Ankündigung die Wiedergabe von Angaben zur familiären Vorgeschichte bezüglich der Frage der familiären Belastung, zur beruflichen Vorgeschichte, zur Krankheitsvorgeschichte zu vorliegenden Fremdanamnesen etc. unterbleibt,[49] ebenso wie bei fehlendem Einzelfallbezug bei der abschließenden Interpretation gewonnener Daten. Unzureichend ist es beispielsweise, eine Rückfallgefährdung des Betroffenen alleine daraus abzuleiten, dass seine Vorgeschichte in Bezug zu empirisch-statistischen Erfahrungsgrundsätzen gesetzt wird, wenn zugleich jegliche Darstellung fehlt, dass im Einzelfall nach konkret vorhandenen, nachweisbaren Umständen gesucht worden ist, die eine Ausnahme von der allgemeinen Erfahrung begründet erscheinen lassen oder nicht.[50]

---

45 Im judizierten Fall irrige Erwähnung eines Führerscheinentzugs im Gutachten, tatsächlich war die Fahreignungsbegutachtung wegen eines Antrages auf Klassenerweiterung der Fahrerlaubnis veranlasst worden, AG Dresden, Beschl. v. 9.10.2003 – 107 C 5136/03, n. v.

46 LG Bautzen a. a. O. (Fn. 31).

47 LG Bautzen a. a. O. (Fn. 31).

48 LG Bautzen a. a. O. (Fn. 31); vgl. außerdem VG Bayreuth, Beschl. v. 16.2.2012 – B 1 S 11.1058, erhältlich in juris.

49 AG Hagen a. a. O. (Fn. 43).

50 VG Freiburg a. a. O. (Fn. 35).

Eine mängelfreie gutachterliche Prognose erfordert Feststellungen zu einem individuell erwiesenen Sachverhalt, der sich damit auseinandersetzt, ob sich der Betroffene in prognostisch relevanter Weise von im Gutachten genannten Bezugsgruppen unterscheidet.[51] In zwei von dem VG Freiburg und dem AG Köln entschiedenen Fällen hatten die Gutachter vorrangig auf die frühere hohe Blutalkoholkonzentration des Betroffenen abgestellt; diese ist jedoch nur ein wichtiger Indikator für eine Alkoholgewöhnung, für sich alleine im Einzelfall aber für eine Prognose nicht geeignet.[52] Da die Gerichte den erforderlichen individuellen Bezug der referierten allgemeinen Erfahrungssätze zur Person des Betroffenen jeweils vermissten, bejahten sie in diesen Fällen die Mangelhaftigkeit der Gutachten.

Diese Mängel berühren der Sache nach die Funktionsgeeignetheit eines Gutachtens im Hinblick auf die Vorbereitung[53] einer fahrerlaubnisbehördlichen Entscheidung und lassen es die geschuldete Sollbeschaffenheit verfehlen.

4.3.2.3 Anlassbezogenheit, Verhältnismäßigkeit

Einen weiteren – zentralen – Aspekt der inhaltlichen Mängelfreiheit spricht das Erfordernis der Anlassbezogenheit und damit auch der Verhältnismäßigkeit an.

Man muss sich verdeutlichen, dass die fahrerlaubnisbehördliche Aufforderung zur Gutachtenbeibringung in erheblichem Maße in den Schutzbereich des allgemeinen Persönlichkeitsrechts des Betroffenen eingreift, Art. 2 Abs. 1 GG, denn das von der Straßenverkehrsbehörde geforderte Gutachten setzt die Erhebung höchstpersönlicher Befunde voraus, die jedenfalls mit Blick auf den psychologischen Teil der Untersuchung sogar dem grundrechtlich unantastbaren Kernbereich privater Lebensgestaltung zumindest nahekommen.[54] In besonderem Maße muss daher bereits die Anordnung der Beibringung eines Fahreignungsgutachtens dem verfassungsrechtlichen Verhältnismäßigkeitsgrundsatz genügen.[55]

Diese verfassungsrechtlichen Grundsätze wirken aber nicht nur im öffentlichrechtlichen Raum gegenüber dem verwaltungsbehördlichen Normadressaten,[56] sie sind auch gleichermaßen in die Begutachtungsgrundsätze hineinzulesen, die die Sollbeschaffenheit des Gutachtens definieren und damit zugleich zivilrechtlich Bestandteil der werkvertraglichen Abreden zwischen Betroffenem und Begutachtungsträger werden. Dementsprechend ist diesen Grundsätzen in Ziff. 1, Buchst. a) und b) der Anlage 4a zu § 11 Abs. 5 FeV vorangestellt, dass die Begutachtung anlassbezogen im Rahmen der fahr-

51 VG Freiburg a. a. O. (Fn. 35).
52 VG Freiburg a. a. O. (Fn. 35); AG Köln a. a. O. (Fn. 2).
53 Unter diesem Gesichtspunkt verbietet es sich zugleich, dass der Gutachter in seinem Gutachten normative Wertungen trifft, die der Fahrerlaubnisbehörde vorbehalten sind, AG Köln a. a. O. (Fn. 1).
54 Vgl. BVerfG, Beschl. v. 24.6.1993 – 1 BvR 689/92 – BVerfGE 89, S. 69–91.
55 BVerfG a. a. O. (Fn. 54).
56 S. hierzu z. B. VGH Baden-Württemberg, Beschl. v. 30.6.2011 – 10 S 2785/10, NJW 2011, S. 3257–3259.

erlaubnisbehördlichen Fragestellung und beschränkt auf die Würdigung der Kraftfahreignung zu erfolgen hat.[57] Ausdrücklich untersagt der Normgeber an gleicher Stelle eine über diesen Rahmen hinausgehende Persönlichkeitsuntersuchung des Betroffenen.

Nicht nur unvollständige, verkürzte Gutachten sind daher mangelhaft, sondern auch „überschießende", wie die Rechtsprechung ausdrücklich festgestellt hat. Das Gutachten darf die Eignung des Betroffenen nur unter dem Eignungsgesichtspunkt untersuchen, der den Anlass der Begutachtung bietet, also beispielsweise zukünftig nicht mehr unter unzulässigem Alkoholeinfluss zu fahren (und eventuell, dass nicht durch Alkoholkrankheit bedingte allgemeine körperliche Ausfallerscheinungen vorliegen). Dagegen darf der Gutachter die Begutachtung nicht etwa auf alle in Frage kommenden Eignungsmängel (z. B. Sehschwäche) ausdehnen.[58] Was für den Gutachter gilt, gilt damit zugleich auch für die ihm zuarbeitenden Ärzte im Rahmen der gutachterlichen ärztlichen Untersuchungen. Die Erhebung und Weitergabe[59] von Befunden – etwa im Gutachten –, die nicht mit der behördlichen Fragestellung in Zusammenhang stehen, ist der untersuchenden Stelle demgemäß untersagt, selbst wenn sich aus ihnen Anhaltspunkte für anderweitige Zweifel an der Eignung des Betroffenen zum Führen von Kraftfahrzeugen ergeben.

Umgekehrt berechtigt der Verhältnismäßigkeitsgrundsatz den Gutachter aber auch, eine Untersuchung zu beenden, wenn aus gutachterlicher Sicht eine positive Entscheidung nicht möglich ist: Wenn also beispielsweise der Gutachter schon aufgrund des psychologischen Gesprächs zu dem Ergebnis kommt, dass eine Alkoholproblematik vorliegt, sind keine leistungsdiagnostischen Untersuchungen mehr anzustellen.[60]

4.4 Vergütungsentrichtung als Hauptpflicht des Betroffenen

Ebenso wie bei der als Hauptpflicht geschuldeten Mängelfreiheit gilt auch für die Vergütungsentrichtung als Hauptpflicht des Betroffenen gem. § 631 Abs. 1 BGB: Das Wie der Hauptleistungspflichterfüllung wird nach bisheriger Praxis von öffentlich-rechtlichen Rechtssätzen mitbestimmt, die rechtsausfüllend in das zivilrechtliche Verhältnis zwischen den Werkvertragsparteien hineinwirken.

Gleichwohl handelt es sich der Sache nach um eine werkvertragliche Vergütung zwischen den Werkvertragsparteien als Zivilrechtssubjekten, nicht etwa originär um eine öffentliche Verwaltungsgebühr. Dementsprechend ist ein Träger, dem ein Vergütungsanspruch erwachsen ist, der sich jedoch nicht durch Vorschussverlangen abgesichert hat, im Falle der Nichterfüllung durch

57 Vgl. Kapitel 7.4.3 und Bild 7.1.

58 LG Bautzen a. a. O. (Fn. 31).

59 Die unbefugte Weitergabe solcher Befunde würde darüber hinaus u. U. den Vorwurf der Strafbarkeit gem. § 203 Abs. 1 StGB begründen.

60 LG Bautzen a. a. O. (Fn. 31); AG Dresden a. a. O. (Fn. 45).

den Betroffenen auch auf zivilrechtliche Titulierung und zivilprozessuale Vollstreckung verwiesen.

4.4.1 Gebühren nach GebOSt

Nach bisher ganz verbreiteter Praxis wird die Vergütung für die Medizinisch-Psychologischen Untersuchungen unter Rückgriff auf die Bestimmungen der Gebührenordnung für Maßnahmen im Straßenverkehr (GebOSt, dort Anlage zu § 1, 3. Abschn., Ziff. 3, Gebührennummern 451-455)[61] bemessen und verlangt. Ob diese Praxis der Vergütungsbemessung beibehalten werden kann, bleibt abzuwarten. Die GebOSt findet ihre Ermächtigungsgrundlage in § 6a Abs. 2 StVG. Die Ermächtigungsnorm knüpft indes durchgängig an Kosten für Amtshandlungen an. Amtshandlungen i. S. d. § 6a StVG sind durch die besondere Inanspruchnahme oder Leistung der öffentlichen Verwaltung gekennzeichnet.[62] Begutachtungsstellenträger und Begutachtungsstellen sind aber gerade nicht Teil der öffentlichen Verwaltung und auch nicht deren „verlängerter Arm". Vieles spricht daher dafür, dass die werkvertragliche Vergütung sich nicht ohne weiteres nach der GebOSt richten kann und diese auch nicht zulässige taxmäßige Vergütung i. S. d. § 632 Abs. 2 BGB ist.[63] Unbenommen bleibt den Parteien des Gutachtenvertrags freilich die Individualvereinbarung der Vergütung, auch zu den Gebührensätzen der GebOSt; unbenommen bliebe dann freilich auch den Trägern eine hiervon abweichende (höhere) Vergütung, z. B. unter Kostendeckungsgesichtspunkten. Eine sowohl für Betroffene als auch für die Begutachtungsstellenträger rechtssichere Regelung der Vergütungsgestaltung de lege ferenda erscheint vor diesem Hintergrund dringlich geboten; vorzugswürdig erscheint dabei die Schaffung einer umfassenden Gebührenverordnung für Fahreignungsbegutachtungen (unter Einschluss ärztlicher Gutachten) auf der Basis einer konkreten, hinreichend bestimmten Ermächtigungsgrundlage im StVG.

4.4.2 Sonstige vereinbarte Vergütung

Die Vergütung verkehrsmedizinischer und sonstiger ärztlicher Begutachtungen, die nicht unter § 11 Abs. 3 FeV fallen – insbesondere also von ärztlichen Gutachten i. S. d. § 11 Abs. 2 FeV – richtet sich nicht nach der GebOSt.[64] Auch der Anwendungsbereich des JVEG ist nicht eröffnet, da der jeweils begutachtende Mediziner nicht gem. § 1 Abs. 1 Nr. 1 JVEG als Sachverständiger von einem Gericht herangezogen wird. Ebenso scheidet eine entsprechende Anwendung des JVEG gem. § 26 Abs. 3 S. 2 VwVfG aus, da nicht die Verwaltungsbehörde einen Sachverständigen heranzieht, sondern der Betroffene den Gutachter auf eigene Kosten selbst beauftragt, § 11 Abs. 6 S. 5 FeV.[65]

61 BGBl. I S. 98, zuletzt geändert durch Art. 6 der VO v. 16.4.2014 (BGBl. I S. 348).

62 BVerwG, Urt. v. 28.9.1979 – 7 C 26/78, NJW 1980, S. 850-852.

63 Geiger, Staatlich festgesetzte Gebühren für die Medizinisch-Psychologische Untersuchung? In: DAR 2014, S. 256 f.

64 Geiger a. a. O. (Fn. 63).

65 Vgl. BVerwG, Urt. v. 25.10.2000 – 6 C 11/99, NVwZ-RR 2001, S. 386 ff.

Medizinvergütungsrechtlich handelt es sich bei solchen Begutachtungen vielmehr um Leistungen, die Betroffene dem jeweiligen (verkehrs-)medizinischen Leistungserbringer nach den Vorschriften der Gebührenordnung für Ärzte (GOÄ; vom 9.2.1996[66]) zu vergüten haben – und zwar ohne Rücksicht darauf, ob der Betroffene gesetzlich krankenversichert ist, da entsprechende Begutachtungsleistungen von der Leistungspflicht der gesetzlichen Krankenversicherungen nicht umfasst sind.[67] Die GOÄ ist taxmäßige Vergütung i. S. d. § 632 Abs. 2 BGB, wenn im Falle des medizinischen Behandlungsvertrages – wie bei der Vereinbarung der Erbringung von Begutachtungsleistungen – ausnahmsweise ein Werkvertrag vorliegt.[68] Eine von der GOÄ abweichende Gebührenhöhe darf unter den Voraussetzungen des § 2 Abs. 1 GOÄ vereinbart werden.[69] Dies gilt jedoch nicht für die – unwirksame – Vereinbarung von Pauschalhonoraren.[70]

4.4.3 Fälligkeit

Der werkvertragliche Vergütungsanspruch des Unternehmers entsteht mit Vertragsschluss, wird grundsätzlich aber erst bei Abnahme des Werks fällig, § 641 BGB. Der Unternehmer ist somit vorleistungspflichtig. § 641 BGB ist jedoch abdingbar. Regelmäßig machen daher die Begutachtungsträger von der Möglichkeit Gebrauch, dem Besteller die Entrichtung der Vergütung vor Untersuchung bzw. am Untersuchungstag als Vorschuss aufzugeben und hiervon die Durchführung der Untersuchung abhängig zu machen. Allerdings kommt im Anwendungsbereich der GOÄ das Verlangen von Vorschüssen grundsätzlich nicht in Betracht.[71]

4.5 Nebenpflichten

Weitere Pflichten (Nebenpflichten) können vertraglich vereinbart werden oder als Nebenpflichten nach Treu und Glauben aus dem Vertrag abzuleiten sein; dies gilt insbesondere für Sicherungs- und Obhutspflichten – jedoch steckt der Rahmen der vertraglich übernommenen Verpflichtungen zugleich den Umfang der Obhuts- und Beratungspflichten ab.[72]

4.5.1 Aufklärungs- und Beratungspflichten

Dies wirkt sich vor allem im Bereich von Aufklärungs- und Beratungspflichten bei der Begutachtung aus. Dem Betroffenen ist die Mängelrüge, über Grundsätze und typische Fragestellungen der Fahreignungsbegutachtung

66 BGBl. I S. 210, zuletzt geändert durch Art. 17 G v. 4.12.2001 (BGBl. I S. 3320); Ermächtigungsgrundlage ist § 11 BÄO, Spickhoff, Medizinrecht, 2. Aufl. 2014, Vorb. v. § 1 GOÄ Rdnr. 2.

67 Vgl. § 3 Bundesmantelvertrag – Ärzte, Stand 1.10.2013.

68 Spickhoff a. a. O. (Fn. 66), Vorb. v. § 1 GOÄ Rdnr. 3.

69 Ausgenommen sind gem. § 2 Abs. 3 GOÄ allerdings u. a. Laboratoriumsuntersuchungen gem. Abschn. M.

70 Spickhoff, a. a. O. (Fn. 66), § 2 GOÄ Rdnr. 3; in der Praxis werden – teils als Pauschalen ausgewiesene – Vergütungen in der Spanne zwischen 150,– € bis 600,– € ebenso wie entsprechendes Vorschussverlangen (s. hierzu u. Fn. 71) beobachtet.

71 Streitig, vgl. zur berufsordnungsrechtlichen Problematik Ratzel, Kommentar zur MBO, 3. Aufl. 2010, § 12 Rdnr. 21; Landesberufsgericht für Heilberufe Münster, Urt. v. 7.11.2007 – 6t A 3788/05.T, MedR 2009, S. 192 ff.

72 BGH, Urt. v. 3.5.2000 – X ZR 49/98, NJW 2000, S. 2102 f.

nicht vor der Begutachtung belehrt worden zu sein, grundsätzlich versagt. Nr. 5 der Anlage 4a zu § 11 Abs. 5 verbietet dem Begutachtungsträger ausdrücklich schon die bloße Kooperation mit Institutionen, die Personen hinsichtlich der typischen Fragestellungen in der Begutachtung zur Klärung von Zweifeln an der Kraftfahreignung beraten, behandeln, betreuen oder auf die Begutachtung vorbereiten. Im Wege des Erst-recht-Schlusses ist festzustellen, dass es – natürlich – erst recht dem Träger bzw. den Begutachtungsstellen selbst untersagt ist, Betroffene auf typische Fragestellungen (wie z. B. die Anforderungen an eine stabile Abstinenz einschließlich ihrer Dauer) vorzubereiten bzw. sie dahingehend zu beraten und dadurch die Begutachtung zu entwerten.[73]

4.5.2 Obhuts- und Fürsorgepflichten

Als Nebenpflichten anerkannt sind Obhuts- und Fürsorgepflichten, die es dem Werkunternehmer auferlegen, bei der Vertragsdurchführung Schäden vom Betroffenen abzuwenden und für seine körperliche Unversehrtheit Sorge zu tragen. Zu denken ist in diesem Zusammenhang beispielsweise an die Beachtung von Verkehrssicherungspflichten in der Begutachtungsstelle[74] oder die Sicherstellung der Wahrung ärztlicher (z. B. bei der Blutentnahme zur Erhebung verkehrsmedizinischer Laborparameter) bzw. organisatorischer Standards (z. B. durch Sicherung von Proben wie Haarproben, Urinproben etc. gegen Beschädigung, Verlust, Vertauschung).[75]

4.5.3 Akteneinsichtsgewährung

Unter werkvertraglichen Gesichtspunkten ist es zweifelhaft, ob eine (klagbare) Nebenpflicht des Gutachters bzw. des Begutachtungsträgers besteht, dem Betroffenen auf Anforderung Einsicht in die Begutachtungsunterlagen zu gewähren oder diese ihm gar herauszugeben. Die Rechtsprechung verneint grundsätzlich die (Neben-)Pflicht des Werkunternehmers, über Vorbereitungshandlungen bei der Werkerstellung bzw. hierfür vorbereitend erstellte Eigenunterlagen Auskunft erteilen oder diese an den Besteller herausgeben zu müssen, solange eine entsprechende Pflicht nicht vertraglich verankert ist bzw. sich aus Vertragsauslegung ergibt.[76]

Im Übrigen ist zu differenzieren: Unterlagen, insbesondere objektive Befunde betreffend die verkehrsmedizinische, leistungsdiagnostische oder verkehrspsychologische Befunderhebung stehen der Sache nach ärztlichen Patientenunterlagen gleich. Unter Rückgriff auf die diesbezüglich zur außerprozessualen Patientenakteneinsicht entwickelten, nunmehr in § 630g BGB

---

73 AG Cottbus, Urt. v. 26.1.2012 – 45 C 447/11, n. v.; AG Dippoldiswalde, Urt. v. 29.6.2012 – 4 C 189/12, n. v.

74 Vgl. OLG Saarbrücken, Urt. v. 10.11.2010 – 5 U 501/08, erhältlich in juris, zu den Anforderungen an die Sicherung von Treppen, Wegen und Zugängen in Geschäftshäusern mit Publikumsverkehr.

75 Vgl. BGH, Urt. v. 14.3.2006 – VI ZR 279/04, NJW 2006, S. 2018–2110, zu Aufklärungspflichten bei der Blutentnahme zur fremdnützigen Blutspende; vgl. zu Obhutspflichten des Sachverständigen auch Bayerlein, Roeßner a. a. O. (Fn. 15), § 9 Rdnr. 25.

76 Vgl. OLG Frankfurt, Urt. v. 26.10.2006 – 26 U 2/06, NJW-RR 2007, S. 817; s. auch Palandt, Sprau a. a. O. (Fn. 3), § 631 Rdnr. 16.

normierten Grundsätze wird man deshalb dem Betroffenen – wenn nicht schon aus seinem allgemeinen Persönlichkeitsrecht abgeleitet[77] – gem. bzw. entsprechend § 810 BGB einen Anspruch auf Vorlage zur Einsichtnahme in die Originalunterlagen einschließlich des Anspruchs auf Übersendung von Kopien Zug-um-Zug gegen Kopiekostenerstattung zubilligen müssen.[78]

Von Interesse sind aus Betroffenensicht insbesondere handschriftliche Notizen des Gutachters zum psychologischen Untersuchungsgespräch, da im Rechtsstreit gelegentlich die Mängelrüge erhoben wird, Äußerungen des Betroffenen seien nicht oder unrichtig oder sinnentstellend wiedergegeben worden. Zwar unterliegen Aufzeichnungen über subjektive Eindrücke, die nicht auch im Interesse des Betroffenen gefertigt werden, sondern bloße interne Erinnerungs- bzw. Gedankenstützen für den psychologischen Gutachter zur Arbeitserleichterung der späteren Gutachtenerstellung sind, einem außerprozessualen Einsichtsrecht nach § 810 BGB nicht.[79] Im Zweifel verkörpern handschriftliche Explorationsmitschriften jedoch auch die unmittelbare Dokumentation von Gesprächsbefunden in einer Situation, die der Betroffene als seine grundrechtlich geschützte Persönlichkeitssphäre erheblich tangierend erlebt, sodass auch insoweit ein Einsichtsrecht einschließlich des Rechts, gegen Kostenerstattung Kopien zu erhalten, anzunehmen ist.[80]

4.6 Mitwirkungspflicht des Betroffenen

Der Betroffene hat zwingend persönlich mitzuwirken, um die Befunderhebung und damit die Gutachtenerstellung zu ermöglichen. Diese erfordert die Untersuchung der für die Kraftfahreignung relevanten individuellen Eigenschaften, Fähigkeiten und Verhaltensweisen des Betroffenen.[81] Wirkt der Betroffene nicht mit, beispielsweise weil er nicht zum Untersuchungstermin erscheint oder sich bei Erscheinen der Untersuchung verweigert oder infolge Alkohol- oder Drogenintoxikation nicht untersuchungsfähig ist, dann kann ein Gutachten nicht erstellt werden.

Grundsätzlich ist eine Mitwirkungspflicht des Bestellers im Werkvertragsrecht gesetzlich nicht als Haupt- oder Nebenpflicht ausgestaltet, sondern als

77 Vgl. BVerfG, a. a. O. (Fn. 54).

78 OLG Frankfurt, Beschl. v. 9.5.2011 – 8 W 20/11, GesR 2011, S. 672 f.

79 Vgl. BGH, Urt. v. 23.11.1982 – VI ZR 222/79, NJW 1983, S. 328–330; zur Abgrenzung von Besprechungsnotizen, die einen Verhandlungsstand dokumentieren und deshalb auch im Interesse des Auftraggebers errichtet sind: BGH, Urt. v. 30.11.1989 – III ZR 112/88, NJW 1990, S. 510–513. Im Prozess kann sich der Gutachtenmängel rügende Kläger immerhin auf §§ 142 Abs. 1 bzw. 421 Abs. 1 ZPO stützen, um eine begehrte Urkundenvorlage zu erwirken; etwaige Beweisnot bei (behauptet) lückenhaften Aufzeichnungen behebt dies allerdings nicht. De lege ferenda wird deshalb die Normierung einer Verpflichtung der Begutachtungsstellenträger zur Audio-/Videodokumentation insbesondere der psychologischen Untersuchungsgespräche gefordert, vgl. hierzu Hillmann, DAR 2010, S. 129 ff.; ein Mehrnutzen für den Betroffenen ist allerdings durchaus zweifelhaft, wenn man bedenkt, dass sich durch Audio-/Videomitschnitt der bereits vom BVerfG (a. a. O., Fn. 54) hervorgehobene Charakter der verhörähnlichen Situation eher verstärkt; siehe auch Kapitel 10.2.

80 So auch OLG Celle, Urt. v. 14.1.2013 – 1 U 61/12, MedR 2013, S. 369–373: Nebenpflicht zur Einsichtsgewährung in handschriftliche Gesprächsaufzeichnungen bei Lehranalysevertrag im Rahmen einer psychotherapeutischen Weiterbildung.

81 AG Köln a. a. O. (Fn. 2).

nicht klagbare Obliegenheit, deren Unterlassen Gläubigerverzug auf seiten des Bestellers bewirkt.[82] Den Parteien ist es allerdings unbenommen, die Ausgestaltung der Mitwirkung als Haupt- oder Nebenpflicht vertraglich zu vereinbaren. Wo dies nicht geschieht, ist zu differenzieren: Die Mitwirkungspflicht des Bestellers erstarkt über die Obliegenheit hinaus dort zur Verpflichtung, wo durch ihre Verweigerung der Zweck des Vertrages gefährdet oder gar dessen Durchführung endgültig vereitelt wird.[83]

Unter Berücksichtigung dieser Grundsätze spricht viel dafür, in der Mitwirkung des Betroffenen bei der Fahreignungsbegutachtung eine echte vertragliche Kooperationspflicht im engeren Sinne zu sehen.[84] Bei der Begutachtung geht es originär um die Person des Betroffenen. Seine Mitwirkung ist unverzichtbar, denn sie ist gerade Gegenstand der werkvertraglichen Leistung. Die Mitwirkung des Betroffenen bei der Begutachtung ist gewissermaßen unvertretbare Handlung: Niemand anders als der Betroffene kann sie leisten – und leistet er sie nicht, dann ist die Werkerstellung dem Gutachter unmöglich.[85]

Die unterlassene Mitwirkung kann dementsprechend – unabhängig von den fahrerlaubnisrechtlichen Konsequenzen für den Betroffenen bei Nichtzustandekommen eines Gutachtens[86] – zugunsten des Begutachtungsstellenträgers die Rechtsfolgen des allgemeinen Leistungsstörungsrechts auslösen (Schadensersatz, §§ 280 ff. BGB; Rücktritt, §§ 323 ff. BGB), die durch §§ 642, 643 BGB nicht ausgeschlossen sind.[87] Hinzuweisen ist unbeschadet der Anwendbarkeitsbedenken hinsichtlich der Vergütungspflicht des Betroffenen auch auf Nr. 455 GebOSt:[88] Kann eine der dort genannten Untersuchungen ohne Verschulden der Begutachtungsstelle für Fahreignung und ohne ausreichende Entschuldigung der zu untersuchenden Person am festgesetzten Termin nicht stattfinden oder nicht beendet werden, ist die für die Untersuchung vorgesehene Gebühr (gleichwohl) fällig.

4.7 Schutzpflichten gegenüber Dritten

Zu erwägen wäre, ob der Gutachtenvertrag zusätzliche Schutzpflichten zugunsten Dritter – beispielsweise anderer Verkehrsteilnehmer – mit der Folge begründet, dass diese sich ggf. auf eine Einbeziehung in den Schutzbereich eines solchen Vertrages berufen könnten.

82 Zum Meinungsstand OLG München, Urt. v. 21.10.2010 – 9 U 1545/10, NJW 2011, S. 151 f.; vgl. Bayerlein, Roeßner a. a. O. (Fn. 15), § 9 Rdnr. 33.

83 Palandt, Sprau a. a. O. (Fn. 3), § 642 Rdnr. 3.

84 Bayerlein/Roeßner a. a. O. (Fn. 15), § 9 Rdnr. 33 a. E., stuft allerdings die im Rahmen von Sachverständigenleistungen zu erbringenden Mitwirkungshandlungen in aller Regel als Obliegenheiten ein.

85 Insofern ist die hiesige Konstellation vergleichbar etwa dem Nichterscheinen des Bestellers zur Anprobe vor dem Maßschneidern oder zur Bildnisfertigung bei dem Porträtmaler, Beispiele nach Palandt, Sprau a. a. O. (Fn. 3), § 642 Rdnr. 1.

86 Ohne das Gutachten kann der Betroffene im Erteilungsverfahren seine Eignung nicht nachweisen (§ 2 Abs. 6 Satz 1 Nr. 2 und Abs. 2 Satz 1 Nr. 3 StVG), im Entziehungsverfahren läuft er Gefahr, ohne Gutachten als ungeeignet angesehen zu werden (§ 11 Abs. 8 Satz 1 FeV).

87 Palandt, Sprau a. a. O. (Fn. 83).

88 Vgl. Kapitel 7.4.4.1.

In die Schutzwirkungen eines Vertrages sind nach der Rechtsprechung im Wege ergänzender Vertragsauslegung auch Dritte einbezogen, wenn der Gläubiger an deren Schutz ein besonderes Interesse hat und wenn Inhalt und Zweck des Vertrages erkennen lassen, dass diesem Interesse Rechnung getragen werden soll und die Parteien den Willen haben, zugunsten dieser Dritten eine Schutzpflicht des Schuldners zu begründen.[89] Die stillschweigende Einbeziehung eines Dritten in den Schutzbereich eines Vertrages hat die Rechtsprechung insbesondere bei Verträgen angenommen, mit denen der Auftraggeber von einer Person, die über besondere, vom Staat anerkannte Sachkunde verfügt, wie z. B. ein öffentlich bestellter Sachverständiger, ein Wirtschaftsprüfer oder ein Steuerberater, ein Gutachten bestellt, um davon gegenüber einem Dritten Gebrauch zu machen.[90]

Diese Grundsätze wird man indes auf Fahreignungsgutachten nicht übertragen können. Sie werden nicht (auch) in Drittschutzinteresse erstellt, sondern sind Grundlage für das weitere fahrerlaubnisbehördliche Vorgehen.[91] Im Verhältnis zu den Rechtsbeziehungen zwischen Betroffenem und Träger der Begutachtungsstelle ist Dritter allenfalls die Fahrerlaubnisbehörde.

Erwöge man, einen vom Träger der Begutachtungsstelle geschuldeten Drittschutz für Verkehrsteilnehmer anzunehmen, die bei einem Verkehrsunfall zu Schaden kommen, den jemand verursacht hat, dem auf der Basis eines mängelbehafteten Fahreignungsgutachtens rechtswidrig die Fahreignung attestiert und eine Fahrerlaubnis (wieder-)erteilt wurde, dann wäre eine einschränkungslose Haftungsausuferung die Folge. Dabei wäre bereits das Vorliegen der haftungsbegründenden Kausalität zweifelhaft. Jedenfalls aber hat keine der Parteien des Werkvertrags ein drittschutzbegründendes rechtliches Interesse an dem Schutz dritter Straßenverkehrsteilnehmer vor Gefahren aus der Verkehrsteilnahme eines Fahrungeeigneten. Die Werkvertragsparteien treten mit solchen Dritten weder unmittelbar noch mittelbar in Kontakt. Rechtmäßige Entscheidungen zum Schutz des Straßenverkehrs zu treffen, obliegt nicht den Trägern der Begutachtungsstellen, sondern den Fahrerlaubnisbehörden.[92]

---

89 BGH, Urt. v. 26.6.2001 – X ZR 231/99, NJW 2001, S. 3 115–3 118.

90 BGH a. a. O. (Fn. 89).

91 Unter Verweis auf die entsprechende Konstellation verneinte der BGH die drittschützende Wirkung eines Sonderprüfberichts nach Kreditwesengesetz, der nicht den Vermögenspositionen Dritter, sondern alleine dem weiteren behördlichen Vorgehen des auftraggebenden Bundesaufsichtsamts für das Kreditwesen zu dienen bestimmt war, BGH a. a. O. (Fn. 85).

92 Wobei diese Obliegenheit geschädigten Verkehrsteilnehmern nicht alternativ Amtshaftungsansprüche gegen die Fahrerlaubnisbehörde eröffnet: An Drittschutz knüpft nämlich auch der Amtshaftungstatbestand an. An der Drittbezogenheit einer Amtspflicht fehlt es jedoch, wenn sie ihrem Sinn und Zweck nach den verantwortlichen Hoheitsträger und den geschädigten Bürger nicht in einen näheren Kontakt zueinander bringt. Wer nicht zu dem Personenkreis gehört, dessen Belange durch die Amtspflicht geschützt oder gefördert werden sollen, fällt nicht in den Kreis der Ersatzberechtigten, Ossenbühl, Staatshaftungsrecht, 5. Aufl. 1998, S. 58. Rechtmäßig zu entscheiden, obliegt der Fahrerlaubnisbehörde aber gegenüber dem am Verwaltungsverfahren beteiligten Betroffenen, weshalb ihm z. B. auch Rechtsbehelfe eröffnet sind – nicht jedoch Dritten, die mit dem Verwaltungshandeln nicht in Berührung kommen.

Kapitel 8
Rechtsfolgen werkvertraglicher Pflichtverletzungen – Haftung und Zivilprozess

Frank Müller-Rath

1 Außerprozessuale Rechte des Betroffenen bei mangelhaftem Gutachten

In aller Regel sind die werkvertraglichen Gewährleistungsansprüche des Betroffenen zunächst einmal durch vertragliche Abreden in Gestalt von Allgemeinen Geschäftsbedingungen i. S. d. § 305 BGB vorgegeben. Diese verweisen den Betroffenen in seiner Eigenschaft als Anspruchsteller zunächst auf Nacherfüllung durch die Untersuchungsstelle nach deren Wahl durch Nachbesserung des Gutachtens oder dessen Neuerstellung. Weitergehende Rechte wie die Herabsetzung der Vergütung oder Rückgängigmachung des Vertrages für den Fall des Fehlschlagens der Nacherfüllung bleiben (zulässig, vgl. § 309 Nr. 8 Buchst. b) bb) BGB) vorbehalten, und sonstige Gewährleistungsrechte, insbesondere Schadens- bzw. Aufwendungsersatz gem. § 634 Nr. 4 BGB, werden ausgeschlossen.[1]

Hiervon weicht das gesetzliche Gewährleistungssystem im allgemeinen Schuldrecht bzw. im Werkvertragsrecht in wichtigen Punkten ab.

Allerdings sieht auch das Werkvertragsrecht ein Stufenverhältnis der Mängelrechte vor, mit der Verweisung auf Nacherfüllung gem. § 635 Nr. 1 BGB als primärem Mängelrecht: Weitergehende Rechte gem. § 634 BGB Nr. 2–4 BGB hat der Anspruchsteller nur, wenn er dem Vertragspartner Gelegenheit zur Nacherfüllung gegeben hat. Diese Rechte umfassen neben der Selbstvornahme, die im fahreignungsgutachterlichen Werkvertragsrecht naturgemäß keine praktische Rolle spielen kann, nach Wahl des Anspruchstellers jedoch nicht nur Rücktritt oder Minderung, sondern kumulativ auch Schadensersatz oder Aufwendungsersatz. Letztendlich ist der Unterschied in praxi gering: Das – durch Allgemeine Geschäftsbedingungen gem. § 309 Nr. 8 Buchst. a) BGB ohnehin nicht ausschließbare – Rücktrittsrecht sieht nämlich unabhängig von § 634 Nr. 4 BGB in § 325 BGB Schadensersatz vor, den der Anspruchsteller weiterhin verlangen kann, insbesondere auch

1 In keiner der veröffentlichen Zivilprozessentscheidungen (s. Fn. 32) wird allerdings auf trägerseitige AGB bei der Bestimmung werkvertraglicher Anspruchsgrundlagen abgestellt.

Schadensersatz statt der Leistung (§§ 281, 283, 311a BGB) in Form des großen oder kleinen Schadensersatzes.[2]

Allerdings wird der werkvertragliche Gewährleistungsbereich nach den normativen Vorgaben dort nicht eingreifen, wo es an einer Abnahme fehlt, denn bis dahin gilt der Erfüllungsanspruch des Anspruchstellers fort, und seine Rechte bestimmen sich unmittelbar nach den allgemeinen schuldrechtlichen Vorschriften.[3] Regelmäßig sind daher Anspruchsgrundlage für Schadensersatz die §§ 280 ff., 311a BGB, für Aufwendungsersatz § 284 BGB und bestimmt sich der Rücktritt mit seinen Rechtsfolgen nach §§ 323 ff. BGB.

Unter diesem Gesichtspunkt kommt dem Kündigungsrecht des Anspruchstellers gem. § 649 BGB keine eigenständige Bedeutung zu. Will sich der Anspruchsteller vom Gutachtenvertrag lösen, weil er die Leistung des Gutachters für mangelhaft erklärt, dann geht es ihm vor allem um die Rückgewähr der zumeist vorab entrichteten Vergütung im Rückabwicklungsverhältnis gem. § 346 BGB bzw. im Wege des Schadensersatzes, während die Kündigung gem. § 649 S. 2 BGB dem Begutachtungsstellenträger den Vergütungsanspruch zunächst einmal erhält. Ein Rücktritt kann daher nur dann in eine Kündigung i.S.d. § 649 S. 1 BGB umgedeutet werden, wenn dies dem erkennbar zum Ausdruck gekommenen Willen des Anspruchstellers entspricht.[4]

Aus Sicht des Betroffenen sind es die begehrten Rechtsfolgen, nach welchen sich die Geltendmachung der schuldrechtlichen bzw. werkvertraglichen Gewährleistungsrechte bestimmt. Solange für den Betroffenen die Möglichkeit besteht, ein positives Fahreignungsgutachten zu erlangen und der Fahrerlaubnisbehörde zugänglich machen zu können, steht primär Nachbesserung im Raum. Ändert Nachbesserung ohnehin nichts an einem negativen Gutachtenergebnis, dann ist die Einreichung des Gutachtens bei der Fahrerlaubnisbehörde für den Betroffenen ohne Wert – er wird dann Rückzahlung der Vergütung sowie den Ausgleich etwaiger zusätzlicher Schäden beanspruchen.

1.1 Nachbesserung

Weist das Gutachten Fehler auf, kann und wird der Betroffene zunächst Nachbesserung verlangen, wenn er nicht ohnehin durch AGB hierauf als primäres Mängelrecht verwiesen ist. Nachbesserung betrifft insbesondere die Konstellation einzelner Fehler im Zusammenhang mit der Nachvollziehbarkeit des Gutachtens. Praxisrelevant sind vor allem Fehler bei der Sammlung und Wiedergabe von Anknüpfungstatsachen, angefangen von biografischen Daten über die Inhalte der Fahrerlaubnisakte bis hin zur Befunderhebung einschließlich der Berücksichtigung von betroffenenseits beigebrachten Befun-

2 Palandt, Sprau BGB, 73. Aufl. 2014, § 634 Rdnr. 5.
3 Siehe Kapitel 7.4.2.
4 Palandt, Sprau a.a.O. (Fn. 2), § 649 Rdnr. 3 m.w.N.

den (z. B. extern erhobene Laborwerte, Drogenscreening, ärztliche Atteste usw.) bzw. Bescheinigungen (z. B. Therapieteilnahme) etc.

Aus Sicht des Betroffenen, der Nachbesserung verlangt, um ein abnahme- und einreichungsfähiges Gutachten zu erlangen, besteht dabei erheblicher Zeitdruck, da die fahrerlaubnisbehördliche Beibringungsanordnung fristbewehrt i. S. d. § 11 Abs. 6 FeV ist und bei Fristversäumung auf die Nichteignung des Betroffenen geschlossen werden darf, § 11 Abs. 8 FeV. Außerdem wird der Betroffene, der eine negative Begutachtung nicht offenbaren möchte und sich noch Fehler- und insbesondere Ergebniskorrektur erhofft, auch nicht ohne Weiteres die Fahrerlaubnisbehörde unter Hinweis auf die Geltendmachung von Gewährleistungsansprüchen gegenüber dem Begutachtungsstellenträger informieren bzw. dort ggf. um Fristverlängerung ersuchen.

1.2 Vergütungsrückzahlung

In erster Linie richtet sich das Begehren des Betroffenen, dem nicht ohne Weiteres durch Nachbesserung geholfen werden kann bzw. wird, auf Rückzahlung des vom Begutachtungsträger vereinnahmten Begutachtungshonorars.

In der Rechtsprechung wird – wenn überhaupt – das Vergütungsrückzahlungsbegehren ohne Differenzierung danach, ob Abnahme erfolgte oder (noch) nicht, als Schadensersatzverlangen gem. §§ 634 Nr. 4, 636, 280 Abs. 1 und Abs. 3, 281, 284 BGB eingeordnet.[5] Etwaige kollidierende, schadensersatzausschließende Allgemeine Geschäftsbedingungen werden dabei durchgängig nicht problematisiert.

Zu beachten ist in diesem Zusammenhang nur Folgendes: Der Anspruchsteller hätte auch bei regelgerechtem Lauf der Dinge Kosten für eine mangelfreie Begutachtung aufwenden müssen. Er kann nicht kumulativ die Kosten der als mangelhaft gerügten Erstbegutachtung und etwa zusätzlich noch die Kosten einer Zweitbegutachtung zurückverlangen, denn dann stünde er besser als er stünde, wenn man dem anspruchsbegründenden Mangel hinwegdächte und es überhaupt nur zu einer – bezahlten – Begutachtung gekommen wäre.[6]

---

5 Vgl. AG Köln, Urt. v. 15.10.2008 – 143 C 512/07, DAR 2010, S. 102 ebd: Die Frage, ob nicht Rücktritt vorliegt und die Vergütungsleistung im Rahmen eines Rückabwicklungsschuldverhältnisses gem. §§ 349, 346 Abs. 1 BGB zurückzugewähren ist, wird in den vorliegenden Entscheidungen grundsätzlich nicht aufgeworfen. Dies dürfte mit dem Umstand zusammenhängen, dass betroffenenseits in der Regel eine ausdrückliche Rücktrittserklärung nicht erfolgt, sondern sogleich ein Rückzahlungsbegehren – im Zweifel unter dem undifferenzierten Rubrum Schadensersatz – geltend gemacht und beziffert wird. Dies ist insofern auch sachgerecht, als es bei Fahreignungsgutachten auf die Frage der Zug-um-Zug-Leistung i. S. d. § 347 BGB nicht ankommt; dem in Anspruch genommenen Träger wird es nicht auf Rückgabe des Originalgutachtens ankommen.

6 Vgl. zu diesem Gesichtspunkt bei der Geltendmachung weiterer ärztlicher Behandlungskosten als Schadensersatz zusätzlich zur begehrten Rückzahlung ärztlichen Honorars: KG, Beschl. v. 1.7.2010 – 20 W 23/10, erhältlich in juris.

1.3 Schadensersatz – Folgeschäden

Auf die gleiche Anspruchsgrundlage kann der Betroffene die Erstattung weiterer Schadensersatzpositionen stützen. In Betracht kommen zunächst jedwede denkbaren – kausal veranlassten – weiteren Schadenspositionen, wie

- zusätzlich zur eigentlichen Vergütung von dem Begutachtungsträger in Rechnung gestellte bzw. weiterbelastete Kosten für angefallene weitere Untersuchungskosten, z.B. für die Analyse von Urin- oder Haarproben,[7] und ggf. nutzlose Fahrtkosten im Zusammenhang mit der beanstandeten Begutachtung,[8]
- Kosten betroffenenseits veranlasster „ober-"gutachterlicher Überprüfungen des angefochtenen Fahreignungsgutachtens (jedenfalls dann, wenn die Fahrerlaubnisbehörde im Überprüfungsverfahren hierauf eine abweichende Entscheidung stützt) einschließlich etwaiger Fahrt-, Übernachtungs- und Verpflegungskosten aus Veranlassung der Kontrollbegutachtung,[9]
- Kosten einer erneuten anderweitigen positiven Fahreignungsbegutachtung.[10]

Fraglich ist, ob der Begutachtungsträger auch für mittelbare Folgeschäden haftet. Zu denken wäre hier an Schadensfolgen der auf ein – unterstellt: fehlerhaft – negatives Fahreignungsgutachten gestützten fahrerlaubnisbehördlichen Versagung der (Wieder-)Erteilung der Fahrerlaubnis, z.B. Verdienstausfälle oder Arbeitsplatzverlust wegen der Unmöglichkeit dienstlich veranlasster Kfz-Benutzung. Unter Kausalitätsgesichtspunkten ist zunächst festzuhalten, dass die Ersatzpflicht grundsätzlich auch mittelbare Schäden umfasst.[11]

Gleichwohl können solche Schadenspositionen dem Begutachtungsträger nicht mehr zugerechnet werden, wenn und weil sie ohne das eigene Verhalten des Geschädigten nicht hätten entstehen können, es sei denn, dieses wäre durch das haftungsbegründende Ereignis herausgefordert worden oder es hätte ein rechtfertigender Anlass bestanden.[12] Ausdrücklich hat dies der BGH für eine Konstellation entschieden, in welcher der Geschädigte Gebrauch von einem als fehlerhaft erkannten (Verkehrswert-)Gutachten machte und hierdurch einen Schaden erlitt.[13] Ebenso verhält es sich in den hier zu beurteilenden Fallkonstellationen: Reicht der Betroffene das mangelbehaftete Fahreignungsgutachten aufgrund eigener Entscheidung kommentarlos bei der Fahrerlaubnisbehörde ein, statt die ihm zustehenden Gewährleistungsansprüche zu verfolgen und Nachbesserung zu erwirken bzw. – ggf. anderweitig – eine neue, mangelfreie Begutachtung zu veranlassen, dann entfällt

7 AG Hagen Urt. v. 16.1.1995 – 13 C 431/93, DAR, 1995, S. 164 f.
8 AG Köln Urt. v. 15.10.2008 – 143 C 512/07, DAR 2010, S. 102.
9 AG Hagen a.a.O. (Fn. 7); bei Verpflegungskosten sind u.U. eigene ersparte Aufwendungen gegenzurechnen.
10 AG Köln a.a.O. (Fn. 5) – nicht kumulativ zur Erstattung der Kosten für die beanstandete Erstbegutachtung.
11 Palandt, Grüneberg a.a.O. (Fn. 2), Vorb. v. § 249 Rdnr. 15.
12 BGH, Urt. v. 17.10.2000 – X ZR 169/99, NJW 2001, S. 512–514.
13 BGH, a.a.O. (Fn. 12).

der Haftungszurechnungszusammenhang.[14] In solchen Konstellationen sollte der Betroffene bei der Fahrerlaubnisbehörde um Fristverlängerung für die Gutachtenbeibringung nachsuchen, was im Fahrerlaubnis-Neuerteilungsverfahren problemlos möglich sein sollte; soweit dies (etwa im Entziehungs-Verfahren) zur Fristwahrung unumgänglich ist, wäre eine Kombination von Fristverlängerungsgesuch und Beifügung des Gutachtens mit gleichzeitiger Mängelbenennung anzuraten.

1.4 Schadensersatz bei unbefugter Betroffenendatenoffenbarung

Fraglich ist, ob dem Betroffenen Ansprüche auf Ersatz materiellen bzw. immateriellen Schadens in Konstellationen zustehen, in denen ein Gutachten „überschießende“ Befunde oder sonstige Anknüpfungstatsachen enthält, deren Erhebung und Mitteilung nicht mehr vom Gutachtenanlass gedeckt ist und deshalb pflichtwidrig erfolgt.[15]

Zu denken wäre an das Beispiel eines Betroffenen, der sich einer Fahreignungsuntersuchung im Hinblick auf eine alkoholbezogene fahrerlaubnisbehördliche Fragestellung unterzieht und im psychologischen Untersuchungsgespräch nebenbei berichtet, von einem Anfallsleiden im Sinne rezidivierender epileptischer Anfälle betroffen zu sein. Dieser Umstand wird in dem – für den Betroffenen im Hinblick auf die Alkoholproblematik – positiven Gutachten referiert und deshalb von der Fahrerlaubnisbehörde (unterstellt: rechtmäßig) zum Anlass genommen, die Fahreignung wegen des Anfallsleidens gesondert infrage zu stellen, hierzu erneut ein Gutachten anzufordern, bei dessen negativem Ergebnis die begehrte Wiedererteilung des Führerscheins deshalb zu verneinen ist.

Einerseits liegt in der unbefugten Mitteilung von Befunden (neben dem vertraglichen Pflichtverstoß) tatbestandsmäßig eine Verletzung der gutachterlichen Schweigepflicht, sodass materieller Schadensersatz gem. § 823 Abs. 2 BGB i. V. m. § 203 StGB grundsätzlich in Betracht kommt.[16] Andererseits stellt die unbefugte Offenbarung von Betroffenendaten, insbesondere betreffend den Gesundheitszustand, unter Berücksichtigung der in der Rechtsprechung für die unbefugte Patientendatenoffenbarung entwickelten Grundsätze grundsätzlich einen rechtswidrigen Eingriff in das allgemeine Persönlichkeitsrecht des Betroffenen dar, der – wenn er sich als schwerwiegend darstellt und nicht auf andere Art und Weise befriedigend ausgeglichen werden kann – die Zuerkennung einer Geldentschädigung für immateriellen Schaden unmittelbar gem. § 823 Abs. 1 BGB[17] rechtfertigt.[18] Der Begutachtungsstellenträger wird

14 Vgl. OLG Naumburg, Urt. v. 22.1.2013 – 12 U 110/12, n.v., im Amtshaftungsprozess gegen die Fahrerlaubnisbehörde: „... Hier hat der Kläger aber die die Entziehung der Fahrerlaubnis begründenden Umstände selbst zu verantworten. Denn er hat die einschlägigen (...)-Gutachten dem beklagten Landkreis vorgelegt.“

15 Vgl. Kapitel 7.4.3.2.3.

16 Vgl. OLG Brandenburg, Urt. v. 21.6.2000 – 1 U 16/99, OLGR Brandenburg 2000, S. 380–384.

17 Nicht gem. § 253 Abs. 2 BGB, Palandt, Sprau a. a. O. (Fn. 2), § 823 Rdnr. 124.

18 OLG München, Urt. v. 4.2.2010 – 1 U 4650/08, MedR 2010, S. 645–649; OLG Brandenburg, Urt. v. 21.6.2000 – 1 U 16/99, OLGR Brandenburg 2000, S. 380–384.

sich auch nicht ohne Weiteres darauf berufen können, dass der Betroffene eine ungewollte Befundoffenbarung als nicht rechtswidrig bzw. befugt hinzunehmen habe, weil die betroffenen Interessen des Betroffenen hinter dem Schutz des Lebens und der Gesundheit anderer Verkehrsteilnehmer vor der Verkehrsteilnahme des im Ergebnis fahrungeeigneten Betroffenen zurückzutreten hätten. Der öffentlich-rechtlichen Wahrung dieses Schutzgutes ist die Fahrerlaubnisbehörde verpflichtet, nicht aber der Gutachter im Verhältnis zum Betroffenen.[19]

Trotzdem wird man im Ergebnis materielle Schadensersatzansprüche des Betroffenen wohl verneinen müssen. Erleidet der Betroffene, dem die Fahrerlaubnis nicht wiedererteilt wird, hierdurch Vermögensnachteile, beruhen diese kausal auf dem selbstständigen fahrerlaubnisbehördlichen Verwaltungsverfahren und der dort getroffenen Entscheidung, es fehlt dann am schadensrechtlichen Zurechnungszusammenhang zwischen dem gutachterlichen Pflichtverstoß und dem Schadenseintritt.[20]

Setzt sich allerdings ein Gutachter grob fahrlässig oder gar vorsätzlich über die ihm auferlegte Einschränkung hinweg, nicht anlassunabhängig eine allgemeine Persönlichkeitsuntersuchung des Betroffenen anzustellen, dann wird man – einzelfallabhängig[21] – einen rechtswidrigen Eingriff in das Persönlichkeitsrecht des Betroffenen und hieraus folgend die Zuerkennung immateriellen Schadensersatzes nicht ohne Weiteres ausschließen können. Jedenfalls dort, wo ein Gutachter sich gewissermaßen herausgefordert sehen könnte, selbstständig außerhalb des Begutachtungsanlasses nach Fahreignungsmängeln zu fahnden und sich unter Hintanstellung der durch verfassungsgerichtliche Rechtsprechung[22] ebenso wie durch Normsetzung[23] ausdrücklich verbürgten rechtlichen Interessen seines Vertragspartners – des Betroffenen – vorauseilend zum verlängerten Arm der Fahrerlaubnisbehörde zu machen, muss dies grundsätzlich sanktionsbewehrt sein.

19 Anders deshalb die Beurteilung von Fällen, in denen der Anspruchsgegner Daten unter Berücksichtigung vorrangiger Interessen verwertet hat, so z. B. der beklagte Krankentagegeldversicherer, der zum Nachweis arglistiger Täuschung durch den Versicherten ohne dessen Schweigepflichtentbindung auf Auskünfte des Vorversicherers oder behandelnder Ärzte zugreift, OLG Nürnberg, Urt. v. 7.12.2000 – 8 U 1307/00, VersR 2002, S. 179–180.

20 Ebenso OLG Brandenburg a. a. O. (Fn. 18) für Nachteile eines Patienten, der infolge ohne Rückfrage durch den Arzt in einem Befundbericht zu einem Kurantrag mitgeteilter ärztlicher Befunde durch selbstständiges behördliches Verfahren aus dem Beamtenverhältnis auf Probe entlassen wurde; s. auch Kapitel VIII 1 c.

21 Vgl. OLG München, Urt. v. 4.2.2010 – 1 U 4650/08, MedR 2010, S. 645–649: Ob im Einzelfall eine schwerwiegende Verletzung des Persönlichkeitsrechts vorliegt, die die Zahlung einer Geldentschädigung erfordert, hängt insbesondere von der Bedeutung und der Tragweite des Eingriffs, also von dem Ausmaß der Verbreitung der verletzenden Aussage, von der Nachhaltigkeit und der Fortdauer der Interessen- und Rufschädigung des Verletzten, ferner von Anlass und Beweggrund des Handelnden sowie von dem Grad seines Verschuldens ab.

22 BVerfG, Beschl. v. 24.6.1993 – 1 BvR 689/92 – BVerfGE 89, S. 69–91.

23 Vgl. Kapitel 7.4.3.

1.5 Verzug, Verzinsung

Haftet der Träger der Begutachtungsstelle auf Vergütungsrückzahlung und/ oder Schadensersatz, so stehen dem Anspruchsteller Nebenforderungen – insbesondere Zinsen – trotzdem nicht ohne Weiteres zu. Voraussetzung ist grundsätzlich Verzug, also grundsätzlich schuldhafte Nichtleistung trotz Fälligkeit und Mahnung, falls diese nicht entbehrlich ist, § 286 BGB. Verzug ohne Mahnung tritt gem. § 286 Abs. 2 Nr. 3 BGB insbesondere bei ernsthafter und endgültiger Erfüllungsverweigerung ein.

Stellt also in der vorprozessualen Korrespondenz der Träger der Begutachtungsstelle Zahlungsverpflichtungen in Abrede oder versäumt er den Anspruchsausgleich, bis ihm eine Mahnung zugeht, dann setzt Verzinsung vom Tag der Abgabe (nicht: Zugang) dieser Erklärung an ein. Da mit dem Betroffenen an dem maßgeblichen Rechtsverhältnis ein Verbraucher i. S. d. § 13 BGB beteiligt ist, beträgt der Verzugszins gem. § 288 Abs. 1 BGB fünf Prozentpunkte über dem jeweiligen Basiszinssatz.[24]

1.6 Kosten der Rechtsverfolgung

Haftet der Träger der Begutachtungsstelle auf Schadensersatz, so umfasst dieser auch einen materiell-rechtlichen Kostenerstattungsanspruch.

Mit Blick auf Rechtsanwaltskosten gilt dabei der Grundsatz, dass der Schädiger nicht schlechthin alle durch das Schadensereignis adäquat verursachten Rechtsverfolgungskosten des Geschädigten zu ersetzen hat, sondern nur solche Kosten, die aus der Sicht des Geschädigten zur Wahrnehmung seiner Rechte erforderlich und zweckmäßig waren.[25]

Dies beurteilt sich nach folgenden Grundsätzen:[26] Ist die Verantwortlichkeit für den Schaden und damit die Haftung von vornherein nach Grund und Höhe derart klar, dass aus der Sicht des Geschädigten kein vernünftiger Zweifel an der Regulierung durch den Schädiger bestehen kann, bedarf es der Hinzuziehung eines Rechtsanwalts dann jedenfalls für die erstmalige Geltendmachung des Schadens gegenüber dem Schädiger nicht. In derart einfach gelagerten Fällen kann der Geschädigte, auch wenn es sich um einen Privatmann handelt, grundsätzlich den Schaden selbst geltend machen. Dann kann sich die sofortige Einschaltung eines Rechtsanwalts nur unter besonderen Voraussetzungen als erforderlich erweisen, wenn etwa der Geschädigte aus Mangel an geschäftlicher Gewandtheit oder sonstigen Gründen wie etwa Krankheit oder Abwesenheit nicht in der Lage ist, den Schaden selbst anzumelden. Ist aber der Schadensfall von vornherein schwieriger gelagert oder wird bei einfach gelagerten Fällen der Schaden nicht bereits aufgrund der ersten Anmeldung reguliert, so darf der Geschädigte sogleich einen Rechtsanwalt mit der weiteren Geltendmachung

24 Bekanntmachung halbjährlich, vgl. § 247 BGB.
25 Palandt, Grüneberg a. a. O. (Fn. 2), § 249 Rdnr. 57.
26 BGH, Urt. v. 8.11.1994 – VI ZR 3/94, BGHZ 127, S. 348–353.

beauftragen und kann sodann dessen Kosten im Rahmen des materiell-rechtlichen Schadensersatzanspruchs geltend machen.

Das wird man im Regelfall für die aus Betroffenensicht komplexe Materie der Fehler-Beurteilung eines Fahreignungsgutachtens unter fahrerlaubnis- und werkvertragsrechtlichen Gesichtspunkten zu bejahen haben.

Macht dagegen der Betroffene keine auf Schadensersatz gerichteten Ansprüche geltend, sind Rechtsanwaltskosten nur unter den Voraussetzungen des Verzuges oder der Pflichtverletzung zu erstatten;[27] dass ansonsten ein materiell-rechtlicher Kostenerstattungsanspruch fehlt, hat der Geschädigte hinzunehmen, weil das Haftungsrecht nicht an jeden Vermögensnachteil die Ersatzpflicht eines Dritten knüpft.[28]

Im Übrigen ist hinsichtlich des Verzugsschadens zu beachten: Mandatiert der Anspruchsteller den Rechtsanwalt und führt dieser Verzug erst herbei (z.B. durch erstes anwaltliches Mahnschreiben), dann sind die Kosten des Anwalts bereits vor Verzugseintritt angefallen und stellen keinen Verzugsschaden des Anspruchstellers dar. Zu erstatten sind die Kosten für den vom Anspruchsteller eingeschalteten Rechtsanwalt mithin nur, wenn und weil sich der Anspruchsgegner bereits in Verzug befand (und trotzdem nicht leistete).[29]

1.7 Anspruchsverjährung

Gutachten sind sogenannte unkörperliche Werke, die Verjährung von Mängelansprüchen richtet sich daher nicht nach § 634a Abs. 1 Nr. 1 BGB (Arbeiten an einer Sache), sondern nach § 634a Abs. 1 Nr. 3 i.V.m. § 195 BGB.[30] Demgemäß beträgt die Verjährungsfrist drei Jahre. Sie beginnt gem. § 199 Abs. 1 BGB mit dem Schluss des Jahres, in dem der Anspruch entstanden ist und der Betroffene Kenntnis von den anspruchsbegründenden Umständen erhält. Wechselseitige vorprozessuale Korrespondenz über Mängelansprüche zwischen dem Betroffenen und dem Träger führt im Zweifel gem. § 203 Satz 1 BGB zur vorübergehenden Verjährungshemmung, ebenso hemmt Klageerhebung gem. § 204 Abs. 1 Nr. 1 BGB. Das gilt aber nicht schon für eine verwaltungsrechtliche Klageerhebung gegen die der Begutachtung nachfolgende fahrerlaubnisbehördliche Entscheidung, denn zivilrechtlich hemmt nur Klage gegen den Schuldner der Mängelansprüche die Verjährung.[31] Angesichts der u.U. langen verwaltungsgerichtlichen Terminstands- und Erledigungszeiträume ist dem Anspruchsteller in solchen Fällen anzuraten, mit dem Begutachtungsstellenträger eine Verjährungsverlängerungs- bzw. Verjährungsverzichtsvereinbarung abzuschließen, vgl. § 202 BGB.

---

27 Vgl. Palandt, Grüneberg a.a.O. (Fn. 2), § 249 Rdnr. 56.

28 BGH, Urt. v. 12.12.2006 – VI ZR 224/05, NJW 2007, S. 1458–1460.; s. auch AG Köln a.a.O. (Fn. 5) unter Hinweis darauf, dass die außergerichtliche Beauftragung eines Rechtsanwalts bei bereits vorliegender endgültiger Nachbesserungsablehnung gegen die Schadensminderungspflicht des Betroffenen verstößt.

29 Palandt, Grüneberg a.a.O. (Fn.2), § 286 Rdnr. 44.

30 Palandt, Sprau a.a.O. (Fn. 2), § 634a Rdnr. 12.

31 Palandt, Ellenberger a.a.O. (Fn. 2), § 204 BGB Rdnr. 12.

2 Der Zivilprozess über Gutachtenmängel – Klage des Betroffenen

Die praktische Bedeutung von Zivilprozessen bei Erhebung des Vorwurfs von Gutachtenmängeln ist eher gering, die überschaubare Anzahl veröffentlichter Entscheidungen belegt dies.[32]

Zum einen wird man davon ausgehen können, dass bei funktionierender Fehlerkontrolle Mängelrügen – ihre Begründetheit unterstellt – im vorprozessualen Bereich grundsätzlich abgeholfen wird.

Vor allem aber ist der Zivilprozess vor dem Hintergrund der Interessensituation des Betroffenen skeptisch zu beurteilen: Dieser erstrebt für sich in erster Linie eine günstige fahrerlaubnisbehördliche Entscheidung. Geht eine Fahreignungsbegutachtung für den Betroffenen negativ aus, dann hilft dem Betroffenen, der unter dem Druck der fristbewehrten Gutachtenbeibringungspflicht steht (vgl. § 11 Abs. 8 Satz 1 FeV), die Zivilprozessführung schon in zeitlicher Hinsicht nicht. Dies gilt umso weniger, als das begehrte Ziel, ein dem Betroffenen günstiges Gutachten zu erhalten, im Wege der zivilprozessualen Leistungsklage grundsätzlich nicht zu erreichen ist: Ein bestimmtes positives Gutachtenergebnis ist materiell-rechtlich nicht geschuldet und zivilprozessual daher auch nicht einklagbar.[33]

Häufig ist aus Sicht des Betroffenen auch die Rechtmäßigkeit der Anordnung einer Gutachtenbeibringung als solche zur gerichtlichen Überprüfung zu stellen. Daher wird der Betroffene – dem die präventive Anfechtung der fahrerlaubnisbehördlichen Gutachtenbeibringungsauferlegung mangels Verwaltungsaktqualität ohnehin verwehrt ist[34] – den verwaltungsgerichtlichen Rechtsweg gegen die Verwaltungsentscheidung der Fahrerlaubnisbehörde nach der Begutachtung beschreiten. Im Rahmen des Verwaltungsprozesses wird die Frage der Mangelhaftigkeit des in Rede stehenden Gutachtens inzident mit geprüft.[35]

Die Zivilprozessführung bleibt deshalb regelmäßig solchen Fallgestaltungen vorbehalten, in denen der Betroffene zunächst auf eigene zusätzliche Kosten anderweitig ein ihm günstigeres Ergebnis erlangt hat – etwa bei der Wiederholungsbeprobung von Haarproben oder dem Ausweichen auf einen anderen Träger bei der Fahreignungsbegutachtung – und gestützt hierauf

32 (Ohne Anspruch auf Vollständigkeit:) OLG Celle, Urt. v. 25.3.1992 – 8 U 22/91, NZV 1993, S. 398 f.; LG Bautzen, Urt. v. 3.3.1999 – 4 O 864/98, NZV 1999, S. 474–476; LG Hamburg, Urt. v. 20.9.1996, NJW-RR 1997, S. 409 ff.; AG Köln a. a. O. (Fn. 5); AG Bautzen, Urt. v. 25.8.2005 – 22 C 1402/04, NZV 2006, S. 391 f.; AG Chemnitz, Urt. v. 28.9.1998 – 20 C 2238/98, NZV 1999, S. 385 f.; AG Hamburg, Urt. v. 11.10.1996 – 22 a C 1420/96, NZV 1997, S. 275; AG Hagen, Urt. v. 16.1.1995 – 13 C 431/93, DAR 1995, S. 164 f.; AG Freiburg, Urt. v. 5.5.1994 – 5 C 3844/93, NZV 1994, S. 402 f.; AG Essen, Urt. v. 10.11.1993 – 133 C 1/93, DAR 1994, S. 160 f.

33 Siehe dazu Kapitel 8.2.3.1.

34 Statt vieler: VGH Baden-Württemberg, Beschl. v. 30.6.2011 – 10 S 2785/10, NJW 2011, S. 3257–3259.

35 Zur Frage der Bindungswirkung eines verwaltungsgerichtlichen Urteils im nachfolgenden Zivilprozess siehe Kapitel 8.2.4.2.

nachträglich Rückzahlung der bei dem zuerst beauftragten Träger entrichteten Vergütung und/oder Schadensersatz von diesem verlangt.

Auch die wirtschaftlichen Maßgaben einer Zivilprozessführung sind nicht außer Acht zu lassen: Bei Streitwerten um 400,– € gleicht sich das Prozesskostenrisiko im Unterliegensfall dem erhofften Prozessgewinn aus Klägersicht in etwa an. Dagegen steht für den – ggf. als Fachanwalt für Verkehrsrecht spezialisierten – anwaltlichen Bevollmächtigten die gesetzliche anwaltliche Vergütung zum Streitgegenstand und dem zu gewärtigenden Tätigkeitsaufwand als untersetzt außer Verhältnis. Vereinfacht ausgedrückt: Die Zivilprozessführung um Fahreignungsgutachtenmängel lohnt sich im Regelfall weder aus Betroffenen- noch aus Bevollmächtigtensicht.

2.1 Prozessparteien und zuständiges Gericht

Vertragspartei des Gutachtenvertrages ist für den Kläger der jeweilige, grundsätzlich in der Rechtsform des eingetragenen Vereins organisierte Träger derjenigen Begutachtungsstelle, an welcher der Kläger die Begutachtung durchführen ließ.[36] Gewährleistungsrechtliche Klagen sind demgemäß gegen den jeweiligen Träger(-Verein), dieser vertreten durch den Vorstand, dieser wiederum vertreten durch den jeweiligen Vorsitzenden, zu richten. Dies gilt auch in Fällen, in denen die Träger u. U. die Rechnungslegung für bestimmte werkvertragliche Leistungen anderen Rechtsträgern im Konzern übertragen haben – maßgeblich für die Passivlegitimation bleibt die Beantwortung der Frage, welcher Rechtsträger die Erbringung der werkvertraglichen Leistungen schuldete.

Besondere Vorsicht ist daher bei Widerklagen geboten: Wenn die juristische Person, welche Vergütung – z. B. für die gesondert in Auftrag gegebene Untersuchung einer Haarprobe – einklagt, nicht identisch mit dem Träger ist, der werkvertraglich für die Mitteilung des Beprobungsergebnisses verantwortlich ist, kann Widerklage wegen behaupteter Mängel (z. B. Vortrag der Haarprobenverwechslung) gegen die Vergütungsklägerin nicht schlüssig erhoben werden.[37]

Dem klagenden Betroffenen stehen mehrere örtlich zuständige Gerichte zur Auswahl, § 35 ZPO.

Allgemeiner Gerichtsstand des Vereins ist sein Vereinssitz, § 17 Abs. 1 ZPO.

Regelmäßig wird der Träger in der Praxis allerdings an dem Sitz der Begutachtungsstelle verklagt, gegen deren Begutachtung der Betroffene gewährleistungsrechtliche Einwendungen erhebt.

Insoweit bestimmt sich der Gerichtsstand nach dem besonderen Gerichtsstand des § 21 Abs. 1 ZPO, wenn es sich bei den Begutachtungsstellen um selbstständige Niederlassungen des Trägers handelt. Dies richtet sich vor

36 Siehe Kapitel 7.1.

37 Vgl. AG Potsdam, Hinweisbeschl. v. 16.8.2012 – 37 C 357/11, n. v.

allem danach, ob die Begutachtungsstelle selbstständig, das heißt aus eigener Entscheidung zum Geschäftsabschluss und Handeln berechtigte Geschäftsstelle ist; die weitere Tatbestandsvoraussetzung der Beziehung der Klage zum Geschäftsbetrieb der Niederlassung wird bei dortiger Begutachtung ausnahmslos gegeben sein.[38]

Die Vorteile liegen angesichts der Wohnortnähe für den Kläger ebenso wie im Hinblick auf zu ladende Zeugen – insbesondere den an der Begutachtungsstelle tätigen Gutachter – auf der Hand. Auch bei mangelnder örtlicher Zuständigkeit wird sich daher für den am Sitz der Begutachtungsstelle verklagten Träger aus prozesstaktischen und prozessökonomischen Gründen regelmäßig die rügelose Einlassung i. S. d. § 39 S. 1 ZPO empfehlen.

Schwierigkeiten wird demgegenüber die Zuständigkeitsbestimmung unter Rückgriff auf den besonderen Gerichtsstand des Erfüllungsortes gem. § 29 Abs. 1 ZPO bereiten: Eine Erfüllungsortvereinbarung i. S. d. § 29 Abs. 2 ZPO mit Gerichtsstandsfolge (bzw. eine Gerichtsstandsvereinbarung i. S. d. § 38 Abs. 1 ZPO) in Allgemeinen Geschäftsbedingungen des Trägers wird gegenüber dem Betroffenen mangels dessen Kaufmanneigenschaft regelmäßig unwirksam sein. Im Bereich des Werkvertragsrechts wird der Gerichtsstand des Erfüllungsortes nach § 29 Abs. 1 ZPO daher nur zu bejahen sein, wenn gemeinsamer Erfüllungsort für die vertraglichen Verpflichtungen von Betroffenem und Träger der Sitz der Begutachtungsstelle ist.

Die sachliche Zuständigkeit des anzurufenden Gerichts bestimmt sich streitwertabhängig: Das jeweils örtlich zuständige Amtsgericht ist bei Streitigkeiten über Ansprüche anzurufen, deren Gegenstand an Geld oder Geldeswert die Summe von 5.000,– € nicht übersteigt, § 23 Nr. 1 GVG. Bei höheren Streitwerten ist die Klage zum jeweils örtlich zuständigen Landgericht zu erheben, § 71 Abs. 1 GVG.

2.2 Verfahren und Prozessgrundsätze

Den Ausgangspunkt für das Verfahren bilden die Regelungen der ZPO und des GVG. Grundlegende Verfahrensentscheidungen, nach denen der Gesetzgeber das Zivilprozessrecht ausgerichtet hat, sind freilich in der ZPO nicht ausdrücklich geregelt, sie ergeben sich aus Verfassungsrecht, anderen Gesetzen und teilweise erst mittelbar aus den Vorschriften der ZPO.[39] Praktische und vor allem wirtschaftliche Erwägungen müssen zugleich für den Betroffenen und seinen Bevollmächtigten leitend sein. Zu klären ist – im wahrsten Sinne des Wortes – die Frage, zu welchem Preis materielles Recht für den Betroffenen durchsetzbar ist. Dies richtet sich ganz wesentlich nach den Gegebenheiten des Prozessrechts.

---

38 Vgl. Zöller, Vollkommer, ZPO, 30. Aufl. 2014, § 21 ZPO Rdnr. 6.

39 Zöller, Greger a. a. O. (Fn. 38), vor § 128 Rdnr. 1a.

2.2.1 Verfahrensgang

Hinsichtlich des Verfahrensganges steht es im Ermessen des erkennenden Richters, sogleich einen frühen ersten Verhandlungstermin anzuberaumen. Meist wird jedoch zunächst das schriftliche Vorverfahren gewählt, welches dem beklagten Träger vor allem die Beachtung der Notfrist zur Verteidigungsanzeige und sekundär auch die Beachtung der in gleicher Verfügung gesetzten Klageerwiderungsfrist aufgibt.[40]

Übersteigt der Streitwert 600,– € nicht, kann das Amtsgericht nach billigem Ermessen im vereinfachten Verfahren gem. § 495a ZPO vorgehen, sodass vorbehaltlich eines abweichenden Antrages der Parteien auf mündliche Verhandlung verzichtet werden und die Entscheidungsabfassung durch Verzicht auf Tatbestandsdarstellung gem. § 313a Abs. 1 ZPO erleichtert werden kann. Unter prozessökonomischen Gesichtspunkten ist jedenfalls aus Sicht des beklagten Trägers ein solches Vorgehen vorzugswürdig. Es bietet sich insbesondere auch in Fallkonstellationen an, in denen – wie häufig – der Tatsachenstoff unstreitig ist und im Streit allein die rechtliche Bewertung der streitgegenständlichen Begutachtung steht. Eine Kostenreduzierung ist hiermit allerdings nicht verbunden: Es verbleibt bei drei Gerichtsgebühren, wenn das Urteil Entscheidungsgründe enthält (vgl. Nr. 1211 Ziff. 2 der Anlage 1 zu § 3 Abs. 2 GKG), und beteiligten Bevollmächtigten erwächst gem. Nr. 3104 Abs. 1 Ziff. 1 VV-RVG gleichwohl die Termingebühr.

2.2.2 Beibringungsgrundsatz

Der Beibringungsgrundsatz (auch Verhandlungsgrundsatz) besagt, dass das Gericht seiner Entscheidung nur das Tatsachenmaterial zugrunde legen darf, das von den Prozessparteien vorgetragen ist; übereinstimmend Vorgetragenes muss das Gericht grundsätzlich ebenso ohne Beweisaufnahme übernehmen wie schlüssigen Klägervortrag, den der Beklagte nicht bestreitet oder schlüssige Beklagteneinwendungen, die wiederum klägerseits unbestritten bleiben.[41] Nur wenn entscheidungserhebliche Tatsachenbehauptungen des Prozessgegners bestritten werden, gelangt der Prozess in die sogenannte Beweisstation. Der Beibringungsgrundsatz stellt es damit auch in die Verantwortung der Parteien, darüber zu bestimmen, ob und mit welchen Erkenntnismitteln Beweis erhoben wird.[42]

Das Gericht darf von Amts wegen Tatsachenaufklärung nur im gesetzlich vorgesehenen Ausnahmefall betreiben – sonst nicht: Dies ist einer der kardinalen Unterschiede zum verwaltungsgerichtlichen Verfahren und verlangt den Prozessparteien bzw. ihren Bevollmächtigten, insbesondere auch unter Berücksichtigung des zivilprozessualen Präklusionsrechts (d. h. der Zurück-

40 Bei Versäumnis fristgemäßer Verteidigungsanzeige droht Versäumnisurteil gegen den beklagten Träger im schriftlichen Vorverfahren.

41 Zöller, Greger a. a. O. (Fn. 38), vor § 128 Rdnr. 10, vor § 284 Rdnr. 1.

42 Zöller; Greger a. a. O. (Fn. 38), vor § 284 Rdnr. 1 f.

weisung von nicht rechtzeitig vorgebrachten Angriffs- und Verteidigungsmitteln § 296 i.V.m. §§ 273, 275–277, 282 ZPO), erhöhte Sorgfalt ab.

2.2.3 Beweislage

Zivilprozessual besonders wichtig ist der Umstand, dass im Streitfall bis zum Zeitpunkt der Abnahme der Unternehmer zu beweisen hat, dass seine Leistung ordnungsgemäß ist – den Besteller trifft die Darlegungs- und Beweislast für die Mangelhaftigkeit des Werks erst nach Abnahme.[43] Regelmäßig enthalten die zivilprozessualen Endurteile in Fahreignungsgutachten-Gewährleistungsstreitigkeiten keine oder bestenfalls sehr kursorische Ausführungen zur Darlegungs- und Beweislast. Es obliegt dem Prozessbevollmächtigten des klagenden Betroffenen, darauf zu achten, dass hier nicht das erkennende Gericht zu Unrecht den die Mängel rügenden Betroffenen belastet.

Der Betroffene, der Mängelrügen erhebt, hat dabei die schwierige Beweissituation zu berücksichtigen: Unabhängig von der Frage, ob ihn oder den verklagten Träger die Beweislast trifft, stehen dem Betroffenen (Gegen-) Beweismittel für den Vortrag, Inhalte des psychologischen Untersuchungsgesprächs seien nicht oder falsch oder verzerrt im Gutachten wiedergegeben worden, regelmäßig nicht zur Verfügung. Bekundungen des Betroffenen als Partei bleiben im Bestreitensfall unberücksichtigt, da dem Betroffenen der für die Parteivernehmung von Amts wegen (am Einverständnis des Prozessgegners i.S.d. § 447 ZPO wird es regelmäßig fehlen) erforderliche sog. Anbeweis[44] meist nicht gelingen wird, vgl. § 448 ZPO. Dagegen bleibt es dem Träger zivilprozessual unbenommen, den gesprächsführenden Verkehrspsychologen als (sachverständigen) Zeugen zu benennen und ggf. zusätzlich urkundsbeweislich dessen Gesprächsnotizen in den Prozess einzuführen.

2.2.4 Beschränkte prozessuale Überprüfbarkeit

Bei der Frage, ob eine Fahreignungsuntersuchung bzw. das als ihr Ergebnis erstellte Gutachten mängelbehaftet ist, wird von Betroffenenseite regelmäßig auch verkannt, dass die gerichtliche Kontrolle diesbezüglich erheblichen Einschränkungen unterliegt. Materiell-rechtlich und zugleich zivilprozessual durchschlagend zu beachten sind insbesondere die hierzu von der Rechtsprechung im Einzelnen entwickelten Grundsätze:[45]

- Die medizinisch-psychologische Begutachtung ist eine geistige Leistung im Bereich der Prognose, die besonders dort, wo sie Aussagen zur Rückfallgefahr des Betroffenen trifft, eine bloße Wahrscheinlichkeitsaussage macht, die niemals absolut wahr oder falsch sein kann. Der Gutachter schuldet nicht ein absolut richtiges Werk. Dies kann schon deshalb nicht sein, weil

43 Palandt; Sprau a.a.O. (Fn. 2), § 640 Rdnr. 11 und § 634 Rdnr. 12.

44 Zöller, Greger a.a.O. (Fn. 38), § 448 Rdnr. 4: Es muss eine gewisse Wahrscheinlichkeit für die Richtigkeit der streitigen Behauptung sprechen, d.h., es muss mehr für als gegen sie sprechen, bereits „einiger Beweis" (sog. Anbeweis) erbracht sein.

45 Insbesondere LG Bautzen a.a.O. (Fn. 32); AG Chemnitz a.a.O. (Fn. 32).

die Frage, ob ein derartiges Gutachten richtig oder falsch ist, niemand beantworten kann; auch eine der Partei günstigere Wertung kann in ihrer Prognose falsch sein.

- Deshalb ist dem Gutachter bei den von ihm angestellten Wertungen und Schlussfolgerungen – soweit sie eine Grundlage in den von ihm getroffenen Feststellungen haben – ein nicht zu eng zu bemessender Spielraum für seine Beurteilung einzuräumen. Dieser Beurteilungsspielraum ist durch das Gericht nur beschränkt überprüfbar. Insbesondere darf das Gericht nicht seine eigene Einschätzung an die Stelle des Gutachters setzen, wofür dem Gericht im Übrigen die entsprechende Sachkunde fehlt. Auch der Umstand, dass Dritte (z.B. Obergutachter oder Zweitgutachter bei einer anderenorts wiederholten Begutachtung) zu Wertungen gelangen, die von denen eines beanstandeten medizinisch-psychologischen Gutachtens abweichen, rechtfertigt nicht den Schluss auf seine Fehlerhaftigkeit.
- Geben gesetzliche Vorschriften keine Bemessungsstruktur vor, ist die Entscheidungsgrundlage maßgeblich durch die Einmaligkeit und Gesamtheit einer nicht rekonstruierbaren Prüfungssituation festgelegt und spielt sich – gerade was Prognosen angeht – die Entscheidungsfindung im subjektiven, nur teilweise rational nachvollziehbaren Bereich des Sachverständigen ab, so kann das Gericht nur überprüfen, ob Fehler bei der Sammlung von Fakten im Prüfungsverfahren aufgetreten sind, zu Unrecht falsche tatsächliche Vorgaben dem Entscheidungsprozess zugrunde gelegt worden sind, allgemein anerkannte Bewertungsgrundsätze nicht beachtet wurden oder sachfremde Erwägungen ausschlaggebend waren.

Auch diese Grundsätze tragen zu der grundsätzlich nachteiligen Situation des Betroffenen im Werkmängelprozess bei.

Summarisch wird der Betroffene Erfolgsaussichten eines Werkmängelprozesses gegen ein ihm ungünstiges Fahreignungsgutachten nur bejahen können, wenn entweder die Tatsachenerhebungen einigermaßen offenkundig fehlerbehaftet oder die gutachterlichen Schlussfolgerungen und das Ergebnis schlechterdings nicht mehr vertretbar sind.

2.3 Anwaltliche Vertretung und prozessuale Gestaltungsmöglichkeiten

Vorgeschrieben ist anwaltliche Vertretung nur im Anwaltsprozess vor den Landgerichten und Oberlandesgerichten, § 78 Abs. 1 ZPO. Regelmäßig erreichen Werkmängelprozesse um Fahreignungsgutachten indes den Zuständigkeitsstreitwert für eine Klage vor den Landgerichten von mehr als 5.000,– € nicht, sodass entsprechende Prozesse überwiegend vor den Amtsgerichten stattfinden. Die materiell-rechtlichen ebenso wie die prozessrechtlichen Gegebenheiten und Besonderheiten des Werkmängelprozesses lassen gleichwohl anwaltliche Vertretung jedenfalls auf Betroffenenseite als dringend angezeigt erscheinen. Besteht Rechtsschutz, ist die anwaltliche Mandatierung – abgesehen von einem etwaigen Eigenanteil – mit einem Kostenrisiko grundsätzlich nicht verbunden.

Die prozessualen Gestaltungsmöglichkeiten im Gutachtenprozess sind, wie sich schon aus den vorstehenden Ausführungen zur Beweislage und der beschränkten prozessualen Überprüfbarkeit von Fahreignungsgutachten ergibt, für den Prozessbevollmächtigten letztlich begrenzt. Gleichwohl beherrscht die Dispositionsmaxime als weiterer Prozessgrundsatz das Zivilprozessrecht, Beginn und Umfang ebenso wie Beendigung des Verfahrens unterliegen ganz wesentlich der Verfügungsbefugnis der Parteien.[46]

2.3.1 Klageanträge

In erster Linie wird ein bezifferter Leistungsantrag als Zahlungsantrag zu stellen sein. Soweit nicht neben der Hauptforderung Verzugszins ab vorprozessualem Verzugseintritt mit beantragt wird, ist in den Antrag Prozesszins gem. §§ 291, 288 BGB ab Rechtshängigkeit aufzunehmen. Als weitere Nebenforderungen sind ggf. vorprozessuale Anwaltskosten zu berücksichtigen (nicht streitwerterhöhend).[47]

Beschränkt sich der Leistungsantrag statt auf Zahlung auf ein bestimmtes Nachbesserungsleistungsbegehren, ist dies nur schlüssig, wenn etwa Ersetzung einer konkret fehlerhaften Passage im angefochtenen Gutachten begehrt wird. Dagegen kann nicht etwa schlüssig die Ersetzung eines negativen Gutachtenergebnisses, einschließlich der entsprechenden gutachterlichen Wertung, durch ein positives Ergebnis begehrt werden, da die nur begrenzt überprüfbare gutachterliche Entscheidungsfindung[48] nicht durch richterliche Entscheidungsfindung überspielt und ersetzt werden kann.[49]

Schäden, deren Entwicklung bei Eintritt der Rechtshängigkeit (Zustellung der Klageschrift) noch nicht abgeschlossen sind, rechtfertigen ggf. einen Feststellungsantrag, wobei das Feststellungsinteresse i. S. d. § 256 Abs. 1 ZPO substantiierter Darlegung bedarf. Zu denken wäre an das Beispiel einer vom Betroffenen veranlassten Nachbegutachtung, aus der zur Zeit der Klageerhebung noch nicht abschließend bezifferbare Folgekosten resultieren. Schlüssige Antragsfassung verlangt dort, wo gesetzlicher Forderungsübergang auf Dritte möglich erscheint, entsprechende Schadenspositionen abstrakt von dem Antrag auszunehmen. Der Feststellungsantrag darf sich nicht auf Schadenspositionen beziehen, die bereits im voranstehenden Leistungsantrag beziffert eingeklagt werden (können).

---

46 Zöller, Greger a. a. O. (Fn. 38), vor § 128 Rdnr. 9.

47 Werden vorprozessuale Anwaltskosten mit tituliert, ist im Kostenfestsetzungsverfahren § 15a RVG zu beachten, zur Festsetzung kann dann nur noch eine unter Anrechnung verringerte Verfahrensgebühr beantragt werden.

48 Siehe Kapitel 8.2.2.4.

49 Anders z. B. bei der arbeitsrechtlichen Zeugnisklage, bei welcher dem Arbeitnehmer aufgegeben ist, Berichtigung oder Ergänzung im vollen Wortlaut in den Klageantrag aufzunehmen bis hin – bei Beanstandung des gesamten Zeugnisses – zum vollen Wortlaut des begehrten Zeugnisses, vgl. LAG Hamm, Urt. v. 17.6.1999 – 4 Sa 2587/98, MDR 2000, S. 590 f.

Nur in wenigen Fällen wird die Beantragung von Schmerzensgeld in Betracht kommen, die ausnahmsweise in die Fassung eines unbezifferten Antrages zu kleiden ist. Wenn dabei allerdings die Angabe eines Mindestbetrages versäumt wird, entfällt bei Zuspruch eines hinter den eigenen Vorstellungen zurückbleibenden Schmerzensgeldes die Beschwer, welche ggf. Berufungseinlegung rechtfertigt.

2.3.2 Sachverständigenbeweis und selbstständiges Beweisverfahren

Prozessual steht die beschränkte Überprüfung des gutachterlichen Beurteilungsspielraums insbesondere einem Beweisantritt des Betroffenen auf Einholung eines gerichtlichen Sachverständigengutachtens i. S. d. §§ 402 ff. ZPO regelmäßig entgegen, wenn damit bezweckt sein sollte, gutachterliche Wertungen des angegriffenen Fahreignungsgutachtens widerlegen und ein gerichtliches Sachverständigengutachten gewissermaßen an die Stelle des angefochtenen Fahreignungsgutachtens setzen zu wollen. Es spricht für sich, dass in keiner der veröffentlichten Entscheidungen und namentlich auch nicht in denjenigen, die auf Mangelhaftigkeit von Fahreignungsgutachten erkannten,[50] Sachverständigenbeweis erhoben, geschweige denn zur Entscheidungsgrundlage gemacht wurde.

Anzuraten ist dem Betroffenen, der sich gleichwohl auf Sachverständigenbeweis berufen möchte, zum entsprechenden Beweisantritt jedenfalls ein durch Anknüpfungstatsachen unterlegter Vortrag, wonach allgemein anerkannte medizinisch-psychologische Bewertungsgrundsätze nicht beachtet wurden oder sachfremde Erwägungen ausschlaggebend waren und die diesbezügliche Beurteilung nur kraft besonderer medizinisch-psychologischer Sachkunde erfolgen kann.[51] Für Fehler in der Faktensammlung oder die Zugrundelegung falscher tatsächlicher Vorgaben wird sich dagegen kaum schlüssig begründen lassen, dass nicht das Gericht aus eigener Sachkunde insoweit zur Beurteilung in der Lage ist.

Allerdings wäre gleichwohl einzelfallabhängig zu erwägen, ob nicht die Frage des Vorliegens eines werkvertraglichen Mangels zum Gegenstand eines selbstständigen Beweisverfahrens gemacht wird, welches gerade im Bereich mangelhafter Leistungen im Werkvertragsrecht (Baumängel) eine erhebliche Rolle spielt, aber auch als zulässig zur Vorbereitung eines Regressprozesses gegen einen (gerichtlichen) Sachverständigen anerkannt ist.[52] Es ermöglicht in § 485 Abs. 2 ZPO eine von einem Beweissicherungsbedürfnis, wie es etwa § 485 Abs. 1 ZPO voraussetzt, unabhängige Erhebung des Sachverständigenbeweises: Voraussetzung ist lediglich, dass der Antragsteller ein rechtliches Interesse an der zu treffenden Feststellung hat; ein solches ist insbesondere (aber nicht nur) dann anzunehmen, wenn die Feststellung der Vermeidung eines Rechtsstreits dienen kann.[53] Der Begriff des „rechtlichen Interesses"

50 AG Köln und AG Hagen a. a. O. (s. Fn. 5 und 32).
51 Vgl. Zöller, Greger a. a. O. (Fn. 38), § 402 Rdnrn. 6b und 7.
52 OLG Frankfurt, Beschl. v. 17.2.2003 – 2 W 49/02, erhältlich in juris.
53 BGH, Beschl. v. 28.7.2006 – III ZB 14/06, NJW-RR 2006, S. 1454 f.

ist weit zu fassen, insbesondere ist es dem Gericht grundsätzlich verwehrt, bereits im Rahmen des selbstständigen Beweisverfahrens eine Schlüssigkeits- oder Erheblichkeitsprüfung vorzunehmen.[54]

Das selbstständige Beweisverfahren hemmt die Verjährung, § 204 und wird – wenn ein Sachverständigengutachten eingeholt wird – mit einiger Wahrscheinlichkeit endgültige Klärung bringen, ohne dass ein Hauptsacheprozess noch geführt werden muss. Damit stellt das selbstständige Beweisverfahren insgesamt den Antragsteller günstiger im Hinblick auf sachverständige Überprüfung des Vorliegens solcher Gutachtenmängel, als es der im Zweifel unbeachtlich bleibende Sachverständigenbeweisantritt im Hauptprozess vermag.

2.3.3 Erreichen der Berufungssumme

Steht im Kern der Auseinandersetzung – wie häufig – die Rückzahlung entrichteter Begutachtungsvergütung, dann erreicht die Beschwer im Unterliegensfall in aller Regel die Berufungssumme von 600,– € gem. § 511 Abs. 2 Nr. 1 ZPO nicht. Um sich die Möglichkeit der Überprüfung eines etwaigen klageabweisenden erstinstanzlichen Urteils im Berufungsrechtszug offenzuhalten, kann deshalb an die kumulative Beanspruchung weiterer Positionen – Schadensersatz, Schmerzensgeld etc. – gedacht werden, um die Klage mit einem Streitwert oberhalb 600,– € anhängig zu machen.

Lässt sich allerdings eine solche Anspruchshäufung nicht einmal schlüssig begründen, besteht das Risiko, in der Berufungsinstanz womöglich die Rechtsprüfung auf eine Zurückweisung durch Beschluss gem. § 522 Abs. 2 ZPO verkürzt zu sehen. Darüber hinaus erhöht sich für den Kläger das Prozesskostenrisiko erheblich; der Bevollmächtigte, der eine unschlüssige Klage erhebt, setzt sich der Haftung für die Prozesskosten aus, die auch bei Erteilung einer Deckungszusage der Rechtsschutzversicherung nicht entfällt und auf den Rechtsschutzversicherer übergehen kann.[55] Vor einem solchen Vorgehen ist daher zu warnen.

2.3.4 Streitverkündung

In zahlreichen zivilprozessualen Dreiecks-Konstellationen empfiehlt sich die Streitverkündung gem. §§ 72 ff. ZPO, um einem Dritten gegenüber Verjährungshemmung zu bewirken, § 204 Nr. 6 BGB, und ihn der Interventionswirkung gem. §§ 74, 68 ZPO auszusetzen. Gleichwohl wird es im Gutachtenprozess regelmäßig an der Zulässigkeit fehlen. Denn Voraussetzung wäre, dass für den Fall des Unterliegens im Ausgangsrechtsstreit ein Anspruch auf Schadloshaltung gegenüber dem Dritten bestünde, § 72 Abs. 1 ZPO: Wird die Werkmängelklage des Betroffenen abgewiesen, steht diesem in der Regel kein Regress gegen den Gutachter selbst[56] oder die Fahrerlaubnisbehörde

54 BGH a. a. O. (Fn. 53).

55 OLG Koblenz, Urt. v. 16.2.2006 – 5 U 271/05, NJW 2006, S. 3150–3152.

56 Zur Gutachterhaftung siehe Kapitel 7.3.2.

– sonstige Dritte sind nicht ersichtlich – zu.[57] Damit bleibt die Streitverkündung im Ergebnis wirkungslos, was umso misslicher ist, als ihre Zulässigkeit erst im Folgeprozess überprüft wird.[58]

2.3.5 Vergleich

Das Verfügungsrecht über den Prozess im Ganzen steht im Zivilprozess grundsätzlich den Parteien zu. Besonders augenfällig verwirklicht sich dies in der Möglichkeit der Parteien, einen Rechtsstreit in jeder Lage des Verfahrens durch Vergleich zu beenden. Ausdrücklich ist das jeweils erkennende Gericht aufgerufen, hierauf hinzuwirken, § 278 Abs. 1 ZPO. Wird mündliche Verhandlung anberaumt, so findet diese zunächst als Gütetermin zur Erörterung der Sach- und Rechtslage statt, an die sich bei Scheitern der Güteverhandlung unmittelbar die streitige Verhandlung mit Antragstellung anschließt, § 278 Abs. 2 ZPO – in der Praxis handelt es sich dabei um einen einzigen Verhandlungstermin, der lediglich zwei unterschiedliche Stadien durchläuft.

Für den werkvertraglichen Mangelprozess betreffend Fahreignungsbegutachtungen gelten insoweit keine Besonderheiten. Allerdings steht im Vordergrund primär die Rechtsfrage des Vorliegens eines werkvertraglichen Mangels, die in der Regel ohne besondere Schwierigkeiten entweder zu bejahen oder zu verneinen ist; eine Konstellation erheblicher Tatsachenungewissheit bzw. hieran anknüpfender beidseitiger Ungewissheit der Beweislast und ihrer Erfüllung dürfte eher die Ausnahme sein. Auch die sonst für einen Vergleichsschluss streitenden Gesichtspunkte der Prozessdauer oder des Prozesskostenrisikos werden für den Zivilprozess um ein Fahreignungsgutachten nicht auf Seiten des Betroffenen dahingehend ins Gewicht fallen, dass er sich im Wege des Nachgebens veranlasst sehen könnte, statt eines erhofften vollen Obsiegens einen Vergleich hinzunehmen. Geht es – wie regelmäßig – um das Gutachtenergebnis, kann wiederum der Begutachtungsträger dieses nicht im Wege eines Vergleichs ohne Weiteres abändern, will er damit nicht die Wissenschaftlichkeit und Nachvollziehbarkeit der Begutachtung zur Disposition stellen.

Im Ergebnis wird daher ein Vergleich nur im Ausnahmefall in Betracht kommen, am ehesten noch hinsichtlich der Höhe der geltend gemachten Schadenspositionen, wenn Mängelhaftung zumindest dem Grunde nach bejaht wird.

2.3.6 Klagerücknahme

Jederzeit während der Rechtshängigkeit ist die Klagerücknahme zulässig, nach Beginn der mündlichen Verhandlung allerdings nur noch mit Einwilligung des Beklagten, § 269 Abs. 1 ZPO. Beginn der mündlichen Verhandlung

57 Insbesondere kommt materiell-rechtlich auch nicht ein Alternativanspruch gegen Begutachtungsträger oder Fahrerlaubnisbehörde in Betracht: Ist das Gutachten mängelfrei, dann scheidet die Annahme der Verletzung einer drittbezogenen Amtspflicht im Zusammenhang mit dem streitgegenständlichen Gutachten auf Seiten der Fahrerlaubnisbehörde, die – gestützt auf das Gutachten – fahrerlaubnisrechtlich entschieden hat, von vorneherein aus.

58 Zöller, Greger a. a. O. (Fn. 38), § 74 Rdnr. 9.

meint dabei noch nicht die Güteverhandlung bzw. die zur Vermeidung des streitigen Verfahrens durchgeführte Erörterung der Sach- und Rechtslage im Verhandlungstermin, maßgeblich ist grundsätzlich das Stellen der Anträge.[59]

Für den Kläger stellt die Klagerücknahme freilich nur das letztmögliche Mittel dar. Denn im Ergebnis bedeutet sie (auch wenn erneute Klage theoretisch möglich bleibt) das Ende des Streits um das materielle Recht ohne Sachentscheidung. Sie kann nur im Ausnahmefall unter Gesichtspunkten der Kostenersparnis geboten sein. Diese Überlegung trifft freilich den rechtsschutzversicherten Kläger nicht. Auch im Übrigen ist zu berücksichtigen, dass im Zweifel lediglich eine Reduzierung der Gerichtsgebühren um $2/3$ eintritt. Stellt der Streit um die Vergütungsrückzahlung den Streitgegenstand dar, liegt das Ersparnispotential somit im niedrigen zweistelligen EURO-Bereich und kompensiert den Wegfall des Vorteils, Rechtsfrieden ggf. durch eine nachvollziehbar begründete streitige gerichtliche Entscheidung zu erhalten bzw. diese womöglich noch der Überprüfung im Berufungsrechtszug zuführen zu können, kaum.

2.4 Streitige Entscheidung des Verfahrens

Disponieren die Parteien über den Streitgegenstand nicht durch anderweitige Beendigung qua Vergleich oder Klagerücknahme (bzw. Erledigungserklärung), ergeht Urteil.

2.4.1 Urteilstenor

Soweit (teilweise) stattgebend, stellt sich der Urteilstenor als Spiegelbild des zulässigen und begründeten Klageantrags dar,[60] im Übrigen spricht das Gericht die Klageabweisung aus. Auch insoweit wirkt sich die Dispositionsmaxime aus – das Gericht ist grundsätzlich an die Parteianträge gebunden, § 308 Abs. 1 ZPO.

2.4.2 Rechtskraft/Bindungswirkung

Das rechtskräftige zivilrechtliche Urteil bindet grundsätzlich nicht nur ordentliche, sondern auch Verwaltungsgerichte. Voraussetzung ist jedoch zumindest Parteiidentität. Die Verwaltungsgerichte haben aber in den hier in Betracht kommenden Fallkonstellationen nicht mit Parteiidentität über denselben Streitgegenstand (als Vorfrage) zu entscheiden, der dem werkvertraglichen Mängelhaftungsprozess zwischen Betroffenem und Begutachtungsträger zugrunde lag.[61] Die Rechtskraft eines entsprechenden Zivilurteils bindet daher das Verwaltungsgericht nicht im nachfolgenden Rechtsstreit zwischen Betroffenem und Fahrerlaubnisbehörde – dort kann das Verwaltungsgericht ein Fahreignungsgutachten als mangelhaft würdigen und deshalb die hierauf

59 Zöller, Greger a.a.O. (Fn. 38), § 269 Rdnr. 13.

60 Siehe Kapitel 8.2.3.1.

61 Zöller, Vollkommer a.a.O. (Fn. 38), vor § 322 Rdnr. 11.

gestützte Verweigerung einer Fahrerlaubniswiedererteilung als rechtswidrig beurteilen,[62] auch wenn das Zivilgericht zuvor werkvertragliche Gewährleistungsansprüche mit dem umgekehrten Befund, das Gutachten sei mangelfrei gewesen, verneint hat.

Fraglich ist, ob umgekehrt im verwaltungsgerichtlichen Prozess bei der Beantwortung der Frage, ob ein fahrerlaubnisbehördlicher Verwaltungsakt rechtmäßig war oder nicht, inzident die entschiedene Frage der Mangelhaftigkeit eines Gutachtens das Zivilgericht in einem nachfolgenden Mängelhaftungsprozess bindet.

Bindungswirkung entfalten verwaltungsgerichtliche Entscheidungen über Rechtsverhältnisse, die dort die prozessuale Hauptfrage, im Zivilprozess dagegen Vorfrage bilden.[63] Hier ist es indes umgekehrt: Das Verwaltungsgericht beurteilt die Mangelhaftigkeit eines Fahreignungsgutachtens als Vorfrage, während diese im Zivilprozess die Hauptfrage darstellt und den eigentlichen Streitgegenstand darstellt. Zum anderen fehlt es auch hier an Parteiidentität: Gegner in den Rechtsstreitigkeiten mit bejahter Bindungswirkung für den Zivilprozess war durchgängig die nämliche öffentlich-rechtliche Körperschaft, die Prozesspartei des vorangegangenen verwaltungsgerichtlichen Verfahrens gewesen war.[64] Die Zivilgerichte sind nach ständiger Rechtsprechung wegen grundsätzlicher Gleichwertigkeit aller Gerichtszweige an solche verwaltungsgerichtlichen Urteile im Rahmen ihrer Rechtskraftwirkungen gebunden, die zwischen den Parteien ergangen sind.[65]

Strengt ein Betroffener mithin zunächst ein verwaltungsgerichtliches Verfahren gegen die negative fahrerlaubnisbehördliche Entscheidung an, in dessen Rahmen es auf die Frage der Mangelhaftigkeit einer Fahreignungsbegutachtung ankommt, ist dringend anzuraten, Beiladung des Trägers der Begutachtungsstelle zu beantragen, § 65 VwGO, der damit als Beteiligter gem. § 63 Nr. 3 VwGO in die Bindungswirkung des verwaltungsgerichtlichen Urteils einbezogen wird, § 121 VwGO.

62 Vgl. VG Freiburg, Beschl. v. 28.4.1994 – 4 K 1237/93, NZV 1995, S. 48.

63 Vgl. BGH, Urt. v. 9.12.2004 – III ZR 263/04, BGHZ 161, S. 305–315: Die rechtskräftige verwaltungsgerichtliche Bejahung der Rechtswidrigkeit eines Verwaltungsakts bindet das Zivilgericht des Amtshaftungsprozesses hinsichtlich der Bejahung der Amtspflichtwidrigkeit.

64 Vgl. die Beispiele bei Zöller, Vollkommer a. a. O. (Fn. 61).

65 BGH, Urt. v. 18.9.1991 – 12 ZB 169/90, NJW 1992, S. 313–315.

Kapitel 9
Das System der amtlichen Anerkennung von Trägern von Begutachtungsstellen für Fahreignung (§ 66 FeV) und von Trägern von Kursen zur Wiederherstellung der Kraftfahreignung

1 Erfordernis einer amtlichen Anerkennung

Peter Labitzke

1.1 Allgemeine Bestimmungen

Rechtsgrundlage für alle beabsichtigten Anerkennungsverfahren bildet das Straßenverkehrsgesetz.[1] Hier sind die grundsätzlichen Bestimmungen zur persönlichen Eignung festgelegt. „Wer auf öffentlichen Straßen ein Kraftfahrzeug führt, bedarf der Erlaubnis (Fahrerlaubnis) der zuständigen Behörde (Fahrerlaubnisbehörde)."[2] Die Fahrerlaubnis wird erteilt, wenn der Bewerber zum Führen von Kraftfahrzeugen geeignet ist.[3] Geeignet zum Führen von Kraftfahrzeugen ist, wer die notwendigen körperlichen und geistigen Anforderungen erfüllt und nicht erheblich oder nicht wiederholt gegen verkehrsrechtliche Vorschriften oder gegen Strafgesetze verstoßen hat.[4] Werden Tatsachen bekannt, die Bedenken gegen die Eignung oder Befähigung des Bewerbers begründen, so kann die Fahrerlaubnisbehörde anordnen, dass der Antragsteller ein Gutachten oder Zeugnis eines Facharztes oder eines Amtsarztes oder ein Gutachten einer amtlich anerkannten Begutachtungsstelle für Fahreignung innerhalb einer angemessenen Frist beibringt.[5] Gleiches gilt auch für Inhaber von Fahrerlaubnissen.

---

1 Straßenverkehrsgesetz in der Fassung der Bekanntmachung vom 5.3.2003 (BGBl. I S. 310, 919), das zuletzt durch Artikel 4 des Gesetzes vom 8.6.2015 (BGBl. I S. 904) geändert worden ist.

2 § 2 Abs. 1 Satz 1 StVG.

3 § 2 Abs. 2 Satz 1 Nr. 3 StVG.

4 § 2 Abs. 4 Satz 1 StVG.

5 § 2 Abs. 8 StVG, vgl. hierzu ausführlich Kapitel 2.

Im Straßenverkehrsgesetz sind in den Ausführungsvorschriften[6] die jeweiligen Ermächtigungsgrundlagen zu einzelnen Bestimmungen in Gestalt von Verordnungen aufgeführt. Einerseits können bezüglich der Eignung Regelungen aufgestellt werden, zu den Anforderungen an die Eignung zum Führen von Kraftfahrzeugen, die Beurteilung der Eignung durch Gutachten sowie die Feststellung und Überprüfung der Eignung durch die Fahrerlaubnisbehörde nach § 2 Absatz 2 Satz 1 Nr. 3 in Verbindung mit Abs. 4, 7 und 8.[7] Andererseits können in Rechtsverordnungen die Maßnahmen zur Beseitigung von Eignungsmängeln, insbesondere Inhalt und Dauer entsprechender Kurse, die Teilnahme an solchen Kursen, die die Anforderungen an die Kursleiter sowie die Zertifizierung der Qualitätssicherung, deren Inhalt einschließlich der hierfür erforderlichen Verarbeitung und Nutzung personenbezogener Daten und die Begutachtung, einschließlich der verfahrensmäßigen und fachwissenschaftlichen Anforderungen, der für die Qualitätssicherung verantwortlichen Stellen oder Personen durch die Bundesanstalt für Straßenwesen, um die ordnungsgemäße Durchführung der Kurse zu gewährleisten,[8] abschließend geregelt werden.

In den Beratungen zur Umsetzung der Richtlinie des Rates vom 29.7.1991 über den Führerschein (91/439/EWG), die sog. 2. EU-Führerscheinrichtlinie,[9] wurde festgestellt, dass einige Bereiche, wie die Vorschriften für die Anerkennung von im Fahrerlaubnisrecht tätigen Institutionen, nur in Richtlinien und somit in Teilen außerhalb der Verordnung enthalten waren. Diese Form wurde der Bedeutung der Vorschriften für den Bürger nicht mehr gerecht und erfüllte insbesondere nicht den vom EU-Recht für die Umsetzung geforderten Grad an Verbindlichkeit. Die wichtigsten Bestimmungen wurden deshalb in die neu geschaffene Fahrerlaubnis-Verordnung aufgenommen.[10]

Obwohl der Erlass von Rechtsverordnungen keinem Zwang unterliegt, wurden in Sachen Eignung zum Führen von Kraftfahrzeugen umfangreiche Regelungen für die jeweiligen Behörden verbindlich vorgeschrieben. Die Behörde hat hier bei der Umsetzung in der Regel keinen Spielraum. Wurde kein Gebrauch vom Erlass einer Rechtsverordnung gemacht, liegt es bei der jeweiligen Behörde, wie die einzelnen Bestimmungen des Gesetzes gestaltet werden.

Die Fahrerlaubnis-Verordnung[11] wurde bezüglich der Bestimmungen der Eignung zum Führen von Kraftfahrzeugen erheblich überarbeitet. Die geänderten Bestimmungen traten am 1.5.2014 in Kraft.

6 § 6 StVG.

7 § 6 Abs. 1 Nr. 1 Buchst. c) StVG.

8 § 6 Abs. 1 Nr. 1 Buchst. d) StVG.

9 Richtlinie des Rates vom 29.7.1991 über den Führerschein (91/439/EWG), (ABl. L 237 vom 24.8.1991, S. 1).

10 Bundesrats-Drs. 443/98 S. 210.

11 Fahrerlaubnis-Verordnung vom 13.12.2010 (BGBl. I S. 1980), die durch Artikel 1 der Verordnung vom 16.4.2014 (BGBl. I. S. 348) geändert worden ist.

1.2 Nicht normative Regelungen

Die „Begutachtungsleitlinien zur Kraftfahreignung"[12] in der neuen Fassung,[13] in Kraft getreten am 1.5.2014, umfassen sowohl verkehrsmedizinische als auch verkehrspsychologische Erkenntnisse und koordinieren die Grundsätze der Fahreignungsbegutachtung. Sie müssen nunmehr allen Fahreignungsbegutachtungen zugrunde gelegt werden. Hinsichtlich ihrer rechtlichen Einordnung in das System des Fahrerlaubnisrechts stellte der VGH München[14] fest: „Bei den Begutachtungs-Leitlinien handelt es sich indes nicht um Rechtsnormen, sondern um die Ausarbeitung eines fachkundig zusammengesetzten Gremiums, die dazu dienen soll, insbesondere den Personen und Stellen, die Fahreignungsgutachten fertigen, sowie den mit dem Vollzug des Fahrerlaubnisrechts befassten Behörden eine Hilfestellung für ihre Tätigkeit zu geben." Ergänzend zu diesen Leitlinien wurde eine Kommentierung erarbeitet. Sie liefert fachliche Absicherungen der von Medizinern, Psychologen und Ingenieuren gemeinsam getragenen Leitlinien in ihrer Anwendung. Die Kommentierung führt die in den „Begutachtungs-Leitlinien zur Kraftfahreignung" dargestellten grundlegenden fachwissenschaftlichen Auffassungen genauer aus. Ziel ist es dabei, insbesondere die Nachvollziehbarkeit und Nachprüfbarkeit von Begutachtungsprozessen für die Betroffenen und die Entscheidungsträger in der Verwaltung zu verbessern und unter besonderer Berücksichtigung der Einzelfallgerechtigkeit Transparenz zu schaffen und zu sichern. Der Kommentar soll aber auch medizinischen, psychologischen und technischen Sachverständigen bei der Ausübung ihrer Tätigkeit und der Erstellung von Gutachten zur Fahrereignung eine Hilfe sein.[15]

Als Weiterentwicklung der Begutachtungsprozesse darf die erfolgte Veröffentlichung der bereits seit 1988 existierenden Beurteilungskriterien[16] gesehen werden. Mit dem nun in der 3. Auflage vorliegenden Werk „Urteilsbildung in der Fahreignungsbegutachtung – Beurteilungskriterien" wurde ein Beitrag zur Erhöhung der Einzelfallgerechtigkeit und der Rechtsgleichheit erreicht und unter Berücksichtigung der Entlastungs- und Ressourcendiagnostik die Transparenz des Begutachtungsprozesses erhöht. Dabei sind die Beurteilungskriterien nicht nur in Bezug auf die §§ 10, 13 und 14 der Fahrerlaubnis-Verordnung, sondern auch für die Erstellung von Facharztgutachten entsprechend § 11 der Fahrerlaubnis-Verordnung – unter Berücksichtigung der neu gestalteten Anlage 4a (zu § 11 Absatz 5 – ehemals Anlage 15) – anwendbar.[17] Das Bundesministerium für Verkehr und digitale Infrastruktur kommt nach

---

12 Bundesanstalt für Straßenwesen (2014): Begutachtungsleitlinien zur Kraftfahrereignung. Mensch und Sicherheit Heft 115. Bergisch Gladbach: Wirtschaft Verlag NW.

13 VkBl. S. 110, Heft 3 vom 27.1.2014.

14 VGH München (Beschl. v. 26.9.2006 – 11 ZB 05.2738).

15 Schubert, W., Schneider, W., Eisenmenger, W., Stephan, E. (2005): Begutachtungs-Leitlinien zur Kraftfahrereignung – Kommentar, überarbeitete und erweiterte 2. Auflage. Bonn: Kirschbaum Verlag.

16 Schubert, W., Mattern, R. (2005): Urteilsbildung in der medizinisch-psychologischen Fahreignungsdiagnostik – Beurteilungskriterien. Bonn: Kirschbaum Verlag.

17 Schubert, W., Dittmann, V., Brenner-Hartmann, J. (Hrsg., 2013): Urteilsbildung in der Fahreignungsbegutachtung – Beurteilungskriterien. Bonn: Kirschbaum Verlag.

der Verlautbarung im Verkehrsblatt zu dem Schluss, die „Urteilsbildung in der Fahreignungsbegutachtung – Beurteilungskriterien“, „... fasst den aktuellen Stand der Wissenschaft zusammen. Die Einhaltung der Beurteilungskriterien stellt nach hiesiger Einschätzung sicher, dass die Begutachtung gemäß den Anforderungen ... der Fahrerlaubnis-Verordnung nach anerkannten wissenschaftlichen Grundsätzen durchgeführt wird.“[18]

Als Fazit bedeutet dies, dass die Begutachtungsleitlinien nicht nur in der Begutachtung der Kraftfahreignung in einer Medizinisch-Psychologischen Untersuchung, sondern auch bei fachärztlichen Eignungsgutachten die Grundlage bilden. Um den Bestimmungen der Begutachtungsleitlinien insgesamt gerecht zu werden, sind die Beurteilungskriterien als wissenschaftlicher Standard grundsätzlich im vollen Umfang umzusetzen. Abweichungen müssen im Eignungsgutachten schlüssig und nachvollziehbar begründet werden.

1.3 Kosten

Für Amtshandlungen, einschließlich Prüfungen und Überprüfungen im Rahmen der Qualitätssicherung, Abnahmen, Begutachtungen, Untersuchungen nach dem Straßenverkehrsgesetz und nach den auf dem Straßenverkehrsgesetz beruhenden Rechtsvorschriften sind Kosten (Gebühren und Auslagen) zu erheben.[19]

Der Gesetzgeber hat in der Gebührenordnung für Maßnahmen im Straßenverkehr[20] einzelne Gebührennummern festgelegt, z. B.:

- Entscheidung über die Erteilung, Änderung, Versagung, Rücknahme oder Widerruf der Anerkennung, im Falle der Anerkennung einschließlich der Anerkennungsurkunde sowie die Überprüfung
  - einer Begutachtungsstelle für Fahreignung nach § 66 FeV (Gebührennummer 214.1)
  - eines Kurses zur Wiederherstellung der Kraftfahreignung nach § 70 FeV (Gebührennummer 214.4).

Die Gebühren, die im 2. Abschnitt (Gebühren der Behörden im Landesbereich) ab Gebührennummer 200 aufgeführt sind, fallen unter den Ländervollzug.[21]

Die Gebührennummer 214.1 benennt noch den alten Gesetzestext, worin die Begutachtungsstelle für Fahreignung und nicht wie jetzt im § 66 Abs. 1 FeV der Träger von Begutachtungsstellen für Fahreignung und seiner Begutachtungsstellen aufgeführt wird. Gleiches gilt für die Gebührennummer 214.4, wo die Kurse zur Wiederherstellung der Kraftfahreignung und nicht wie jetzt, im § 70 FeV aufgeführt, der Träger von Kursen zur Wiederherstellung der Kraftfahreignung benannt werden.

---

18 VkBl. S. 132, Heft 3 vom 27.1.2014.

19 § 6a Abs. 1 Nr. 1 Buchst. a) StVG.

20 Gebührenordnung für Maßnahmen im Straßenverkehr vom 25.1.2011 (BGBl. I S. 98), die durch Artikel 6 der Verordnung vom 16.4.2014 (BGBl. I S. 348) geändert worden ist.

21 Artikel 83 Grundgesetz der Bundesrepublik Deutschland vom 11.7.2012 (BGBl. I S. 1478).

Für die Überprüfungen der Träger von Begutachtungsstellen für Fahreignung und der Träger, die Kurse zur Wiederherstellung der Kraftfahreignung durchführen, werden nach den Gebührennummern 160–170 von der Bundesanstalt für Straßenwesen die entsprechenden Gebühren erhoben. Diese Gebührennummern sind im 1. Abschnitt (Gebühren des Bundes) in der Gebührenordnung für Maßnahmen im Straßenverkehr aufgeführt.

Um einen Wettbewerb zwischen den Begutachtungsstellen für Fahreignung auf der Grundlage von Preisen zu unterbinden, wurden Gebühren für die Untersuchungen in einer Begutachtungsstelle für Fahreignung, Gebührennummern 451–455, festgelegt. Weiterhin ist als zusätzliche Auslage nach § 2 Absatz 1 Nr. 9 GebOSt auf die Kosten der amtlich anerkannten Begutachtungsstellen für Fahreignung die darauf entfallende Mehrwertsteuer zu entrichten. Diese Einschränkung hat in letzter Zeit für Unruhe in zweierlei Hinsicht geführt. Einerseits wurden diese Festgebühren über einen längeren Zeitraum nicht bezüglich ihrer wirtschaftlichen, wissenschaftlichen, technischen, inflationären und sozialen Verhältnisse angepasst. Andererseits wird die Erhebung einer Gebühr für eine Werkvertragsleistung[22] juristisch sehr kritisch gesehen, zumal publiziert wurde, dass eine Rechtsgrundlage für die ausgewiesenen Gebührennummern 451–455 für die einzelnen Begutachtungen fehle.[23] Unabhängig von diesen Überlegungen sind die Träger von Begutachtungsstellen für Fahreignung an die Einhaltung der gesetzlichen Bestimmungen gebunden.

1.4 Verwaltungsrechtliche Bestimmungen

Die Anerkennungsbehörde ist in ihrem Verfahren (Anerkennungsverfahren, Widerrufsverfahren) an die verwaltungsrechtlichen Bestimmungen gebunden. In erster Linie ist die gesetzliche Definition des Verwaltungsaktes gemäß § 35 Satz 1 Verwaltungsverfahrensgesetz (VwVfG)[24] zu nennen. Eine Behörde ist verpflichtet, die Begriffsmerkmale, die allgemeine Literatur spricht von sechs Merkmalen, nämlich:

- eine hoheitliche Maßnahme,
- einer Behörde,
- auf dem Gebiet des öffentlichen Rechts,
- zur Regelung,
- eines Einzelfalls,
- mit Außenwirkung

umfassend zu prüfen.

Die Anerkennung erfolgt an den Träger (Antragsteller) und wird mittels Verwaltungsakt als Bescheid bekannt gegeben. Der Anerkennungsbescheid

22 § 631 ff. Bürgerliches Gesetzbuch in der Fassung der Bekanntmachung vom 2.1.2002 (BGBl. I S. 42, 2909; 2003 I S. 738), das durch Artikel 1 des Gesetzes vom 22.7.2014 (BGBl. I S. 1218) geändert worden ist.

23 Geiger, DAR 2014, 258.

24 VwVfG 23.1.2003 (BGBl. I S. 102), zuletzt geändert am 25.7.2013 (BGBl. I S. 2749).

enthält verschiedene Nebenbestimmungen gemäß § 36 Abs. 1 VwVfG, mit denen die Behörde ein bestimmtes Tun oder Unterlassen anordnen kann.

Für die Träger von Begutachtungsstellen für Fahreignung hat der Verordnungsgeber seit dem 1.5.2014[25] eine Ermächtigung formuliert, nach der die Behörde die Anerkennung mit „Nebenbestimmungen, insbesondere mit Auflagen verbinden kann, um die ordnungsgemäße Tätigkeit des Trägers und seiner Begutachtungsstellen sicherzustellen."[26]

Für die Träger von Kursen zur Wiederherstellung der Kraftfahreignung gemäß § 70 FeV hat der Verordnungsgeber ebenfalls seit dem 1.5.2014 eine Trägeranerkennung vorgesehen. Ausdrücklich, wie schon bei den Trägern für die Begutachtungsstellen, wurde eine Ermächtigung formuliert, nach der von der Behörde „Nebenbestimmungen, insbesondere mit Auflagen verbunden werden, um den vorgeschriebenen Bestand und die ordnungsgemäße Tätigkeit des Trägers und seiner Stellen zu gewährleisten."[27]

Der Aufbau der Anerkennungsbescheide ist in beiden Fällen ähnlich und besteht aus 5 Teilen:

1. Allgemeine Angaben zum Träger von Begutachtungsstellen für Fahreignung/Träger von Kursen zur Wiederherstellung der Kraftfahreignung (Name und Rechtsform, Organisation und Leitung des Trägers, Anschriften aller Begutachtungsstellen/Kursstellen),
2. Nebenbestimmungen und Auflagen zur ordnungsgemäßen Tätigkeit des Trägers,
3. Nebenbestimmungen und Auflagen zur personellen Ausstattung, einschließlich der Anforderungen an die Gutachter/Kursleiter und die Kursprogramme
4. Rücknahme- und Widerrufsgründe für die amtliche Anerkennung,
5. Kosten und Rechtsbehelfsbelehrung.

Die Bestimmtheit und Form des Verwaltungsaktes ist im § 37 VwVfG geregelt. Da ein Verwaltungsakt in schriftlicher, elektronischer, mündlicher oder in anderer Weise erlassen werden kann, wird in der Regel eine Anerkennung in Schriftform ausgefertigt. Nachfolgende Änderungen der Anerkennung werden fortlaufend nummeriert.

1.5 Zusammenwirken von Anerkennungsbehörde und Bundesanstalt für Straßenwesen

Mit der Forderung nach qualitätssichernden Maßnahmen als Voraussetzung für die Aufnahme der Tätigkeit und den Erhalt der Anerkennung folgte das Fahrerlaubnisrecht im Jahr 1999 einer Entwicklung, die in den Bereichen der Herstellung und des Vertriebs von Produkten längst Einzug gehalten hatte und die in den letzten Jahren auch im Bereich der Dienstleistungen mehr und

25 10. VO zur Änderung der FeV und anderer straßenverkehrsrechtlicher Vorschriften, BGBl. I S. 351 vom 23.4.2014.

26 Ebenda S. 351, § 66 Abs. 3.

27 Ebenda S. 352, § 70 Abs. 3.

mehr adäquate Anwendungsmöglichkeiten fand. Die bewusst getroffene Entscheidung, die Qualitätssicherung durch die Bundesanstalt für Straßenwesen durchführen zu lassen, hatte die Vorteile, dass zum einen eine bundesweite Einheitlichkeit der Bezugsnormen und Bewertungsmaßstäbe sichergestellt wurde. Zum anderen gewährleistete die Bundesanstalt für Straßenwesen als begutachtende Stelle Neutralität, Unabhängigkeit und Vertrauenswürdigkeit. Schließlich bot das Verfahren die Möglichkeit, die staatliche Aufsicht effizienter zu gestalten. Nach Einschätzung des VG Saarlouis[28] müsse die BASt als besonders fachkundige Behörde angesehen werden, die aufgrund ihrer bundesweiten Zuständigkeit auch in der Lage sei, die festgestellten Mängel in einen Vergleich mit der Leistungsstärke anderer Begutachtungsstellen zu stellen.

Seit dem 1.5.2014 besitzt die Bundesanstalt für Straßenwesen die Grundlagen für die Durchführung der Begutachtungen gemäß § 72 FeV. Die Anforderungen an die Träger wurden als Richtlinie im Verkehrsblatt bekannt gegeben. Behörden und Institutionen sind an den Vollzug von Richtlinien gebunden. Beabsichtigte Änderungen der Richtlinien über die Anforderungen an die Träger können nur gemeinsam über eine Änderung der Verkehrsblattverlautbarung und der darauffolgenden Änderung der Fahrerlaubnis-Verordnung erfolgen. Dies ist dann abschließend mit der Inkraftsetzung in der Zukunft verbunden.

Die Träger müssen sich deshalb im Rahmen des Antragsverfahrens einer Begutachtung durch die BASt unterziehen. Das Instrument dafür hat der Verordnungsgeber gemäß § 66 Abs. 2 und dessen Anlage 14 in der Richtlinie über die Anforderungen an Träger von Begutachtungsstellen für Fahreignung (§ 66 FeV) und deren Begutachtung durch die Bundesanstalt für Straßenwesen vom 27.1.2014 (VkBl. S. 110) und gemäß § 70 Abs. 2 und dessen Anlage 15 die Richtlinie über die Anforderungen an Träger von Kursen zur Wiederherstellung der Kraftfahreignung (§ 70 FeV) und deren Begutachtung durch die Bundesanstalt für Straßenwesen vom 27.1.2014 (VkBl. S. 110)[29] normiert. Für bereits amtlich anerkannte Träger von Begutachtungsstellen für Fahreignung und amtlich anerkannte Träger von Kursen zur Wiederherstellung der Kraftfahreignung besteht ein dreijähriges Übergangsrecht gemäß § 76 Nummer 17 FeV.

Die Gutachten der BASt sind lediglich eine Entscheidungshilfe für die Anerkennungsbehörde, in den konkreten Fällen

- Erstbegutachtung bei Antragstellung auf Anerkennung,
- periodische Begutachtungen zur Feststellung der fachlichen Kompetenz,
- Sonderbegutachtungen, die anlassbezogen durchgeführt werden können und
- Begutachtung zur Verlängerung der amtlichen Anerkennung (in der Regel reicht hier das letzte vorliegende Gutachten aus, welches nicht älter als zwei Jahre sein darf).[30]

28 VG Saarlouis: Urt. v. 16.4.2008 – 10 K 50/07.
29 Ebenda S. 352, § 72.
30 Drucksache 78/14 S. 72.

Die Begutachtung der BASt ist keine Kompetenzbestätigung für eine Konformitätsbewertungsstelle. Sie hat keine Bindungswirkung für die Behörde, sondern ist nur eine Voraussetzung für die Entscheidung im Anerkennungsverfahren.

Im Jahr 2008 wurde eine deutlichere organisatorische Trennung zwischen der Begutachtung in den Begutachtungsstellen für Fahreignung nach § 66 und sonstigen Tätigkeiten auf dem Gebiet der Vorbereitung auf eine Begutachtung und der Wiederherstellung der Fahreignung vollzogen. Hintergrund war, dass nach Einschätzung des Verordnungsgebers durch das Ineinandergreifen von Beratung, medizinisch-psychologischer Begutachtung, Kursempfehlungen, Kursangeboten und Therapien das gesamte System für den Betroffenen intransparent war und nicht erkennbar war, dass die medizinisch-psychologische Begutachtung eine isolierte Maßnahme auf gesetzlicher Grundlage darstellt, die nicht im Zusammenhang mit den sonstigen Angeboten steht, also insbesondere nicht mit vorherigen und anschließenden Angeboten in einer notwendigen Verbindung steht. Seither können in Begutachtungsstellen für Fahreignung nur noch Personen Untersuchungen oder Begutachtungen zur Klärung von Zweifeln an der Kraftfahreignung (Medizinisch-Psychologische Untersuchung) durchführen, die nicht gleichzeitig auf vertraglicher Grundlage für andere Unternehmen oder Institutionen sonstige Leistungen im Zusammenhang mit der Beratung oder Behandlung von betroffenen Personen durchführen. Gleiches gilt für selbstständige Personen, die entsprechende Dienstleistungen anbieten. Durch die Begutachtungsstellen für Fahreignung ist dieses personenbezogene Trennungsgebot durch entsprechende (z.B. organisatorische) Maßnahmen im Unternehmen sicherzustellen.[31]

31 Vierte Verordnung zur Änderung der Fahrerlaubnis-Verordnung und anderer straßenverkehrsrechtlicher Vorschriften vom 18.7.2008; VkBl. Heft 19, S. 573.

2 Anerkennung von Trägern einer Begutachtungsstelle für Fahreignung

Peter Labitzke

Der Verordnungsgeber hat mit dem Erlass der 10. Verordnung zur Änderung der Fahrerlaubnis-Verordnung und dem Inkrafttreten des § 66 einschließlich der Anlage 14 am 1.5.2014 erstmalig die Träger als Adressat für die amtliche Anerkennung benannt. Weiterhin wurden die wesentlichsten Grundsätze für das Verfahren, die Dauer der Anerkennung, deren Rücknahme und Widerruf, die sich vorher aus allgemeinen Verwaltungsverfahrensgrundsätzen ergeben haben, wegen der besonderen Bedeutung in die Fahrerlaubnis-Verordnung aufgenommen.[32] Mit der Neuordnung von § 66 und der Anlage 14 hat der Verordnungsgeber, nicht zuletzt auch mit dem Ersetzen des Akkreditierungsverfahrens bei der BASt durch die Begutachtung im Antragsverfahren, die gesamte Gestaltung des Verordnungstextes nachvollziehbarer, gerechter, aber auch strenger geregelt. Erstmalig fanden die Rücknahme und der Widerruf einer amtlichen Anerkennung Eingang in die Verordnung. Gleichzeitig wurde, begründet mit der Qualitätssicherung, eine Befristung der amtlichen Anerkennung eingeführt.

Im Einzelnen lautet der neu gestaltete § 66 wie folgt:

§ 66 Träger von Begutachtungsstellen für Fahreignung

(1) Träger von Begutachtungsstellen für Fahreignung und ihre Begutachtungsstellen bedürfen der amtlichen Anerkennung durch die nach Landesrecht zuständige Behörde.

(2) Die Anerkennung wird auf schriftlichen Antrag des Trägers für den Träger und seine Begutachtungsstellen erteilt werden, wenn die Voraussetzungen nach Anlage 14 sowie der Richtlinie über die Anforderungen an Träger von Begutachtungsstellen für Fahreignung (§ 66 FeV) und deren Begutachtung durch die Bundesanstalt für Straßenwesen vom 27. Januar 2014 (VkBl. S. 110) vorliegen.

(3) Die Anerkennung kann mit Nebenbestimmungen, insbesondere mit Auflagen verbunden werden, um die ordnungsgemäße Tätigkeit des Trägers und seiner Begutachtungsstellen zu gewährleisten.

(4) Die Anerkennung ist auf längstens zehn Jahre zu befristen. Sie kann auf Antrag für jeweils höchstens zehn Jahre verlängert werden. Für eine Verlängerung sind die Voraussetzungen nach Absatz 2 vorbehaltlich der Bestimmungen der Anlage Nummer 8 erneut nachzuweisen.

(5) Die Anerkennung ist zurückzunehmen, wenn bei ihrer Erteilung eine der Voraussetzungen nach Absatz 2 nicht vorgelegen hat und keine Ausnahme erteilt worden ist; davon kann abgesehen werden, wenn der Mangel nicht mehr besteht.

32 Drucksache 78/14 S. 60 ff.

(6) Die Anerkennung ist zu widerrufen, wenn nachträglich eine der Voraussetzungen nach Absatz 2 weggefallen ist, die medizinisch-psychologische Begutachtung wiederholt nicht ordnungsgemäß durchgeführt wird oder wenn sonst ein grober Verstoß gegen die Pflichten aus der Anerkennung oder gegen Auflagen vorliegt.

(7) Bei Zweifeln, ob die Voraussetzungen nach Absatz 2 vorliegen, kann die nach Landesrecht zuständige Behörde eine Begutachtung aus besonderem Anlass anordnen. Der Träger ist verpflichtet, die hierdurch entstehenden Kosten zu tragen, wenn die nach Absatz 2 erforderlichen Voraussetzungen nicht oder nicht vollständig vorliegen. Gleiches gilt, wenn sich ein Verdacht nicht bestätigt, der Träger aber durch unsachgemäßes Verhalten eine Maßnahme der Behörde veranlasst hat.

(8) Widerspruch und Anfechtungsklage gegen die Anordnung nach Absatz 5 und 6 haben keine aufschiebende Wirkung.

In der dazugehörigen Anlage 14 zum § 66 Abs. 2 FeV hat der Verordnungsgeber die ausgestaltenden Bedingungen und Verfahren zur Erteilung einer amtlichen Anerkennung einerseits neu geordnet und andererseits als Spezialrecht gezielter und detaillierter dargestellt. Die besonderen fachlichen Anforderungen, deren Erfüllung von der BASt überprüft werden, sind als Richtlinie[33] ausgestaltet worden. Auf Grundlage dieser Richtlinie erfolgen die verschiedensten fachlichen Prüfungen (Erstbegutachtung, regelmäßige Begutachtung, Gutachtenüberprüfung, Begutachtung aus besonderem Anlass) durch die BASt, welche durch ein Gutachten nachgewiesen werden. Ist ein Träger bereits anerkannt, muss kein neues Gutachten über eine Erstbegutachtung vorgelegt werden. Es reicht das letzte Gutachten der BASt, welches nicht älter als zwei Jahre sein darf, aus.[34]

Der schriftliche Antrag des Trägers von Begutachtungsstellen ist bei der zuständigen Anerkennungsbehörde zu stellen.

Die Zuständigkeit der Anerkennungsbehörde ergibt sich nach den Begutachtungsstellen für Fahreignung, die der Träger betreibt. Die Räume der Begutachtungsstelle(n) für Fahreignung sind ausschlaggebend für die Bestimmung der örtlichen Zuständigkeit gemäß § 3 Abs. 1 Nr. 2 und Abs. 2 VwVfG. Gemäß § 66 Abs. 1 FeV liegt die Zuständigkeit bei der „nach Landesrecht zuständigen Behörde". Demnach müsste ein Träger, der in allen Bundesländern Begutachtungsstellen für Fahreignung betreiben will, bei mindestens 16 Landesbehörden einen Antrag auf Anerkennung stellen. Die Anzahl der zuständigen Behörden kann sich noch weiter erhöhen, wenn z. B. in einem Bundesland aufgrund der räumlichen Ausdehnung die Zuständigkeit auf mehrere Behörden verteilt wurde. Die konkrete Zuweisung der Zuständigkeit auf eine bestimmte Behörde ist z. B. im Bundesland Brandenburg in der

33 Richtlinie über die Anforderungen an Träger von Begutachtungsstellen für Fahreignung (§ 66 FeV) und deren Begutachtung durch die Bundesanstalt für Straßenwesen vom 27.1.2014 (VkBl. S. 110).

34 Anlage 14 (zu § 66 Abs. 2), siehe Appendix.

Straßenverkehrsrechtzuständigkeitsverordnung[35] beschrieben und geregelt. Im Bundesland Berlin ist die Zuständigkeit in Nr. 33 Abs. 8 Buchstabe c) der Anlage zu § 2 Abs. 4 Satz 1 Zuständigkeitskatalog Ordnungsaufgaben[36] beschrieben.

Für die Bearbeitung des Antrags gibt es keine Fristen. Wohl aber gilt die jeweilige Geschäftsordnung der Behörde. In der Regel liegt die Bearbeitungszeit bei der ersten Zwischenantwort bis spätestens vier Wochen nach Posteingang. Die Bescheidung sollte innerhalb von drei Monaten erfolgen. Die Behörde hat gemäß § 25 Abs. 2 VwVfG eine bestimmte Beratungspflicht gegenüber dem Antragsteller. Sie „erörtert, soweit erforderlich, bereits vor Stellung eines Antrags mit dem zukünftigen Antragsteller, welche Nachweise und Unterlagen von ihm zu erbringen sind und in welcher Weise das Verfahren beschleunigt werden kann. Soweit es der Verfahrensbeschleunigung dient, soll sie dem Antragsteller nach Eingang des Antrags unverzüglich Auskunft über die voraussichtliche Verfahrensdauer und die Vollständigkeit der Antragsunterlagen geben." Diese Frist kann durch weitere nachzureichende Nachweise und Unterlagen, z.B. Vorlage des Berichts der Erstbegutachtung, verlängert werden. Mit der Antragstellung auf Anerkennung als Träger von Begutachtungsstellen für Fahreignung hat der Träger bei der BASt die Erstbegutachtung als Träger mit seiner(n) Begutachtungsstelle(n) für Fahreignung zu beantragen. Wurde keine Erstbegutachtung beantragt, wird die nach Landesrecht zuständige Behörde den Träger dazu auffordern. Eine Bedarfsprüfung darf durch die Anerkennungsbehörde nicht durchgeführt werden, da diese gemäß § 66 Abs. 2 FeV nicht vorgesehen ist.

Mit dem schriftlichen Antrag sind bei der Anerkennungsbehörde die allgemeinen Unterlagen gemäß Anlage 14 zu § 66 Absatz 2, Abs. 1 Nummern 1 bis 5 vorzulegen. Der Verordnungsgeber nutzte mit der letzten Änderung der Fahrerlaubnis-Verordnung die Gelegenheit, bestimmte Normen neu auszugestalten. So ist der Antrag von einer vertretungsberechtigten Person des Trägers zu stellen. Gesellschaftsrechtlich gesehen muss dieser Vertretungsberechtigte eine Vertretungsbefugnis im Außenverhältnis (GmbH – Geschäftsführer, eingetragener Verein – Vorstandsmitglied) besitzen. Eine Vertretungsbefugnis kann auch auf andere Personen übertragen werden. Neu ist auch, dass der Träger mit Nachweisen über die Rechtsform einschließlich Informationen über die Organisation und die Leitung des Trägers seine Tätigkeiten und seine Beziehungen zu einer übergeordneten Organisation darzulegen hat. Weiterhin sind die Anschriften aller Begutachtungsstellen im Zuständigkeitsbereich der jeweiligen Anerkennungsbehörde aufzuführen. Für diese Begutachtungsstelle(n) für Fahreignung ist/sind „eine Bescheinigung der zuständigen Stelle über die Erfüllung der Verordnung über Arbeitsstätten"

35 Straßenverkehrsrechtszuständigkeitsverordnung – StVRZV, vom 11.8.2009 (GVBl. II/09 [Nr. 26] S. 523).

36 Allgemeines Gesetz zum Schutz der öffentlichen Sicherheit und Ordnung in Berlin (Allgemeines Sicherheits- und Ordnungsgesetz – ASOG Bln –) in der Fassung vom 11.10.2006 (GVBl. S. 930) BRV 2011-1, Zuständigkeitskatalog Ordnungsaufgaben (ZustKat Ord) Nr. 11.

(Anlage 14 Abs. 1 Nummer 4 FeV) beizufügen. Dies bedeutet, dass die zuständigen Anerkennungsbehörden nicht mehr selbst die Räume der Begutachtungsstellen für Fahreignung überprüfen müssen. Diese Stellen für die Umsetzung der Verordnung über Arbeitsstätten sind in den einzelnen Bundesländern bei verschiedensten Behörden, z. B. bei der „Gewerbeaufsicht“ auf kommunaler Ebene oder bei den „Ämtern für Arbeitsschutz“ oder bei weiteren Landesbehörden angesiedelt. Eine Liste der jeweiligen zuständigen Behörden kann bei der Bundesanstalt für Arbeitsschutz und Arbeitsmedizin (BAuA) eingesehen werden.[37] Sämtliche Begutachtungsstellen für Fahreignung werden mit der Adresse in der amtlichen Anerkennung des Trägers aufgeführt.

Schließlich ist eine Aufstellung von bereits vorliegenden Anerkennungsbescheiden des Trägers vorzulegen. Die Ausstellung muss die Anerkennungsbehörde(n) mit Aktenzeichen und Datum der Anerkennung(en) beinhalten. Kopien von Bescheiden sind auf Aufforderung vorzulegen. Nach Prüfung der Unterlagen wird die Behörde den Antragsteller auffordern, ein Gutachten der BASt über eine Erstbegutachtung beizubringen.

Weitere Anforderungen werden im Abs. 2 der Anlage 14 FeV an den Antragsteller gerichtet. Einerseits sind allgemeine Bestimmungen aufgeführt, andererseits müssen spezielle Nachweise vorgelegt werden. Besonders zu berücksichtigen sind bei der Würdigung des Antrags die unbestimmten Rechtsbegriffe „finanzielle und organisatorische Leistungsfähigkeit“ (Anlage 14 Abs. 2 Nummer 1 FeV), „personelle Ausstattung“ (Anlage 14 Abs. 2 Nummer 2 FeV) und die „sachliche Ausstattung“ (Anlage 14 Abs. 2 Nummer 5 FeV).

Die finanzielle und organisatorische Leistungsfähigkeit wird mittels Nachweisen (Haftpflichtversicherung, Bescheinigung, dass das Unternehmen seinen jährlichen finanziellen Verpflichtungen nachkommt, z. B. Jahressteuerabschluss oder bei Beantragung der amtlichen Anerkennung eine Eröffnungsbilanz, eine Umsatz- und Rentabilitätsvorschau) belegt. Für seine organisatorische Leistungsfähigkeit muss der Träger für sein Unternehmen Unterlagen und Nachweise vorlegen, wie er in Zukunft sein Unternehmen organisieren will. Als Stichworte können dazu angeführt werden: Konzept, Infrastruktur, Personal, Aktenführung und Rechnungslegung, Kooperationen mit Dritten, Kontrollsystem.

Mit der personellen Mindestausstattung sind neben dem Vertretungsberechtigten des Trägers auch die/der Verantwortliche(n) und dessen Stellvertreter der Begutachtungsstelle(n) für Fahreignung, medizinische Gutachter, psychologische Gutachter und ein amtlich anerkannter Sachverständiger oder Prüfer für den Kraftfahrzeugverkehr nachzuweisen.[38] Die Richtlinie über die Anforderungen an Träger von Begutachtungsstellen für Fahreignung (§ 66 FeV) und deren Begutachtung durch die Bundesanstalt für Straßenwesen vom 27.1.2014

---

37 http://www.baua.de/de/Informationen-fuer-die-Praxis/Rechtsgrundlagen-und-Vorschriften/Arbeitsschutzsystem%20in%20Deutschland.html.

38 Richtlinie über die Anforderungen der Träger von Begutachtungsstellen für Fahreignung (§ 66 FeV) und deren Begutachtung durch die Bundesanstalt für Straßenwesen vom 27.1.2014 (VkBl. 3/2014, S. 115, II. Ziffer 2 ff.).

(VkBl. S. 110) Kapitel II. Nummer 2.1 ff. fordert mindestens drei festangestellte psychologische Gutachter und mindestens einen festangestellten medizinischen Gutachter, jeweils mit mindestens der Hälfte der regelmäßigen wöchentlichen Arbeitszeit eines entsprechenden vollbeschäftigten Angestellten. Die jeweiligen Anforderungen für die medizinischen und psychologischen Gutachter sind gemäß Abs. 2 Nummer 2 Buchstaben a) und b) Anlage 14 FeV an bestimmte Qualifikationen und Nachweise gebunden. So haben Ärzte eine mindestens zweijährige klinische Tätigkeit (der Verordnungsgeber führt als Beispiele Innere Medizin, Psychiatrie, Neurologie auf, ohne dass dies eine abschließende Liste ist) oder als Facharzt nachzuweisen. Der Begriff „Tätigkeit" ist ausdrücklich als eine solche auszulegen. Praktika fallen nicht unter Tätigkeiten, da ein Praktikant nicht als Arbeitnehmer gilt.[39] Danach ist eine einjährige Tätigkeit in der Begutachtung der Eignung von Kraftfahrern in einer Begutachtungsstelle für Fahreignung zu absolvieren. Der Arzt in der Begutachtungsstelle für Fahreignung durchläuft in dieser einjährigen Tätigkeit verschiedene Stufen, z.B. Hospitation, Supervision, selbstständige Begutachtung. Gemäß den Anforderungen der BASt können Ärzte ohne einschlägige Berufspraxis von einem erfahrenen Gutachter, welcher über eine mindestens dreijährige Praxis in der Begutachtung der Fahreignung verfügt, eingearbeitet werden. Über ein Jahr sind Begutachtungen, im Regelfall mindestens 100 Begutachtungen, durchzuführen und schriftlich zu dokumentieren.[40]

Psychologen müssen, um als Gutachter bestätigt zu werden, ein Diplom oder einen gleichwertigen Master-Abschluss in der Psychologie nachweisen, weiterhin mindestens eine zweijährige praktische Berufstätigkeit (in der Regel in der klinischen Psychologie, Arbeitspsychologie ohne abschließende Aufzählung) und schließlich mindestens eine einjährige Praxis in der Begutachtung der Eignung von Kraftfahrern in einer Begutachtungsstelle für Fahreignung. Die Studiengänge „Master of Science Verkehrspsychologie"[41] und der „Master Verkehrswesen"[42] haben keinen Eingang in die Anlage 14 Absatz 2 Nummer 2 Buchstabe b) zu § 66 Abs. 2 FeV gefunden. Nur der Studiengang „Master of Science Verkehrspsychologie" ist über die „gleichwertigen Master-Abschlüsse" abgedeckt.

In bestimmten Fällen kann nach § 74 FeV im Wege der Ausnahmegenehmigung auf einzelne Nachweise verzichtet werden, wenn diese nicht erbracht werden können. Ein Anspruch darauf besteht jedoch nicht.

Dies bedeutet für einen Antragsteller, er muss selbst diese Anforderungen prüfen, bevor ein Gutachter eingesetzt werden soll. Die jeweiligen Nachweise zu den Anforderungen sind bei der Anerkennungsbehörde vorzu-

---

39 Bundesarbeitsgericht (BAG), Urt. v. 5.8.1965, 2 AZR 439/64.

40 Richtlinie über die Anforderungen der Träger von Begutachtungsstellen für Fahreignung (§ 66 FeV) und deren Begutachtung durch die Bundesanstalt für Straßenwesen vom 27.1.2014 (VkBl. 3/2014, S. 115, II. Ziffer 2.7).

41 http://www.master-verkehrspsychologie.de/extras/praesentation.pdf – Berufsbegleitender Master of Science Verkehrspsychologie, Institut für Psychologie der Universität Bonn, Stand: 2.6.2012, zuletzt gesehen am 20.3.2015.

42 http://www.studieren-studium.com/master/Verkehrswesen, zuletzt gesehen am 20.3.2015.

legen. Die Anerkennungsbehörde ist aufgrund der bestehenden gesetzlichen Bestimmungen (Anforderungen an den Gutachter) verpflichtet, Gutachter zu bestätigen. Die Träger können weitere Gutachter nach erfolgter Anerkennung jeder Zeit anzeigen. Die Träger sind auch dann verpflichtet, vor dem ersten Einsatz der neuen Gutachter die Voraussetzungen zu prüfen und von der Anerkennungsbehörde bestätigen zu lassen. Sollten die Voraussetzungen nicht ausreichend sein, wird die Anerkennungsbehörde den Einsatz der beantragten Gutachter untersagen. Letztendlich werden in der amtlichen Anerkennung von der Anerkennungsbehörde nur bestätigte Gutachter aufgeführt. Zu ergänzen ist, dass der Träger dafür Sorge zu tragen hat, dass, wenn über ein Jahr keine Fahreignungsbegutachtungen durchgeführt wurden, spezielle Regelungen zur Sicherstellung der Qualifikation der Gutachter getroffen werden.[43]

Auf Antrag wird die BASt bei der Erstbegutachtung und danach bei den regelmäßigen Begutachtungen prüfen, ob die Gutachter die festgelegten Qualifikationen und nachgewiesenen Tätigkeiten besitzen, die Ausbildung zum Gutachter nachweisen und diese Anforderungen mit entsprechenden Nachweisen belegen können. Gemäß der amtlichen Anerkennung müssen die Träger von Begutachtungsstellen für Fahreignung jährlich zum Ende des 1. Quartals neben den statistischen Angaben sämtliche Gutachter namentlich bei der Anerkennungsbehörde anzeigen.

Ferner muss der Träger seinen Gutachtern eine jährliche Weiterbildung (Anlage 14 Abs. 2 Nummer 3 FeV) gemäß der Richtlinie über die Anforderungen an Träger von Begutachtungsstellen für Fahreignung (§ 66 FeV) und deren Begutachtung durch die Bundesanstalt für Straßenwesen vom 27.1.2014 (VkBl. S. 110) ermöglichen und diese nachweisen.

In den Begutachtungsstellen für Fahreignung muss als abschließende personelle Anforderung ein amtlich anerkannter Sachverständiger oder Prüfer für den Kraftfahrzeugverkehr (aaSoP) zur Verfügung stehen (Anlage 14 Abs. 2 Nummer 4 FeV). Seine Anerkennung erfolgt nach dem Kraftfahrsachverständigengesetz.[44] Tätig ist er in einer Technischen Prüfstelle, der er angehören muss. Diese Forderung kann durch keine andere Qualifikation ersetzt werden. Wird ein amtlich anerkannter Sachverständiger oder Prüfer für den Kraftfahrzeugverkehr im Rahmen einer Begutachtung der Fahreignung eingesetzt, entfällt die regionale Zuständigkeit bezogen auf seine Technische Prüfstelle, da der Verordnungsgeber nur auf die Qualifikation als amtlich anerkannter Sachverständiger oder Prüfer für den Kraftfahrzeugverkehr selbst und der vorübergehenden Tätigkeit in einer Begutachtungsstelle für Fahreignung abstellt. Sollte allerdings eine Beauftragung für eine

43 Richtlinie über die Anforderungen der Träger von Kursen zur Wiederherstellung der Kraftfahreignung (§ 70 FeV) und deren Begutachtung durch die Bundesanstalt für Straßenwesen vom 27.1.2014 (VkBl. 3/2014, S. 113, II. Ziffer 2.10).

44 Gesetz über amtlich anerkannte Sachverständige und amtlich anerkannte Prüfer für den Kraftfahrzeugverkehr (Kraftfahrsachverständigengesetz – KfSachvG) vom 22.12.1971 (BGBl. I S. 2086, zuletzt geändert durch Art. 4 G v. 28.8.2013, BGBl. I S. 3313.

Begutachtung außerhalb einer Begutachtungsstelle für Fahreignung an die Technische Prüfstelle, z. B. zum Zweck technischer Umbauten gemäß § 11 Abs. 1a KfSachvG direkt erfolgen, dann trifft die örtliche Zuständigkeit des Kraftfahrsachverständigengesetzes im vollen Umfang zu.

Die sachliche Ausstattung (Anlage 14 Abs. 2 Nr. 5 FeV) wird mittels Erklärung über die Ausstattung und Einrichtung der Begutachtungsstelle für Fahreignung angezeigt. Damit zukünftig Doppelüberprüfungen vermieden werden, hat der Verordnungsgeber die Überprüfung der sachlichen Ausstattung geteilt. Gemäß Abs. 1 Nummer 4 Anlage 14 FeV wird durch die zuständige Stelle über die Erfüllung der Verordnung über Arbeitsstätten (Anlage 14 Abs. 1 Nummer 4 FeV) die Begutachtungsstelle für Fahreignung selbst, d. h. die Räume mit ihren jeweiligen Zweckbestimmungen, z. B. Wartezimmer, Büro/Anmeldung, Arztzimmer, Psychologenzimmer, Archiv und deren Ausstattung (Beleuchtung, Belüftung, Beheizung, Notfallplan, Feuerlöscher, Sanitätskasten usw.) überprüft. Dafür wird eine Bescheinigung ausgestellt. Die BASt überprüft, ob dem Träger die notwendigen Räumlichkeiten zur Verfügung stehen und die Begutachtungen mit den notwendigen Geräten und Ausstattungen sichergestellt sind (Anlage 14 Abs. 2 Nummer 8 FeV). Darüber werden im Begutachtungsbericht entsprechende Anmerkungen aufgeführt. Im Rahmen der Erstbegutachtung werden durch die BASt die Begutachtungsstelle(n) für Fahreignung des Trägers vor Ort geprüft. Die unabhängige Stelle gemäß Anlage 14 Abs. 2 Nummer 7 FeV prüft die Geeignetheit der eingesetzten psychologischen Testverfahren und -geräte.

Weshalb die medizinischen Testverfahren und die medizinischen Geräte hier ausgenommen wurden, ist unter der Beachtung der Forderung, dass die Untersuchungen nur nach anerkannten wissenschaftlichen Grundsätzen, gemäß Anlage 4a (zu § 11 Abs. 5 Nr. 1c) FeV durchgeführt werden dürfen, nicht nachvollziehbar.

Schließlich steht es der Anerkennungsbehörde frei, die Begutachtungsstelle(n) für Fahreignung in Augenschein zu nehmen.

Mit Inkrafttreten der 10. Verordnung zur Änderung der Fahrerlaubnis-Verordnung erfolgte die formale Trennung von Begutachtung und verhaltens- sowie einstellungsändernden Maßnahmen. Der Wortlaut, wenn „der Träger einer Begutachtungsstelle für Fahreignung nicht zugleich Träger von Maßnahmen der Fahrausbildung oder von Kursen zur Wiederherstellung der Kraftfahreignung ist und keine Maßnahmen der Verhaltens- und Einstellungsänderung zur Vorbereitung auf eine Begutachtung der Fahreignung durchführt", ist in die vorliegende Fassung der Anlage 14 Abs. 2 Nummer 6 FeV übernommen worden. Der Verordnungsgeber hat somit die Umsetzung dieser Regelung in die Hände des Trägers von Begutachtungsstellen für Fahreignung gelegt. Diesbezügliche Maßnahmen müssen im Qualitätsmanagementsystem des Trägers verankert sein. Der Träger von Begutachtungsstellen für Fahreignung muss deshalb nicht nur die Trennung nach Absatz 2 Nummer 6 Anlage 14 FeV umsetzen, er muss auch ausdrücklich seine Gutachter bezüglich der Festlegung in der Anlage 4a Nummer 5 zu § 11 Abs. 5 FeV ständig überprüfen und diese Anforderungen gewährleisten.

Gemäß Anlage 14 Abs. 2 Nummer 8 FeV wird eine amtliche Anerkennung erteilt, wenn der Träger von Begutachtungsstellen für Fahreignung die Erfüllung der Anforderungen der Richtlinie nach § 72 Abs. 2 Nummer 1 durch ein Gutachten der BASt nachweist (im Rahmen der Erstbegutachtung beschränkt sich dieser Nachweis auf die Erfüllung der Anforderungen in Bezug auf die Dokumentation des Qualitätsmanagements und die räumliche, sachliche und personelle Ausstattung); sofern der Träger bereits vollumfänglich anerkannt ist, ist in der Regel kein neues Gutachten vorzulegen, es reicht das letzte vorliegende Gutachten der Bundesanstalt aus. Dabei ist zu berücksichtigen, dass die BASt bei der Erstbegutachtung auf Antrag handelt. Sollte der Antragsteller selbst nicht die Begutachtung veranlasst haben, wird die Anerkennungsbehörde den Antragsteller auffordern, dies nachzuholen. Weiterhin gibt es regelmäßige Begutachtungen, welche spätestens vor Ablauf von zwei Jahren durchgeführt werden, die Gutachtenüberprüfungen und die Begutachtung aus besonderem Anlass, die nach Aufforderung durch die zuständige Anerkennungsbehörde durchgeführt werden.

Weiterhin hat der Träger von Begutachtungsstellen für Fahreignung gemäß Anlage 14 Abs. 2 Nummer 9 FeV an einem regelmäßigen und bundesweiten Erfahrungsaustausch unter Leitung der Bundesanstalt für Straßenwesen teilzunehmen. Ausdrücklich sei darauf hingewiesen, nicht alle Ärzte und Psychologen müssen an dem regelmäßigen und bundesweiten Erfahrungsaustausch teilnehmen, sondern ein Vertreter des Trägers, der diese Verantwortlichkeit weitergeben kann. Von der Qualifikation müssen die Teilnehmer Arzt oder Psychologe einer Begutachtungsstelle für Fahreignung sein.

Für jeden Gutachter (Ärzte wie Psychologen) ist vom Träger der Begutachtungsstellen für Fahreignung die wirtschaftliche Unabhängigkeit von der Gebührenerstattung im Einzelfall und vom Ergebnis der Begutachtungen zu gewährleisten. Vom Träger ist nicht nur die finanzielle Leistungsfähigkeit (Anlage 14 Abs. 2 Nummer 10 FeV) nachzuweisen, sondern auch besonderes Augenmerk auf die Qualität der Begutachtungen zu legen. Psychologische Gutachter sollten täglich nicht mehr als sechs und wöchentlich nicht mehr als 20 Untersuchungen und medizinische Gutachter nicht mehr als drei Untersuchungen pro Stunde durchführen (Richtlinie über die Anforderungen an Träger von Begutachtungsstellen für Fahreignung (§ 66 FeV) und deren Begutachtung durch die Bundesanstalt für Straßenwesen vom 27.1.2014 (VkBl. S. 110) Nummer 5.5.4). Entsprechende Festlegungen sind im Qualitätsmanagement aufzunehmen.

Gemäß Anlage 14 Abs. 2 Nummer 11 FeV muss der Antragsteller (bei juristischen Personen die nach Gesetz oder Satzung zur Vertretung berufenen Personen) zuverlässig sein. Wie die Zuverlässigkeit nachzuweisen ist, hat der Verordnungsgeber offengelassen. In der Regel kann als Nachweis, dass keine Tatsachen vorliegen, die sie als unzuverlässig erscheinen lassen, die Erteilung eines Führungszeugnisses zur Vorlage bei der Anerkennungsbehörde, gemäß

§ 32 Abs. 3 des Gesetzes über das Zentralregister und das Erziehungsregister (Bundeszentralregistergesetz – BZRG)[45] beantragt werden.

Zu beantragen wäre ein Zeugnis nach Belegart 0, auch als „Behördenführungszeugnis" bezeichnet. In einem Behördenführungszeugnis können zusätzlich – anders als beim Privatführungszeugnis – auch bestimmte Entscheidungen von Verwaltungsbehörden, z.B. der Widerruf eines Waffenscheins oder einer Gewerbeerlaubnis, enthalten sein. Auch Entscheidungen über eine mögliche Schuldunfähigkeit oder die gerichtlich angeordnete Unterbringung in einer psychiatrischen Anstalt können in einem Behördenführungszeugnis aufgeführt sein. Sind der Behörde Tatsachen bekannt, können diese zur Zuverlässigkeitsprüfung hinzugezogen werden.

Das Für und Wider des Ermessens der Behörde wird zukünftig durch die gesetzliche Vorgabe einer Befristung der Anerkennung vereinheitlicht. Die Vollzugsbehörden der Länder, die die Träger von Begutachtungsstellen für Fahreignung in ihrem Erlaubnisbereich anerkennen, haben auf ihrem jährlichen Workshop[46] diese Änderung begrüßt. Die Anerkennung ist auf längstens zehn Jahre zu befristen. Im Verlängerungsverfahren werden nochmals sämtliche Voraussetzungen geprüft, insbesondere ob die personellen, sachlichen und fachlichen Voraussetzungen gegeben sind. Alle Anerkennungsbehörden werden für den gleichen Träger von Begutachtungsstellen für Fahreignung die gleiche Befristung der amtlichen Anerkennung festschreiben.

Inhaltlich sind die Anerkennungen in Form eines Bescheides gemäß § 37 VwVfG gestaltet. Örtlich können weitere Nebenbestimmungen gemäß Anlage 14 zu § 66 Absatz 2 FeV erlassen werden. Dabei ist die Behörde immer an die Rechtsgrundsätze der Verhältnismäßigkeit und des Gleichheitsprinzips gebunden.

Zusätzlich zu den Nebenbestimmungen zur Umsetzung der Voraussetzungen der Anerkennung eines Trägers von Begutachtungsstellen für Fahreignung wird auf das Untersuchungs- und Begutachtungskonzept verwiesen, welches den Grundsätzen der Anlage 4a (alt Anlage 15) zu § 11 Absatz 5 FeV sowie den aktuellen „Begutachtungsleitlinien zur Kraftfahreignung"[47] entsprechen muss. Die personenbezogenen Daten unterliegen dem Bundesdatenschutz bzw. den Datenschutzvorschriften der Länder.[48]

Mit der amtlichen Anerkennung stellen einzelne Anerkennungsbehörden eine Anerkennungsurkunde aus. Diese hat nur deklaratorischen Charakter und gilt nur in Verbindung mit dem Anerkennungsbescheid. Die Anerkennungsurkunde ist eine Kurzform des Bescheides. Mit ihr kann die Anerkennung nach außen nachgewiesen werden.

---

45 BZRG § 32 Abs. 3.
46 4. Workshop der Vollzugsbehörden FeV am 8.5.2012 in Berlin.
47 Verkehrsblattverlautbarung vom 27.1.2014 (VkBl. S. 110).
48 Richtlinie über die Anforderungen der Träger von Kursen zur Wiederherstellung der Kraftfahreignung (§ 70 FeV) und deren Begutachtung durch die Bundesanstalt für Straßenwesen vom 27.1.2014 (VkBl. 3/2014, S. 113, II. Ziffer 1.11).

Auf der Internetpräsentation der BASt[49] sind zwei Listen einsehbar. Zum einen die Liste der amtlich anerkannten Träger von Begutachtungsstellen für Fahreignung (alphabetisch geordnet) und zum anderen eine Liste aller Begutachtungsstellen für Fahreignung in Deutschland (geordnet nach Postleitzahl).

2.1 Eignung und Unabhängigkeit der Stelle nach Abs. 3 Anlage 14 (zu § 66 Abs. 2)

Der Verordnungsgeber hat im Anerkennungsverfahren und bei der Aufrechterhaltung der amtlichen Anerkennung für die Träger von Begutachtungsstellen für Fahreignung neu in die Fahrerlaubnis-Verordnung das Erfordernis der Bestätigung der Eignung der eingesetzten psychologischen Testverfahren und -geräte durch eine geeignete unabhängige Stelle aufgenommen.[50]

Für diese Stelle wurde noch kein konkretes Bestätigungsverfahren bekannt gegeben. Diese Verfahrenskosten unterliegen nicht der Gebührenordnung für Maßnahmen im Straßenverkehr, da dort die Prüfung der Voraussetzungen nicht aufgeführt ist. Wohl aber könnte die Gebührennummer 199 für die Berechnungen der Kosten für die Prüfung herangezogen werden.

Die geeignete und unabhängige Stelle soll als Nachweis „Bestätigungen" über die Eignung der eingesetzten psychologischen Testverfahren und -geräte ausstellen.

Bis zur Aufnahme der Tätigkeit als geeignete und unabhängige Stelle besteht die Möglichkeit, insbesondere im Rahmen eines neuen, nach dem 1.5.2014 gestellten Antragsverfahrens, dass diese „Bestätigung" (Anlage 14 Abs. 2 Nummer 7 FeV) mittels Ausnahmegenehmigung mit befristeter Auflage gemäß § 74 Absatz 3 FeV vorübergehend, bis Bekanntgabe der Stelle(n), befristet werden kann.

2.2 Übergangsrecht für Begutachtungsstellen für Fahreignung nach altem Recht

Durch den Verordnungsgeber wurde im § 76 Nummer 17 FeV für die Träger von Begutachtungsstellen für Fahreignung für drei Jahre ein Übergangsrecht geschaffen. Die bestehenden Anerkennungen von Begutachtungsstellen für Fahreignung nach § 66 FeV (alte Fassung) müssen bis zum Ablauf des 30.4.2017 den geänderten Vorschriften angepasst werden. Bis zu diesem Zeitpunkt ist der Anerkennungsbehörde ein Gutachten der BASt vorzulegen, dass die ab dem 1.5.2014 geltenden Anforderungen gemäß der Anlage 14 Abs. 2 Nummer 8 erfüllt werden. Dies bedeutet einerseits, dass alle bestehenden Begutachtungsstellen für Fahreignung und deren Träger unter Besitzstand fallen. Andererseits fallen auch alle Gutachter, die zum Zeitpunkt des Inkrafttretens der 10. Verordnung zur Änderung der Fahrerlaubnis-Verordnung als Gutachter von einer Anerkennungsbehörde anerkannt waren, unter Besitzstand.

---

49 http://www.bast.de/DE/FB-U/Qualitaetsbewertung/Begutachtung/Begutachtung_node.html.
50 Anlage 14 zu § 66 Abs. 2 FeV, Abs. 2, Nr. 7.

2.3 Rechtsfolgen bei Verstößen gegen die Voraussetzung auf amtliche Anerkennung einer Begutachtungsstelle für Fahreignung

Erstmalig hat der Verordnungsgeber die Rücknahme und den Widerruf der amtlichen Anerkennung als Träger von Begutachtungsstellen für Fahreignung geregelt. So ist gemäß § 66 Abs. 5 FeV die Anerkennung zurückzunehmen, wenn bei ihrer Erteilung eine der Voraussetzungen nach § 66 Abs. 2 FeV nicht vorgelegen hat und keine Ausnahme erteilt worden ist; davon kann abgesehen werden, wenn der Mangel nicht mehr besteht. Die Anerkennungsbehörde hat bei der Rücknahme kein Ermessen. Bei Zweifeln, ob die Voraussetzungen nach § 66 Abs. 2 FeV vorliegen, kann die Anerkennungsbehörde eine Begutachtung aus besonderem Anlass anordnen. Der Träger ist verpflichtet, die hierdurch entstehenden Kosten zu tragen, wenn die nach § 66 Abs. 2 FeV erforderlichen Voraussetzungen nicht oder nicht vollständig vorliegen. Gleiches gilt, wenn sich ein Verdacht nicht bestätigt, der Träger aber durch unsachgemäßes Verhalten eine Maßnahme der Anerkennungsbehörde veranlasst hat, gemäß § 66 Abs. 7 FeV. Die amtliche Anerkennung enthält für die Rücknahme die Nebenbestimmung, dass bei einem Rücknahmeverfahren die ausgefertigte Anerkennung unverzüglich der Anerkennungsbehörde zurückzugeben ist.

Nach § 66 Abs. 6 FeV ist die Anerkennung zu widerrufen, wenn nachträglich eine der Voraussetzungen nach § 66 Abs. 2 FeV weggefallen ist, die medizinisch-psychologische Begutachtung wiederholt nicht ordnungsgemäß durchgeführt wird oder wenn sonst ein grober Verstoß gegen die Pflichten aus der Anerkennung oder gegen Auflagen vorliegt. Ein Widerrufsverfahren ist das härteste Mittel gegen einen Anerkennungsinhaber. Da der Verordnungsgeber nicht von einem vorgeschalteten Ordnungswidrigkeitsverfahren Gebrauch gemacht hat, hat die Anerkennungsbehörde in einem Widerrufsverfahren keinen Ermessensspielraum. Da die Trägerschaft und die Begutachtungsstellen für Fahreignung im Anerkennungsbereich verknüpft sind, ist die Anerkennungsbehörde gezwungen, bei Wegfall eines Teils die gesamte Anerkennung zu widerrufen. Dies begründet sich mit der Tatsache, dass der Verordnungsgeber die Trägerschaft und das Betreiben von Begutachtungsstellen für Fahreignung verknüpft hat. Ein Widerspruch oder eine Anfechtungsklage gegen eine Anordnung Rücknahme und Widerruf haben keine aufschiebende Wirkung. Beide Verwaltungsverfahren sind kostenpflichtig gemäß Nummer 214.1 GebOSt. Die Kosten liegen zwischen 128,00 und 2.556,00 Euro.

Nachfolgend werden einige Punkte aufgeführt, die zum Widerruf einer amtlichen Anerkennung führen, da einzelne Voraussetzungen nicht mehr nachgewiesen werden oder nicht mehr nachgewiesen werden können.

- Ein Träger möchte vorübergehend eine Begutachtungsstelle für Fahreignung schließen, da keine Räume vorhanden sind. Die Fahrerlaubnis-Verordnung sieht bezogen auf die amtliche Anerkennung weder eine (auch vorübergehende) Stilllegung noch ein Ruhen einer Begutachtungsstelle für

Fahreignung vor. Dem Träger bleibt nur der Verzicht oder die Schließung der Begutachtungsstelle für Fahreignung unter Änderung der amtlichen Anerkennung. Wird ein „Ruhen" durch den Träger bei der zuständigen Behörde angezeigt, wird diese ihn darauf hinweisen, dass der Verordnungsgeber das nicht vorsieht. Weiterhin wird durch die Behörde, um die gesetzlichen Bestimmungen durchzusetzen, ein Widerruf der amtlichen Anerkennung eingeleitet. Es erfolgt auch ein Hinweis, dass der Widerruf kostenpflichtig ist.

- Ein Gutachter offenbart sich bei der Behörde, dass er in letzter Zeit kein Honorar erhalten hat. Die Anerkennungsbehörde wird hier ein Widerrufsverfahren der amtlichen Anerkennung einleiten, da der Anfangsverdacht einer fehlenden finanziellen Leistungsfähigkeit besteht. Der Träger erhält in einem Anhörungsverfahren Gelegenheit, erneut nachzuweisen, dass die erforderliche finanzielle und organisatorische Leistungsfähigkeit des Trägers noch immer gewährleistet ist und ebenso die wirtschaftliche Unabhängigkeit der Gutachter von der Gebührenerstattung im Einzelfall und vom Ergebnis der Begutachtungen gewährleistet ist (Nummern 1 und 10 der Anlage 14 zur FeV).
- In der Rechtsprechung wird als sehr schwerwiegende Beanstandung gesehen, wenn Gutachten ausgegeben werden, die nicht oder nicht vollinhaltlich den Tatsachen oder den Anforderungen an die Gutachtenerstellung entsprechen.[51] Weiterhin, wenn „... 45 % der durch die Bundesanstalt für Straßenwesen geprüften Gutachten nicht nachvollziehbare Gutachtenergebnisse enthalten."[52] In beiden Entscheidungen sind die Verwaltungsgerichte davon ausgegangen, dass das Erfordernis Nr. 9 der Anlage 14 zur FeV (persönliche Zuverlässigkeit) nicht mehr gegeben ist, wenn die Vertretungsberechtigten nicht die Nebenbestimmungen der amtlichen Anerkennung (Vorlage der Begutachtungsberichte der BASt über die fachliche Prüfung bei der Behörde) zeitnah umsetzen.
- Ebenso kann die fehlende Umsetzung der Nummer 5 der Anlage 14 zur FeV (alte Fassung) – der Träger einer Begutachtungsstelle für Fahreignung darf nicht zugleich Träger von Maßnahmen der Fahrausbildung oder von Kursen zur Wiederherstellung der Kraftfahreignung sein und keine Maßnahmen der Verhaltens- und Einstellungsänderung zur Vorbereitung auf eine Begutachtung der Fahreignung durchführen – zum Widerruf führen.[53] Der Widerruf war die Folge des Verstoßes gegen Nebenbestimmungen der amtlichen Anerkennung.

---

51 OVG des Saarlandes, 23.8.2006, 1 W 30/06, openJur 2010, S. 1836.
52 VG Schwerin, 7.8.2012, 3 B 300/12.
53 VG Schwerin, 7.8.2012, 3 B 300/12.

3 Anerkennung von Trägern und Kursen zur Wiederherstellung der Kraftfahreignung

Peter Labitzke

Der Verordnungsgeber hat mit dem Erlass der 10. Verordnung zur Änderung der Fahrerlaubnis-Verordnung und dem Inkrafttreten des § 70 mit der neuen Anlage 15 am 1.5.2014 erstmalig die Träger als Adressat für die amtliche Anerkennung benannt. Weiterhin wurden die wesentlichsten Grundsätze für das Verfahren, die Dauer der Anerkennung, deren Rücknahme und Widerruf, die sich vorher aus allgemeinen Verwaltungsverfahrensgrundsätzen ergeben haben, wegen der besonderen Bedeutung in die Fahrerlaubnis-Verordnung aufgenommen.[54] Mit der Neuordnung von § 70 und der neuen Anlage 15 hat der Verordnungsgeber, nicht zuletzt auch mit dem Ersetzen des Akkreditierungsverfahren bei der BASt durch die Begutachtung im Antragsverfahren, die gesamte Gestaltung des Verordnungstextes nachvollziehbarer, gerechter, aber auch strenger geregelt. Erstmalig fanden die Rücknahme und der Widerruf einer amtlichen Anerkennung Eingang in die Verordnung. Gleichzeitig wurde, begründet mit der Qualitätssicherung, eine Befristung der amtlichen Anerkennung eingeführt.

Im Einzelnen lautet der neu gestaltete § 70 wie folgt:

§ 70 Träger von Kursen zur Wiederherstellung der Kraftfahreignung

(1) Träger, die Kurse zur Wiederherstellung der Kraftfahreignung von alkohol- oder drogenauffälligen Kraftfahrern durchführen, können von der nach Landesrecht zuständigen Behörde für Zwecke nach § 11 Absatz 10 anerkannt werden. In die Kurse dürfen nur Personen aufgenommen werden, die den Anforderungen des § 11 Absatz 10 entsprechen und nicht Inhaber einer Fahrerlaubnis sind.

(2) Die Anerkennung kann auf schriftlichen Antrag des Trägers für seine Stellen, seine Kurse zur Wiederherstellung der Kraftfahrereignung von alkohol- oder drogenauffälligen Kraftfahrern und seine Kursleiter erteilt werden, wenn die Voraussetzungen nach Anlage 15 und der Richtlinie über die Anforderungen an Träger von Kursen zur Wiederherstellung der Kraftfahreignung (§ 70 FeV) und deren Begutachtung durch die Bundesanstalt für Straßenwesen vom 27. Januar 2014 (VkBl. S. 110) vorliegen.

(3) Die Anerkennung kann mit Nebenbestimmungen, insbesondere mit Auflagen verbunden werden, um den vorgeschriebenen Bestand und die ordnungsgemäße Tätigkeit des Trägers und seiner Stellen zu gewährleisten.

(4) Die Anerkennung ist auf längstens zehn Jahre zu befristen. Sie kann auf Antrag für jeweils längstens zehn Jahre verlängert werden. Für die Verlängerung sind die Voraussetzungen nach Absatz 2 vorbehaltlich der Bestimmungen der Anlage 15 Nummer 7 erneut nachzuweisen.

54 Drucksache 78/14 S. 60 ff.

(5) Die Anerkennung ist zurückzunehmen, wenn bei ihrer Erteilung eine der Voraussetzungen nach Absatz 2 nicht vorgelegen hat und keine Ausnahme erteilt worden ist; davon kann abgesehen werden, wenn der Mangel nicht mehr besteht.

(6) Die Anerkennung ist zu widerrufen, wenn nachträglich eine der Voraussetzungen nach Absatz 2 weggefallen ist, wenn die Wirksamkeit der Kurse nach dem Ergebnis eines nach dem Stand der Wissenschaft durchgeführten Bewertungsverfahren (Evaluation) nicht nachgewiesen ist, die Kurse nicht ordnungsgemäß durchgeführt werden oder wenn sonst ein grober Verstoß gegen die Pflichten aus der Anerkennung oder gegen Auflagen vorliegt.

(7) § 66 Absatz 7 und 8 gilt entsprechend.

In der neuen dazugehörigen Anlage 15 (zu § 70 Abs. 2)[55] versucht der Verordnungsgeber die ausgestaltenden Bedingungen und Verfahren zur Erteilung einer amtlichen Anerkennung einerseits neu zu ordnen und andererseits als Spezialrecht gezielter und detaillierter darzustellen. Die besonderen fachlichen Anforderungen, deren Erfüllung von der BASt überprüft werden, sind als Richtlinie[56] ausgestaltet worden. Auf Grundlage dieser Richtlinie erfolgen die verschiedensten fachlichen Prüfungen (Erstbegutachtung, regelmäßige Begutachtung, Begutachtung aus besonderem Anlass) durch die BASt, welche durch ein Gutachten nachgewiesen werden. Ist ein Träger bereits anerkannt, muss kein neues Gutachten über eine Erstbegutachtung vorgelegt werden. Es reicht das letzte Gutachten der BASt aus, welches nicht älter als zwei Jahre sein darf.

Die Wirksamkeit der Kurse muss spätestens nach 6 Jahren in einem nach dem Stand der Wissenschaft durchgeführten Bewertungsverfahren (Evaluation) nachgewiesen werden. Die Kurse sind nach ihrer ersten Evaluation regelmäßig im Verlauf von längstens 10 Jahren erneut zu evaluieren.

Der Träger von Kursen zur Wiederherstellung der Kraftfahreignung von alkohol- oder drogenauffälligen Kraftfahrern muss den Antrag schriftlich bei der zuständigen Anerkennungsbehörde stellen. Damit ist klargestellt, dass nur Kursprogramme zur Wiederherstellung der Kraftfahreignung von alkohol- oder drogenauffälligen Kraftfahrern anerkannt werden können. Die Zuständigkeit der Anerkennungsbehörde ergibt sich nach den Stellen, wo der Träger seine anerkannten Kursprogramme betreiben möchte. Diese Räume sind ausschlaggebend für die Bestimmung der örtlichen Zuständigkeit. Gemäß § 70 Abs. 1 FeV liegt die Zuständigkeit bei der „nach Landesrecht zuständigen Behörde“. Demnach müsste ein Träger, der in allen Bundesländern Kursprogramme betreiben will, bei mindestens 16 Landesbehörden einen Antrag auf Anerkennung stellen. Die Anzahl der zuständigen Behörden kann sich noch weiter erhöhen, wenn z. B. in einem Bundesland aufgrund der räumlichen

55 Siehe Appendix.

56 Richtlinie über die Anforderungen an Träger von Kursen zur Wiederherstellung der Kraftfahreignung (§ 70 FeV) und deren Begutachtung durch die Bundesanstalt für Straßenwesen vom 27.1.2014 (VkBl. S. 125).

Ausdehnung die Zuständigkeit auf mehrere Behörden verteilt wurde. Die konkrete Zuweisung der Zuständigkeit auf eine bestimmte Behörde ist in den Zuständigkeitsverordnungen der Länder beschrieben und geregelt.

Für die Bearbeitung des Antrags gibt es keine Fristen. Wohl aber gilt die jeweilige Geschäftsordnung der Behörde. In der Regel liegt die Bearbeitungszeit bei der ersten Zwischenantwort bis spätestens vier Wochen nach Posteingang. Die Bescheidung sollte innerhalb von drei Monaten erfolgen. Die Behörde hat gemäß § 25 Abs. 2 VwVfG eine bestimmte Beratungspflicht gegenüber dem Antragsteller. Sie „erörtert, soweit erforderlich, bereits vor Stellung eines Antrags mit dem zukünftigen Antragsteller, welche Nachweise und Unterlagen von ihm zu erbringen sind und in welcher Weise das Verfahren beschleunigt werden kann. Soweit es der Verfahrensbeschleunigung dient, soll sie den Antragsteller nach Eingang des Antrags unverzüglich Auskunft über die voraussichtliche Verfahrensdauer und die Vollständigkeit der Antragsunterlagen geben.“[57]

Diese Frist kann durch weitere nachzureichende Nachweise und Unterlagen, z. B. Vorlage des Berichts der Erstbegutachtung, verlängert werden. Mit der Antragstellung auf Anerkennung als Träger von Kursen zur Wiederherstellung der Kraftfahreignung hat der Träger bei der BASt die Erstbegutachtung als Träger von Kursen zur Wiederherstellung der Kraftfahreignung mit seinen Stellen zu beantragen. Wurde keine Erstbegutachtung beantragt, wird die nach Landesrecht zuständige Behörde den Träger dazu auffordern.

Mit dem schriftlichen Antrag sind bei der Anerkennungsbehörde die allgemeinen Unterlagen gemäß Anlage 15 zu § 70 Abs. 2, Abs. 1 Nummern 1 bis 5 vorzulegen. Der Gesetzgeber nutzte mit der letzten Änderung der Fahrerlaubnis-Verordnung die Gelegenheit, diese Normen neu zu bestimmen.

So ist der Antrag von einer vertretungsberechtigten Person des Trägers zu stellen. Gesellschaftsrechtlich gesehen muss dieser Vertretungsberechtigte eine Vertretungsbefugnis im Außenverhältnis (GmbH – Geschäftsführer, eingetragener Verein – Vorstandsmitglied) besitzen. Eine Vertretungsbefugnis kann auch auf andere Personen übertragen werden. Neu ist auch, dass der Träger mit Nachweisen über die Rechtsform einschließlich Informationen über die Organisation und die Leitung des Trägers, seine Tätigkeiten und seine Beziehungen zu einer übergeordneten Organisation darzulegen hat. Weiterhin sind die Anschriften aller Stellen im Zuständigkeitsbereich der jeweiligen Anerkennungsbehörde aufzuführen, in denen Kurse zur Wiederherstellung der Kraftfahreignung durchgeführt werden sollen. Für diese Stelle(n) ist/sind „eine Bescheinigung der zuständigen Stelle über die Erfüllung der Verordnung über Arbeitsstätten“ (Anlage 15 Abs. 1 Nummer 4 FeV) beizufügen. Dies bedeutet, dass die zuständigen Anerkennungsbehörden nicht mehr selbst die Räume der Stellen für Kurse zur Wiederherstellung

57 VwVfG § 25 Abs. 2.

der Kraftfahreignung überprüfen müssen. Diese Stellen für die Umsetzung der Verordnung über Arbeitsstätten sind in den einzelnen Bundesländern bei verschiedensten Behörden, zum Beispiel bei der „Gewerbeaufsicht" auf kommunaler Ebene oder bei den „Ämtern für Arbeitsschutz und Sicherheitstechnik" oder bei weiteren Landesbehörden, angesiedelt. Eine Liste der jeweiligen Landesbehörden kann bei der Bundesanstalt für Arbeitsschutz und Arbeitsmedizin (BAuA) eingesehen werden.[58] Sämtliche Stellen, wo Kurse zur Wiederherstellung der Kraftfahreignung durchgeführt werden sollen, müssen demnach in der amtlichen Anerkennung aufgeführt werden.

Schließlich ist eine Aufstellung von bereits vorliegenden Anerkennungsbescheiden des Trägers vorzulegen. Die Ausstellung muss die Anerkennungsbehörde(n) mit Aktenzeichen und Datum der Anerkennung(en) beinhalten. Kopien von Bescheiden sind auf Aufforderung vorzulegen. Nach Prüfung der Unterlagen wird die Anerkennungsbehörde den Antragsteller auffordern, ein Gutachten der BASt über eine Erstbegutachtung beizubringen.

Weitere Anforderungen werden im Absatz 2 der Anlage 15 FeV an den Antragsteller gerichtet. Einerseits sind allgemeine Bestimmungen aufgeführt, andererseits müssen spezielle Nachweise vorgelegt werden.

Besonders zu berücksichtigen sind bei der Würdigung des Antrags die unbestimmten Rechtsbegriffe „finanzielle und organisatorische Leistungsfähigkeit" (Anlage 15 Abs. 2 Nummer 1 FeV), „personelle und die sachlich-räumliche Ausstattung" (Anlage 15 Abs. 2 Nummer 2 FeV). Die finanzielle und organisatorische Leistungsfähigkeit wird mittels Nachweisen (Haftpflichtversicherung, Bescheinigung, dass das Unternehmen seinen jährlichen finanziellen Verpflichtungen nachkommt, z.B. Jahressteuerabschluss oder bei Beantragung der amtlichen Anerkennung eine Eröffnungsbilanz, eine Umsatz- und Rentabilitätsvorschau) belegt. Für seine organisatorische Leistungsfähigkeit muss der Träger für sein Unternehmen Unterlagen und Nachweise vorlegen, wie er in Zukunft als Träger sein Unternehmen organisieren will. Als Stichworte können dazu angeführt werden: Konzept, Infrastruktur, Personal, Aktenführung und Rechnungslegung, Kooperationen mit Dritten, Kontrollsystem.

Mit der personellen Mindestausstattung sind neben dem Vertretungsberechtigen des Trägers auch die/der Verantwortliche(n) und dessen Stellvertreter und die jeweiligen Kursleiter nachzuweisen.[59] Die jeweiligen Anforderungen für die Kursleiter sind gemäß Anlage 15 Abs. 2 Nummer 3 Buchstaben a) bis d) FeV an bestimmte Qualifikationen und Nachweise geknüpft:

a) den Abschluss eines Hochschulstudiums als Diplom-Psychologe oder einen gleichwertigen Master-Abschluss in Psychologie,

58 http://www.baua.de/de/Informationen-fuer-die-Praxis/Rechtsgrundlagen-und-Vorschriften/Arbeitsschutzsystem%20in%20Deutschland.html.

59 Richtlinie über die Anforderungen der Träger von Kursen zur Wiederherstellung der Kraftfahreignung (§ 70 FeV) und deren Begutachtung durch die Bundesanstalt für Straßenwesen vom 27.1.2014 (VkBl. 3/2014, S. 125, II. Ziffer 2 ff.).

b) eine verkehrspsychologische Ausbildung an einer Universität oder gleichgestellten Hochschule oder bei einer Stelle, die sich mit der Begutachtung oder Wiederherstellung der Kraftfahreignung befasst,
c) Kenntnisse und Erfahrungen in der Untersuchung und Begutachtung der Eignung von Kraftfahrern und
d) eine Ausbildung als Leiter von Kursen zur Wiederherstellung der Kraftfahreignung.

Die Kursleiter müssen entsprechend ihrer Qualifikation bestimmte Anforderungen erfüllen und nachweisen. Einzelne Mindestforderungen hat der Verordnungsgeber genannt. Während bei der „verkehrspsychologischen Ausbildung" eine Wahlmöglichkeit besteht, sind „Kenntnisse und Erfahrungen in der Untersuchung und Begutachtung der Eignung von Kraftfahrern" und die „Ausbildung als Kursleiter in Kursen für Kraftfahrer, die Zuwiderhandlungen gegen verkehrsrechtliche Vorschriften begangen haben" jeweils für sich nachzuweisen. Möglich wäre, die verkehrspsychologische Ausbildung und Kenntnisse und Erfahrungen in der Untersuchung und Begutachtung der Eignung von Kraftfahrern zusammen nachzuweisen. Gemäß den Anforderungen der BASt werden mindestens 20 Hospitationen an relevanten Begutachtungen als ausreichend angesehen. Dabei ist zu berücksichtigen, dass bestimmte Begutachtungen, z. B. vom Mindestalter, nicht relevant sind. Die Studiengänge „Master of Science Verkehrspsychologie" und der „Master Verkehrswesen" haben keinen Eingang in die Anlage 15 Absatz 2 Nr. 3 Buchstabe a) zu § 70 Absatz 2 FeV gefunden. Nur der Studiengang „Master of Science Verkehrspsychologie" ist über die „gleichwertigen Master-Abschlüsse" abgedeckt!

Die Ausbildung als Leiter von Kursen zur Wiederherstellung der Kraftfahreignung unterliegt bestimmten Mindestanforderungen; gemäß den Anforderungen der Träger von Kursen zur Wiederherstellung der Kraftfahreignung (§ 70 FeV) sind dies im Einzelnen:

- eine Einweisung von mindestens 16 Stunden in die theoretischen Grundlagen und die spezifischen Inhalte und Methoden des jeweiligen Kursprogramms,
- Ko-Moderationen von zwei vollständigen Kursen oder Ko-Moderation von einem vollständigen Kurs und Teilnahme an einem Musterkurs des jeweiligen Kursprogramms.

Hat ein Kursleiter bereits eine Ausbildung absolviert und kann eine einschlägige Berufserfahrung von mindestens 12 Kursen nachweisen, gilt für die weitere Ausbildung in einem neuen Kursprogramm als ausreichend, wenn eine Einweisung in die theoretischen Grundlagen und die spezifischen Inhalte und Methoden des jeweiligen Kursprogramms und Ko-Moderation von einem vollständigen Kurs oder Teilnahme an einem Musterkurs des jeweiligen Kursprogramms stattgefunden hat.[60]

60 Richtlinie über die Anforderungen der Träger von Kursen zur Wiederherstellung der Kraftfahreignung (§ 70 FeV) und deren Begutachtung durch die Bundesanstalt für Straßenwesen vom 27.1.2014 (VkBl. 3/2014, S. 125, II. Ziffer 2.3).

Bei der Beurteilung dieser Anforderungen besteht wenig Ermessensspielraum für die Anerkennungsbehörde, d. h., es läuft gegen Null. Dies bedeutet für einen Antragsteller, er muss selbst diese Anforderungen prüfen, bevor ein Kursleiter eingesetzt werden soll. Die jeweiligen Nachweise zu den Anforderungen sind bei der Anerkennungsbehörde vorzulegen. Die Anerkennungsbehörde ist aufgrund der bestehenden gesetzlichen Bestimmungen (Anforderungen an den Kursleiter) nicht verpflichtet, Kursleiter zu bestätigen. Die Träger können weitere Kursleiter nach erfolgter Anerkennung jeder Zeit anzeigen. Die Träger sind verpflichtet, die Voraussetzungen der neuen Kursleiter vor dem ersten Einsatz zu prüfen und diese Kursleiter von der Anerkennungsbehörde bestätigen zu lassen. Sollten die Voraussetzungen nicht ausreichend sein, wird die Anerkennungsbehörde den Einsatz der beantragten Kursleiter untersagen. Letztendlich werden in der amtlichen Anerkennung von der Anerkennungsbehörde nur bestätigte Kursleiter aufgeführt. In bestimmten Fällen können gemäß § 74 FeV Ausnahmen gewährt werden, wenn einzelne Nachweise nicht erbracht werden können. Ein Anspruch darauf besteht jedoch nicht.

Auf Antrag wird die BASt bei der Erstbegutachtung und danach bei den regelmäßigen Begutachtungen prüfen, ob die Kursleiter die festgelegten Qualifikationen und nachgewiesenen Tätigkeiten besitzen, die Ausbildung zum Kursleiter nachweisen und diese Anforderungen mit entsprechenden Nachweisen belegen können. Gemäß der amtlichen Anerkennung müssen die Träger von Kursen zur Wiederherstellung der Kraftfahreignung jährlich zum Ende des 1. Quartals neben den statistischen Angaben sämtliche Kursleiter namentlich bei der Anerkennungsbehörde anzeigen.

Die sachlich-räumliche Ausstattung (Anlage 15 Abs. 2 Nr. 2 FeV) wird mittels Erklärung über die Ausstattung und Einrichtung der Stellen, wo die Kurse zur Wiederherstellung der Kraftfahreignung von alkohol- oder drogenauffälligen Kraftfahrern stattfinden sollen, angezeigt. Damit zukünftig Doppelüberprüfungen vermieden werden, hat der Verordnungsgeber die Überprüfung der sachlichen Ausstattung geteilt. Gemäß Anlage 15 Abs. 1 Nummer 4 FeV werden durch die zuständige Stelle über die Erfüllung der Verordnung über Arbeitsstätten selbst die Stellen, d. h. die Räume mit ihren Zweckbestimmungen – z. B. Schulungsraum und dessen Ausstattung (Beleuchtung, Belüftung, Beheizung, Notfallplan, Feuerlöscher, Sanitätskasten usw.) – überprüft. Dafür wird eine Bescheinigung ausgestellt. Die BASt überprüft, ob dem Träger die notwendigen Räumlichkeiten zur Verfügung stehen. Darüber werden im Begutachtungsbericht entsprechende Anmerkungen aufgeführt. Im Rahmen der Erstbegutachtung werden durch die BASt die Stellen des Trägers vor Ort geprüft und in einem Gutachten gewürdigt. Schließlich steht es der Anerkennungsbehörde frei, die Stellen in Augenschein zu nehmen.

Mit der 4. Änderung der Fahrerlaubnis-Verordnung vom 18.7.2008[61] erfolgte die formale Trennung von Begutachtung und Therapie. Mit dem Erlass der

61 Vierte Verordnung zur Änderung der Fahrerlaubnis-Verordnung und anderer straßenverkehrsrechtlicher Vorschriften vom 18.7.2008 (BGBl. I S. 138).

10. Verordnung zur Änderung der Fahrerlaubnis-Verordnung und dem Inkrafttreten des § 70 mit der neuen Anlage 15 am 1.5.2014 hat der Verordnungsgeber den Wortlaut für die Träger von Kursen zur Wiederherstellung der Kraftfahreignung nochmals geändert. Demnach darf ein Träger, der Kurse zur Wiederherstellung der Kraftfahreignung anbietet und durchführt, nicht zugleich Träger von Maßnahmen der Fahrausbildung oder Träger von Begutachtungsstellen für Fahreignung sein. Diesbezügliche Maßnahmen sind im Qualitätsmanagementsystem des Trägers zu verankern. Der Träger von Kursen zur Wiederherstellung der Kraftfahreignung hat so auch die räumliche Trennung von Begutachtungsstellen für Fahreignung zu vollziehen. Entsprechend werden diesbezügliche Auflagen und Nebenbestimmungen im Anerkennungsbescheid formuliert.

Die Anforderungen an die Kurse sind in ihren Grundzügen in der Richtlinie über die Anforderungen der Träger von Kursen zur Wiederherstellung der Kraftfahreignung (§ 70 FeV) aufgeführt.[62] Im Erstanerkennungsverfahren ist ein Nachweis über das auf wissenschaftlicher Grundlage entwickelte Kursprogramm bei einer geeigneten unabhängigen Stelle vorzulegen. Diese unabhängige Stelle muss letztendlich das Kursprogramm bestätigen. Die Wirksamkeit der Kurse ist in einem nach dem Stand der Wissenschaft durchgeführten Bewertungsverfahren (Evaluation) nachzuweisen. Die erste Evaluation ist spätestens nach 6 Jahren nachzuweisen, danach sind die einzelnen Kursprogramme im regelmäßigen Verlauf von längstens 10 Jahren erneut zu evaluieren.[63] Deshalb sind die einzelnen Kursprogramme im Anerkennungsbescheid zu befristen. Kurse zur Wiederherstellung der Kraftfahreignung werden nur für alkohol- und drogenauffällige Kraftfahrer anerkannt, gemäß § 70 Abs. 1 Satz 1 FeV. Gegenwärtig sind bei der BASt folgende Kurse zur Wiederherstellung der Kraftfahreignung aufgeführt:[64]

- IRaK (Kurs für alkoholauffällige Kraftfahrer),
- IFT (Kurs für alkoholauffällige Kraftfahrer) in zwei verschiedenen Formen,
- SCHALK 70 (Kurs für alkoholauffällige Kraftfahrer),
- K 70 (Kurs für alkoholauffällige Kraftfahrer),
- CAR KURS (Kurs für alkoholauffällige Kraftfahrer),
- LEER (Kurs für alkoholauffällige Kraftfahrer),
- PLUS 70 (Kurs für alkoholauffällige Kraftfahrer),
- DRUGS (Kurs für drogenauffällige Kraftfahrer),
- SPEED-02 (Kurs für drogenauffällige Kraftfahrer),
- CLEAN (Kurs für drogenauffällige Kraftfahrer),
- GOOD (Kurs für drogenauffällige Kraftfahrer),
- IRIS KURS (Kurs für drogenauffällige Kraftfahrer).

62 Richtlinie über die Anforderungen der Träger von Kursen zur Wiederherstellung der Kraftfahreignung (§ 70 FeV) und deren Begutachtung durch die Bundesanstalt für Straßenwesen vom 27.1.2014 (VkBl. 3/2014, S. 125, II. Ziffer 4 ff.).

63 Anlage 15 zu § 70 Abs. 2 FeV, Abs. 3 letzter Satz.

64 http://www.bast.de/DE/FB-U/Qualitaetsbewertung/Begutachtung/Begutachtung_node.html (Stand: Oktober 2014, letzter Besuch 27.12.2014).

Während des Evaluationszeitraums dürfen seitens des Trägers keine substantiellen Änderungen (z. B. an den Eckdaten) vorgenommen werden, um die Ergebnisse nicht zu verfälschen. Letztlich gelten die Evaluationsergebnisse nur für das untersuchte Kursprogramm.[65] Messlatte für die Wirksamkeit eines Kurses zur Wiederherstellung der Kraftfahreignung ist der Referenzwert[66] [67] [68] über die Rückfallquote. Durch die unabhängige Stelle gemäß Anlage 15 Abs. 3 FeV sind entsprechende Referenzwerte festzulegen.

Gemäß Anlage 15 Abs. 2 Nummer 7 FeV wird eine amtliche Anerkennung erteilt, wenn der Träger von Stellen, die Kurse zur Wiederherstellung der Kraftfahreignung durchführen, die Erfüllung der Anforderungen der Richtlinie nach § 72 Abs. 2 Nummer 3 durch ein Gutachten der BASt nachweist (im Rahmen der Erstbegutachtung beschränkt sich dieser Nachweis auf die Erfüllung der Anforderungen in Bezug auf die Dokumentation des Qualitätsmanagements und die räumliche, sachliche und personelle Ausstattung); sofern der Träger bereits vollumfänglich anerkannt ist, ist in der Regel kein neues Gutachten vorzulegen, es reicht das letzte vorliegende Gutachten der Bundesanstalt aus. Dabei ist zu berücksichtigen, dass die BASt bei der Erstbegutachtung auf Antrag handelt. Sollte der Antragsteller selbst nicht die Begutachtung veranlasst haben, wird die Anerkennungsbehörde den Antragsteller auffordern, dies nachzuholen. Weiterhin gibt es regelmäßige Begutachtungen, welche spätestens vor Ablauf von zwei Jahren durchgeführt werden, und die Begutachtung aus besonderem Anlass, die nach Aufforderung durch die zuständige Anerkennungsbehörde durchgeführt wird. Schließlich überprüft die BASt bei neuen Kursprogrammen auf Antrag, ob die Anforderungen der Richtlinie[69] erfüllt werden.

Zukünftig wird durch die gesetzliche Vorgabe, Befristung der amtlichen Anerkennung, das behördliche Handeln vereinheitlicht. Die Vollzugsbehörden der Länder, die die Träger von Stellen, die Kurse zur Wiederherstellung der Kraftfahreignung durchführen, in ihrem Erlaubnisbereich anerkennen, haben auf ihrem jährlichen Workshop[70] diese Änderung begrüßt. Die Anerkennung ist auf längstens zehn Jahre zu befristen. Hinzu kommen die jeweiligen Befristungen der angebotenen Kursprogramme. Im Verlängerungsverfahren werden nochmals sämtliche Voraussetzungen geprüft, insbesondere die personellen, sachlichen und fachlichen Voraussetzungen. Alle Anerkennungsbehörden werden für den gleichen Träger von Stellen, die Kurse zur Wiederherstellung der Kraftfahreignung durchführen, die gleiche Befristung in der amtlichen Anerkennung festschreiben. Dies gilt auch für die Befristung der Kursprogramme.

---

65 Heinrich et al. (2009): S. 388.

66 „Leitfaden zur Anerkennung von Kursen zur Wiederherstellung der Kraftfahreignung" der Bundesanstalt für Straßenwesen (BASt).

67 http://psydok.sulb.uni-saarland.de/volltexte/2006/715/pdf/schmidt_01.pdf.

68 http://www.kba.de/nn_159782/DE/Statistik/Projekte/fp__neuerteilung__fahrerlaubnis.html.

69 Richtlinie über die Anforderungen der Träger von Kursen zur Wiederherstellung der Kraftfahreignung (§ 70 FeV) und deren Begutachtung durch die Bundesanstalt für Straßenwesen vom 27.1.2014 (VkBl. 03/2014, S. 128, II. Ziffer 4 ff.).

70 4. Workshop der Vollzugsbehörden FeV am 8.5.2012 in Berlin.

Inhaltlich sind die Anerkennungen in Form eines Bescheides gemäß § 37 VwVfG gestaltet. Örtlich können weitere Nebenbestimmungen gemäß Anlage 15 zu § 70 Abs. 2 FeV erlassen werden. Dabei ist die Behörde immer an die Rechtsgrundsätze der Verhältnismäßigkeit und des Gleichheitsprinzips gebunden.

Mit der amtlichen Anerkennung stellen einzelne Anerkennungsbehörden eine Anerkennungsurkunde aus. Diese hat nur deklaratorischen Charakter und gilt nur in Verbindung mit der Anerkennung. Die Anerkennungsurkunde ist eine Kurzform des Bescheides und immer dessen Bestandteil. Mit ihr kann nach außen aufgetreten werden, da sie in der Regel aus einer Seite besteht und in der Regel gesiegelt ist.

3.1 Eignung und Unabhängigkeit der Stelle nach Abs. 3 Anlage 15 (zu § 70 Abs. 2)

Der Verordnungsgeber hat im Anerkennungsverfahren und bei der Aufrechterhaltung der amtlichen Anerkennung für die Träger von Stellen, die Kurse zur Wiederherstellung der Kraftfahreignung durchführen, in der neugeschaffenen Anlage 15 zum § 70 Abs. 2 FeV eine geeignete unabhängige Stelle aufgeführt, die die wissenschaftliche Grundlage und die Geeignetheit der Kurse bestätigen muss.[71]

Für diese Stelle wurde noch kein konkretes Bestätigungsverfahren bekannt gegeben. Diese Verfahrenskosten unterliegen nicht der Gebührenordnung für Maßnahmen im Straßenverkehr, da dort die Prüfung der Voraussetzungen nicht aufgeführt ist. Wohl aber könnte die Gebührennummer 199 für die Berechnungen der Kosten für die Prüfung herangezogen werden.

Möglich wäre, insbesondere im Rahmen eines neuen, nach dem 1.5.2014 gestellten Antragsverfahrens, dass diese „Bestätigung“ (Anlage 15 Abs. 2 Nummer 6 FeV) mittels Ausnahmengenehmigung mit befristeter Auflage gemäß § 74 Abs. 3 FeV vorübergehend, bis Bekanntgabe der Stelle(n), befristet werden kann.

3.2 Übergangsrecht für Kurse zur Wiederherstellung der Kraftfahreignung nach altem Recht

Durch den Verordnungsgeber wurde im § 76 Nummer 17 FeV für die Träger, die Kurse zur Wiederherstellung der Kraftfahreignung nach § 70 durchführen, für drei Jahre ein Übergangsrecht zwischengeschaltet. Die bestehenden Anerkennungen von Kursen zur Wiederherstellung der Kraftfahreignung müssen bis zum Ablauf des 30.4.2017 den geänderten Vorschriften angepasst werden. Bis zu diesem Zeitpunkt ist der Anerkennungsbehörde ein Gutachten der Bundesanstalt vorzulegen, dass die ab dem 1.5.2014 geltenden Anforderungen gemäß der Anlage 15 Abs. 2 Nummer 7 erfüllt werden. Dies

71 Anlage 15 zu § 70 Abs. 2 FeV, Abs. 2, Nr. 6.

bedeutet einerseits, dass alle bestehenden Kurse zur Wiederherstellung der Kraftfahreignung und dessen Träger unter Besitzstand fallen. Andererseits fallen auch alle Kursleiter, die zum Zeitpunkt des Inkrafttretens der 10. Verordnung zur Änderung der Fahrerlaubnis-Verordnung als Kursleiter von einer Anerkennungsbehörde anerkannt waren, unter Besitzstand.

3.3 Rechtsfolgen bei Verstößen gegen die Voraussetzung auf amtliche Anerkennung eines Kurses zur Wiederherstellung der Kraftfahreignung

Erstmalig hat der Verordnungsgeber die Rücknahme und den Widerruf der amtlichen Anerkennung als Träger von Kursen zur Wiederherstellung der Kraftfahreignung gesetzlich geregelt. So ist gemäß § 70 Abs. 5 FeV die Anerkennung zurückzunehmen, wenn bei ihrer Erteilung eine der Voraussetzungen nach § 70 Abs. 2 FeV nicht vorgelegen hat und keine Ausnahme erteilt worden ist; davon kann abgesehen werden, wenn der Mangel nicht mehr besteht. Die Anerkennungsbehörde hat bei der Rücknahme kein Ermessen. Bei Zweifeln, ob die Voraussetzungen nach Abs. 2 vorliegen, kann die Anerkennungsbehörde eine Begutachtung aus besonderem Anlass anordnen. Der Träger ist verpflichtet, die hierdurch entstehenden Kosten zu tragen, wenn die nach Abs. 2 erforderlichen Voraussetzungen nicht oder nicht vollständig vorliegen. Gleiches gilt, wenn sich ein Verdacht nicht bestätigt, der Träger aber durch unsachgemäßes Verhalten eine Maßnahme der Anerkennungsbehörde veranlasst hat, gemäß § 70 Abs. 7 FeV, welcher auf § 66 Abs. 7 FeV verweist. Die amtliche Anerkennung enthält für die Rücknahme die Nebenbestimmung, dass bei einem Rücknahmeverfahren die Anerkennung unverzüglich der Anerkennungsbehörde im Original zurückzugeben ist.

Nach § 70 Abs. 6 FeV ist die Anerkennung zu widerrufen, wenn

- nachträglich eine der Voraussetzungen nach Abs. 2 weggefallen ist,
- die Wirksamkeit der Kurse nach dem Ergebnis eines nach dem Stand der Wissenschaft durchgeführten Bewertungsverfahrens (Evaluation) nicht nachgewiesen ist,
- die Kurse nicht ordnungsgemäß durchgeführt werden oder
- sonst ein grober Verstoß gegen die Pflichten aus der Anerkennung oder gegen Auflagen vorliegt.

Ein Widerrufsverfahren ist das härteste Mittel gegen einen Anerkennungsinhaber. Da der Verordnungsgeber von einem vorgeschalteten Ordnungswidrigkeitsverfahren keinen Gebrauch gemacht hat, hat die Anerkennungsbehörde in einem Widerrufsverfahren wenig Ermessensspielraum. Die Anerkennungsbehörde kann die Trägerschaft, ein oder alle Kursprogramme im Anerkennungsbereich oder beides widerrufen. Hat ein Träger keine Kursprogramme im Anerkennungsbereich, muss die Trägerschaft widerrufen werden, da der Verordnungsgeber die Trägerschaft und die Durchführung von Kursen zur Wiederherstellung der Kraftfahreignung verknüpft hat. Ein Widerspruch oder eine Anfechtungsklage gegen eine Anordnung Rücknahme und Widerruf haben keine aufschiebende Wirkung, gemäß § 70 Abs. 7 FeV, welcher auf § 66 Abs. 8 FeV verweist. Beide Verwaltungsverfahren sind kostenpflichtig gemäß Nummer 214.4 GebOSt. Die Kosten liegen zwischen 128,00 und 2.556,00 Euro.

Zum Widerruf einer amtlichen Anerkennung kann führen, wenn einzelne Voraussetzungen nicht mehr nachgewiesen werden oder nicht mehr nachgewiesen werden können. Ebenso kann die fehlende Umsetzung der Nummer 5 (alte Fassung – neu: Anlage 14 Abs. 2 Nummer 6: wenn der Träger einer Begutachtungsstelle für Fahreignung nicht zugleich Träger von Maßnahmen der Fahrausbildung oder von Kursen zur Wiederherstellung der Kraftfahreignung ist und keine Maßnahmen der Verhaltens- und Einstellungsänderung zur Vorbereitung auf eine Begutachtung der Fahreignung durchführt; Anmerkung: Im Beschluss auf S. 14 als Nr. 4 ausgewiesen.) zum Widerruf führen.[72] Der Widerruf war die Folge des Verstoßes gegen Nebenbestimmungen der amtlichen Anerkennung.

Möchte ein Träger vorübergehend nach erfolgter Evaluation seines Kurses zur Wiederherstellung der Kraftfahreignung keine Verlängerung der Befristung seiner amtlichen Anerkennung, so ist diese Haltung mit einem Verzicht gleichzusetzen. Die Anerkennungsbehörde wird in der Regel den Träger auf die endgültige Konsequenz hinweisen. Erfolgt keine weitere Reaktion des Trägers, erlischt die amtliche Anerkennung Kraft Gesetzes.

72 VG Schwerin, 7.8.2012, 3 B 300/12.

4 Qualitätssicherung bei Trägern von Begutachtungsstellen für Fahreignung

Manfred Weinand, Monika Wloka

Die Qualitätssicherung bei Trägern von Begutachtungsstellen für Fahreignung wurde Anfang 1999 mit der Änderung des Straßenverkehrsgesetzes (StVG) und der neu geschaffenen Verordnung über die Zulassung von Personen zum Straßenverkehr – Fahrerlaubnis-Verordnung (FeV) rechtlich verankert. Die Träger von Begutachtungsstellen für Fahreignung mussten gemäß § 72 FeV für die Durchführung der medizinisch-psychologischen Begutachtung der Fahreignung eine Akkreditierung nachweisen.[73] Die Aufgaben der Akkreditierung wurden der Bundesanstalt für Straßenwesen (BASt) per Gesetz (§ 6 StVG) übertragen. Die BASt als akkreditierende Stelle sollte neben der fachlichen Kompetenz auch die für eine Akkreditierung erforderliche Neutralität, Unabhängigkeit und Vertrauenswürdigkeit gewährleisten.[74]

Ziele der Akkreditierung im Fahrerlaubniswesen waren die Sicherung einer gleichmäßig hohen Dienstleistungsqualität und einer bundesweiten Einheitlichkeit der Bezugsnormen und Bewertungsmaßstäbe. Ferner war mit der Akkreditierung die Erwartung einer effizienteren staatlichen Aufsicht verbunden.[75]

Durch die Neuordnung der Akkreditierung und Marktüberwachung in der Europäischen Union war es auch in Deutschland erforderlich, die unterschiedlichen Akkreditierungsaufgaben ab dem Jahr 2010 in nur einer einzigen nationalen Akkreditierungsstelle zu bündeln. Als neue nationale Akkreditierungsstelle wurde die Deutsche Akkreditierungsstelle GmbH (DAkkS) eingerichtet, eine beliehene Stelle mit dem gesetzlichen Auftrag, „die Kompetenz von Konformitätsbewertungsstellen durch das Instrument der Akkreditierung“[76] festzustellen. Das damalige Bundesministerium für Verkehr, Bau und Stadtentwicklung (BMVBS) hat daraufhin die BASt beauftragt, zur Prüfung der Erfüllung der Qualitätsanforderungen u. a. bei den Trägern von Begutachtungsstellen für Fahreignung statt der Akkreditierung ab dem 1. Januar 2010 Begutachtungen durchzuführen. Die für die Begutachtungstätigkeit der BASt erforderliche Ermächtigungsgrundlage wurde durch das Gesetz zur Änderung des Straßenverkehrsgesetzes und des Kraftfahrsachverständigengesetzes vom 2. Dezember 2010 geschaffen.[77]

Auf die bisherige Akkreditierung im Fahrerlaubniswesen und die Umstellung auf ein Begutachtungsverfahren durch Änderung der gesetzlichen Ermäch-

---

73 Dies galt auch für die Träger von Stellen, die Kurse zur Wiederherstellung der Kraftfahreignung durchführen, und die Träger von Technischen Prüfstellen (Bereich Fahrerlaubnisprüfungen).

74 Vgl. hierzu und zu den weiteren Ausführungen: Weinand, M. (2014): Qualitätssicherung im Fahrerlaubniswesen. In: Himmelreich, K. & Halm, W. (Hrsg.): Handbuch des Fachanwalts Verkehrsrecht, 5. überarbeitete und erweiterte Auflage. Köln: Luchterhand, S. 2 175–2 187.

75 VkBl., 1998, S. 1097.

76 Barz, N., Dieser, O. & Valbuena, A. (2013): Akkreditierung als Instrument der Kompetenzbestätigung. DIN Mitteilungen, Heft 9, S. 11–14, 12.

77 BGBl., 2010, S. 1748.

tigungsgrundlage im StVG und der entsprechenden FeV-Regelungen wird in den Kapiteln 9.4.1 und 9.4.2 näher eingegangen.

4.1 Qualitätssicherung durch Akkreditierung

4.1.1 Einführung

Die Akkreditierung ist ein wichtiges Instrument des gemeinsamen Europäischen Binnenmarktes, um das Inverkehrbringen von Produkten zu erleichtern, um die Sicherheit und Gesundheit der Bürger zu gewährleisten und um die Umwelt zu schützen.

Unter Akkreditierung in dem hier verwendeten Sinne versteht man nach der internationalen Norm DIN EN ISO/IEC 17011 „die Bestätigung durch eine dritte Seite, die formal darlegt, dass eine Konformitätsbewertungsstelle die Kompetenz besitzt, bestimmte Konformitätsbewertungsaufgaben durchzuführen.“[78] Die Akkreditierung ist also eine Bestätigung der Kompetenz von Konformitätsbewertungsstellen und nur Konformitätsbewertungsstellen werden im oben genannten Sinne akkreditiert.

Nach der Verordnung (EG) Nr. 765/2008 des Europäischen Parlaments und des Rates vom 9. Juli 2008 über die Vorschriften für die Akkreditierung und Marktüberwachung im Zusammenhang mit der Vermarktung von Produkten und zur Aufhebung der Verordnung (EWG) Nr. 339/93 des Rates wird Akkreditierung folgendermaßen definiert:

„Bestätigung durch eine nationale Akkreditierungsstelle, dass eine Konformitätsbewertungsstelle die in harmonisierten Normen festgelegten Anforderungen und gegebenenfalls zusätzliche Anforderungen, einschließlich solcher in relevanten sektorialen Akkreditierungssystemen, erfüllt, um eine spezielle Konformitätsbewertungstätigkeit durchzuführen.“[79]

Die Definition wird also noch präzisiert dahingehend, dass diese Tätigkeit von einer nationalen Akkreditierungsstelle durchgeführt wird, und dass die Konformitätsbewertungsstelle konkrete Anforderungen zu erfüllen hat, nämlich in harmonisierten Normen festgelegte und gegebenenfalls zusätzliche Anforderungen.

Durch eine Konformitätsbewertung wird der Nachweis geführt, dass spezifische Anforderungen an ein Produkt, ein Verfahren, eine Dienstleistung, ein System, eine Person oder eine Stelle erfüllt sind. Damit schließt Konformitätsbewertung Tätigkeiten wie z. B. Prüfungen, Zertifizierungen und Inspektionen ein.[80]

---

78 DIN EN ISO/IEC 17011:2005. Konformitätsbewertung – Allgemeine Anforderungen an Akkreditierungsstellen, die Konformitätsbewertungsstellen akkreditieren. Berlin: Beuth, S. 10.

79 Verordnung (EG) Nr. 765/2008 des Europäischen Parlaments und des Rates vom 9. Juli 2008 über die Vorschriften für die Akkreditierung und Marktüberwachung im Zusammenhang mit der Vermarktung von Produkten und zur Aufhebung der Verordnung (EWG) Nr. 339/93 des Rates. Amtsblatt der Europäischen Union (ABl. EU) Nr. L 218 v. 13.8.2008, S. 30–47, 35.

80 ABl. EU Nr. L 218 v. 13.8.2008, S. 35; Weinand (2014): Qualitätssicherung.

Das Ziel der Akkreditierung ist in jedem Fall eine unparteiische Prüfung der Kompetenz von Konformitätsbewertungsstellen, das heißt, ob diese Stellen in der Lage sind, bestimmte Konformitätsbewertungsaufgaben auszuführen. Das Ergebnis der Akkreditierung soll Kunden der Konformitätsbewertungsstellen, Behörden und der Öffentlichkeit zeigen, auf welchem Gebiet Kompetenz besteht, und sie soll Vertrauen in die Ergebnisse der Konformitätsbewertungsstellen schaffen.

Im nachfolgenden Schaubild ist der hierarchische Ablauf von Akkreditierung und Konformitätsbewertung dargestellt.[81]

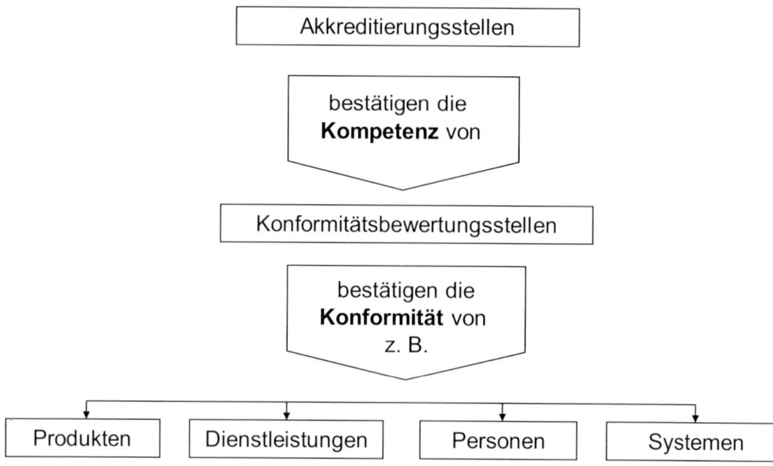

Bild 9.1 Ablauf von Akkreditierung und Konformitätsbewertung

Ein weiteres und wesentliches Ziel in Europa ist es, durch die Akkreditierung den grenzüberschreitenden Handel zu erleichtern. Dies kann dadurch erreicht werden, dass die Akkreditierungen und die Ergebnisse der akkreditierten Stellen anerkannt werden durch private Vereinbarungen zur gegenseitigen Anerkennung oder durch europäische Festlegungen über die Anerkennung der durch die Mitgliedsstaaten in Europa notifizierten Stellen. Deshalb ist eine der wichtigsten Aufgaben der Akkreditierungsstellen, die in Europa und weltweit in Akkreditierungsorganisationen tätig sind, die Vergleichbarkeit von Konformitätsbewertungsergebnissen zu sichern und damit die Grundlage für das Vertrauen in die Ergebnisse und die Bewertungen zu schaffen.

Mit der Akkreditierung und der Anerkennung von Zertifikaten und Prüfberichten sollen insbesondere mehrfache Prüfungen von Produkten verhindert und der Warenverkehr erleichtert werden.

Das Ziel, mit der Akkreditierung Vertrauen zu schaffen, nutzt nicht nur Europa bei der Schaffung des europäischen Binnenmarktes. Es hat sich auch als Mittel für den Gesetzgeber bewährt, um Voraussetzungen für das Tätig-

81 Weinand (2014): Qualitätssicherung, S. 2 177.

werden von Konformitätsbewertungsstellen zu überprüfen, insbesondere in solchen sensiblen Bereichen wie Verbraucher-, Gesundheits-, Arbeits- und Umweltschutz.

Die Konformitätsbewertungsstellen nutzen die Akkreditierung natürlich auch, um Vertrauen in ihre Ergebnisse auf dem Markt und bei ihren Kunden zu schaffen und ihre eigene Kompetenz zu demonstrieren im sogenannten gesetzlich nicht geregelten Bereich.

4.1.2 Akkreditierung im Fahrerlaubniswesen in Deutschland

Wie bereits ausgeführt, erfolgte die Qualitätssicherung im Fahrerlaubniswesen von Anfang 1999 bis Ende 2009 im Zuge einer Akkreditierung der jeweiligen Trägerorganisationen durch die BASt. Durch eine Akkreditierung soll das Vertrauen der Kunden, des Gesetz- und Verordnungsgebers wie auch der Öffentlichkeit in die Kompetenz und Objektivität der akkreditierten Stellen (Konformitätsbewertungsstellen) gestärkt werden. Wesentliche Voraussetzung hierfür ist eine fachgerechte Prüfung und Kontrolle durch eine bevollmächtigte Akkreditierungsstelle, die unparteiisch gegenüber den von ihr begutachteten Konformitätsbewertungsstellen und deren Kunden ist und nicht gewinnbringend arbeitet.[82]

Die rechtlichen Grundlagen für die Akkreditierung im Fahrerlaubniswesen und die Einrichtung einer entsprechenden Akkreditierungsstelle in der BASt am 1. Juni 1998 waren § 6 StVG als Ermächtigungsgrundlage und § 72 FeV. Die von den Trägern zu entrichtenden Gebühren für die Akkreditierung waren in der Gebührenordnung für Maßnahmen im Straßenverkehr (GebOSt) festgelegt. Mit der Vierten Verordnung zur Änderung der FeV und anderer straßenverkehrsrechtlicher Vorschriften vom 18. Juli 2008[83] wurden die für die Akkreditierung im Fahrerlaubniswesen relevanten und in § 72 FeV rechtlich verankerten Normen geändert. Die Aufgaben der Akkreditierung wurden seither von der BASt nicht mehr nach der DIN EN 45010 (Allgemeine Anforderungen an die Begutachtung und Akkreditierung von Zertifizierungsstellen),[84] sondern nach der Nachfolgenorm DIN EN ISO/IEC 17011 (Konformitätsbewertung – Allgemeine Anforderungen an Akkreditierungsstellen, die Konformitätsbewertungsstellen akkreditieren)[85] wahrgenommen. In der internationalen Akkreditierungsnorm DIN EN ISO/IEC 17011 ist das Verfahren für die Überwachung und die Wiederholungsbegutachtung mit dem Ziel der erneuten Akkreditierung (Reakkreditierung) konkreter gestaltet und es wird ausdrücklich darauf hingewiesen, dass eine Akkreditierungsstelle keine Dienstleistungen zur Konformitätsbewertung anbieten darf, das heißt, nicht in Konkurrenz zu Konformitätsbewertungsstellen treten darf (Wettbewerbsverbot). Diese Forderung wie auch die Möglichkeit außerordentlicher

---

82 Vgl. Weinand (2014): Qualitätssicherung.

83 BGBl. I 2008, S. 1338 ff.

84 DIN EN 45010:1998. Allgemeine Anforderungen an die Begutachtung und Akkreditierung von Zertifizierungsstellen. Berlin: Beuth.

85 DIN EN ISO/IEC 17011:2005.

Begutachtungsbegehungen durch eine Akkreditierungsstelle waren im Rahmen der Akkreditierung im Fahrerlaubniswesen bereits vor Einführung der internationalen Akkreditierungsnorm realisiert.[86]

Durch die Vierte Verordnung zur Änderung der FeV und anderer straßenverkehrsrechtlicher Vorschriften vom 18. Juli 2008 wurde in § 72 FeV auch die seit 1999 für die Träger geltende Norm DIN EN 45013 (Allgemeine Kriterien für Stellen, die Personal zertifizieren)[87] durch die internationale Norm DIN EN ISO/IEC 17020 (Allgemeine Kriterien für den Betrieb verschiedener Typen von Stellen, die Inspektionen durchführen)[88] abgelöst. Die DIN EN ISO/IEC 17024[89] als Nachfolgenorm für die DIN EN 45013 konnte 2008 nicht herangezogen werden, da einzelne Forderungen dieser Norm (u. a. eingeschränkte Gültigkeit der ausgestellten Zertifikate, regelmäßige Überwachung der zertifizierten Personen) für die Träger im Fahrerlaubniswesen nicht erfüllbar sind. Ihre Dienstleistungen im akkreditierten Bereich konnten daher nicht mehr als Personenzertifizierung im Sinne der Norm DIN EN ISO/IEC 17024 eingestuft werden.[90]

Wie in der amtlichen Begründung zur FeV ausgeführt, stellte die Akkreditierung der Trägerorganisationen im Fahrerlaubniswesen durch die BASt selbst keinen Verwaltungsakt dar, sondern hatte gutachterliche Funktion für die Anerkennungsbehörde.[91] Das Vorliegen eines Verwaltungsakts im Sinne von § 35 Verwaltungsverfahrensgesetz (VwVfG) ist auch nach Auffassung von Geiger[92] zu verneinen. So war gemäß Anlage 14 FeV die Akkreditierung auch nur eine von mehreren Voraussetzungen für die amtliche Anerkennung als Begutachtungsstelle für Fahreignung durch die zuständige Landesbehörde.[93]

4.1.3 Akkreditierung im europäischen System

In Europa ist die Akkreditierung unmittelbar mit der Schaffung des europäischen Binnenmarktes und dem Inverkehrbringen von Produkten verbunden. 1985 wurde der sogenannte New Approach in Europa veröffentlicht mit dem Ziel, gleiche Voraussetzungen für den innereuropäischen Handel für alle Produkte zu schaffen. Der Hersteller sollte demonstrieren, dass das Produkt sicher ist und als Werkzeug wurden harmonisierte Normen und EU-Richtlinien verwendet.

In den Jahren danach bis 1993 wurden diese Regelungen durch den sogenannten Global Approach ergänzt. Es wurden Module ausgearbeitet, die

86 Vgl. Weinand (2014): Qualitätssicherung.
87 DIN EN 45013:1990. Allgemeine Kriterien für Stellen, die Personal zertifizieren. Berlin: Beuth.
88 DIN EN ISO/IEC 17020:2004. Allgemeine Kriterien für den Betrieb verschiedener Typen von Stellen, die Inspektionen durchführen. Berlin: Beuth.
89 DIN EN ISO/IEC 17024:2003. Allgemeine Anforderungen an Stellen, die Personen zertifizieren. Berlin: Beuth.
90 Vgl. Weinand (2014): Qualitätssicherung, S. 2 178.
91 VkBl., 1998, S. 1097.
92 Geiger, H. (2009): Die Akkreditierung von Begutachtungsstellen für Fahreignung und von Kursen zur Wiederherstellung der Fahreignung. *Blutalkohol*, S. 65–72, 65.
93 Weinand (2014): Qualitätssicherung, S. 2 179.

angefangen von der Herstellererklärung bis zur Drittparteizertifizierung durch sogenannte notifizierte Stellen den Prüfumfang für bestimmte Produkte in Verbindung mit EG-Richtlinien beschreiben.

Der technische Fortschritt und der erhebliche Anstieg des internationalen Waren- und Dienstleistungsverkehrs machten eine Anpassung des bestehenden Rechtsrahmens zunehmend erforderlich. Das Vorgehen der notifizierten Stellen, die nicht in jedem Fall akkreditiert sein mussten, aber deren Ergebnisse innerhalb der europäischen Kommission anzuerkennen waren, war in vielen Fällen nicht harmonisiert.

Die EU-Mitgliedsstaaten hatten verschiedene Verfahren bei der Anerkennung dieser notifizierten Stellen und der vorgesehene Erfahrungsaustausch dieser Stellen erbrachte nicht die gewünschten Ergebnisse. So kam es innerhalb der EU zu fehlendem Vertrauen in die Ergebnisse der Konformitätsbewertungsstellen und das Hauptziel der europäischen Gesetzgebung, die Vergleichbarkeit der Prüfergebnisse und Zertifikate, wurde verfehlt.

Das war der Grund, weshalb im Jahr 2008 das „Goods package" verabschiedet wurde, das wesentliche Konsequenzen für die Akkreditierung und Marktüberwachung in Europa hat. Im Wesentlichen sind hier folgende Regelungen zu nennen:

- Verordnung (EG) Nr. 765/2008 des Europäischen Parlaments und des Rates vom 9. Juli 2008 über die Vorschriften für die Akkreditierung und Marktüberwachung im Zusammenhang mit der Vermarktung von Produkten und zur Aufhebung der Verordnung (EWG) Nr. 339/93 des Rates,[94]
- Beschluss Nr. 768/2008 (EG) des Europäischen Parlaments und des Rates vom 9. Juli 2008 über einen gemeinsamen Rechtsrahmen für die Vermarktung von Produkten und zur Aufhebung des Beschlusses 93/465/EWG des Rates,[95]
- Verordnung (EG) Nr. 764/2008 zur Festlegung von Verfahren im Zusammenhang mit der Anwendung bestimmter nationaler technischer Vorschriften für Produkte, die in einem anderen Mitgliedsstaat rechtmäßig in Verkehr gebracht worden sind, und zur Aufhebung der Entscheidung Nr. 3052/95/EG.[96]

Die Verordnung 765/2008 ist ein unmittelbar anzuwendendes Rechtsinstrument und gilt direkt in allen EU-Staaten. Sie gibt allen Mitgliedsstaaten klare und einheitliche Vorgaben für die Organisation und Durchführung der Akkreditierung. Wesentliche Elemente sind, dass der Mitgliedsstaat die Pflicht hat, zum 1. Januar 2010 eine einzige nationale Akkreditierungsstelle einzurichten. Es muss keine staatliche Behörde sein, aber der Mitgliedsstaat trägt die Verantwortung für diese Akkreditierungsstelle, sodass die Akkreditierung als hoheitliche Tätigkeit eingestuft wird.

94 ABl. EU Nr. L 218 v. 13.8.2008, S. 30–47.
95 ABl. EU Nr. L 218 v. 13.8.2008, S. 82–128.
96 ABl. EU Nr. L 218 v. 13.8.2008, S. 21–29.

Es wird darauf verwiesen, dass die Aufgaben der Akkreditierung unabhängig und klar getrennt von anderen Behörden, z. B. auch der Marktüberwachung, durchgeführt werden sollen. Die Akkreditierungsstelle darf nicht gewinnorientiert arbeiten oder selbst Konformitätsbewertungen durchführen und keinerlei kommerzielle Beratungsdienstleistungen anbieten. Sie kann aber neben den gesetzlich vorgeschriebenen Akkreditierungen auch Akkreditierungen im freiwilligen Bereich durchführen.

Die Anforderungen an die Akkreditierungsstellen orientieren sich an der internationalen Normung (DIN EN ISO/IEC17011).[97] Alle nationalen Akkreditierungsstellen in Europa sollen sich einem sogenannten „Peer Evaluation System“ unterziehen, das heißt, sie sollen sich gegenseitig regelmäßig überprüfen und dafür sorgen, dass die Ergebnisse der Akkreditierungen anerkannt werden können. In der Verordnung wird davon ausgegangen, dass die nationalen Behörden der Mitgliedsstaaten die Akkreditierungen aller nationalen Akkreditierungsstellen in Europa akzeptieren.

4.1.4 Umsetzung der europäischen Forderungen an die Akkreditierung in Deutschland

In Deutschland gab es bis Ende 2009 mehrere Akkreditierungsstellen, die sich größtenteils unter dem Dach des Deutschen Akkreditierungsrates (DAR) zusammengeschlossen und einheitliche horizontale Regeln des DAR angewendet hatten. Viele Akkreditierungsstellen waren über dieses System international anerkannt in der Europäischen Akkreditierungsorganisation EA (European co-operation for Accreditation) und in den internationalen Organisationen ILAC (International Laboratory Accreditation Cooperation) und IAF (International Accreditation Forum).

Mit der europäischen Verordnung 765/2008 war es nun erforderlich, in Deutschland ebenfalls eine nationale Akkreditierungsstelle zu gründen. Für die Tätigkeit dieser nationalen Akkreditierungsstelle war es notwendig, eine entsprechende Rechtsgrundlage zu verabschieden. Das Gesetz über die Akkreditierungsstelle (AkkStelleG) vom 31. Juli 2009 legte die Rechtsgrundlagen für die Schaffung einer solchen Akkreditierungsstelle fest.[98] Im Gesetz wurden geregelt:

- Aufgaben und Befugnisse der Akkreditierungsstelle,
- Zusammenarbeit mit den Behörden bei Akkreditierung im gesetzlich geregelten Bereich,
- Vorgaben zur Einbindung interessierter Kreise,
- Benutzung des Akkreditierungssymbols,
- Übergang bestehender Überwachungspflichten,
- Organisationsform der Akkreditierungsstelle.

97 DIN EN ISO/IEC 17011:2005.
98 BGBl. I 2009, S. 2625–2628.

Bei der Umsetzung hatte das damalige Bundesministerium für Wirtschaft und Technologie die Federführung. Dort wurde ein sogenannter Aufbaustab gegründet, der in Zusammenarbeit mit allen betroffenen Bundesressorts, mit dem DAR, den Akkreditierungsstellen und mit den interessierten Kreisen die Gründung einer neuen Akkreditierungsstelle vorbereitete.

Neben dem Gesetz über die Akkreditierungsstelle (AkkStelleG) wurden eine Beleihungsverordnung (Verordnung über die Beleihung der Akkreditierungsstelle nach dem Akkreditierungsstellengesetz (AkkStelleGBV) vom 21. Dezember 2009)[99] für die Übertragung der hoheitlichen Aufgaben an die Akkreditierungsstelle, eine Kostenverordnung (Kostenverordnung der Akkreditierungsstelle (AkkStelleKostV) vom 21. Dezember 2009)[100], die die Gebühren der Akkreditierungsstelle festlegt, sowie eine Symbolverordnung (Verordnung zur Gestaltung und Verwendung des Akkreditierungssymbols der Akkreditierungsstelle (SymbolVO) vom 15. Dezember 2009)[101] zur Gestaltung und Verwendung des Akkreditierungssymbols der Akkreditierungsstelle verabschiedet.

Am 1. Januar 2010 hat dann die neue Deutsche Akkreditierungsstelle GmbH (DAkkS) ihre Arbeit aufgenommen. Wenn eine Konformitätsbewertungsstelle aus gesetzlich vorgeschriebenen Gründen eine Akkreditierung benötigt oder wenn sie freiwillig eine Akkreditierung wünscht, muss sie diese nationale Akkreditierungsstelle nutzen.

Die Akkreditierungsstelle DAkkS ist entstanden durch die Verschmelzung der privaten Akkreditierungsstellen DGA (Deutsche Gesellschaft für Akkreditierung mbH), die vorher schon eine Zusammenführung von TGA (Trägergemeinschaft für Akkreditierung GmbH)/DATech (Deutsche Akkreditierungsstelle Technik GmbH), DAP (Deutsches Akkreditierungssystem Prüfwesen GmbH) und DACH (Deutsche Akkreditierungsstelle Chemie GmbH) war, und des DKD (Deutscher Kalibrierdienst).

Der DAkkS wird, wie im Gesetz festgelegt, ein Akkreditierungsbeirat zur Seite gestellt, der im damaligen Bundesministerium für Wirtschaft und Technologie gegründet wurde und dessen Geschäftsstelle in der Bundesanstalt für Materialforschung und -prüfung (BAM) angesiedelt ist. In diesem Akkreditierungsbeirat, in dem alle interessierten Kreise, insbesondere auch die Bundesressorts, vertreten sind, werden die wesentlichen Regeln zur Akkreditierung festgelegt. Weitere Aufgaben sind die Förderung der Nutzung der Akkreditierung als vertrauensbildendes Element der Konformitätsbewertung sowie die Koordinierung der deutschen Vertretung und Haltung bei den Sitzungen der Europäischen Kooperation für Akkreditierung (EA).

99 BGBl. I 2009, S. 3962–3963.
100 BGBl. I 2009, S. 3964–3966.
101 BGBl. I 2009, S. 3870.

4.2 Begutachtung statt Akkreditierung im Fahrerlaubniswesen

Mit der Entwicklung eines Akkreditierungssystems für das Fahrerlaubniswesen in Deutschland betrat die BASt seinerzeit Neuland, da es für die Anwendung der entsprechenden Europäischen Normen (DIN EN 45010 und DIN EN 45013) auf den Bereich des Fahrerlaubniswesens keine Vorbilder gab. Mit Unterstützung der von der BASt eingerichteten Fachausschüsse konnten Verfahren und Anforderungen etabliert werden, die sich in der Akkreditierungspraxis bewährt haben und auf Trägerseite wie auch in Fachkreisen Anerkennung und Akzeptanz gefunden haben. Die etablierten Begutachtungsverfahren und Qualitätsanforderungen wurden im Zuge des kontinuierlichen Verbesserungsprozesses laufend auf ihre Tauglichkeit und Angemessenheit hin überprüft und dem wissenschaftlichen Erkenntnisstand sowie bei Änderungen der zugrunde liegenden Rechtsvorschriften, Normen und Leitlinien entsprechend angepasst.[102]

Aufgrund der Neuordnung der Akkreditierung hat sich der Gesetz- und Verordnungsgeber dafür ausgesprochen, die in den zurückliegenden Jahren durch das Fachwissen der BASt und deren Qualitätsstandards gewährleistete Qualitätssicherung im Fahrerlaubniswesen aufrechtzuerhalten.[103] Das damalige BMVBS hat daraufhin die BASt beauftragt, zur Prüfung der Erfüllung der Qualitätsanforderungen durch die Trägerorganisationen anstelle der Akkreditierung ab dem 1. Januar 2010 Begutachtungen nach den veröffentlichten Verfahren und Anforderungen durchzuführen, die von den zuständigen Länderbehörden im Rahmen der amtlichen Anerkennung und der Fachaufsicht berücksichtigt werden. Auch die Akkreditierung im Fahrerlaubniswesen stellte, worauf bereits in Kapitel 9.4.1.2 hingewiesen wurde, nach der amtlichen Begründung zur FeV selbst keinen Verwaltungsakt dar, sondern hatte gutachterliche Funktion für die Anerkennungsbehörde.[104] Die am 1. Juni 1998 als eigene Organisationseinheit in der Abteilung „Verhalten und Sicherheit im Verkehr“ der BASt eingerichtete Akkreditierungsstelle Fahrerlaubniswesen wurde Anfang 2010 aufgrund des ministeriellen Auftrags in „Begutachtungsstelle Fahrerlaubniswesen“ umbenannt.

Die Änderung der entsprechenden Ermächtigungsgrundlage für die Begutachtungstätigkeit der BASt erfolgte durch das Gesetz zur Änderung des Straßenverkehrsgesetzes und des Kraftfahrsachverständigengesetzes vom 2. Dezember 2010; u.a. wurde in § 6 Buchstaben d), k) StVG das Wort „Akkreditierung“ durch die Wörter „Begutachtung, einschließlich der verfahrensmäßigen und fachwissenschaftlichen Anforderungen“ ersetzt.[105]

102 Vgl. Weinand, M. (2006): Quality Assurance in Driving Licensing – Experiences and Perspectives. In: Nickel, W.-R. & Sardi, P. (Hrsg.): Fit to Drive. 1st International Traffic Expert Congress, S. 111–114. Bonn: Kirschbaum Verlag; Weinand (2014): Qualitätssicherung.

103 BGBl. I 2010, S. 1748; vgl. auch BR-Drucksache 78/14 vom 26.2.2014.

104 VkBl., 1998, S. 1097.

105 Vgl. Weinand (2014): Qualitätssicherung.

Die entsprechende Aufhebung des Bezugs zur Akkreditierung in der FeV und der GebOSt erfolgte durch die Zehnte Verordnung zur Änderung der Fahrerlaubnis-Verordnung und anderer straßenverkehrsrechtlicher Vorschriften.[106] In dem für die Begutachtungstätigkeit der BASt relevanten § 72 FeV „Begutachtung“[107] ist u. a. geregelt, dass sich die Träger von Begutachtungsstellen für Fahreignung nach § 66[108] hinsichtlich der Erfüllung der jeweiligen für sie geltenden fachlichen Anforderungen von der BASt begutachten lassen müssen. In § 72 FeV ist des Weiteren geregelt, dass bei Trägern von Begutachtungsstellen für Fahreignung

- die Begutachtung die Erstbegutachtung, die regelmäßige Begutachtung, die Gutachtenüberprüfung und die Begutachtung aus besonderem Anlass umfasst,
- die „Richtlinie über die Anforderungen an Träger von Begutachtungsstellen für Fahreignung (§ 66 FeV) und deren Begutachtung durch die Bundesanstalt für Straßenwesen“[109] die Grundlage für die Begutachtung ist,
- das unter Berücksichtigung der Stellungnahme des Trägers gefertigte Gutachten der BASt dem Träger sowie den nach Landesrecht für die amtliche Anerkennung zuständigen Behörden übersandt wird.[110]

Wie die Akkreditierungsstelle ist auch die „Begutachtungsstelle Fahrerlaubniswesen“ in das Qualitätsmanagement (QM)-System der BASt eingebunden, ergänzt dieses System durch spezifische QM-Regelungen (Prozessbeschreibungen) im Zusammenhang mit der Qualitätssicherung im Fahrerlaubniswesen und weist u. a. im Rahmen interner Audits die Erfüllung der für sie geltenden Qualitätsanforderungen sowie die wirksame Anwendung des QM-Systems nach. Dies schließt auch die strikte Beachtung der Bestimmungen des Bundesdatenschutzgesetzes ein. Zur Gewährleistung der Objektivität und Unparteilichkeit der Begutachtungstätigkeit der BASt wird – wie schon die Akkreditierungsstelle Fahrerlaubniswesen – auch die „Begutachtungsstelle Fahrerlaubniswesen“ als separate Organisationseinheit geführt, die nicht in die Forschung auf den von ihr begutachteten Gebieten eingebunden ist. Zudem bietet die BASt in den von ihr fachlich begutachteten Tätigkeitsbereichen keine Dienstleistungen und den Trägerorganisationen auch keine Beratungen an, die über die fachliche Erläuterung von Verfahren und Anforderungen hinausgehen. In Fach- und Verfahrensfragen wird die „Begutachtungsstelle Fahrerlaubniswesen“ der BASt durch Fachausschüsse beraten, denen neben Vertretern der Trägerorganisationen ein Vertreter des zuständigen Bund-Länder-Fachausschusses, Verkehrsjuristen sowie unabhängige Fachexperten angehören.[111]

---

106 BGBl. I 2014, S. 348 ff.

107 BGBl. I 2014, S. 352.

108 Richtlinie über die Anforderungen an Träger von Begutachtungsstellen für Fahreignung (§ 66 FeV) und deren Begutachtung durch die Bundesanstalt für Straßenwesen. Verkehrsblatt (VkBl.), 2014, Heft 3, S. 110–120.

109 VkBl., 2014, S. 110–120.

110 BGBl. I 2014, S. 352.

111 Weinand, M. (2012): Qualitätssicherung in der Fahreignungsbegutachtung. In: Müller, K., Dittmann, V. & Schubert, W. (Hrsg.): Fehlverhalten als Unfallfaktor – Kriterien und Methoden der Risikobeurteilung, S. 73–78, Bonn: Kirschbaum Verlag, S. 74; Weinand (2014): Qualitätssicherung, S. 2 180 f.

5 Begutachtungsverfahren der Bundesanstalt für Straßenwesen

Manfred Weinand, Monika Wloka

Gemäß § 72 Absatz 1 FeV und den Regelungen zum Begutachtungsverfahren in der „Richtlinie über die Anforderungen an Träger von Begutachtungsstellen für Fahreignung (§ 66 FeV) und deren Begutachtung durch die Bundesanstalt für Straßenwesen",[112] im Folgenden kurz Richtlinie BfF genannt, umfasst die Begutachtung bei Trägern von Begutachtungsstellen für Fahreignung in der Regel die Erstbegutachtung und – nach erfolgter amtlicher Anerkennung durch die nach Landesrecht zuständige Behörde – die regelmäßige Begutachtung und die Gutachtenüberprüfung. Im nachfolgenden Bild ist der Ablauf des Begutachtungsverfahrens für einen neuen Träger von Begutachtungsstellen für Fahreignung schematisch dargestellt.

Bild 9.2 Schematischer Ablauf des Begutachtungsverfahrens

Zudem kann von der für die amtliche Anerkennung zuständigen Landesbehörde gemäß § 66 Absatz 7 FeV[113] bei Zweifeln, ob die Voraussetzungen der Anlage 14 FeV sowie der Richtlinie BfF vorliegen, dem Träger auch aufgegeben werden, sich einer Begutachtung aus besonderem Anlass durch die Bundesanstalt für Straßenwesen zu unterziehen.

Über die Ergebnisse der Begutachtungen leitet die BASt dem Träger zunächst jeweils einen Gutachtenentwurf mit der Bitte um Stellungnahme zu. Das unter Berücksichtigung der Stellungnahme des Trägers erstellte Gutachten wird von der BASt dem Träger sowie den nach Landesrecht für die amtliche Anerkennung zuständigen Behörden übersandt.[114]

Bei allen Begutachtungen vor Ort gilt in der Regel, dass dem Träger von der BASt vorab ein Begutachtungsprogramm und stellenbezogene Begutachtungspläne mit Angaben zur Dauer, zu den Begutachtungsthemen und den gewünschten Ansprechpartnern übersandt werden. In einer Abschlussbesprechung mit der Leitung der begutachteten Stelle werden die Ergebnisse der Begutachtung besprochen. Der Träger hat dabei Gelegenheit, Nachfragen zu den Begutachtungsresultaten und deren Grundlagen zu stellen. Anschließend übergibt das Begutachtungsteam ein Protokoll, in dem die festgestellten Abweichungen dokumentiert sind.

112 VkBl., 2014, S. 110–111.
113 BGBl. I 2014, S. 351.
114 BGBl. I 2014, S. 352; VkBl., 2014, S. 111.

Die Gebühren für die Begutachtungen werden den Trägern von der BASt gemäß der GebOSt (Ziffern 160 bis 164.2) in Rechnung gestellt.[115]

In den folgenden Unterkapiteln wird näher auf die einzelnen Abschnitte des Begutachtungsverfahrens eingegangen.

5.1 Antrag auf Begutachtung

Gemäß der Richtlinie BfF erfolgt eine Erstbegutachtung durch die BASt bei neuen Trägern von Begutachtungsstellen für Fahreignung, die eine amtliche Anerkennung bei der nach Landesrecht zuständigen Behörde beantragt haben. Vor Einleitung des Erstbegutachtungsverfahrens muss der Träger zunächst einen schriftlichen Antrag auf Begutachtung bei der BASt stellen, und zwar mit dem von der BASt im Internet (www.bast.de) veröffentlichten Antragsformular. Dem Antrag, in dem der Geltungsbereich der Begutachtung festgelegt sein muss und der von einem vom Träger bevollmächtigten Vertreter zu unterzeichnen ist, sind die in der Richtlinie BfF aufgeführten Anlagen beizufügen (u.a. Unterlagen über die Rechtsform des Trägers, seine Organisation und Leitung, seine Beziehungen zu einer übergeordneten Organisation, Anschriften aller Begutachtungsstellen, in denen die Dienstleistung durchgeführt wird). Mit der Antragstellung muss auch die Aufforderung der nach Landesrecht zuständigen Behörde, ein Gutachten der BASt beizubringen, vorgelegt werden.[116]

Der Träger wendet sich im Regelfall zunächst mit einer Anfrage an die BASt. Vor Abgabe seines Antrags hat der Träger Gelegenheit, in einem Vorgespräch offene Fragen zu klären (u.a. bezüglich des Ablaufs und der voraussichtlichen Kosten der Erstbegutachtung).[117]

5.2 Erstbegutachtung

Nach Abschluss der Antragsprüfung wird das Verfahren der Erstbegutachtung eingeleitet. Das Erstbegutachtungsverfahren umfasst neben der Begutachtung der QM-Dokumentation und der mitgeltenden Unterlagen des Trägers auch eine Begutachtung vor Ort, bei der das Vorhandensein der erforderlichen personellen, räumlichen und sachlichen Ausstattung überprüft wird. Mit der Anforderung der zu begutachtenden Unterlagen wird der Träger über die Zusammensetzung des Begutachtungsteams der BASt informiert.[118]

Werden im Rahmen der Prüfung, ob die übersandten Unterlagen den geltenden Anforderungen entsprechen, erhebliche Abweichungen festgestellt, kann die BASt die Begutachtung der Ausstattung des Trägers und seiner Begutachtungsstellen bis zur Beseitigung der Abweichungen durch den Träger aussetzen.

---

115 BGBl. I 2014, S. 376–377.

116 VkBl., 2014, S. 110.

117 Weinand (2014): Qualitätssicherung, S. 2182.

118 VkBl., 2014, S. 110–111.

Nach Beseitigung aller bei der Unterlagenprüfung und der Begutachtung vor Ort festgestellten Abweichungen von den relevanten Anforderungen[119] erhält der Träger von der BASt ein entsprechendes Bestätigungsschreiben (Gutachten) zur Vorlage bei der Behörde, die nach Landesrecht für die amtliche Anerkennung zuständig ist.

In der Richtlinie BfF ist auch geregelt, dass das Verfahren der Erstbegutachtung von der BASt abgebrochen wird, wenn die Nachweise über die vollständige Beseitigung der bei der Unterlagenprüfung und der Begutachtung vor Ort (Ausstattung) nicht spätestens ein Jahr nach Versand des entsprechenden Begutachtungsberichts vorgelegt werden.[120]

5.3 Regelmäßige Begutachtung

Rund drei Monate nach Aufnahme der Dienstleistung „Begutachtung der Fahreignung" durch den Träger werden von der BASt 10 % der von ihm erstellten (amtlich veranlassten) medizinisch-psychologischen Gutachten (mindestens 20 Gutachten) im Hinblick auf die Erfüllung der fachlichen Anforderungen[121] überprüft. Die BASt wählt die zu überprüfenden Gutachten aus und fordert vom Träger die Vorlage der entsprechenden Gutachten und der zugehörigen Begutachtungsunterlagen. Bei der Übersendung dieser Unterlagen hat der Träger die Bestimmungen des Bundesdatenschutzgesetzes zu beachten (z. B. durch Pseudonymisierung der begutachtungsrelevanten Unterlagen), worauf er im Zuge der Unterlagenanforderung von der BASt hingewiesen wird. Medizinisch-psychologische Gutachten können von der BASt auch vor Ort überprüft werden.[122]

Die ersten regelmäßigen Begutachtungen vor Ort beim Träger sowie in allen Begutachtungsstellen für Fahreignung des Trägers werden sechs bis acht Monate nach Tätigkeitsaufnahme von der BASt durchgeführt. Das Intervall für die nachfolgenden Begutachtungen vor Ort hängt von der nachgewiesenen Qualität und Stabilität der Dienstleistung „Begutachtung der Fahreignung" ab und darf zwei Jahre nicht überschreiten. Eine Aussetzung der regelmäßigen Begutachtungen vor Ort in einem Kalenderjahr ist möglich, wenn bei den regelmäßigen Begutachtungen vor Ort im Vorjahr nur wenige und keine schwerwiegenden Abweichungen festgestellt wurden und keine Tatsachen vorliegen, die gegen einen Verzicht der Begutachtung sprechen. Die BASt kann in Kalenderjahren, in denen sie keine Begutachtungen vor Ort durchführt, eine Prüfung von Unterlagen des Trägers vornehmen.[123]

Neben der Trägerniederlassung werden in der Regel 10 % der Begutachtungsstellen für Fahreignung (mindestens eine Begutachtungsstelle) vor Ort begutachtet. Der Träger wird rechtzeitig darüber informiert, wann Begutachtungen vor Ort beim Träger und seinen Stellen vorgesehen sind. Gegenstand, Ablauf

119 VkBl., 2014, S. 110–120.
120 VkBl., 2014, S. 111.
121 VkBl., 2014, S. 116–120.
122 VkBl., 2014, S. 111.
123 VkBl., 2014, S. 111.

und Umfang der von der BASt durchgeführten Begutachtungen hängen nicht zuletzt von den bereits vorliegenden Begutachtungsergebnissen ab. Bei den Begutachtungen vor Ort werden neu eröffnete Begutachtungsstellen vorrangig berücksichtigt. Gemäß der Richtlinie BfF können Begutachtungen vor Ort durch die BASt auch unangemeldet erfolgen.[124]

5.4 Gutachtenüberprüfung

Neben den regelmäßigen Begutachtungen vor Ort werden von der BASt bei den amtlich anerkannten Trägern von Begutachtungsstellen für Fahreignung im Jahr nach der Erstbegutachtung und in der Zeit danach jedes zweite Jahr Gutachtenüberprüfungen durchgeführt, wobei für den Umfang der zu überprüfenden Stichprobe in der Regel 0,5 % der von den Begutachtungsstellen des jeweiligen Trägers im vorangegangenen Kalenderjahr erstellten Gutachten zugrunde gelegt werden (mindestens 20 Gutachten). Die BASt behält sich auch hier vor, aktuelle Gutachten vor Ort zu ziehen und zu überprüfen.

Zur Vorbereitung der Gutachtenüberprüfung fordert die BASt vom Träger die entsprechenden Gutachtenkennungen und die Gesamtzahl der einschlägigen Gutachten des vorangegangenen Kalenderjahres an. Nach Vorlage dieser Daten wird die zu überprüfende Gutachtenstichprobe gezogen; in der Stichprobe sind Gutachten aus allen Begutachtungsstellen des Trägers enthalten. Die Gutachten und die zugehörigen Begutachtungsunterlagen sind der BASt nach schriftlicher Aufforderung zu übersenden. Der Träger ist verpflichtet, dafür Sorge zu tragen, dass alle begutachtungsbezogenen Unterlagen vor ihrer Übersendung an die BASt pseudonymisiert werden. Die Pseudonymisierung kann entfallen, wenn die begutachtete Person ihr schriftliches Einverständnis zur Weitergabe der sie betreffenden Unterlagen erklärt hat und die Versendung auf gesichertem Weg erfolgt.[125]

Die von der BASt ausgewählten Gutachten werden im Hinblick auf die Erfüllung der Qualitätsanforderungen vor allem auf Vollständigkeit, Allgemeinverständlichkeit, Nachprüfbarkeit und Nachvollziehbarkeit überprüft.

5.5 Begutachtung aus besonderem Anlass

Eine Begutachtung aus besonderem Anlass wird von der BASt nur durchgeführt, wenn die nach Landesrecht für die amtliche Anerkennung zuständige Behörde von dem betroffenen Träger fordert, sich einer solchen Begutachtung durch die BASt zu unterziehen. Begutachtungen aus besonderem Anlass können als Unterlagenprüfung, Begutachtungen vor Ort und/oder Überprüfung einer Gutachtenstichprobe – auch unangemeldet – durchgeführt werden. Die Kosten für die Begutachtung aus besonderem Anlass werden dem Träger von der BASt in Rechnung gestellt.[126]

124 VkBl., 2014, S. 111.
125 VkBl., 2014, S. 111.
126 VkBl., 2014, S. 111.

6 Fachliche Anforderungen an Träger von Begutachtungsstellen für Fahreignung

Manfred Weinand, Monika Wloka

6.1 Grundlagen der Anforderungen

Wegen der großen Bedeutung, den der Ausgang von Begutachtungen der Fahreignung sowohl für die betroffenen Kraftfahrer als auch für die Gesellschaft hat, sind in Deutschland schon sehr früh hohe Qualitätsanforderungen an diese Dienstleistung gestellt worden. Bereits im Jahr 1958 hatten sich die mit der Begutachtung der Fahreignung beauftragten TÜV-Institute selbst Leitlinien für die Fahreignungsbegutachtung vorgegeben, diese in der Folgezeit fortgeschrieben und im April 1983 – nach Abstimmung mit den zuständigen Länderministerien unter Federführung des Bundesverkehrsministeriums – als verbindliche Vorschrift (Leitfaden zur Begutachtung der Eignung zum Führen von Kraftfahrzeugen in amtlich anerkannten Medizinisch-Psychologischen Untersuchungsstellen) übernommen.[127] Ferner mussten die Träger von Begutachtungsstellen für Fahreignung in der Zeit vor der Einführung der FeV die in den vom damaligen Bundesminister für Verkehr erlassenen Richtlinien („Richtlinie für die Prüfung der körperlichen und geistigen Eignung von Fahrerlaubnisbewerbern und -inhabern (Eignungsrichtlinien)“[128] und „Richtlinie für die amtliche Anerkennung von Medizinisch-Psychologischen Untersuchungsstellen (MPU)“)[129] genannten Voraussetzungen erfüllen.[130] Hierzu zählten u. a. Anforderungen an die organisatorische Struktur, die räumliche, sachliche und personelle Ausstattung, die Durchführung der Fahreignungsbegutachtung, die Gutachtenerstellung und die Vorlage eines Qualitätssicherungskonzeptes, aus dem sich auch die Prüfgrundlagen und Beurteilungskriterien sowie die Zuständigkeiten und Vorgehensweisen bei der Gutachtertätigkeit ergaben, und die regelmäßige Teilnahme an einem bundesweiten Erfahrungsaustausch beim Verband der Technischen Überwachungsvereine (VdTÜV).[131] Seit 1999 sind die Träger von Begutachtungsstellen für Fahreignung nach Anlage 14 FeV verpflichtet, an einem regelmäßigen Erfahrungsaustausch unter Leitung der BASt teilzunehmen. In der zuvor genannten Anerkennungsrichtlinie war auch festgelegt, dass das Untersuchungs- und Begutachtungskonzept der Träger den o.g. Eignungsrichtlinien und den seinerzeit geltenden Begutachtungsleitlinien

127 Hampel, B. (1987): Der „Leitfaden für die Begutachtung der Fahreignung“ und seine Bedeutung für die psychologische Diagnostik. In Häcker, H. (Hrsg.). Fortschritte der Verkehrspsychologie (2), S. 176–184. Köln: Verlag TÜV Rheinland, Bonn: Deutscher Psychologen-Verlag, S. 177 f.

128 VkBl., 1969, S. 637; 1982, S. 496; 1983, S. 7; 1989, S. 786; 1992, S. 307.

129 VkBl., 1969, S. 637; 1991, S. 610.

130 Vgl. hierzu auch Kapitel 1.

131 Vgl. Heinrich, H.C., Bartmann, A., Hoffmann, H. & Weinand, M. (2009): Qualitätssicherung verkehrspsychologischer Diagnostik und Intervention. In: Krüger, H.-P. (Hrsg.): Enzyklopädie der Psychologie, Band 2: Anwendungsfelder der Verkehrspsychologie, S. 359–391. Göttingen: Hogrefe.

(Gutachten „Krankheit und Kraftverkehr“)[132] entsprechen muss. Bei der Formulierung ihrer Anforderungen konnte die BASt auf diese bereits vorhandenen Anforderungen aufbauen.

Da es für die besonderen Akkreditierungsaufgaben der ehemaligen Akkreditierungsstelle Fahrerlaubniswesen der BASt, wie bereits erwähnt, weltweit jedoch keine Vorbilder gab, bestand die Aufgabe der BASt zunächst darin, neben den bereits bestehenden Vorgaben für die Fahreignungsbegutachtung die Anforderungen der in § 72 FeV genannten europäischen bzw. internationalen Normen gleichsam zu übersetzen und die fachspezifischen Qualitätsanforderungen dem als gesichert und als allgemein anerkannt geltenden wissenschaftlichen Erkenntnistand anzupassen.[133] Bei der Formulierung und Fortschreibung der bis zum 30. April 2014 auf der Homepage der BASt (www.bast.de) veröffentlichten „Anforderungen an Träger von Begutachtungsstellen für Fahreignung“ hat sich die BASt von ihrem zuständigen Fachausschuss „Begutachtung der Fahreignung“ beraten lassen.

Im Zuge der externen Qualitätssicherung und der in diesem Zusammenhang erforderlichen Formulierung verbindlicher fachlicher Anforderungen wurden auch Anstöße für sinnvolle Weiterentwicklungen der Begutachtung der Fahreignung geliefert, so z. B. die Erweiterung der Verfahren durch eine psychologische Fahrverhaltensbeobachtung. Es handelt sich dabei um ein ergänzendes psychologisches Verfahren, das dem Gutachter wertvolle Daten für die Beantwortung der Frage liefert, ob verkehrsrelevante Leistungseinbußen, die bei einer Begutachtung festgestellt wurden, von dem betroffenen Kraftfahrer kompensiert werden können. Durch die Beobachtung des Fahrverhaltens im realen Straßenverkehr kann die Kompensationsfähigkeit unmittelbar überprüft werden. Da es sich nach wissenschaftlichen Erkenntnissen bei der Kompensation von Leistungsmängeln um einen komplexen, multifaktoriell bedingten Prozess handelt, für den sich ein auf wenige Faktoren begrenztes Prognoseschema nicht finden lässt, kann auf diese Weise das Begutachtungsergebnis zusätzlich abgesichert werden.[134]

Im Rahmen der Zehnten Verordnung zur Änderung der Fahrerlaubnis-Verordnung und anderer straßenverkehrsrechtlicher Vorschriften[135] wurden die „Anforderungen an die Träger von Begutachtungsstellen für Fahreignung“ nach Beratung im zuständigen Bund-Länder-Fachausschuss in überarbeiteter Form in die neue Richtlinie BfF überführt und als Grundlage für die fachliche

132 „Krankheit und Kraftverkehr“, Gutachten des Gemeinsamen Beirats für Verkehrsmedizin beim Bundesminister für Verkehr und beim Bundesminister für Gesundheit, Hrsg.: Bundesminister für Verkehr, Schriftenreihe Heft 45, 1973.

133 Vgl. Weinand (2014): Qualitätssicherung.

134 Vgl. Weinand, M. (1994): Neuere Entwicklungen und Erkenntnisse in der Fahreignungsbegutachtung (Berichte der Bundesanstalt für Straßenwesen, Mensch und Sicherheit, Heft M 31). Bremerhaven: Wirtschaftsverlag NW.; Weinand, M. (1997): Kompensationsmöglichkeiten bei älteren Kraftfahrern mit Leistungsdefiziten (Berichte der Bundesanstalt für Straßenwesen, Mensch und Sicherheit, Heft M 77). Bremerhaven: Wirtschaftsverlag NW.; Rompe, P. & Weinand, M. (2000): Die Begutachtung der Fahreignung – eine Chance für ältere Kraftfahrer. In R. Bourauel (Hrsg.): Ratgeber „Fit Bleiben im Straßenverkehr“, S. 155–157. Lübeck: Schmidt-Römhild.

135 BGBl. I 2014, S. 348 ff.

Begutachtung der Träger von Begutachtungsstellen für Fahreignung durch die BASt in § 72 Abs. 2 FeV rechtlich verankert.

Im Weiteren wird auf wesentliche Qualitätsanforderungen an die Träger von Begutachtungsstellen für Fahreignung in den Bereichen

- Qualitätsmanagement,
- personelle, räumliche und sachliche Ausstattung,
- Qualifikation und Weiterbildung des Personals,
- Durchführung der medizinisch-psychologischen Begutachtung,
- Erstellung des Gutachtens

eingegangen. Die Ausführungen in den Kapiteln 9.6.2 bis 9.6.5.5 lehnen sich aus Genauigkeitsgründen überwiegend sehr eng an den Wortlaut der Richtlinie BfF (Richtlinie über die Anforderungen an Träger von Begutachtungsstellen für Fahreignung (§ 66 FeV) und deren Begutachtung durch die Bundesanstalt für Straßenwesen)[136] an; der besseren Lesbarkeit halber wird auf eine gesonderte Kennzeichnung der Zitate verzichtet. Die gesamten Anforderungen können vom interessierten Leser der im Verkehrsblatt veröffentlichten Richtlinie BfF entnommen werden.

6.2 Qualitätsmanagement

Beim Qualitätsmanagement (QM), so die einschlägige Definition in der Norm DIN EN ISO 9000, handelt es sich um aufeinander abgestimmte Tätigkeiten zum Leiten und Lenken einer Organisation in Bezug auf die Qualität.[137] Ein dokumentiertes und etabliertes QM-System dient nicht nur der „Strukturierung und der systematischen Umsetzung von Qualitätsaufgaben im Unternehmen“,[138] sondern zeigt auch „unmittelbar, wie gut oder wie schlecht die Prozesse im Unternehmen durchgeführt werden und damit Ziele erreicht oder verfehlt werden“.[139]

Das QM-System kann kurz gefasst als ein die Erfüllung von Qualitätsforderungen betreffendes Managementsystem definiert werden.[140] Unter dem Oberbegriff „Qualitätsmanagement“ subsumierte Anforderungen sind in der Regel allgemeiner Natur, das heißt, sie gelten unabhängig von der spezifischen Produkt-/Dienstleistungskategorie der jeweiligen Organisation.[141] Zu diesen Anforderungen zählen die Qualitätspolitik (einschließlich der Festlegung der Qualitätsziele und der zur Zielerreichung notwendigen Prozesse und Ressourcen), die Organisationsstruktur, die Dokumentation des QM-Systems einschließlich des erforderlichen Änderungsdienstes, die inter-

136 VkBl., 2014, S. 110–120.

137 DIN EN ISO 9000:2005. Qualitätsmanagementsysteme – Grundlagen und Begriffe. Berlin: Beuth, S. 21.

138 Kamiske, G.F. & Brauer, J.-P. (1999): Qualitätsmanagement von A bis Z: Erläuterungen moderner Begriffe, 3. Auflage. München, Wien: Hanser, S. 199.

139 Töpfer, A. (2011): QM ist Treiber positiver Veränderungen!. *Qualität und Zuverlässigkeit, 56 (10)*, S. 16–19, 18.

140 Zollondz, H.-D. (Hrsg., 2001): Lexikon Qualitätsmanagement. München, Wien: Oldenbourg, 969.

141 Vgl. DIN EN ISO 9000:2005, S. 7.

nen Audits und die Korrektur- und Vorbeugungsmaßnahmen, die jährliche Bewertung des QM-Systems (Management Review) durch die oberste Leitung der Organisation, der kontinuierliche Verbesserungsprozess, der Datenschutz, das Beschwerdemanagement, die Beschaffung, die Prüfmittelüberwachung und die zu erstellenden Statistiken.

6.2.1 Qualitätspolitik und Organisationsstruktur

Der Träger von Begutachtungsstellen muss rechtlich identifizierbar sein und über eine schriftliche Dokumentation seiner Geschäftsbedingungen verfügen. Von der obersten Leitung des Trägers ist die Qualitätspolitik festzulegen und zu dokumentieren, einschließlich der Qualitätsziele und der Verpflichtung, die Dienstleistung fachgerecht und in einheitlicher und erforderlicher Qualität unter Beachtung des Standes von Wissenschaft und Technik, der rechtlichen Rahmenbedingungen und der berufsethischen Verpflichtungen zu erbringen. Bei der Aufstellung der Qualitätspolitik und der Qualitätsziele ist vom Träger darauf zu achten, dass die berechtigten Anforderungen der betroffenen Kunden, der Aufsichtsbehörde, der Fahrerlaubnisbehörde wie auch der Gerichte berücksichtigt werden.

Der Träger hat zudem sicherzustellen, dass die festgelegte Qualitätspolitik auf allen Ebenen der Organisation verstanden, verwirklicht und aufrechterhalten wird. Diese Forderung schließt ein, dass vom Träger die für die Erreichung der Qualitätsziele erforderlichen Ressourcen bereitgestellt sowie die erforderlichen Prozesse und Verantwortlichkeiten festgelegt werden.[142]

Der von der obersten Leitung des Trägers bestimmte und ihr unmittelbar zugeordnete QM-Beauftragte stellt in eigener Verantwortung die Festlegung, Verwirklichung und Aufrechterhaltung des QM-Systems in Übereinstimmung mit den vorliegenden Anforderungen sicher.

Die Dokumentation des Organisationsaufbaus und der Zuständigkeiten und Befugnisse von Personal mit leitender, ausführender und qualitätsprüfender Tätigkeit sind weitere Forderungen im Rahmen des Qualitätsmanagements. Für leitende, ausführende und qualitätsprüfende Tätigkeiten ist vom Träger ausreichend qualifiziertes Personal und die erforderliche sachliche Ausstattung bereitzustellen.

Der Träger und seine Beschäftigten müssen unparteiisch und von den durch ihre Dienstleistung betroffenen Parteien unabhängig sein. Sie dürfen sich daher auch nicht mit Tätigkeiten befassen und dürfen auch keinerlei kommerzieller, finanzieller oder sonstiger Beeinflussung ausgesetzt sein, die die Unabhängigkeit ihres Urteils und ihre Integrität verletzen können. In diesem Zusammenhang ist vom Träger durch entsprechende Regelungen sicherzustellen, dass außenstehende Personen und Organisationen nicht auf die Ergebnisse der Dienstleistung einwirken können und die Vergütung für die

142 Vgl. DIN EN ISO 9000:2005.

mit der Dienstleistung beschäftigten Personen nicht von den Ergebnissen der durchgeführten Dienstleistung abhängt.

Der Träger stellt sicher, dass alle Personen, die die Dienstleistung in Anspruch nehmen wollen, im Rahmen der gesetzlichen Vorschriften und sofern sie die erforderlichen vorgeschriebenen Voraussetzungen erfüllen, grundsätzlich Zugang hierzu haben. Es dürfen keine unangemessenen Bedingungen finanzieller oder sonstiger Art bestehen. Die Verfahren, nach denen der Träger und seine Stellen arbeiten, müssen zudem ohne Diskriminierung angewendet werden.

6.2.2 Dokumentation des QM-Systems

Der Träger muss für seinen Tätigkeitsbereich ein QM-System verbindlich einführen und dafür sorgen, dass auch tatsächlich danach gehandelt wird.

Er muss sein QM-System in einem Handbuch und mitgeltenden Regelungen vollständig dokumentieren. Dies gilt insbesondere für alle Prozesse, die nach den Anforderungen zu regeln oder sicherzustellen sind. Die Dokumentationspflicht schließt auch Regelungen für Prüftätigkeiten (z. B. Zwischen- und Endprüfungen) ein. Der Träger muss über ein System zur Überwachung der gesamten QM-Dokumentation verfügen und u. a. sicherstellen, dass die gültigen Ausgaben der QM-Dokumente und der mitgeltenden Unterlagen (u. a. ein Handbuch des psychologischen Untersuchungsgespräches als Leitfaden für die Durchführung des Gespräches auf wissenschaftlicher Grundlage) jedem Mitarbeiter, der sie benötigt, zur Verfügung stehen.

Aus Gründen der Rückverfolgbarkeit ist vom Träger sicherzustellen, dass in Form entsprechender Aufzeichnungen die Erfüllung der Qualitätsforderungen bei der Auftragsbearbeitung im Einzelfall sowie die wirksame Arbeitsweise des QM-Systems nachgewiesen werden. Zum Nachweis gegenüber der BASt müssen alle Qualitätsaufzeichnungen – soweit übergeordnete Bestimmungen dem nicht entgegenstehen – mindestens fünf Jahre aufbewahrt werden.

Weiterhin muss der Träger dafür Sorge tragen, dass durch einen innerbetrieblichen Informationsdienst betroffene Mitarbeiter über den aktuellen Stand der relevanten rechtlichen Bestimmungen, Normen, Methoden und wissenschaftlichen Erkenntnisse informiert werden.

6.2.3 Interne Audits und Korrektur-/Vorbeugungsmaßnahmen

Interne Audits dienen nicht nur als Instrument zur Überprüfung der Erfüllung von Anforderungen, sondern auch der Identifizierung von Verbesserungspotenzialen.[143]

Entscheidend hierbei ist, dass der Träger aufgrund systematischer Planungen und Aufzeichnungen jährlich interne Audits, die auch Gutachtenaudits umfassen, durchführt, um das QM-System auf Übereinstimmung mit den Anforderungen und auf Wirksamkeit hin zu prüfen. Vom Träger sind pro Jahr

143 Gietl, G. & Lobinger, W. (2009): Leitfaden für Qualitätsauditoren. München: Carl Hanser, S. 4.

mindestens 50 % seiner Begutachtungsstellen für Fahreignung zu auditieren. In die wiederkehrenden Audits sind auch freiberufliche Mitarbeiter einzubeziehen.

Personen, die Audits durchführen, müssen angemessen qualifiziert (s. Kapitel 9.6.4) und frei von Verantwortung für die auditierten Tätigkeiten sein sowie in ihrer Funktion als Auditor unabhängig von dem Personal sein, das direkte Verantwortung für die zu auditierende Tätigkeit hat.

Der Träger muss für den Fall, dass Unzulänglichkeiten des QM-Systems oder der Ausführung der jeweiligen Dienstleistung festgestellt werden, Verfahren und Zuständigkeiten für Rückmeldungen und angemessene Korrektur- und Vorbeugungsmaßnahmen festlegen. Die Durchführung und die Wirksamkeit der veranlassten Maßnahmen sind zu überwachen und nachprüfbar zu dokumentieren.

6.2.4 Jährliche Bewertung des QM-Systems (Management Review)

Eine wesentliche Grundlage für die jährliche Managementbewertung der obersten Leitung des Trägers, die die fortdauernde Eignung und Wirksamkeit des QM-Systems gewährleisten soll, sind die Ergebnisse der internen Audits und der daraus folgenden Maßnahmen.

Die Ergebnisse der internen Audits und der jährlichen QM-Bewertung müssen aufgezeichnet und diese Aufzeichnungen der BASt auf Anfrage vorgelegt werden.

6.2.5 Kontinuierlicher Verbesserungsprozess

Im QM-System des Trägers ist auch die kontinuierliche Verbesserung des Dienstleistungsbereichs unter Beachtung der entsprechenden gesetzlichen und behördlichen Forderungen sowie der einschlägigen Leitfäden zu regeln. Das Ergebnis des kontinuierlichen Verbesserungsprozesses und die daraus resultierenden Änderungen bei der Organisation und Durchführung der Dienstleistung müssen dokumentiert, einer Prüfung unterzogen und vor ihrer Verwirklichung genehmigt werden.

6.2.6 Datenschutz

Der Träger muss durch angemessene Regelungen und Maßnahmen sicherstellen, dass auf allen Ebenen seiner Organisation und in seinen Ausschüssen die im Rahmen der Dienstleistung erhaltenen Informationen unter Beachtung der Schweigepflicht (§ 203 StGB) vertraulich bleiben.

Alle personenbezogenen Daten unterliegen den Bestimmungen des Bundesdatenschutzes bzw. den Datenschutzvorschriften der Länder. Sie sind entsprechend dieser Regelungen aufzubewahren und werden nach Ablauf der festgelegten Fristen vernichtet.

Darüber hinaus sind Regelungen zu treffen über

- den Zugang zu den Aufbewahrungsorten personenbezogener Unterlagen und deren Anwendung,

- DV-technische Absicherungen von Computerdateien sowohl auf dem einzelnen Speichermedium (z. B. Festplatte eines PC) als auch bei etwaigen Datenübertragungen im Intranet bzw. im Internet,
- die Vernichtung von Akten und Dateien,
- die Einholung der erforderlichen Verschwiegenheitserklärungen bei der Teilnahme Dritter an der Untersuchung.

6.2.7 Beschwerdemanagement

Der Träger muss die Behandlung von Beschwerden, die sich auf seine Tätigkeiten beziehen, regeln. Dies schließt die Aufzeichnung aller Beschwerden und die zu deren Behandlung getroffenen Maßnahmen ein.

In diesem Zusammenhang erforderliche Stellungnahmen müssen nachvollziehbar und in der Sache klar und eindeutig begründet sowie in allgemeinverständlicher Sprache abgefasst werden. Stellungnahmen für obere Behörden oder für die für die amtliche Anerkennung zuständigen Länderbehörden werden auch vom Leiter der Begutachtungsstelle für Fahreignung unterzeichnet; ansonsten reicht die Unterschrift des betroffenen Gutachters. Die Prüfung jeder Stellungnahme durch den Leiter der Begutachtungsstelle vor Ausgang ist aufzuzeichnen.

Eine Reduzierung von (berechtigten) Beschwerden in einer Organisation senkt die Fehlerbeseitigungskosten und ist ein guter Indikator für die positive Wirkung von Qualitätsverbesserungsmaßnahmen.[144]

6.2.8 Beschaffung

Für die Beschaffung von Arbeits- und Prüfmitteln und die Vergabe von Unteraufträgen müssen einheitliche Standards vorliegen. Es dürfen nur Lieferanten verpflichtet werden, die über geeignete Qualitätsnachweise verfügen. Die Verifizierung der Leistungsqualität regelmäßig beauftragter Lieferanten durch Recherchen und fortlaufende Bewertung des Trägers ist aufzuzeichnen.

Die kontinuierliche Überprüfung der Leistungsqualität beauftragter Lieferanten schließt auch beteiligte Dolmetscher, Fahrlehrer und Labore ein.

6.2.9 Prüfmittelüberwachung

Die Ausstattung mit Prüfmitteln sowie deren Einsatz, Überwachung und Aufbewahrung muss vom Träger geregelt werden. Durch die Regelungen werden die fortdauernde Eignung und Aktualisierung der Prüfmittel für deren vorgesehene Verwendung und die erforderlichen Prüf-, Eich-, Kalibrierungs- und Wartungsintervalle sichergestellt sowie die Dokumentation, die Zuständigkeiten und das Freigabeverfahren festgelegt. Alle Prüfmittel müssen ordnungsgemäß gekennzeichnet und eindeutig identifizierbar sein.

144 Vgl. Töpfer (2011): QM ist Treiber positiver Veränderung.

Der Träger muss Regelungen zur Behandlung fehlerhafter Prüfmittel dokumentieren. Fehlerhafte Prüfmittel müssen außer Betrieb genommen werden, indem sie ausgesondert oder gekennzeichnet werden. Der Träger muss nachprüfen, ob sich Mängel auf bereits durchgeführte Dienstleistungen ausgewirkt haben.

6.2.10 Statistiken

Vom Träger müssen für jede Begutachtungsstelle jährliche Statistiken zu folgenden Bereichen erstellt werden:

- Anzahl der Auftragseingänge,
- Anzahl und Ergebnisse von Untersuchungen, differenziert nach Untersuchungsanlässen,
- Wartezeit (vom Akteneingang bis zum Untersuchungstermin; bei Überweisung der Begutachtungsgebühr ist zusätzlich die Zeitspanne zwischen Zahlungseingang und Untersuchungstermin zu erfassen),
- Bearbeitungsdauer der Begutachtungen (vom Tag des letzten Befundeingangs bis zum Ausgang des Gutachtens),
- Anzahl der Begutachtungen jedes einzelnen Gutachters pro Jahr (pseudonymisiert).

Die Statistiken sind mit Ausnahme der Anzahl der Begutachtungen jedes einzelnen Gutachters auch für den Träger zusammengefasst zu erstellen und der BASt auf Anforderung vorzulegen.

6.3 Personelle, räumliche und sachliche Ausstattung

6.3.1 Personelle Ausstattung

Träger von Begutachtungsstellen für Fahreignung müssen über mindestens drei festangestellte psychologische Gutachter und mindestens einen festangestellten medizinischen Gutachter, jeweils mit mindestens der Hälfte der regelmäßigen wöchentlichen Arbeitszeit eines entsprechenden vollbeschäftigten Angestellten, verfügen. Vom Träger müssen ein fachlich weisungsbefugter Leiter für den Geschäftsbereich „Begutachtung der Fahreignung" sowie dessen Stellvertreter ernannt sein, die vertraglich an den Träger gebunden sind.

Für jede Begutachtungsstelle für Fahreignung, in der die eigentliche Dienstleistung erbracht wird, sind ein fachlich verantwortlicher Leiter und dessen Stellvertreter zu benennen, die vertraglich an den Träger gebunden sind. Von ihrer Weisungsbefugnis ist das Ergebnis der Untersuchungen und Begutachtungen in jedem Einzelfall ausgenommen.

Dem verantwortlichen Leiter einer Begutachtungsstelle obliegt in der Regel in seinem Zuständigkeitsbereich die Gewährleistung fachlich ordnungsgemäß durchgeführter Begutachtungen nach einheitlichen Maßstäben sowie eines geordneten Organisationsablaufs.

Jede einzelne Begutachtungsstelle für Fahreignung muss über eine genügende Anzahl an fachgerecht ausgebildeten und qualifizierten Mitarbeitern verfügen, insbesondere über eine ausreichende Anzahl von medizinischen und psychologischen Gutachtern.

Der fachlich weisungsbefugte Leiter für den Geschäftsbereich „Begutachtung der Fahreignung" und sein Stellvertreter, die Leiter von Begutachtungsstellen für Fahreignung und ihre Stellvertreter sowie die Gutachter dürfen an der Organisation des Trägers nicht wirtschaftlich beteiligt sein.

6.3.2 Räumliche Ausstattung

In jeder Begutachtungsstelle für Fahreignung müssen ein Raum für Anmeldung und Sekretariat, ein Warteraum, ein Sprechzimmer für Psychologen, ein ärztliches Untersuchungszimmer mit Waschgelegenheit, ein Raum für die Durchführung apparativer diagnostischer Verfahren, ein Archivraum (Akten, Bibliothek) sowie Toiletten und ein barrierefreier Zugang zu einer behindertengerechten Toilette vorhanden sein.

6.3.3 Sachliche Ausstattung

Die sachliche Mindestausstattung muss in jeder Begutachtungsstelle für Fahreignung an Untersuchungstagen vorgehalten werden.

Die sachliche Mindestausstattung für den Bereich der medizinischen Untersuchung umfasst eine Untersuchungsliege, diverse Arbeits- und Prüfmittel (u. a. Atemalkoholtestmittel, Blutdruckmessgerät, Stethoskop, Reflexhammer), Hilfsmittel zur Sehfunktionsprüfung (Zentrale Tagessehschärfe, Farbensehen) sowie Arbeitsmittel zur Durchführung von Blut-, Urin- und Haarentnahmen einschließlich Hygieneschutzartikel.

Die sachliche Mindestausstattung für den Bereich der psychologischen Untersuchung umfasst einschlägige Apparaturen bzw. Untersuchungsverfahren zur Erfassung der verkehrsrelevanten psychophysischen Leistungsfähigkeit, der allgemeinen Lebens- und Verkehrsvorgeschichte und von Haltungen und Einstellungen. In der Anlage 14 FeV ist geregelt, dass die Eignung der eingesetzten psychologischen Testverfahren und -geräte von einer geeigneten unabhängigen Stelle bestätigt sein müssen.[145]

Darüber hinaus ist in jeder Begutachtungsstelle für Fahreignung ein Grundbestand an Fachliteratur aus den Bereichen Medizin, Psychologie und Fahrerlaubnisrecht bereitzuhalten, der kontinuierlich zu aktualisieren ist. Ferner ist für die Gutachtenerstellung und die Auftragsverwaltung eine ausreichende Hard- und Softwareausstattung sicherzustellen.

145 BGBl. I 2014, S. 368 f, vgl. Appendix.

6.4 Qualifikation und Weiterbildung des Personals

Der Träger muss sicherstellen, dass alle von ihm eingesetzten Mitarbeiter über die fachlichen und persönlichen Voraussetzungen zur Durchführung der ihnen übertragenen Aufgaben verfügen und die erforderlichen Aus- und Weiterbildungen absolviert haben. Zur Gewährleistung der anforderungsgerechten Weiterbildung aller Mitarbeiter müssen vom Träger nach dokumentierten Verfahren der Weiterbildungsbedarf ermittelt, die Inhalte der Weiterbildungsmaßnahmen festgelegt und die Weiterbildung der Mitarbeiter durchgeführt werden. Mitarbeiter mit speziellen Aufgaben müssen entsprechend den für sie geltenden Anforderungen qualifiziert sein.

Nachweise über die einschlägigen Qualifikationen, die berufliche Erfahrung und die Weiterbildungen jedes einzelnen Mitarbeiters müssen vom Träger aufbewahrt und auf dem neuesten Stand gehalten werden.

6.4.1 Qualifikation

Der QM-Beauftragte muss über ausreichende Kenntnisse und Kompetenzen im Qualitätsmanagement (Ausbildung zum Fachauditor) verfügen. Mit der Durchführung der internen Audits muss er geeignete Mitarbeiter beauftragen, die über eine Ausbildung zum Fachauditor und über eine mindestens dreijährige Berufserfahrung als Gutachter in einer Begutachtungsstelle für Fahreignung verfügen. Eine Beauftragung ist nicht erforderlich, wenn er selbst die vorgenannten Voraussetzungen erfüllt.

Gutachter in Begutachtungsstellen für Fahreignung müssen die Qualifikationen nach Anlage 14 FeV[146] erfüllen:

- Medizinischer Gutachter
  - Arzt mit mindestens zweijähriger klinischer Tätigkeit oder Facharzt (insbesondere Innere Medizin, Psychiatrie, Neurologie),
  - zusätzlich mindestens einjährige Praxis in der Begutachtung der Eignung von Kraftfahrern in einer Begutachtungsstelle für Fahreignung.
- Psychologischer Gutachter
  - Diplom oder ein gleichwertiger Master-Abschluss in der Psychologie und mindestens zweijährige praktische Berufstätigkeit (in der Regel in der klinischen Psychologie, Arbeitspsychologie),
  - zusätzlich mindestens einjährige Praxis in der Begutachtung der Eignung von Kraftfahrern in einer Begutachtungsstelle für Fahreignung,
  - Hospitation an einem vollständigen Kurs zur Wiederherstellung der Kraftfahreignung (§ 70) bei fehlenden Kenntnissen und Erfahrungen in der Durchführung dieser Kurse.

Die seit 1. Mai 2014 geltende Regelung der Kurshospitation für Gutachter mit fehlenden Kenntnissen und Erfahrungen in der Durchführung von Kursen

146 BGBl. I 2014, S. 368, vgl. Appendix.

zur Wiederherstellung der Kraftfahreignung wurde vom Verordnungsgeber erlassen, da aufgrund der Vierten Verordnung zur Änderung der FeV und anderer straßenverkehrsrechtlicher Vorschriften vom 18. Juli 2008[147] seit Juli 2009 die in Begutachtungsstellen für Fahreignung mit Untersuchungen oder Begutachtungen zur Klärung von Zweifeln an der Fahreignung befassten Personen u. a. keine Kurse zur Wiederherstellung der Kraftfahreignung nach § 70 FeV durchführen dürfen. Durch die o. g. Regelungsänderung wird sichergestellt, dass auch künftig Gutachter über die erforderlichen Kenntnisse und Erfahrungen in Bezug auf die Durchführung von Kursen zur Wiederherstellung der Kraftfahreignung nach § 70 FeV verfügen werden.

Der fachlich weisungsbefugte Leiter für den Geschäftsbereich „Begutachtung der Fahreignung“ sowie dessen Stellvertreter müssen neben der Erfüllung der in Anlage 14 FeV genannten Qualifikationsanforderungen an Gutachter über eine weitere mindestens dreijährige Praxis in der Begutachtung der Eignung von Kraftfahrern in einer Begutachtungsstelle für Fahreignung verfügen.

Der verantwortliche Leiter einer Begutachtungsstelle sowie dessen Stellvertreter muss neben der Gutachterqualifikation über eine weitere mindestens zweijährige Praxis in der Begutachtung der Eignung von Kraftfahrern in einer Begutachtungsstelle für Fahreignung verfügen.

Die Einarbeitung von Gutachtern ohne einschlägige Berufspraxis in der Begutachtung der Eignung von Kraftfahrern in einer Begutachtungsstelle für Fahreignung ist von einem qualifizierten Gutachter der entsprechenden Fachdisziplin mit mindestens dreijähriger Praxis in der Begutachtung der Fahreignung über ein Jahr hinweg durchzuführen (im Regelfall mindestens 100 Begutachtungen) und zu dokumentieren.

6.4.2 Weiterbildung

Jeder Gutachter muss im Umfang von mindestens drei Tagen pro Jahr an für die Begutachtungstätigkeit relevanten Weiterbildungsmaßnahmen teilnehmen. Ein Tag der vorgeschriebenen Weiterbildung muss durch externe Dozenten erfolgen.

Darüber hinaus muss der Träger durch entsprechende Regelungen die Qualifikation von Gutachtern, die länger als ein Jahr keine Begutachtungen der Fahreignung durchgeführt haben, sicherstellen.

6.5 Durchführung von Begutachtungen der Fahreignung

Gegenstand dieses Kapitels sind die Anforderungen an die Auftragsprüfung und Vorbereitung der Begutachtung, an den Umgang mit beigestellten Unterlagen, an die Medizinisch-Psychologische Untersuchung sowie an die Erstellung der Gutachten, an deren Versand und an die Archivierung der Begutachtungsunterlagen.

147 BGBl. I 2008, S. 1338–1376.

Bei der Durchführung der Begutachtung der Fahreignung sind die einschlägigen rechtlichen Regelungen – insbesondere die in der Anlage 4a (zu § 11 Absatz 5) FeV[148] genannten Grundsätze für die Durchführung der Untersuchungen und die Erstellung der Gutachten – und die Begutachtungsleitlinien zur Kraftfahreignung[149] in der jeweils gültigen Fassung zu berücksichtigen.

Nach Anlage 4a Nummer 1c FeV darf die Untersuchung nur nach anerkannten wissenschaftlichen Grundsätzen vorgenommen werden. Das Bundesministerium für Verkehr und digitale Infrastruktur hat durch Bekanntmachung im Verkehrsblatt[150] darauf hingewiesen, dass die 3. Auflage der Beurteilungskriterien der Deutschen Gesellschaft für Verkehrspsychologie (DGVP) und der Deutschen Gesellschaft für Verkehrsmedizin (DGVM)[151] den aktuellen Stand der Wissenschaft im Bereich der Fahreignungsbegutachtung zusammenfasst und deren Einhaltung sicherstellt, dass die Begutachtung gemäß Anlage 4a FeV nach anerkannten wissenschaftlichen Grundsätzen durchgeführt wird.

Vom Träger ist des Weiteren zu gewährleisten, dass die Begutachtung nachprüfbar, nach einheitlichen Verfahrensweisen, entsprechend der spezifischen Fragestellung und unter geeigneten Bedingungen erfolgt.

In den Regelungen müssen eine zügige Termindisposition und Auftragsbearbeitung innerhalb des vorgegebenen Zeitrahmens, eine effiziente Auftrags- und Terminverfolgung sowie eine kundenorientierte Auftragsdurchführung festgelegt sein. Interessierten muss der Träger von Begutachtungsstellen für Fahreignung in jedem Fall schriftliche Informationen über sein Begutachtungssystem (Begutachtungsumfang/-verlauf) zur Verfügung stellen.

Nach der Richtlinie BfF ist mit den Grundsätzen der Begutachtung der Fahreignung nicht zu vereinbaren,

- wenn die Begutachtungsstelle für Fahreignung schon im Vorfeld potenzielle Kunden auf die Untersuchung insbesondere durch probeweise Durchführungen von Leistungstests oder von psychologischen Untersuchungsgesprächen vorbereitet oder Kunden vor der Untersuchung (begutachtungsrelevante) Fragebögen übersendet, sodass die Möglichkeit einer Beeinflussung des Begutachtungsergebnisses geschaffen wird;
- die Begutachtung auszusetzen, um dem Kunden zwischenzeitlich die Möglichkeit zu geben, seine Eignungsvoraussetzungen zu verbessern und erst danach die Begutachtung abzuschließen;
- untersuchten Kunden vor Fertigstellung und Versand des Gutachtens Befunddokumentationen (z.B. Mitschriften des psychologischen Untersuchungsgesprächs) zur Mitnahme auszuhändigen.

148 BGBl. I 2014, S. 357 f.

149 VkBl., 2014, S. 110.

150 VkBl., 2014, S. 132.

151 Schubert, W., Dittmann, V. & Brenner-Hartmann, J. (2013): Urteilsbildung in der Fahreignungsbegutachtung – Beurteilungskriterien. Herausgegeben von der Deutschen Gesellschaft für Psychologie (DGVP) und der Deutschen Gesellschaft für Verkehrsmedizin (DGVM). 3. Auflage. Bonn: Kirschbaum Verlag.

Zum Gegenlesen – ohne Mitwirkung Dritter – dürfen Mitschriften des psychologischen Untersuchungsgesprächs dem Kunden jedoch während der Untersuchung zur Kenntnis gebracht werden.

6.5.1 Auftragsprüfung und Vorbereitung der Begutachtung

Nach Eingang der Fahrerlaubnisakten und der Prüfung der Durchführbarkeit des Untersuchungsauftrages sind u.a. die Untersuchungsgebühr, der Termin für die Untersuchung (unter Berücksichtigung der Terminwünsche des Kunden und eventueller Zeitvorgaben der Behörden) und ggf. erforderliche Zusatzuntersuchungen festzulegen und die entsprechenden Mitteilungen an den Kunden weiterzuleiten. Die Forderung, dass zwischen Akteneingang und Untersuchungstag nicht mehr als 20 Arbeitstage liegen sollen, soll eine zügige Termindisposition und Auftragsbearbeitung unterstützen.

Bei der Zuweisung von Begutachtungsaufträgen an die Gutachter ist darauf zu achten, dass psychologische Gutachter pro Tag nicht mehr als sechs und pro Woche nicht mehr als 20 Untersuchungen und medizinische Gutachter nicht mehr als drei Untersuchungen pro Stunde durchführen.

Die Anlage 4a Nummer 4 FeV regelt, dass die Medizinisch-Psychologische Untersuchung unter Hinzuziehung eines beeidigten oder öffentlich bestellten und vereidigten Dolmetschers oder Übersetzers, der von der Begutachtungsstelle für Fahreignung bestellt wird, durchgeführt werden kann und der betroffene Kraftfahrer die Kosten hierfür trägt.[152] Durch die Art der Bestellung des hinzugezogenen Dolmetschers oder Übersetzers durch die Begutachtungsstelle für Fahreignung soll ausgeschlossen werden, dass es im Vorfeld der Begutachtung zu einem Kontakt zwischen dem Dolmetscher und dem Kunden kommen kann. Dolmetscher, die im Bereich der Vorbereitung auf eine Begutachtung tätig sind oder im Vorfeld der Begutachtung Kontakt zu dem Kunden hatten, dürfen nicht eingesetzt werden.

Bei einer eventuellen Änderung der zu beantwortenden Fragestellung ist diese mit der zuständigen Fahrerlaubnisbehörde abzuklären. Änderungen des Untersuchungsanlasses aufgrund telefonischer Rücksprache bei der Behörde sind unter Angabe des Anfragezeitpunktes, des Gesprächspartners, des Grundes und der Art der Änderung sowie des Namens und der Unterschrift des Bearbeiters in Form einer Aktennotiz aufzuzeichnen.

Hält sich ein Gutachter für befangen, so ist der Begutachtungsfall einem anderen Gutachter zuzuweisen. Eine direkte oder indirekte Einflussnahme des Kunden oder Dritter auf die Auswahl des Gutachters ist grundsätzlich auszuschließen.

Zur Hypothesenformulierung sowie zur Feststellung des Umfangs und des Ablaufs der Medizinisch-Psychologischen Untersuchung ist vom medizinischen und vom psychologischen Gutachter eine Aktenanalyse durchzu-

152 BGBl. I 2014, S. 357, siehe Appendix.

führen. Die wesentlichen Ergebnisse dieser Analyse sind zu dokumentieren. Der Gutachter darf aktenkundige Vorgänge, die offensichtlich rechtlich nicht mehr verwertbar sind, bei der Begutachtung nicht verwenden.

Welche Taten der Begutachtung zugrunde gelegt werden dürfen, wird von der zuständigen Fahrerlaubnisbehörde im Rahmen der Gutachtenaufforderung unter Berücksichtigung des § 29 StVG festgelegt.[153] In diesem Zusammenhang ist auch zu beachten, dass der Gutachter auf Fahreignungsgutachten, die nicht Bestandteil der Fahrerlaubnisakte sind, nur mit Einverständnis des betroffenen Kunden zurückgreifen darf.

6.5.2 Umgang mit beigestellten Unterlagen

Der Träger muss geeignete Vorkehrungen treffen, dass die von der Behörde übersandten Akten sowie die vom Kunden beigestellten Unterlagen bei Empfang auf Identität und Vollständigkeit geprüft werden, während ihres Verbleibs in der Begutachtungsstelle nicht verloren gehen oder beschädigt werden und nur von zuständigen Personen unter Wahrung der datenschutzrechtlichen Vorschriften verwendet werden und jede unbefugte Einsichtnahme ausgeschlossen ist.

Bei der Anforderung von Befunden sind die datenschutzrechtlichen Bestimmungen und die Verpflichtungen zur Schweigepflicht zu beachten. Externe Befunde und Dokumente (z.B. Laborbefunde, ärztliche Befundberichte, Therapiebescheinigungen) sind stets vom jeweiligen Fachgutachter auf ihre Verlässlichkeit und Aktualität hin zu überprüfen. Aufgrund der sich häufenden Fälle von Manipulationen im Zusammenhang mit der Vorlage von Abstinenzbelegen hat der Verordnungsgeber in Anlage 4a Nummer 6 FeV die Bedingungen für die Berücksichtigung von beigestellten Befunden im Allgemeinen und von Abstinenzbelegen im Besonderen, einschließlich der Festlegung des für die Befunderhebung und Befundauswertung berechtigten Personenkreises, im Rahmen der Fahreignungsbegutachtung geregelt.[154]

Ergeben sich Zweifel an der Qualität von beigestellten externen Befunden und Dokumenten, sind diese bei der Beurteilung nicht zu berücksichtigen bzw. die erforderlichen Untersuchungen erneut zu veranlassen. Die entsprechenden Gründe sind im Gutachten anzugeben.

6.5.3 Medizinisch-Psychologische Untersuchung

Die Untersuchung ist, wie bereits erwähnt, unter Beachtung der in Anlage 4a FeV genannten Grundsätze durchzuführen.

Danach ist die Untersuchung anlassbezogen und unter Verwendung der von der Fahrerlaubnisbehörde zugesandten Unterlagen über den Betroffenen vorzunehmen. Der Gutachter hat sich an die durch die Fahrerlaubnisbehörde

---

153 Geiger, H. (2011): Die Medizinisch-Psychologische Untersuchung – Bestandsaufnahme – Reformüberlegungen. In: Schaffhauser, R. (Hrsg.): Jahrbuch zum Straßenverkehrsrecht 2011, S. 41–54. Bern: Stämpfli, S. 49.

154 BGBl. I 2014, S. 358, siehe Appendix.

vorgegebene Fragestellung zu halten. Verändert der Gutachter die Fragestellung, liegt eine „Missachtung der Nummer 1 lit. a) Satz 2 der Anlage (4a) ... zur FeV vor, was zur Unverwertbarkeit des Gutachtens führt".[155]

Die Anlassbezogenheit der Untersuchung kann den Gutachter im Einzelfall in Konflikte bringen, wenn sich in der Medizinisch-Psychologischen Untersuchung eignungsrelevante Mängel zeigen, die von der Fragestellung nicht umfasst sind. In diesem Fall ist nach Bouska & Laeverenz „die begutachtende Stelle berechtigt, als Zusatz zu dem Gutachten die Empfehlung anzufügen, für diesen Teilbereich eine ergänzende Begutachtung zu verlangen ... Dies ändert nichts daran, dass die Untersuchung sich ausschließlich an der Fragestellung zu orientieren hat, die Erkennung des ‚anderen' Mangels daher nicht durch zweckgerichtete Maßnahmen der begutachtenden Stelle gefördert werden darf."[156] Auf jeden Fall hat der Träger zu regeln, wie mit Befunden zu verfahren ist, die nicht in unmittelbarem Zusammenhang mit der behördlichen Fragestellung stehen, aber für die Frage der Fahreignung relevant sein können.

Ferner ist in der Anlage 4a FeV geregelt, dass nicht die gesamte Persönlichkeit des betroffenen Kraftfahrers, sondern nur solche Eigenschaften, Fähigkeiten und Verhaltensweisen Gegenstand der Untersuchung sind, die für die Kraftfahreignung von Bedeutung sind. Darüber hinaus ist die Untersuchung nach anerkannten wissenschaftlichen Grundsätzen vorzunehmen; über die Untersuchung sind Aufzeichnungen anzufertigen. In den Fällen der §§ 13 und 14 FeV ist Gegenstand der Untersuchung auch das voraussichtliche künftige Verhalten des Betroffenen, insbesondere ob zu erwarten ist, dass er nicht oder nicht mehr ein Kraftfahrzeug unter Einfluss von Alkohol oder Betäubungsmitteln oder Arzneimitteln führen wird. Hat Abhängigkeit von Alkohol oder Betäubungsmitteln oder Arzneimitteln vorgelegen, muss sich die Untersuchung darauf beziehen, dass eine stabile Abstinenz besteht. Bei Alkoholmissbrauch, ohne dass Abhängigkeit vorhanden war oder ist, muss sich die Untersuchung darauf erstrecken, ob der Betroffene den Konsum von Alkohol einerseits und das Führen von Kraftfahrzeugen im Straßenverkehr andererseits zuverlässig voneinander trennen kann. In Anlage 4a FeV ist weiterhin geregelt, dass das Gutachten auch geeignete Kurse zur Wiederherstellung der Kraftfahrereignung empfehlen kann.

In den Fällen des § 2a Abs. 4 Satz 1 und Abs. 5 Satz 5 oder des § 4 Abs. 10 Satz 4 StVG oder des § 11 Abs. 3 Nummer 4 bis 9 FeV ist Gegenstand der Untersuchung auch die Erwartung an das voraussichtliche künftige Verhalten des Betroffenen, dass er nicht mehr erheblich oder wiederholt gegen verkehrsrechtliche Bestimmungen oder gegen Strafgesetze verstoßen wird.

Ein zügiger und störungsfreier Ablauf der Untersuchung ist durch geeignete organisatorische Maßnahmen zu gewährleisten.

---

155 Geiger (2011): Die Medizinisch-Psychologische Untersuchung, S. 48; vgl. hierzu Beschluss des BayVGH v. 14.4.2009, SVR, 2009, S. 275.

156 Bouska, W. & Laeverenz, J. (2004): Fahrerlaubnisrecht (3. neu bearbeitete Aufl.). München: Beck, S. 268.

Bei Erscheinen des Kunden am Untersuchungstag sind seine Identität anhand eines amtlichen Lichtbildausweises, seine aktuelle Anschrift und – sofern erforderlich – die Beeidigung oder öffentliche Bestellung und Vereidigung des von der Begutachtungsstelle für Fahreignung bestellten Dolmetschers oder Übersetzers zu prüfen.

Zu Beginn der Untersuchung hat der Gutachter den Kunden über Gegenstand und Zweck der Untersuchung, den gesamten Untersuchungsablauf und die Verfahrensweise bis zur Versendung des Gutachtens zu informieren. Die für eine Übersendung des Gutachtens an die Behörde oder das Gericht erforderliche Erklärung zur Entbindung der Begutachtungsstelle von der Schweigepflicht ist ggf. einzuholen.

Die Untersuchung sollte gemäß dem Prinzip der Verhältnismäßigkeit der Mittel und des geringstmöglichen Eingriffs beendet werden, wenn zur vollständigen Beantwortung der Fragestellung ausreichende Befunde vorliegen. Der Träger muss auch Regelungen bzgl. des Abbruchs der Untersuchung, z. B. bei Alkoholisierung des Kunden am Untersuchungstag oder Bedrohung des Gutachters, und der Aufzeichnung der entsprechenden Gründe treffen.

Die medizinische Untersuchung umfasst die Aktenanalyse, die Erhebung der Krankenvorgeschichte, die anlassbezogene Anamnese, die körperliche Befunderhebung und ggf. die Erhebung der Laborparameter. Wenn für die Beantwortung der durch die Fahrerlaubnisbehörde vorgegebenen Fragestellung erforderlich, können Zusatzuntersuchungen (z. B. Urinuntersuchung, Haaranalyse) durchgeführt bzw. zusätzliche medizinische Befunde angefordert werden.

Die psychologische Untersuchung umfasst die Aktenanalyse, das psychologische Untersuchungsgespräch und – bei entsprechender Indikation oder gegebener Fragestellung – fahreignungsrelevante Leistungstests, die psychologische Fahrverhaltensbeobachtung und Fragebogenverfahren zur Erfassung verkehrsrelevanter Kenntnisse, Einstellungen und Haltungen.

Die Bewertung der psychophysischen Leistungsfähigkeit erfolgt unter Verwendung kraftfahrspezifischer Normen im Hinblick auf die Frage, ob die zu begutachtende Person von ihrer Leistungsausstattung her die Mindestvoraussetzungen für eine sichere und ordnungsgemäße Verkehrsteilnahme erfüllt. Die eingesetzten psychologischen Testverfahren müssen wissenschaftlich fundiert sein, sich in der Fahreignungsbegutachtung bewährt haben und im Hinblick auf das zu prognostizierende Verhalten Aussagekraft (Validität) besitzen. Künftig muss, worauf bereits in Kapitel 9.6.3.3 hingewiesen wurde, eine Bestätigung der Eignung der eingesetzten psychologischen Testverfahren und -geräte durch eine unabhängige Stelle vorliegen. Bei der Auswahl der Testverfahren im Einzelfall ist darauf zu achten, dass bestimmte Teilgruppen (z. B. schreib- oder leseschwache Personen) nicht benachteiligt werden.

In welchen Fällen eine psychologische Fahrverhaltensbeobachtung durchgeführt werden sollte (z. B. zur Klärung der Frage der Kompensation von Leistungsminderungen), muss im QM-System des Trägers geregelt sein. Die

Durchführung einer im Einzelfall erforderlichen psychologischen Fahrverhaltensbeobachtung muss in einem Ausbildungsfahrzeug einer Fahrschule im Beisein eines Fahrlehrers und eines psychologischen Gutachters sowie unter Beachtung der Fragestellung erfolgen. Die Fahranweisung, das Verhalten von Fahrlehrer und Beobachter während der psychologischen Fahrverhaltensbeobachtung und die Auswertung sind so weit wie möglich zu standardisieren. Weitergehende Mindeststandards für die psychologische Fahrverhaltensbeobachtung finden sich in der 3. Auflage der von der DGVP und DGVM herausgegebenen Beurteilungskriterien.[157]

Im psychologischen Untersuchungsgespräch werden die allgemeine Lebensentwicklung, die Deliktgeschichte und ihre Verarbeitung sowie die vorhandenen individuellen Ansätze und Bestrebungen zur Vermeidung künftiger Verkehrsauffälligkeiten behandelt. Neben der Dauer sind die wesentlichen Inhalte des Gesprächs aufzuzeichnen. Geiger[158] weist unter Bezug auf eine Entscheidung des Bundesverwaltungsgerichts vom 16. August 1994 darauf hin, dass der wesentliche Inhalt des Untersuchungsgesprächs zusammengefasst in indirekter Rede im Gutachten dargestellt werden kann; zur Erhöhung der Transparenz empfehle es sich jedoch, die Äußerungen des betroffenen Kraftfahrers, auf die sich die abschließende Bewertung stützt, wörtlich zu zitieren.[159]

Von verschiedener Seite[160] wird als bestes Nachweismittel für die Äußerungen des betroffenen Kraftfahrers die Tonbandaufnahme des psychologischen Untersuchungsgesprächs angesehen. Zurzeit ist eine Tonaufzeichnung zwar rechtlich nicht vorgeschrieben, einige Träger von Begutachtungsstellen für Fahreignung bieten diese jedoch auf freiwilliger Basis an.[161] Nach Geiger[162] ist bei einer Aufzeichnung des Untersuchungsgesprächs auf Tonträger eine komplette Abschrift nur erforderlich, wenn Zweifel über den Inhalt der Exploration bestehen und hierüber Beweis erhoben werden muss; daher ist die Aufnahme für einen angemessenen Zeitraum datengesichert aufzubewahren. Konsequenterweise ist dann eine Tonaufzeichnung auch für das anlassbezogene medizinische Anamnesegespräch zu fordern.

Der Arbeitskreis V „Fahreignung und MPU" des 52. Deutschen Verkehrsgerichtstages vom 29. bis 31. Januar 2014 in Goslar hat in seinen Empfehlungen festgehalten, dass Tonaufzeichnungen der ärztlichen und psychologischen Untersuchungsgespräche die Transparenz der Fahreignungsbegutachtung erhöhen können, es jedoch von der Klärung wissenschaftlicher und recht-

157 Schubert et al., (2013); Brenner-Hartmann, J. & Wagner, T. (2013): Urteilsbildung in der Fahreignungsbegutachtung – Beurteilungskriterien – Änderungen und Weiterentwicklungen in der 3. Auflage. Zeitschrift für Verkehrssicherheit, S. 217–223.

158 Geiger (2011): Die Medizinisch-Psychologische Untersuchung, S. 50.

159 Vgl. hierzu ausführlich Kapitel 10.

160 U. a. Hillmann, F.-R. (2010): Eine Erfolgsgeschichte mit Schönheitsfehlern – Die MPU. Zeitschrift für Rechtspolitik, S. 149–153; Geiger (2011): Die Medizinisch-Psychologische Untersuchung.

161 S. hierzu auch Weibrecht, C. (2003): Nachweisfragen – MPU – Rechtsprobleme. Blutalkohol, S. 130–139.

162 Geiger (2011): Die Medizinisch-Psychologische Untersuchung, S. 51.

licher Fragen abhängt, ob diese Tonaufzeichnungen gesetzlich vorgeschrieben werden sollen.[163]

6.5.4 Erstellung des Gutachtens

Das Gutachten ist unter Beachtung der in der Anlage 4a FeV genannten Grundsätze zu erstellen. Danach muss das Gutachten in allgemeinverständlicher Sprache abgefasst sowie nachvollziehbar und nachprüfbar sein.

Allgemeine sprachliche Verständlichkeit bedeutet u. a., dass dem Laien nicht geläufige Fachausdrücke sowie die Bedeutung von Prozentangaben/Bezugsnormen erklärt werden. Die Nachvollziehbarkeit betrifft nach Anlage 4a FeV die logische Ordnung (Schlüssigkeit) des Gutachtens. Sie erfordert die Wiedergabe aller wesentlichen Befunde und die Darstellung der zur Beurteilung führenden Schlussfolgerungen. Die Nachprüfbarkeit betrifft die Wissenschaftlichkeit der Begutachtung. Sie erfordert, dass die Untersuchungsverfahren, die zu den Befunden geführt haben, angegeben und, soweit die Schlussfolgerungen auf Forschungsergebnisse gestützt sind, die Quellen genannt werden. Das Gutachten braucht aber nicht im Einzelnen die wissenschaftlichen Grundlagen für die Erhebung und Interpretation der Befunde wiederzugeben.[164]

Das Gutachten muss nach Anlage 4a FeV in allen wesentlichen Punkten, insbesondere im Hinblick auf die gestellten Fragen (§ 11 Absatz 6), vollständig sein. Der Umfang eines Gutachtens richtet sich nach der Befundlage. Bei eindeutiger Befundlage wird das Gutachten knapper, bei komplizierter Befundlage ausführlicher erstattet. Im Gutachten muss dargestellt und unterschieden werden zwischen der Vorgeschichte und der gegenwärtigen Befundlage.[165]

Das Gutachten wird im Regelfall interdisziplinär von einem Psychologen und einem Arzt erstellt und sein Ergebnis von beiden verantwortet. In der Regel ermöglicht erst die integrative Bewertung der vorliegenden medizinischen und psychologischen Befunde eine abschließende Beantwortung der Untersuchungsfragestellung. Das Aufbauschema des Gutachtens ist in der Richtlinie BfF vorgegeben.[166]

Im Gutachten sind alle von außen eingeholten bzw. beigestellten begutachtungsrelevanten Leistungen und Unterlagen und ggf. deren Qualitätsstandard im Einzelnen zu benennen sowie im Gutachten Titel, Name und Vorname des ggf. hinzugezogenen Dolmetschers oder Übersetzers anzugeben und zu bestätigen, dass Belege darüber eingesehen worden sind, dass es sich um einen beeidigten oder öffentlich bestellten und vereidigten Dolmetscher oder Übersetzer handelt.

163 www.deutscher-verkehrsgerichtstag.de.
164 BGBl. I 2014, S. 357.
165 BGBl. I 2014, S. 357.
166 VkBl., 2014, S. 119.

Das Abweichen von den Begutachtungsleitlinien zur Kraftfahreignung[167] und von fachwissenschaftlichen Grundlagen wie auch der Verzicht auf bestimmte Standardverfahren ist im Gutachten nachvollziehbar zu begründen.

Das Gutachten kann zu folgenden Ergebnissen führen:

- positiv, d. h., es sind keine eignungsausschließenden Mängel vorhanden (ggf. unter Empfehlung von Auflagen oder Beschränkungen),
- negativ mit Maßnahmenempfehlung, d. h., es sind Eignungsmängel vorhanden, die jedoch nach Überzeugung des Gutachters durch Teilnahme an einem Kurs zur Wiederherstellung der Kraftfahreignung (§ 70 FeV) behoben werden können,
- negativ, d. h., es sind Mängel vorhanden, die die Fahreignung ausschließen.

Dem Kunden sollten im Fall eines negativen Gutachtenergebnisses möglichst differenzierte Empfehlungen gegeben werden, wie er seine Eignungsvoraussetzungen verbessern kann, z. B. durch Suchtberatung, Therapiemaßnahme, Teilnahme an einer Selbsthilfegruppe oder durch andere geeignete Maßnahmen.

Das Gutachten dient den Verwaltungsbehörden als Hilfsmittel für eine eigene Urteilsbildung und darf daher in seinem Ergebnis dieser in eigener Verantwortung zu treffenden Entscheidung der Behörde nicht vorgreifen.

Die einzelnen Blätter des Gutachtens sind fortlaufend zu nummerieren und durch den Namen des Begutachteten so zu kennzeichnen, dass falsche Zuordnungen ausgeschlossen sind. Die erstellten Gutachten sind so zu gestalten, dass deren unlauterer Gebrauch erheblich erschwert wird; dies erfolgt in der Regel durch die Verwendung eines speziellen Gutachtenpapiers.

In der Richtlinie BfF ist gefordert, dass nach der Niederschrift und der Endkorrektur das Gutachten von beiden Gutachtern eigenhändig unterzeichnet wird, wobei Name, Titel und Berufsbezeichnung des Unterzeichners anzuführen sind. Zur Erschwerung von Fälschungen erfolgt die Unterschrift mit einem blauen Schriftzug.

Da in einzelnen Fällen im Rahmen von Verwaltungsverfahren zur Neuerteilung der Fahrerlaubnis Privatgutachten vorgelegt wurden, die von Trägern von Begutachtungsstellen für Fahreignung erstellt und nicht deutlich als Privatgutachten gekennzeichnet worden waren, hat sich der BASt-Fachausschuss „Begutachtung der Fahreignung" auf seiner 29. Sitzung am 24. Februar 2010 für eine entsprechende Ergänzung der Anforderungen an Träger von Begutachtungsstellen für Fahreignung ausgesprochen. In der Richtlinie BfF ist nunmehr eine Regelung enthalten, dass Gutachten, die nicht im amtlichen oder gerichtlichen Auftrag bzw. nicht auf der Grundlage der FeV (Anlagen 5 und 6) erstellt werden, als Privatgutachten zu kennzeichnen sind. Zudem darf nicht der Anschein erweckt werden, dass es sich hier um

167 Gräcmann, N. & Albrecht, M. (2014): Begutachtungsleitlinien zur Kraftfahreignung (Berichte der Bundesanstalt für Straßenwesen, Heft M 115). Bremen: Fachverlag NW.

amtlich veranlasste Gutachten handelt und der Träger auch für die Erstellung derartiger Gutachten von der BASt begutachtet worden ist.

6.5.5 Gutachtenausgang und Archivierung von Begutachtungsunterlagen

Die Versendung des Gutachtens sollte spätestens zehn Arbeitstage nach Eingang aller Befunde erfolgen. Überschreitungen dieser Frist sind mit Angabe der Gründe aufzuzeichnen. Jedes Gutachten wird erst dann freigegeben und versandt, wenn alle Prüfungen durchgeführt worden sind. Als fehlerhaft erkannte Gutachten müssen von einer Weitergabe ausgeschlossen sein.

Das Gutachten wird an den Auftraggeber versandt, sofern nicht von diesem durch schriftliche Entbindung von der Schweigepflicht eine andere Verfahrensweise gewünscht wird. Die Fahrerlaubnisakte wird spätestens am Tag der Gutachtenversendung an die Behörde zurückgesandt.

Die relevanten Begutachtungsunterlagen sind unter Beachtung der Erfordernisse des Datenschutzes fünf Jahre zu archivieren, sofern keine anderen Fristen bindend vorgeschrieben sind. Werden zu archivierende Unterlagen digitalisiert, ist vom Träger sicherzustellen, dass die digitalisierte Akte vollständig ist, die digitalisierten Unterlagen nicht mehr verändert werden können, eine unbefugte Einsichtnahme ausgeschlossen ist und die digitalisierten Unterlagen den jeweils geltenden Vorschriften entsprechend gelöscht werden.

7 Qualitätssicherung bei Trägern von Kursen zur Wiederherstellung der Kraftfahreignung

Manfred Weinand, Monika Wloka

Da die Kurse zur Wiederherstellung der Kraftfahreignung (§ 70 FeV) Bestandteil des Systems der Beurteilung und Wiederherstellung der Kraftfahreignung sind, werden an dieser Stelle das Begutachtungsverfahren und die fachlichen Anforderungen bei Trägern, die Kurse zur Wiederherstellung der Kraftfahreignung nach § 70 FeV durchführen, zusammengefasst dargestellt. Dabei kann hier aus Platzgründen nur auf wesentliche Aspekte eingegangen werden. Das Begutachtungsverfahren und die Anforderungen bei den oben genannten Kursträgern sind umfassend in der im Verkehrsblatt veröffentlichten „Richtlinie über die Anforderungen an Träger von Kursen zur Wiederherstellung der Kraftfahreignung (§ 70 FeV) und deren Begutachtung durch die Bundesanstalt für Straßenwesen“[168] dokumentiert.

Den Ausführungen zur fachlichen Begutachtung von und zu den Anforderungen an Träger von Kursen zur Wiederherstellung der Kraftfahreignung (§ 70 FeV) soll ein kurzer Rückblick auf die Entwicklung der Rehabilitation auffälliger Kraftfahrer in Deutschland vorangestellt werden.

7.1 Entwicklung der Rehabilitation auffälliger Kraftfahrer in Deutschland

Im Jahr 1968 wurden die ersten Nachschulungskurse für verkehrsauffällige Kraftfahrer als „Fortbildungskurse für Kraftfahrer“ in Köln von Psychologen durchgeführt. In der Folgezeit wurden – u. a. gefördert durch entsprechende Projektgruppen bei der BASt – weitere Kursprogramme für spezifische Zielgruppen entwickelt.[169] Mit den Ergebnissen einer umfassenden Evaluationsstudie (ALKOEVA) konnte dann in den 80er-Jahren die Wirksamkeit der Kurse für alkoholauffällige Kraftfahrer eindrücklich belegt werden.[170] Auf der Grundlage der vorliegenden Erkenntnisse kam der Arbeitskreis III („Verbesserung oder Wiederherstellung der Fahreignung“) des 30. Deutschen Verkehrsgerichtstages im Jahr 1992 zu dem Ergebnis, dass sich die bisher erprobten Nachschulungsmaßnahmen für auffällig gewordene Kraftfahrer als Mittel zur Verbesserung oder Wiederherstellung der Fahreignung bewährt haben und geeignet sind, eine positive Verhaltensänderung herbeizuführen und damit zur Verminderung der Rückfallhäufigkeit beizutragen.[171]

---

168 VkBl., 2014, S. 125–132.

169 Vgl. Spoerer, E. & Ruby, M. M. (1996): Zurück ans Steuer – Theorie und Praxis der Rehabilitation auffälliger Kraftfahrer. Reihe Faktor Mensch im Verkehr, Band 39. Braunschweig: Rot-Gelb-Grün.

170 Vgl. Winkler, W., Jacobshagen, W. & Nickel, W.-R. (1988): Wirksamkeit von Kursen für wiederholt alkoholauffällige Kraftfahrer. Unfall- und Sicherheitsforschung Straßenverkehr, Heft 64. Bremerhaven: Wirtschaftverlag NW.

171 Bürck, H. (2002): 30. Verkehrsgerichtstag in Goslar. Blutalkohol, S. 147–149, S. 148.

Da eine wesentliche Voraussetzung für die erfolgreiche Rehabilitation auffälliger Kraftfahrer eine fundierte medizinisch-psychologische Eignungsdiagnostik ist, vor allem bei Rehabilitationsmaßnahmen mit unmittelbaren Rechtsfolgen[172], wurden Beurteilungskriterien hinsichtlich der Indikation für eine Kursteilnahme sowie Kursausschlusskriterien entwickelt. So dürfen Teilnehmer an solchen Rehabilitationsmaßnahmen weder im medizinischen Bereich noch im geistigen und/oder psychisch-funktionalen Bereich eignungsausschließende Beeinträchtigungen aufweisen. Vom Gutachter einer Begutachtungsstelle für Fahreignung ist zudem zu überprüfen, inwieweit abzusehen ist, dass der Kunde überhaupt von einem derartigen Kurs profitieren kann. In die Prüfung sind die der Auffälligkeit zugrunde liegende Problematik, die Kooperationsbereitschaft des Betroffenen, seine Ansätze zur Identifizierung des eigenen problematischen Verhaltens, seine Motivation zur Auseinandersetzung mit seinem Problemverhalten, seine kommunikativen Voraussetzungen und seine Veränderungsbereitschaft einzubeziehen.[173]

Die Zuweisungskriterien sind heute in den von der DGVP und der DGVM herausgegebenen Beurteilungskriterien[174] zusammengefasst und werden bei Bedarf weiterentwickelt.

Qualitätssicherungsaspekte spielten im Bereich von Rehabilitationskursen, die mit unmittelbaren Rechtsfolgen verbunden waren, schon früh eine Rolle. Der Institution „Qualitätssicherung Nachschulung“ (QS-N) des VdTÜV kam in der Vergangenheit eine zentrale integrierende und überwachende Funktion für die Anbieter von Nachschulungskursen zu, die sich diesem Dachverband angeschlossen hatten. Auch im „Psychologischen Gutachten zur Kraftfahreignung“[175] wurden 1995 vom Berufsverband Deutscher Psychologinnen und Psychologen Leitlinien zur Qualitätssicherung von Maßnahmen zur Förderung der Kraftfahreignung festgelegt, die u.a. Anforderungen an die fachliche Qualifikation der Kursmoderatoren, an ihre Weiterbildung und Supervision sowie an das Kurskonzept enthielten.[176] Eine ausführlichere Darstellung der Entwicklung der Rehabilitation auffälliger Kraftfahrer in Deutschland findet sich bei Spoerer und Ruby.[177]

Mit der Änderung des § 6 des StVG (Abs. 1 Nummer 1d) als Ermächtigungsgrundlage und den Regelungen in § 11 (Abs. 10) und in § 70 FeV wurde zum 1. Januar 1999 – basierend auf den positiven Erfahrungen mit den Modellversuchen – eine Rechtsgrundlage geschaffen für die Durchführung der zuvor im Rahmen von Modellversuchen und entsprechenden Ländererlassen angebotenen und ab 1999 als Kurse zur Wiederherstellung der Kraftfahreignung bezeichneten psychologischen Rehabilitationsmaßnahmen.[178] Die Teilnahme an den in der FeV

172 Spoerer & Ruby (1996): Zurück ans Steuer, S. 29.

173 Heinrich et al. (2009): Qualitätssicherung verkehrspsychologischer Diagnostik und Intervention, S. 381.

174 Schubert, Dittmann & Brenner-Hartmann (2013).

175 Kroj, G. (Hrsg.). (1995): Psychologisches Gutachten Kraftfahreignung. Bonn: Deutscher Psychologen Verlag.

176 Heinrich et al. (2009): Qualitätssicherung verkehrspsychologischer Diagnostik und Intervention, S. 381.

177 Spoerer & Ruby (1996): Zurück ans Steuer.

178 Buchardt, I. & Brieler, P. (2011): Wegfall der Kurse nach § 70 FeV für Punktetäter. *Straßenverkehrsrecht*, S. 401–407.

als „Kurse zur Wiederherstellung der Kraftfahreignung" bezeichneten Rehabilitationsmaßnahmen setzt voraus, dass aufgrund eines medizinisch-psychologischen Gutachtens einer Begutachtungsstelle für Fahreignung die Kursteilnahme als geeignete Maßnahme angesehen wird, vorhandene Eignungsmängel zu beheben. Wenn diese Gutachtenempfehlung vorliegt und die Fahrerlaubnisbehörde der Kursteilnahme zugestimmt hat, reicht zum Nachweis der Wiederherstellung der Kraftfahreignung statt eines erneuten medizinisch-psychologischen Gutachtens eine Bescheinigung über die Kursteilnahme aus (§ 11 Abs. 10 FeV).

In der Vergangenheit wurden neben Kursen für alkohol- und drogenauffällige Kraftfahrer auch Kurse zur Wiederherstellung der Kraftfahreignung bei der Zielgruppe der verkehrsauffälligen Kraftfahrer mit Verkehrsverstößen in nüchternem Zustand (Punktetäter) entwickelt und zugelassen. Im Zuge der Fünften Verordnung zur Änderung der Fahrerlaubnis-Verordnung und anderer straßenverkehrsrechtlicher Vorschriften vom 17. Dezember 2010[179] wurden die Kurse zur Wiederherstellung der Kraftfahreignung auf die Zielgruppen der alkohol- oder drogenauffälligen Kraftfahrer beschränkt. Die Streichung der Kurse zur Wiederherstellung der Kraftfahreignung für Punktetäter durch den Verordnungsgeber erfolgte vor dem Hintergrund, dass die „Evaluation von am Markt angebotener Kurse zur Wiederherstellung der Kraftfahreignung nach § 70 für den Bereich der Entzugsfälle aufgrund des Punktesystems unbefriedigende Erfolgsergebnisse ergeben" haben und es daher „nicht mehr gerechtfertigt ist, aufgrund einer alleinigen Teilnahme an einem derartigen Kurs die durch eine Begutachtungsstelle für Fahreignung festgestellten Eignungsmängel als behoben anzusehen und von der Wiederherstellung der Kraftfahreignung auszugehen."[180]

7.2 Fachliche Begutachtung durch die Bundesanstalt für Straßenwesen

Grundlage für die Begutachtung durch die BASt bei Trägern, die Kurse zur Wiederherstellung der Kraftfahreignung nach § 70 FeV durchführen, ist gemäß § 72 FeV[181] die „Richtlinie über die Anforderungen an Träger von Kursen zur Wiederherstellung der Kraftfahreignung (§ 70 FeV) und deren Begutachtung durch die Bundesanstalt für Straßenwesen",[182] nachfolgend kurz Richtlinie Kurs genannt. Das Begutachtungsverfahren der BASt gliedert sich bei den Kursträgern in das Antragsverfahren, die Erstbegutachtung, die regelmäßige Begutachtung, die Überprüfung eines neuen Kursprogramms und die Begutachtung aus besonderem Anlass.

Die Antragstellung und die Begutachtung aus besonderem Anlass entsprechen dem Verfahren bei Trägern von Begutachtungsstellen für Fahreignung. Bei der Erstbegutachtung und den nachfolgenden regelmäßigen Begutach-

179 BGBl. I 2010, S. 2279–2294.
180 BR-Drucksache 580/10, S. 25.
181 BGBl. I 2014, S. 352.
182 VkBl., 2014, S. 125–132.

tungen wird im Unterschied zum Bereich der Fahreignungsbegutachtung in der Regel nur die Trägerniederlassung vor Ort begutachtet. Anlassbedingt können jedoch regelmäßige Begutachtungen vor Ort auch in den Stellen durchgeführt werden, in denen Kurse zur Wiederherstellung der Kraftfahreignung stattfinden. Wie bei den Trägern von Begutachtungsstellen für Fahreignung ist für die BASt auch im Kurssektor die Möglichkeit gegeben, regelmäßige Begutachtungen vor Ort und Begutachtungen aus besonderem Anlass unangemeldet durchzuführen.[183]

Eine Besonderheit stellt die Überprüfung eines neuen Kursprogramms dar. Nach Antragstellung durch den Träger prüft die BASt, ob das neue Kursprogramm die in Abschnitt II Nummer 4 der Richtlinie Kurs (Kursprogramm zur Wiederherstellung der Kraftfahreignung) aufgeführten Anforderungen erfüllt, insbesondere in Bezug auf die genannten Eckdaten.[184] Mit der Antragstellung legt der Träger der BASt auch die Bestätigung (Gutachten) einer geeigneten unabhängigen Stelle über die wissenschaftliche Grundlage und die Geeignetheit des Kurses (vgl. Anlage 15 Abs. 2 Nummer 6 FeV)[185] vor.

Der formale Ablauf der Begutachtungen, die Erstellung der BASt-Gutachten über die Ergebnisse der Begutachtungen und die Gebührenberechnung decken sich mit dem in Kapitel 9.5 beschriebenen Verfahren.

7.3 Fachliche Anforderungen an Träger von Kursen zur Wiederherstellung der Kraftfahreignung

Eine Zusammenstellung der konkreten fachlichen Anforderungen, deren Erfüllung von der BASt überprüft wird, findet sich in der im voranstehenden Kapitel genannten Richtlinie Kurs. Die darin enthaltenen Anforderungen basieren auf den von der BASt mit Unterstützung des Fachausschusses „Kurse zur Wiederherstellung der Kraftfahreignung“ entwickelten und bis 30.4.2014 im Internet auf der BASt-Homepage veröffentlichten „Anforderungen an Träger von Stellen, die Kurse zur Wiederherstellung der Kraftfahreignung durchführen“, die im Rahmen der Beratungen zur Zehnten Verordnung zur Änderung der Fahrerlaubnis-Verordnung und anderer straßenverkehrsrechtlicher Vorschriften[186] überarbeitet wurden.

Bei den Qualitätsanforderungen an Kursträger können die Hauptbereiche

- Qualitätsmanagement,
- personelle, räumliche und sachliche Ausstattung,
- Qualifikation und Weiterbildung des Personals,
- Kursprogramme zur Wiederherstellung der Kraftfahreignung,
- Durchführung von Kursen

183 VkBl., 2014, S. 126.

184 VkBl., 2014, S. 126, 130–131.

185 BGBl. I 2014, S. 370; vgl. hierzu auch Schmidt, S. & Pfafferott, I. (2002): Leitfaden zur Anerkennung von Kursen gemäß § 70 FeV. Zeitschrift für Verkehrssicherheit, S. 134–135.

186 BGBl. I 2014, S. 348 ff.

unterschieden werden. Die weitere Darstellung ist im Wesentlichen der Richtlinie Kurs[187] entnommen worden, wobei auch hier aus Gründen der besseren Lesbarkeit auf eine hervorgehobene Kennzeichnung der Zitate verzichtet wird.

7.3.1 Anforderungen an das Qualitätsmanagement

Dem Qualitätsmanagement lassen sich u. a. die Qualitätspolitik, die Organisationsstruktur, die Dokumentation des QM-Systems und deren Überwachung, die internen Audits (einschließlich Korrektur- und Vorbeugungsmaßnahmen, jährliche Bewertung des QM-Systems durch die oberste Leitung des Trägers), die Kursleiteraudits, der kontinuierliche Verbesserungsprozess, der Datenschutz, das Beschwerdemanagement, die Prüfmittelüberwachung und die jährlich vom Träger zu erstellenden Statistiken zuordnen.

Da QM-Anforderungen aufgrund ihrer in der Regel allgemeinen Ausrichtung unabhängig von der spezifischen Dienstleistungskategorie gelten,[188] ist der für die Kursträger verbindliche Anforderungskatalog in diesem Qualitätsbereich in weiten Teilen deckungsgleich mit den entsprechenden allgemeinen Anforderungen bei Trägern von Begutachtungsstellen für Fahreignung (vgl. Kapitel 9.6.2). Die nachfolgende Darstellung der Anforderungen an das Qualitätsmanagement beschränkt sich daher überwiegend auf wesentliche Besonderheiten im Kursbereich.

Kursträger müssen in allen Stellen, in denen die Durchführung von Kursen geplant und organisiert wird, die Erfüllung der Anforderungen durch jährliche Audits überprüfen. Eine besondere Forderung sind zudem die vom Träger durchzuführenden Kursleiteraudits. Es handelt sich hier um eine Personenauditierung, bei der ein Kursleiter von einer anderen fachkompetenten Person hinsichtlich vom Träger festgelegter Kriterien während der Kursdurchführung beurteilt wird.[189] Daraus kann sich ggf. Schulungsbedarf bei dem auditierten Kursleiter ergeben. Insofern dienen diese Audits gezielt der Überwachung der Qualität der Kursdurchführung einzelner Kursleiter. Vom Träger ist bei Kursleitern ohne einschlägige Berufspraxis im ersten und zweiten Jahr nach der Ausbildung zum Kursleiter jeweils ein kompletter Kurs, ab dem dritten Jahr ihrer Tätigkeit jeweils innerhalb von drei Jahren eine Kurssitzung einem Kursleiteraudit zu unterziehen. Über die Ergebnisse der Kursleiteraudits sind vom Kursauditor Aufzeichnungen anzufertigen (u. a. Kursort, Namen des Kursleiters und des Kursauditors, Name des Kursprogramms, Datum und Dauer des Kursleiteraudits). Die Aufzeichnungen müssen weiterhin Angaben zur Vermittlungskompetenz und Kursgestaltung des Kursleiters, eine nachvollziehbare Beschreibung der Einzelbeurteilungen, eine abschließende schriftliche Beurteilung durch den Kursauditor sowie das Ergebnis der Rückmeldung an den auditierten Kursleiter enthalten. Die Auswertung der Aufzeichnungen über die

187 VkBl., 2014, S. 125–132.
188 Vgl. DIN EN ISO 9000:2005, S. 7.
189 Heinrich et al. (2009): Qualitätssicherung verkehrspsychologischer Diagnostik und Intervention, S. 384.

Kursleiteraudits und die daraus abgeleiteten Maßnahmen werden vom QM-Beauftragten in den Auditbericht integriert.

Die für die Durchführung von Kursen erhobenen personenbezogenen Daten dürfen nur für diesen Zweck verarbeitet und genutzt werden und sind sechs Monate nach Abschluss der jeweiligen Kurse zu löschen; ausgenommen sind Daten, die für Maßnahmen der Qualitätssicherung oder Aufsicht erforderlich sind (z.B. Kursprotokolle, Kopien der unterzeichneten Teilnahmebescheinigungen, Anwesenheitslisten). Diese Daten sind zu sperren und spätestens bis zum Ablauf des fünften – auf den Abschluss der jeweiligen Kurse folgenden – Jahres zu löschen.

Vom Kursträger müssen jährliche Statistiken zu folgenden Bereichen erstellt und der BASt auf Anforderung vorgelegt werden:

- Anzahl der durchgeführten Kurse,
- Anzahl der Kurse pro Kursleiter,
- Anzahl der Teilnehmer je Kurs,
- Gesamtanzahl der Kursteilnehmer,
- Anzahl der Kurssitzungen pro Kurs und Woche,
- Kursdauer in Kalendertagen je Kurs,
- Anzahl der Kursausschlüsse, differenziert nach Ausschlussgründen,
- Anzahl der Teilnehmer pro Abschlusssitzung (nur bei vorgesehener Nachbetreuungsphase).

7.3.2 Anforderungen an die personelle, räumliche und sachliche Ausstattung

Träger, die Kurse zur Wiederherstellung der Kraftfahreignung durchführen, müssen für leitende, ausführende und qualitätsprüfende Tätigkeiten ausreichendes qualifiziertes Personal bereitstellen. Von der obersten Leitung muss ein QM-Beauftragter bestimmt werden, der der obersten Leitung direkt verantwortlich und ihr unmittelbar zugeordnet ist. Ferner ist vom Träger ein fachlich weisungsbefugter Leiter für den Fachbereich „Kurse zur Wiederherstellung der Kraftfahreignung“ sowie dessen Stellvertreter zu ernennen, die vertraglich an den Träger gebunden sind.

Für die Durchführung der Kurse sind geeignete Räumlichkeiten und eine sachgerechte Ausstattung nachzuweisen. Arbeits- und Prüfmittel, die einer wirksamen Kursdurchführung dienen, müssen vorgehalten werden. Den Kursleitern muss ein Grundbestand an Fachliteratur bereitgestellt werden, der kontinuierlich zu aktualisieren ist.

7.3.3 Anforderungen an die Qualifikation und Weiterbildung des Personals

Das Personal des Trägers von Kursen zur Wiederherstellung der Kraftfahreignung muss für die jeweiligen Aufgaben kompetent sein. Es ist daher vom Träger sicherzustellen, dass alle von ihm eingesetzten Mitarbeiter über die fachlichen und persönlichen Voraussetzungen zur Durchführung der ihnen übertragenen Aufgaben verfügen und die erforderlichen Aus- und Weiterbildungen absolviert haben.

Die Informationen über die einschlägigen Qualifikationen, die berufliche Erfahrung und die Weiterbildungen jedes einzelnen Mitarbeiters müssen vom Träger aufbewahrt und auf dem neuesten Stand gehalten werden. Diese umfassen insbesondere die Befugnisse zur Durchführung einzelner Kursprogramme sowie die Teilnahme an Maßnahmen zur Aus- und Weiterbildung.

Der Qualitätsmanagementbeauftragte muss über ausreichende Kenntnisse und Kompetenzen im Qualitätsmanagement (Ausbildung zum Fachauditor) verfügen. Sofern er selber eine mindestens zweijährige Berufserfahrung als Kursleiter (Durchführung von mindestens 12 Kursen) nicht vorweisen kann, muss er entsprechend qualifizierte Mitarbeiter mit der Durchführung der Kursleiteraudits beauftragen.

Voraussetzungen für die Ernennung als fachlich weisungsbefugter Leiter bzw. stellvertretender Leiter für den Fachbereich „Kurse zur Wiederherstellung der Kraftfahreignung“ sind eine mindestens zweijährige Erfahrung als Leiter von Kursen zur Wiederherstellung der Kraftfahreignung (Durchführung von mindestens 12 Kursen) sowie eine vertragliche Bindung an den Kursträger.

Kursleiter müssen nach Anlage 15 FeV[190] folgende Qualifikationen erfüllen:

- Abschluss eines Hochschulstudiums als Diplom-Psychologe oder einen gleichwertigen Master-Abschluss in Psychologie,
- verkehrspsychologische Ausbildung an einer Universität oder gleichgestellten Hochschule oder bei einer Stelle, die sich mit der Begutachtung oder Wiederherstellung der Kraftfahreignung befasst,
- Kenntnisse und Erfahrungen in der Untersuchung und Begutachtung der Eignung von Kraftfahrern,
- Ausbildung als Leiter von Kursen zur Wiederherstellung der Kraftfahreignung.

Die Forderung von Kenntnissen und Erfahrungen in der Untersuchung und Begutachtung der Eignung von Kraftfahrern kann dadurch erfüllt werden, dass der Kursleiter vor dem ersten von ihm eigenverantwortlich durchgeführten Kurs bei 20 für Kurse zur Wiederherstellung der Kraftfahreignung relevanten Begutachtungsfällen an einer Begutachtungsstelle für Fahreignung hospitiert. Die Zahl der an einem Tag möglichen Hospitationen ist auf vier beschränkt.

Die geforderte Ausbildung als Leiter von Kursen zur Wiederherstellung der Kraftfahreignung umfasst Einweisungen im Umfang von 16 Stunden in theoretische Grundlagen und in die spezifischen Inhalte und Methoden des jeweiligen Kursprogramms sowie Ko-Moderationen von zwei vollständigen Kursen oder die Ko-Moderation von einem vollständigen Kurs und Teilnahme an einem Musterkurs des jeweiligen Kursprogramms. Bei dem Musterkurs handelt es sich um einen Kurs, bei dem die künftigen Kursleiter Teilnehmer sind.

Bei der Einweisung bereits ausgebildeter Kursleiter mit einschlägiger Berufspraxis (Durchführung von mindestens 12 Kursen) in ein neues Kursprogramm gelten folgende Mindestanforderungen:

---

190 BGBl. I 2014, S. 370, siehe Appendix.

- Einweisung in die spezifischen Inhalte und Methoden des jeweiligen Kursprogramms,
- Ko-Moderation von einem vollständigen Kurs oder Teilnahme an einem Musterkurs des jeweiligen Kursprogramms.

Kursleiter, die als Supervisoren für andere Kursleiter eingesetzt werden, müssen über eine Qualifikation als Kursleiter und über eine zweijährige Erfahrung in der Durchführung von Kursen verfügen (Durchführung von mindestens 12 Kursen).

Zur Aufrechterhaltung der Kursleiterqualifikation müssen folgende Voraussetzungen erfüllt werden:

- Teilnahme an für den Tätigkeitsbereich relevanten Weiterbildungsmaßnahmen im Umfang von mindestens zwei Tagen pro Jahr,
- Durchführung von mindestens zwei Kursen pro Jahr.

Bei der letztgenannten Anforderung ist zu beachten, dass Kursleiter, die über eine Qualifikation zur Durchführung von Kursen nach § 70 FeV für alkohol- und drogenauffällige Kraftfahrer verfügen, jedes Jahr pro Kursmodell mindestens einen Kurs durchführen müssen.

Träger, die Kurse zur Wiederherstellung der Kraftfahreignung durchführen, müssen den Kursleitern Supervisionen anbieten und die Teilnahme der Kursleiter an den Supervisionen aufzeichnen. Die Supervision kann als Einzelbetreuung oder in der Gruppe stattfinden. An den Gruppensitzungen sollten nicht mehr als 10 Supervisanden teilnehmen.

7.3.4 Anforderungen an Kursprogramme zur Wiederherstellung der Kraftfahreignung

Das Kursprogramm sowie die Bearbeitung und Anwendung spezifischer Themen und Methoden für die Kursdurchführung müssen im Kursleiterhandbuch dokumentiert werden. Dies schließt eine Beschreibung der psychologischen Ziele des Kursprogramms, deren Begründung und deren konzeptionelle wie konkrete Umsetzung sowie die Zielgruppe des Kursprogramms (einschließlich der Ein- und Ausschlusskriterien) ein.

Kursprogramme müssen den Kursablauf festlegen und begründen. Dies bedeutet im Einzelnen, dass die theoretischen Grundlagen zu den Festlegungen über den Kursablauf explizit erläutert werden und die Kursbausteine in ihrer Abfolge und ihrer Systematik so detailliert dargestellt werden, dass unmittelbar nachvollziehbar wird,

- welche Ziele bzw. Teilziele in der betreffenden Interventionseinheit angestrebt werden,
- mit welchen Interventionsmethoden dies angestrebt wird,
- wie überprüft werden kann, ob das Interventionsziel/-teilziel tatsächlich erreicht wurde.

Bei der Umsetzung der Kursziele muss der aktuelle wissenschaftliche Erkenntnisstand, bei den Festlegungen über den Kursablauf zusätzlich die rechtlichen und organisatorischen Voraussetzungen berücksichtigt werden.

Die Eckdaten des Kursprogramms (Anzahl der Stunden und Sitzungen, Zeitraum zwischen Kursbeginn und Kursende, Mindestanzahl der Teilnehmer) müssen festgelegt und begründet werden. Dabei sind folgende Mindestanforderungen zu erfüllen:

- mindestens 12 Stunden,
- mindestens 4 Sitzungen,
- mindestens 3 Wochen (21 Tage) zwischen Kursbeginn und Kursende,
- mindestens 4, höchstens 12 Kursteilnehmer.

Solange nicht die laut Kursprogramm vorgesehene Mindestteilnehmerzahl erreicht ist, darf kein Kurs begonnen werden. Sollten bei Beginn des Kurses ein oder mehrere Teilnehmer nicht erscheinen und dadurch die vorgesehene Mindestteilnehmerzahl unterschritten werden, ist die Zustimmung für die Durchführung des Kurses bei der zuständigen Behörde einzuholen. Diese Zustimmung ist, sofern sie nicht schriftlich erfolgt, von einem Vertreter des Trägers zu dokumentieren und mit Datum und Unterschrift zu bestätigen. In keinem Fall darf aber die Mindestanzahl von vier Personen bereits bei Beginn des Kurses unterschritten werden.

Die vorgesehenen Materialien zur Vermittlung, zur Vorgehensweise der Moderation und die ergänzenden pädagogisch-psychologischen Hilfsmittel müssen erläutert, begründet und exemplarisch visualisiert werden.

Im Kursprogramm müssen des Weiteren die Anforderungen an Kursleiter beschrieben sein. In den Vorgaben zur Ausbildung von Kursleitern für das jeweilige Kursprogramm müssen mindestens enthalten sein:

- Begründungen genereller und kursspezifischer Anforderungen an Kursleiter, abgeleitet aus den Programmzielen sowie den zu vermittelnden Programminhalten,
- Detaillierter Ausbildungs- und Einweisungsplan für die Kursleiter,
- Festlegungen, welche Ausbildungsschritte erreicht sein müssen, bis der angehende Kursleiter erstmals einen Kurs komoderieren bzw. erstmals einen Kurs eigenverantwortlich durchführen darf,
- Festlegung, unter welchen Voraussetzungen einem Kursleiter seine Qualifikation zur Kursdurchführung wieder abgesprochen wird.

Der Träger muss den Bereich der Kurse zur Wiederherstellung der Kraftfahreignung weiterentwickeln und zur Steuerung dieses Prozesses Regelungen einführen und aufrechterhalten, um die Erfüllung der Qualitätsforderungen sicherzustellen. Die Weiterentwicklungen müssen unter Beachtung der einschlägigen gesetzlichen und behördlichen Forderungen erfolgen. Alle Kursänderungen, die im Rahmen der Weiterentwicklung am Kursprogramm vorgenommen werden, müssen der BASt vor deren Umsetzung mitgeteilt werden. Wird über die kontinuierliche Pflege hinaus ein Kursprogramm substanziell weiterentwickelt (z.B. Veränderung der Eckdaten), liegt ein neues Kursprogramm vor, das erneut evaluiert werden muss.[191]

191 Heinrich et al. (2009): Qualitätssicherung verkehrspsychologischer Diagnostik und Intervention, S. 389.

7.3.5 Anforderungen an die Durchführung der Kurse

Die Kursdurchführung, über die Aufzeichnungen zu fertigen sind, muss den im Kursleiterhandbuch beschriebenen Regelungen entsprechen. Durch eine dokumentierte Eingangsprüfung ist vom Träger sicherzustellen, dass bei jedem Kunden die zur Kursteilnahme erforderlichen Voraussetzungen (Gutachten mit Kursempfehlung, Personenidentität, Zustimmung der Fahrerlaubnisbehörde zur Kursteilnahme) vorliegen.

In dem Vertrag zwischen Träger und Kursteilnehmer muss geregelt sein, dass weder eine weitere Teilnahme an dem Kurs noch die Ausgabe der Teilnahmebescheinigung zulässig sind, wenn sich im Verlauf des Kurses herausstellt, dass der Teilnehmer gegen die Kursregeln verstößt (z. B. Alkohol am Kurstag, verspätete Teilnahme). Der Kursteilnehmer muss vor Vertragsabschluss über die Höhe der Kursentgelte, den Kursumfang sowie über die Auftragsbedingungen informiert werden. In dem geschlossenen Vertrag verpflichten sich Kursleiter und Kursteilnehmer zudem zur Verschwiegenheit. Seitens des Trägers ist das Vorgehen zu regeln, wenn die vereinbarten Vertragsbedingungen vom Träger nicht eingehalten werden können.

Im Kursprotokoll werden die thematischen Inhalte jeder Kurssitzung, die Veränderungsvorschläge, die vereinbarten Hausaufgaben sowie die Besonderheiten (z. B. Abmahnungen) dokumentiert. Das Kursprotokoll ist nach jeder Sitzung unter Angabe des Datums vom Kursleiter zu unterzeichnen. Der Kursleiter hat sicherzustellen, dass die angewendeten Themen und Methoden mit denen des Kursleiterhandbuches übereinstimmen. Jeder Kursteilnehmer hat nach jeder Kurssitzung die Teilnahme auf einer Anwesenheitsliste durch seine Unterschrift unter Angabe des Datums zu bestätigen. Diese Anwesenheitsliste ist Teil des Kursprotokolls. Die Teilnehmer müssen ausnahmslos mittels eines Fragebogens zu Rückmeldungen über die Kursdurchführung und über den Kursablauf aufgefordert werden. Die Rückmeldungen müssen zum Zweck der Qualitätsverbesserung ausgewertet werden.

Die Teilnahmebescheinigung muss die in § 11 Abs. 11 genannten Anforderungen (Angabe von Vor-/Familiennamen, Tag/Ort der Geburt und Anschrift des Kursteilnehmers sowie des Kursprogramms und des Umfangs und der Dauer des Kurses) erfüllen. Die Bescheinigung ist vom Kursleiter und vom Kursteilnehmer unter Angabe des Ausstellungsdatums zu unterzeichnen.

Die vom Träger ausgestellten Teilnahmebescheinigungen sind so zu gestalten, dass deren unlauterer Gebrauch erheblich erschwert wird (Fälschungssicherheit). Der Träger hat sicherzustellen, dass den Kursteilnehmern nur bei Erfüllung der vertraglichen Bedingungen eine Teilnahmebescheinigung zur Vorlage bei der Fahrerlaubnisbehörde ausgehändigt wird und dass eine Kopie der unterzeichneten Teilnahmebescheinigung archiviert wird.

8 Auswirkungen der Begutachtungen durch die Bundesanstalt für Straßenwesen

Manfred Weinand, Monika Wloka

Die Begutachtungstätigkeit der BASt im Fahrerlaubniswesen wird von den Trägern von Begutachtungsstellen für Fahreignung (§ 66 FeV) und den Trägern von Kursen zur Wiederherstellung der Kraftfahreignung (§ 70 FeV) als transparent, kompetent und fair wahrgenommen.[192] Die regelmäßigen Begutachtungen durch die BASt verstärken zweifelsohne die Bemühungen der Trägerorganisationen, ihre eigenen Tätigkeiten zu reflektieren, Schwachstellen z.B. im Rahmen der vorgeschriebenen internen Qualitätsaudits und des Beschwerdemanagements aufzudecken und Fehlern in systematischer Weise vorzubeugen.[193] Vonseiten der Träger wurde berichtet, dass die Begutachtungen der BASt die Umsetzung des trägereigenen QM-Systems durch die Mitarbeiter gefördert und insgesamt zu einer deutlichen Verbesserung der Dienstleistungsqualität beigetragen haben.[194] Die fachliche Überprüfung der Träger durch eine externe Stelle und die damit verknüpfte Forderung nach fortdauernden qualitätssichernden Maßnahmen kann darüber hinaus eine effiziente, wirtschaftliche und kundenorientierte Auftragserledigung unterstützen und damit die Konkurrenzfähigkeit erhöhen.[195]

Mit der Begutachtung der Träger von Begutachtungsstellen für Fahreignung und der Träger von Kursen zur Wiederherstellung der Kraftfahreignung durch die BASt bieten sich zusätzliche Möglichkeiten für ein gemeinsames und koordiniertes Vorgehen aller Beteiligten zur Einführung von Qualitätsverbesserungen in diesen wichtigen Bereichen der Verkehrssicherheitsarbeit. So wurde mit der Einführung der psychologischen Fahrverhaltensbeobachtung eine sinnvolle Weiterentwicklung der Verfahren zur Begutachtung der Fahreignung realisiert; dieses Verfahren liefert dem Gutachter wertvolle Daten zur Beantwortung der Frage nach der Kompensation vorhandener verkehrsrelevanter Leistungseinbußen. Ein weiteres Beispiel betrifft das psychologische Untersuchungsgespräch im Rahmen einer Begutachtung der Fahreignung. Eine Auswertung der Begutachtungsergebnisse der BASt hat gezeigt, dass insgesamt betrachtet auf seiten der Träger von Begutachtungsstellen für Fahreignung neben den dringend notwendigen Verbesserungen bei der

192 Weinand (2014): Qualitätssicherung, S. 2187.

193 Vgl. Kunz, J. (2006), Die Akkreditierung der Technischen Prüfstellen für Fahrerlaubnisprüfungen durch die Bundesanstalt für Straßenwesen. In: Brauckmann, J., Hähnel, R. & Mylius, G. (Hrsg.): Der Kraftfahrsachverständige – Die Technische Prüfstelle und ihre amtlich anerkannten Sachverständigen und Prüfer für den Kraftfahrzeugverkehr, S. 130–139. Bonn: Kirschbaum Verlag.

194 Heinrich et al. (2009): Qualitätssicherung verkehrspsychologischer Diagnostik und Intervention, S. 385; Weinand (2014), S. 2187.

195 Vgl. Nickel, W.-R. & Schell, A. (1993), Qualitätssicherung in der medizinisch-psychologischen Eignungsbeurteilung und bei der Rehabilitation auffälliger Kraftfahrer. Zeitschrift für Verkehrssicherheit, S. 156–160; Gehrmann, L. (2003): Bedenken gegen die Kraftfahrereignung und Eignungszweifel in ihren grundrechtlichen Schranken. *Neue Zeitschrift für Verkehrsrecht*, S. 10–17.

Befundwiedergabe im Gutachten vor allem aktueller Handlungsbedarf in Bezug auf die fachgerechte Durchführung des psychologischen Untersuchungsgesprächs als zentraler Methode der Fahreignungsuntersuchung[196] und die nachvollziehbare Bewertung der Gesprächsbefunde besteht.[197] In der Zwischenzeit sind sowohl zur psychologischen Fahrverhaltensbeobachtung als auch zum psychologischen Untersuchungsgespräch eigene Kapitel in die 3. Auflage der Beurteilungskriterien der DGVP und DGVM aufgenommen worden.[198]

Die Qualitätssicherung im Fahrerlaubniswesen leistet auch einen Beitrag zur Entlastung der für die amtliche Anerkennung und Fachaufsicht zuständigen Länderbehörden. Da die von der BASt erstellten Gutachten über die Ergebnisse der erforderlichen Begutachtungen gemäß § 72 Abs. 3 FeV nicht nur den Trägern, sondern auch den für die Anerkennung nach Landesrecht zuständigen Behörden übersandt werden,[199] können die Länderbehörden auf diese Weise zeitnah tiefer gehende Kenntnisse über die Erfüllung der Qualitätsanforderungen durch die jeweiligen Trägerorganisationen erlangen. Auf dieser Grundlage können sie dann die aus ihrer Sicht erforderlichen Maßnahmen einleiten,[200] z. B. eine für den Träger kostenpflichtige Begutachtung aus besonderem Anlass durch die BASt.

Diese Entlastungsfunktion wird in einer Zeit zunehmenden Wettbewerbs in den hier betrachteten Dienstleistungsbereichen immer wichtiger. Bei der Zahl der Begutachtungsstellen für Fahreignung ist seit Wegfall der sogenannten Bedürfnisprüfung[201] Anfang 1999 ein sehr starker Anstieg zu verzeichnen. Ende 2013 wurden von den Trägern von Begutachtungsstellen für Fahreignung 272 Begutachtungsstellen betrieben, was einer Steigerung gegenüber 1999 um 123 % entspricht bei einem gleichzeitigen Rückgang der Begutachtungszahlen um rund 27 %. Bei den Kursen nach § 70 FeV haben sich ausweislich der von der BASt bei den Trägern erhobenen Daten im Zeitraum von 2009 bis 2012 – bei unveränderter Trägerzahl – die Teilnehmerzahlen um rund 50 % reduziert. Ein Rückgang, der durch die zunehmend im Vorfeld einer Begutachtung der Fahreignung von betroffenen Kraftfahrern besuchten Maßnahmen sowie durch den Wegfall der Kurse zur Wiederherstellung der Kraftfahreignung bei der Zielgruppe der verkehrsauffälligen Kraftfahrer (Punktetäter) durch die Fünfte Verordnung zur Änderung der Fahrerlaubnis-Verordnung und anderer straßenverkehrsrechtlicher Vorschriften vom 17. Dezember 2010[202] bedingt sein dürfte.

---

196 Vgl. Kunkel, E. (1991): Die Eignungsuntersuchungen bei den medizinisch-psychologischen Untersuchungsstellen. *Zeitschrift für Schadensrecht*, 325–330.

197 Vgl. Weinand, M. (2012): Qualitätssicherung in der Fahreignungsbegutachtung. In: Müller, K., Dittmann, V. & Schubert, W. (Hrsg.): Fehlverhalten als Unfallfaktor – Kriterien und Methoden der Risikobeurteilung, S. 73–78. Bonn: Kirschbaum Verlag.

198 Vgl. Schubert et al. (2013): Beurteilungskriterien.

199 BGBl. I 2014, S. 352.

200 Vgl. Heinrich, H.C. (2004): Fünf Jahre Akkreditierungsstelle Fahrerlaubniswesen. *Zeitschrift für Verkehrssicherheit*, 21–27.

201 Die amtliche Anerkennung von Begutachtungsstellen für Fahreignung darf nicht mehr davon abhängig gemacht werden, ob in einer bestimmten Region ein Bedarf an Begutachtungsstellen besteht.

202 BGBl. 2010 I S. 2279–2294.

Auch in Zeiten eines verschärften Wettbewerbs müssen jedoch ausnahmslos von allen amtlich anerkannten Trägern von Begutachtungsstellen für Fahreignung und Trägern von Kursen zur Wiederherstellung der Kraftfahreignung, die bereits für die Dokumentation, Einführung und Umsetzung eines den Anforderungen entsprechenden QM-Systems erhebliche Mittel aufgebracht haben,[203] die erforderlichen Ressourcen für die kontinuierliche Aufrechterhaltung des QM-Systems und die Erfüllung der Qualitätsanforderungen zur Verfügung gestellt werden. Dies wird die von der BASt begutachteten Trägerorganisationen auch künftig vor große Herausforderungen stellen.

Zusammengefasst lässt sich feststellen, dass sich die fortlaufenden Begutachtungen der Träger von Begutachtungsstellen für Fahreignung und der Träger von Kursen zur Wiederherstellung der Kraftfahreignung durch die BASt als Instrument der Qualitätssicherung bewährt haben. Sie haben zur Steigerung der Dienstleistungsqualität beigetragen und ein hohes Maß an Akzeptanz erreicht. Die mit der externen Qualitätssicherung einhergehende Kontrolle stellt nicht nur sicher, dass die jeweiligen Träger nach einheitlichen Verfahrensweisen und Entscheidungsgrundlagen arbeiten, sondern fördert auch das Vertrauen in die Dienstleistungen und deren kontinuierliche Verbesserung. Zudem bieten sich zusätzliche Möglichkeiten für ein gemeinsames und koordiniertes Vorgehen aller Beteiligten zur Einführung von Optimierungsmaßnahmen auf diesen wichtigen Sektoren der Verkehrssicherheitsarbeit.[204]

203 Weinand (2014): Qualitätssicherung, S. 2187.
204 Weinand (2014): Qualitätssicherung, S. 2187.

Kapitel 10 Spezielle Themenkomplexe

1 Rechtsgrundlagen und Praxis des Fahreignungsseminars

Dieter Müller, Birgit Kollbach, Kay Schulte

1.1 Rechtsgrundlagen des Fahreignungsseminars

Die Vorschrift des § 4a Straßenverkehrsgesetz (StVG) wurde durch das Fünfte Gesetz zur Änderung des Straßenverkehrsgesetzes und anderer Gesetze vom 28.8.2013[1] in das StVG eingefügt. Das neue Fahreignungsseminar ersetzt seit dem 1. Mai 2014 im Rahmen der Neuregelung des renovierten Fahreignungs-Bewertungssystems das frühere, allein von Fahrlehrern durchgeführte Aufbauseminar sowie die von Psychologen mit einer verkehrspsychologischen Zusatzausbildung durchgeführte verkehrspsychologische Beratung[2]. Die Struktur des neuen Fahreignungsseminars ist zum Überblick im Bild 10.1 dargestellt.

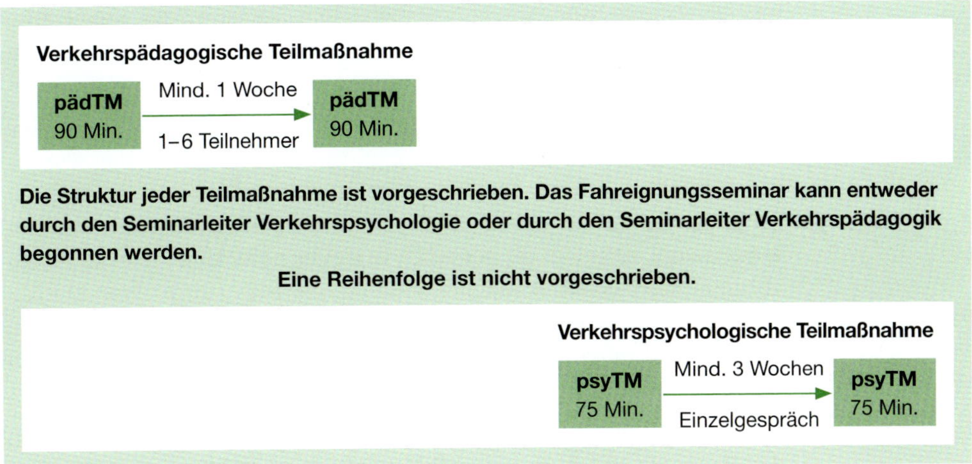

Bild 10.1 Struktur und Ablauf des Fahreignungsseminars

Die gesetzlichen Regelungen werden näher ausgeführt durch die Regelungen der §§ 42–44 Fahrerlaubnis-Verordnung (FeV), deren fahreignungsrechtliche Vorschriften ebenfalls am 1. Mai 2014 in Kraft getreten sind.

1 BGBl I S. 3313, 3315.

2 Zur Kritik am früheren Aufbauseminar Albrecht, F., Bartelt-Lehrfeld, R. (2013): Das neue Fahreignungsseminar für Mehrfachtäter, DAR, S. 14.

Der neu konzipierte § 4a StVG bildet in seinen Absätzen 1 und 2 die gesetzliche Grundlage und zentrale Vorschrift für die Durchführung des neuen Fahreignungsseminars. Gleichzeitig beinhaltet die Vorschrift in ihren Absätzen 3 bis 8 das gesetzliche Prozedere für den Erwerb der Seminarerlaubnis Verkehrspsychologie und die Pflichten der Inhaber dieser Seminarerlaubnis. Mit der Vorschrift des § 4a Abs. 1 Satz 1 StVG wird das gesetzgeberische Ziel des Fahreignungsseminars in der juristischen Form eines Programmsatzes formuliert.

Das gesetzliche Prozedere für den Erwerb der Seminarerlaubnis Verkehrspädagogik ist in der neu konzipierten Vorschrift des § 31a des Fahrlehrergesetzes geregelt worden.

Die beiden gesetzlichen Vorschriften der §§ 4a StVG und 31a FahrlG sind juristisch im Wesentlichen mit den gleichen Elementen konstruiert worden. Bereits die getrennte Regelung der Erteilung der beiden Seminarerlaubnisse in zwei voneinander unabhängigen Gesetzen verdeutlicht jedoch die isolierte Verortung der beruflichen Voraussetzungen beider beteiligter Gruppen von Seminarleitern durch den Bundesgesetzgeber. Der Bundesgesetzgeber hat sich nicht dafür entschieden, ein gemeinsam zu erteilendes Fahreignungsseminar zu konstruieren. Stattdessen erschuf er zwei separate Teile eines Fahreignungsseminars. Durch die konstruierten Gemeinsamkeiten schon auf der gesetzlichen Regelungsebene besteht von Beginn an die konkrete Gefahr unzureichender Zusammenarbeit bei der Vorbereitung, Durchführung und Verwaltung von Fahreignungsseminaren, der durch die Kooperation zwischen Verkehrspsychologen und Verkehrspädagogen entgegengewirkt werden muss.

Neben der pädagogisch-psychologischen Interventionsmaßnahme ist das Fahreignungsseminar auch als ein juristisches System ausgestaltet worden. Der Grundpfeiler dieses Teilsystems ist zunächst einmal dessen Merkmal der Freiwilligkeit, das nicht durch einen behördlichen Zwang durchbrochen werden kann. Allenfalls die gesetzlich vorgesehene Möglichkeit eines Punktabzuges bietet von behördlicher Seite ein gewisses Druck- bzw. Motivationsmittel, das in der Form eines behördlichen Hinweises im Rahmen der verpflichtend durchzuführenden Ermahnung und Verwarnung eingesetzt werden kann.

Das Fahreignungsrecht als ein juristisches System besteht aus handelnden Behörden, Institutionen und Personen. Es beruht auf einem gesetzlich gegebenen institutionellen Rahmen, innerhalb dessen die Akteure mit unterschiedlichen Aufgabenstellungen und Verbindlichkeitsgraden handeln müssen, sollen, können und dürfen. Diese Handlungszwänge und Handlungsalternativen sind vom Gesetzgeber systematisch konstruiert in der Form von Rechtsvorschriften mit den jeweiligen Merkmalen eines gesetzlichen Tatbestandes, an dessen vorliegenden Voraussetzungen – je nach Perspektive des Betrachters – genau definierte Rechte und Pflichten geknüpft sind. Der Erfolg oder Misserfolg eines neuen juristischen Systems erweist sich üblicherweise in dessen konkreter Anwendung zunächst auf der Handlungsebene der

Normadressaten und wird mit einigem Zeitverzug auch auf der Metaebene deutlich, indem die gesetzgeberischen Zielvorstellungen mehr oder minder deutlich erreicht oder verfehlt werden.

1.2 Zweck und Zielgruppe des Fahreignungsseminars

Ziel des neuen Fahreignungsseminars ist es, mehrfach verkehrsauffälligen Kraftfahrerinnen und Kraftfahrern dabei zu helfen, ihr künftiges Fahrverhalten zu ändern und sich im Rahmen einer persönlichen Neubesinnung im Straßenverkehr regelkonform zu verhalten. Das Fahreignungsseminar ist damit eine Interventionsmaßnahme, mittels derer die Seminarteilnehmer im positiven Sinne einer Steigerung der Verkehrssicherheit beeinflusst werden sollen. Die Vorschrift des § 4a Abs. 1 Satz 1 StVG formuliert als gesetzgeberisches Ziel eindeutig das Erkennen und Abbauen sicherheitsrelevanter Mängel im Fahrverhalten der Seminarteilnehmer. An diesen beiden Zielen wird der Gesamterfolg des Fahreignungsseminars zu messen sein. Die Gesamtanzahl der in beiden Seminarteilen entstehenden Interventionsstunden beträgt dem Gesetz nach 330 Minuten, also 5 ½ Zeitstunden, (2 × 90 Min. plus 2 × 75 Min.). Inwieweit diese Maßnahmen genügen, eine nachhaltig positive Entwicklung zu bewirken, bleibt abzuwarten.

Auf der Grundlage von § 4 Abs. 7 StVG erhalten die Seminarteilnehmer bei einem Punktestand von eins bis fünf Punkten einen Rabatt von einem Punkt auf ihr Punktekonto im Fahrerlaubnisregister. Bedingung für diese gesetzliche Rabattierung ist die rechtzeitige Vorlage einer Teilnahmebescheinigung innerhalb von zwei Wochen nach Beendigung des Seminars. Diese Prozedur darf in einem zeitlichen Abstand von fünf Jahren zwischen den Ausstellungsdaten der beiden Teilnahmebescheinigungen wiederholt werden. Diese gesetzliche Vergünstigung ist jedoch nicht mehr so komfortabel, wie das bis zum 30.4.2014 auf der Grundlage der noch weitaus großzügigeren Rabattregelung des früheren § 4 Abs. 4 StVG möglich war. Damals galt faktisch ein 24-Punkte-System mittels Rabattierung durch eine Kombination aus rechtzeitig angetretenem Aufbauseminar und verkehrspsychologischer Beratung. Wäre der Fokus des Gesetzgebers allein in einer besseren Überschaubarkeit des gesamten Punktsystems zu finden, hätte bei der Konstruktion des Fahreignungsseminars konsequent auf ein erneutes Rabattsystem verzichtet werden müssen.[3] Ohne die Möglichkeit eines Punktrabatts wäre jedoch der Anreiz, überhaupt ein Fahreignungsseminar zu besuchen, geringer.

Bei der Zielgruppe des Fahreignungsseminars handelt es sich im Vergleich mit alkohol- oder drogenauffälligen Fahrern um die besonders schwer zu beeinflussende Gruppe der Mehrfachpunktetäter. Dies lässt sich aus der Tatsache ableiten, dass es der überwiegenden Mehrzahl der Kraftfahrer, die Punkte in Flensburg haben, gelingt, einen Punktestand von maximal drei Punkten

3 Ebenso Albrecht, F., Bartelt-Lehrfeld, R. (2013): Das neue Fahreignungsseminar für Mehrfachtäter, DAR, S. 14.

nicht zu überschreiten. Sie sind durch eigene Bemühungen in der Lage, ihr Verhalten verkehrssicher und regelkonform zu gestalten, sodass ihr Punktekonto nicht weiter anwächst. Es ist zu erwarten, dass Teilnehmer sich vor allem aus der Gruppe der Personen rekrutieren, die mit vier bis fünf Punkten im Fahreignungs-Bewertungssystem erfasst sind, was nur auf ca. 0,79 % aller Fahrerlaubnisinhaber zutrifft. Es handelt sich also um die Gruppe, bei der bereits von einer hohen Gewohnheitsbildung zum regelwidrigen Fahren auszugehen ist und die eine langjährige, „erfolgreiche" Lerngeschichte hinter sich hat (siehe Tabelle 10.1). Des Weiteren werden voraussichtlich Personen am Fahreignungsseminar teilnehmen, die im Rahmen des begleiteten Fahrens ab 17 einen Punkt reduzieren müssen, um begleiten zu dürfen. Ob Personen im Bereich von sechs oder sieben Punkten ohne Bonus ein Fahreignungsseminar absolvieren werden, bleibt abzuwarten.

Zurzeit lässt sich kaum prognostizieren, wie hoch die Gesamtzahl der Personen sein wird, die ein Fahreignungsseminar tatsächlich in Anspruch nehmen werden.

Tabelle 10.1 Punktebelastung von Kraftfahrern, Punktestand am 1.1.2013[4]

Von 53,5 Millionen Fahrerlaubnisinhabern	Anzahl	%
haben Punkte	7127000	13,32
1–7 Punkte (alt) = 1–3 Punkte (neu)	6643000	12,42
8–13 Punkte (alt) = 4–5 Punkte (neu)	422000	0,79
14–17 Punkte(alt) = 6–7 Punkte (neu)	49000	0,09

1.3 Bestandteile des Fahreignungsseminars

Das Fahreignungsseminar besteht aus einer Kombination aus verkehrspädagogischen und verkehrspsychologischen Elementen und wird in zwei Teilmaßnahmen von den beiden Berufsgruppen der Verkehrspsychologen und Fahrlehrer erteilt.[5] Die Wirkung der gesetzlichen Neukonstruktion des Fahreignungsseminars muss nach § 4a StVG zwingend von der Bundesanstalt für Straßenwesen wissenschaftlich begleitet und evaluiert werden. Dennoch hat der Verordnungsgeber bereits im Vorfeld im § 42 (2) Satz 3 FeV formuliert, dass im Bereich der verkehrspädagogischen Maßnahme ein Vorgehen nach der Anlage 16 zu § 42 FeV einen Lernerfolg beinhaltet, denn Konzepte, die im Vorgehen von der Anlage 16 abweichen, müssen nachweisen, dass sie den gleichen Lernerfolg gewährleisten. Dabei entscheidet die nach Landesrecht zuständige Behörde, ob ein unabhängiges wissenschaftliches Gutachten eingeholt werden muss. Der Lernerfolg ist dann im Rahmen der Evaluation genau zu definieren und messbar zu gestalten.

4 Kraftfahrt-Bundesamt (2012): Jahresbericht 2012. S. 37. Verfügbar unter: http://www.kba.de/DE/Presse/Jahresberichte/jahresbericht_2012.html?nn=645200, letztmals aufgerufen am 3.12.2014.

5 Kritisch dazu: Wissenschaftlicher Beirat beim Bundesministerium für Verkehr, Bau und Stadtentwicklung (2012). Kurzstellungnahme zum geplanten Fahreignungsregister, *Zeitschrift für Verkehrssicherheit*, 157 f.

Bereits im Gesetzgebungsverfahren äußerte der Bundesrat starke Bedenken gegenüber der Konzeption des Fahreignungsseminars, indem er diese als „vage“ und ihre „Wirksamkeit zweifelhaft“ titulierte.[6] Das sich über viele Jahre erstreckende Gesetzgebungsverfahren bedeutete inhaltlich einen Annäherungsprozess zwischen den verkehrspolitischen Positionen der handelnden politischen Akteure.

Die Durchführung der verkehrspsychologischen Teilmaßnahme des Fahreignungsseminars ist nach Zielsetzung und Inhalt wie auch die verkehrspädagogische Teilmaßnahme ebenfalls in § 42 FeV geregelt.[7] Die beiden Sitzungen der verkehrspsychologischen Teilmaßnahme sind gem. § 42 Abs. 6 Satz 3 FeV zwingend als Einzelsitzungen zu je 75 Minuten durchzuführen. Zwischen den beiden Sitzungen muss gem. § 42 Abs. 9 FeV mindestens ein zeitlicher Abstand von drei Wochen liegen. Der Verordnungsgeber schreibt die zeitliche Dauer der beiden verkehrspädagogischen Module in § 42 Abs. 2 Satz 2 FeV mit jeweils 90 Minuten verbindlich vor, variiert allerdings in der Teilnehmerzahl zwischen einer Einzelmaßnahme und der maximalen Gruppengröße von sechs Teilnehmern (§ 42 Abs. 2 Satz 5 FeV). Zwischen den beiden Modulen muss gem. § 42 Abs. 5 Satz 2 FeV mindestens ein zeitlicher Abstand von einer Woche liegen.

Auf der Grundlage von § 4a Abs. 2 Satz 1 StVG besteht die gesetzliche Verpflichtung, die beiden Teilmaßnahmen des Fahreignungsseminars „aufeinander abzustimmen“. Dieses Gebot wird von der ausfüllenden Vorschrift des § 42 Abs. 1 Satz 2 FeV wiederholt und inhaltlich dadurch konkretisiert, dass ein Abstimmungsgebot eine „gegenseitige Information der jeweiligen Seminarleiter“ erfordert. In welcher Art und Weise dieser Informationsaustausch erfolgen soll, ist verordnungsseitig nicht geregelt und stellt eine besondere Herausforderung an die Praxis dar. Praktische Hilfestellung zur Ausgestaltung des Abstimmungsgebotes bieten beispielsweise der Deutsche Verkehrssicherheitsrat (DVR) in seinem Seminarleiterhandbuch[8] (DVR, S. 6) sowie Kollbach und Schubert (2014)[9] und Schulte[10].

6 BRDrucks. 799/1/12, S. 3.

7 Vgl. zu den Inhalten der verkehrspsychologischen Teilmaßnahme ausführlich Kollbach, B., Schubert, W. (2014) in: Kollbach, B., Müller, D., Rudinger, G., Schubert, W., Schulte, K. Das Fahreignungsseminar in der Praxis. Kirschbaum Verlag Bonn, S. 62 ff.; zu deren rechtlichen Voraussetzungen näher Müller, D. in: Kollbach, B., Müller, D., Rudinger, G., Schubert, W., Schulte, K. Das Fahreignungsseminar in der Praxis. Kirschbaum Verlag Bonn, S. 26 f.; zu den Inhalten der verkehrspädagogischen Teilmaßnahme ausführlich Schulte, K, in: Kollbach, B., Müller, D., Rudinger, G., Schubert, W., Schulte, K. Das Fahreignungsseminar in der Praxis. Kirschbaum Verlag Bonn,, S. 41 ff.

8 Deutscher Verkehrssicherheitsrat (Hrsg.), Fahreignungsseminar „Richtig sicher fahren“, Seminarleiterhandbuch, Bonn 2013 Version 3.4.

9 In: Kollbach, B., Müller, D., Rudinger, G., Schubert, W., Schulte, K. Das Fahreignungsseminar in der Praxis. Kirschbaum Verlag Bonn, S. 63 f., S. 111 f.

10 In: Kollbach, B., Müller, D., Rudinger, G., Schubert, W., Schulte, K. Das Fahreignungsseminar in der Praxis. Kirschbaum Verlag Bonn, S. 60, S. 109.

1.4 Verkehrspsychologische Teilmaßnahme

1.4.1 Verfahren der Erteilung einer Seminarerlaubnis Verkehrspsychologie

Für die Durchführung der verkehrspsychologischen Teilmaßnahme ist eine behördliche Erlaubnis erforderlich. Diese ist auf der Grundlage des § 4a Abs. 3 StVG als eine Erlaubnispflicht konstruiert, wobei die Erlaubnis allerdings bei Vorliegen der materiellen Voraussetzungen des § 4a Abs. 4 StVG erteilt werden muss. Der Versagungsgrund des § 4a Abs. 4 Satz 2 StVG ist gesetzlich gleichlautend konstruiert wie bei der verkehrspädagogischen Teilmaßnahme. Eine Regulierung des Zugangs zur Seminarerlaubnis für die verkehrspsychologische Teilmaßnahme ist nicht vorgesehen und würde auch dem Grundrecht auf freie Berufswahl gem. Art. 12 GG zuwiderlaufen. Die Tätigkeit eines Seminarleiters einer verkehrspsychologischen Teilmaßnahme ist eine berufliche Betätigung i. S. d. Art. 12 Abs. 1 GG.

1.4.2 Fachliche Voraussetzungen für die Erteilung der Seminarerlaubnis Verkehrspsychologie

Bewerber um eine Seminarerlaubnis für die verkehrspsychologische Teilmaßnahme müssen als Eingangsvoraussetzung gem. § 4a Abs. 4 Satz 1 Nr. 1 StVG alternativ über einen Abschluss eines Hochschulstudiums als Diplom-Psychologe oder einen gleichwertigen Master-Abschluss in Psychologie verfügen. Darüber hinaus müssen Bewerber gem. § 4a Abs. 4 Satz 1 Nr. 2 StVG eine verkehrspsychologische Ausbildung an einer Universität oder gleichgestellten Hochschule oder Stelle, die sich mit der Begutachtung oder Wiederherstellung der Kraftfahreignung befasst, oder eine fachpsychologische Qualifikation nach dem Stand der Wissenschaft durchlaufen haben. Die gesetzlich geforderte zweiphasige theoretische Ausbildung umfasst daher eine grundlegende psychologische Ausbildung sowie den Erwerb einer verkehrspsychologischen Zusatzqualifikation.

Bei der praktischen Erfahrung eines Bewerbers fordert § 4a Abs. 4 Satz 1 Nr. 3a StVG Erfahrungen in der Verkehrspsychologie, die durch eine mindestens dreijährige Begutachtung von Kraftfahrern an einer Begutachtungsstelle für Fahreignung oder eine mindestens dreijährige Durchführung von besonderen Aufbauseminaren oder von Kursen zur Wiederherstellung der Kraftfahreignung nachgewiesen werden kann. Diese drei Bewerbungsvoraussetzungen stehen alternativ zueinander, sodass die verkehrspsychologische Erfahrung sowohl durch Begutachtungspraxis als auch durch Seminar- und Kursleitungen nachgewiesen werden kann.

Alternativ zu einer verkehrspsychologischen Tätigkeit im Rechtsfolgebereich kann die praktische Erfahrung eines Bewerbers gem. § 4 Abs. 4 Satz 1 Nr. 3b StVG durch eine mindestens fünfjährige freiberufliche verkehrspsychologische Tätigkeit, deren Nachweis durch Bestätigungen von Behörden oder Begutachtungsstellen für Fahreignung oder durch die Dokumentation von zehn Therapiemaßnahmen für verkehrsauffällige Kraftfahrer, die mit einer positiven Begutachtung abgeschlossen wurden, erbracht werden. Alternativ zu dieser Voraussetzung kann der Bewerber gem. § 4 Abs. 4 Satz 1 Nr. 3c StVG auch durch eine mindestens dreijährige freiberufliche verkehrspsychologische Tätigkeit nach vorherigem Erwerb einer Qualifikation als klinischer Psychologe oder Psychotherapeut nach dem Stand der Wissenschaft seine therapeutischen Fähigkeiten nachweisen.

Als eine zusätzliche persönliche Voraussetzung verlangt § 4a Abs. 4 Satz 1 Nr. 4 StVG, dass der Bewerber im Fahreignungsregister mit nicht mehr als zwei Punkten belastet ist. Und als eine sachliche Voraussetzung fordert Abs. 4 Nr. 5, dass eine zur Durchführung der verkehrspsychologischen Teilmaßnahme geeignete räumliche und sachliche Ausstattung vorhanden ist.

Die beantragte Erlaubnis ist gem. § 4a Abs. 4 Satz 2 StVG zu versagen, wenn Tatsachen vorliegen, die Bedenken gegen die Zuverlässigkeit des Antragstellers begründen.

Aufgrund der geforderten erheblichen akademischen und verkehrspsychologischen Vorbildung und der umfangreichen praktischen Erfahrungen ist der Seminarleiter Verkehrspsychologie frei in der Wahl der Methodik zur Verhaltensbeeinflussung seines Teilnehmers.

1.4.3 Ziele und Inhalte der verkehrspsychologischen Teilmaßnahme

Die Ziele sowie die Inhalte der beiden Sitzungen der verkehrspsychologischen Teilmaßnahme sind in § 42 Abs. 7 und 8 FeV detailliert beschrieben.

Sitzung 1 dient der Verhaltensanalyse, der Entwicklung eines funktionalen Bedingungsmodells und der Erarbeitung von Lösungsstrategien. Sie umfasst folgende Themen:

1. „die Erarbeitung der auslösenden und aufrechterhaltenden inneren und äußeren Bedingungen der Verkehrszuwiderhandlungen als Verhaltensanalyse,
2. die Erarbeitung der Funktionalität des Fehlverhaltens in Form einer Mittel-Zweck-Relation,
3. die Aktivierung persönlicher Stärken und Unterstützungsmöglichkeiten sowie Motivationsarbeit,
4. die Ausarbeitung schriftlicher Zielvereinbarungen, diese umfassen
   a) die Spezifikation des Zielverhaltens in Form von Lösungsstrategien,
   b) die Festlegung der Verstärker, Belohnungen und positiven Konsequenzen und
   c) die Festlegung der zu erreichenden Schritte

und

5. die Hausaufgaben „Selbstbeobachtung des Verhaltens in kritischen Situationen“ und „Erprobung des neuen Zielverhaltens“.“

Sitzung 2 der verkehrspsychologischen Teilmaßnahme dient der Festigung der Lösungsstrategien. Sie umfasst folgende Themen:

1. „die Besprechung der Erfahrungen aus der Selbstbeobachtung,
2. die Besprechung der Einhaltung der Zielvereinbarungen,
3. die Erarbeitung und Weiterentwicklung von Verhaltensstrategien und
4. die Aktivierung persönlicher Stärken und Unterstützungsmöglichkeiten sowie Motivationsarbeit."

Im Verlauf der beiden 75-minütigen Sitzungen im Abstand von mindestens drei Wochen soll also sicherheitsgerechtes Verhalten aufgebaut und erprobt werden, sodass der Teilnehmer dieses möglichst nachhaltig auch nach dem Seminar weiterverfolgen kann. Hierzu hat beispielsweise DEKRA ein Teilnehmer-Begleitheft[11] verfasst, in dem alle notwendigen Aufzeichnungen zu führen sind.

1.5 Verkehrspädagogische Teilmaßnahme

1.5.1 Verfahren der Erteilung einer Seminarerlaubnis Verkehrspädagogik

Für die Durchführung des verkehrspädagogischen Teils des Fahreignungsseminars nach § 4a StVG ist eine neu konzipierte Seminarerlaubnis mit dem Schwergewicht Verkehrspädagogik nach § 31a FahrlG erforderlich.[12] Auch die gesetzliche Fortbildungsverpflichtung für die bisherigen Inhaber einer Seminarerlaubnis wird künftig nach der Vorschrift des § 33a Abs. 2 FahrlG in der Weise geregelt, dass die Fortbildungsverpflichtungen voneinander unabhängig entweder für die ASF-Erlaubnis gem. § 31 FahrlG oder für die Seminarerlaubnis Verkehrspädagogik gem. § 31a FahrlG gelten.

Zwingende Voraussetzung für die Durchführung der verkehrspädagogischen Teilmaßnahme ist eine behördliche Erlaubnis. Diese ist auf der Grundlage des § 31a Abs. 1 FahrlG als eine Erlaubnispflicht konstruiert, die allerdings bei Vorliegen der materiellen Voraussetzungen des § 31a Abs. 2 FahrlG erteilt werden muss. Eine beantragte Erlaubnis ist nach § 31a Abs. 2 Satz 2 FahrlG nur zu versagen, „wenn Tatsachen vorliegen, die Bedenken gegen die Zuverlässigkeit des Antragstellers begründen." Diese sind – wie bei der Zuverlässigkeitsprüfung zum Erlangen der Fahrlehrererlaubnis – etwa in einem schlechten Leumund oder negativen behördlichen Vorerfahrungen mit dem Antragsteller zu finden und gehen fachlich nicht über die Zuverlässigkeitsanforderungen zum Erlangen der Fahrlehrererlaubnis hinaus. Als eine besondere von einem Fahrlehrer zu erfüllende Antragsvoraussetzung ist gem. § 31a Abs. 2 Nr. 4 FahrlG die erfolgreiche Teilnahme an einem Einweisungslehrgang zwingend erforderlich, und zwar innerhalb der letzten zwei Jahre. Einen durch die Senatsverwaltung für Stadtentwicklung und Umwelt des Landes

11 Kollbach, B. (2014): „Mobil bleiben", DEKRA-Teilnehmerheft zum verkehrspsychologischen Teil des Fahreignungsseminars, verfügbar unter: www.dekra-punkte-abbau.de, letztmals aufgerufen am 2.12.2014.

12 Vgl. zu den Inhalten der verkehrspädagogischen Teilmaßnahme ausführlich Schulte, K. (2014) in: Kollbach et al., S. 34 ff.; zu deren rechtlichen Voraussetzungen näher Müller, D. (2014) in: Kollbach et al., S. 23 ff.

Berlin anerkannten inhaltlichen Vorschlag zur qualitativen Gestaltung von Einweisungslehrgängen hat z.B. der Deutsche Verkehrssicherheitsrat (DVR) mit seinem Programm „Qualifizierung zum Lehrgangsleiter/Seminarleiter für den verkehrspädagogischen Teil des Fahreignungsseminars“[13] vorgelegt.

Eine wichtige Zugangsvoraussetzung für Fahrlehrer, die eine solche Seminarerlaubnis erwerben wollen, ist der erfolgreiche Abschluss eines Einweisungslehrgangs, der in der Vorschrift des neu konzipierten § 31b FahrlG, und zwar in dessen Abs. 2, dort allerdings nur in Grundzügen, geregelt ist. Für dieses Angebot der Aus- und Fortbildung von Fahrlehrern, das üblicherweise von den Fahrlehrerausbildungsstätten angeboten wird, bestand qualitativ noch keine Infrastruktur. Diese musste vor dem Inkrafttreten des Gesetzes auf der Grundlage des § 31b FahrlG erst noch geschaffen werden. Ein vergleichbares spezifisches Vorbildungserfordernis wird von Verkehrspsychologen nicht verlangt.

1.5.2 Ziele und Inhalte der verkehrspädagogischen Teilmaßnahme

Die verkehrspädagogische Teilmaßnahme soll dem Teilnehmer verdeutlichen, warum es sinnvoll ist, in Zukunft die Verkehrsregeln einzuhalten und mit welchen Verhaltensweisen er in Zukunft „richtig sicher fahren“ kann. Sinnvollerweise wird die psychologische Teilmaßnahme darauf aufbauen und mit dem Teilnehmer nach Wegen suchen, wie er sich persönlich dieses Verhalten zu eigen machen und nachhaltig beibehalten kann. Das Ziel ist, „mobil zu bleiben“ und sich dabei wohlzufühlen.

Die verkehrspädagogische Teilmaßnahme des Fahreignungsseminars ist nach Zielsetzung und Inhalt in § 42 Abs. 2 bis 5 FeV geregelt. Als übergreifende Ziele dieser Teilmaßnahme benennt § 42 Abs. 2 FeV:

1. „Vermittlung von Kenntnissen zum Risikoverhalten,
2. Verbesserung der Gefahrenkognition,
3. Anregung zur Selbstreflexion und
4. Entwicklung von Verhaltensvarianten.“

Alle vier genannten Ziele setzen mit ihrer juristischen Begrifflichkeit auf beiden Seiten an, d.h., sie betreffen ebenso den Seminarleiter, der diese Ziele verfolgen muss, wie auch den Seminarteilnehmer, der diese Ziele durch seine möglichst aktive Seminarteilnahme erreichen soll. Mit der Anlage 16 zu § 42 Abs. 2 FeV[14] wurde ein Rahmenlehrplan für die verkehrspädagogische Teilmaßnahme des Fahreignungsseminars geschaffen, der die beiden Module der verkehrspädagogischen Teilmaßnahme in elf „Bausteine“ unterteilt.

Im Gegensatz zu Rahmenlehrplänen aus anderen Bildungsbereichen beinhaltet die Anlage 16 zu § 42 Abs. 2 unüblich detaillierte Angaben über zu wählende Methoden und einzusetzende Medien. Da dies nicht unwidersprochen hingenommen wurde, gestattet der § 42 Abs. 2 Satz 3 und 4 ein Abweichen

13 DVR-Eigenverlag, 2013.
14 Siehe Appendix.

von den Methoden und Medien. Über die Geeignetheit von „anderen" als den in der Anlage 16 genannten Methoden und Medien entscheidet die nach Landesrecht zuständige Behörde, die zur Bewertung auch ein unabhängiges wissenschaftliches Gutachten einholen kann. Dabei muss nachgewiesen werden, dass auch bei einer Abweichung der gleiche Lernerfolg gewährleistet ist. Eine Konkretisierung des Lernerfolgs wird jedoch nicht vorgenommen.

Nach momentaner Kenntnis befinden sich zwei anerkannte Konzepte für die verkehrspädagogische Teilmaßnahme in der Umsetzung. Zum einen hat die Bundesvereinigung der Fahrlehrerverbände e.V. (BVF) ein Programm erstellt, das nach Aussage der BVF zu 100 % mit der Anlage 16 und einem bereits getesteten und erprobten Medienkonzept in Einklang steht.[15] Zum anderen hat der Deutsche Verkehrssicherheitsrat (DVR) unter dem plakativen Titel „Fahreignungsseminar – Richtig sicher fahren" ein durch die Senatsverwaltung für Stadtentwicklung und Umwelt des Landes Berlin anerkanntes Seminarprogramm incl. eines internetbasierten Medienkoffers zur Verfügung gestellt.[16] Dieses Konzept wurde durch die Pädagogische Hochschule Karlsruhe (Prof. Silke Traub) begutachtet. Im Seminarprogramm „Richtig sicher fahren" wurde die Reihenfolge einzelner Bausteine leicht verändert, deren Sinnhaftigkeit durch die PH Karlsruhe bestätigt wurde.[17]

1.6 Rücknahme und Widerruf einer Seminarerlaubnis

Im behördlichen Alltag ist es möglich, dass eine Seminarerlaubnis erteilt wird und es sich erst später herausstellt, dass eine oder mehrere Antragsvoraussetzungen des § 4a Abs. 4 StVG nicht vorgelegen haben. In einem solchen Fall ist die zuständige Behörde gem. § 4a Abs. 5 Satz 1 StVG dazu verpflichtet, die erteilte Seminarerlaubnis zurückzunehmen. Die Rücknahme eines Verwaltungsaktes ist sowohl vom Zeitpunkt seiner Erteilung an („ex tunc") als auch vom aktuellen Zeitpunkt des Bekanntwerdens des Versagungsgrundes mit Richtung in die Zukunft („ex nunc") möglich. Bei einer nur zukunftsbezogenen Rücknahme würde die Formulierung des § 4a Abs. 5 Satz 2 StVG verwundern, weil man es nach allgemeinen Maßstäben für fehlerhaft hielte, einen Verwaltungsakt zurückzunehmen, den man (wegen Erfüllung der Erteilungsvoraussetzungen) wieder erteilen müsste. Der zuständigen Behörde wird ein Ermessen eröffnet, von der Rücknahme abzusehen, wenn zwischenzeitlich sämtliche Antragsvoraussetzungen aus § 4a Abs. 4 StVG erfüllt sind. Dieses Ermessen sollte bindend im Sinne eines Verzichts auf die Rücknahme ausgelegt werden, weil die Behörde schließlich die Seminarerlaubnis erteilt hatte, obwohl die Antragsvoraussetzungen nicht zur Gänze vorlagen. Dadurch hat die Behörde einen Vertrauenstatbestand geschaffen,

15 Vgl. BVF, Bericht des Geschäftsführenden Vorstands 20. Juni 2014, Bremerhaven, verfügbar unter: http://www.fahrlehrerverbaende.de/sixcms/media.php/2448/2014-06-12%20%2808%2041%20Uhr%29%20GB%20gesamt.5038873.pdf, letztmals aufgerufen am 18.12.2014.

16 Vgl. verkehrspädagogische Teilmaßnahme ausführlich Schulte, K. (2014) in: Kollbach et al., S. 33 ff.

17 Vgl. Traub, S. (2014): Expertise zum DVR-Konzept „Richtig sicher fahren".

der neben dem Inhaber der Seminarerlaubnis auch dessen Klienten betrifft, die sich für dessen Seminare angemeldet bzw. diese bereits besucht hatten.

Die zuständige Behörde ist dazu verpflichtet, die Seminarerlaubnis zu widerrufen, wenn nachträglich eine der in § 4a Abs. 4 StVG genannten Voraussetzungen weggefallen ist. Da die Voraussetzungen der Ausbildung und Qualifikation aus § 4a Abs. 4 Satz 1 Nr. 1 bis 3 StVG regelmäßig erhalten bleiben dürften, kann sich der Widerruf einer Seminarerlaubnis lediglich auf den Punktestand im Fahreignungsregister oder auf seine Zuverlässigkeit beziehen.

1.7 Datenpflege und Datenschutz

Die Seminarleiter werden über die Normen des § 4a Abs. 6 StVG und § 31a Abs. 6 FahrlG dazu verpflichtet, personenbezogene Daten über ihre Seminarteilnehmer zu speichern, zu nutzen, zu übermitteln und genau fünf Jahre nach dem Zeitpunkt der Ausstellung einer vorgeschriebenen Teilnahmebescheinigung zu löschen.

Der Zweck der Datenschutzregelungen liegt hauptsächlich darin, die Rechtmäßigkeit erteilter Teilnahmebescheinigungen nachträglich überprüfen zu können.

Die Vorschrift des jeweiligen Abs. 6 Satz 1 formuliert zwei Pflichten, indem der Seminarleiter zunächst die personenbezogenen Daten, die ihm als Seminarleiter der verkehrspsychologischen Teilmaßnahme bekannt geworden sind, zu speichern hat. Der Zeitraum der Speicherung dieser Daten beträgt fünf Jahre. Danach greift die zweite Pflicht, nämlich fünf Jahre nach der Ausstellung einer vorgeschriebenen Teilnahmebescheinigung die betreffenden Daten unverzüglich, d.h. ohne schuldhaftes Zögern, zu löschen.

Der jeweilige Abs. 6 schreibt ebenfalls die Nutzung der gespeicherten Daten verbindlich vor.

Nach Abs. 6 Nr. 1 dürfen die gespeicherten Daten vom Seminarleiter für einen Zeitraum von längstens neun Monaten nach der Ausstellung der Teilnahmebescheinigung für die Durchführung des jeweiligen Fahreignungsseminars genutzt werden.

Nach Abs. 6 Nr. 2 dürfen die gespeicherten Daten vom Seminarleiter der Bundesanstalt für Straßenwesen übermittelt und von dieser zur Evaluierung nach § 4b StVG bzw. § 31d FahrlG genutzt werden.

Nach Abs. 6 Nr. 3 dürfen die gespeicherten Daten des Seminarleiters von der Bundesanstalt für Straßenwesen oder in ihrem Auftrag an Dritte, die die Evaluierung nach § 4b bzw. § 31d FahrlG im Auftrag der Bundesanstalt für Straßenwesen durchführen oder an ihr beteiligt sind, übermittelt und von den Dritten für die Evaluierung genutzt werden.

Nach Abs. 6 Nr. 4 dürfen die gespeicherten Daten vom Seminarleiter ausschließlich in Gestalt von Name, Vorname, Geburtsdatum und Anschrift des

Seminarteilnehmers sowie dessen Unterschrift zur Teilnahmebestätigung auch an eine nach Landesrecht zuständige Behörde übermittelt und von dieser zur Überwachung nach § 4a Abs. 8 StVG bzw. § 31a Abs. 7 FahrlG genutzt werden und darüber hinaus auch an Dritte, die ein von der zuständigen Behörde genehmigtes Qualitätssicherungssystem nach § 4a Abs. 8 Satz 6 StVG bzw. § 34 Abs. 3 FahrlG betreiben und an dem der Inhaber der Seminarerlaubnis teilnimmt, übermittelt und im Rahmen dieses Qualitätssicherungssystems genutzt werden.

Sämtliche Empfänger von mitgeteilten Daten nach Satz 2 von § 4a Abs. 6 StVG bzw. von § 31a Abs. 6 FahrlG haben gem. Abs. 6 Satz 3 die gesetzliche Verpflichtung zu erfüllen, die Daten unverzüglich zu löschen, wenn sie nicht mehr für die in Satz 2 jeweils genannten Zwecke benötigt werden, spätestens jedoch fünf Jahre nach der Ausstellung der Teilnahmebescheinigung nach Satz 1.

1.8 Verkehrspsychologische Fortbildung zur Fahreignung

Die Inhaber einer Seminarerlaubnis Verkehrspsychologie müssen auf der Grundlage des § 4a Abs. 7 StVG im jährlichen Turnus an einer verkehrspsychologischen Fortbildung teilnehmen. Der Gesetzgeber schreibt als wichtigsten Fortbildungsinhalt das Thema der Fahreignung vor und verlangt zwingend einen zeitlichen Umfang von sechs Stunden.

1.9 Verkehrspädagogische Fortbildung zum Fahreignungsseminar

Inhaber einer Seminarerlaubnis Verkehrspädagogik müssen auf der Grundlage des § 33a Abs. 2 FahrlG im jährlichen Turnus an einer eintägigen Fortbildung von mindestens acht Unterrichtseinheiten zu je 45 Minuten teilnehmen, in der Inhalte und Methoden der Seminardurchführung vermittelt werden.

1.10 Überwachung der Durchführung von Teilmaßnahmen

Beide Teilmaßnahmen des Fahreignungsseminars unterliegen der Überwachung der nach dem jeweiligen Landesrecht zuständigen Behörde. Die Überwachung der verkehrspsychologischen Teilmaßnahme erfolgt auf der Grundlage von § 4a Abs. 8 StVG, und die verkehrspädagogische Teilmaßnahme wird gem. § 31a Abs. 7 FahrlG staatlich überwacht.

Der Staat muss seiner Überwachungsaufgabe, deren Kriterien in § 43 FeV zu finden sind, nicht mittels eigenen Verwaltungspersonals nachkommen. Es steht vielmehr gem. § 4a Abs. 8 Satz 2 StVG bzw. gem. § 33 Abs. 1 in seinem Ermessen, sich der Überwachungsaufgabe personell zu entledigen und sich zu diesem Zweck „geeigneter Personen oder Stellen nach Landesrecht“ zu bedienen. In der Begründung des Gesetzgebers ist zu lesen, dass als geeignete Stellen für die Überwachung der verkehrspsychologischen Teilmaßnahme auch die Berufsverbände der Psychologen angesehen werden, die bereits das nunmehr abgelöste System der verkehrspsychologischen Beratung auf der Grundlage des früheren § 71 Abs. 3 FeV im Rahmen der erfolgreichen Teilnahme der verkehrspsychologischen Berater an einer Überprüfung der Qualitätssicherung überwacht haben. Für verkehrspsychologische Maßnahmen mit Rechtsfolgen ist die Überwachung eine neue Einrichtung. In der Fahrlehrerschaft besteht hierzu in vielen Bundesländern eine jahrelange Praxis. Über welche fachliche Qualifikation der die Überwachung garantierende Personenkreis verfügen muss, bleibt demnach den jeweiligen Bundesländern und der bewährten Praxis überlassen.

Als verbindlicher Prüfauftrag der Landesbehörde zur verkehrspsychologischen Teilmaßnahme wird gesetzlich definiert, dass diese mittels ihrer Mitarbeiter gem. § 4a Abs. 8 Satz 3 StVG überprüfen muss, „ob die gesetzlichen Anforderungen an die Durchführung der verkehrspsychologischen Teilmaßnahme eingehalten werden." Diese gesetzlichen Anforderungen sind in den Absätzen 3 bis 7 des § 4a StVG geregelt. Der Prüfauftrag für die verkehrspädagogische Teilmaßnahme ist in § 33 Abs. 2 FahrlG zu finden.

Als Turnus für eine solche Überprüfung wird für die beiden ersten Prüfungen der Zeitraum „mindestens alle zwei Jahre" verbindlich vorgeschrieben. Dieser Prüfzeitraum kann nach dem pflichtgemäßen Ermessen der Prüfbehörde dann auf einen Turnus von vier Jahren verlängert werden, wenn die beiden ersten Überprüfungen im Ergebnis entweder keine oder nur geringfügige Mängel ergaben. Auf Seiten des Inhabers einer Seminarerlaubnis muss eine solche Überprüfung ermöglicht werden, sodass ein Zwang zur terminlichen Vereinbarung ebenso besteht wie das Bereithalten der zu prüfenden Unterlagen.

Auch der Ort der Prüfung ist gesetzlich vorgegeben, wenn der Gesetzgeber eine Prüfung „an Ort und Stelle" vorschreibt. Jedoch ist mit diesem unbestimmten Rechtsbegriff nichts darüber ausgesagt, dass eine derartige Visitation in den Räumlichkeiten durchgeführt werden muss, in denen die verkehrspsychologische Teilmaßnahme tatsächlich stattfindet.

Nach § 4a StVG Abs. 8 bzw. nach § 34 Abs. 3 FahrlG kann von einer Überprüfung gänzlich abgesehen werden, wenn der Seminarleiter sich einem behördlich anerkannten Qualitätssicherungssystem angeschlossen hat. Dessen Voraussetzungen und Wirkungsweise sind allerdings lediglich in Umrissen in § 43 FeV geregelt (darauf macht Janker[18] in § 4a StVG Rn. 4 aufmerksam; zu Recht wird von Dauer[19] das System der Qualitätssicherung kritisiert, dort auch mit dem Hinweis darauf, dass die gesetzliche Einführung von Qualitätssicherungssystemen im Fahrschulbereich noch nicht einmal angedacht ist).

18 In: Burmann, M., Heß, R., Jahnke, J., Janker, H. (2014): Straßenverkehrsrecht, 23. Aufl., C.H. Beck Verlag.

19 Dauer, P. (2012): Reform des Punktsystems: Bewertung der Vorschläge, *Neue Zeitschrift für Verkehrsrecht*, S. 209 ff.

2 Dokumentation im Explorationsgespräch, Tonband- und Videomitschnitt

Malgorzata Okulicz-Kozaryn, Rainer Banse, Marie-Luise Kluck, Wolfgang Schubert

2.1 Einleitung

Die Forderung nach Transparenz und Nachvollziehbarkeit des Begutachtungsprozesses gilt für alle Begutachtungsbereiche. Nach den „Richtlinien für die Erstellung psychologischer Gutachten“[20] haben „Personen, die direkt oder indirekt von psychologischen Gutachten betroffen sind, einen Anspruch auf eine faire, wissenschaftlich fundierte und stets fachkundig angewandte Praxis. Von großer Bedeutung sind dabei die Transparenz und Nachprüfbarkeit der in Gutachten geäußerten Stellungnahmen.“ In letzter Konsequenz ist nämlich diese Transparenz für die Qualität des Gutachtens ausschlaggebend, weil sie die im Einzelfall verwendeten Urteilsprozesse überprüfbar macht.[21] Die Transparenz hängt wiederum in starkem Maße von der Dokumentation der in der Exploration – aber auch in den anderen Untersuchungen, z.B. der medizinischen Anamnese – gesammelten Informationen ab. Das Ergebnis der Medizinisch-Psychologischen Untersuchung muss sich aus den Ergebnissen der durchgeführten Untersuchungen sowie aus den während der Exploration gewonnenen Daten ergeben und rekonstruieren lassen, sodass im Falle einer Auseinandersetzung über die vermeintlichen Mängel des Gutachtens im Sinne der Verletzung des Werkvertrages auf der Basis einer schlüssigen Dokumentation über die Qualität bzw. den Inhalt der Exploration entschieden werden kann.

Immer wieder wird die Diskussion um Reliabilität, Validität, und Objektivität der Medizinisch-Psychologischen Untersuchung neu entfacht. Obwohl alle Begutachtungsgrundlagen und anzuwendenden fachlichen Kriterien jedem Betroffenen, seinem Anwalt und anderen Interessierten öffentlich zugänglich sind und obwohl die Bewertung hinsichtlich der Verwertbarkeit der Gutachten für die behördliche Entscheidungsfindung durch die Führerscheinbehörden nach hierfür im Verwaltungsrecht (Anl. 4a FeV[22]) festgelegten Kriterien[23] erfolgt, wird seitens der Politik[24] und der Anwaltschaft[25] immer wieder

20 Zuschlag, B. (2006): Richtlinien für die Erstellung psychologischer Gutachten. Bonn: Deutscher Psychologen Verlag.

21 Greuel, L., Offe, S., Fabian, A., Wetzels, P., Fabian, T., Offe, H., Stadler, M. (1998): Glaubhaftigkeit der Zeugenaussage. Die Praxis der forensisch-psychologischen Begutachtung. Weinheim: Psychologie Verlags Union.

22 Siehe Appendix.

23 Schubert, W. (2010): Die Medizinisch-Psychologische Untersuchung auf dem Prüfstand (S. 225–257). In: Tagungsband zum 48. Deutschen Verkehrsgerichtstag 2010. Goslar: Luchterhand.

24 Vgl. http://www.spiegel.de/auto/aktuell/bundesverkehrsminister-peter-ramsauer-will-idiotentest-reformieren-a-824471.html (letzter Abruf: 6.7.2012).

25 Hillmann, F.-R. (2003): Zweifel an der Fahreignung MPU – Nachweisfragen – Rechtsprobleme (Verhältnismäßigkeit/Rechtsnatur). Referat zum 41. Verkehrsgerichtstag, Oldenburg. Online unter: http://www.hillmann-partner.de/fileadmin/user_upload/pdf/veroeffentlichungen/zweifel.pdf (letzter Abruf: 6.7.2012).

bemängelt, dass die Fahreignungsbegutachtung (sowohl ärztliche als auch Medizinisch-Psychologische Untersuchung) für den Begutachteten zu wenig transparent sei. Insbesondere sei es schwer, die Empfehlung des Gutachtens zu überprüfen und ggf. mit juristischen Mitteln anzugreifen.

Auf dem Verkehrsgerichtstag in Goslar[26] wurden 2010 die verschiedenen Standpunkte heftig diskutiert. Der Forderung der Anwaltschaft, die Transparenz der MPU durch Einführung einer routinemäßigen Bild- oder Tonaufnahme zu dokumentieren, schloss sich auch das Verkehrsministerium an.[27] Dies hätte jedoch eine Änderung der FeV in der Anlage 4a Nr. 1e zur Folge gehabt, die für alle Fahreignungsgutachten gilt – sowohl die ärztlichen nach § 11 als auch die medizinisch-psychologischen Gutachten nach §§ 13 und 14, also nicht nur die MPU.

Demnach wäre auch bei der Durchführung von Begutachtungen nach § 11 FeV ein Tonband- bzw. Videomitschnitt im Gesundheitsamt, beim Arzt mit verkehrsmedizinischer Zusatzqualifikation etc. zu fordern, um die Gleichwertigkeit und die Aussagekraft sowie die Transparenz der Begutachtung sicherzustellen, da alle Fahreignungsbegutachtungen – unabhängig, ob ärztliche oder medizinisch-psychologische – die gleiche verwaltungsrechtliche Wirkung entfalten.

Gegen diese Forderung wurde in Goslar 2010 von verwaltungsrechtlicher und von Seiten der Gutachter eine Reihe von Argumenten vorgebracht, sowohl hinsichtlich möglicher daraus resultierender Nachteile für das diagnostische Setting[28] als auch zu Durchführungs- und Kostenaspekten.

Angesichts dieser widerstreitenden Auffassungen besteht die Notwendigkeit einer gründlichen Auseinandersetzung mit den möglichen Auswirkungen von Mitschnitten auf den diagnostischen Prozess, auf die Qualität und auf das Ergebnis der Begutachtung. Die Notwendigkeit der wissenschaftlichen Überprüfung wurde auch auf dem 52. Deutschen Verkehrsgerichtstag erkannt. Aus der Diskussion über die Tonbandaufzeichnungen der psychologischen Exploration resultierte die folgende Empfehlung des V Arbeitskreises[29]:

„Tonaufzeichnungen der ärztlichen und psychologischen Untersuchungsgespräche können die Transparenz der Fahreignungsbegutachtung erhöhen. Ob sie gesetzlich vorgeschrieben werden sollen, hängt von der Klärung wissenschaftlicher und rechtlicher Fragen ab. Damit soll die Projektgruppe „MPU-Reform" befasst werden."[30]

---

26 Empfehlungen AK VI „Idiotentest auf dem Prüfstand", 48. Verkehrsgerichtstag Goslar 2010.

27 http://www.handelsblatt.com/auto/nachrichten/medizinisch-psychologische-untersuchungen-spekulation-um-videoaufzeichnung-von-idiotentests/6451902.html (letzter Abruf: 6.7.2012).

28 Beispielsweise Störung des offenen Gesprächsklimas, Einschränkung der freien Redemöglichkeit für den Begutachteten, subjektive Haltung des Misstrauens seitens des Betroffenen gegenüber der Arbeit des Gutachters oder der Anschein einer verhörähnlichen Situation.

29 Der V Arbeitskreis beschäftigte sich mit dem Thema „Fahreignung und MPU". Ausführlich hierzu siehe: http://www.deutscher-verkehrsgerichtstag.de/images/pdf/empfehlungen_52_vgt.pdf (letzter Abruf: 20.7.2014).

30 Http://www.deutscher-verkehrsgerichtstag.de/images/pdf/empfehlungen_52_vgt.pdf (letzter Abruf: 20.7.2014).

2.2 Zweck des Dokumentierens

Grundsätzlich ist das Erstellen und Verwenden von Dokumenten fester Bestandteil jedes institutionellen Vorgehens. Unter Rückgriff auf Dokumente sollen die für eine Entscheidung wichtigen Fakten und Informationen jederzeit wiederherstellbar extrahiert werden können. Dokumentationen müssen daher in Bezug auf die fragestellungsrelevanten Informationen vollständig sein und jene Sachverhalte beinhalten, welche die Bewertungen und Schlussfolgerungen der Entscheidungsträger nachvollziehbar und transparent machen, damit ggf. auch eine eigenständige Beurteilung des Sachverhalts durch Dritte (beispielsweise Richter oder Behörden) erfolgen kann. Dies ist nur möglich, wenn „die Beurteilungsgrundlagen (die herangezogenen Anknüpfungs- und Befundtatsachen) sowie die Schlussfolgerungsregeln und die Schlussfolgerungen selbst vollständig, verständlich und nachprüfbar vorgelegt werden“.[31] [32]

In Anlehnung an Capus & Stoll[33] haben Schriftprotokolle im Strafverfahren folgende Funktionen: Die Gedächtnis-, die Garantie- und die Bindungsfunktion. Die Gedächtnisfunktion bedeutet, dass die Protokolle die Aussagen dauerhaft festhalten und sie zirkulationsfähig machen. Capus & Stoll zufolge wird dadurch sichergestellt, dass die Befragungen zu späteren Zeitpunkten für verschiedene am Strafverfahren beteiligte Parteien zugänglich sind. Die Garantiefunktion soll gewährleisten, dass das Verfahren überprüfbar bleibt. Einerseits dient dies der Selbstkontrolle der Verfahrensleitung und andererseits kann ein Protokoll durch das Gegenlesen und das Unterzeichnen der befragten Person eine präventive Wirkung haben.[34] Die Bindungsfunktion bedeutet, dass die befragte Person durch das Gegenlesen und Unterschreiben des Protokolls an ihre Aussagen gebunden wird. Demnach beinhaltet die Bindungsfunktion einerseits die dauerhafte Verfügbarkeit des Gesagten durch die Verschriftlichung (Perpetuierungsfunktion) sowie die Verrieglungsfunktion, die sicherstellt, dass eine Person für ihre Aussagen behaftet werden kann.[35]

Im Kontext der Fahreignungsbegutachtung wird vor allem der Gedächtnisfunktion eine große Bedeutung zugeschrieben. Die entscheidungsrelevanten Informationen aus dem Explorationsgespräch müssen genau dokumentiert werden, da sie die Grundlage für die Darstellung im Gutachten bilden. „Angaben des Betroffenen, die nicht während der Exploration dokumentiert wurden, können nicht im Gutachten verwendet werden, da die Erinnerung

31 Tondorf, G. (2005): Psychologische und psychiatrische Sachverständige im Strafverfahren. Verteidigung bei Schuldfähigkeits- und Prognosebegutachtung. Heidelberg: Müller Verlag.

32 Zur Funktion von Schriftprotokollen speziell im Strafverfahren siehe: Capus, N. (2012): Schriftprotokolle im Strafverfahren: "der todte Buchstabe ist noch immer nicht das lebendige Wort selbst", Basler Juristische Mitteilungen, 4, S. 173–192.

33 Capus, N., Stoll, M. (2013): Lesen und Unterzeichnen von Einvernahmeprotokollen im Vor- und Hauptverfahren. Anmerkungen zur Revision der Schweizerischen Strafprozessordnung aus Sicht der rechtswissenschaftlichen und kriminologischen Protokollforschung, *Schweizerische Zeitschrift für Strafrecht 131 (2013), Heft 2*, 195–217.

34 Ebd., S. 204.

35 Ebd., S. 208.

des Gutachters an solche Angaben leicht verfälscht sein kann, zumal dann, wenn zwischen Exploration und Erstellung des Gutachtens eine größere Zeitspanne (mehrere Stunden oder gar Tage) liegt."[36] Die Garantiefunktion spielt im Rahmen der Fahreignungsbegutachtung hingegen kaum eine Rolle. Aus pragmatischen Gründen werden die Gesprächsprotokolle nicht durch den zu Begutachtenden gegengelesen und unterschrieben, was zur Folge hat, dass die Garantiefunktion weder zur Selbstkontrolle für den Gutachter (ob er wirklich alles richtig notiert und verstanden hat) noch für den zu Begutachtenden gewährleistet ist. In Bezug auf die Bindungsfunktion eines Explorationsprotokolls ist im Rahmen der bisherigen Fahreignungsbegutachtungspraxis ausschließlich die Perpetuierungsfunktion relevant. Die Verrieglungsfunktion ist ebenfalls aufgrund der fehlenden Einsicht des zu Begutachtenden in das Gesprächsprotokoll des Gutachters nicht sichergestellt.

Welche Bedeutung den drei genannten Funktionen der Schriftprotokolle im Rahmen der Fahreignungsbegutachtung zugemessen werden soll, muss jedoch, anders als im Strafverfahren, mehr in Bezug auf die Gewährleistung einer hohen Dokumentationsqualität und weniger vor dem Hintergrund der Beweissicherung betrachtet werden.

Insgesamt wird die Qualität einer Dokumentation anhand folgender Merkmale definiert:

- Vollständigkeit,
- Objektivität,
- Lesbarkeit,
- Authentizität und
- Nachvollziehbarkeit.

In Bezug auf die Lesbarkeit einer Dokumentation eines Explorationsgesprächs spielen die inhaltliche und sprachliche Lesbarkeit eine zentrale Rolle. Im Falle von handschriftlichen Aufzeichnungen sind des Weiteren die Leserlichkeit und Gestaltung des Textes relevant. Zudem müssen jegliche Abkürzungen und Kodierungen erklärt werden.

Für die Ablaufnachvollziehbarkeit ist eine hypothesengegliederte Darstellung der Angaben des Betroffenen mit ablaufbezogenen Querverweisen sinnvoll. Die Authentizität der Dokumentation bedeutet, dass die zu einem bestimmten Zeitpunkt festgehaltenen Sachverhalte nicht zu einem späteren Zeitpunkt verändert/manipuliert werden können. Vollständigkeit bedeutet, dass alle relevanten Sachverhalte genannt werden.

2.3 Dokumentations- und Protokollierungsarten

Über die im Rahmen der Fahreignungsbegutachtung durchgeführten Untersuchungen sind gemäß Anlage 4a Nr. 1e FeV Aufzeichnungen anzufertigen.

36 QMH a. a. BfF des DEKRA e. V. Dresden, QMV 0110.6. Handbuch der verkehrspsychologischen Exploration. Revisionsnummer 17, freigegeben am 4.1.2012.

Dokumentationsart und Dokumentationsumfang obliegen allerdings dem Ermessen des Gutachters. Eine wortgetreue Abbildung des Explorationsgespräches schreibt die Fahrerlaubnis-Verordnung nicht vor.

Dies führt dazu, dass in der Praxis der Fahreignungsbegutachtung unterschiedliche Dokumentationsformen verwendet werden, die sich nicht nur hinsichtlich der Art der Protokollierung unterscheiden (handschriftlich oder am Computer erstellt), sondern auch bezüglich der Ausführlichkeit der Explorationsnotizen und ihrer Worttreue. Regelmäßig wird der Informationsverlust bei der handschriftlichen Aufzeichnung am größten und die Informationskomplexität dort am geringsten sein.

Bei einer Audioaufnahme kommt es hingegen zu keinem Informationsverlust in Bezug auf das Gesagte. Bei einer Videodokumentation werden sowohl die auditiven als auch visuellen Informationen gespeichert, dementsprechend steigt hierbei die Datenmenge und die Datenkomplexität an (Bild 10.2).

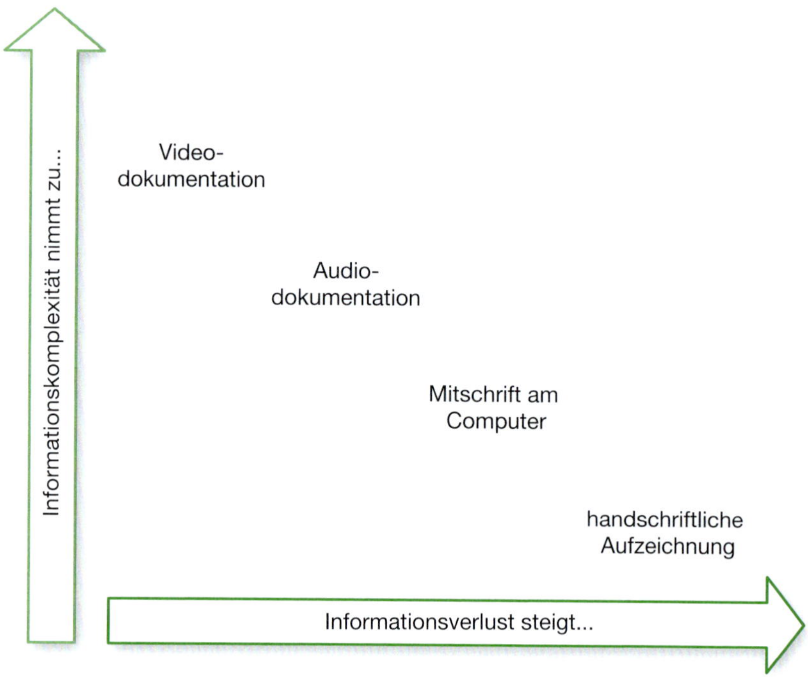

Bild 10.2 Informationsverlust und -komplexität bei verschiedenen Dokumentationsarten

Dabei hat jede Dokumentationsmethode ihre besonderen Vor- und Nachteile für die Praxis der Fahreignungsbegutachtung, die anhand des zu erwartenden Informationsverlustes im Verhältnis zur abbildbaren Informationskomplexität abgewogen werden müssen.

2.3.1 Handschriftliche Aufzeichnungen

Die handschriftliche Aufzeichnung während der Exploration ist eine häufig angewendete Dokumentationsform. Sie erfordert keinen technischen Aufwand und ist dem Anschein nach unkompliziert.

Den Vorteilen stehen folgende Nachteile gegenüber: Beanstandet wird,[37] dass der Gutachter mit der Parallel-Aufgabe der Gesprächsführung und der Protokollierung überfordert sei bzw. diese sich negativ auf seine Wahrnehmungsfähigkeit auswirken könne. Gleichzeitig könne es durch die Protokollierung immer wieder zu Unterbrechungen im Gesprächsverlauf kommen, die den Gesprächsfluss stören.

Der größte Kritikpunkt betrifft jedoch die Qualität handschriftlicher Aufzeichnungen, konkret die Möglichkeit des Verlusts und der Vorselektion der Informationen. Untersuchungen haben gezeigt, dass die handschriftliche Protokollierung fehleranfällig sein kann,[38] da der Interviewer[39] nur sehr begrenzt in der Lage sei, während des Gesprächs das Gesagte genau zu dokumentieren. Zudem besteht die Möglichkeit von Gedächtnisfehlern: Die Aufzeichnungen unterliegen einer Reihe von Verzerrungen, beispielsweise der Auslassung von wichtigen Details und/oder der Aufnahme von ungenauen Angaben. Es werden nur Informationsfragmente gesammelt, die der Interviewer in diesem Moment für wichtig hält, da kein Interviewer in der Lage ist, jedes Wort eines Interviews zu protokollieren. Zudem können auch nicht alle gestellten Fragen notiert werden. Ceci und Bruck (2000)[40] stellen fest, dass vor allem diejenigen Fragen häufig nicht notiert werden, die eine unerwünschte Antwort bzw. eine unerwünschte Reaktion erzeugt haben. Diese Fehler können selbst dann entstehen, wenn die Interviewer ausdrücklich darum gebeten werden, sorgfältig zu protokollieren.

Die vorgestellten Forschungsergebnisse beziehen sich jedoch ausschließlich auf die Protokollierung von Zeugenaussagen. Bei der Übertragung dieser Ergebnisse in die Fahreignungsbegutachtung muss beachtet werden, dass sich die Zeugenaussageprotokollierung und die Dokumentation eines Explorationsgesprächs im Rahmen der Medizinisch-Psychologischen Untersuchung

---

37 Vgl. Volbert, R., Steller, M., Galow, A. (2009): Das Glaubhaftigkeitsgutachten. In H.-L. Kröber, D. Dölling, N. Leygraf, H. Saß (Hrsg.): Handbuch der Forensischen Psychiatrie. Band 2: Psychopathologische Grundlagen und Praxis der Forensischen Psychiatrie im Strafrecht (S. 367–376). Darmstadt: Steinkopff. Tondorf, G. (2005): Psychologische und psychiatrische Sachverständige im Strafverfahren. Verteidigung bei Schuldfähigkeits- und Prognosebegutachtung. Heidelberg: Müller Verlag. Jansen, G. (2004): Zeuge und Aussagepsychologie. Heidelberg: C.F. Müller, Greuel, L., Offe, S., Fabian, A., Wetzels, P., Fabian, T., Offe, H., Stadler, M. (1998): Glaubhaftigkeit der Zeugenaussage. Die Praxis der forensisch-psychologischen Begutachtung. Weinheim: Psychologie Verlags Union. Wegener, H. (1992): Einführung in die forensische Psychologie. Darmstadt: Wissenschaftliche Buchgesellschaft.

38 Ceci, S.J., Bruck, M. (2000): Why judges must insist on electronically preserved recordings of child interviews. *Court Review, 37*, 10–12.

39 Hierbei handelte es sich um Interviewer mit verschiedenen Trainings- und Erfahrungsniveaus und auch mit verschiedenen Ebenen der Vertrautheit mit dem befragten Kind.

40 Ceci, S.J., Bruck, M. (2000): Why judges must insist on electronically preserved recordings of child interviews. *Court Review, 37*, 10–12.

deutlich voneinander unterscheiden. Während die Vernehmungsprotokollierung dazu dient, möglichst viele Details eines Geschehens aufzunehmen, wird im Rahmen des psychologischen Explorationsgesprächs nur eine beschränkte Anzahl von konkreten Fragen (z.B.: Wie will sich der Proband in Zukunft in Situationen sozialen Trinkens verhalten?) exploriert. Demzufolge ist die Zahl der Freiheitsgrade und damit auch die Komplexität eines Explorationsgesprächs im Rahmen der Fahreignungsbegutachtung deutlich geringer und strukturierter.

Eine handschriftliche Mitschrift ist nach alledem insofern problematisch, als dass im Zweifelsfall ein Nachweis über den während der Exploration erfassten Inhalt erbracht werden muss. Allein aufgrund einer stichwortartigen Mitschrift kann unmöglich der genaue Inhalt des Gesprächs wiederhergestellt werden. Letztendlich ist bei der derzeitigen Praxis der handschriftlichen Dokumentation kaum nachzuweisen, wer was genau während der Exploration gesagt oder gefragt hat, und genau dies lässt viel Raum für Spekulationen. Es ist jedoch noch ungewiss, ob Fehler, die sich auf eine falsche Wiedergabe des Gesprächsinhalts im Gutachten beziehen, nach einer Einführung von standardmäßigen Tonaufnahmen wirklich zurückgehen können.

2.3.2 Mitschrift am Computer

Bei einer Computermitschrift werden die in der Exploration gewonnenen Daten bereits im Laufe des Gesprächs in den Computer eingegeben. Dies bietet den Vorteil, dass quantitativ mehr Informationen dokumentiert werden können als bei einer handschriftlichen Vorgehensweise – vorausgesetzt, der Gutachter ist mit einer schnellen Schreibtechnik vertraut. Die wichtigsten Kritikpunkte, die bereits im Zusammenhang mit der handschriftlichen Mitschrift diskutiert wurden, sind mit dem Einsatz des Computers jedoch nicht beseitigt, denn sowohl die Selektivität der Protokollierung als auch der Verlust von Informationen bleiben weiter möglich. Zudem beeinflussen sich auch hier die Prozesse der Gesprächsführung und der Texterstellung in starkem Maße.

Die computergestützte Mitschriftmethode wurde im Kontext polizeilicher Vernehmungen untersucht. Die Ergebnisse machen die wechselseitige Beeinflussung von Inhalt und Dokumentationsmethode deutlich. Komter (2006)[41] zufolge ist ein schriftliches Protokoll nicht nur eine schriftliche Aufzeichnung dessen, was gesagt und gefragt wurde. Es handelt sich vielmehr um eine Aktivität, die das Verhör leitet und mitgestaltet. Die Mitschrift ist eine Reflexion dessen, was der Vernehmer gefragt hat, was der Beschuldigte geantwortet hat und zusätzlich auch ein Abbild der Fähigkeit des Interviewers, Reden und Protokollieren zu koordinieren. Die polizeilichen Vernehmungsprotokolle können daher nur unter Berücksichtigung ihrer Erstellungspraxis richtig verstanden werden. Die Tätigkeit des Mitschreibens regt die Reflexion

41 Komter, M.L. (2006): From talk to text: The interactional construction of a police record. *Research on Language and Social interaction, 39/3*, 201–228.

des Gutachters an, und dies beeinflusst wiederum den Inhalt der weiteren Fragen (Bild 10.3).

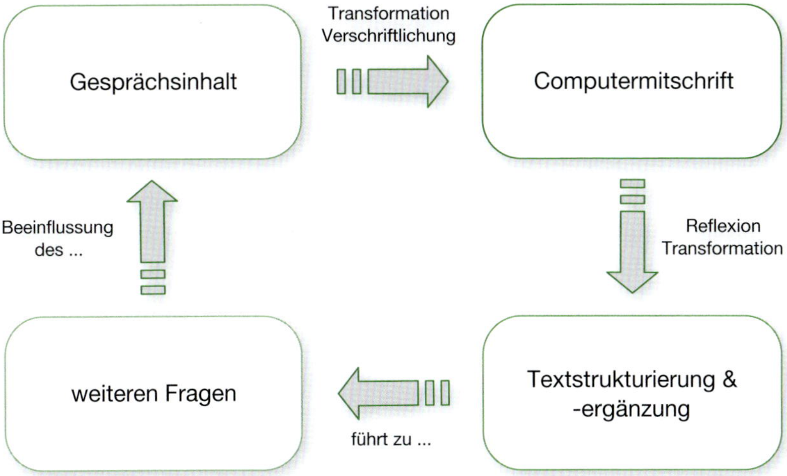

Bild 10.3 Die wechselseitige Beeinflussung von Gesprächsinhalt und Mitschrift

Überdies ist während einer Computermitschrift die nonverbale Orientierung auf den Probanden hin, die unter anderem Aufmerksamkeit signalisiert, eingeschränkt. So betont Tondorf (2005)[42], dass die Mitschrift den Kontakt zwischen den Gesprächspartnern störe. Geiger (2011)[43] wiederum vermutet, dass sowohl der fehlende Blickkontakt als auch die Geräusche der Tastatur die Konzentration eines Begutachteten stören können. Jansen (2004)[44] bezweifelt die Qualität des während der Vernehmung angefertigten Protokolls sogar dann, wenn dieses dem Zeugen zum Gegenlesen vorgelegt wird. Die Vernehmungspraxis zeige, dass die Zeugen das Protokoll entweder gar nicht oder nicht genau genug läsen. Die meisten von ihnen würden nicht dahingehend aufgeklärt, dass sie auch Korrekturen in der ihnen vorgelegten Niederschrift vornehmen könnten (ebd.). Zu einem ähnlichen Schluss im Hinblick auf die Praktikabilität dieser Vorgehensweise im Rahmen einer MPU kommt auch Geiger (2011)[45]: „Zum einen sind die wenigsten in der Lage, festzustellen, ob der Inhalt der teilweise einstündigen Exploration vollständig erfasst wurde; zum anderen kann ein nicht Sachkundiger schwerlich sofort erkennen, ob die – meist nur sinngemäße – Wiedergabe der eigenen Antworten exakt deren Wortlaut trifft“.

42 Tondorf, G. (2005): Psychologische und psychiatrische Sachverständige im Strafverfahren. Verteidigung bei Schuldfähigkeits- und Prognosebegutachtung. Heidelberg: Müller Verlag.

43 Geiger, H. (2011): Die Medizinisch-Psychologische Untersuchung. Bestandsaufnahme – Reformüberlegungen. Jahrbuch zum Straßenverkehrsrecht 2011 (S. 41–54). Bern: Stämpfli Verlag AG.

44 Jansen, G. (2004): Zeuge und Aussagepsychologie. Heidelberg: C.F. Müller.

45 Geiger, H. (2011): Die Medizinisch-Psychologische Untersuchung. Bestandsaufnahme – Reformüberlegungen. Jahrbuch zum Straßenverkehrsrecht 2011 (S. 41–54). Bern: Stämpfli Verlag AG, S. 51.

2.3.3 Audiovisuelle Dokumentationsmethoden

Audiovisuelle Dokumentationsmethoden haben seit vielen Jahren sowohl in Forschung und Lehre als auch im polizeilichen Vernehmungskontext ihren festen Platz und erfüllen in den verschiedenen Disziplinen unterschiedliche Ziele.

Während die audiovisuelle Dokumentation im medizinischen Bereich überwiegend zu Lehr- und Forschungszwecken angewendet wird, findet sie im therapeutischen Bereich am häufigsten bei der Qualitätssicherung und der Analyse von Therapiefortschritten Anwendung. Im strafrechtlichen Bereich hingegen dient eine Audio- bzw. Videoaufnahme vor allem der objektiven und vollständigen Beweisdokumentation. Hierbei steht die Erwartung im Vordergrund, dem Informationsverlust bei der Dokumentation entgegenzuwirken, wobei sich die gewünschte Vollständigkeit der Informationen nicht nur auf den Inhalt des Gesagten bezieht, sondern auch auf die nonverbalen Merkmale.

Die Forderung seitens Politik und Anwaltschaft,[46] in der Fahreignungsbegutachtung (gem. §§ 11, 13, 14 FeV) eine größere Transparenz des Begutachtungsprozesses durch die Einführung einer routinemäßigen Bild- oder Tonaufnahme während der psychologischen Exploration zu schaffen, wird hauptsächlich damit begründet, dass nur eine vollständige und objektive Dokumentation im Zweifelsfall eine Rekonstruktion des Explorationsverlaufs ermöglicht. Erst durch eine audiovisuelle Aufnahme könne überprüft werden, „[...] in welcher Weise sich der Betroffene geäußert oder wie er sich in bestimmten Situationen verhalten hat. Das beste Beweismittel – jedenfalls was eine mündliche Exploration angeht – ist eine Tonaufnahme".[47]

Da das Gespräch im Rahmen z.B. der Medizinisch-Psychologischen Untersuchung als ein diagnostisches Instrument zu verstehen ist, das sich nicht vollständig standardisieren lässt,[48] ist die Objektivität naturgemäß eingeschränkt, weshalb die Forderung nach nachträglichen Objektivitätskontrollen besonders betont wird: „Durch eine gute Dokumentation des Interviews kann die Angemessenheit der Durchführung, Auswertung und Interpretation jedoch einer nachträglichen Überprüfung zugänglich gemacht werden. Dies ist vermutlich die einzige konstruktive Lösung für den Umgang mit der begrenzten Objektivität."[49]

---

46 Hillmann, F.-R. (2003): Zweifel an der Fahreignung MPU – Nachweisfragen – Rechtsprobleme (Verhältnismäßigkeit/Rechtsnatur). Referat zum 41. Verkehrsgerichtstag, Oldenburg. Online unter: http://www.hillmann-partner.de/fileadmin/user_upload/pdf/veroeffentlichungen/zweifel.pdf (letzter Abruf: 23.4.2012).

47 Geiger, H. (2011): Die Medizinisch-Psychologische Untersuchung. Bestandsaufnahme – Reformüberlegungen. Jahrbuch zum Straßenverkehrsrecht 2011 (S. 41–54). Bern: Stämpfli Verlag AG, S. 51.

48 „Beim diagnostischen Interview, das in der Verkehrseignungsdiagnostik auch als Exploration bezeichnet wird, dient ein gut ausgearbeiteter Interviewleitfaden der Standardisierung der Durchführung und eventuell auch der Auswertung und Interpretation. Werden einem Interview die ‚Beurteilungskriterien' (Schubert & Mattern, 2009) zugrunde gelegt, wird ein halbstandardisiertes Interview resultieren, das per Definition nicht sehr objektiv ist, da den Interviewern bewusst keine Vorschriften bis ins Detail gemacht werden" (Fn. 30: Schmidt-Atzert, 2009, S. 2).

49 Schmidt-Atzert, L. (2009). Die Medizinisch-Psychologische Untersuchung aus Sicht der wissenschaftlich fundierten Psychologischen Diagnostik. Referat beim Verkehrsgerichtstag in Goslar am 23.12.2009 (Version 2.0), S. 3.

2.4 Zusammenfassung der Vor- und Nachteile von Dokumentationsarten

Die in der Literatur am häufigsten genannten Vor- und Nachteile zu den verschiedenen Dokumentationsarten sind in der nachfolgenden Tabelle aufgeführt.

Tabelle 10.2 Nachteile der verschiedenen Dokumentationsmethoden im Vergleich

	Vorteile	Nachteile
Handschriftliche Aufzeichnungen	– Kein technischer Aufwand – Keine Transkription notwendig, da gezielte Protokollierung der Explorationsgegenstände	– Die Notizen müssen anschließend am Computer abgeschrieben werden (Zeitfaktor = Kosten) – Lesbarkeit der Notizen für Dritte ist nicht sichergestellt – Möglicher Informationsverlust – Selektivität der Informationen (kann von Gutachter zu Gutachter stark variieren) – Hohe Anforderung an den Gutachter: gleichzeitige Aufgabe der Gesprächsführung und der Protokollierung kann zu Überlastung führen – Die Doppelaufgabe kann sich negativ auf die Wahrnehmungsfähigkeit auswirken – Der Verlauf des Gesprächs wird möglicherweise zwecks Protokollierung unterbrochen – Der Prozess der Bestätigungstendenz (Confirmation Bias) kann nicht überprüft werden – Schlechter Nachweiswert: Im Zweifelsfall kann der zu Untersuchende das Gutachten mit der Begründung: „das habe ich so nicht gesagt" infrage stellen
Mitschrift am Computer	– Notizen sind für jeden lesbar – Notizen müssen nicht mehr am Computer abgetippt werden	– Tippen kann als störend empfunden werden – Verlust von Informationen und Selektivität der Informationen (kann von Gutachter zu Gutachter stark variieren) – Hohe Anforderung an den Gutachter: gleichzeitige Aufgabe der Gesprächsführung und der Protokollierung kann zu Überlastung führen – Bei einer gleichzeitigen Gesprächsführung und Protokollierung kann sich die Doppelaufgabe negativ auf die Wahrnehmungsfähigkeit auswirken – Bei einer alternierenden Vorgehensweise (abwechselnd Reden und Protokollieren) kommt es im Verlauf des Gesprächs immer wieder zu Unterbrechungen, welche den Gesprächsfluss stören könnten – Der Prozess der Bestätigungstendenz (Confirmation Bias) kann nicht überprüft werden – Im Zweifelsfall kann der zu Untersuchende das Gutachten mit der Begründung: „das habe ich so nicht gesagt" infrage stellen – Beschränkter Augenkontakt mit dem Gesprächspartner

Tabelle 10.2 (Fortsetzung)

	Vorteile	Nachteile
Audio-aufnahme	– Kein Verlust von inhaltlichen Informationen in Bezug auf die Nachprüfbarkeit – Das Gespräch wäre durch die Audioaufnahme für Dritte nachvollziehbar und rekonstruierbar – Bei Rückfragen, Unklarheiten, Widersprüchen ein möglicher Rückgriff auf die Aufnahme – Im Durchschnitt eher eine kürzere Explorationszeit, da keine Mitschriften mehr notwendig – Eine Steigerung der Konzentration bzw. bessere Wahrnehmung der Gutachter während des Gesprächs durch die Reduzierung der Aufgabenkomplexität – Mögliche Verringerung der Widerspruchszahl durch eine vollständige Aufnahme des Gesprächsinhalts – Steigerung der Akzeptanz bei den Begutachteten und der Anwaltschaft durch eine vollständige Dokumentation der Exploration – Durch mehr Transparenz ein besseres Ansehen der Medizinisch-Psychologischen Untersuchung – Die Möglichkeit, im Nachhinein widersprüchliche Aussagen nochmals anzuhören, um sie im Zweifelsfall besser beurteilen zu können – Die Möglichkeit, bei schwieriger Entscheidungsfindung anderen Gutachtern (unter der Berücksichtigung der Schweigepflichtsbestimmungen)[50] das Band zur kollegialen Supervision vorzuspielen – Selbstevaluation möglich – Verwendung der Audio- und Videoaufnahmen im Rahmen von Supervisionen möglich	– Informationsreduktion/-auswahl ist notwendig – Transkriptionskosten – Zweifel, ob die Aufnahmen das offene Gesprächsklima nicht negativ beeinflussen würden – Eine Audioaufnahme könnte zu einer subjektiven Haltung des Misstrauens des Betroffenen gegenüber der Arbeit des Gutachters führen – Die Exploration könnte durch die Audioaufnahmen den Anschein einer verhörähnlichen Situation erwecken – Auch die Verhältnismäßigkeit muss hinterfragt werden, ob der Nutzen einer standardmäßigen Audiodokumentation größer ist als die Kosten dieser Maßnahme, denn der Zusatzaufwand, der durch Transkriptionen der Aufnahmen entsteht, ist nicht zu unterschätzen – Problematik der Datenarchivierung – Problematik der Umsetzung im Gutachten: Wird die Information dort verdichtet oder das transkribierte Gespräch wiedergegeben? Können die Behörden mit der „Langform" etwas anfangen?
Video-aufnahme		– Unmengen an Informationen – Informationenreduktion/-auswahl ist notwendig – Transkriptionskosten – Zweifel, ob die Aufnahmen das offene Gesprächsklima nicht negativ beeinflussen würden – Eine Videoaufnahme könnte zu einer subjektiven Haltung des Misstrauens des Betroffenen gegenüber der Arbeit des Gutachters führen – Die Exploration könnte durch die Videoaufnahmen den Anschein einer verhörähnlichen Situation erwecken – Höhere Anschaffungskosten im Vergleich zur Audioausrüstung

2.5 Empirische Erkenntnisse zu Audio- und Videoaufnahmen

Bisher liegen keine empirischen Befunde zu Auswirkungen der verschiedenen Dokumentationsarten auf die Durchführung der Fahreignungsbegutachtung und zu deren Einfluss auf die Gutachtenqualität vor. Dessen ungeachtet können die im Folgenden diskutierten Forschungsergebnisse aus den angrenzenden Fachgebieten zur Verwendung von Audio- und Videoaufnahmen wichtige Ansatzpunkte und Hinweise für die Abwägung der Einführung von routinemäßigen Bild- oder Tonaufnahmen während der psychologischen Exploration im Rahmen einer Fahreignungsbegutachtung liefern. Denn diese Forschungsergebnisse setzen sich einerseits mit den negativen und positiven Einflüssen auf die an der Untersuchung beteiligten Personen auseinander und diskutieren andererseits den Aufwand, die Schwierigkeiten und die Konsequenzen von audiovisuellen Dokumentationen.

Besonders in drei Bereichen wurden erwünschte wie auch unerwünschte Effekte von Audio- und Videoaufnahmen bereits untersucht. Empirische Prüfungen gibt es bei polizeilichen Vernehmungen, ebenso in der Medizin im Rahmen ärztlicher Konsultationen. Des Weiteren wurden in der Neuropsychologie einige Studien durchgeführt, die den Einfluss der Audio- und Videoaufnahmen auf die Probanden während einer Testphase untersuchten.

2.5.1 Audio- und Videodokumentation im forensischen Kontext

Forensik und Kriminalistik haben sich bereits ausführlich mit der Dokumentation der Vernehmung und des Explorationsverlaufs während der forensischen Begutachtung beschäftigt. Einige Erfahrungen liegen auch aus der Praxis der Videovernehmung im Rahmen des Zeugenschutzgesetzes vor. Der Bundesgerichtshof[51] hat dazu 1999 ausgeführt: „Entsprechende Maßstäbe gelten für die Mitschriften und die – mit dem Einverständnis des Untersuchten – im Interesse einer besseren Dokumentation in der Regel zu erstellenden Audio- und ggf. Videoaufnahmen[52] der Exploration zur Sache, die zur Vermeidung von Erinnerungsverfälschungen bei der Analyse und Bewertung der Bekundungen anzufertigen sind, weil jedenfalls die Durchführung der Aussageanalyse bei komplexen Sachverhalten ohne verwendbare Aufzeichnung des Ablaufs der Exploration als nicht möglich erscheint.[53] Das bedeutet aber nicht, dass das Explorationsgespräch im Gutachten unbedingt vollständig wiederzugeben ist. Ausreichend und wegen der größeren Übersichtlichkeit vorzugswürdig ist ein Bericht, der das Gespräch nur insoweit wörtlich

50 Ausführlich hierzu siehe: Ethische Richtlinien der Deutschen Gesellschaft für Psychologie e.V. und des Berufsverbands Deutscher Psychologinnen und Psychologen e.V. (zugleich Berufsordnung des Berufsverbands Deutscher Psychologinnen und Psychologen e.V.). Online unter: http://www.bdp-verband.org/bdp/verband/ethik.shtml (letzter Abruf: 31.5.2012).

51 BGHSt 45, 164, Urt. v. 30.7.1999 – 1 StR 618/98 – LG Ansbach. Praxis der Rechtspsychologie, 9 (2), S. 113–125.

52 Kritisch Arntzen a.a.O., S. 141.

53 Gutachten Prof. Dr. Steller; Eisenberg a.a.O. Rn. 1798; Greuel, Offe, Fabian, Wetzels, Fabian, Offe, Stadler a.a.O., S. 68, 251; Steller, Volbert a.a.O., S. 27; Deckers a.a.O., S. 1369 f.

– ggf. unter Schilderung von Ablauf und Begleitumständen – darstellt, wie es für die Bearbeitung des Gutachtenauftrags von Bedeutung ist. Insofern gilt nichts anderes als für die entsprechende Darstellung in den schriftlichen Urteilsgründen (vgl. BGH, Urt. v. 7.3.1996 – 1 StR 707/95)."[54] Obwohl sich das erwähnte Urteil auf die aussagepsychologische Begutachtung bezieht, kann der vom Bundesgerichtshof vertretene Standpunkt im Hinblick auf die Dokumentation der Exploration sicherlich auf andere Begutachtungsbereiche übertragen werden, darunter auch auf die Fahreignungsbegutachtung.

Prinzipiell ist eine Exploration im Rahmen einer Begutachtung (ganz gleich in welchem Kontext) nicht mit einer Vernehmung gleichzusetzen. Beide unterscheiden sich nicht nur hinsichtlich der Methodik, sondern auch der Zielsetzung erheblich voneinander.[55] Nach Stüllenberg[56] ist eine Vernehmung „der Versuch, das Wissen eines anderen mit einer planvoll vorbereiteten Anhörung und Befragung, unter Beachtung von rechtlichen Regeln und kriminalistischen Gesichtspunkten zu einem bestimmten – meist rechtlich qualifizierten – Sachverhalt möglichst objektiv und umfassend zu erfahren und so zu sichern, dass andere Verfahrensbeteiligte (Staatsanwälte, Verteidiger, Richter) Kenntnis nehmen können, um die Ergebnisse in einem rechtlich geordneten Verfahren verwerten zu können". Während in einer Vernehmung die Rekonstruktion eines bestimmten Sachverhalts im Vordergrund steht, gilt es im Rahmen der psychologischen Exploration in der Fahreignungsbegutachtung „ausgehend von aktenkundigen Anknüpfungstatsachen, entscheidungsrelevante Informationen über die subjektive Erlebniswelt des untersuchten Kraftfahrers und die Entwicklung relevanter verkehrsbezogener Verhaltenselemente seit dem anlassbezogenen Fehlverhalten zu gewinnen".[57] Zudem ist der Inhalt einer Exploration anders als in einer Vernehmung im Strafprozess durch einen konkreten Untersuchungsanlass und die daraus abgeleitete Fragestellung der zuständigen Verwaltungsbehörde bereits konkretisiert.

Shealy, Cramer & Pirelli[58] haben 160 forensische Psychologen zum Thema Präsenz Dritter während einer forensisch-psychologischen Exploration befragt. Insgesamt glauben 58,8 Prozent der Befragten, dass die direkte Präsenz Dritter negative Auswirkungen[59] auf die forensische Exploration haben

54 BGH, Urt. v. 30.7.1999 – 1 StR 618/98 – LG Ansbach. Praxis der Rechtspsychologie, 9 (2), S. 113–125.

55 Volbert, R., Steller, M., Galow, A. (2009): Das Glaubhaftigkeitsgutachten. In H.-L. Kröber, D. Dölling, N. Leygraf, H. Saß (Hrsg.): Handbuch der Forensischen Psychiatrie. Band 2: Psychopathologische Grundlagen und Praxis der Forensischen Psychiatrie im Strafrecht (S. 367–376). Darmstadt: Steinkopff.

56 Stüllenberg, H. (1992): Lehr- und Studienbriefe Kriminalistik, Band 4, Hilden: Verlag Deutsche Polizeiliteratur, S. 5.

57 Wagner, T., Kranich, U. (2011): Die verkehrspsychologische Exploration als diagnostische Methode in der Fahreignungsbegutachtung, *Blutalkohol, 48*, 1–15.

58 Shealy, C., Cramer, R., Pirelli, G. (2008): Third party presence during criminal forensic evaluations: Psychologists' opinions, attitudes and practices. *Professional Psychology: Research and Practice, 39*, 570–572.

59 Es handelte sich dabei um eine sehr allgemeine Frage, diese lautete: "Do you believe that third part presence might negatively affect the results of a criminal forensic evaluation?" Es wurde anschließend nicht danach gefragt, in welcher negativen Weise genau die direkte Präsenz Dritter die Exploration beeinflusst.

kann. Gleichzeitig haben aber die meisten von ihnen (73,8 %) bereits Untersuchungen unter solchen Bedingungen durchgeführt. Interessanterweise hat jedoch der Großteil der Stichprobe (76,3 %) nie einer Audio- oder Videoaufnahme zugestimmt. Es bleibt offen, weshalb der Einsatz der audiovisuellen Dokumentation unter den befragten forensischen Psychologen so selten praktiziert wurde. Es liegt jedoch die Vermutung nahe, dass die Untersucher ihre Arbeit nicht evaluieren bzw. kontrollieren lassen möchten. Die Autoren der Studie weisen zwar darauf hin, dass unerwünschte Effekte der audiovisuellen Dokumentation im Kontext der forensisch-psychologischen Exploration nicht auszuschließen seien. Dennoch empfehlen sie weitere Untersuchungen zum Thema, da potenzielle Vorteile ebenfalls nicht auszuschließen seien, beispielsweise eine faire Auswertung ohne Ablenkung durch eine weitere anwesende Person.[60]

Berliner und Lieb[61] haben verschiedene Interviewdokumentationsarten in Kindesmissbrauchsfällen für das Washington State Institute for Public Policy untersucht. Auch diese Studie belegt, dass die elektronische Erfassung einer schriftlichen Interviewdokumentation überlegen ist. Die beinahe wörtliche Dokumentation war wesentlich unvollständiger als die elektronische. Unabhängige Bewertungen der Interviews (Urteilerübereinstimmung) ergaben große inhaltliche Unterschiede zwischen den verschiedenen Dokumentationsarten, vor allem in Bezug auf die Anzahl der gestellten Fragen. Zudem unterschieden sich die elektronisch dokumentierten Interviews hinsichtlich der Art der gestellten Fragen. Es wurden deutlich weniger suggestive Fragen gestellt, wenn das Gespräch elektronisch aufgenommen wurde. Es ist jedoch nicht eindeutig festzustellen, worauf diese Unterschiede in der Zahl der suggestiven Fragen zurückzuführen sind. Eine mögliche Erklärung lautet Berliner und Lieb (2001) zufolge, dass jene Interviewer, die elektronisch erfasst werden, sich ihre Fragen genauer überlegen und sich mehr darum bemühen, die Befragung korrekt, d. h. den Standards entsprechend, durchzuführen.

Eine Studie des Max-Planck-Instituts für ausländisches und internationales Strafrecht zum Einsatz akustischer und visueller Dokumentationsverfahren im Strafverfahren[62] beleuchtet das praktische Problem von audiovisuellen Dokumentationsmethoden in strafrechtlichen Verfahren, nämlich das Handhaben der Vielfalt und Menge an Informationen. Durch eine vollständige Dokumentation kommt es zwar zu keinem Informationsverlust, dafür aber zu einer unselektierten Informationsansammlung. Diese Komplexität muss sinnvoll reduziert werden, und dies wiederum nimmt mehr Arbeitszeit in

60 Shealy, Cramer, Pirelli ebenda.

61 Berliner, L., Lieb, R. (2001): Child sexual abuse investigations: Testing documentation methods. Olympia: Washington State Institute for Public Policy. Online unter: http://www.wsipp.wa.gov/rptfiles/PilotProjects.pdf (letzter Abruf: 23.4.2012).

62 Albrecht und Kilchling zit. nach Deutscher Bundestag, 2003. Deutscher Bundestag (Hrsg.) (2003): Entwurf eines Gesetzes zur Verbesserung der Rechte von Verletzten im Strafverfahren (Opferrechtsreformgesetz – OpferRG). Drucksache 15/1976. Online unter: http://dipbt.bundestag.de/dip21/btd/15/019/1501976.pdf (letzter Abruf: 23.4.2012).

Anspruch.[63] Auch Bender und Nack[64] zufolge sind „viel zu viele Protokolle" im institutionellen Kontext als qualitativ wertlos einzustufen. Eine Bearbeitung dieser Informationsmengen erfordert einen unverhältnismäßigen personellen und finanziellen Aufwand.

Folgerichtig ist als ein Hauptgrund dafür, dass das schriftliche Protokoll im strafrechtlichen Kontext so beliebt ist, die Notwendigkeit der Informationsfilterung für das Gerichtsverfahren anzusehen. Dies legt als These nahe: „Das schriftliche Protokoll ist zweckdienlich und wird den anderen Aufzeichnungsmethoden bevorzugt, weil es die beste und einfachste Methode ist, aus einer komplexen Wirklichkeit eine verfahrensverdauliche Wahrheit herzustellen."[65]

2.5.2 Effekte von Audio- und Videoaufnahmen im Rahmen ärztlicher Untersuchung

Eine ärztliche Untersuchung unterscheidet sich stark von einer psychologischen Exploration im Rahmen einer Fahreignungsbegutachtung, vor allem hinsichtlich des Untersuchungsanlasses. Während eine freiwillige ärztliche Untersuchung dazu dient, eine Diagnose zu stellen und dem Patienten die zur Genesung erforderlichen Maßnahmen bzw. Medikamente zu verordnen, werden im Rahmen der psychologischen Exploration sowohl die Befunderhebung und Befundprüfung als auch die Befundintegration vorgenommen.[66] Die Exploration im Rahmen einer Fahreignungsbegutachtung ist zudem deutlich komplexer und ausführlicher, nicht zuletzt stellt das Explorationsgespräch hinsichtlich der Abhängigkeit des Begutachteten vom Gutachter auch eine besondere Untersuchungssituation (Setting) dar.[67]

Dennoch kann davon ausgegangen werden, dass aufgrund der gegenseitigen Vertrauensbasis zwischen Arzt/Psychologe und Patient/Betroffenem einige unerwünschte und erwünschte Effekte der audiovisuellen Dokumentation in beiden Settings ähnlich sind.

Die Auswirkungen von Bild-/Tonaufnahmen während medizinischer Konsultationen wurden bereits umfangreich untersucht.[68] Für die Fahreignungs-

63 Deutscher Bundestag (Hrsg.) (2003): Entwurf eines Gesetzes zur Verbesserung der Rechte von Verletzten im Strafverfahren (Opferrechtsreformgesetz – OpferRG). Drucksache 15/1976. Online unter: http://dipbt.bundestag.de/dip21/btd/15/019/1501976.pdf (letzter Abruf: 23.4.2012).

64 Bender, R., Nack, A., Treuer, W.-D. (2007): Tatsachenfeststellung vor Gericht. Glaubwürdigkeits- und Beweislehre. Vernehmungslehre. München: C.H. Beck.

65 Capus, N. (2012): Schriftprotokolle im Strafverfahren: „der todte Buchstabe ist noch immer nicht das lebendige Wort selbst", Basler Juristische Mitteilungen, 4, S. 173–192.

66 Brenner-Hartmann, J., Wagner, T., Mußhoff, F., Hoffmann-Born, H., Löhr-Schwaab, S., Müller, A. (2011): Grundriss Fahreignungsbegutachtung. Einführung in die Beurteilungskriterien der medizinisch-psychologischen und ärztlichen Begutachtung. Bonn: Kirschbaum Verlag.

67 Bächli-Bietry, J. (2003): Was kann die Verkehrspsychologie im Bereich Fahreignungsdiagnostik leisten? Jahrbuch zum Straßenverkehrsrecht. Bern: Stämpfli Verlag.

68 Strukturierte Literaturanalyse: Themessl-Huber, M., Humphris, G., Dowell, J., Macgillivray, S., Rushmer, R. & Williams, B. (2008): Audio-visual recording of patient-GP consultations for research purposes: A literature review on recruiting rates and strategies. *Patient Education and Counseling, 71*, 157–168.

begutachtung sind dabei insbesondere die Akzeptanz der Aufnahmen durch die Begutachteten als auch die Auswirkungen der Audio- und/oder Videoaufnahmen auf deren Befinden relevant, da gerade bei diesen Punkten große Bedenken seitens der Gutachter bestehen.

Die Auswertung verschiedener Studien zur Befindlichkeit von Patienten während der audiovisuell aufgezeichneten Konsultation zeigt, dass die Mehrheit der Patienten (79–95 %) angab, dass eine Videoaufnahme keinen Einfluss auf ihr Wohlbefinden hatte. Bei Audioaufnahmen gaben dies sogar 95 % an.

Insgesamt wird berichtet, dass die Videoaufnahmen weder das Stressniveau noch die Zufriedenheit mit der Konsultation beeinflusst hätten.[69] Jedoch seien Unterschiede in der Akzeptanz zwischen Audio- und Videoaufnahmen zu beobachten: Die Patienten waren seltener bereit, einer Video- (17 %) als einer Audioaufnahme (26 %) zuzustimmen. Zudem gaben 21 % der Patienten an, dass sie das Gespräch aufgrund der Aufnahmen als weniger vertraulich empfunden hätten.[70]

2.6 Gefahr verfälschter Beurteilung bei Videodokumentation im Rahmen einer Fahreignungsbegutachtung

Gegenüber den bisher gebräuchlichen Dokumentationsmethoden stellt die Videoaufzeichnung einer Exploration im Rahmen der Fahreignungsuntersuchung nicht nur die inhaltlichen Informationen über das Geschehen bereit, sondern macht auch das Verhalten der Gesprächspartner sichtbar. Begründet wird die Forderung nach solchen Videoaufnahmen insbesondere damit, dass eine Tonbandaufnahme stets nur ein unvollkommenes Hilfsmittel darstelle, insbesondere wenn es um Fragen der „Glaubwürdigkeit“ gehe:[71] „Nicht nachzuvollziehen wären aber wichtige Erkenntnisquellen wie Mimik, Körperhaltung, Schweißausbrüche, Blickkontakt mit dem Psychologen und ähnliche Gesichtspunkte.

Denkbar wäre es, derartige Elemente über eine Videoaufzeichnung festzuhalten. (...) Gleichwohl wäre eine Bildaufnahme vor allem in problematischen Fällen, bei denen sich in erster Linie Glaubwürdigkeitsfragen stellen, hilfreich, um die Nachvollziehbarkeit einer Begutachtung zu gewährleisten.“[72]

Dies impliziert, dass nonverbale Verhaltensmerkmale eine korrekte Einschätzung der Glaubhaftigkeit von Aussagen ermöglichen oder erleichtern, was als Annahme jedoch fragwürdig ist.[73]

69 Themessel-Huber et al. a. a. O.
70 Themessel-Huber et al. a. a. O.
71 Geiger, H. (2011): Die Medizinisch-Psychologische Untersuchung. Bestandsaufnahme – Reformüberlegungen. Jahrbuch zum Straßenverkehrsrecht 2011 (S. 41–54). Bern: Stämpfli Verlag AG.
72 Geiger a. a. O.
73 Ausführlich hierzu siehe: Capus, N. (2012): Schriftprotokolle im Strafverfahren: „der todte Buchstabe ist noch immer nicht das lebendige Wort selbst“, Basler Juristische Mitteilungen, 4, S. 173–192.

Zahlreiche Untersuchungen haben sich bereits mit der verhaltensbasierten Glaubhaftigkeitsdiagnostik und den Verhaltensmerkmalen der Täuschung beschäftigt.[74] Deren Ergebnisse weisen darauf hin, dass sich die Glaubwürdigkeitsbeurteilung einer Aussage stark nach den stereotypen Vorstellungen des Beurteilenden selbst über typische Begleiterscheinungen von Lügen richtet.[75] Demgegenüber wurde jedoch mehrfach belegt, dass die Alltagsvorstellungen über nonverbale Lügenindikatoren, wie beispielsweise Körperhaltung, Körperbewegung und Blickkontakt, nicht valide sind und somit kaum einen Beitrag zur Unterscheidung zwischen wahren und erfundenen Aussagen leisten.[76] Einige Metaanalysen[77] bestätigen die Ergebnisse der bisherigen Studien und dass es keine Evidenz für objektive Täuschungsindikatoren auf Verhaltensebene gibt.

Umfangreiche andere Forschungsergebnisse zeigen hingegen, dass inhaltliche Aussagemerkmale deutlich besser zur objektiven Differenzierung zwischen erfundenen und erlebnisbasierten Aussagen geeignet sind als non- und paraverbale Indikatoren.[78] DePaulo et al.[79] untersuchten in einer Metaanalyse 158 verschiedene Lügenindikatoren *(cues to deception)*, darunter 16 der 19 Realkennzeichen nach Steller und Köhnken.[80]

Ihre Ergebnisse belegen, dass inhaltliche Merkmale wie

- Eingeständnisse von Erinnerungslücken,
- spontane Verbesserungen der eigenen Aussage und
- logische Konsistenz

---

74 Ausführlich hierzu siehe: Akehurst, L., Köhnken, G., Vrij, A., Bull, R. (1996): Lay persons' and police officers' beliefs regarding deceptive behaviour. *Applied Cognitive Psychology, 10*, 461–471.
Breuer, M.M., Sporer, S.L., Reinhard, M.-A. (2005): Subjektive Indikatoren von Täuschung. Die Bedeutung der Täuschungssituation und Gelegenheit zur Vorbereitung. *Zeitschrift für Sozialpsychologie, 36*, 189–201.
O'Sullivan, M., Ekman, P. (2004): The wizards of deception detection. In: Granhag, P.A. & Stromwell, L. (Eds.) The detection of deception in forensic contexts. (pp 269–286). Cambridge: Cambridge University Press.
O'Sullivan, M. (2007): Unicorns or Tiger Woods: Are lie detection experts myths or realities? A response to On Lie Detection Wizards by Bond and Uysal. *Law and Human Behaviour, 31*, 117–123.
Reinhard, M.A., Burghardt, K., Sporer, S.L., Bursch, S.E. (2002): Alltagsvorstellungen über inhaltliche Kennzeichen von Lügen: Selbstberichtete Begründungen bei konkreten Glaubwürdigkeitsurteilen. *Zeitschrift für Sozialpsychologie, 33*, 169–180.
Sporer, S.L., Schwandt, B. (2007): Moderators of nonverbal indicators of deception: A meta-analytic synthesis. *Psychology, Public Policy, and Law, 13(1)*, 1–34.

75 Reinhard, M.-A., Sporer, S.L. (2005): Mehr als Worte: Glaubwürdigkeitsattribution anhand nonverbaler und inhaltlicher Informationen als Funktion der Urteilsrelevanz. *Zeitschrift für Sozialpsychologie, 36*, 21–32.

76 Breuer, M.M., Sporer, S.L., Reinhard, M.-A. (2005): Subjektive Indikatoren von Täuschung. Die Bedeutung der Täuschungssituation und Gelegenheit zur Vorbereitung. *Zeitschrift für Sozialpsychologie, 36*, 189–201.

77 Vrij, A. (2000): Detecting lies and deceit: The psychology of lying and implications for professional practice. Chichester: Wiley. Sporer, S.L., Schwandt, B. (2006): Paraverbal indicators of deception: a meta-analytic synthesis. *Applied Cognitive Psychology, 20(4)*, 421–446.

78 DePaulo, B.M., Lindsay, J.J., Malone, B.E., Muhlenbruck, L., Charlton, K., Cooper, H. (2003): Cues to deception. *Psychological Bulletin, 129*, 74–112.

79 DePaulo, B.M., Lindsay, J.J., Malone, B.E., Muhlenbruck, L., Charlton, K., Cooper, H. (2003): Cues to deception. *Psychological Bulletin, 129*, 74–112.

80 Steller, M., Köhnken, G. (1989): Criteria-based statement analysis. In Raskin, D.C. (Hrsg.). Psychological methods for investigation and evidence, pp 217–245. New York: Springer.

immerhin moderate Effektstärken[81] aufwiesen, d.h., dass diese inhaltlichen Merkmale bei wahren Aussagen häufiger als bei erfundenen Aussagen vorkommen. Überprüft wurde auch die Validität des Merkmals Detailreichtum, das ebenfalls eine moderate Effektstärke erreichte.

Die non- und paraverbalen Lügenindikatoren der Alltagsvorstellung erwiesen sich zur Differenzierung zwischen wahren und erfundenen Aussagen hingegen als nicht geeignet, auch wenn festgestellt wurde, dass Lügner tendenziell eine höhere Stimmlage aufwiesen oder eine ausgeprägtere Pupillendilatation zeigten. Zum einen waren diese Unterschiede zwischen den Gruppen aber sehr gering, zum anderen fallen diese Indikatoren je nach Moderatorvariable (Motivation, Kontext der erfundenen Geschichte) sehr unterschiedlich aus,[82] sodass diese Merkmale zur Diagnostik der Glaubhaftigkeit im Einzelfall nicht brauchbar sind.

Weiterführende Forschung geht dahin, ob Polizisten, Juristen, Psychologen oder andere Experten Lügen besser erkennen könnten als Laien. Ekman und O'Sullivan[83] kamen zu dem Ergebnis, dass auch Berufsgruppen, die häufig Aussagen hinsichtlich ihrer Glaubhaftigkeit zu beurteilen haben, wie Richter, Psychiater, Psychologen und Polizisten, nur Trefferquoten im Bereich der Zufallswahrscheinlichkeit erreichen. Übereinstimmend dazu zeigten auch Vrij & Mann,[84] dass Polizisten Lügen nicht besser identifizieren als Laien. Sie fassen[85] die Ergebnisse der bereits seit vier Jahrzehnten andauernden Forschung zur Lügendetektion zusammen und stellen fest, dass die bloße Tatsache, dass jemand lügt, nicht zwangsläufig einen Einfluss auf sein Verhalten, seine Stimme oder seine Sprache haben muss. Typische bzw. objektive Lügenindikatoren seien somit bisher nicht identifizierbar.

Da andererseits vielfach empirisch belegt ist, dass Experten in falschem Vertrauen in vermeintlich objektive Lügenindikatoren ihre Fähigkeit, Lügen zu identifizieren, überschätzen,[86] sind die oben genannten[87] „wichtigen

81 Effektstärke ist die standardisierte Mittelwertsdifferenz; ein statistisches Maß, das die Bedeutsamkeit der Ergebnisse angibt. Bortz und Döring (2006) zufolge werden Effektstärken > 0.50 als groß, Effektstärken von 0.50–0.30 als moderat und Effektstärken von 0.30–0.10 als klein bzw. < 0.10 als trivial interpretiert (Bortz, J., Döring, N. (2006): Forschungsmethoden und Evaluation für Human- und Sozialwissenschaftler. Berlin: Springer).

82 DePaulo, B.M., Lindsay, J.J., Malone, B.E., Muhlenbruck, L., Charlton, K., Cooper, H. (2003): Cues to deception. *Psychological Bulletin, 129*, 74–112.

83 Ekman, P., O'Sullivan, M. (1991): Who can catch a liar? *American Psychologist, 46*, 913–920.

84 Vrij, A., Mann, S. (2001): Who killed my relative? Police officers' ability to detect real-life high-stake lies. *Psychology, Crime, & Law, 7*, 119–132.

85 Vrij, A., Mann, S. (2004): Detecting deception: The benefit of looking at a combination of behavioural, auditory and speech content-related cues in a systematic manner. *Group Decision and Negotiation, 13*, 61–79 (special deception issue).

86 Vgl. Vrij, A., Mann, S. (2004): Detecting deception: The benefit of looking at a combination of behavioural, auditory and speech content-related cues in a systematic manner. *Group Decision and Negotiation, 13*, 61–79 (special deception issue).
Niehaus, S., Englich, B., Volbert, R. (2009): Psychologie des Strafverfahrens. In H.-L. Kröber, D. Dölling, N. Leygraf & H. Saß: Handbuch der Forensischen Psychiatrie. Band 4: Kriminologie und Forensische Psychiatrie. (S. 662-688). Darmstadt: Steinkopff.

87 Geiger, H. (2011): Die medizinisch-psychologische Untersuchung. Bestandsaufnahme – Reformüberlegungen. Jahrbuch zum Straßenverkehrsrecht 2011 (S. 41–54). Bern: Stämpfli Verlag AG.

Erkenntnisquellen" eher als Störfaktoren zu werten, die die Zuverlässigkeit der Glaubhaftigkeitseinschätzung negativ beeinflussen können.

Diese Besorgnis bezieht sich sowohl auf die vorherrschende Zeugenvernehmungspraxis im Strafprozess als auch auf die derzeit aktuelle Forderung seitens Politik und Anwaltschaft, die psychologische Exploration im Rahmen der MPU mithilfe audiovisueller Technik zu dokumentieren. Auch Niehaus et al.[88] zufolge ist es zweifelhaft, ob die Hinzuziehung von Verhaltensindikatoren zu einer besseren Einschätzung führt, da diese „[...] wesentlich durch Erscheinungsbild und Verhaltensmerkmale des Aussagenden sowie wahrgenommene Plausibilität der Aussage beeinflusst sein dürfte."

Da die Beurteilung der Glaubhaftigkeit der Aussagen des zu Untersuchenden über seine Verhaltens- und Einstellungsänderung (beispielsweise in Hinsicht auf sein Trinkverhalten und seine Trinkgewohnheiten) für die Fragestellung zentral ist, kann die entsprechende Einschätzung sich nach alledem zuverlässig ausschließlich auf den Inhalt des Explorationsgesprächs beziehen. Subjektive Eindrücke aus dem nonverbalen Verhalten des Begutachteten führen hingegen nicht zu validen Beurteilungen. Westhoff und Kluck weisen darauf hin, dass jegliche Attribuierungen, die auf nicht näher beschreibbaren Eindrücken oder Vermutungen basieren, in psychologischen Gutachten einen schweren Fehler darstellen.[89]

Trotz der aufgeführten übereinstimmend negativen Forschungsergebnisse sind in der einschlägigen juristischen und kriminalistischen Fachliteratur Empfehlungen zur Verwendung und Deutung der vermeintlichen nonverbalen Lügenindikatoren immer noch weit verbreitet.[90]

Auch in ein aktuelles verkehrspsychologisches Fachbuch haben diese Fehlannahmen noch Einzug gehalten: Im „Praxishandbuch der Exploration" von Kiegeland[91] findet sich ein Kapitel zur nonverbalen Kommunikation. Der Autor weist nicht nur auf die „große Bedeutung" der nonverbalen Kommunikation für den Bereich der Begutachtung hin, sondern bietet auch einige Interpretationsvorschläge mit Fotos von Gesichtsmimik, Gestik und zahlreichen Sitzhaltungen an. Kein einziges Mal wird jedoch Bezug auf die Ergebnisse der dagegen sprechenden empirischen Forschung genommen. Welchen Nutzen die nonverbale Kommunikation für eine wissenschaftliche, systematische und auf konkreten Sachverhalten basierende Urteilsfindung haben soll, bleibt dort ungeklärt.

---

88 Niehaus, S., Englich, B., Volbert, R. (2009): Psychologie des Strafverfahrens. In H.-L. Kröber, D. Dölling, N. Leygraf & H. Saß: Handbuch der Forensischen Psychiatrie. Band 4: Kriminologie und Forensische Psychiatrie (S. 662–688). Darmstadt: Steinkopff.

89 Ausführlich hierzu siehe: Westhoff, K., Kluck, M.-L. (2008): Psychologische Gutachten schreiben und beurteilen. Berlin: Springer. Kapitel 15: Fehler und Verzerrungen im Prozess der diagnostischen Urteilsbildung (S. 109–119).

90 Ausführlich hierzu siehe: Niehaus, Englich, Volbert, 2009.

91 Kiegeland, P. (2011): Praxishandbuch der Exploration. Arbeitstechniken für die medizinisch-psychologische Begutachtung. Berlin: Deutscher Psychologen Verlag.

Wissenschaftlich nicht fundiert werden auf diese Weise Fehlinformationen verbreitet, die sowohl aus ethischer als auch aus rechtlicher Perspektive äußerst problematisch sind. Ähnlich wie auf die Polizei- und Rechtspraxis hat dies auch negative Auswirkungen auf die Praxis der Fahreignungsbegutachtung, da diese Fehlinformationen zu Fehleinschätzungen und schließlich zu falschen Beurteilungen führen können.[92]

Fehlvorstellungen zu nonverbalen Merkmalen sind mithin noch verbreitet und dies auch unter Experten. Dies führt zu der Schlussfolgerung, dass Videoaufnahmen von psychologischen Explorationen im Rahmen einer MPU jedenfalls derzeit eher kontraproduktiv sind.

Bei einer Audioaufnahme hingegen werden keine Anhaltspunkte für stereotype Annahmen über nonverbale Lügenindikatoren zur Glaubhaftigkeitseinschätzung geliefert, sodass hier der Vorteil der Nachvollziehbarkeit nicht durch die Gefahr späterer Fehleinschätzungen überlagert wird.

2.7 Video- versus Tonbanddokumentation in der Praxis der Fahreignungsbegutachtung

Die Forderung nach einer größeren Transparenz des Begutachtungsprozesses ist zwar grundsätzlich begrüßenswert, doch bringt ausweislich aller derzeit vorliegenden Forschungsergebnisse ein bloßes Sammeln von ungeordneten oder unzuverlässigen Informationen keinen Fortschritt für die Qualität der Ergebnisse, weder hinsichtlich ihrer Zuverlässigkeit noch in Bezug auf ihre Gültigkeit.[93] Eine vermeintliche Transparenzerhöhung darf darüber hinaus auch unter ethischen Aspekten der informationellen Selbstbestimmung nicht erzwungen werden. Und nicht zuletzt ist durch die jedermann zugängliche Veröffentlichung der fachlichen Grundlagen der Fahreignungsbegutachtung bereits ein sowohl im Vergleich mit Begutachtungsprozessen anderer Rechtsgebiete als auch im internationalen Vergleich sehr hohes Maß an Transparenz gegeben. Insofern ist hinsichtlich der Forderung nach weiterer Transparenz immer auch zu fragen, ob eine tatsächliche Fortentwicklung des Systems oder die Unzufriedenheit mit einem Begutachtungsergebnis im Einzelfall gemeint ist.

Der Einsatz audiovisueller Dokumentationsmethoden im Rahmen der Medizinisch-Psychologischen Untersuchung erfordert ein sorgfältiges Abwägen der Vor- und Nachteile. Howe und McCaffrey[94] weisen in diesem Kontext darauf hin, dass der Psychologe die Pflicht hat, Faktoren, die sich negativ auf die

92 Ausführlich hierzu siehe: Niehaus, S., Englich, B., Volbert, R. (2009): Psychologie des Strafverfahrens. In H.-L. Kröber, D. Dölling, N. Leygraf & H. Saß: Handbuch der Forensischen Psychiatrie. Band 4: Kriminologie und Forensische Psychiatrie. (S. 662–688). Darmstadt: Steinkopff.
Sporer, S.L., Köhnken, G. (2008): Nonverbale Indikatoren von Täuschung. In R. Volbert & M. Steller (Hrsg.), Handbuch der Rechtspsychologie (S. 353–363). Göttingen: Hogrefe.

93 Ausführlich hierzu siehe: Westhoff, K., Kluck, M.-L. (2008): Psychologische Gutachten schreiben und beurteilen. Berlin: Springer. Kapitel 5: Psychologische Fragen (S. 35–41).

94 Howe, L.L. S., McCaffrey, R.J. (2010): Third party observation during forensic neuropsychological evaluation: An update on the literature, practical advice for practitioners, and future directions. *The Clinical Neuropsychologist, 24 (3)*, 518–537.

Interaktion mit dem Probanden und/oder auf die Bewertung des Probanden während einer psychologischen Untersuchung auswirken könnten, zu identifizieren und auszuschalten.

In dieser Abwägung ist eine Tonaufnahme derzeit als Dokumentationsmethode für den Bereich der Fahreignungsbegutachtung gegenüber der Videoaufzeichnung nach alledem als deutlich geeigneter anzusehen.

Bevor jedoch die Entscheidung über eine solche Standardisierung getroffen wird, sind die daraus resultierenden Vor- und Nachteile sowie die Erwartungen und Befürchtungen aller beteiligten Parteien (Begutachtete, Gutachter, Entscheidungsträger) genau zu analysieren. Eine unkritische, pauschale Übernahme und Anwendung technischer Hilfsmittel zur Dokumentation als „Best Practice" kann in eine Sackgasse führen, denn schließlich soll am Ende eine weitere Verbesserung der Transparenz und der Qualität der gutachterlichen Beurteilung stehen und nicht nur Mehrkosten und Mehraufwand.

Als Vorteile der Verwendung von technischen Dokumentationsmethoden wie Audioaufnahmen sind zu nennen:

- Das Gespräch ist durch eine Tonaufnahme vollständig nachvollziehbar. Bei Rückfragen, Unklarheiten und Widersprüchen kann auf diese Aufnahme zurückgegriffen werden. Wenn Gutachter die Möglichkeiten des Mitschnitts gezielt nutzen, ist auch eine im Durchschnitt kürzere Explorationszeit zu erwarten, da keine Mitschriften mehr notwendig sind. Die dadurch gewonnene Reduzierung der Aufgabenkomplexität führt zu einer Steigerung der Konzentration bzw. zu einer genaueren Wahrnehmung des Gutachters in Bezug auf das, was der Proband vermittelt.
- Es ist zu erwarten, dass eine vollständige Aufnahme der Explorationen in der MPU die Zahl gerichtlicher Auseinandersetzungen verringert, da sich Diskussionen über den Wortlaut des Gesprochenen erübrigen. Eine vollständige Dokumentation der Exploration kann auch deren Akzeptanz bei Betroffenen[95] und ihren Anwälten steigern und damit auch das Verständnis der Medizinisch-Psychologischen Untersuchung.
- Durch Audioaufnahmen hat auch der Gutachter die Möglichkeit, zur Gutachtenerstellung kritische Gesprächspassagen wiederholt anzuhören, um sicherzugehen, keine wichtigen Informationen vergessen zu haben und einzelne Angaben angemessen gewichten zu können.
- Unter Berücksichtigung der Schweigepflichtsbestimmungen[96] können Audioaufnahmen auch zur weiteren Qualifizierung von Gutachtern im

---

95 Ausführlich hierzu siehe: Westhoff, K. (2009): Leitfaden für das Entscheidungsorientierte Gespräch. In: Westhoff, K. (Hrsg.). Das Entscheidungsorientierte Gespräch (EOG) als Eignungsinterview. Lengerich: Pabst, S. 67–74.
Westhoff, K., Strobel, A. (2009): Leitfadenkonstruktion. In: Westhoff, K. (Hrsg.). Das Entscheidungsorientierte Gespräch (EOG) als Eignungsinterview. Lengerich: Pabst, S. 79–86.
Westhoff, K., Kluck, M.-L. (2008): Psychologische Gutachten schreiben und beurteilen. Berlin: Springer.

96 Ausführlich hierzu siehe: Ethische Richtlinien der Deutschen Gesellschaft für Psychologie e. V. und des Berufsverbands Deutscher Psychologinnen und Psychologen e. V. (zugleich Berufsordnung des Berufsverbands Deutscher Psychologinnen und Psychologen e. V.). Online unter: http://www.bdp-verband.org/bdp/verband/ethik.shtml (letzter Abruf: 31.5.2012).

Rahmen von Supervision und Intervision genutzt werden. Auch zur Selbstevaluation der eigenen Interviewtechnik sind Audioaufnahmen bestens geeignet.

An Befürchtungen und Bedenken gegen eine vollständige Tonaufnahme der Exploration in der MPU wird häufig angeführt, dass

- Tonaufnahmen das offene Gesprächsklima negativ beeinflussen würden. Hierbei könnten sich die Probanden in ihren Möglichkeiten „offen zu reden" eingeschränkt fühlen,
- eine Audioaufnahme zu einer Haltung des Misstrauens seitens des Betroffenen gegenüber der Arbeit des Gutachters führen könne, da der Anschein einer verhörähnlichen Situation erweckt würde.

Hierbei handelt es sich jedoch bisher lediglich um Vermutungen seitens der Gutachter. Dies hinreichend bestätigende empirische Daten für Erwachsene liegen bisher nicht vor. Bei der Befragung und Beobachtung von Kindern, die sich als Zeugen einer aussagepsychologischen Exploration unterzogen, zeigte sich jedoch, dass diese das Aufnahmemikrofon schnell nicht mehr beachteten.[97]

Kritische Fragen stellen sich indes zum Kosten-Nutzen-Verhältnis einer Audiodokumentation und -auswertung des Wortlauts aller Explorationen als Standard, da der Zusatzaufwand für die wörtliche Transkription sehr hoch wird. Darüber, ob dies überhaupt und ggf. in welchem Umfang erforderlich ist, kann allerdings im Einzelfall entschieden werden.

Auch wenn die Liste der möglichen Vorteile von Tonaufnahmen der Explorationen vielversprechend ist, bleibt die Annahme einer Qualitätsverbesserung der Explorationsauswertungen ohne empirische Überprüfung zunächst spekulativ. Zudem kann mit einer solchen Überprüfung die Unsicherheit vieler Gutachter abgebaut und mehr Offenheit gegenüber einer effizienteren Arbeitsweise geschaffen werden. Jedenfalls sollte eine Änderung der FeV in der Anlage 4a Nr. 1e in konkretere Vorgaben über die Art und den Umfang der Aufzeichnungen erst nach Vorliegen empirisch belastbarer Forschungsergebnisse in Angriff genommen werden.

2.8 Ausblick

Die Diskussion um die beste Dokumentationsart von Explorationsgesprächen im Rahmen einer Medizinisch-Psychologischen Untersuchung bietet auch eine Reihe von Anregungen für die zukünftige Forschung. Zentraler Punkt sollte dabei die genauere Erforschung des Einflusses von Audiomitschnitten

---

97 Vgl. Scheumer, M. (2007): Videovernehmung kindlicher Zeugen. Zur Praxis des Zeugenschutzgesetzes. Reihe Göttinger Studien zu den Kriminalwissenschaften, Band 2, Göttingen Universitätsverlag.
Busse, D., Volbert, R., Steller, M. (1996): Belastungserleben von Kindern in Hauptverhandlungen (Reihe Recht). Bonn: Bundesministerium der Justiz.

des Explorationsgesprächs auf den diagnostischen Prozess bei der Fahreignungsbegutachtung sein.[98]

Ferner scheint eine Befragung der Entscheidungsträger (Fahrerlaubnisbehörden) zur Praktikabilität der verschiedenen Dokumentationsmodelle angeraten, denn nicht zuletzt ist auch die Praktikabilität und Verhältnismäßigkeit einer (besseren bzw. umfangreicheren) Dokumentation für die Praxis wichtig. Der Nutzen eines Methodenwechsels muss messbar sein, entweder in einer erhöhten Gutachtenqualität und/oder in einem Mehrwert, der durch effizientere Arbeitsleistung dank einer besseren Dokumentation erwirtschaftet wird und/oder sich als Zeitersparnis bei der Gutachtenerstellung ausdrücken lässt.

98 An der Rheinischen Friedrich-Wilhelms-Universität Bonn wird zurzeit im Rahmen einer Dissertation eine Evaluationsstudie durchgeführt, die die Auswirkungen von Mitschnitten auf den diagnostischen Prozess, die Qualität und das Ergebnis der Begutachtung untersucht. Das Projekt wird im Rahmen einer Feldstudie bei realen MPUs durchgeführt werden. Damit wird einerseits maximale ökologische Validität angestrebt, andererseits werden durch diesen Rahmen juristische und ethische Grenzen gesetzt, die möglicherweise methodische Optimalbedingungen einschränken können.

Appendix

Anlage 4
(zu den §§ 11, 13 und 14)

Eignung und bedingte Eignung zum Führen von Kraftfahrzeugen

Vorbemerkung:

1. Die nachstehende Aufstellung enthält häufiger vorkommende Erkrankungen und Mängel, die die Eignung zum Führen von Kraftfahrzeugen längere Zeit beeinträchtigen oder aufheben können. Nicht aufgenommen sind Erkrankungen, die seltener vorkommen oder nur kurzzeitig andauern (z. B. grippale Infekte, akute infektiöse Magen-/Darmstörungen, Migräne, Heuschnupfen, Asthma).
2. Grundlage der im Rahmen der §§ 11, 13 oder 14 vorzunehmenden Beurteilung, ob im Einzelfall Eignung oder bedingte Eignung vorliegt, ist in der Regel ein ärztliches Gutachten (§ 11 Absatz 2 Satz 3), in besonderen Fällen ein medizinisch-psychologisches Gutachten (§ 11 Absatz 3) oder ein Gutachten eines amtlich anerkannten Sachverständigen oder Prüfers für den Kraftfahrzeugverkehr (§ 11 Absatz 4).
3. Die nachstehend vorgenommenen Bewertungen gelten für den Regelfall. Kompensationen durch besondere menschliche Veranlagung, durch Gewöhnung, durch besondere Einstellung oder durch besondere Verhaltenssteuerungen und -umstellungen sind möglich. Ergeben sich im Einzelfall in dieser Hinsicht Zweifel, kann eine medizinisch-psychologische Begutachtung angezeigt sein.

Krankheiten, Mängel	Eignung oder bedingte Eignung		Beschränkungen/Auflagen bei bedingter Eignung	
	Klassen A, A1, A2, B, BE, AM, L, T	**Klassen C, C1, CE, C1E, D, D1, DE, D1E, FzF**	**Klassen A, A1, A2, B, BE, AM, L, T**	**Klassen C, C1, CE, C1E, D, D1, DE, D1E, FzF**
1. **Mangelndes Sehvermögen** siehe Anlage 6				
2. **hochgradige Schwerhörigkeit** (Hörverlust von 60 % und mehr), ein- oder beidseitig sowie Gehörlosigkeit, ein- oder beidseitig	ja, wenn nicht gleichzeitig andere schwerwiegende Mängel (z. B. Sehstörungen, Gleichgewichtsstörungen) vorliegen	ja, wenn nicht gleichzeitig andere schwerwiegende Mängel (z. B. Sehstörungen, Gleichgewichtsstörungen) vorliegen	–	Fachärztliche Eignungsuntersuchung. Regelmäßige ärztliche Kontrollen. Vorherige Bewährung von drei Jahren Fahrpraxis auf Kfz der Klasse B. Bei Vorliegen einer hochgradigen Hörstörung muss – soweit möglich – die Versorgung und das Tragen einer adäquaten Hörhilfe nach dem aktuellen Stand der medizinisch-technisch und audiologisch-technischen Kenntnisse erfolgen.
3. **Bewegungsbehinderungen**	ja	ja	ggf. Beschränkung auf bestimmte Fahrzeugarten oder Fahrzeuge, ggf. mit besonderen technischen Vorrichtungen gem. ärztlichem Gutachten, evtl. zusätzlich medizinisch-psychologisches Gutachten und/oder Gutachten eines aaSoP. Auflage: regelmäßige ärztliche Kontrolluntersuchungen; können entfallen, wenn Behinderung sich stabilisiert hat.	
4. **Herz- und Gefäßkrankheiten**				
4.1 Herzrhythmusstörungen mit anfallsweiser Bewusstseinstrübung oder Bewusstlosigkeit	nein	nein	–	–
– nach erfolgreicher Behandlung durch Arzneimittel oder Herzschrittmacher	ja	ausnahmsweise ja	regelmäßige Kontrollen	regelmäßige Kontrollen

Krankheiten, Mängel	Eignung oder bedingte Eignung		Beschränkungen/Auflagen bei bedingter Eignung	
	Klassen A, A1, A2, B, BE, AM, L, T	**Klassen C, C1, CE, C1E, D, D1, DE, D1E, FzF**	**Klassen A, A1, A2, B, BE, AM, L, T**	**Klassen C, C1, CE, C1E, D, D1, DE, D1E, FzF**
4.2 Hypertonie (zu hoher Blutdruck)				
4.2.1 Bei ständigem diastolischen Wert von über 130 mm Hg	nein	nein	–	–
4.2.2 Bei ständigem diastolischen Wert von über 100 bis 130 mm Hg	ja	ja wenn keine anderen prognostisch ernsten Symptome vorliegen	Nachuntersuchungen	Nachuntersuchungen
4.3 Hypotonie (zu niedrig. Blutdruck)				
4.3.1 in der Regel kein Krankheitswert	ja	ja	–	–
4.3.2 Selteneres Auftreten von hypotoniebedingten, anfallsartigen Bewusstseinsstörungen	ja wenn durch Behandlung die Blutdruckwerte stabilisiert sind	ja wenn durch Behandlung die Blutdruckwerte stabilisiert sind	–	–
4.4 Koronare Herzkrankheit (Herzinfarkt)				
4.4.1 Nach erstem Herzinfarkt	ja bei komplikationslosem Verlauf	ausnahmsweise ja	–	Nachuntersuchung

>

Krankheiten, Mängel	Eignung oder bedingte Eignung		Beschränkungen/Auflagen bei bedingter Eignung	
	Klassen A, A1, A2, B, BE, AM, L, T	Klassen C, C1, CE, C1E, D, D1, DE, D1E, FzF	Klassen A, A1, A2, B, BE, AM, L, T	Klassen C, C1, CE, C1E, D, D1, DE, D1E, FzF
4.4.2 Nach zweitem Herzinfarkt	ja wenn keine Herzinsuffizienz oder gefährliche Rhythmusstörungen vorliegen	nein	Nachuntersuchung	–
4.5 Herzleistungsschwäche durch angeborene oder erworbene Herzfehler oder sonstige Ursachen				
4.5.1 In Ruhe auftretend	nein	nein	–	–
4.5.2 Bei gewöhnlichen Alltagsbelastungen und bei besonderen Belastungen	ja	nein	regelm. ärztl. Kontrolle, Nachuntersuchung in bestimmten Fristen, Beschränkung auf einen Fahrzeugtyp, Umkreis- u. Tageszeitbeschränkungen	–
4.6 Periphere Gefäßerkrankungen	ja	ja	–	–
5. Diabetes mellitus (Zuckerkrankheit)				
5.1 Neigung zu schweren Stoffwechselentgleisungen	nein	nein	–	–
5.2 Bei erstmaliger Stoffwechselentgleisung oder neuer Einstellung	ja nach Einstellung	ja nach Einstellung	–	–
5.3 Bei ausgeglichener Stoffwechsellage unter der Therapie mit Diät oder oralen Antidiabetika mit niedrigem Hypoglykämierisiko	ja	ja bei guter Stoffwechselführung ohne Unterzuckerung über etwa 3 Monate	–	Fachärztliche Begutachtung, bei medikamentöser Therapie regelmäßige ärztliche Kontrollen
5.4 Bei medikamentöser Therapie mit hohem Hypoglykämierisiko (z. B. Insulin)	ja, bei ungestörter Hypoglykämiewahrnehmung	ja, bei guter Stoffwechselführung ohne Unterzuckerung über 3 Monate und ungestörter Hypoglykämiewahrnehmung	–	Fachärztliche Nachbegutachtung alle drei Jahre, regelmäßige ärztliche Kontrollen

Krankheiten, Mängel	Eignung oder bedingte Eignung		Beschränkungen/Auflagen bei bedingter Eignung	
	Klassen A, A1, A2, B, BE, AM, L, T	Klassen C, C1, CE, C1E, D, D1, DE, D1E, FzF	Klassen A, A1, A2, B, BE, AM, L, T	Klassen C, C1, CE, C1E, D, D1, DE, D1E, FzF
5.5 Bei Komplikationen siehe auch Nummer 1, 4, 6 und 10				
6. Krankheiten des Nervensystems				
6.1 Erkrankungen und Folgen von Verletzungen des Rückenmarks	ja abhängig von der Symptomatik	nein	bei fortschreitendem Verlauf Nachuntersuchungen	–
6.2 Erkrankungen der neuromuskulären Peripherie	ja abhängig von der Symptomatik	nein	bei fortschreitendem Verlauf Nachuntersuchungen	–
6.3 Parkinsonsche Krankheit	ja bei leichten Fällen und erfolgreicher Therapie	nein	Nachuntersuchungen in Abständen von 1, 2 und 4 Jahren	–
6.4 Kreislaufabhängige Störungen der Hirntätigkeit	ja nach erfolgreicher Therapie und Abklingen des akuten Ereignisses ohne Rückfallgefahr	nein	Nachuntersuchungen in Abständen von 1,2 und 4 Jahren	–
6.5 Zustände nach Hirnverletzungen und Hirnoperationen, angeborene und frühkindlich erworbene Hirnschäden				
6.5.1 Schädelhirnverletzungen oder Hirnoperationen ohne Substanzschäden	ja in der Regel nach 3 Monaten	ja in der Regel nach 3 Monaten	bei Rezidivgefahr nach Operationen von Hirnkrankheiten Nachuntersuchung	bei Rezidivgefahr nach Operationen von Hirnkrankheiten Nachuntersuchung
6.5.2 Substanzschäden durch Verletzungen oder Operationen	ja unter Berücksichtigung von Störungen der Motorik, chron.-hirnorganischer Psychosyndrome und hirnorganischer Wesensänderungen	ja unter Berücksichtigung von Störungen der Motorik, chron.-hirnorganischer Psychosyndrome und hirnorganischer Wesensänderungen	bei Rezidivgefahr nach Operationen von Hirnkrankheiten Nachuntersuchung	bei Rezidivgefahr nach Operationen von Hirnkrankheiten Nachuntersuchung

Krankheiten, Mängel	Eignung oder bedingte Eignung		Beschränkungen/Auflagen bei bedingter Eignung	
	Klassen A, A1, A2, B, BE, AM, L, T	Klassen C, C1, CE, C1E, D, D1, DE, D1E, FzF	Klassen A, A1, A2, B, BE, AM, L, T	Klassen C, C1, CE, C1E, D, D1, DE, D1E, FzF
6.5.3 Angeborene und frühkindliche Hirnschäden Siehe Nummer 6.5.2				
6.6 Epilepsie	ausnahmsweise ja, wem kein wesentliches Risiko von Anfallsrezidiven mehr besteht, z. B. 2 Jahre anfallsfrei	ausnahmsweise ja, wenn kein wesentliches Risiko von Anfallsrezidiven mehr besteht, z. B. 5 Jahre anfallsfrei ohne Therapie	Nachuntersuchungen	Nachuntersuchungen
7. Psychische (geistige) Störungen				
7.1 Organische Psychosen				
7.1.1 akut	nein	nein	–	–
7.1.2 nach Abklingen	ja abhängig von der Art und Prognose des Grundleidens, wenn bei positiver Beurteilung des Grundleidens keine Restsymptome und kein 7.2	ja abhängig von der Art und Prognose des Grundleidens, wenn bei positiver Beurteilung des Grundleidens keine Restsymptome und kein 7.2	in der Regel Nachuntersuchung	in der Regel Nachuntersuchung
7.2 Chronische hirnorganische Psychosyndrome				
7.2.1 leicht	ja abhängig von Art und Schwere	ausnahmsweise ja	Nachuntersuchung	Nachuntersuchung
7.2.2 schwer	nein	nein	–	–
7.3 Schwere Altersdemenz und schwere Persönlichkeitsveränderungen durch pathologische Alterungsprozesse	nein	nein	–	–
7.4 Schwere Intelligenzstörungen/geistige Behinderung				

Krankheiten, Mängel	Eignung oder bedingte Eignung		Beschränkungen/Auflagen bei bedingter Eignung	
	Klassen A, A1, A2, B, BE, AM, L, T	**Klassen C, C1, CE, C1E, D, D1, DE, D1E, FzF**	**Klassen A, A1, A2, B, BE, AM, L, T**	**Klassen C, C1, CE, C1E, D, D1, DE, D1E, FzF**
7.4.1 leicht	ja wenn keine Persönlichkeitsstörung	ja wenn keine Persönlichkeitsstörung	–	–
7.4.2 schwer	ausnahmsweise ja, wenn keine Persönlichkeitsstörung (Untersuchung der Persönlichkeitsstruktur und des individuellen Leistungsvermögens)	ausnahmsweise ja, wenn keine Persönlichkeitsstörung (Untersuchung der Persönlichkeitsstruktur und des individuellen Leistungsvermögens)	–	–
7.5 Affektive Psychosen				
7.5.1 bei allen Manien und sehr schweren Depressionen	nein	nein	–	–
7.5.2 nach Abklingen der manischen Phase und der relevanten Symptome einer sehr schweren Depression	ja wenn nicht mit einem Wiederauftreten gerechnet werden muss, ggf. unter medikamentöser Behandlung	ja bei Symptomfreiheit	regelmäßige Kontrollen	regelmäßige Kontrollen
7.5.3 bei mehreren manischen oder sehr schweren depressiven Phasen mit kurzen Intervallen	nein	nein	–	–
7.5.4 nach Abklingen der Phasen	ja wenn Krankheitsaktivität geringer und mit einer Verlaufsform in der vorangegangenen Schwere nicht mehr gerechnet werden muss	nein	regelmäßige Kontrollen	–
7.6 Schizophrene Psychosen				
7.6.1 akut	nein	nein	–	–

Krankheiten, Mängel	Eignung oder bedingte Eignung		Beschränkungen/Auflagen bei bedingter Eignung	
	Klassen A, A1, A2, B, BE, AM, L, T	**Klassen C, C1, CE, C1E, D, D1, DE, D1E, FzF**	**Klassen A, A1, A2, B, BE, AM, L, T**	**Klassen C, C1, CE, C1E, D, D1, DE, D1E, FzF**
7.6.2 nach Ablauf	ja wenn keine Störungen nachweisbar sind, die das Realitätsurteil erheblich beeinträchtigen	ausnahmsweise ja, nur unter besonders günstigen Umständen	–	–
7.6.3 bei mehreren psychotischen Episoden	ja	ausnahmsweise ja, nur unter besonders günstigen Umständen	regelmäßige Kontrollen	regelmäßige Kontrollen
8. Alkohol				
8.1 **Missbrauch** (Das Führen von Fahrzeugen und ein die Fahrsicherheit beeinträchtigender Alkoholkonsum kann nicht hinreichend sicher getrennt werden.)	nein	nein	–	–
8.2 nach Beendigung des Missbrauchs	ja wenn die Änderung des Trinkverhaltens gefestigt ist	ja wenn die Änderung des Trinkverhaltens gefestigt ist	–	–
8.3 Abhängigkeit	nein	nein	–	–
8.4 nach Abhängigkeit (Entwöhnungsbehandlung)	ja wenn Abhängigkeit nicht mehr besteht und in der Regel ein Jahr Abstinenz nachgewiesen ist	ja wenn Abhängigkeit nicht mehr besteht und in der Regel ein Jahr Abstinenz nachgewiesen ist	–	–
9. Betäubungsmittel, andere psychoaktiv wirkende Stoffe oder Arzneimittel				
9.1 Einnahme von Betäubungsmitteln im Sinne des Betäubungsmittelgesetzes (ausgenommen Cannabis)	nein	nein	–	–
9.2 Einnahme von Cannabis	nein	nein	–	–
9.2.1 Regelmäßige Einnahme von Cannabis	nein	nein	–	–

Krankheiten, Mängel	Eignung oder bedingte Eignung		Beschränkungen/Auflagen bei bedingter Eignung	
	Klassen A, A1, A2, B, BE, AM, L, T	**Klassen C, C1, CE, C1E, D, D1, DE, D1E, FzF**	**Klassen A, A1, A2, B, BE, AM, L, T**	**Klassen C, C1, CE, C1E, D, D1, DE, D1E, FzF**
9.2.2 Gelegentliche Einnahme von Cannabis	ja wenn Trennung von Konsum und Fahren und kein zusätzlicher Gebrauch von Alkohol oder anderen psychoaktiv wirkenden Stoffen, keine Störung der Persönlichkeit, kein Kontrollverlust	ja wenn Trennung von Konsum und Fahren und kein zusätzlicher Gebrauch von Alkohol oder anderen psychoaktiv wirkenden Stoffen, keine Störung der Persönlichkeit, kein Kontrollverlust	–	–
9.3 Abhängigkeit von Betäubungsmitteln im Sinne des Betäubungsmittelgesetzes oder von anderen psychoaktiv wirkenden Stoffen	nein	nein	–	–
9.4 Missbräuchliche Einnahme (regelmäßig übermäßiger Gebrauch) von psychoaktiv wirkenden Arzneimitteln und anderen psychoaktiv wirkenden Stoffen	nein	nein	–	–
9.5 nach Entgiftung und Entwöhnung	ja nach einjähriger Abstinenz	ja nach einjähriger Abstinenz	regelmäßige Kontrollen	regelmäßige Kontrollen
9.6 Dauerbehandlung mit Arzneimitteln				
9.6.1 Vergiftung	nein	nein	–	–
9.6.2 Beeinträchtigung der Leistungsfähigkeit zum Führen von Kfz unter das erforderliche Maß	nein	nein	–	–
10. Nierenerkrankungen				
10.1 schwere Niereninsuffizienz mit erheblicher Beeinträchtigung	nein	nein	–	–
10.2 Niereninsuffizienz in Dialysebehandlung	ja wenn keine Komplikationen oder Begleiterkrankungen	ausnahmsweise ja	ständige ärztliche Betreuung und Kontrolle, Nachuntersuchung	ständige ärztliche Betreuung und Kontrolle, Nachuntersuchung

Krankheiten, Mängel	Eignung oder bedingte Eignung		Beschränkungen/Auflagen bei bedingter Eignung	
	Klassen A, A1, A2, B, BE, AM, L, T	**Klassen C, C1, CE, C1E, D, D1, DE, D1E, FzF**	**Klassen A, A1, A2, B, BE, AM, L, T**	**Klassen C, C1, CE, C1E, D, D1, DE, D1E, FzF**
10.3 erfolgreiche Nierentransplantation mit normaler Nierenfunktion	ja	ja	ärztliche Betreuung und Kontrolle, jährliche Nachuntersuchung	ärztliche Betreuung und Kontrolle, jährliche Nachuntersuchung
10.4 bei Komplikationen oder Begleiterkrankungen, siehe auch Nummer 1, 4, und 5				
11. Verschiedenes				
11.1 Organtransplantation Die Beurteilung richtet sich nach den Beurteilungsgrundsätzen zu den betroffenen Organen				
11.2 Tagesschläfrigkeit				
11.2.1 Messbare auffällige Tagesschläfrigkeit	nein	nein		
11.2.2 Nach Behandlung	ja, wenn keine messbare auffällige Tagesschläfrigkeit mehr vorliegt	ja, wenn keine messbare auffällige Tagesschläfrigkeit mehr vorliegt	Ärztliche Begutachtung, regelmäßige ärztliche Kontrollen	Ärztliche Begutachtung, regelmäßige ärztliche Kontrollen
11.3 Schwere Lungen- und Bronchialerkrankungen mit schweren Rückwirkungen auf die Herz-Kreislauf-Dynamik	nein	nein	–	–
11.4 Störung des Gleichgewichtssinnes	in der Regel nein	in der Regel nein	im Einzelfall entsprechend den Begutachtungs-Leitlinien zur Kraftfahreignung	im Einzelfall entsprechend den Begutachtungs-Leitlinien zur Kraftfahreignung

Anlage 4a
(zu § 11 Absatz 5)

Grundsätze für die Durchführung der Untersuchungen und die Erstellung der Gutachten

Grundlage für die Beurteilung der Eignung zum Führen von Kraftfahrzeugen sind die Begutachtungs-Leitlinien für Kraftfahreignung vom 27. Januar 2014 (VkBl. S. 110)

1. Die Untersuchung ist unter Beachtung folgender Grundsätze durchzuführen:

a) Die Untersuchung ist anlassbezogen und unter Verwendung der von der Fahrerlaubnisbehörde zugesandten Unterlagen über den Betroffenen vorzunehmen. Der Gutachter hat sich an die durch die Fahrerlaubnisbehörde vorgegebene Fragestellung zu halten.

b) Gegenstand der Untersuchung sind nicht die gesamte Persönlichkeit des Betroffenen, sondern nur solche Eigenschaften, Fähigkeiten und Verhaltensweisen, die für die Kraftfahreignung von Bedeutung sind (Relevanz zur Kraftfahreignung).

c) Die Untersuchung darf nur nach anerkannten wissenschaftlichen Grundsätzen vorgenommen werden.

d) Vor der Untersuchung hat der Gutachter den Betroffenen über Gegenstand und Zweck der Untersuchung aufzuklären.

e) Über die Untersuchung sind Aufzeichnungen anzufertigen.

f) In den Fällen der §§ 13 und 14 ist Gegenstand der Untersuchung auch das voraussichtliche künftige Verhalten des Betroffenen, insbesondere ob zu erwarten ist, dass er nicht oder nicht mehr ein Kraftfahrzeug unter Einfluss von Alkohol oder Betäubungsmitteln oder Arzneimitteln führen wird. Hat Abhängigkeit von Alkohol oder Betäubungsmitteln oder Arzneimitteln vorgelegen, muss sich die Untersuchung darauf erstrecken, dass eine stabile Abstinenz besteht. Bei Alkoholmissbrauch, ohne dass Abhängigkeit vorhanden war oder ist, muss sich die Untersuchung darauf erstrecken, ob der Betroffene den Konsum von Alkohol einerseits und das Führen von Kraftfahrzeugen im Straßenverkehr andererseits zuverlässig voneinander trennen kann. Dem Betroffenen kann die Fahrerlaubnis nur dann erteilt werden, wenn sich bei ihm ein grundlegender Wandel in seiner Einstellung zum Führen von Kraftfahrzeugen unter Einfluss von Alkohol oder Betäubungsmitteln oder Arzneimitteln vollzogen hat. Es müssen zum Zeitpunkt der Erteilung der Fahrerlaubnis Bedingungen vorhanden sein, die einen Rückfall als unwahrscheinlich erscheinen lassen. Das Gutachten kann auch geeignete Kurse zur Wiederherstellung der Kraftfahreignung empfehlen.

g) In den Fällen des § 2a Absatz 4 Satz 1 und Absatz 5 Satz 5 oder des § 4 Absatz 10 Satz 4 des Straßenverkehrsgesetzes oder des § 11 Absatz 3 Nummer 4 bis 9 dieser Verordnung ist Gegenstand der Untersuchung auch die Erwartung an das voraussichtliche künftige Verhalten des Betroffenen, dass er nicht mehr erheblich oder wiederholt gegen verkehrsrechtliche Bestimmungen oder gegen Strafgesetze verstoßen wird. Es sind die Bestimmungen von Buchstabe f Satz 4 bis 6 entsprechend anzuwenden.

2. Das Gutachten ist unter Beachtung folgender Grundsätze zu erstellen:

a) Das Gutachten muss in allgemeinverständlicher Sprache abgefasst sowie nachvollziehbar und nachprüfbar sein. Die Nachvollziehbarkeit betrifft die logische Ordnung (Schlüssigkeit) des Gutachtens. Sie erfordert die Wiedergabe aller wesentlichen Befunde und die Darstellung der zur Beurteilung führenden Schlussfolgerungen. Die Nachprüfbarkeit betrifft die Wissenschaftlichkeit der Begutachtung. Sie erfordert, dass die Untersuchungsverfahren, die zu den Befunden geführt haben, angegeben und, soweit die Schlussfolgerungen auf Forschungsergebnisse gestützt sind, die Quellen genannt werden. Das Gutachten braucht aber nicht im Einzelnen die wissenschaftlichen Grundlagen für die Erhebung und Interpretation der Befunde wiederzugeben.

b) Das Gutachten muss in allen wesentlichen Punkten insbesondere im Hinblick auf die gestellten Fragen (§ 11 Absatz 6) vollständig sein. Der Umfang eines Gutachtens richtet sich nach der Befundlage. Bei eindeutiger Befundlage wird das Gutachten knapper, bei komplizierter Befundlage ausführlicher erstattet.

c) Im Gutachten muss dargestellt und unterschieden werden zwischen der Vorgeschichte und dem gegenwärtigen Befund.

3. Bei Abgabe einer Urinabgabe können als Alternative zur Sichtkontrolle auch dem Stand der Wissenschaft und Technik entsprechende Verfahren zur eindeutigen Zuordnung des Urins zu der zu untersuchenden Person verwendet werden.

4. Die medizinisch-psychologische Untersuchung kann unter Hinzuziehung eines beeidigten oder öffentlich bestellten und vereidigten Dolmetschers oder Übersetzers, der von der Begutachtungsstelle für Fahreignung bestellt wird, durchgeführt werden. Die Kosten trägt die zu untersuchende Person.

5. Wer
   a) mit Unternehmen oder sonstigen Institutionen vertraglich verbunden ist, die
      aa) Personen hinsichtlich der typischen Fragestellungen in der Begutachtung von Begutachtungsstellen für Fahreignung im Sinne des § 66 zur Klärung von Zweifeln an der Kraftfahreignung in Gruppen oder einzeln beraten, behandeln, betreuen oder auf die Begutachtung vorbereiten oder
      bb) Kurse zur Wiederherstellung der Kraftfahreignung anbieten, oder
   b) solche Maßnahmen in eigener Person anbietet,

   darf keine Personen zur Klärung von Zweifeln an der Kraftfahreignung in Begutachtungsstellen für Fahreignung untersuchen oder begutachten.

6. Befunde, die bei der Fahreignungsbegutachtung berücksichtigt werden, müssen folgende Anforderungen erfüllen:
   a) beigestellte Befunde müssen im Original vorliegen und vom Aussteller unterzeichnet sein;
   b) soweit für die Feststellung der Eignung die Vorlage von Abstinenzbelegen erforderlich ist, dürfen hierfür ausschließlich Belege von Stellen anerkannt werden, in denen die nach Stand der Wissenschaft und Technik erforderlichen Rahmenbedingungen der Abstinenzkontrolle wie Terminvergabe, Identitätskontrolle und Probenentnahme gewährleistet sind; dies kann angenommen werden, wenn die Befunderhebung und Befundauswertung verantwortlich von
      aa) einem Facharzt mit verkehrsmedizinischer Qualifikation, der nicht zugleich der den Betroffenen behandelnde Arzt sein darf,
      bb) einem Arzt des Gesundheitsamtes oder anderen Arzt der öffentlichen Verwaltung,
      cc) einem Arzt mit der Gebietsbezeichnung „Facharzt für Rechtsmedizin",
      dd) einem Arzt mit der Gebietsbezeichnung „Arbeitsmedizin" oder der Zusatzbezeichnung „Betriebsmedizin",
      ee) einem Arzt in einer Begutachtungsstelle für Fahreignung,
      ff) einem Arzt/Toxikologen in einem für forensisch-toxikologische Zwecke akkreditierten Labor

      durchgeführt wurde.

Anlage 5
(zu § 11 Abs. 9, § 48 Abs. 4 und 5)

Eignungsuntersuchungen für Bewerber und Inhaber der Klassen C, C1, D, D1 und der zugehörigen Anhängerklassen E sowie der Fahrerlaubnis zur Fahrgastbeförderung

1. Bewerber um die Erteilung oder Verlängerung einer Fahrerlaubnis der Klassen C, C1, CE, C1E, D, D1, DE, D1E sowie der Fahrerlaubnis zur Fahrgastbeförderung müssen sich untersuchen lassen, ob Erkrankungen vorliegen, die die Eignung oder die bedingte Eignung ausschließen. Sie haben hierüber einen Nachweis gemäß dem Muster dieser Anlage vorzulegen.

2. Bewerber um die Erteilung oder Verlängerung einer Fahrerlaubnis der Klassen D, D1, DE, D1E sowie einer Fahrerlaubnis zur Fahrgastbeförderung müssen außerdem besondere Anforderungen hinsichtlich:

   a) Belastbarkeit,
   b) Orientierungsleistung,
   c) Konzentrationsleistung,
   d) Aufmerksamkeitsleistung,
   e) Reaktionsfähigkeit

   erfüllen.

   Die Eignung der zur Untersuchung dieser Merkmale eingesetzten psychologischen Testverfahren muss von einer geeigneten unabhängigen Stelle nach Anlage 14 Absatz 2 Nummer 7 bestätigt worden sein.

   Der Nachweis über die Erfüllung der Anforderungen nach Satz 1 ist unter Beachtung der Grundsätze nach Anlage 4a durch Beibringung eines betriebs- oder arbeitsmedizinischen Gutachtens nach § 11 Abs. 2 Satz 3 Nr. 3 oder eines Gutachtens einer amtlich anerkannten Begutachtungsstelle für Fahreignung zu führen

   - von Bewerbern um die Erteilung einer Fahrerlaubnis der Klassen D, D1, DE, D1E und der Fahrerlaubnis zur Fahrgastbeförderung,
   - von Bewerbern um die Verlängerung einer Fahrerlaubnis der Klassen D, D1, DE und D1E ab Vollendung des 50. Lebensjahres,
   - von Bewerbern um die Verlängerung einer Fahrerlaubnis zur Fahrgastbeförderung ab Vollendung des 60. Lebensjahres.

3. Die Nachweise nach Nummer 1 und 2 dürfen bei Antragstellung nicht älter als ein Jahr sein.

>

Muster

Bescheinigung über die ärztliche Untersuchung

von Bewerbern um die Erteilung oder Verlängerung einer Fahrerlaubnis der Klassen C, C1, CE, C1E, D, D1, DE, D1E oder der Fahrerlaubnis zur Fahrgastbeförderung für Taxen, Mietwagen, Krankenkraftwagen oder Personenkraftwagen im Linienverkehr oder bei gewerbsmäßigen Ausflugsfahrten oder Ferienziel-Reisen nach § 11 Abs. 9 und § 48 Abs. 4 und 5 der Fahrerlaubnis-Verordnung

Teil I (verbleibt beim Arzt)

1. **Personalien des Bewerbers**

Familienname, Vorname ____________________

Tag der Geburt ____________________

Ort der Geburt ____________________

Wohnort ____________________

Straße/Hausnummer ____________________

2. **Hinweis für den untersuchenden Arzt**
Die Bescheinigung nach Teil II soll der Fahrerlaubnisbehörde vor Erteilung der Fahrerlaubnis Kenntnisse darüber beschaffen, ob bei dem Bewerber Beeinträchtigungen des körperlichen oder geistigen Leistungsvermögens vorliegen, die Bedenken gegen seine Eignung zum Führen von Kraftfahrzeugen begründen und gegebenenfalls Anlass für eine weitergehende Untersuchung vor Erteilung der Fahrerlaubnis geben.
Hierfür reicht in der Regel eine orientierende Untersuchung (sog. „screening“) der im Folgenden genannten Bereiche aus; in Zweifelsfällen ist die Konsultation anderer Ärzte nicht ausgeschlossen.

3. **Vorgeschichte**

☐ keine die Fahrfähigkeit einschränkende Krankheiten oder Unfälle durchgemacht
☐ falls ja, welche: ____________________
____

4. **Daten**

Größe ______ (cm) ______ Gewicht ______ (kg)

RR ______ / ______ mmHg Puls ______ Schläge in der Minute

Urin E ______ Z ______ Sed

Flüstersprache R ______ m L ______ m

5. **Allgemeiner Gesundheitszustand**

☐ gut
☐ falls nicht ausreichend, nähere Erläuterung:
____
____

6. **Körperbehinderungen**

☐ keine die Fahrfähigkeit einschränkende Behinderung
☐ falls ja, welche: ____________________
____

7. **Herz/Kreislauf**

☐ keine Anzeichen für Herz-/Kreislaufstörungen
☐ falls ja, welche: ____________________
____

8. **Blut**

☐ keine Anzeichen einer schweren Bluterkrankung
☐ falls ja, welche: ____________________
____

Bescheinigung über die ärztliche Untersuchung *(Fortsetzung)*

9. **Erkrankungen der Niere**

☐ keine Anzeichen einer schweren Insuffizienz
☐ falls ja, welche: ____________________

____

10. **Endokrine Störungen**

☐ keine Anzeichen einer Zuckerkrankheit
☐ Zuckerkrankheit – falls bekannt: mit/ohne Insulinbehandlung
☐ keine Anzeichen für sonstige endokrine Störungen
☐ falls ja, welche:: ____________________

____

11. **Nervensystem**

☐ keine Anzeichen für Störungen
☐ falls ja, welche: ____________________

____

12. **Psychische Erkrankungen/Sucht (Alkohol, Drogen, Arzneimittel)**

☐ keine Anzeichen einer Geistes- oder Suchterkrankung
☐ falls ja, welche: ____________________

____

13. **Gehör**

☐ keine Anzeichen für eine schwere Störung des Hörvermögens
☐ falls ja, welche: ____________________

____

Muster

Bescheinigung über die ärztliche Untersuchung

von Bewerbern um die Erteilung oder Verlängerung einer Fahrerlaubnis der Klassen C, C1, CE, C1E, D, D1, DE, D1E oder der Fahrerlaubnis zur Fahrgastbeförderung für Taxen, Mietwagen, Krankenkraftwagen oder Personenkraftwagen im Linienverkehr oder bei gewerbsmäßigen Ausflugsfahrten oder Ferienziel-Reisen nach § 11 Abs. 9 und § 48 Abs. 4 und 5 der Fahrerlaubnis-Verordnung

Teil II (dem Bewerber auszuhändigen)

Aufgrund der Angaben des Untersuchten

Familienname, Vorname ____________________

Tag der Geburt ____________________

Ort der Geburt ____________________

Wohnort ____________________

Straße/Hausnummer ____________________

und der von mir in dem Teil I vorgesehenen Umfang erhobenen Befunde empfehle ich vor der Erteilung der Fahrerlaubnis

☐ keine weitergehende Untersuchung, da keine Beeinträchtigungen des körperlichen oder geistigen Leistungsvermögens festgestellt werden konnten,

☐ eine weitergehende Untersuchung wegen (Angabe der entsprechenden Befunde):

____

____

____

____

____

Name und Anschrift des Arztes | Datum und Unterschrift

Anlage 6
(zu den §§ 12, 48 Absatz 4 und 5)

Anforderungen an das Sehvermögen

1. Klassen A, A1, A2, B, BE, AM, L und T

1.1 Sehtest (§ 12 Absatz 2)
Der Sehtest (§ 12 Absatz 2) ist bestanden, wenn die zentrale Tagessehschärfe mit oder ohne Sehhilfen mindestens beträgt: 0, 7/0, 7.
Über den Sehtest ist eine Sehtestbescheinigung nach § 12 Absatz 3 zu erstellen.

1.2 Augenärztliche Untersuchung (§ 12 Absatz 5)
Besteht der Bewerber den Sehtest nicht, ist eine augenärztliche Untersuchung erforderlich. Bei dieser Untersuchung ist unter anderem auf Sehschärfe, Gesichtsfeld, Dämmerungs- oder Kontrastsehen, Blendempfindlichkeit, Diplopie sowie andere Störungen der Sehfunktion zu achten, die ein sicheres Fahren in Frage stellen können. Es müssen folgende Mindestanforderungen erfüllt sein:

1.2.1 Zentrale Tagessehschärfe
Fehlsichtigkeiten müssen – soweit möglich und verträglich – korrigiert werden. Dabei dürfen folgende Sehschärfenwerte nicht unterschritten werden:
Sehschärfe des besseren Auges oder beidäugige Sehschärfe: 0,5.

1.2.2 Übrige Sehfunktionen
Gesichtsfeld:
Normales Gesichtsfeld eines Auges oder ein gleichwertiges beidäugiges Gesichtsfeld mit einem horizontalen Durchmesser von mindestens 120 Grad, insbesondere muss das zentrale Gesichtsfeld bis 20 Grad normal sein. Insgesamt sollte das Gesichtsfeld jedes Auges an mindestens 100 Orten geprüft werden. Ergeben sich unklare Defekte oder steht nicht zweifelsfrei fest, dass die Mindestanforderungen erfüllt werden, so hat eine Nachprüfung an einem manuellen Perimeter nach Goldmann mit der Marke III/4 zu erfolgen.
Beweglichkeit:
Bei Beidäugigkeit sind Augenzittern sowie Schielen ohne Doppeltsehen in zentralem Blickfeld bei normaler Kopfhaltung zulässig. Doppeltsehen außerhalb eines zentralen Blickfeldbereichs von 20 Grad im Durchmesser ist zulässig. Bei Einäugigkeit ausreichende Beweglichkeit des funktionstüchtigen Auges.

1.3 Die Erteilung der Fahrerlaubnis darf in Ausnahmefällen in Betracht gezogen werden, wenn die Anforderungen an das Gesichtsfeld oder die Sehschärfe nicht erfüllt werden. In diesen Fällen muss der Fahrzeugführer einer augenärztlichen Begutachtung unterzogen werden, um sicherzustellen, dass keine anderen Störungen von Sehfunktionen vorliegen. Dabei müssen auch Kontrastsehen oder Dämmerungssehen und Blendempfindlichkeit geprüft und berücksichtigt werden. Daneben sollte der Fahrzeugführer oder Bewerber eine praktische Fahrprobe erfolgreich absolvieren.

1.4 Nach dem Verlust des Sehvermögens auf einem Auge oder bei neu aufgetretener Diplopie muss ein geeigneter Zeitraum (mindestens drei Monate) eingehalten werden, während dessen das Führen von Kraftfahrzeugen nicht erlaubt ist. Danach darf erst nach augenärztlicher Untersuchung und Beratung wieder ein Kraftfahrzeug geführt werden.

1.5 Besteht eine fortschreitende Augenkrankheit, ist eine regelmäßige augenärztliche Untersuchung und Beratung erforderlich.

2. Klassen C, C1, CE, C1E, D, D1, DE, D1E und der Fahrerlaubnis zur Fahrgastbeförderung (§ 12 Absatz 6, § 48 Absatz 4 Nummer 4 und Absatz 5 Nummer 2)
Bewerber um die Erteilung oder Verlängerung der Fahrerlaubnis müssen die nachfolgenden Mindestanforderungen an das Sehvermögen erfüllen:

2.1 Untersuchung durch einen Augenarzt, einen Arzt mit der Gebietsbezeichnung „Arbeitsmedizin", einen Arzt mit der Zusatzbezeichnung „Betriebsmedizin", einen Arzt bei einer Begutachtungsstelle für Fahreignung, einen Arzt des Gesundheitsamtes oder einen anderen Arzt der öffentlichen Verwaltung.
Über die Untersuchung ist eine Bescheinigung gemäß dem Muster dieser Anlage zu erstellen.

2.1.1 Zentrale Tagessehschärfe
Feststellung unter Einhaltung der DIN 58220, Ausgabe Januar 1997.
Fehlsichtigkeiten müssen – soweit möglich und verträglich – korrigiert werden. Dabei dürfen folgende Sehschärfenwerte nicht unterschritten werden: Sehschärfe auf jedem Auge 0,8 und beidäugig 1,0.
Die Korrektur mit Gläsern von mehr als plus 8,0 Dioptrien (sphärisches Äquivalent) ist nicht zulässig; dies gilt nicht für intraokulare Linsen oder Kontaktlinsen.

2.1.2 Übrige Sehfunktionen
Normales **Farbensehen** (geprüft mit einem geeigneten Test, beispielsweise Tafeln nach Ishihara oder Velhagen).
Normales **Gesichtsfeld**, geprüft mit einem automatischen Halbkugelperimeter, das mit einer überschwelligen Prüfmethodik das Gesichtsfeld bis 70 Grad nach beiden Seiten und bis 30 Grad nach oben und unten untersucht. Insgesamt sollte das Gesichtsfeld jedes Auges an mindestens 100 Orten geprüft werden. Alternativ kann eine Prüfung mit einem manuellen Perimeter nach Goldmann mit mindestens vier Prüfmarken (z.B. III/4, I/4, I/2 und I/1) an jeweils mindestens 12 Orten pro Prüfmarke erfolgen.
Stereosehen, geprüft mit einem geeigneten Test (z.B. Random-Dot-Teste).
Ausreichendes Kontrast- oder Dämmerungssehen, geprüft mit einem standardisierten anerkannten Prüfverfahren.

2.2 Augenärztliche Untersuchung
Können die Voraussetzungen bei der Untersuchung nach Nummer 2.1 nicht zweifelsfrei festgestellt werden, ist zusätzlich eine augenärztliche Untersuchung erforderlich.
Sind nur die Anforderungen an das normale Farbensehen nicht erfüllt, ist eine zusätzliche augenärztliche Untersuchung entbehrlich, wenn das Farbensehen bereits Gegenstand einer früheren augenärztlichen Untersuchung war und hierbei die Anforderungen bei nicht normalem Farbensehen nach den Nummern 2.2.2 und 2.2.3 erfüllt wurden.
Über die nach Satz 1 erforderliche Untersuchung ist ein Zeugnis gemäß dem Muster dieser Anlage zu erstellen.
Es müssen folgende Mindestanforderungen erfüllt sein:

2.2.1 Zentrale Tagessehschärfe
Fehlsichtigkeiten müssen – soweit möglich und verträglich – korrigiert werden. Dabei dürfen folgende Sehschärfenwerte nicht unterschritten werden:

Sehschärfe des besseren Auges oder beidäugige Sehschärfe: 0,8, Sehschärfe des schlechteren Auges: 0,5.
Werden diese Werte nur mit Korrektur erreicht, soll die Sehschärfe ohne Korrektur auf keinem Auge weniger als 0,05 betragen.
Die Korrektur mit Gläsern von mehr als plus 8,0 Dioptrien (sphärisches Äquivalent) ist nicht zulässig; dies gilt nicht für intraokulare Linsen oder Kontaktlinsen.
In Einzelfällen kann unter Berücksichtigung von Fahrerfahrung und Fahrzeugnutzung der Visus des schlechteren Auges für die Klassen C, CE, C1, C1E unter 0,5 liegen, ein Wert von 0,1 darf nicht unterschritten werden. Ein augenärztliches Gutachten ist in diesen Fällen erforderlich.

2.2.2 Übrige Sehfunktionen

Gesichtsfeld:
Normales Gesichtsfeld beider Augen, wenigstens normales binokulares Gesichtsfeld mit einem horizontalen Durchmesser von mindestens 140 Grad, insbesondere muss das zentrale Gesichtsfeld bis 30 Grad normal sein. Insgesamt sollte das Gesichtsfeld jedes Auges an mindestens 100 Orten geprüft werden. Ergeben sich unklare Defekte oder steht nicht zweifelsfrei fest, dass die Mindestanforderungen erfüllt werden, so hat eine Nachprüfung an einem manuellen Perimeter nach Goldmann mit der Marke III/4 zu erfolgen.

Beweglichkeit und Stereosehen:
Ausschluss bei Doppeltsehen im Gebrauchsblickfeld (d.h. 25 Grad Aufblick, 30 Grad Rechts- und Linksblick, 40 Grad Abblick). Ausschluss bei Schielen ohne konstantes binokulares Einfachsehen.

Farbensehen:
Bei Rotblindheit oder Rotschwäche mit einem Anomalquotienten unter 0,5 ist eine Aufklärung des Betroffenen über die mögliche Gefährdung erforderlich.Kontrast- oder Dämmerungssehen, Blendempfindlichkeit:

Ausreichendes **Kontrast- oder Dämmerungssehen** geprüft mit einem standardisierten anerkannten Prüfverfahren einschließlich Prüfung der **Blendempfindlichkeit.**

2.2.3 Sonderregelung für Inhaber einer bis zum 31. Dezember 1998 erteilten Fahrerlaubnis

Hinsichtlich des Sehvermögens gelten für Inhaber einer bis zum 31. Dezember 1998 erteilten Fahrerlaubnis folgende Anforderungen (in dieser Gliederungsnummer sind alle Paragraphen ohne Gesetzesangaben solche der Straßenverkehrs-Zulassungs-Ordnung in der bis zum 31. Dezember 1998 geltenden Fassung):

Mindestanforderungen an die zentrale Tagessehschärfe und die übrigen Sehfunktionen (§ 9a Absatz 5)

2.2.3.1 Mindestanforderungen an die zentrale Tagessehschärfe

2.2.3.1.1 Liegt die zentrale Tagessehschärfe unterhalb von 1,0/1,0, so muss sie durch Sehhilfen so weit wie möglich dem Sehvermögen des Normalsichtigen angenähert werden.

2.2.3.1.2 Für Inhaber einer Fahrerlaubnis reichen folgende Mindestwerte für die zentrale Tagessehschärfe aus, wenn feststeht, dass das Wahrnehmungsvermögen des Betroffenen trotz verminderten Sehvermögens zum sicheren Führen eines Kraftfahrzeugs der Klasse/Art noch ausreicht:

Bei Fahrerlaubnisinhabern der	Klassen 1, 1a, 1b, 3, 4, 5[2)]	Klasse 2	Fahrerlaubnis zur Fahrgastbeförderung
Bei Beidäugigkeit	0,4/0,2	0,7/0,2[2)]	0,7/0,5[3)]
Bei Einäugigkeit[1)]	0,6	0,7	0,7[3)]

1) Als einäugig gilt auch, wer auf einem Auge eine Sehschärfe von weniger als 0,2 besitzt.
2) Nachweis ausreichenden Wahrnehmungsvermögens bereits bei Sehschärfe unter 0,5 auf dem schlechteren Auge erforderlich.
3) Sehschärfe unter 0,5 auf dem schlechteren Auge oder Einäugigkeit nur zulässig bei Beschränkung der Fahrerlaubnis zur Fahrgastbeförderung auf Taxen und Mietwagen.

2.2.3.2 Mindestanforderungen an die übrigen Sehfunktionen

2.2.3.2.1

Bei Inhabern der	Klassen 1, 1a, 1b, 3, 4, 5	Klasse 2, Fahrerlaubnis zur Fahrgastbeförderung
Gesichtsfeld	normales Gesichtsfeld eines Auges oder gleichwertiges beidäugiges Gesichtsfeld	normale Gesichtsfelder beider Augen[1)]
Beweglichkeit	Bei Beidäugigkeit: Augenzittern sowie Begleit- und Lähmungsschielen ohne Doppeltsehen im zentralen Blickfeld bei Kopfgeradehaltung zulässig. Bei Augenzittern darf die Erkennungszeit für die einzelnen Sehzeichen nicht mehr als eine Sekunde betragen. Bei Einäugigkeit: Normale Augenbeweglichkeit, kein Augenzittern.	Normale Beweglichkeit beider Augen[1)]; zeitweises Schielen unzulässig
Stereosehen	keine Anforderungen	normales Stereosehen[2)]
Farbensehen	keine Anforderungen	Rotblindheit oder Rotschwäche mit einem Anomalquotienten unter 0,5 – bei Fahrerlaubnis zur Fahrgastbeförderung: unzulässig – bei Klasse 2: Aufklärung des Betroffenen über die durch die Störung des Farbensehens mögliche Gefährdung ausreichend

1) Bei zulässiger Einäugigkeit gelten die Mindestanforderungen für die Klassen 1, 1a, 1b, 3, 4, 5.
2) Bei zulässiger Einäugigkeit: keine Anforderungen.

2.2.3.2.2 Wenn wegen Zweifeln an ausreichendem Sehvermögen eine augenärztliche Begutachtung stattfindet, sollte die Untersuchung auch die Dämmerungssehschärfe und die Blendungsempfindlichkeit umfassen. Werden dabei Mängel festgestellt, so ist der Betroffene auf die Gefahren durch geminderte Dämmerungssehschärfe und erhöhte Blendungsempfindlichkeit beim Fahren in der Dämmerung und in der Nacht hinzuweisen.

2.3 Nach einer neu eingetretenen relevanten Einschränkung des Sehvermögens muss ein geeigneter Anpassungszeitraum eingehalten werden, während dessen das Führen von Kraftfahrzeugen nicht erlaubt ist. Danach darf erst nach augenärztlicher Untersuchung und Beratung wieder ein Kraftfahrzeug geführt werden.

2.4 Besteht eine fortschreitende Augenkrankheit, ist eine regelmäßige augenärztliche Untersuchung und Beratung erforderlich.

Muster

Bescheinigung über die ärztliche Untersuchung (Anlage 6 Nummer 2.1 der Fahrerlaubnis-Verordnung)

von Bewerbern um die Erteilung oder Verlängerung einer Fahrerlaubnis der Klassen C, C1, CE, C1E, D, D1, DE, D1E oder der Fahrerlaubnis zur Fahrgastbeförderung für Taxen, Mietwagen, Krankenkraftwagen oder Personenkraftwagen im Linienverkehr oder bei gewerbsmäßigen Ausflugsfahrten oder Ferienziel-Reisen nach § 12 Absatz 6 und § 48 Absatz 4 Nummer 4 und Absatz 5 Nummer 2 der Fahrerlaubnis-Verordnung

– Vorderseite –

Teil 1 (verbleibt beim Arzt)

1. **Angaben über den untersuchenden Arzt**

   Name, Facharztbezeichnung, ggf. Gebiets- oder Zusatzbezeichnung des Arztes, ggf. Angabe über Tätigkeit bei einer Begutachtungsstelle für Fahreignung oder über Stellung als Arzt der öffentlichen Verwaltung, Anschrift

2. **Personalien des Bewerbers**

   Familienname, Vornamen: ....
   Tag der Geburt: ....
   Ort der Geburt: ....
   Wohnort: ....
   Straße/Hausnummer: ....

3. **Untersuchungsbefund vom** ....

   Zentrale Tagessehschärfe nach DIN 58220 ....
   Farbensehen ....
   Gesichtsfeld ....
   Stereosehen ....
   Kontrast- oder Dämmerungssehen ....

Aufgrund der oben angeführten Untersuchung wurden die Anforderungen nach Anlage 6 Nummer 2.1 der Fahrerlaubnis-Verordnung

☐ erreicht, ohne Sehhilfe
☐ erreicht, mit Sehhilfe
☐ nicht erreicht

Eine augenärztliche Zusatzuntersuchung nach Anlage 6 Nummer 2.2 der Fahrerlaubnis-Verordnung ist erforderlich:

☐ ja ☐ nein

Muster

Bescheinigung über die ärztliche Untersuchung (Anlage 6 Nummer 2.1 der Fahrerlaubnis-Verordnung)

von Bewerbern um die Erteilung oder Verlängerung einer Fahrerlaubnis der Klassen C, C1, CE, C1E, D, D1, DE, D1E oder der Fahrerlaubnis zur Fahrgastbeförderung für Taxen, Mietwagen, Krankenkraftwagen oder Personenkraftwagen im Linienverkehr oder bei gewerbsmäßigen Ausflugsfahrten oder Ferienziel-Reisen nach § 12 Absatz 6 und § 48 Absatz 4 Nummer 4 und Absatz 5 Nummer 2 der Fahrerlaubnis-Verordnung

Teil 2 (dem Bewerber auszuhändigen)

Name des Arztes, Facharztbezeichnung, ggf. Gebiets- oder Zusatzbezeichnung des Arztes, ggf. Angabe über Tätigkeit bei einer Begutachtungsstelle für Fahreignung oder über Stellung als Arzt der öffentlichen Verwaltung, Anschrift

Familienname, Vornamen des Bewerbers: ....
Tag der Geburt: ....
Ort der Geburt: ....
Wohnort: ....
Straße/Hausnummer: ....

Untersuchungsbefund vom .... über
- Zentrale Tagessehschärfe nach DIN 58220
- Farbensehen
- Gesichtsfeld
- Stereosehen
- Kontrast- oder Dämmerungssehen

Aufgrund der von mir nach Teil I erhobenen Befunde wurden die in Anlage 6 Nummer 2.1 der Fahrerlaubnis-Verordnung geforderten Anforderungen

☐ erreicht, ohne Sehhilfe
☐ erreicht, mit Sehhilfe
☐ nicht erreicht

Eine augenärztliche Zusatzuntersuchung nach Anlage 6 Nummer 2.2 der Fahrerlaubnis-Verordnung ist erforderlich:

☐ ja ☐ nein

Das Zeugnis ist zwei Jahre gültig.

Die Identität des Untersuchten wurde geprüft.

........................, den ....

Stempel und Unterschrift des Arztes mit den oben stehenden beruflichen Angaben

Muster

Zeugnis über die augenärztliche Untersuchung (Anlage 6 Nummer 2.2 der Fahrerlaubnis-Verordnung)

von Bewerbern um die Erteilung oder Verlängerung einer Fahrerlaubnis der Klassen C, C1, CE, C1E, D, D1, DE, D1E oder der Fahrerlaubnis zur Fahrgastbeförderung für Taxen, Mietwagen, Krankenkraftwagen oder Personenkraftwagen im Linienverkehr oder bei gewerbsmäßigen Ausflugsfahrten oder Ferienziel-Reisen nach § 12 Absatz 6 und § 48 Absatz 4 Nummer 4 und Absatz 5 Nummer 2 der Fahrerlaubnis-Verordnung

– Vorderseite –

Teil 1 (verbleibt beim Arzt)

1. **Name und Anschrift des Augenarztes**

2. **Personalien des Bewerbers**

   Familienname, Vornamen: ....
   Tag der Geburt: ....
   Ort der Geburt: ....
   Wohnort: ....
   Straße/Hausnummer: ....

3. **Untersuchungsbefund vom** ....

   Zentrale Tagessehschärfe nach DIN 58220 ....
   Farbensehen ....
   Gesichtsfeld..
   Stereosehen ....
   Kontrast- oder Dämmerungssehen ....

   Aufgrund der oben angeführten Untersuchung wurden die Anforderungen nach Anlage 6 Nummer 2.2 der Fahrerlaubnis-Verordnung

   ☐ erreicht, ohne Sehhilfe

   ☐ erreicht, mit Sehhilfe

   ☐ nicht erreicht

Auflagen/Beschränkungen erforderlich

   ☐ nein

   ☐ ja, ____________________________________

Muster

Zeugnis über die augenärztliche Untersuchung (Anlage 6 Nummer 2.2 der Fahrerlaubnis-Verordnung)

von Bewerbern um die Erteilung oder Verlängerung einer Fahrerlaubnis der Klassen C, C1, CE, C1E, D, D1, DE, D1E oder der Fahrerlaubnis zur Fahrgastbeförderung für Taxen, Mietwagen, Krankenkraftwagen oder Personenkraftwagen im Linienverkehr oder bei gewerbsmäßigen Ausflugsfahrten oder Ferienziel-Reisen nach § 12 Absatz 6 und § 48 Absatz 4 Nummer 4 und Absatz 5 Nummer 2 der Fahrerlaubnis-Verordnung

Teil 2 (dem Bewerber auszuhändigen)

Name des Augenarztes, Anschrift

Familienname, Vornamen des Bewerbers: ....
Tag der Geburt: ....
Ort der Geburt: ....
Wohnort: ....
Straße/Hausnummer: ....

Untersuchungsbefund vom .... über

- Zentrale Tagessehschärfe nach DIN 58220
- Farbensehen
- Gesichtsfeld
- Stereosehen
- Kontrast- oder Dämmerungssehen

Aufgrund der von mir nach Teil 1 erhobenen Befunde wurden die in Anlage 6 Nummer 2.2 der Fahrerlaubnis-Verordnung geforderten Anforderungen

☐ erreicht, ohne Sehhilfe

☐ erreicht, mit Sehhilfe

☐ nicht erreicht

Auflagen/Beschränkungen erforderlich

☐ nein

☐ ja, ____

Das Zeugnis ist 2 Jahre gültig.

Die Identität des Untersuchten wurde geprüft.

.........................., den ....

Stempel und Unterschrift des Augenarztes

Anlage 9
(zu § 25 Absatz 3)

Verwendung von Schlüsselzahlen für Eintragungen in den Führerschein

A. Vorbemerkungen

Beschränkungen, Auflagen und Zusatzangaben sind in Form von Schlüsselzahlen in Feld 12 im Führerschein einzutragen. Beziehen sie sich auf einzelne Fahrerlaubnisklassen, sind in Feld 12 in der Zeile der betreffenden Fahrerlaubnisklasse einzutragen. Solche, die für alle erteilten Fahrerlaubnisklassen gelten, sind in der letzten Zeile des Feldes 12 unter den Spalten 9 bis 12 zu vermerken. Die harmonisierten Schlüsselzahlen der Europäischen Union bestehen aus zwei Ziffern (Hauptschlüsselzahlen). Unterschlüsselungen bestehen aus einer Hauptschlüsselzahl (erster Teil) und aus zwei Ziffern und/oder Buchstaben (zweiter Teil). Erster und zweiter Teil sind durch einen Punkt getrennt. Der zweite Teil kann bei bestimmten Verschlüsselungen weitere Ziffern/Buchstaben enthalten. Nationale Schlüsselungen bestehen aus drei Ziffern. Sie gelten nur im Inland. Die einzutragenden Schlüsselzahlen müssen die Beschränkungen, Auflagen und Zusatzangaben vollständig erfassen. Für die Hauptschlüsselzahlen 05, 44, 50, 51, 70, 71 und 79 ist die Verwendung von Unterschlüsselungen obligatorisch. Häufungen sind durch Komma und Alternativen durch Schrägstrich zu trennen. Harmonisierte Schlüsselzahlen sind vor den nationalen aufzuführen. Bei der Ausstellung eines Führerscheines ist der Inhaber über die Bedeutung der eingetragenen Schlüsselzahlen zu informieren.

B. Liste der Schlüsselzahlen

I. Schlüsselzahlen der Europäischen Union

Lfd. Nr.	Schlüsselzahl	
1	01	Sehhilfe und/oder Augenschutz, wenn durch ärztliches Gutachten ausdrücklich gefordert:
2	01.01	Brille
3	01.02	Kontaktlinsen
4	01.03	Schutzbrille
5	02	Hörhilfe/Kommunikationshilfe
6	03	Prothese/Orthese der Gliedmaßen
7	05	Fahrbeschränkung aus medizinischen Gründen:
8	05.01	Nur bei Tageslicht
9	05.02	In einem Umkreis von . . . km des Wohnsitzes oder innerorts/innerhalb der Region . . .
10	05.03	Ohne Beifahrer/Sozius
11	05.04	Beschränkt auf eine höchstzulässige Geschwindigkeit von nicht mehr als . . . km/h
12	05.05	Nur mit Beifahrer, der im Besitz der Fahrerlaubnis ist
13	05.06	Ohne Anhänger

Lfd. Nr.	Schlüsselzahl	
14	05.07	Nicht gültig auf Autobahnen
15	05.08	Kein Alkohol
16	10	Angepasste Schaltung
17	15	Angepasste Kupplung
18	20	Angepasste Bremsmechanismen
19	25	Angepasste Beschleunigungsmechanismen
20	30	Angepasste kombinierte Brems- und Beschleunigungsmechanismen
21	35	Angepasste Bedienvorrichtungen
22	40	Angepasste Lenkung
23	42	Angepasste(r) Rückspiegel
24	43	Angepasster Fahrersitz
25	44	Anpassungen des Kraftrades:
26	44.01	Bremsbetätigung vorn/hinten mit einem Hebel
27	44.02	(Angepasste) handbetätigte Bremse
28	44.03	(Angepasste) fußbetätigte Bremse
29	44.04	Angepasste Beschleunigungsmechanismen
30	44.05	Angepasste Handschaltung und Handkupplung
31	44.06	Angepasster Rückspiegel
32	44.07	Angepasste Kontrolleinrichtungen
33	44.08	Sitzhöhe muss im Sitzen die Berührung des Bodens mit beiden Füßen gleichzeitig ermöglichen
34	45	Kraftrad nur mit Beiwagen
35	46	Nur dreirädrige Kraftfahrzeuge
36	50	Nur ein bestimmtes Fahrzeug (Fahrzeugidentifizierungsnummer)
37	51	Nur ein bestimmtes Fahrzeug (amtliches Kennzeichen)
38	70	Umtausch des Führerscheins Nummer . . ., ausgestellt durch . . . (EU-Unterscheidungszeichen, im Falle eines Drittstaates UNECE-Unterscheidungszeichen des Ausstellungsstaates, jedoch nur anzuwenden bei Umtausch aufgrund von Anlage 11)
39	71	Duplikat des Führerscheins Nummer . . . (EU-Unterscheidungszeichen, im Falle eines Drittstaates UNECE-Unterscheidungszeichen)
40	72	Nur Fahrzeuge der Klasse A mit einem Hubraum von höchstens 125 cm^3 und einer Motorleistung von höchstens 11 kW (A1)*)
41	73	Nur für vierrädrige Kraftfahrzeuge der Klasse B (B1)
42	74	Nur Fahrzeuge der Klasse C mit einer zulässigen Gesamtmasse von höchstens 7 500 kg (C1)*)

Lfd. Nr.	Schlüsselzahl	
43	75	Nur Fahrzeuge der Klasse D mit höchstens 16 Sitzplätzen außer dem Fahrersitz (D1)*)
44	76	Nur Fahrzeuge der Klasse C mit einer zulässigen Gesamtmasse von höchstens 7 500 kg (C1), die einen Anhänger mit einer zulässigen Gesamtmasse von mindestens 750 kg mitführen, sofern die zulässige Gesamtmasse der Fahrzeugkombination 12 000 kg und die zulässige Gesamtmasse des Anhängers die Leermasse des Zugfahrzeugs nicht übersteigen (C1E)*)
45	77	Nur Fahrzeuge der Kategorie D mit höchstens 16 Sitzplätzen außer dem Fahrersitz (D1), die einen Anhänger mit einer zulässigen Gesamtmasse von mehr als 750 kg mitführen, sofern a) die zulässige Gesamtmasse der Fahrzeugkombination 12 000 kg und die zulässige Gesamtmasse des Anhängers die Leermasse des Zugfahrzeugs nicht übersteigen und b) der Anhänger nicht zur Personenbeförderung verwendet wird (D1E)*)
46	78	Keine Fahrzeuge, die über ein Kupplungspedal (oder, bei Fahrzeugen der Klassen A, A2 und A1 über einen von Hand zu bedienenden Kupplungshebel) verfügen, das (der) vom Fahrer beim Anfahren oder beim Anhalten des Kraftfahrzeugs sowie beim Gangwechsel bedient werden muss
47	79 (. . .)	Nur Fahrzeuge, die den in Klammern angegebenen Spezifikationen entsprechen, bei Anwendung von Artikel 13 der Richtlinie 2006/126/EG
48	79 (C1E > 12 000 kg, L ≤ 3)	Beschränkung der Klasse CE aufgrund der aus der bisherigen Klasse 3 resultierenden Berechtigung zum Führen von dreiachsigen Zügen mit Zugfahrzeug der Klasse C1 und mehr als 12 000 kg Gesamtmasse und von Zügen mit Zugfahrzeug der Klasse C1 und zulassungsfreien Anhängern, wobei die Gesamtmasse mehr als 12 000 kg betragen kann und von dreiachsigen Zügen aus einem Zugfahrzeug der Klasse C1 und einem Anhänger, bei denen die zulässige Gesamtmasse des Anhängers die Leermasse des Zugfahrzeugs übersteigt (nicht durch C1E abgedeckter Teil). Die vorgenannten Berechtigungen gelten nicht für Sattelzüge mit einer zulässigen Gesamtmasse von mehr als 7,5 t. Der Buchstabe L steht in dieser Schlüsselung für die Anzahl der Achsen.
49	79 (S1 ≤ 25/7 500 kg)	Begrenzung der Klassen D und DE auf Kraftomnibusse mit 24 Fahrgastplätzen oder maximal 7 500 kg zulässiger Gesamtmasse, auch mit Anhänger. Die Angabe S1 steht in dieser Schlüsselung für die Anzahl der Sitzplätze, einschließlich Fahrersitz.
50	79 (L ≤ 3)	Beschränkung der Klasse CE auf Kombinationen von nicht mehr als drei Achsen. Der Buchstabe L steht in dieser Schlüsselung für die Anzahl der Achsen.

Lfd. Nr.	Schlüsselzahl	
51	79.01	Nur zweirädrige Fahrzeuge mit oder ohne Beiwagen
52	79.02	Nur dreirädrige Fahrzeuge der Klasse AM oder vierrädrige Leichtfahrzeuge der Klasse AM
53	79.03	Nur dreirädrige Fahrzeuge
54	79.04	Nur Fahrzeugkombinationen aus dreirädrigen Fahrzeugen und einem Anhänger mit einer zulässigen Gesamtmasse von höchstens 750 kg
55	79.05	Krafträder der Klasse A1 mit einem Leistungsgewicht von mehr als 0,1 kW/kg
56	79.06	Fahrzeuge (Fahrzeugkombination) der Klasse BE, sofern die zulässige Gesamtmasse des Anhängers 3 500 kg übersteigt
57	80	Nur für Inhaber einer Fahrerlaubnis für dreirädrige Kraftfahrzeuge der Klasse A, die das 24. Lebensjahr noch nicht vollendet haben
58	81	Nur für Inhaber einer Fahrerlaubnis für zweirädrige Krafträder der Klasse A, die das 21. Lebensjahr noch nicht vollendet haben
59	90	Codes, die in Kombination mit Codes für an dem Fahrzeug vorgenommene Anpassungen verwendet werden
60	95	Kraftfahrerin/Kraftfahrer, die/der Inhaberin/Inhaber eines Befähigungsnachweises ist und die Befähigungspflicht nach dem Gesetz über die Grundqualifikation und Weiterbildung der Kraftfahrerinnen und Kraftfahrer bestimmter Kraftfahrzeuge für den Güterkraft- oder Personenverkehr bis zum . . . erfüllt [zum Beispiel: 95(01.01.14)]
61	96	Fahrzeugkombinationen aus Fahrzeugen der Klasse B und einem Anhänger mit einer zulässigen Gesamtmasse von mehr als 750 kg, sofern die zulässige Gesamtmasse einer derartigen Kombination mehr als 3 500 kg, jedoch nicht mehr als 4 250 kg beträgt.

*) Die Schlüsselzahlen 72, 74 – 77 dürfen nur bei der Umstellung von Fahrerlaubnissen, die bis zum 18. Januar 2013 erteilt worden sind, verwendet werden.

II. nationale Schlüsselzahlen

Lfd. Nr.	Schlüsselzahl	
1	104	Muss ein gültiges ärztliches Attest mitführen
2	171	Klasse C1, gültig auch für Kraftfahrzeuge der Klasse D mit einer zulässigen Gesamtmasse von nicht mehr als 7 500 kg, jedoch ohne Fahrgäste
3	172	Klasse C, gültig auch für Kraftfahrzeuge der Klasse D, jedoch ohne Fahrgäste

>

Lfd. Nr.	Schlüsselzahl	
4	174	Klasse L, gültig auch zum Führen von Zugmaschinen mit einer durch die Bauart bestimmten Höchstgeschwindigkeit von nicht mehr als 40 km/h, auch mit einachsigem Anhänger (wobei Achsen mit einem Abstand von weniger als 1 m voneinander als eine Achse gelten) sowie Kombinationen aus diesen Zugmaschinen und Anhängern, wenn sie mit einer Geschwindigkeit von nicht mehr als 25 km/h geführt werden
5	175	Klasse L, auch gültig zum Führen von Kraftfahrzeugen mit einer durch die Bauart bestimmten Höchstgeschwindigkeit von nicht mehr als 25 km/h und zum Führen von Kraftfahrzeugen mit Ausnahme der zu den Klassen A, A1, A2 und AM gehörenden mit einem Hubraum von nicht mehr als 50 cm^3
6	176	Auflage: Bis zur Vollendung des 18. Lebensjahres nur Fahrten im Rahmen des Ausbildungsverhältnisses
7	177	Beschränkungen, Nebenbestimmungen und Zusatzangaben nach mitzuführendem Anhang zum Führerschein
8	178	Auflage zur Klasse D oder D1: Nur Fahrten im Linienverkehr
9	179	Auflage: Klasse D1 nur für Fahrten, bei denen überwiegend Familienangehörige befördert werden
10	180	(weggefallen)
11	181	Klasse T, nur gültig für Kraftfahrzeuge der Klasse S (seit dem 19. 1. 2013 AM)
12	182	Auflage zu den Klassen D1, D1E, D und DE: Bis zur Vollendung des 21. Lebensjahres nur Fahrten im Inland und im Rahmen des Ausbildungsverhältnisses in dem staatlich anerkannten Ausbildungsberuf „Berufskraftfahrer/Berufskraftfahrerin" oder „Fachkraft im Fahrbetrieb" oder einem staatlich anerkannten Ausbildungsberuf, in dem vergleichbare Fertigkeiten und Kenntnisse zum Führen von Kraftfahrzeugen auf öffentlichen Straßen vermittelt werden. Die Auflage, nur im Rahmen des Ausbildungsverhältnisses von der Fahrerlaubnis Gebrauch zu machen, entfällt nach Abschluss der Ausbildung auch vor Vollendung des 21. Lebensjahres.
13	183	Auflage zu den Klassen D, DE: Bis zur Vollendung des 20. Lebensjahres nur zur Personenbeförderung im Linienverkehr nach den §§ 42, 43 des Personenbeförderungsgesetzes bei Linienlängen von bis zu 50 Kilometer im Inland und im Rahmen des Ausbildungsverhältnisses in dem staatlich anerkannten Ausbildungsberuf „Berufskraftfahrer/Berufskraftfahrerin" oder „Fachkraft im Fahrbetrieb" oder einem staatlich anerkannten Ausbildungsberuf, in dem vergleichbare Fertigkeiten und Kenntnisse zum Führen von Kraftfahrzeugen auf öffentlichen Straßen vermittelt werden. Die Auflage, nur im Rahmen des Ausbildungsverhältnisses von der Fahrerlaubnis Gebrauch zu machen, entfällt nach Abschluss der Ausbildung auch vor Vollendung des 20. Lebensjahres.

Lfd. Nr.	Schlüsselzahl	
14	184	Auflagen: Bis zur Vollendung des 18. Lebensjahres Kraftfahrzeuge der Klasse B (und, sofern in der Prüfungsbescheinigung nicht durchgestrichen, der Klasse BE) und der Klasse B mit der Schlüsselzahl 96 1. nur in Begleitung einer in der Prüfungsbescheinigung nach Anlage 8a namentlich benannten Person und 2. nur, wenn die in der Prüfungsbescheinigung nach Anlage 8a namentlich benannte Person a) Inhaber einer gültigen Fahrerlaubnis der Klasse B oder einer entsprechenden deutschen, einer EU/EWR- oder schweizerischen Fahrerlaubnis ist; die Fahrerlaubnis ist durch einen gültigen Führerschein nachzuweisen, der während des Begleitens mitzuführen und zur Überwachung des Straßenverkehrs berechtigten Personen auf Verlangen auszuhändigen ist, b) nicht 0,25 mg/l oder mehr Alkohol in der Atemluft oder 0,5 Promille oder mehr Alkohol im Blut oder eine Alkoholmenge im Körper hat, die zu einer solchen Atem- oder Blutalkoholkonzentration führt, und c) nicht unter der Wirkung eines in der Anlage zu § 24a des Straßenverkehrsgesetzes genannten berauschenden Mittels steht. Nummer 2 Buchstabe c gilt nicht, wenn die Substanz aus der bestimmungsgemäßen Einnahme eines für einen konkreten Krankheitsfall verschriebenen Arzneimittels herrührt.
15	185	Auflage zu den Klassen C und CE: Bis zur Vollendung des 21. Lebensjahres nur Fahrten im Inland und im Rahmen des Ausbildungsverhältnisses. Die Auflagen entfallen nach Abschluss der Ausbildung auch vor Vollendung des 21. Lebensjahres.
16	186	Auflage zu den Klassen D1 und D1E: Bis zur Vollendung des 21. Lebensjahres nur 1. bei Fahrten im Inland und 2. im Rahmen des Ausbildungsverhältnisses. Die Auflage nach Nummer 1 entfällt, wenn der Fahrerlaubnisinhaber das 21. Lebensjahr vollendet hat. Die Auflage nach Nummer 2 entfällt, wenn der Fahrerlaubnisinhaber das 21. Lebensjahr vollendet oder die Ausbildung abgeschlossen hat.
17	187	Auflage zu den Klassen D und DE: Bis zur Vollendung des 24. Lebensjahres nur 1. bei Fahrten im Inland und 2. im Rahmen des Ausbildungsverhältnisses. Die Auflage nach Nummer 1 entfällt, wenn der Fahrerlaubnisinhaber das 24. Lebensjahr vollendet hat. Die Auflage nach Nummer 2 entfällt, wenn der Fahrerlaubnisinhaber das 24. Lebensjahr vollendet oder die Ausbildung abgeschlossen hat.
18	188	Auflage zu der Klasse C: Bis zur Vollendung des 21. Lebensjahres nur im Inland und nur bei Einsatzfahrten oder vom Vorgesetzten angeordneten Übungsfahrten und Schulungsfahrten mit Einsatzfahrzeugen der Feuerwehr, der Polizei, der nach Landesrecht anerkannten Rettungsdienste, des Technischen Hilfswerks und sonstiger Einheiten des Katastrophenschutzes.

Lfd. Nr.	Schlüsselzahl	
19	189	Auflage zu der Klasse D: Bis zur Vollendung des 24. Lebensjahres nur im Inland und nur bei Einsatzfahrten oder vom Vorgesetzten angeordneten Übungsfahrten und Schulungsfahrten mit Einsatzfahrzeugen der Feuerwehr, der Polizei, der nach Landesrecht anerkannten Rettungsdienste, des Technischen Hilfswerks und sonstiger Einheiten des Katastrophenschutzes.
20	190	Auflage zu der Klasse C: Bis zur Vollendung des 21. Lebensjahres nur im Inland und nur für das Führen von Fahrzeugen, die zu Reparatur- oder Wartungszwecken in gewerbliche Fahrzeugwerkstätten verbracht und dort auf Anweisung eines Vorgesetzten Prüfungen auf der Straße unterzogen werden.
21	191	Auflage zu der Klasse D: Bis zur Vollendung des 24. Lebensjahres nur im Inland und nur für das Führen von Fahrzeugen, die zu Reparatur- oder Wartungszwecken in gewerbliche Fahrzeugwerkstätten verbracht und dort auf Anweisung eines Vorgesetzten Prüfungen auf der Straße unterzogen werden.

Die Schlüsselzahlen 171 bis 175, 178 und 179 dürfen nur bei der Umstellung von Fahrerlaubnissen, die bis zum 31. Dezember 1998 und in den Fällen des § 76 Nummer 11a erteilt worden sind, verwendet werden. Die Schlüsselzahl 182 darf nur bei der Umstellung von Fahrerlaubnissen, die bis zum 18. Januar 2013 und in den Fällen des § 76 Nummer 11a erteilt worden sind, verwendet werden.

Anlage 14
(zu § 66 Abs. 2)

Voraussetzungen für die amtliche Anerkennung als Träger von Begutachtungsstellen für Fahreignung

(1) Bei Antragstellung, die von einer zur Vertretung des Trägers berechtigten Person unterzeichnet sein muss, sind folgende Unterlagen beizufügen:
1. Nachweise über die Rechtsform des Trägers, Name der juristischen Person,
2. Informationen über die Organisation und die Leitung des Trägers (Organigramm und Angaben der Schlüsselpositionen in der Leitung des Trägers, Befugnisse und Zuständigkeiten), seine Tätigkeiten und seine Beziehungen zu einer übergeordneten Organisation,
3. Anschriften aller Begutachtungsstellen im Zuständigkeitsbereich der jeweiligen Anerkennungsbehörde,
4. für jede Begutachtungsstelle im Zuständigkeitsbereich der jeweiligen Anerkennungsbehörde eine Bescheinigung der zuständigen Stelle über die Erfüllung der Verordnung über Arbeitsstätten,
5. soweit bereits eine andere Anerkennung erteilt wurde, eine Aufstellung über bereits vorliegende Anerkennungsbescheide unter Angabe der Anerkennungsbehörde, Aktenzeichen und Datum der Anerkennung; Kopien der Bescheide sind auf Aufforderung vorzulegen.

(2) Die Anerkennung wird erteilt oder verlängert, wenn
1. die finanzielle und organisatorische Leistungsfähigkeit des Trägers gewährleistet ist,
2. die personelle Ausstattung mit einer ausreichenden Anzahl von medizinischen und psychologischen Gutachtern sichergestellt ist,
   a) Anforderungen an den medizinischen Gutachter:
      aa) Arzt mit mindestens zweijähriger klinischer Tätigkeit oder Facharzt (insbesondere innere Medizin, Psychiatrie, Neurologie),
      bb) zusätzlich mindestens einjährige Praxis in der Begutachtung der Eignung von Kraftfahrern in einer Begutachtungsstelle für Fahreignung,
   b) Anforderungen an den psychologischen Gutachter:
      aa) Diplom oder ein gleichwertiger Master-Abschluss in der Psychologie und mindestens zweijährige praktische Berufstätigkeit (in der Regel in der klinischen Psychologie, Arbeitspsychologie),
      bb) zusätzlich mindestens einjährige Praxis in der Begutachtung der Eignung von Kraftfahrern in einer Begutachtungsstelle für Fahreignung,
      cc) Hospitation an einem vollständigen Kurs zur Wiederherstellung der Kraftfahreignung (§ 70) bei fehlenden Kenntnissen und Erfahrungen in der Durchführung dieser Kurse,
3. der Träger für alle Gutachter die Erfüllung der Anforderungen an die jährliche Weiterbildung gemäß der Richtlinie nach § 72 Absatz 2 Nummer 1 nachweist,
4. ein amtlich anerkannter Sachverständiger oder Prüfer für den Kraftfahrzeugverkehr zur Verfügung steht,
5. die sachliche Ausstattung mit den notwendigen Räumlichkeiten und Geräten sichergestellt ist,
6. der Träger von Begutachtungsstellen für Fahreignung nicht zugleich Träger von Maßnahmen der Fahrausbildung oder von Kursen zur Wiederherstellung der Kraftfahreignung ist, und keine Maßnahmen der Verhaltens- und Einstellungsänderung zur Vorbereitung auf eine Begutachtung der Fahreignung durchführt,
7. die Eignung der eingesetzten psychologischen Testverfahren und -geräte von einer geeigneten unabhängigen Stelle bestätigt worden ist,

8. der Träger von Begutachtungsstellen für Fahreignung die Erfüllung der Anforderungen der Richtlinie nach § 72 Absatz 2 Nummer 1 durch ein Gutachten der Bundesanstalt nachweist (im Rahmen der Erstbegutachtung beschränkt sich dieser Nachweis auf die Erfüllung der Anforderungen in Bezug auf die Dokumentation des Qualitätsmanagements und die räumliche, sachliche und personelle Ausstattung); sofern der Träger bereits vollumfänglich anerkannt ist, ist in der Regel kein neues Gutachten vorzulegen, es reicht das letzte vorliegende Gutachten der Bundesanstalt aus,
9. die Teilnahme des Trägers an einem regelmäßigen und bundesweiten Erfahrungsaustausch unter Leitung der Bundesanstalt sichergestellt wird,
10. die wirtschaftliche Unabhängigkeit der Gutachter vom Ergebnis der Begutachtungen gewährleistet ist und
11. der Antragsteller, bei juristischen Personen die nach Gesetz oder Satzung zur Vertretung berufenen Personen, die für die Tätigkeit erforderliche Zuverlässigkeit aufweisen.

(3) Voraussetzungen für Eignung und Unabhängigkeit einer Stelle im Sinne des Absatzes 2 Nummer 7 sind:

1. Die Verfügbarkeit von Personen, die über verfahrensbezogene fachliche Kompetenz in psychologischer Diagnostik verfügen, nachgewiesen durch
   a) mehrjährige Erfahrungen in der Anwendung psychologischer, insbesondere fahreignungsrelevanter, Testverfahren und
   b) einschlägige Publikationen in Fachzeitschriften mit einem Peer-Review-Verfahren.
2. Der Nachweis eines aufgabenbezogenen Qualitätsmanagementsystems.

Nicht geeignet sind Stellen oder die für sie tätigen Gutachter, die

1. an Entwicklung und Vertrieb des zu begutachtenden Testgeräts und/oder Testverfahrens beteiligt waren oder sind oder über die Erstellung von Gutachten im Rahmen dieser Anlage hinausgehend
2. eine vertragliche oder anderweitige rechtliche oder wirtschaftliche Beziehung zum Hersteller des Geräts und/oder Entwickler des Verfahrens unterhalten oder in den vergangenen 2 Jahren unterhielten oder
3. eine vertragliche oder anderweitige rechtliche oder wirtschaftliche Beziehung zu Trägern von Begutachtungsstellen für Fahreignung, die die zu begutachtenden Verfahren und Testgeräte einsetzen, unterhalten oder in den vergangenen 2 Jahren unterhielten.

Anlage 15
(zu § 70 Absatz 2)

Voraussetzungen für die amtliche Anerkennung als Träger von Kursen zur Wiederherstellung der Kraftfahreignung

(1) Bei Antragstellung, die von einer zur Vertretung des Trägers berechtigten Person unterzeichnet sein muss, sind folgende Unterlagen beizufügen:
1. Nachweise über die Rechtsform des Trägers, Bezeichnung der juristischen Person,
2. Informationen über die Organisation und die Leitung des Trägers (Organigramm und Angaben der Schlüsselpositionen in der Leitung des Trägers, Befugnisse und Zuständigkeiten), seine Tätigkeiten und seine Beziehungen zu einer übergeordneten Organisation,
3. Anschriften aller Stellen, in denen Kurse zur Wiederherstellung der Kraftfahreignung durchgeführt werden sollen, im Zuständigkeitsbereich der jeweiligen Anerkennungsbehörde,
4. für jede Stelle, in der Kurse zur Wiederherstellung der Kraftfahreignung durchgeführt werden sollen, im Zuständigkeitsbereich der jeweiligen Anerkennungsbehörde: Bescheinigung der zuständigen Stelle über die Erfüllung der Verordnung über Arbeitsstätten,
5. soweit bereits eine andere Anerkennung erteilt wurde, eine Aufstellung über bereits vorliegende Anerkennungsbescheide unter Angabe der Anerkennungsbehörde, Aktenzeichen und Datum der Anerkennung. Kopien der Bescheide sind auf Aufforderung vorzulegen.

(2) Die Anerkennung wird erteilt oder verlängert, wenn
1. die finanzielle und organisatorische Leistungsfähigkeit des Trägers gewährleistet ist,
2. die personelle und sachlich-räumliche Ausstattung sichergestellt ist,
3. Kursleiter
   a) den Abschluss eines Hochschulstudiums als Diplom-Psychologe oder einen gleichwertigen Master-Abschluss in Psychologie,
   b) eine verkehrspsychologische Ausbildung an einer Universität oder gleichgestellten Hochschule oder bei einer Stelle, die sich mit der Begutachtung oder Wiederherstellung der Kraftfahreignung befasst,
   c) Kenntnisse und Erfahrungen in der Untersuchung und Begutachtung der Eignung von Kraftfahrern und
   d) eine Ausbildung als Leiter von Kursen zur Wiederherstellung der Kraftfahreignung

   nachweisen,
4. Kursleiter die Voraussetzungen zur Aufrechterhaltung der Kursleiterqualifikation gemäß den Anforderungen der Richtlinie nach § 72 Absatz 2 Nummer 3 erfüllen,
5. der Träger von Kursen zur Wiederherstellung der Kraftfahreignung nicht zugleich Träger von Maßnahmen der Fahrausbildung oder Träger von Begutachtungsstellen für Fahreignung ist,
6. die wissenschaftliche Grundlage und die Geeignetheit der Kurse von einer geeigneten unabhängigen Stelle bestätigt worden ist.
7. der Träger von Kursen zur Wiederherstellung der Kraftfahreignung die Erfüllung der Anforderungen der Richtlinie nach § 72 Absatz 2 Nummer 3 durch ein Gutachten der Bundesanstalt nachweist (im Rahmen der Erstbegutachtung beschränkt sich dieser Nachweis auf die Erfüllung der Anforderungen in Bezug auf die Dokumentation des Qualitätsmanagements und die räumliche, sachliche und personelle Ausstattung); sofern der Träger bereits anerkannt ist, ist in

der Regel kein neues Gutachten vorzulegen, es reicht das letzte vorliegende Gutachten der Bundesanstalt aus.

(3) Voraussetzungen für Eignung und Unabhängigkeit der Stelle im Sinne des Absatzes 2 Nummer 6 sind:

1. Die Verfügbarkeit von Personen, die über verfahrensbezogene fachliche Kompetenz in klinischer oder pädagogischer Psychologie verfügen, nachgewiesen durch
   a) mehrjährige Erfahrungen in der Anwendung psychologischer Interventionsverfahren zur Behandlung von substanzbezogenen Problemen und/oder abweichendem Verhalten bei Erwachsenen und
   b) einschlägige Publikationen in Fachzeitschriften mit einem Peer-Review-Verfahren.
2. Der Nachweis eines aufgabenbezogenen Qualitätsmanagementsystems.

Nicht geeignet sind Stellen oder die für sie tätigen Gutachter, die

1. an Entwicklung und Vertrieb des zu begutachtenden Kursprogramms beteiligt waren oder sind oder über die Erstellung von Gutachten im Rahmen dieser Anlage hinausgehend
2. eine vertragliche oder anderweitige rechtliche oder wirtschaftliche Beziehung zum Entwickler des Kursprogramms unterhalten oder in den vergangenen 2 Jahren unterhielten oder
3. eine vertragliche oder anderweitige rechtliche oder wirtschaftliche Beziehung zu Trägern von Kursen zur Wiederherstellung der Kraftfahreignung gemäß § 70, die das zu begutachtende Kursprogramm einsetzen, unterhalten oder in den vergangenen 2 Jahren unterhielten.

Die Wirksamkeit der Kurse muss spätestens nach 6 Jahren in einem nach dem Stand der Wissenschaft durchgeführten Bewertungsverfahren (Evaluation) nachgewiesen werden. Die Kurse sind nach ihrer ersten Evaluation regelmäßig im Verlauf von längstens 10 Jahren erneut zu evaluieren.

Anlage 16
(zu § 42 Absatz 2)

Rahmenlehrplan für die Durchführung der verkehrspädagogischen Teilmaßnahme des Fahreignungsseminars

Modul 1

1. Baustein „Seminarüberblick"

	Lehr-Lernziele Der Seminarteilnehmer kann . . .	Lehr-Lern-inhalte	Lehr-Lern-methoden	Medien/ Materialien
1.1	. . . den organisatorischen Ablauf des Fahreignungsseminars beschreiben.	– Anzahl der Teilmaßnahmen und Module – Zeitliche Vorgaben zu den Teilmaßnahmen, zu den Modulen und zur Gesamtmaßnahme	Lehrvortrag	Folien-Präsentation/Film Merkblatt „Seminarüberblick"
1.2	. . . die wichtigsten Lehr-Lerninhalte und Lehr-Lernmethoden der verkehrspädagogischen Teilmaßnahme wiedergeben.	– Bausteinstruktur und -inhalte – Lehr-Lernmethoden		
1.3	. . . den Inhalt der Vertraulichkeitsversicherung darlegen.	– Vertraulichkeitsversicherung		
1.4	. . . die Voraussetzungen der Seminaranerkennung und die möglichen Konsequenzen einer Nichterfüllung benennen.	– Anwesenheit – Aktive Mitarbeit – Hausaufgabenbearbeitung – Keine offene Ablehnung – Konsequenzen der Nichterfüllung der Voraussetzungen		

	Lehr-Lernziele Der Seminarteilnehmer kann . . .	Lehr-Lerninhalte	Lehr-Lernmethoden	Medien/ Materialien
1.5	. . . die wesentlichen Inhalte der verkehrspsychologischen Teilmaßnahme skizzieren.	– Überblick über die Inhalte der verkehrspsychologischen Teilmaßnahme	Lehrvortrag	Folien-Präsentation/Film Merkblatt „Seminarüberblick"

2. Baustein „Individuelle Fahrkarriere und Sicherheitsverantwortung"

	Lehr-Lernziele Der Seminarteilnehmer kann . . .	Lehr-Lerninhalte	Lehr-Lernmethoden	Medien/ Materialien
2.1	. . . das Gefahrenpotenzial beschreiben, welches sein bisheriges Tatverhalten birgt.	– Bedeutsame kritische Fahrsituationen seit dem Fahrerlaubniserwerb	Erfahrungsberichte/ Diskussion/ kooperatives Lernen	Arbeitsblatt „Meine Fahrkarriere"
		– Unfallrisiken und Verantwortung im Zusammenhang mit den berichteten Fahrsituationen	Lehrvortrag	Folien-Präsentation/Film/Fotos/Zeitungsartikel

3. Baustein „Individuelle Mobilitätsbedeutung"

	Lehr-Lernziele Der Seminarteilnehmer kann . . .	Lehr-Lerninhalte	Lehr-Lernmethoden	Medien/ Materialien
3.1	. . . erläutern, warum das Kraftfahrzeug ein für ihn bedeutsames Fortbewegungs- und Transportmittel darstellt.	– Individuell bedeutsame Nutzungsmöglichkeiten des Kraftfahrzeugs	Kooperatives Lernen/Einzelarbeit/Diskussion	Arbeitsblatt „Wann brauche ich ein Kraftfahrzeug?"
3.2	. . . Folgen eines Mobilitätsverlusts benennen.	– Folgen eines Mobilitätsverlusts		

4. Baustein Hausaufgabe „Darstellung der individuellen Mobilitätsbedeutung“

	Lehr-Lernziele Der Seminarteilnehmer kann . . .	Lehr-Lern-inhalte	Lehr-Lern-methoden	Medien/ Materialien
4.1	. . . begründen, inwiefern ein Mobilitätsverlust zu einer Abnahme seiner Lebensqualität führt.	– Individuelle Bedeutung des Mobilseins – Individuelle Konsequenzen eines Mobilitätsverlusts	Hausaufgabe	Arbeitsblatt „Meine individuelle Mobilitätsbedeutung“

5. Baustein „Erläuterung des Fahreignungs-Bewertungssystems“

	Lehr-Lernziele Der Seminarteilnehmer kann . . .	Lehr-Lern-inhalte	Lehr-Lern-methoden	Medien/ Materialien
5.1	. . . die Regelungen des Fahreignungs-Bewertungssystems wiedergeben.	– Punkte und Sanktionen bei Regelverstößen – Stufen des Punktsystems – Fristen zur Punktetilgung	Lehrvortrag	Folien-Präsentation/Film

6. Baustein „Verkehrsregeln und Rechtsfolgen bei Regelverstößen“

	Lehr-Lernziele Der Seminarteilnehmer kann . . .	Lehr-Lern-inhalte	Lehr-Lern-methoden	Medien/ Materialien
6.1	. . . die Auswahl der tatbezogenen Bausteine begründen.	– Zuwiderhandlungen und daraus resultierende Bausteinauswahl	Lehrvortrag	–
6.2	. . . die tatbezogenen Verkehrsregeln anwenden und begründen.	– Tatbezogene Verkehrsregeln	Computergestütztes kooperatives Lernen	Aufgaben „Verkehrsregeln“ Filme/ Simulationen/ animierte Grafiken/Fotos/ Grafiken
6.3	. . . die resultierenden Rechtsfolgen tatbezogener Regelverstöße benennen.	– Rechtsfolgen tatbezogener Regelverstöße	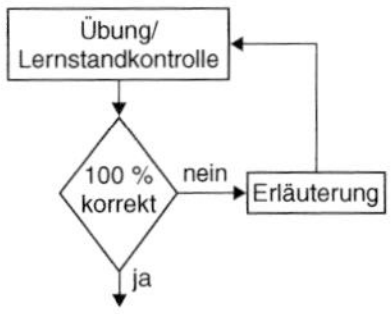	

7. Baustein „Übung zur Klärung der individuellen Mobilitätssituation"

	Lehr-Lernziele Der Seminarteilnehmer kann ...	Lehr-Lern-inhalte	Lehr-Lern-methoden	Medien/ Materialien
7.1	... bestimmte tatbezogene Regelverstöße den entsprechenden Punktekategorien zuordnen und für jeden Verstoß ableiten, ob dieser zum Entzug der Fahrerlaubnis führen würde.	– Tatbezogene Regelverstöße – Punktekategorien des Fahreignungs-Bewertungssystems – Fahrerlaubnisentzug als Folge tatbezogener Regelverstöße	Kooperatives Lernen/ Diskussion	–

8. Baustein Hausaufgabe „Übung zur Selbstbeobachtung"

	Lehr-Lernziele Der Seminarteilnehmer kann ...	Lehr-Lern-inhalte	Lehr-Lern-methoden	Medien/ Materialien
8.1	... auslösende und aufrechterhaltende Bedingungen seines Tatverhaltens schildern.	– Individuelle Gelegenheitsstrukturen, die das Begehen von Regelverstößen fördern	Hausaufgabe	Arbeitsblatt „Selbstbeobachtung"

Modul 2

9. Baustein „Auswertung der Hausaufgaben“

	Lehr-Lernziele Der Seminarteilnehmer kann . . .	Lehr-Lerninhalte	Lehr-Lernmethoden	Medien/ Materialien
9.1	. . . begründen, inwiefern ein Mobilitätsverlust zu einer Abnahme seiner Lebensqualität führt.	– Individuelle Bedeutung des Mobilseins – Individuelle Konsequenzen eines Mobilitätsverlusts	Diskussion/ Erfahrungsberichte/Lernstandkontrolle	Arbeitsblatt „Meine individuelle Mobilitätsbedeutung“
9.2	. . . auslösende und aufrechterhaltende Bedingungen seines Tatverhaltens schildern.	– Individuelle Gelegenheitsstrukturen, die das Begehen von Regelverstößen fördern		Arbeitsblatt „Selbstbeobachtung“

10. Baustein „Risikoverhalten und Unfallfolgen“

<table>
<tr><th></th><th>Lehr-Lernziele Der Seminarteilnehmer kann . . .</th><th>Lehr-Lern-inhalte</th><th>Lehr-Lern-methoden</th><th>Medien/ Materialien</th></tr>
<tr><td>10.1</td><td>. . . darüber berichten, dass bestimmte (Gefahren-) Situationen verzerrt wahrgenommen und falsch beurteilt werden.</td><td>– Wahrnehmungs- und Beurteilungsfehler</td><td rowspan="4">Computergestütztes kooperatives Lernen
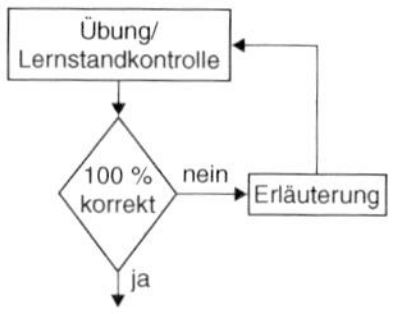
</td><td rowspan="4">Aufgaben „Fehleinschätzungen“ Filme/animierte Grafiken/Fotos/ Grafiken</td></tr>
<tr><td>10.2</td><td>. . . Konsequenzen des aus Fehleinschätzungen resultierenden Fahrverhaltens benennen.</td><td>– Konsequenzen des aus Fehleinschätzungen resultierenden Fahrverhaltens</td></tr>
<tr><td>10.3</td><td>. . . risikominimierende Fahrverhaltensweisen darstellen.</td><td>– Risikominimierende Fahrverhaltensstrategien</td></tr>
<tr><td>10.4</td><td>. . . die Sinnhaftigkeit von Verkehrsregeln begründen.</td><td>– Sinnhaftigkeit von Verkehrsregeln</td></tr>
<tr><td>10.5</td><td>. . . tatbezogene Auslöser nennen, die einen Unfall verursachen können.</td><td>– Tatbezogene Auslöser von Unfällen</td><td rowspan="3">Diskussion/ Lehrvortrag</td><td rowspan="3">Folien-Präsentation/Filme</td></tr>
<tr><td>10.6</td><td>. . . das tatbezogene Unfallrisiko einschätzen.</td><td>– Tatbezogenes Unfallrisiko</td></tr>
<tr><td>10.7</td><td>. . . mögliche Unfallfolgen für Unfallbeteiligte und deren Angehörige benennen.</td><td>– Mögliche Unfallfolgen für Unfallbeteiligte und deren Angehörige</td></tr>
</table>

11. Baustein „Individuelle Sicherheitsverantwortung"

	Lehr-Lernziele Der Seminarteilnehmer kann . . .	Lehr-Lerninhalte	Lehr-Lernmethoden	Medien/ Materialien
11.1	. . . anhand realer Unfälle über mögliche Unfallfolgen seines Tatverhaltens berichten.	– Mögliche Unfallfolgen für Unfallbeteiligte und deren Angehörige (Einzelschicksale)	Diskussion/ Lehrvortrag	Folien-Präsentation/Film
11.2	. . . die in der verkehrspädagogischen Teilmaßnahme ermittelten Kenntnisse wiedergeben.	– Zusammenfassung der in der verkehrspädagogischen Maßnahme vermittelten Kenntnisse	Diskussion/ Lernstandkontrolle	–
11.3	. . . seine Einstellungen zum eigenen Fahrverhalten und zur persönlichen Sicherheitsverantwortung beschreiben.	– Meinungen und Positionen der Teilnehmer zur Gefährlichkeit ihres bisherigen Fahrverhaltens und zu ihrer individuellen Sicherheitsverantwortung		

Informationsblatt zum Abstinenzkontrollprogramm (Beispiel Drogen, vgl. Kapitel 5.3)

Informationen zum Drogen-Screening-Programm

Die mit Ihnen vereinbarten Urinuntersuchungen sollen die Glaubhaftigkeit einer bestehenden Betäubungsmittelabstinenz stützen. Voraussetzung sind unauffällige (negative) Analyseergebnisse.

Eine unwissentliche oder passive Aufnahme von Drogen ist kein entlastendes Argument. Meiden Sie daher bitte bis zum Abschluss des Kontrollprogramms Orte, an denen Betäubungsmittel in Ihre Getränke oder Speisen gelangen könnten oder an denen drogenhaltiger Rauch in die Raumluft abgegeben wurde.

Bitte beachten Sie auch die folgenden Hinweise:

Medikamente können zu positiven Testergebnissen führen

Bei einer bereits bestehenden Einnahme von Medikamenten und bei jeder im weiteren Verlauf geplanten Medikamentenverordnung informieren Sie bitte Ihren Arzt über die anstehenden Urinuntersuchungen. Medikamente, die zu einer Beeinflussung der Analyseergebnisse führen können, sollten durch unbedenkliche alternative Medikamente ersetzt werden. Ist dies nach Einschätzung Ihres Arztes nicht möglich, so nehmen Sie bitte umgehend unter Vorlage eines ärztlichen Attestes (Indikation, Medikament, voraussichtliche Behandlungsdauer) Kontakt zur Begutachtungsstelle auf.

Relevant sind vor allem:

codeinhaltige und morphinhaltige Medikamente (z. B. Hustenmittel, Schmerzmittel), Methadon und andere Substitutionsmittel, Cannabisinhaltsstoffe in Medikamentenform, amphetaminhaltige Präparate oder solche, die im Abbau zu Amphetamin oder ähnlichen Substanzen umgeformt werden, Psychopharmaka oder Hypnotika/Sedativa (z. B. Benzodiazepine).

Bitte informieren Sie sich auch vor der Einnahme von Nahrungsergänzungs- oder Lifestyle-Mitteln über die Inhaltsstoffe. Gleiches gilt für Medikamente, die durch Dritte an Sie weitergegeben wurden.

Nehmen Sie bitte keine rezeptfrei erhältlichen Medikamente, die Ephedrin oder Pseudoephedrin enthalten (z. B. Wick MediNait Erkältungssaft, Aspirin Complex Granulat, Reactine duo Retardtabletten, Rhinopront Kombitabletten). Die Schmerzmittel Paracetamol, Aspirin (*ohne* Pseudoephedrin/Ephedrin), Ibuprofen und Diclofenac können Sie, sofern keine gesundheitlichen Gründe dagegen sprechen, unbedenklich nehmen.

Zur Beeinflussung der Testergebnisse durch Lebensmittel oder Pflegemittel

Da eine Beeinflussung nicht auszuschließen ist, nehmen Sie bitte keine hanf- oder mohnhaltigen Nahrungsmittel zu sich (z. B. Öle, Flocken, Plätzchen, Mohnkuchen, Mohnbrötchen, Mohnsamen im Müsli). Vermeiden Sie die Anwendung von hanfhaltigen Pflegeprodukten (z. B. Haarwaschmittel, Cremes).

Zum Flüssigkeitskonsum am Tag der Urinabgabe

Für die Laboranalyse werden lediglich 10 ml Urin benötigt. Wir empfehlen Ihnen, in den letzten Stunden vor der Urinabgabe nicht mehr als 200 ml Flüssigkeit (z. B. Wasser, Säfte, Tee, Kaffee, Milch, Suppen, wasserreiche Früchte wie Wassermelonen) pro Stunde zu sich zu nehmen. Die Flüssigkeitsaufnahme sollte gleichmäßig über die Zeit verteilt erfolgen.

Wie nachfolgend näher erläutert, ist eine erhöhte Trinkmenge unbedingt zu vermeiden. >

Eine Drogenabstinenz kann nur dann als belegt angesehen werden, wenn eine Urinprobe mit normaler Konzentration untersucht wurde

Ein verdünnter Urin wird vom Labor durch die Bestimmung der Kreatininkonzentration identifiziert. Kreatinin entsteht bei jedem Menschen im Energiestoffwechsel der Muskulatur und wird mit dem Urin ausgeschieden.

Bei erhöhter Aufnahme von Flüssigkeit nimmt mit der Urinkonzentration auch die Konzentration möglicherweise enthaltener Drogen ab. Ein Betäubungsmittelkonsum könnte dadurch dem analytischen Nachweis entgehen.

Aus vorstehendem Grund sollten für die Dauer des Kontrollprogramms auch keine Diuretika eingenommen werden. Dies sind Substanzen, die zu einer verstärkten Urinausscheidung mit Abnahme der Konzentration führen (z.B. „harntreibende" pflanzliche Mittel, „Entwässerungsmittel", Medikamente).

Wenn Ihnen wegen einer Krankheit ärztlich ein Diuretikum verordnet wird, so setzen Sie die Medikation auf keinen Fall selbst ab

Im Einzelfall ist nicht vorherzusagen, ob ein Diuretikum zu einer Urinverdünnung bis unter den Normalbereich führt. Bei Abgabe einer Urinprobe mit erniedrigter Konzentration muss das Kontrollprogramm jedoch – unabhängig von den individuellen Gründen – abgebrochen werden. Wir empfehlen Ihnen daher dringend, die Begutachtungsstelle gegebenenfalls umgehend über eine entsprechende Medikamenteneinnahme zu informieren.

Alternativ kommt möglicherweise eine Haaranalyse infrage

Bei intakter Haarstruktur kann eine Betäubungsmittelabstinenz auch durch die Untersuchung von Kopfhaaren belegt werden. Das Haar darf nicht coloriert oder gebleicht sein. Eine Haaranalyse ist bis zu 6 cm möglich. Im Mittel entspricht circa ein Zentimeter Haar einem Zeitraum von einem Monat. Aufgrund des Wachstumsverhaltens der Kopfhaare ist für die ersten 3 Monate (bei starkem Konsum 6 Monate) nach dem Übergang zum Drogenverzicht ein Abstinenzbeleg durch eine Haaranalyse allerdings nicht sinnvoll. In dem diesem Zeitraum zuzuordnenden Haarabschnitt befinden sich in der Regel noch drogenhaltige Haare, die in der Zeit des Betäubungsmittelkonsums gebildet wurden.

Beispiele für Informationsblätter zum Ablauf einer Fahreignungsbegutachtung

Verlauf und Umfang der Begutachtung

1. Im Vorfeld

Die Begutachtung der Fahreignung wird von der Fahrerlaubnisbehörde veranlasst, welche auch die konkret zu beantwortenden Fragen an die Gutachter formuliert. Nachdem Sie Ihrer Fahrerlaubnisbehörde die von Ihnen gewünschte Begutachtungsstelle benannt haben, sendet die Fahrerlaubnisbehörde Ihre Fahrerlaubnisakte und die zu beantwortenden Fragen an die Begutachtungsstelle. Unsere Begutachtungsstelle vereinbart mit Ihnen in der Folge einen Untersuchungstermin und sendet Ihnen ein Informationsblatt über die Untersuchung zu.

2. Anmeldung

Am Untersuchungstag melden Sie sich bei der Anmeldung der Begutachtungsstelle an und legen Ihren Ausweis vor. Nach der Zahlung der Untersuchungsgebühr erhalten Sie einige Fragebögen und nehmen anschließend im Warteraum Platz. Die Gutachter werden Sie dort persönlich abholen.

3. Die Untersuchung

Die Untersuchung umfasst in der Regel eine körperliche Untersuchung, ein Untersuchungsgespräch mit einem Psychologen, die Absolvierung von verkehrsbezogenen Leistungstests und die Bearbeitung von Fragebögen. Der genaue Umfang der einzelnen Untersuchungsteile richtet sich nach den Fragen der Fahrerlaubnisbehörde und den Hypothesen (zu prüfende Grundannahmen), die sich aus der Aktenlage ergeben. Um Ihre Wartezeit zu minimieren ist die Reihenfolge der Untersuchungsteile nicht festgelegt. Insgesamt wird die Untersuchung ca. 2 bis 4 Stunden beanspruchen.

3.1 Die körperliche Untersuchung

Der Arzt spricht mit Ihnen über frühere und aktuelle Erkrankungen und über derzeit eingenommene Medikamente.

Die körperliche Untersuchung umfasst eine Grunderfassung ihres Gesundheitszustandes wie Größe, Gewicht, Hautzeichen, Herz- und Kreislauffunktion, Reflexe, Koordination und Beweglichkeit. Ferner wird die Sehfähigkeit festgestellt.

Fragt die Fahrerlaubnisbehörde nach erneuten Alkoholdelikten, werden die Blutwerte GOT, GPT und GGT erhoben. Bei drogenbezogenen Untersuchungen wird ein Drogenscreening durchgeführt.

3.2 Das Gespräch mit dem Psychologen

Das Gespräch mit dem Psychologen ist anlassbezogen. Das heißt, es werden ausschließlich die Bereiche der Persönlichkeit besprochen, die zur Beantwortung der behördlichen Fragestellung notwendig sind.

Der Psychologe spricht mit Ihnen über die aktenkundigen Auffälligkeiten, deren Hintergründe, wie Sie selber darüber denken und welche Schlussfolgerungen Sie daraus gezogen haben.

3.3 Die Leistungstests

Zu den Bereichen Orientierung, Belastbarkeit, Aufmerksamkeit, Konzentration und Reaktion gibt es Testverfahren, die auf einem Bildschirm dargeboten werden. Die Auswahl der Verfahren trifft der Psychologe. Alle Testverfahren sind wissenschaftlich abgesichert und es kommt nicht darauf an Höchstleistungen zu erzielen.

>

3.4 Die Fragebögen

Folgende Fragebögen werden von Ihnen im Rahmen der Untersuchung bearbeitet:

- *Fragebogen zur Person* mit den Eckdaten Ihres Lebens und der Fahrerlaubnis.
- *Anamnesefragebogen* mit Fragen zur Gesundheit und zu Medikamenten.

Anlassbezogen können zudem folgende Fragebögen Anwendung finden:

- *Fragebogen Alkoholwissen* über die Wirkung von Alkohol und die diesbezüglichen rechtlichen Bestimmungen.
- *Abstinenz-Fragebogen* über die Möglichkeit eines generellen Alkoholverzichts.
- *Fragebogen Verkehrsverhalten* über Gefahren und Gefahreneinschätzung im Straßenverkehr.
- *Verkehrsmedizinischer Zusatzbogen BTM*; Anamnesefragebogen zum Drogenkonsum.
- *Fragebogen zum Drogenkonsum* über Drogenwirkungen und die eigenen Einstellungen hierzu.

3.5 Das Gutachten

Die vorstehend genannten Befunde dienen dem Arzt und dem Psychologen zur gemeinsamen Erstellung eines medizinisch-psychologischen-Gutachtens, in dem die Fragen der Führerscheinbehörde beantwortet werden. Das Gutachten wird Ihnen per Post nach Hause zugestellt.

Fahreignungsbegutachtung wegen Alkoholauffälligkeit

Hinweise zu Maßnahmen und Belegen

Alkoholabhängigkeit

In der Regel Entwöhnungsbehandlung. Mindestens einjährige Abstinenz (in der Regel *nach* einer Entwöhnungsbehandlung), belegt für mindestens 12 Monate durch Laboruntersuchungen auf das Alkoholabbauprodukt EtG.

Weitere Möglichkeiten (zeitlicher Zusammenhang Maßnahme/Abstinenzzeiträume) sind in der unten genannten Literaturquelle beschrieben.

Kontrollierter Umgang mit Alkohol nicht dauerhaft möglich

In der Regel erfolgreiche therapeutische Maßnahme. Alkoholverzicht mindestens 6 Monate, abhängig von Vorgeschichte bis zu 12 Monaten, belegt durch Laboruntersuchungen auf EtG.

Dauer des Alkoholverzichts in der Regel mindestens 6 Monate *nach* Beendigung einer therapeutischen Maßnahme, wenn erst diese Maßnahme zum Alkoholverzicht motiviert hat. Weitere Möglichkeiten (zeitlicher Zusammenhang Maßnahme/Abstinenzzeiträume) sind in der unten genannten Literaturquelle beschrieben.

Alkoholgefährdung

Stabil geändertes Trinkverhalten. Änderung über mehrere Monate, abhängig von Vorgeschichte bis zu 12 Monaten, ggf. gestützt durch wiederholte unauffällige Laboralkoholmarker (GGT, CDT).

Abstinenzkontrollen im Urin – Untersuchung auf EtG

Beleg für 6 Monate:	4 Kontrollen
Beleg für 12 Monate:	6 Kontrollen

Anforderungen: vertraglich vereinbartes Kontrollprogramm, tägliche Erreichbarkeit, kurzfristige und zeitlich nicht vorhersehbare Einbestellung, Urinabgabe unter Sichtkontrolle, Prüfung der Proben auf Verdünnung, nach DIN ISO EN 17025 für forensische Zwecke akkreditiertes Labor.

Abstinenzkontrollen im Kopfhaar – Untersuchung auf EtG

Im Mittel entspricht circa ein Zentimeter Haar einem Zeitraum von einem Monat. Es können zum Abstinenzbeleg nur kopfnahe Haarabschnitte von einer Länge *bis zu maximal 3 Zentimetern* untersucht werden. Die Haarstruktur am Hinterkopf muss intakt sein. Das Haar darf nicht gebleicht und nicht coloriert sein. Das Konsumende soll mindestens 3 Monate, bei starkem Konsum 6 Monate in der Vergangenheit liegen.

Anforderungen an den Untersuchenden

Gemäß Anlage 4a der Fahrerlaubnis-Verordnung (FeV) dürfen nur Abstinenzbelege folgender Stellen anerkannt werden:

Facharzt mit verkehrsmedizinischer Qualifikation (nicht der behandelnde Arzt), Arzt des Gesundheitsamtes oder der öffentlichen Verwaltung, Facharzt für Rechtsmedizin, Arzt der Arbeits- oder Betriebsmedizin, Arzt einer Begutachtungsstelle für Fahreignung, Arzt/Toxikologen eines für forensisch-toxikologische Zwecke akkreditierten Labors.

Quelle: Urteilsbildung in der Fahreignungsbegutachtung – Beurteilungskriterien, 3. Auflage 2013, Hrsg.: DGVP/DGVM, Schubert, W., Dittmann, V., Brenner-Hartmann, J., Kirschbaum Verlag Bonn

Fahreignungsbegutachtung wegen Drogenauffälligkeit

Hinweise zu Maßnahmen und Belegen

Drogenabhängigkeit

In der Regel Entwöhnungsbehandlung.

Mindestens einjährige Abstinenz (in der Regel *nach* einer Entwöhnungsbehandlung), belegt durch eine Drogenanalytik für mindestens 12 Monate. Alkoholverzicht.

Weitere Möglichkeiten (zeitlicher Zusammenhang Maßnahme/Abstinenzzeiträume) sind in der unten genannten Literaturquelle beschrieben.

Fortgeschrittene Drogenproblematik

In der Regel erfolgreiche therapeutische Maßnahme.

Mindestens einjährige Abstinenz (in der Regel *nach* Abschluss der Maßnahme), belegt durch eine Drogenanalytik für mindestens 12 Monate. Weitere Möglichkeiten (zeitlicher Zusammenhang Maßnahme/Abstinenzzeiträume) sind in der unten genannten Literaturquelle beschrieben.

Drogengefährdung

Abstinenz mindestens 6 Monate, belegt durch eine Drogenanalytik.

Abstinenzkontrollen im Urin (polytoxikologisches Drogen-Screening)

Beleg für 6 Monate:	4 Kontrollen
Beleg für 12 Monate:	6 Kontrollen

Anforderungen: vertraglich vereinbartes Kontrollprogramm, tägliche Erreichbarkeit, kurzfristige und zeitlich nicht vorhersehbare Einbestellung, Urinabgabe unter Sichtkontrolle, Prüfung der Proben auf Verdünnung, nach DIN ISO EN 17025 für forensische Zwecke akkreditiertes Labor.

Abstinenzkontrolle im Kopfhaar

Im Mittel entspricht circa ein Zentimeter Haar einem Zeitraum von einem Monat. Es können zum Abstinenzbeleg nur kopfnahe Haarabschnitte von einer Länge *bis zu maximal 6 Zentimetern* untersucht werden. Die Haarstruktur am Hinterkopf muss intakt sein. Das Haar darf nicht gebleicht sein. Bei coloriertem Haar sind weitere Analysen (Urinscreenings für 6 Monate) erforderlich. Das Konsumende soll mindestens 3 Monate, bei starkem Konsum 6 Monate in der Vergangenheit liegen.

Anforderungen an den Untersuchenden

Gemäß Anlage 4a der Fahrerlaubnis-Verordnung (FeV) dürfen nur Abstinenzbelege folgender Stellen anerkannt werden:

Facharzt mit verkehrsmedizinischer Qualifikation (nicht der behandelnde Arzt), Arzt des Gesundheitsamtes oder der öffentlichen Verwaltung, Facharzt für Rechtsmedizin, Arzt der Arbeits- oder Betriebsmedizin, Arzt in einer Begutachtungsstelle für Fahreignung, Arzt/Toxikologen eines für forensisch-toxikologische Zwecke akkreditierten Labors.

Quelle: Urteilsbildung in der Fahreignungsbegutachtung – Beurteilungskriterien, 3. Auflage 2013, Hrsg.: DGVP/DGVM, Schubert, W., Dittmann, V., Brenner-Hartmann, J., Kirschbaum Verlag Bonn

Beispiele für eine gutachterliche Stellungnahme und Durchführung einer Fahrprobe (vgl. Kapitel 5.2)

Kopfbogen der TP-Dienststelle

Gutachterliche Stellungnahme (Teil 1 der Begutachtung)

Das Gutachten wird erstellt für (Frau/Herr, Titel, Name, geboren am, geboren in, Anschrift, Telefonnummer).

Nach eigenen Angaben und nach Augenschein hat (Frau/Herr, Name) nachfolgende körperliche Behinderung, die eine sichere Bedienung und Führung eines handelsüblichen Kraftfahrzeuges beeinträchtigen (ein ärztliches Gutachten lag vor/lag nicht vor).

Folgende körperlichen Restkräfte wurden gemessen:

- Anpresskräfte:
  Linker Fuß (N)
  Rechter Fuß (N)
  Linke Hand (N)
  Rechte Hand (N)
- Zug- und Druckkräfte der Arme:
  Beschreibung, auch in verschiedenen Winkeln zur Erreichung der Bedienungseinrichtungen (N)
- Drehkräfte für das Lenkrad:
  Einhändig (Nm)
  Zweihändig (Nm)

Dieser Abschnitt ist nur einzufügen, wenn eine Messung erforderlich war und durchgeführt wurde.

Die gutachterliche Stellungnahme bezieht sich auf Auflagen und Beschränkungen, die notwendig sind, um ein Kfz sicher zu führen.

Die folgenden Auflagen und Beschränkungen sollen ausreichend sein, wenn von ärztlicher Seite keine ergänzenden Gutachten erstellt werden. Änderungen oder Zusätze können sich bei der praktischen Vorbereitung auf die Fahrprobe ergeben.

Beschränkungen: *(Hier sollten die Begriffe, Formulierungen und Schlüsselzahlen aus dem VdTÜV-Merkblatt Kraftfahrwesen 745 verwendet werden.)*

Auflagen: *(Hier sollten die Begriffe, Formulierungen und Schlüsselzahlen aus dem VdTÜV-Merkblatt Kraftfahrwesen 745 verwendet werden.)*

Empfehlungen: Die Begutachtung erfolgte im Auftrag der Fahrerlaubnisbehörde (Name, Anschrift, Auftragsdatum)/auf eigenen Wunsch.

Erfolgte die Durchführung des Gutachtens nicht im Auftrag der zuständigen Fahrerlaubnisbehörde, so bitten wir Sie (Frau/Herr, Name) diese umgehend über deren Durchführung zu informieren.

Das Gutachten und die Fahrprobe dienen Ihrer Fahrerlaubnisbehörde als Entscheidungshilfe für Ihre Freigabe zur

praktischen Befähigungsprüfung (gilt nur für Bewerber einer Fahrerlaubnis).

Dieses Schriftstück ist dem Sachverständigen zur Fahrprobe (Teil 2 der Begutachtung) vorzulegen.

Gutachter: (Name, Unterschrift, Stempel)

Kopfbogen der TP-Dienststelle

Durchführung einer Fahrprobe (Teil 2 der Begutachtung)

(Frau/Herr, Titel, Name, Vorname, geboren am, geboren in, Anschrift, Telefonnummer) ist heute bei uns erschienen und gibt an, ein Kraftfahrzeug führen zu wollen.

(Frau/Herr, Name) ist im Besitz der Fahrerlaubnis der Klasse(n) ....

(Frau/Herr, Name) hat den Wunsch, einen (Fahrzeugart mit/ohne Anhänger – weitere Wünsche eintragen) zu fahren.

Nach eigenen Angaben und nach Augenschein hat (Frau/Herr, Name) nachfolgende körperliche Behinderung, die eine sichere Bedienung und Führung eines handelsüblichen Kraftfahrzeuges beeinträchtigen (ein ärztliches Gutachten lag vor/lag nicht vor).

Folgende körperlichen Restkräfte wurden gemessen:

- Anpresskräfte:
  Linker Fuß (N)
  Rechter Fuß (N)
  Linke Hand (N)
  Rechte Hand (N)
- Zug- und Druckkräfte der Arme:
  Beschreibung, auch in verschiedenen Winkeln zur Erreichung der Bedienungseinrichtungen (N)
- Drehkräfte für das Lenkrad:
  Einhändig (Nm)
  Zweihändig (Nm)

Dieser Abschnitt ist nur einzufügen, wenn eine Messung erforderlich war und durchgeführt wurde.

Die Fahrprobe bezieht sich auf Auflagen und Beschränkungen, die notwendig sind, um ein Kfz sicher zu führen.

Bei der heutigen Fahrprobe zeigte er/sie sich in der Lage, Kfz unter folgenden Auflagen und Beschränkungen sicher zu führen.

Beschränkungen: *(Hier sollten die Begriffe, Formulierungen und Schlüsselzahlen aus dem VdTÜV-Merkblatt Kraftfahrwesen 745 verwendet werden.)*

Auflagen: *(Hier sollten die Begriffe, Formulierungen und Schlüsselzahlen aus dem VdTÜV-Merkblatt Kraftfahrwesen 745 verwendet werden.)*

Empfehlungen: Es wird empfohlen, in den Führerschein von (Frau/Herr, Name), o.a. Auflagen und Beschränkungen einzutragen.

Die Fahrprobe erfolgte im Auftrag der Fahrerlaubnisbehörde (Name, Anschrift, Auftragsdatum)/auf eigenen Wunsch.

Erfolgte die Durchführung der Fahrprobe nicht im Auftrag der zuständigen Fahrerlaubnisbehörde, so bitten wir Sie (Frau/Herr, Name) diese umgehend über deren Durchführung zu informieren.

Die Fahrprobe dient Ihrer Fahrerlaubnisbehörde als Entscheidungshilfe für Ihre Freigabe zur

praktischen Befähigungsprüfung (gilt nur für Bewerber einer Fahrerlaubnis).

Dieses Schriftstück ist Bestandteil des Prüfauftrages. Es ist dem Sachverständigen zur Fahrerlaubnisprüfung zu übergeben.

Gutachter: (Name, Unterschrift, Stempel)

Stichwortverzeichnis

P

R

S

T

U

V

Autorenverzeichnis

Prof. Dr. Psych.
Rainer Banse
Sprecher der Fachgruppe
Rechtspsychologie der DGPS
Institut für Psychologie,
Sozial- und Rechtspsychologie
Rheinische Friedrich-Wilhelms-
Universität Bonn
Kaiser-Karl-Ring 9, 53123 Bonn
banse@uni-bonn.de

Werner Bauer
Erster Polizeihauptkommissar
Polizeipräsidium Mittelfranken
Jakobsplatz 5, 90402 Nürnberg
werner.bauer@polizei.bayern.de

Dr.-Ing.
Arndt Birkigt
ehem. Leiter der Technischen Prüfstelle
für den Kraftfahrzeugverkehr
DEKRA e.V. Dresden
Senftenberger Straße 30, 01998 Klettwitz
arndt-birkigt@t-online.de

Regierungsdirektorin
Ulrike Frey
Landesamt für Bürger- und
Ordnungsangelegenheiten
Puttkamerstraße 16–18, 10958 Berlin
ulrike.frey@labo.berlin.de

Dipl.-Psych.
Doreen Glaser
Leiterin der Begutachtungsstelle für
Fahreignung Berlin des DEKRA e.V. Dresden
Landessprecherin Verkehrspsychologie
für die BL Berlin und Brandenburg
der DEKRA Automobil GmbH
Warschauer Straße 32, 10243 Berlin
doreen.glaser@dekra.com

Prof. Dr. med.
Matthias Graw
Vorstand Deutsche Gesellschaft
für Verkehrsmedizin
Vorstand Institut für Rechtsmedizin der LMW
Nußbaumstraße 26
80336 München
matthias-graw@med.uni-muenchen.de

Dr. med.
Hannelore Hoffmann-Born
Verkehrsmedizinisches
Competenz-Centrum
Georg-Speyer-Straße 21
60487 Frankfurt
info@street-ready.de

Regierungsoberamtsrat
Thomas Hofstätter
Regierung von Oberbayern
Maximilianstraße 39
80335 München
thomas.hofstaetter@reg-ob.bayern.de

Dr. rer. nat.
Birgit Kollbach
Leiterin Medizinisch-Psychologischer Dienst
(MPD), DEKRA Akademie GmbH
Ehrenbergstraße 11–14
10245 Berlin
birgit.kollbach@dekra.com

Prof. Dr.
Marie-Luise Kluck
Lehrbeauftragte/
Gutachterin Rechtspsychologin
Institut für Psychologie, Sozial- und
Rechtspsychologie
Kaiser-Karl-Ring 9
53111 Bonn
ml.kluck@t-online.de

Dr.-Ing.
Roland Krause
Vizepräsident CIECA
Leiter der Technischen Prüfstelle
für den Kraftfahrzeugverkehr
DEKRA e. V. Dresden
Senftenberger Straße 30, 01998 Klettwitz
roland.krause@dekra.com

Peter Labitzke
Landesamt für Bauen und Verkehr
Dezernat 24
Müllroser Chaussee 51, 15236 Frankfurt (Oder)
peter.labitzke@lbv.brandenburg.de

Regierungsoberamtsrat
Thomas Mach
Ministerium für Infrastruktur und
Landwirtschaft – Referat 41 –
Henning-von-Tresckow-Straße 2–8
14467 Potsdam
thomas.mach@mil.brandenburg.de

em. Univ.-Prof. Dr. med.
Rainer Mattern
Vizepräsident der Deutschen Gesellschaft
für Verkehrsmedizin
Medizinische Fakultät
der Universität Heidelberg
Odenwaldstraße 23, 69226 Nußloch
rainer_mattern@t-online.de

Prof. Dr. jur.
Dieter Müller
Professor für Verkehrsrecht
Hochschule der Sächsischen Polizei (FH)
Friedensstraße 120, 02929 Rothenburg/O.L
dieter.mueller@polizei.sachsen.de

Dr. jur.
Frank Müller-Rath
Rechtsanwalt, Fachanwalt für Medizinrecht
Kanzlei Scheufen, Wulff & Müller-Rath
Giesebrechtstraße 7, 10629 Berlin
kanzlei@scheufen-wulff.de

Prof. Dr. rer. nat.
Frank Mußhoff
Vorstand Deutsche Gesellschaft
für Verkehrsmedizin
Forensisch Toxikologisches
Centrum München
Bayerstraße 53, 80335 München
f.musshoff@ftc-muenchen.de

Dipl.-Psych.
Malgorzata Okulicz-Kozaryn
M.A., M.A.
Doktorandin am Institut für Sozial- und
Rechtspsychologie der Universität Bonn
Kaiser-Karl-Ring 9, 53111 Bonn
malgoo@me.com

Vorsitzender Richter
Andreas Patermann
Verwaltungsgericht Berlin
Kirchstraße 7, 10557 Berlin
andreas.patermann@vg.berlin.de

Rechtsanwalt
Jürgen Peitz
Rechtsanwälte BDWP
Arzt- und Medizinrecht
Am Ostpark 14, 33604 Bielefeld
juergen_peitz@t-online.de

Dr.-Ing.
Wilhelm Petzholtz
ehem. Leiter Fahrerlaubniswesen
DEKRA Automobil GmbH
Eduard-Bilz-Straße 23, 01445 Radebeul
wilhelm@petzholtz.de

Dipl.-Psych.
Caroline Reimann
Fachbereich Verkehrspsychologie/
Verkehrsmedizin
DEKRA Automobil GmbH
Ferdinand-Schultze-Straße 65
13055 Berlin
caroline.reimann@dekra.com

Prof. Dr. rer. nat. Prof. h.c. (MIREA)
Wolfgang Schubert
Präsident der Deutschen Gesellschaft
für Verkehrspsychologie
Fachbereichsleiter Verkehrspsychologie/
Verkehrsmedizin DEKRA Automobil GmbH
Ferdinand-Schultze-Straße 65, 13055 Berlin
wolfgang.schubert@dekra.com
Direktor Verkehrspsychologie
des Bonner Instituts für Rechts-
und Verkehrspsychologie
Siegfriedstraße 28, 53179 Bonn
schubert@birvp.de

Dipl.-Päd.
Kay Schulte
Referent Aus- und Weiterbildung
Unfallprävention Wege und Dienstwege
Deutscher Verkehrssicherheitsrat
Jägerstraße 67–69, 10117 Berlin
kschulte@dvr.de

Dipl.-Psych.
Manfred Weinand
Leiter des Referats Begutachtungsstelle
Bundesanstalt für Straßenwesen
Brüderstraße 53, 51427 Bergisch Gladbach
weinand@bast.de

Dr.-Ing.
Monika Wloka
Deutscher Akkreditierungsrat
c/o Bundesanstalt für Materialforschung
und -prüfung
Unter den Eichen 87, 12205 Berlin
monika.wloka@bam.de